Die grössten Vereine der Welt

TOP CLUBS

adidas
SIEMENS
mobile

TOP CLUBS

Die grössten Vereine der Welt

FUSSBALL

COPRESS SPORT

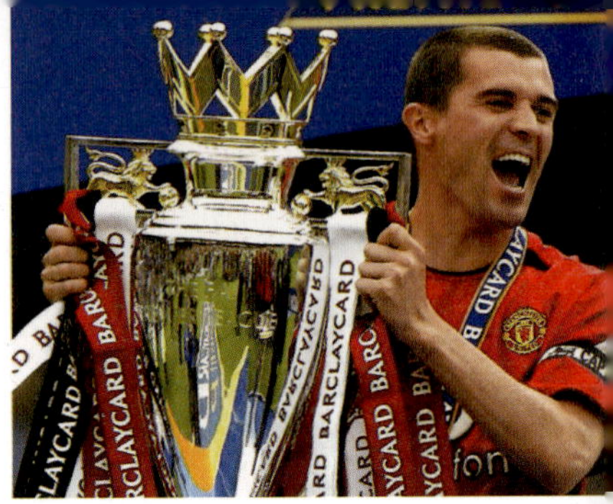

Servus Gerd!
IVECO

Zu diesem Buch

Die schönste Nebensache der Welt verdanken wir der Expansionspolitik, dem Fernweh und der Gewohnheitstreue der Briten. Wohin es diese gegen Ende des 19. Jahrhunderts auch verschlug – sie machten dort das, was sie auch zu Hause in ihrer Freizeit taten: Fußball spielen. Dieser English Way of Life fand überall rasch Nachahmer. Obrigkeitliche Versuche, die »englische Fusslümmelei« – ein in Deutschland weit verbreiteter Begriff – zu verbieten, scheiterten kläglich. Die Global(l)isierung war nicht zu stoppen.

Ein halbes Jahrhundert nach der Gründung des ersten Fußballklubs in Sheffield (im Oktober 1857) gab es in sämtlichen westlichen Ländern Vereine, welche sich die Förderung des Ballspiels auf ihre Fahne schrieben. Die meisten dieser Klubs erreichten allerdings höchstens einen lokalen oder regionalen Bekanntheitsgrad. Nur einigen wenigen gelang es, die Massen in ihren Bann zu ziehen. Ihre Popularität verdankten sie in der Regel entweder einem finanzkräftigen Gönner oder einem hochbegabten Eigengewächs, das seinen Verein im besten Fall im Alleingang an die Spitze zu schießen vermochte.

Der FC Santos und Pelé sind so ein Beispiel, der 1. FC Kaiserslautern und Fritz Walter ein anderes. Auch das aus einem Gelsenkirchener Stadtviertel stammende Schalke 04 wurde vorab dank Fritz Szepan und Ernst Kuzorra in ganz Deutschland berühmt. Arsenal London wiederum kaufte sich in den Dreißigerjahren eine Spitzenmannschaft zusammen, ebenso River Plate Buenos Aires und Juventus Turin.

Manchester United hingegen wurde nach einem Flugzeugabsturz von einer Welle der Sympathie erfasst, von der es noch heute getragen wird. Der Klub aus der Stadt, die dem Begriff »Manchester Kapitalismus« Pate stand, erfand in den Neunzigerjahren die »Industrialisierung« des Fußballs. ManU machte seinen Mythos zur Marke und damit Millionengewinne. Real Madrid perfektionierte diese globale Vermarktung anschließend.

Um die Massen in aller Herren Länder zu faszinieren, braucht es Titel, Pokale und Helden – oder anders gesagt: eine außergewöhnliche Geschichte. Womit wir beim Inhalt dieses Buches wären: Der Werdegang der erfolgreichsten und renommiertesten Klubs aus Südamerika und Europa wird hier ausführlich be-

Impressum

Umschlaggestaltung: Stiebner Verlag GmbH

Lektorat: Pierre Sick

Produktion und Layout: Kommunikation + Design, München

Alle Fotos von: SVEN SIMON

Bibliografische Information Der Deutschen Bibliothek
Die Deutsche Bibliothek verzeichnet diese Publikation in der Deutschen Nationalbibliografie; detaillierte bibliografische Daten sind im Internet über <http://dnb.ddb.de> abrufbar.

Printed in Hungary
ISBN 3-7679-0827-1
www.copress.de

schrieben. Das Inhaltsverzeichnis umfasst knapp achtzig Vereine aus 23 Ländern und reicht von Ajax Amsterdam bis Grasshoppers Zürich.

Erfolg ist im Fußball relativ. Bei Juventus Turin, Real Madrid oder Bayern München werden zweite Plätze als Demütigung empfunden. In Nürnberg, Nantes oder Napoli wiederum feiern die Fans das Erreichen eines UEFA-Cup-Platzes oder den Klassenerhalt in der Regel wie einen Titelgewinn. Gemeinsam ist all diesen Klubs, dass sie sich im Verlaufe des zwanzigsten Jahrhunderts mehrmals – zum Teil überraschend – die Meisterschaft in ihrem Land gesichert haben. Dies ist eine Grundvoraussetzung, damit ein Klub in diesem Buch Aufnahme fand, und führte dazu, dass etwa Bayer Leverkusen oder die AC Parma trotz ihren Galavorstellungen im Europapokal nicht berücksichtigt wurden.

Der andere Maßstab ist weitaus elastischer und betrifft die historische Bedeutung und das Renommee eines Vereins. Die England-Tournee von Dynamo Moskau (1945) veränderte die Sportwelt, vor dem FC Bologna zitterte in der Zwischenkriegszeit halb Fußball-Europa, der Athletic Club Bilbao ist in Spanien eine Macht, Botafogo Rio de Janeiro in Brasilien Kult. Die Evolution vom Verein zur Fußball-Firma haben sie mehr oder weniger unbeschadet überstanden. Andere Traditionsvereine wie Dukla Prag, Honvéd Budapest oder der KV Mechelen haben zwar zahlreiche Trophäen in ihre Vitrinen stellen können, sind aber mittlerweile von der Bildfläche verschwunden und fanden deshalb in diesem Buch keine Aufnahme. Ebenso wenig wie Deportivo La Coruña, Olympique Lyon oder Rosenborg Trondheim, die sich erst in der jüngeren Vergangenheit ins Rampenlicht gespielt haben.

Dass diese Nichtberücksichtigung beim einen oder anderen Leser für Kopfschütteln sorgen wird, liegt in der Natur der Sache: Eine Auswahl provoziert immer Kritik (davon kann jeder Nationaltrainer der Welt ein Lied singen …). Das Buch legt denn auch keinen Wert auf enzyklopädische Vollständigkeit. Wer ellenlange Statistiken erwartet, wird enttäuscht. Dafür kommt auf seine Kosten, wer sich für die Mythen und Legenden der Klubs interessiert, unvergessliche Spiele nochmals Revue passieren lassen will oder sich einfach ein Bild von einem bestimmten Verein und seinen Stars machen möchte. Selbst für Kenner des internationalen Fußballs bildet dieses Buch einen reichhaltigen Fundus von Anekdoten und Hintergrundwissen.

Mendrisio, Juli 2003

Omar Gisler

Die größte Pralinenschachtel der Welt

Auf der Suche nach einem besseren Leben bestiegen Millionen von Menschen aus den Armenhäusern Europas einen Dampfer nach Argentinien. Viele ließen sich in der Hauptstadt Buenos Aires nieder. Die Stadt der »guten Lüfte« verwandelte sich innerhalb kürzester Zeit in einen Moloch. Im Jahre 1880 lebten am Riachuelo-Fluß 286 000 Menschen. 1914 lag die Einwohnerzahl von Buenos Aires bereits bei 1 576 000. Die größte Bevölkerungsgruppe bildeten mit einem Anteil von 39,5 Prozent die Italiener.

Einige Genuesen traten am 3. April 1905 im Hafenviertel *La Boca* als Gründer eines Fußball-Klubs in Erscheinung, über dessen Namen stundenlang debattiert wurde. *Estrellas de Italia* (»Sterne Italiens«), *Hijos d'Italia* (»Söhne Italiens«) oder *Defensor de La Boca* (»Verteidiger Bocas«) wollten einige den Verein taufen. Da sich all diese Vorschläge als nicht mehrheitsfähig erwiesen, entschied man sich für die naheliegendste Lösung und benannte den Klub nach dem Stadtviertel, in dem die Gründerväter lebten: Der *Club Atlético Boca Juniors* war entstanden.

Das englische Anhängsel *Juniors* war damals in Buenos Aires ein Modewort. Es sollte einerseits auf das jugendliche Alter der Vereinsgründer hinweisen, andererseits den Ortsnamen Boca ein wenig abschwächen. Denn das schmutzige Hafenviertel genoss nicht den besten Ruf. Der permanente Gestank, der in dieser Gegend herrschte, brachte den Spielern und Anhängern von Boca Juniors später die wenig schmeichelhaften Spitznamen »Schweine« und »die Stinkenden« ein.

Bei den ersten Turnieren liefen die Boca-Spieler in himmelblauen Trikots und weißen Hosen auf. Die argentinischen Nationalfarben schmückten zufälligerweise auch das Klubwappen von Bairro de Boedo. Die beiden Teams beschlossen deshalb 1906 ein Kräftemessen und vereinbarten, dass der Verlierer dieser Partie sich neue Farben zulegen müsste. Boca zog den schwarzen Peter. Präsident Juan Bricchetto machte daraufhin den Vorschlag, im Hafen nach neuen Klubfarben Ausschau zu halten. Diese sollten von demjenigen Schiff übernommen werden, das sie als erstes im Hafen ankommen sehen würden. Es war ein schwedisches Schiff. Boca Juniors spielte fortan in blauen Trikots mit einem dicken gelben Balken auf der Brust.

CLUB ATLÉTICO BOCA JUNIORS

Gründungsdatum: 3. April 1905.
Anschrift: C.A. Boca Juniors, Brandsen 805 (1165), Buenos Aires, Argentina.
Internet: www.bocajuniors.com.ar
Stadion: Estadio de la Bombonera (offizieller Name: Estadio Alberto Armando), Fassungsvermögen: 57 395 Zuschauer.
Vereinsfarben: Blau und Gelb.

Der bekannte argentinische Maler und Boca-Fan Benito Quinquela (1890-1977) verewigte diese Szene später in einem Wandbild. Es trägt den Titel *Origen de la Bandera de Boca* (»Ursprung der Boca-Flagge«) und gilt als eines der berühmtesten Gemälde des Künstlers.

Die *Auriazul*, die Gelbblauen, stiegen 1913 in die höchste Spielklasse auf und gewannen bis zur Einführung des Profifußballs 1931 fünfmal die argentinische Meisterschaft. Auch auf internationaler Ebene vermochte Boca Akzente zu setzen, wie sich 1925 während einer fünfmonatigen Europatournee durch Spanien, Frankreich und Deutschland zeigte. In 15 von 19 Spielen behielten die Argentinier die Oberhand, und auch das Torverhältnis von 40:16 stellte ihnen ein gutes Zeugnis aus. Bei der Rückkehr nach Buenos Aires wurde der Elf ein triumphaler Empfang bereitet. Der argentinische Fußball-Verband ernannte Boca zum Ehrenmeister des Jahres 1925.

Die Argentinier spielten einen technisch versierten, aber gleichwohl körperbetonten und zielgerichteten Fußball. Bei der ersten Weltmeisterschaft, die 1930 stattfand, errangen sie hinter Gastgeber Uruguay die Silbermedaille. Boca stellte mit den beiden Verteidigern Ramón Muttis und Pedro Suárez sowie dem offensiven Mittelfeldspieler Roberto Cherro und dem Angreifer Marino Evaristo vier WM-Fahrer, mehr als jeder andere Klub des Landes.

Um den drohenden Exodus der besten Spieler zu verhindern und das Niveau der Meisterschaft weiter zu steigern, beschloss der argentinische Verband 1931 die Gründung einer Profiliga. Der erste Meister hieß Boca Juniors mit seinen drei Starstürmern Benítez Cáceres, Roberto Cherro und Francisco Varallo. Der letztgenannte ist mit seinen 181 Toren, die er zwischen 1931 und 1939 in 209 Spielen erzielte, bis heute der Rekordtorschütze des Klubs.

Der 25. Mai 1940 war für Boca sowohl ein Tag der Freude als auch der Trauer. Wenige Stunden vor der Einweihung des neuen Stadions verstarb der langjährige Präsident und Gönner Juan Bricchetto. Er hatte dem Verein den Kauf des ersten Bolzplatzes ermöglicht und war auch eine treibende Kraft beim Bau des *Estadio Doctor Camilo Cichero*, wie die neue, 60 245 Zuschauer fassende Arena ursprünglich genannt wurde. Im Volksmund heißt die Betonschüssel an der Brandsen-Straße jedoch seit jeher *La Bombonera*, die »Pralinenschachtel«.

Diese Bezeichnung ist insofern irreführend, als dass es überhaupt kein süßes Vergnügen ist, was die gegnerischen Teams dort erwartet. Die Akustik in diesem engen Stadion mit den steil aufsteigenden Tribünen ist einzigartig. Die stimmgewaltigen Boca-Anhänger verliehen dem Wort Heimvorteil eine völlig neue Bedeutung. Der Begriff »der zwölfte Mann« soll erstmals im Zusammenhang mit den heißblütigen Boca-Fans genannt worden sein.

Die ersten Publikumslieblinge im *Estadio Bombonera* waren Jaime Sarlanga, Natalio Pescia, Seberino Varela und Mario Boyè. Sie stellten das Gerüst jener Mannschaft, die 1943 und 1944 die Meistertitel zehn und elf eroberte. Danach begann die große Zeit des verhassten Rivalen River Plate, der einst ebenfalls im Hafenviertel *La Boca* beheimatet gewesen war. Trotz Rivers Umzug in den vornehmen Norden der Stadt (1923) büßte der Klassiker nichts von seiner Brisanz ein. Das Duell Boca gegen River ist für viele Argentinier heute noch der Lebensmittelpunkt.

Rekordmeister River gewann im Laufe der Jahre mehr nationale Titel, das volkstümliche Boca dafür mehr Sympathien. Laut dem Volksmund haben *la mitad mas uno*,

Dem Himmel sei Dank: José Luis Brown stemmt den Ball in die Höhe, den er in der 23. Minute des WM-Endspiels von 1986 ins Tor der Deutschen befördert hat.

also die Hälfte und ein weiterer Argentinier, Boca das Herz geschenkt. Die Bedeutung des *Superclásico* umschrieb der argentinische Journalist Osvaldo Bayer mit den Worten: »Das Land teilt sich in zwei Hälften. Boca und River spielen gegeneinander. Eines der wenigen Dinge, die unser Leben rechtfertigen.«

Zwischen 1944 und 1962 schaffte Boca in der Meisterschaft lediglich einmal den Sprung auf Rang 1. Die Durststrecke nahm erst ein Ende, als der »Verein der Armen« zu Beginn der Sechzigerjahre einige überdurchschnittliche Akteure verpflichtete. Der legendäre Präsident Alberto Armando lockte Torwart Antonio Roma, Verteidiger Silvio Marzolini, Mittelstürmer José Sanfilippo und den brasilianischen Weltmeister Orlando ins Hafenviertel *La Boca*. Die Meistertitel von 1962, 1964 und 1965 waren das Ergebnis dieser Einkaufspolitik. In Südamerika erwies sich in jener Zeit lediglich ein Klub als stärker, nämlich der FC Santos. Die Elf von Pelé besiegte Boca 1963 in den beiden Endspielen um die *Copa Libertadores*, dem südamerikanischen Pendant zum Europapokal, mit 3:2 und 2:1.

Mehr Vergnügen bereitet dem Anhang die Erinnerung an das Jahr 1969. Boca hatte damals eine spielstarke Equipe, die lediglich eine Meisterschaftspartie verlor und sich den Titel überlegen vor River sicherte. Trainiert wurde diese Elf von Alfredo Di Stéfano, einer River-Legende. Gibt es für einen Boca-Fan etwas Schöneres? Ja! 1977 gewann Boca erstmals die *Copa Libertadores*, und zwar durch einen 5:4-Sieg im Elfmeterschießen gegen Titelverteidiger Cruzeiro Belo Horizonte, das sich die Trophäe ein Jahr zuvor gegen River gesichert hatte. Bocas Held hieß Hugo Orlando Gatti. Als »Verrückter« (*El Loco*) apostrophiert, wehrte der stets mit einem Stirnband und 43-jährig noch auf höchstem Niveau spielende Torhüter im Elfmeterschießen den entscheidenden Schuss des Brasilianers Vanderley ab.

Trainer Juan Carlos (»Toto«) Lorenzo, der zuvor in Italien bei den beiden Römer Klubs gearbeitet hatte, führte Boca 1978 zum zweiten Gewinn der Südamerikameisterschaft. Deportivo Cali hatte in den Endspielen mit 0:0 und 4:0 das Nachsehen. Als Krönung empfanden die Argentinier den Gewinn des Weltpokals gegen Borussia Mönchengladbach.

Allerdings nahmen die Europäer den Vergleich mit den Südamerikanern auf die leichte Schulter. Weil Europapokalsieger Liverpool keine Lust auf ein Kräftemessen hatte, mussten die im Final unterlegenen Deutschen einspringen. Doch deren Trainer Udo Lattek mochte nicht zwanzig Stunden nach Buenos Aires fliegen – statt beim 2:2 auf der Bank zu sitzen, beobachtete er einen Spieler in Europa. Und am Morgen vor dem Rückspiel setzte Lattek ein Konditionstraining an. Borussia verlor das vermeintliche Prestigeduell mit 0:3, und Boca ließ sich in der Heimat als »bestes Team auf Erden« feiern.

Die Namen Gatti, Pernía, Sa, Mouzo, Tarantini, Benítez, Ribolzi, Mastrángelo, Suñé, Pavón, Álvarez, Zanabria und Salinas kommen einem Fußball-Fan allerdings nicht als erstes in den Sinn, wenn er nach den bekanntesten Fußballern Südamerikas gefragt wird.

Boca wäre zu Beginn der Achtzigerjahre an seinem Größenwahn beinahe zugrunde gegangen. Mit der Verpflichtung des größten Talentes des argentinischen Fußballs wollte der Verein wieder zurück an die Spitze. Für den damals 20-jährigen Diego Armando Maradona bezahlte Boca den Argentinos Juniors 1980 eine Ablösesumme von

Einzelgänger

Die Proteste der Fans waren für die Katz. Argentiniens Nationaltrainer Luis César Menotti verzichtete bei der WM 1978 im eigenen Land auf Spieler von Boca Juniors – obwohl der Klub damals der erfolgreichste des Landes war. Bocas Defensiv-Fußball entsprach nicht Menottis Philosophie. Die Argentinier gewannen das WM-Turnier vor allem deshalb, weil sie im Gegensatz zu fast allen anderen Teams ein manchmal atemberaubendes Offensivspektakel vorführten und ohne taktisches Geplänkel auskamen. Oder, um es mit Menottis Worten auszudrücken, einen »linken Fußball« praktizierten. Dieser steht gemäß Menotti in Kontrast zum »rechten Fußball«, der den Sieg um jeden Preis anstrebt und vor allem Kampf beinhaltet.

Beim zweitem WM-Triumph, 1986 in Mexiko, spielte Argentinien also einen »rechten Fußball«. Trainer Carlos Bilardo berief damals immerhin einen Boca-Spieler in die Nationalelf. Libero José Luis Brown hatte im Endspiel gegen Deutschland entscheidenden Anteil am 3:2-Sieg. Er traf per Kopfball zum 1:0. Herausragende Figur jenes Turniers war Diego Armando Maradona, der Boca als seinen Lieblingsverein bezeichnet.

Tore und Tote

In Argentinien ist Fußball oft eine Frage von Leben und Tod – nicht auf dem Rasen, aber auf der Tribüne oder rund um das Stadion. Seit der Einführung des Profibetriebes 1931 kamen bei Fan-Ausschreitungen 167 Menschen ums Leben (Stand: Frühling 2002). Während es in den Siebzigerjahren acht Tote gab, starben in den Achtzigerjahren bereits zwölf Anhänger. Im letzten Jahrzehnt des zwanzigsten Jahrhunderts wurde mit 29 getöteten Fans ein vorläufiger Höhepunkt erreicht.

Negativ fielen oft die Anhänger von Boca Juniors auf. Bereits beim ersten Derby gegen River Plate, das am 24. August 1913 stattfand, lieferten sie sich eine wüste Prügelei mit den gegnerischen Fans. Bereits damals war ein massiver Polizeieinsatz notwendig, um die Streithähne zur Räson zu bringen. Boca-Fans waren auch für die bisher größte Katastrophe im argentinischen Fußball verantwortlich. Am 23. Juni 1968 warfen sie im Stadion von River Plate brennende Zeitungen in die Tiefe und lösten eine Massenpanik aus. Die Menschenmenge wollte den Zuschauerraum verlassen, die Ausgänge waren jedoch zu diesem Zeitpunkt noch versperrt. 74 Zuschauer wurden niedergetreten und 150 verletzt. Zu einem Sinneswandel führte diese Katastrophe allerdings nicht. 1994 erschossen Boca-Hooligans nach einer 0:2-Niederlage ihres Klubs zwei Fans von River. »Wir haben zum 2:2 ausgeglichen«, erklärte ein vermummtes Mitglied der Barrabravas (»wilde Haufen«) im TV.

5 312 200 Dollar. Der *Pibe de oro* (»Goldfuß«) erhielt 600 000 Dollar Handgeld und einen Monatslohn von 60 000 Dollar. Dazu gab es noch Siegprämien und Beteiligungen aus den Einnahmen von Freundschaftsspielen. Für Auto, Wohnung und Steuern kam der Verein auf. Um diese Zahlen richtig einordnen zu können, sei noch erwähnt, dass der Deutsche Bernd Schuster beim FC Barcelona auf ein Jahresgehalt von 500 000 Dollar kam und als bestbezahlter Fußballer Europas galt.

Boca wurde 1981 Meister, Maradona bezwang in den beiden Duellen gegen River (3:0, 1:1) den legendären Nationalgoalie Ubaldo Fillol und erzielte insgesamt 28 Tore. Doch die Herrlichkeit war nur von kurzer Dauer. Bereits ein Jahr später musste der Wunderknabe aus finanziellen Gründen an den FC Barcelona verschachert werden. Sportlich war Boca nun ein Scherbenhaufen, finanziell türmte sich ein riesiger Schuldenberg auf.

Elf Jahre dauerte es, bis der Klub diese Krise überwunden hatte und wieder einen Meistertitel feiern konnte. Dies war in erster Linie ein Verdienst von Torjäger Omar Gabriel Batistuta. Der Stürmer, der wegen seiner langen Mähne in Filmen durchaus als Jesus-Christus-Interpret taugen würde, war für Boca ein wahrer Heilsbringer. Denn durch seinen Verkauf an die AC Fiorentina war der Klub 1991 endgültig saniert.

Die Farben des einst so bunten Stadtviertels waren damals aber schon weitgehend verblasst. Im Hafen wimmelte es von havarierten Schiffen. Das heruntergekommene *La Boca* erwarb sich in den Neunzigerjahren durch die Gewaltbereitschaft seiner Bewohner einen üblen Ruf. Die so genannten *Barrabravas*, »die wilden Banden«, rekrutieren sich überwiegend aus den Elendssiedlungen. Wo Jugendliche zu einem Leben fast ohne Zukunftschancen verdammt sind, wird Fußball schnell zum einzigen Lebenselixier.

Für die Klubs sind diese sozialen Verhältnisse Fluch und Segen zugleich. Zum einen vergeht kaum eine Saison ohne tödliche Auseinandersetzungen unter den Hooligans, zum anderen wird in den Slums an jeder Straßenecke Fußball gespielt. Nicht nur Boca scheint dadurch über ein schier unerschöpfliches Reservoir an Talenten zu verfügen.

Auf diese Eigengewächse setzte der Bauunternehmer und Peronist Mauricio Macri konsequent, als er im Dezember 1995 das Präsidium des Club Atlético Boca Juniors übernahm. Rund 4,5 Millionen Dollar steckte der Verein seitdem jährlich in seine Juniorenabteilung. Eine Investition, die sich in jeder Beziehung bezahlt machte. Ebenso wie das teure Engagement des Trainers Carlos Bianchi, der 1994 mit Vélez Sarsfield bereits den Weltpokal errungen hatte.

Bianchi wurde bei Boca seinem Ruf als Ausmister, Ausbildner, Motivationskünstler und Stratege vollauf gerecht. Zwischen Mai 1998 und Dezember 2001 leistete er in etwas mehr als tausend Tagen Einmaliges. Er verwandelte ein »Kabarett«, wie der damals bei Boca engagierte Claudio Caniggia lästerte, in Südamerikas dominierende Mannschaft. Die *Auriazul* gewannen dreimal die argentinische Meisterschaft, zweimal die *Copa Libertadores* und im November 2000 in Tokio den Weltpokal gegen Real Madrid (2:1).

Vor allem der insgesamt vierte Sieg in der *Copa Libertadores* im Jahr 2001 war jedoch glücklich zustande gekommen. Wie im Halbfinale gegen Palmeiras musste auch im Endspiel gegen die Mexikaner von Cruz Azul ein Elfmeterschießen die Entscheidung bringen. Und dieses gewannen die Argentinier dank dem Keeper und Penaltyspezialisten Oscar Córdoba. Den Zenit hatte Boca damals aber bereits überschritten. Das zeigte sich auch im Weltpokal-Finale, in dem Bayern München um mindestens das eine Tor besser war.

ERFOLGE

Argentinischer Meister: 1919, 1920, 1923, 1924, 1926, 1930, 1931, 1934, 1935, 1940, 1943, 1944, 1954, 1962, 1964, 1965, 1969, 1970, 1976, 1981, 1992 (A), 1998 (A), 1999 (C), 2000 (A).
(In Argentinien werden seit 1991 jährlich zwei Meisterschaften ausgetragen, der Torneo Apertura und der Torneo Clausura)
Copa Libertadores: 1977, 1978, 2000, 2001, 2003.
Weltpokal: 1977, 2000.

Bekannteste Spieler: Aguillar – Barros-Schelotto – Basualdo – Batistuta – Bermúdez – Boyè – Brindisi – Brown – Cáceres – Cagna – Caniggia – Comas – Córdoba – Cuciuffo – Evaristo – Fabbri – Gatti – Kily González – Grillo – Herrera – Latorre – MacAllister – Madurga – Maradona – Marzolini – Matellán – Meléndez – Menotti – Montoya – Monti – Mouzo – Orlando – Ortega – Palermo – Pescia – Rattín – Riquelme – Roberto – Rojas – Roma – Ruggeri – Sarlanga – Seoane – Serna – Sotil – Tarantini – Tchami – Valentín – Varallo – Varela – Verón – Villarreal.
Bekannteste Trainer: Bianchi – Bilardo – Di Stéfano – Fortunato – Garrassino – Lorenzo – Marzolini – Menotti – Tabárez – Veira.

Ein Blick auf die Mannschaftsaufstellung gegen die Bayern zeigt, dass Bianchi beinahe ohne große Namen auskam: Córdoba, Schiavi, Serna, Burdisso, Martínez,

(18. Calvo/111. Carreno), Traverso, Riquelme, Villareal (99. Pinto), Rodríguez, Delgado, Barros-Schelotto. In der Person des damals 23-jährigen Juan Román Riquelme lief für Boca nur noch ein richtiger Star auf. Mit Martín Palermo (Villareal) und Walter Samuel (Roma) hatten zuvor die beiden besten Akteure den Klub verlassen. Bocas Stärken lagen weniger in der individuellen Klasse der Spieler, vielmehr zeichnete ein unbändiger Siegeswille, eine enorme Systemsicherheit und ein konzentriertes Defensivverhalten die Mannschaft aus.

Wenige Tage nach der 0:1-Pleite gegen die Bayern kehrte auch Bianchi dem Verein den Rücken. Seinen Rücktritt begründete der introvertierte Tüftler diplomatisch mit »persönlichen Gründen«.

Die Entscheidung: Samuel Kuffour erzielt im Weltpokal-Finale das 1:0 für Bayern. Die Boca-Spieler sind geschockt.

Klartext sprach hingegen Verteidiger Jorge Bermúdez, nachdem er bei Olympiakos Piräus unterschrieben hatte: Im Boca-Vorstand hätten zu viele »kleinkarierte Typen« das Sagen, die in Kontrast mit der »Größe des Klubs« stünden, schimpfte der ehemalige Kapitän. Vorausgegangen war ein monatelanger Streit um ausstehende Gehälter und Prämien in der Höhe von mehreren Millionen Dollar. Man möge eben die gesamte Mannschaft verkaufen, dann löse sich das Problem von selbst, empfahl Bermúdez damals. Genau dieses Szenario trat im Winter 2002 ein, als die argentinische Finanzkrise ihren Höhepunkt erreichte.

Nach dem missglückten Experiment mit dem uruguayischen Ausbildner Oscar Washington Tabárez wurde Anfang 2003 erneut Carlos Bianchi mit dem kompletten Neuaufbau der Mannschaft betraut. Der »Welttrainer des Jahres 2000« unterschrieb einen Dreijahresvertrag, der ihm auf dem Papier jährlich 1,1 Millionen Dollar garantierte. An seiner ersten Medienkonferenz verkündete der von den Fans frenetisch gefeierte Rückkehrer: »Wenn die Mannschaft begreift, was ich ihr sage, dann werden wir an allen Turnieren die Protagonisten sein.«

Die Kunst des Verteidigens

Maipú Banfield war ursprünglich eine Betriebsmannschaft. Ihr gehörten die Angestellten des Warenhauses mit dem verwirrenden Namen *La Ciudad de Londres* (»Stadt London«) an, das sich mitten im Zentrum von Buenos Aires befand. Auf fünfzig Centavos belief sich die monatliche Mitgliedsgebühr für die Kicker. Diesen Betrag empfanden einige Lehrlinge als viel zu hoch, zumal sie bei den Spielen eh nur zuschauen durften. Denn in der Mannschaft war nur Platz für die älteren Akteure, häufig gebürtige Engländer.

Es kam, wie es kommen musste. Die frustrierten Jugendlichen kehrten Maipú den Rücken und gründeten am 4. August 1904 einen eigenen Verein. Diesen tauften sie *Club Atlético Independiente*, wobei das Adjektiv *independiente* (»unabhängig«) ihren Willen zur Selbständigkeit unterstreichen sollte. Die Mitglieder hatten einen monatlichen Unkostenbeitrag von bloß 25 Centavos zu entrichten. Auf dem Platz gaben sich die Separatisten aber nicht mit halben Sachen zufrieden. Dies bekam auch Maipú zu spüren, dessen Spieler nach dem ersten Kräftemessen mit Independiente ganz schön alt aussahen: Mit 2:0 hatten die jungen Vereinsgründer ihre älteren Arbeitskollegen bezwungen.

Zum großen Rivalen von Independiente avancierte in den folgenden Jahren aber nicht Maipú, sondern Racing. Denn auf der Suche nach einem geeigneten Spielfeld waren die Roten im industriell geprägten Vorort Avellaneda fündig geworden und somit ins Territorium von Racing eingedrungen. Zehn Dollar kostete dort die Monatsmiete für die Benutzung eines Bolzplatzes. Independiente konnte diesen Betrag aufbringen, da seine Mitgliederzahl rasch angestiegen war.

Zum ersten Derby zwischen den Roten und den Blauen kam es am 9. Juni 1907. Independiente bezwang Racing überraschend mit 3:2. Den Siegestreffer, drei Minuten vor Schluss erzielt, markierte Rosendo Degiorgi, der erste Präsident des Klubs. Zahlreiche unzufriedene Racing-Mitglieder schlossen sich in den folgenden Tagen dem aufstrebenden Neuling an.

Independiente stieg 1912 in die höchste Liga auf und gewann zehn Jahre später erstmals die argentinische Meisterschaft, unbesiegt und mit vier Punkten Vorsprung auf das zweitplatzierte River Plate.

In den Zwanzigerjahren entstand die Legende der *Diablos Rojos*, der »Roten Teufel«. Verantwortlich für diesen Spitznamen war die gefürchtete Sturmreihe mit Zoilo Canaveri, Alberto Lalín, Luis Ravaschino, Raimondo Orsi und Kapitän Manuel Seoane. Dieses Quintett bescherte Independiente 1926 den zweiten Meistertitel.

CLUB ATLÉTICO INDEPENDIENTE
Gründungsdatum: 4. August 1904.
Anschrift: Club Atlético Independiente, Avenida Mitre 470, 1870 Avellaneda, Provincia de Buenos Aires, Argentina.
Internet: www.independiente.com
Stadion: Estadio Avellaneda Doble Visera, Fassungsvermögen 57 098 Zuschauer.
Vereinsfarben: Rot und Weiß.

Auf dem linken Flügel brillierte Orsi, einer der besten Fußballer der Zwischenkriegszeit. Während den olympischen Spielen von 1928 in Amsterdam – Argentinien sicherte sich die Silbermedaille – trat Juventus Turin an den Sohn italienischer Auswanderer heran. Juventus machte Orsi ein Angebot, das man nicht ablehnen konnte: 8000 Lire im Monat, ein schönes Haus und einen nagelneuen Fiat mit Chauffeur. Diese Offerte schlug am Río de la Plata hohe Wellen. Fast ein Jahr lang wurde polemisiert (»Helden sind nicht verkäuflich«), ehe Orsi doch noch einen Dampfer nach Genua besteigen durfte. In den Augen der Argentinier beging Orsi spätestens dann Hochverrat, als er sich entschloss, für die italienische Nationalelf aufzulaufen. Zum Gewinn des WM-Titels der *Squadra azzurra* steuerte er 1934 drei Treffer bei.

Einmalig

- Francisco Pedro Manuel Sa ist der erfolgreichste Spieler der Copa Libertadores. Mit Independiente gewann der Verteidiger die Trophäe insgesamt viermal. Dazu kommen noch zwei weitere Triumphe mit den Boca Juniors.
- Insgesamt sieben Mal erreichte Independiente das Finale um die Copa Libertadores. Und immer bewiesen die Roten Teufel Nervenstärke – der Klub ging aus allen Endspielen als Sieger hervor. Kein anderer südamerikanischer Verein hat im zwanzigsten Jahrhundert mehr internationale Titel errungen.
- Independientes Stürmer Eduardo Andrés Maglioni sicherte sich einen Platz im *Guinness-Buch der Rekorde*. Er ist derjenige Spieler, der die meisten Tore in der kürzesten Zeit geschossen hat. Am 8. März 1973, zu Beginn der zweiten Halbzeit im Spiel gegen Gimnasia y Esgrima aus La Plata, bezwang Maglioni den gegnerischen Torhüter Guruciaga dreimal innerhalb von einer Minute und fünfzehn Sekunden.
- Independiente stellte auch den erfolgreichsten Torschützen in der argentinischen Meisterschaft. 325 Spiele, 293 Tore lautet die Bilanz von Arsenio Erico.

Um einer weiteren Abwanderung der besten Spieler nach Übersee einen Riegel vorzuschieben, wurde in Argentinien 1931 der Profifußball eingeführt. Independiente baute in den folgenden Jahren eine Mannschaft auf, die 1938 und 1939 im Zenit ihres Könnens stand und die Meistertitel drei und vier ins *Estadio Avellaneda* holte. Herausragend war dabei die Offensivabteilung mit Antonio Sastre, Arsenio Erico und Vicente De La Mata.

Sastre war 1931 zu den Roten gestoßen und blieb ihnen bis 1942 treu. In dieser Zeit bestritt er 340 Spiele, in denen er 112 Tore erzielte. Mit dem kopfballstarken Erico, einem Indianer aus Paraguay, bekam er 1934 einen kongenialen Partner. Im argentinischen Fußball traf niemand öfter als Erico. *Mister Gol* brachte es in 325 Spielen auf 293 Tore. Der dritte Mann im Sturm war Vicente De La Mata, den Independiente Ende 1936 für 27 500 Pesos von Central Córdoba loseiste. Der Spieler bekam 5000 Pesos Handgeld, kassierte anfangs pro Monat 200 Pesos Grundgehalt sowie eine Auflaufprämie von 150 Pesos und traf in 362 Spielen 151 Mal. Weitere Schlüsselspieler waren Torwart Fernando Bello, Abwehrchef Celestino Martínez und die Außenspieler José Zorrilla (links) und Juan José Maril (rechts).

Mit dieser Equipe ging Independiente nicht nur auf Titel-, sondern auch auf Rekordjagd. 1938 brachten es die Roten Teufel auf ein Torverhältnis von 115:35 – die Quote von 3,2 Toren pro Spiel hat im argentinischen Fußball bis heute keine andere Mannschaft überboten. Julio César Pasquoto, ein renommierter Journalist der Zeitung *El Gráfico*, sagte kurz vor seinem Tod, er habe in seinem Leben nur zwei unbesiegbare Mannschaften gesehen: Brasiliens WM-Team von 1970 und die Independiente-Elf von 1938/39.

In den Fünfzigerjahren taucht Independiente in keiner Siegerliste auf. Das ist insofern überraschend, als dass der Verein erneut über eine ausgezeichnete Offensivabteilung verfügte. Das Quintett Rodolfo Micheli, Carlos Cecconato, Carlos Lacasia, Ernesto Grillo und Osvaldo Cruz lief 1953 auch zwei Mal in der argentinischen Nationalelf zusammen auf, und zwar gegen Spanien und England. Unvergessen bleibt im

»Jedes Wunder ist möglich«

River gegen Boca ist der *Superclásico* des argentinischen Fußballs. Das andere klassische Derby findet jeweils in Avellaneda statt, einem Industrievorort von Buenos Aires: Independiente gegen Racing. Die Stadien der beiden Klubs liegen keine 200 Meter voneinander entfernt. Trotzdem liegen Welten dazwischen.

Der Racing Club wurde am 25. März 1903 gegründet und erlebte seine Glanzzeit zwischen 1913 und 1925, als er neun Meistertitel gewann. La Academia, wie der Verein seitdem genannt wird, schaffte zudem zwischen 1949 und 1951 als erste argentinische Profimannschaft den Titel-Hattrick, zur großen Freude von Evita Perón. Die Präsidentengattin ermöglichte ihrem Lieblingsklub den Bau des modernsten Stadions Südamerikas, obwohl Zement im ganzen Land Mangelware war. Seinen für lange Zeit letzten Titel gewann Racing 1967. Damals sicherten sich die Blauen auch den Weltpokal gegen Celtic Glasgow (0:1, 2:1, 1:0).

Die große Zeit von Independiente erlebten die Racinguistas anschließend aus den Niederungen der Tabelle. In den Achtzigerjahren kam zum sportlichen auch noch ein finanzieller Niedergang, der eine dramatische Beschleunigung erfuhr, als der »Investor« Daniel Lalín 1995 zum Vizepräsidenten (und später zum Präsidenten) gewählt wurde. Nun wuchs der Schuldenberg im Durchschnitt pro Monat um 1,2 Millionen Dollar an. Als sich die Verbindlichkeiten auf über 60 Millionen Dollar belaufen hatten, musste die Mannschaft zeitweise im Stadtpark trainieren. Racing konnte die Stadionmiete nicht mehr bezahlen. Das Berufungsgericht erklärte die Academia im März 1999 für bankrott.

Der Retter kam in der Person des Sportvermarkters Fernando Marín, der sich verpflichtete, den Schuldenberg binnen zehn Jahren abzubauen. Was danach geschah, fasste das Fachblatt *Pagina* 12 mit den Worten »Jedes Wunder ist möglich« zusammen: Racing gewann im Dezember 2001 nach 34 Jahren Wartezeit wieder den Meistertitel. Als Meistermacher ließ sich Reinaldo Carlos Merlo feiern, der 73. Trainer seit 1966. Als er am Tag nach dem großen Triumph an einem Kiosk Zeitungen kaufte, wurde er Opfer eines Raubüberfalls. Die Täter waren wahrscheinlich Anhänger von Independiente ...

Land der Gauchos der 3:1-Sieg gegen die Briten, zu dem Micheli und Grillo (2) die Tore beisteuerten.

Independiente war wegen seiner spektakulären Spielweise ein gern gesehener Gast bei internationalen Turnieren. Auf einer Europatournee ging 1953 selbst das große Real Madrid mit dem Argentinier Alfredo Di Stéfano im Angriffswirbel der Roten Teufel unter: 6:0 lautete das Ergebnis. Weitere Opfer waren Valencia (3:0), Atlético Madrid (5:3) und Sporting Lissabon (8:1).

Seine großen internationalen Erfolge feierte die Mannschaft in den Sechzigerjahren aber in erster Linie dank einer disziplinierten und auf Sicherheit bedachten Spielweise. Einer Sensation kam 1964 der Sieg in der *Copa Libertadores* gleich, dem südamerikanischen Pendant des Europapokals. Independiente verlor keine einzige Partie und besiegte in den beiden Endspielen auch Pelés FC Santos mit 3:2 und 2:1.

Luis César Menotti: Unter dem Trainer-Guru spielten die Roten Teufel ohne Feuer.

Trainer Manuel Giudice ließ Independiente einen Defensivfußball spielen, der in Europa dem *Catenaccio* von Inter Mailand entsprach. Mit dieser wenig attraktiven Spielweise gelang 1965 die Titelverteidigung in der *Copa Libertadores.* Im Halbfinale war erneut der FC Santos aus dem Wettbewerb geworfen worden, und im Endspiel hatte Nacional Montevideo den Kürzeren gezogen. In den Spielen um den inoffiziellen Weltcup gingen die Argentinier aber jeweils als Verlierer vom Platz. Ausgerechnet »Lehrmeister« Inter Mailand behielt die Oberhand und sicherte sich 1964 und 1965 den Interkontinentalcup.

Zwischen 1972 und 1975 gewann Independiente die *Copa Libertadores* gleich viermal in Serie und darüber hinaus durch ein 1:0 gegen das Ersatzteam Juventus Turin noch den Weltpokal (1973). Europacupsieger Ajax Amsterdam hatte wegen der befürchteten Härte der Argentinier auf ein erneutes Kräftemessen verzichtet. Für die Südamerikaner schien der Stichkampf mit derartigem Prestige verbunden zu sein, dass sie den Erfolg mit allen Mitteln zu erzwingen versuchten. Das hatte zur Folge, dass es immer wieder zu überharten Zweikämpfen und groben Fouls kam. 1975 wurde deshalb sogar auf eine Austragung des Duells verzichtet. In den drei Jahren zuvor hatte Independiente Ajax Amsterdam (1:1, 0:3), Juventus (1:0) und Atlético Madrid (1:0, 0:2) herausgefordert. Den Weltpokal eroberte 1973 folgende Elf: Santoro, López, Raimundo, Pavoni, Sa, Commisso, Balbuena, Galván, Maglioni, Bochini, Bertoni (Semenewicz).

Es vergingen exakt zehn Jahre, bis sich Independiente als Sieger der *Copa Libertadores* (zum insgesamt siebten Mal) wieder für das Endspiel um den Weltpokal qualifizierte. Mittlerweile wurde das Prestigeduell unter dem Namen Toyota-Cup in Tokio ausgetragen. Die Partie gegen den FC Liverpool war wegen des Falkland-Krieges besonderes brisant. Die Roten aus Avellaneda besiegten die Engländer dank eines frühen

Er verpasste Deutschland 1986 im WM-Endspiel den K.o.-Schlag: Jorge Luis Burruchaga. Das Independiente-Idol erzielte in der 84. Minute den letzten Treffer – 3:2 für Argentinien.

Treffers von José Alberto Percudani mit 1:0. Die Spieler, die in Buenos Aires als Helden empfangen wurden, hießen Goyen, Villaverde, Monzón, Enriquo, Clausen, Trossero, Marangoni, Burruchaga, Giusti, Bochini, Percudani und Barberón.

Auch unter Trainer José Omar Pastoriza, einem ehe- maligen Defensiv-Allrounder, praktizierte Independiente einen unspektakulären, aber ungemein pragmatischen Fußball. Prunkstück war das Mittelfeld mit den Nationalspielern Jorge Luis Burruchaga, Claudio Oscar Marangoni, Ricardo Omar Giusti und Ricardo Enrique Bochini. Der unermüdliche Bochini (*El Maestro*) war übrigens schon im Weltpokalfinale von 1973 mit von der Partie gewesen und hatte damals gegen Juventus den einzigen Treffer erzielt. Von ihm schwärmte in den Siebzigerjahren sogar der junge Diego Armando Maradona. Bochini bestritt zwischen 1972 und 1991 insgesamt 638 Spiele für Independiente. Als er seinen Rücktritt bekannt gab, hatten im argentinischen Fußball längst wieder Boca Juniors und River Plate das Kommando übernommen.

Die Roten Teufel trugen sich 1994 wieder einmal in die Siegerliste der Meisterschaft ein. Am letzten Spieltag fertigten José Serrizuela, Sebastián Rambert, Claudio López und Co. den direkten Rivalen Huracán, der zuvor einen Punkt Vorsprung gehabt hatte, mit 4:0 ab.

Danach verpflichtete Independiente César Luis Menotti als Trainer. Doch dem Fußball-Philosophen gelang es nie, seinen Spielern zu erklären, was es mit dem von ihm gepredigten »linken Fußball« auf sich hat. Menotti, der »die Zuschauer glücklich machen« wollte, wurde vor allem von den gegnerischen Fans gefeiert. Seine Elf erzielte zwar oft zwei Tore, kassierte aber noch häufiger deren drei oder vier. Unter Menotti schloss Independiente die Meisterschaft auf dem 16. Rang ab. So schlecht war der Klub in den 15 Jahren zuvor nie platziert.

Um die Talfahrt zu stoppen, engagierte die Vereinsführung Enzo Trossero, Mitglied der erfolgreichen Mannschaft der Siebziger- und Achtzigerjahre. Obwohl er es als Verteidiger auf beachtliche 55 Meisterschaftstore gebracht hatte, wurde er von den Fans vor allem wegen seiner Kompromisslosigkeit und wegen seines Siegeswillens verehrt. Der Haudegen verkörperte somit das, was Menotti als »rechter Fußball« verachtet.

Trossero predigte einen geradlinigen und kampfbetonten Fußball, führte Independiente im Sommer 2000 zur Vizemeisterschaft und verließ den Verein schon bald wieder, um die Schweizer Nationalmannschaft zu übernehmen. Nach der verpassten Qualifikation für die WM 2002 schmiss der Hitzkopf den Bettel bei den Eidgenossen vorzeitig hin und kehrte zu seinem Stammklub zurück. Doch nach bloß 165 Tagen hatte er auch von den Machenschaften des Independiente-Vorstandes die Nase voll. Der impulsive Trossero akzeptierte nicht, dass der hoch verschuldete Klub vier Spieler ohne sein Einverständnis verkauft hatte. Über seinen Verein urteilte er im Dezember 2001: »Bei Independiente herrscht der selbe Zustand wie in der argentinischen Regierung: absolutes Chaos und Anarchie.«

Wo Anarchie herrscht, ist bekanntlich alles möglich. Nur so ist zu erklären, weshalb Independiente ein Jahr später – für viele überraschend – die Meisterschaft gewann, seine insgesamt 16. Die Tugenden waren auch unter Trainer Américo Gallego, einem 78er Weltmeister, die alten: Independiente lebte mehr von der Kraft als vom Kombinationsfußball. Dennoch kam der Meistertitel nicht unverdient zustande. Die Roten Teufel verbuchten am meisten Siege (13), stellten den besten Angriff (48 Tore) und mit Andrés Silvera auch den Torschützenkönig.

ERFOLGE

Argentinischer Meister: 1922, 1926, 1938, 1939, 1948, 1960, 1963, 1967, 1970, 1971, 1977, 1978, 1983, 1988, 1994 (C), 2002 (A).
(In Argentinien werden seit 1991 jährlich zwei Meisterschaften ausgetragen, der Torneo Apertura und der Torneo Clausura)
Weltpokal: 1973, 1984.
Copa Libertadores: 1964, 1965, 1972, 1973, 1974, 1975, 1984.

Bekannteste Spieler: Alzamendi – Artime – Balbuena – Bello – Bernao – Bertoni – Bochini – Burruchaga – Cabrera – Cagna – Calderón – Clausen – De La Mata – Erico – Forlán – Galván – Gamarra – Giusti – Grillo – Gustavo López – Islas – Jiménez – Larrosa – Mondragón – Monzón – Morales – Morete – Navarro – Olguín – Orsi – Outes – Paganini – Pastoriza – Pavoni – Percudani – Rambert – Ríos – Sa – Santoro – Sastre – Scarone – Seoane – Serrizuela – Stábile – Suárez – Trossero – Yazalde – Zorrilla.
Bekannteste Trainer: Brandão – Brindisi – Giudice – Menotti – Solari – Pastoriza – Pérez – Piazza – Trossero.

La Máquina – die Tormaschine der Millionäre

Vierundsiebzig Menschen kamen am 23. Juni 1968 im *Estadio Monumental* während des *Superclásico* zwischen River Plate und Boca Juniors (0:0) ums Leben. Sie starben im schlecht beleuchteten Ausgang Nummer 12 der 75 000 Zuschauer fassenden Arena. Boca-Fans hatten von der oberen Tribüne brennende Zeitungen hinunter geworfen und eine Panik ausgelöst. Die Menschenmenge drängte zu den Ausgängen, doch diese waren versperrt. Der 23. Juni 1968 gilt als der schwärzeste Tag in der Geschichte des argentinischen Fußballs.

An die Sechzigerjahre erinnern sich die über 60 000 Mitglieder des *Club Atlético River Plate* nicht nur wegen dieses Dramas mit Grauen. Denn zwischen 1957 und 1975 blieb der Rekordmeister in den nationalen Wettbewerben ohne Titelgewinn, verlor zudem 1966 noch das entscheidende dritte Spiel um die *Copa Libertadores* mit 2:4 (nach einer 2:0-Führung). Mit River kam tatsächlich Freude auf, wie es in der Klubhymne heißt, aber damals vor allem bei den gegnerischen Fans.

Doch »der mächtigste Meister der Geschichte« respektive der »Champion des Jahrhunderts«, so die Eigenwahrnehmung des Vereins, feierte auch zahlreiche Triumphe und Titel. Monumental ist nicht nur der Name des Stadions (in Argentinien gibt es kein größeres), sondern auch die Trophäensammlung: River sicherte sich im zwanzigsten Jahrhundert 29 nationale Meistertitel, so viele wie kein anderer argentinischer Verein. Dazu kommen noch Erfolge in der *Copa Libertadores* (1986, 1996), in der *Copa Interamericana*, in der *Supercopa* (1997) und im Weltpokal (1987).

Für die Zukunft setzt der Verein die Messlatte hoch an. »Morgen«, verspricht das Vereinslied, »wird River noch größer sein.«

Die Geschichte von River beginnt am 25. Mai 1901 im bunten Hafenviertel *La Boca* von Buenos Aires. Vor der Druckerei des Francesco Gentile beschlossen die Straßenfußballer von *La Rosales* und *Santa Rosa* eine Bündelung der Kräfte. Drei Namen standen für den neuen Klub zur engeren Auswahl: *Forward* (»Vorwärts«), *Juventud Boquense* (»Jugend von Boca«) und River Plate (»Silberner Fluss«). Der Ausgang der Abstimmung ist bekannt, die Bedeutung des Namens hingegen nicht. Der Vorschlag stammte von einem gewissen Pedro Martínez, der kurz zuvor gesehen hatte, wie 13 schwere Kisten mit der Aufschrift »The River Plate« auf ein Schiff verladen worden waren. Der Inhalt der Kisten blieb für die Klubgründer ein Mysterium. Doch das machte den Namen in ihren Augen erst recht attraktiv.

CLUB ATLÉTICO RIVER PLATE

Gründungsdatum: 25. Mai 1901.
Anschrift: River Plate, Avenida Pte. Figueroa Alcorta 7597, 1428, Buenos Aires, Argentina.
Internet: www.cariverplate.com
Stadion: Estadio Monumental (auch Estadio Antonio Vespucci Liberti genannt), Fassungsvermögen: 57 921 Zuschauer.
Vereinsfarben: Rot und Weiß.

Seinen ersten großen Erfolg feierte River am 27. Dezember 1908, als durch ein 7:0 über Racing der Aufstieg in die höchste Spielklasse gelang. Seitdem gehören die Spieler im weißen Trikot mit dem roten, an eine Präsidentenschärpe erinnernden Diagonalstreifen zum Inventar der *Primera División*. Abgesehen vom Meistertitel im Jahre 1920 hielten sich die Erfolge in der Ära des Amateurfußballs jedoch in Grenzen.

In den Zwanzigerjahren verließ River das ärmliche Hafenviertel *La Boca* und zog in die schicken Vororte (erst *Palermo*, später *Núñez*) im Norden der Stadt um, wo die obere Mittelklasse in Einfamilienhäusern residierte und sich reiche Geschäftsleute im Country Club zum Golfspiel trafen. Der Klassiker River Plate gegen Boca Juniors verlor dadurch 1923 zwar seine nachbarliche Komponente, nahm dafür aber eine neue Dimension an: Auf der einen Seite das mondäne River, auf der anderen Seite das volkstümliche Boca. Oder überspitzt ausgedrückt: Reich gegen Arm.

River zählte 1931, als in Argentinien der Profifußball eingeführt wurde, bereits 14 900 Mitglieder und konnte deshalb aus dem Vollen schöpfen. Für den Allrounder Carlos Desiderio Peucelle erhielt Sportivo Buenos Aires 1931 eine Ablösesumme von 10 000 Pesos. Für dessen Nationalmannschaftskollegen Bernabé Ferreyra von Tigre machte River ein Jahr später sogar 35'000 Pesos locker. In jenem Jahr investierte der Verein insgesamt 105'000 Pesos in neues Personal. Den Spitznamen *Millionarios* gab es gratis dazu. Die verbalen Scharmützel brachten River jedoch nicht aus dem Tritt. Am Ende der Saison konnte der zweite Meistertitel gefeiert werden, zu dem Torschützenkönig Ferreyra 43 Treffer beisteuerte. Geld schießt manchmal eben doch Tore.

Moreno

José Manuel Moreno war der beliebteste Spieler der »Maschine« und der Albtraum eines jeden Trainers. Vor den Spielen genehmigte er sich jeweils eine Hühnersuppe und eine Flasche Rotwein. Trotzdem, oder gerade deswegen, erzielte der Lebemann 179 Tore (in 321 Spielen). Zwischen 1936 und 1947 errang er mit River fünf Meistertitel. Anschließend tingelte er durch Uruguay, Chile und Kolumbien. In jedem dieser Länder wurde er Meister. Sein letztes Spiel bestritt Moreno 1961 im Alter von 44 Jahren. Eigentlich hatte er seine Schuhe bereits an den sprichwörtlichen Nagel gehängt und bei Independiente Medellín den Managerposten übernommen. Doch als Medellín in einem Spiel gegen Boca Juniors einfach kein Treffer gelingen wollte, zog er sich ein letztes Mal das Trikot über, wechselte sich selber ein – und erzielte zwei Tore. Medellín gewann 5:2. Die Fans reden heute noch von dieser Partie. Moreno war ferner ein begnadeter Tango-Tänzer und ständig in Begleitung schöner Frauen. Er starb am 26. August 1978 im Alter von 62 Jahren an Hepatitis.

In den Dreißigerjahren boomte der Fußball am Río de la Plata. River verfiel mit dem Bau des *Estadio Monumental* keineswegs dem Größenwahn, sondern passte lediglich seine Infrastrukturen den neuen Anforderungen an. Die *Millionarios* weihten ihre Riesenschüssel an der *Avenida Libertador* am 25. Mai 1938 mit einem 3:1-Sieg gegen Peñarol Montevideo ein. 70 000 Fans jubelten über die Tore von Peucelle, Ferreyra und Moreno. Der Bau der Arena hatte über drei Millionen Pesos verschlungen. Um diese Summe zusammenzukratzen, hatte sich selbst River nach der Decke strecken müssen. Einige Teilbereiche des Stadions konnten aus Geldmangel erst 1958 fertig gestellt werden.

Publikumsliebling Ferreyra verabschiedete sich 1939 nach 184 Spielen und 187 Treffern von der großen Fußball-Bühne. Zu diesem Zeitpunkt hatte River bereits den Aufbau jener legendären Mannschaft eingeleitet, die als *La Máquina* (»die Maschine«) in die Geschichte einging. Diese Bezeichnung war ein zweifelhaftes Lob, denn mit der mechanischen Kälte einer Maschine hatte die Elf nichts gemein. Industrielle Ausmaße nahm höchstens die Torproduktion an. Die berühmte Sturmreihe mit Juan Carlos Muñoz, José Manuel Moreno, Adolfo Pedernera, Ángel Labruna und Félix Loustau schoss Tore wie am Fließband, insgesamt 741.

Carlos Peucelle, mittlerweile Trainer, erklärte die Taktik einmal folgendermaßen: »Einige steigen ein, andere steigen aus, alle kommen nach oben, alle gehen nach unten. Unser taktisches Spielschema ist nicht das traditionelle 1-2-3-5, sondern das 1-10.« Mit anderen Worten: Fußball total. Alle Spieler greifen an, alle verteidigen.

1941, 1942, 1945 und 1947 beendete River die Meisterschaft auf Rang 1. Doch das war sekundär. Wichtiger war die Tatsache, wie Fußball gespielt wurde. River bot Spektakel, Unterhaltung, Freude und schuf sich eine riesige Fangemeinde im ganzen Land. Der Legende nach sollen die Zuschauer die Kombinationen der Maschine mit andächtigem Schweigen verfolgt haben. Erst der Torjubel brach die Stille.

Obwohl die Sturmreihe Muñoz-Moreno-Pedernera-Labruna-Loustau bloß 18 Mal zusammen auflief, reichte das, um in die Geschichte einzugehen und bis heute von sich reden zu machen.

Feste Bestandteile des Heldenepos sind auch Nestor Rossi und Alfredo Di Stéfano. Die beiden Eigengewächse erkämpften sich 1945 einen Platz in der Stammelf. Die *Millionarios* konnten sich den Luxus leisten, den nicht mehr ganz jungen Pedernera 1947 an Atlanta zu verkaufen. Doch die Zeiten, in denen River auf dem Transfermarkt die Initiative ergriff und die Preise in die Höhe trieb, gingen langsam zur Neige. Rossi, mittlerweile Kapitän der argentinischen Nationalelf, und Di Stéfano wanderten 1949 nach Kolumbien aus.

Muñoz

Juan Carlos Muñoz war der unscheinbarste Spieler der »Maschine«. Er versorgte seine Mitspieler elf Jahre lang mit hohen Bällen von rechts. Weil er ständig an der rechten Seitenlinie rauf und runter lief, kam er selten in Tornähe und in Abschlussposition. Das erklärt seine bescheidene Torausbeute von »bloß« 39 Treffern in 184 Spielen. Augenzeugen behaupten, seine Flanken seien jeweils bereits ein halbes Tor gewesen. Nach dem Tod von Félix Loustau im Januar 2003 war Muñoz das letzte noch lebende Mitglied der legendären Sturmreihe.

Dort hatten steinreiche Emporkömmlinge eine neue Profiliga gegründet. Diese Unternehmer erhielten den Dollar zu Vorzugskursen und köderten ausländische, vor allem argentinische Spieler mit astronomischen Gagen. Um die Mitte des zwanzigsten Jahrhunderts versilberten über fünfzig Argentinier ihr fußballerisches Talent im neuen Eldorado.

Pedernera

Adolfo Pedernera war der Antreiber der »Maschine«. Die Fans verehrten ihn als Maestro oder als Napoleón del fútbol. Der am 15. November 1918 geborene Pedernera debütierte mit 18 in der ersten Mannschaft von River. Er war alles: Vorbereiter und Vollstrecker, vor allem aber Chef auf dem Platz. Für River bestritt er 258 Spiele, in denen er 130 Tore erzielte. Als man ihn 1947 für nicht mehr gut genug befand, heuerte er bei Atlanta und ein Jahr später bei den Millionarios in Bogotá an. Auch als Trainer war Pedernera ein gefragter Mann: Er betreute Nacional Montevideo, Gimnasia y Esgrima La Plata, Huracán, Independiente, Temperley, Boca Juniors, América de Cali sowie die kolumbianische und die argentinische Nationalelf. Nur auf die Bank von River wollte er sich nie setzen. Zu tief saß der Stachel wegen seiner vorzeitigen Ausmusterung. Pedernera starb am 12. Mai 1995 im Alter von 76 Jahren.

Am Río de la Plata blieb River auch in den Fünfzigerjahren das Team, das es zu schlagen galt. Der Abgang von Di Stéfano, der später bei Real Madrid zu einem Weltstar reifte, wurde durch den Zuzug des Uruguayers Walter Gómez kompensiert. Zudem gelang einem jungen Dribbelkünstler namens Enrique Omar Sívori der Durchbruch. Da die Altstars Ángel Amadeo Labruna, Félix Loustau und Amadeo Carrizo (mit 521 Einsätzen Rekordspieler des Klubs) nichts von ihrer Klasse eingebüßt hatten, reihte River einen Titelgewinn an den anderen: 1952, 1953, 1955, 1956 und 1957 wurde *La Banda Roja* (»die rote Bande«) jeweils argentinischer Meister.

Diese Erfolge machten europäische Klubs hellhörig. 1957 sicherte sich Juventus Turin die Dienste von Sívori. Längst hatte sich herumgesprochen, dass sich argentinische Kicker (im Gegensatz zu den oft unter Heimweh leidenden Brasilianern) auf dem Alten Kontinent problemlos akklimatisieren. Sívori führte Juventus zu drei Meistertiteln und erlebte 1961 mit der Wahl zu »Europas Fußballer des Jahres« seinen persönlichen sportlichen Höhepunkt.

Da Labruna und Loustau Ende der Fünfzigerjahre ihre großartigen Karrieren beendeten, wurde bei River ein Generationenwechsel notwendig. Achtzehn Jahre sollten die *Millionarios* auf ihren nächsten Titelgewinn warten müssen.

Labruna

Ángel Amadeo Labruna war der treffsicherste Angreifer der »Maschine« und mit 292 Toren (erzielt in 514 Spielen) der erfolgreichste Stürmer in der Geschichte des Klubs. Auch in den Derbies gegen den Erzrivalen Boca traf kein Spieler der Banda roja öfter als er (16 Mal). Als Spieler gewann Labruna zwischen 1939 und 1960 neun Meistertitel, als Trainer deren sechs. Wie durch Handauflegen heilte er River 1975. Der Klub war dem Meistertitel seit 18 Jahren vergeblich hinterher gerannt. Der Engel (so die deutsche Übersetzung von Labrunas Vornamen *Ángel*) schaffte das Wunder: 1975, 1977, 1979 und 1980 führte er River wieder zu Meisterehren. Die Fans verehren ihn als *El Eterno*, »der Ewige«. Labruna starb am 19. September 1983 im Alter von 65 Jahren.

Für die erfolgsgewohnten Mitglieder – 1954 waren es deren 61 577 – eine Ewigkeit.

Zwischen 1957 und 1975 griff River einige Male nach den Sternen, verlor aber im entscheidenden Moment den Bodenkontakt und fiel auf die Nase. Acht Vizemeisterschaften resultieren aus dieser Zeit, dazu 1966 noch eine knappe Niederlage gegen Peñarol in den drei Endspielen um die *Copa Libertadores* (2:0, 2:3 und 2:4 nach Verlängerung lauteten die Ergebnisse). Die Sechzigerjahre gelten deshalb beim selbst ernannten »Champion des Jahrhunderts« als *la década maldita*, als »die verfluchte Dekade«. Wegen den ständigen Misserfolgen wurde der Verein mit Spott überhäuft. *Las Gallinas* (»die Hühner«) lautete der neue Spitzname. Unschlüssig, ängstlich, ständig Federn lassend: diese Beschreibung traf sowohl auf Hühner als auch auf die River-Spieler zu.

In den Siebzigerjahren verwandelten sich die Hühner nach und nach in stolze Kampfhähne. Als Argentinien 1978 im eigenen Land Weltmeister wurde, stellte River mit Ubaldo Fillol, Daniel Passarella, Norberto Alonso, Leopoldo Luque und Oscar Ortiz fünf Spieler. Vor allem Libero Passarella (*El Kaiser*) und Spielmacher Alonso (»der weiße Pelé«) brachten die *Banda Roja* mit ihrem Siegeswillen und ihrer Zweikampfstärke wieder auf die Siegerstraße zurück. Zumindest auf nationaler Ebene. Denn 1976 vergeigte River zum zweiten Mal das Finale um die *Copa Libertadores*. Diesmal hieß der Bezwinger Cruzeiro Belo Horizonte.

Loustau

Félix Loustau war mit 1,64 Metern der kleinste Spieler der »Maschine«. Der Linksaußen erzielte in 367 Spielen 101 Tore und galt als Spaßvogel. Er wurde je nach Stimmungslage *El Loco* (»der Verrückte«) oder *El Chaplin* genannt. Ein weitere Spitzname war *La Pistola*, weil kaum jemand so präzise aufs Tor schießen konnte wie er. Loustau starb am 7. Januar 2003 im Alter von 80 Jahren. In einem seiner letzten Interviews sagte er: »Maradona war ein guter Spieler. Aber zu meinen besten Zeiten hatte es hundert Maradonas gegeben.«

Die Elf von Trainer Labruna verkraftete auch diesen Rückschlag. Im Gegensatz zu anderen Vereinen erlebte River praktisch nie einen Totalabsturz und behielt die Tabellenspitze stets im Blickfeld, was im wesentlichen ein Verdienst der hervorragenden Nachwuchsarbeit war. Aus der River-Schule gingen selten Filigrantechniker hervor, dafür umso mehr solide Arbeiter. Vier von ihnen standen in jener argentinischen Nationalelf, die 1986 Deutschland im WM-Finale mit 3:2 besiegte: Nery Pumpido, Oscar Ruggeri, Héctor Enrique und Julio Jorge Olarticoechea. Ihre Aufgabe bestand im wesentlichen darin, Diego Maradona den Rücken freizuhalten.

1986 war nicht nur für die argentinische Nationalelf, sondern auch für den Rekordmeister ein Jubeljahr. River gewann im dritten Anlauf endlich die *Copa Libertadores* durch zwei Siege (2:1, 1:0) gegen die Kolumbianer von América de Cali und im Dezember schließlich noch das Prestigeduell gegen den Europapokalsieger Steaua Bukarest (1:0). Trainer Héctor Rodolfo Veira war es gelungen, durch die richtige Mischung aus Routiniers und Nachwuchsspielern eine technisch überdurchschnittliche, kampf- und charakterstarke Equipe zu formen. Dieser gehörten Pumpido, Gordillo,

Gutiérrez, Montenegro, Ruggeri, Alfaro (Sperandio), Alonso, Enrique, Gallego, Funes und Alzamendi an. Letzterer hatte gegen Steaua im Weltpokal-Finale den goldenen Treffer erzielt.

Höhepunkt der Neunzigerjahre war der zweite Erfolg in der *Copa Libertadores* (1996), als River im Endspiel dank eines Doppelschlages von Hernán Crespo wiederum América de Cali in die Knie zwang (0:1, 2:0). Als weniger ergiebig erwies sich die Reise nach Tokio. Im Spiel um den Interkontinental-Cup unterlagen die Gauchos Juventus Turin mit 0:1. River-Trainer Ramón Díaz schickte folgende Elf in den Einsatz: Bonano; Ayala, Berizzo, Sorín; Hernán Díaz, Monserrat, Astrada, Sergio Berti (Gancedo), Ortega; Francescoli, Cruz (Salas).

Fast sämtliche Spieler buchten in den folgenden Monaten Flüge nach Europa. River sah sich zu einem kompletten Neubeginn gezwungen und wurde von Boca vom Thron gestoßen. Der Lokalrivale, dem laut Volksmund *la mitad mas uno*, also mindestens die Hälfte und ein weiterer Argentinier, sein Herz geschenkt haben, erweiterte seine Trophäensammlung Ende der Neunzigerjahre um einige prestigeträchtige Objekte. Diese werden in einem Museum gezeigt, das Boca fast zwei Millionen Euro gekostet hat. River hingegen lagert seine Pokale in einem trostlosen Eingang des *Monumental*. Der Arena sieht man an, dass sie ihre besten Zeiten hinter sich hat. Modernen Ansprüchen genügt der vor der WM von 1978 letztmals renovierte Zwekkbau schon längst nicht mehr. Doch für eine Modernisierung fehlt den klammen *Millionarios* schlicht das nötige Kleingeld.

Bei River hieß die Devise zu Beginn des neuen Jahrtausends – wie im übrigen in ganz Argentinien – Kleckern statt Klotzen. Das Saisonbudget betrug im Jahr des hundertsten Geburtstages bescheidene 24 Millionen Dollar. Weitaus imposanter war der Schuldenberg. Auf über 40 Millionen Dollar beliefen sich die Verbindlichkeiten. Ausstehende Saläre kassierten selbst die Stars oft erst bei einem Vereinswechsel, wie etwa Diego Placente

ERFOLGE

Argentinischer Meister: 1920, 1932, 1936, 1937, 1941, 1942, 1945, 1947, 1952, 1953, 1955, 1956, 1957, 1975, 1977, 1979, 1980, 1981, 1986, 1990, 1991 (A), 1993 (A), 1994 (A), 1996 (A), 1997 (C), 1997 (A), 1999 (A), 2000 (C), 2002 (C), 2003 (C).
(In Argentinien werden seit 1991 jährlich zwei Meisterschaften ausgetragen, der Torneo Apertura und der Torneo Clausura)
Copa Libertadores: 1986, 1996.
Weltpokal: 1986.

Bekannteste Spieler: Aimar – Alfaro – Almeyda – Alonso – Alzamendi – Ángel – Artime – Astrada – Ayala – Balbo – Batista – Berizzo – Bonano – Borrelli – Burgos – Cáceres – Caniggia – Carizzo – Cavenaghi – Crespo – Cruz – D'Alessandro – Dembrosi – Demichelis – Díaz – Di Stéfano – Ferreyra – Fillol – Francescoli – Gallardo – Gallego – Gómez – Goycochea – Gutiérrez – Husaín – Kempes – Labruna – Juan José López – Héctor López – Loustau – Luque – Mas – Medina Bello – Merlo – Moreno – Morete – Muñoz – Onega – Orsi – Ortega – Ortiz – Passarella – Pedernera – Perfumo – Peucelle – Placente – Pumpido – Rodolfi – Rossi – Ruggeri – Salas – Sanfilippo – Saviola – Sívori – Solari – Sorín – Tarantini – Troglio – Wolff – Yepes – Zárate.
Bekannteste Trainer: Cesarini – Díaz – Didi – Di Stéfano – Gallego – Labruna – Merlo – Minella – Passarella – Pellegrini – Peucelle – Veira

Hart im Nehmen: Diego Placente kämpft für Leverkusen gegen zwei Spieler von Barcelona. Er ist einer von vielen Europa-Legionären, die bei River Plate groß geworden sind.

bei seinem Transfer zu Bayer Leverkusen. Die argentinische Finanz- und Wirtschaftskrise bekamen die Fußball-Klubs mit voller Wucht zu spüren. Im Jahr 2000 brachte River gerade noch 850 Saisonkarten an den Mann. 25 Jahre zuvor waren es über 30 000 gewesen.

Doch was im Fußball unter dem Strich zählt, ist die Leistung auf dem Platz. Buenos Aires, dieser 12-Millionen-Moloch, ist ein Treibhaus für Talente mit dem Ball. Jahr für Jahr integriert River Minderjährige in seine Stammelf, die sich auch international durchsetzen können und so rasch wie möglich nach Übersee wechseln wollen.

Nach der Partie um den Interkontinental-Cup gegen Juventus verließen 1996 mit Ariel Ortega (Valencia), Hernán Crespo (Parma), Matías Almeyda (Lazio) und Julio Cruz (Feyenoord) gleich vier Nationalspieler den Klub. Ein Jahr später, nach dem Titelgewinn von 1997, verabschiedeten sich sieben weitere Internationale. Die folgende Meisterschaft beendete der Rekordmeister deshalb nur auf Rang 15, das schlechteste Ergebnis der letzten zehn Jahre. Es vergingen jedoch bloß drei Jahre, und schon hatten sich neue Himmelsstürmer etabliert. Javier Saviola sicherte sich bei der Junioren-WM 2001 die Torjägerkrone und den Titel »bester Spieler des Turniers«. Die anschließende »Auktion« gewann der FC Barcelona. River erhielt angeblich 29 Millionen Euro.

In wessen Taschen die teils horrenden Ablösesummen für die Emigranten verschwanden, weiß niemand so recht. Die Lage im argentinischen Fußball ist ein Spiegelbild der realen Wirtschaftskatastrophe. In den Neunzigerjahren versickerten in Argentinien eine Milliarde Dollar aus Spielertransfers in den Kanälen der Korruption. Die 20 Klubs der 1. Division häuften 400 Millionen Dollar Schulden an.

Als einziger Ausweg bleibt die Flucht in »die Illusion, das wahre Drama« der Argentinier (Mario Vargas Llosa). Wie heißt es doch in der Klubhymne von Ignacio Copani so schön? »Und morgen wird River noch viel größer sein.«

Champagner-Fußball dank Bierbrauer

Die Ortsangabe »Links vom Friedhof« genügte zu Beginn des zwanzigsten Jahrhunderts, um die Heimat des *Sporting Club Anderlecht* zu finden. Der Verein, der einmal zu einer Top-Adresse im europäischen Fußball werden sollte, hat ganz klein angefangen. Die bescheidenen Ursprünge können weder das vornehme Purpur im Klubemblem noch das Adjektiv *Royal* im Namen vertuschen. Royal, also »königlich«, wurde Anderlecht erst 1933. Diesen Ehrentitel erhielten die belgischen Vereine traditionsgemäss zu ihrem 25. Geburtstag.

Der Sporting Club war am 27. Mai 1908 im *Café Concordia* von fünfzehn jungen Männern aus dem Stadtteil Anderlecht (im Westen Brüssels) ins Leben gerufen worden. Zwar behielt die Elf bei ihrem Debüt gegen eine Auswahl der Eliteschule Saint-Georges mit 11:8 die Oberhand, doch die unbestrittene Nummer eins der Hauptstadt und des Landes blieb jahrzehntelang die Union Saint-Gilloise. Dieser Quartierklub aus dem Süden Brüssels gewann bis 1933 elfmal die belgische Meisterschaft. Der Daring Club, im Nordwesten der Stadt zu Hause, bescherte Brüssel bis zum Ausbruch des Zweiten Weltkrieges weitere fünf Titel.

Von solchen Erfolgen konnte Anderlecht vorerst nur träumen. 1914 gab es immerhin den Aufstieg von der dritten in die zweite Spielklasse zu feiern. Vier Jahre später bezog der Klub im Astrid-Park eine neue Heimstätte. Die für den Stadionbau notwendigen 7000 Francs stammten zum großen Teil aus der Privatschatulle des Unternehmers und Mäzens Emile Versé. Ihm zu Ehren hieß die Arena bis Ende der Achtzigerjahre *Stade Emile Versé.*

Unter Präsident Theo Verbeeck, einem ehemaligen Flügelspieler aus den Gründerjahren, schaffte Anderlecht 1920 erstmals den Aufstieg in die höchste Spielklasse. Dort machten die Feierabend-Kicker eine harte Lehrzeit durch. Die Relegationen in den Jahren 1923, 1926, 1928 und 1931 brachten den Verein in den Ruf einer »Fahrstuhlmannschaft«. Die Periode der Auf- und Abstiege dauerte bis 1935 an. Seitdem gehört der RSC Anderlecht zum Inventar der höchsten Spielklasse. Nur Standard Lüttich kann in Belgien auf eine noch längere ununterbrochene Erstliga-Tradition zurückblikken.

ROYAL SPORTING CLUB ANDERLECHT BRUXELLES
Gründungsdatum: 27. Mai 1908.
Anschrift: Stade Constant van den Stock, Avenue Theo Verbeeck 2, 1070 Bruxelles, Belgium.
Internet: www.rsca.be
Stadion: Stade Constant vanden Stock, Fassungsvermögen: 22 635 Zuschauer.
Vereinsfarben: Lila und Weiß.

Die Berufung von Torhüter Jean Caudron, Mittelläufer Charles Demunter und Stürmer Fernand (»Cassis«) Adams in die belgische Nationalmannschaft verdeutlichen die sportlichen Fortschritte des Quartiervereins in den Dreißigerjahren. Unter dem britischen Trainer Ernest Smith, der zuvor im holländischen Enschede tätig gewesen war, wollte Anderlecht den endgültigen Vorstoß an die Spitze realisieren. Doch der Ausbruch des Zweiten Weltkrieges machte diesen ehrgeizigen Plan zunichte. Der Armeeoffizier Smith wurde in sein Vaterland zurückbeordert.

Die große Zeit des RSC Anderlecht begann nach dem Zweiten Weltkrieg. Der englische Fußball-Lehrer William (»Bill«) Gormlie führte den Klub 1947, 1949, 1950, 1951, 1954, 1955, 1956 und 1959 zum Gewinn der belgischen Meisterschaft. Auch international machte sich Anderlecht einen Namen, sei es durch den sensationellen 3:2-Sieg in einem Freundschaftsspiel gegen Arsenal London (1953) oder durch die blamable 0:10-Klatsche gegen Manchester United im Europapokal (1956). Anderlecht spielte einen typisch britischen, kampfbetonten Fußball. Immer wieder wurde mit hohen Bällen der athletische Mittelstürmer Jef Mermans angespielt. Dieser erzielte insgesamt 249 Tore für den RSC, ein Rekord, der wohl noch sehr lange Bestand haben wird.

Für Mermans hatte Anderlecht 1942 die stattliche Summe von 125 000 Francs an Tubantia Borgerhout nach Antwerpen überwiesen. Es war eine Investition, die sich rasch amortisieren sollte. Auf das große Geschäft verzichtete der RSC allerdings. Torino, Atalanta Bergamo, Lazio Rom, Atlético Madrid oder Nîmes überboten sich in den Fünfzigerjahren gegenseitig mit horrenden Angeboten – Albert Roosens, seit 1951 RSC-Präsident, blockte jedoch alle Offerten für den Torgaranten systematisch ab.

Trotz den Erfolgen des Profiteams vernachlässigte Anderlecht seine Basis nicht. 1953 wurde eine Jugendschule eingeweiht, die in Belgien seinesgleichen suchte. Fortan wurden Jahr für Jahr die hoffnungsvollsten Talente von der Provinz in die Hauptstadt gelockt, wo sie sowohl eine schulische als auch eine fußballerische Ausbildung genossen. Aus dieser Kaderschmiede ging auch Paul van Himst hervor, der bereits als 17-Jähriger seinen Einstand in der belgischen Nationalelf feierte. Der Angreifer brachte es auf 81 Länderspiele (30 Tore) und hatte wesentlichen Anteil an den großen Anderlecht-Erfolgen der Sechziger- und Siebzigerjahre. Kein Spieler lief öfter im RSC-Dress auf als er. Van Himst brachte es zwischen 1953 und 1975 auf 460 Einsätze.

Sic transit gloria mundi

Nii Lamptey war elegant wie Marco van Basten, trickreich wie Pélé, unberechenbar wie Diego Maradona, dynamisch wie Lothar Matthäus. Ein Alleskönner, der 1991 mit Ghana U-17-Weltmeister und ein Jahr später Olympia-Dritter wurde. Bei Anderlecht wollte er ein Weltstar werden. An seinem 16. Geburtstag steckten ihn seine Kameraden in eine Kiste, banden eine Schleife drum und überreichten sie Trainer Aad De Mos. Noch am selben Tag debütierte er in der 1. Liga und schoss das Siegtor im Spitzenspiel gegen Brügge. Mit Anderlecht wurde er Meister und Cupsieger – und durch zu viele Spiele in jungen Jahren verheizt. Statt im Rampenlicht zu stehen, lernte Lamptey nur die Schattenseiten des Geschäfts kennen. Sein Leben als Profi wurde eine Odyssee: Er spielte in Holland, in England, Argentinien, der Türkei, Italien, Portugal, Deutschland, China und Polen. Glück hat der Fußball-Gott offenbar anderen in die Wiege gelegt.

Trainiert wurde Anderlecht seit 1959 vom Franzosen Pierre Sinibaldi. Der ehemalige Stürmer von Stade Reims war ein Fußball-Ästhet. Er verpasste der Equipe ein neu-

Schaffte in der Saison 1983/84 den Durchbruch bei Anderlecht: Regisseur Vincenzo Scifo. Bei der WM 1986 führte er Belgien auf den vierten Rang. Danach war er für den RSC nicht mehr zu halten, wechselte 1987 zu Inter Mailand.

es taktisches Konzept und ersetzte den britischen *Kick-and-Rush*-Stil durch ein gepflegtes Kurzpassspiel *à la française*. Allen anfänglichen Widerständen zum trotz ließ der kauzige Korse in der Abwehr auf einer Linie verteidigen.

Unter Sinibaldi konsolidierte der RSC in den Sechzigerjahren seine absolute Vormachtstellung in Belgien. Schritt für Schritt tastete sich die Mannschaft ans internationale Niveau heran. Einen Meilenstein auf dem Weg an die europäische Spitze bildete der 30. September 1964. An jenem Tag bestritt die belgische Nationalelf in Antwerpen ein Länderspiel gegen die Niederlande. In der zweiten Halbzeit standen ausschließlich Anderlecht-Spieler für Belgien im Einsatz. Sie besiegten Holland mit 1:0 und bestätigten damit den starken Eindruck, den sie bereits zwei Jahre zuvor hinterlassen hatten. Im Herbst 1962 hatte der RSC in der ersten Runde des Meistercups mit der Eliminierung des fünffachen Titelträgers Real Madrid (3:3, 1:0) für eine Sensation gesorgt.

Es war nur eine Frage der Zeit, bis der belgische Vorzeigeklub erstmals in ein europäisches Endspiel vordringen würde. In der Saison 1969/70 war es soweit. Im UEFA-Cup hatte der RSC der Reihe nach Valur Reykjavik (6:0, 2:0), Coleraine (6:1, 7:3), Dunfermline (1:0, 2:3), Newcastle United (2:0, 1:3) und Inter Mailand (0:1, 2:0) aus dem Weg geräumt, ehe es im Endspiel gegen Arsenal einen Dämpfer gab: 3:1 und 0:3 lauteten die Ergebnisse. Wegen des in Brüssel erzielten Tores durfte Arsenal die Trophäe in Empfang nehmen.

Constant vanden Stock, der Besitzer der größten Brauerei Belgiens, trat 1970 die Nachfolge von Präsident Roosens an. Zwei Jahre später gab der belgische Fußball-Verband endlich grünes Licht für die Einführung des Vollprofitums. Damit wurde der letzte Standortnachteil beseitigt. Für ausländische Kicker wurden nun die Klubs im steuergünstigen Belgien interessante Arbeitgeber. Anderlecht gewann durch die Verpflichtung von Arie Haan und Rob Rensenbrink, den beiden holländischen Vize-Weltmeistern von 1974, wesentlich an Substanz. An ihrer Seite entwickelten sich einheimische Talente wie Ludo Coeck, Franky van der Elst und Frankie Vercauteren zu Leistungsträgern.

Auf nationaler Ebene konnte Anderlecht in den Siebzigerjahren zwar »nur« zwei Meistertitel verbuchen (1972 und 1974), dafür glänzte die Equipe bei ihren internationalen Auftritten. 1976 gab es im Endspiel um den Europapokal der Pokalsieger einen 4:2-Sieg gegen West Ham United zu bejubeln, die Treffer gingen zu gleichen Teilen auf das Konto von Rensenbrink und van der Elst. Titelverteidiger Anderlecht stieß unter dem neuen Trainer Raymond Goethals auch 1977 bis Endspiel vor, unterlag dort aber dem Hamburger SV mit 0:2. 1978 schaffte der RSC im Cupsiegercup die dritte Final-Qualifikation in Folge. Austria Wien war kein ebenbürtiger Widersacher und ging mit 0:4 unter; Rensenbrink und van Binst trugen sich in die Torschützenliste ein.

Die Elf um De Bree, van Binst, Broos, Dusbaba, Thissen, Haan, Coeck, Vercauteren, Dockx, Nielsen, van der Elst und Rensenbrink setzte sich wenige Monate später durch den Gewinn des europäischen Supercups zum zweiten Mal die Krone auf. Anderlecht behielt im Prestigeduell gegen den FC Liverpool, den Gewinner des Meistercups, mit 3:1 und 1:2 die Oberhand. Die *Mauves* hatten diese Trophäe bereits zwei Jahre zuvor nach den beiden Aufeinandertreffen gegen Bayern München (4:1, 1:2) in Empfang nehmen dürfen.

Der nächste Coup gelang den Belgiern 1983 im UEFA-Pokal. Auf der Trainerbank hatte mittlerweile die Legende Paul van Himst Platz genommen. Unter ihm spielte Anderlecht einen rationalen Fußball. Die Abseitsfalle wurde perfektioniert und der Gegner durch ständiges Pressing vom eigenen Tor fern gehalten. Spektakulär war diese Spielweise nicht gerade. Entsprechend arm an Höhepunkten waren die beiden Endspiele gegen Benfica Lissabon (1:0, 1:1).

In Anderlechts Team standen mit Torwart Jackie Munaron, den Verteidigern Hugo Broos und Michel De Groote, den Mittelfeldakteuren Ludo Coeck, Frankie Vercauteren und Juan Lozano sowie den Stürmern Alex Czerniatynski und Erwin Vandenbergh acht belgische Nationalspieler. Der jugoslawische Innenverteidiger Luka Peruzovic, der dänische Libero Morten Olsen und die ebenfalls aus Dänemark stammenden Offensivkräfte Per Friman und Kenneth Brylle komplettierten die Erfolgself. Anderlecht profitierte von der speziellen Gesetzgebung in Belgien. Im Gegensatz zu anderen Ländern war es im Königreich erlaubt, mehr als drei ausländische Akteure unter Vertrag zu nehmen.

Nach dem UEFA-Cup-Triumph von 1983 begann Anderlecht mit der Modernisierung seiner altehrwürdigen Spielstätte, die mittlerweile in Constant-vanden-Stock-Stadion umgetauft wurde. Als der Umbau sieben Jahre später endlich fertig war, hatte der Klub ein umgerechnet vierzig Millionen Euro teures Schmuckstück mit 31 VIP-

Als es wie geschmiert lief

Ein Brüsseler Gericht verurteilte Jean Elst und René van Aeken im August 1998 zu je zwei Jahren Gefängnis und zu einer Buße von umgerechnet rund 17 500 Euro. Das Gericht sah es als erwiesen an, dass die beiden Spielervermittler zwischen 1985 und 1996 verschiedene Anderlecht-Funktionäre um insgesamt 4,5 Millionen Euro erpresst hatten. Sie wussten, dass der Klub 1984 in einen Bestechungsskandal verwickelt gewesen war.
Anderlechts Präsident Constant vanden Stock (»Ich habe es doch nur gut gemeint«) hatte damals den spanischen Schiedsrichter Guruceto Muro geschmiert, um ins UEFA-Cup-Finale zu kommen. Das Halbfinal-Hinspiel hatte Nottingham zu Hause mit 2:0 gewonnen. Im Rückspiel siegte Anderlecht durch einen fragwürdigen Elfmeter in der Schlussphase mit 3:0. Als Belohnung soll der Unparteiische, der 1987 bei einem Unfall ums Leben kam, ein »Darlehen« in der Höhe von umgerechnet 25 000 Euro erhalten haben. Sorgte der Fußball-Gott für Gerechtigkeit, indem er Anderlecht das Endspiel gegen Tottenham im Elfmeterschießen mit 3:4 verlieren ließ?
Die irdische Justiz erwies sich als komplexe Angelegenheit. Die UEFA schloß Anderlecht im September 1997 »aus moralischen Gründen« für ein Jahr von allen Europapokal-Wettbewerben aus. Der Internationale Sportgerichtshof in Lausanne hob diese Sperre im Mai 1998 wieder auf, weil er zum Schluss gekommen war, dass das Exekutivkomitee der UEFA nicht für Sanktionen zuständig sei. Der »Fall Anderlecht« hätte von der juristischen Instanz der UEFA behandelt werden müssen. Aber dieser waren die Hände gebunden, weil das Vergehen in der Zwischenzeit verjährt war.

Logen und 1000 so genannten *Business-Seats* für Sponsoren – aber keine starke Mannschaft mehr.

Zugpferde wie Enzo Scifo, Morten Olsen, Georges Grun, Luis Oliveira oder Patrick Vervoort hatten Anderlecht in der Zwischenzeit den Rücken gekehrt und waren nach Deutschland, Frankreich und Italien ausgewandert, wo sie für ihre Dienste besser entlohnt wurden. In Belgien dominierten plötzlich der FC Brügge und der KV Mechelen. »Anderlecht steckt sein Geld in Beton, wir investieren lieber auf dem Rasen«, höhnten die Konkurrenten.

Weitgehend unbemerkt blieb der gleichzeitig vorangetriebene Ausbau des vereinseigenen Ausbildungszentrums, wo die RSC-Stars von morgen geformt werden sollen. Anderlechts Philosophie lautet, talentierte Spieler zu vernünftigen Preisen zu engagieren. Gesucht wird vorzugsweise in Afrika, aber auch in Osteuropa und Südamerika strecken die Anderlecht-Späher ihre Fühler aus. Dass Karrieren nicht planbar sind, musste der belgische Rekordmeister bei den Spielern Preko, Asare und Lamptey erfahren. Das Trio wurde mit Ghana 1991 U-17-Weltmeister, verschwand danach aber trotz vielen Vorschusslorbeeren weitgehend von der Bildfläche. Nur unwesentlich besser erging es Anderlecht.

Seinen letzten großen internationalen Auftritt hatte der belgische Rekordmeister 1990 mit dem Vorstoß ins Finale des Pokalsiegercups. Auf dem Weg ins Endspiel wurde unter anderem Titelverteidiger Barcelona zu Fall gebracht. In Göteborg zog die von Aad de Mos betreute Elf gegen Sampdoria Genua allerdings den Kürzeren. Die Italiener entschieden das Spiel in der Verlängerung dank zweier Tore von Gianluca Vialli zu ihren Gunsten.

Seitdem bemüht sich der RSC, den Anschluss an die europäische Elite wieder herzustellen. Dies scheint ein aussichtsloses Unterfangen zu sein, zumal sich in der belgischen Liga keine großen Geldsummen anhäufen lassen. Leistungsträger zieht es deswegen immer wieder ins Ausland. Die entstandenen Lücken versucht der RSC jeweils mit billig angeworbenen Nachwuchskräften zu füllen. Oberste Maxime war und ist die Vermeidung von Schulden. Obwohl Anderlecht in den Neunzigerjahren noch einige Meisterschaftsgewinne verzeichnen konnte, ging das Low-Budget-Konzept nicht auf. In der *Champions League* erwies sich der Klub meist als Punktelieferant, und auch in der Landesmeisterschaft bröckelte der Glanz kontinuierlich ab.

Zudem leidet Anderlecht an einem Image- und Strukturproblem. Wer will schon viel Geld ausgeben, um sich in einem *Business-Seat* Meisterschaftsspiele gegen Gegner wie Lommel, Beveren oder Molenbeek zu Gemüte zu führen? Auch die TV-Sender sind verständlicherweise nicht bereit, für solche Duelle Unsummen zu verpulvern. Es erstaunt deshalb nicht, dass die Führungsetage von Anderlecht am liebsten in einer anderen Liga spielen würde.

ERFOLGE

Belgischer Meister: 1947, 1949, 1950, 1951, 1954, 1955, 1956, 1959, 1962, 1964, 1965, 1966, 1967, 1968, 1972, 1974, 1981, 1985, 1986, 1987, 1991, 1993, 1994, 1995, 2000, 2001.
Belgischer Pokalsieger: 1965, 1973, 1975, 1976, 1988, 1989, 1994.
Europapokal der Pokalsieger: 1976, 1978.
UEFA-Pokal: 1983.

Bekannteste Spieler: Albert – Andersen – Arnesen – Babayaro – Baseggio – Boffin – Bosman – Bryille-Larsen – Coeck – Crasson – De Bilde – De Gryse – Demol – Devrindt – De Wilde – De Wolf – Dockx – Dusbaba – Emmers – Friman – Geurts – Goor – Grun – Gudjohnsen – Haan – Hanon – Heylens – Jurion – Koller – Krncevic – Lamptey – Lippens – Lozano – Meert – Mermans – Mulder – Munaron – Musonda – Nilis – Oliveira – Olsen – Radzinski – Perusovic – Preko – Puis – Rensenbrink – Renquin – Ruiter – Ressel – Scifo – Selymes – Seol – Staelens – Stockman – Stoica – Taument – Thissen – Trappeniers – Vaillant –van Binst – van de Daele – Vandenbergh – van der Elst –Valet – Vandereycken – Vanderlinden – van Himst – Vansenbosche – van Tiggelen – Verbiest – Vercauteren – Versavel – Vervoort – Walem – Zetterberg.
Bekannteste Trainer: Anthuenis – Boskamp – Croon – De Mos – Goethals – Gormlie – Haan – Ivic – Kessler – Leekens – Neumann – Perusovic – Sinibaldi – van Himst.

Die Idee einer »Atlantik-Liga« mit den besten Teams aus Holland, Belgien, Schottland, Dänemark, Schweden und Portugal musste auf Druck der UEFA fallengelassen werden. Noch nicht vom Tisch ist jedoch der Plan einer Benelux-Liga, in der sich die besten belgischen und holländischen Teams messen sollen. Mit diesem neuen »Fußball-Machtblock« in Nordwest-Europa könnte die immer größer werdende Kluft mit den reicheren Ligen des Kontinents ein wenig geschlossen werden. Einen ersten Schritt in diese Richtung haben die beiden Länder mit der erfolgreichen Durchführung der EM 2000 bereits getan, bei der aber besonders für die Belgier der erhoffte Erfolg ausblieb.

Happel kam, sah – und Brügge siegte

Brügge gehört zu den schönsten Städten Belgiens. Die gut erhaltene mittelalterliche Altstadt sowie die romantischen Kanäle locken Jahr für Jahr Hunderttausende von Touristen ins »Venedig des Nordens«. In der Wahrnehmung vieler Fußball-Fans war Brügge jedoch jahrzehntelang inexistent. Erst in den Siebzigerjahren des zwanzigsten Jahrhunderts begann der *Club Brügge*, das sportliche Aushängeschild der Stadt, international auf sich aufmerksam zu machen. Das ist insofern erstaunlich, als dass der Hauptort der Küstenprovinz Westflandern wegen seiner Nähe zur britischen Insel über eine lange Fußball-Tradition verfügt.

CLUB BRUGGE KONINKLIJKE VOETBALVERENIGING
Gründungsdatum: 1. November 1891.
Anschrift: Club Brugge, Olympialaan 74, 8200 St.-Andries-Brugge, Belgium.
Internet: www.clubbruges.be
Stadion: Jan-Breydel-Stadion, Fassungsvermögen: 29 513 Zuschauer.
Vereinsfarben: Schwarz und Blau.

Den ersten Verein der Stadt, den *Brugsche Football Club*, hatten Studenten des *English College* am 1. November 1891 ins Leben gerufen. Die humanistisch gebildeten Söhne wohlhabender Handelsleute hielten ihr Lebensmotto im schwarzblauen Wappen des Vereins fest. Der lateinische Spruch *Mens sana in corpore sano* besagt, dass zu einem gesunden Geist auch ein gesunder Körper gehört. Die Harmonie unter den Fußball-Freunden währte allerdings nicht lange. Schon bald kam es zu Unstimmigkeiten. Diese führten dazu, dass einige Sezessionisten 1892 den *Football Club Brugeois* gründeten.

Am 28. Oktober 1897 begruben die beiden Vereine das Kriegsbeil wieder und spannten unter dem Namen *FC Brugeois* zusammen. Die Allianz war notwendig geworden, um gegen die wachsende Konkurrenz des *Vlaamsche Voetbal Club* und des *Rapid FC Bruges* bestehen zu können. Letztere beiden Klubs wiederum fusionierten 1899 zum *Cercle Sportif Bruges*. Heute streiten sich der *Club Brugge Koninklijke Voetbalvereniging* und die *Koninklijke Sportvereniging Cercle Brugge* um die Vorherrschaft in der Stadt.

Ceulemans – der Rekordmann

Bei den großen Erfolgen des FC Brügge unter Trainerlegende Happel war er noch nicht dabei. Trotzdem gehört Jan Ceulemans zu den ganz Großen in der Geschichte des Klubs. Insgesamt 407 Spiele bestritt er im Trikot mit den blauen und schwarzen Streifen. Das bedeutet ebenso Klubrekord wie die 191 Tore, die er dabei erzielte – zuerst als Stürmer, später als Mittelfeldstratege. Jahrelang war Ceulemans auch Kapitän der belgischen Nationalmannschaft. Er bestritt 96 Länderspiele – so viele wie kein anderer Belgier. Millionen-Offerten aus dem Ausland hat er stets abgelehnt. 1980 wollte ihn die AC Milan unbedingt verpflichten. Ceulemans hörte auf den Rat seiner Mutter und gab den Italienern einen Korb.

Unermüdlich: Jan Ceulemans lief 407 Mal für den FC Brügge auf, erzielte dabei 191 Tore. Beide Werte bedeuten Klubrekord. Dazu bestritt er 96 Länderspiele – so viele wie kein anderer Belgier.

Der 1920 errungene Meistertitel blieb ein halbes Jahrhundert lang der einzige nennenswerte Erfolg des Club Brügge. Im Meisterjahr erwarb der Verein für 40 000 belgische Francs das Gelände, auf dem sich das Klokke-Stadion befand. Ohne die großzügige Unterstützung von Präsident und Mäzen Albert Dyserynck wäre der Kauf nicht möglich gewesen. Der finanziellen Not gehorchend verschacherte man 1934 und 1941 jeweils einige Teilstücke dieser Parzelle. Nur dadurch konnte das Überleben des Vereins gesichert werden.

Brügges Existenzsorgen rissen jedoch nicht ab. Nach der Befreiung Belgiens durch die Alliierten sperrte der nationale Fußball-Verband sämtliche Akteure, die während des Krieges zum Spiel gegen die »Wehrmacht Fußball-Mannschaft Burgenstein Noris« aufgelaufen waren. Der Verein setzte sich gegen den Vorwurf der Kollaboration und des Landesverrats mit allen juristischen Mitteln zur Wehr. Mit der Begründung, die Spieler seien zu dieser Partie gezwungen worden, erreichte er schließlich eine Aufhebung des Bannes.

Unter dem rumänischen Trainer Norberto Höfling schaffte die »Fahrstuhl-Mannschaft« Brügge 1959 abermals den Aufstieg in die höchste Spielklasse. Herausragend war der Spielmacher Fernand Goeyvaerts. Er war wegen seinen Eskapaden mindestens ebenso gefürchtet wie wegen seinen Finten auf dem Platz. Nach einer Niederlage gegen Anderlecht und einem Streit mit Trainer Höfling erklärte das *enfant terrible* 1961 mitten während der Saison seine Karriere für beendet. Ein Jahr später trauten viele Belgier ihren Ohren nicht, als sie die Nachricht hörten, der FC Barcelona habe Goeyvaerts unter Vertrag genommen. Obwohl sich der vermeintliche Superstar bei den Katalanen nicht durchsetzen konnte, gelang ihm das Kunststück, wenige Monate später bei Real Madrid unterzukommen. Wer die Fußball-Geschichte ein wenig kennt, weiß, dass Goeyvaerts auch bei den Madrilenen keine tiefen Spuren hinterlassen hat.

Der Club Brügge näherte sich derweil Schritt für Schritt der Spitze des belgischen Fußballs. Die Qualitäten des Teams waren typisch belgischer Art: kampfstark, diszipliniert und gut organisiert in der Verteidigung. Der bodenständige Fußball der Halbprofis wurde 1968 und 1970 mit dem Gewinn des belgischen Pokals belohnt. Es handelte sich um die ersten nennenswerten Erfolge des Vereins seit über einem halben Jahrhundert.

Die überragende Figur in den Reihen der Blau-Schwarzen war Raoul Lambert. Seine Kraft, seine Beweglichkeit und sein Torriecher machten ihn schnell zum Publikumsliebling. An seiner Seite spielten – auch in der Nationalelf – der rechte Außenverteidiger Alfons Bastijns sowie der rechte Flügel Johny Thio. In der Verteidigung gab der schwedische Kapitän Kurt Axelsson die Kommandos. Zu diesen vier Leitwölfen gesellte sich ein wenig später noch Nicolaus Robert (»Rob«) Rensenbrink, der Linksaußen, der mit der holländischen Nationalelf 1974 und 1978 Vizeweltmeister wurde.

In den Siebzigerjahren schrieb der Club Brügge das ruhmreichste Kapitel seiner Geschichte. Mit der offiziellen Einführung des Vollprofitums (1972), der Verpflichtung des österreichischen Trainers Ernst Happel (kam 1975 vom FC Sevilla) und dem Bau des Olympia-Stadions (1975 vollendet) wurde eine erfolgversprechende Basis geschaffen. Mit Happel gewann Brügge 1976, 1977 und 1978 die belgische Meisterschaft. Im Europacup blieb trotz zahlreichen Galavorstellungen der absolute Triumph versagt. Der legendäre FC Liverpool zeigte Brügge zweimal den Meister.

1976 warf Happels Elf im UEFA-Cup der Reihe nach Olympique Lyon, Ipswich Town, die AS Roma, die AC Milan und den Hamburger SV aus dem Rennen. Die Namen Jensen, Bastijns, Krieger, Leekens, Volders, Cools, Vandereycken, De Cubber, van Gool, Lambert und LeFèvre waren plötzlich in ganz Europa ein Begriff. Im Endspiel war Brügge drauf und dran, auch dem FC Liverpool ein Bein zu stellen. 2:0 lag der Außenseiter nach 13 Minuten auf der Anfield Road in Front. In der zweiten Halbzeit drehten die *Reds* den Spieß: 3:2 endete das Hinspiel. Im Rückspiel am 19. Mai 1976 war ganz Flandern bereit, seine Helden zu feiern. Lambert schoss nach elf Minuten das 1:0. Aber schon vier Minuten später glich Keegan aus. Nach dem 1:1 durften die Engländer mit dem Pott eine Siegerrunde im Olympia-Stadion drehen.

1978 bot sich Brügge die Gelegenheit zur Revanche. Im Europacup der Landesmeister wurden der finnische Vertreter Kuopio PS sowie Panathinaikos Athen, Atlético Madrid und Juventus Turin eliminiert. Im Finale traf Happels Elf erneut auf den FC Liverpool, der im Londoner Wembley-Stadion praktisch ein Heimspiel bestreiten konnte. Die Mehrheit der 92 000 Zuschauer wollte Liverpools erneuter Krönung beiwohnen. Doch Happel hatte sein Team nicht auf eine Pilgerfahrt über den Kanal eingestimmt. Brügge schlug sich tapfer. Bis zur 64. Minute stand die Partie offen. Aus der Sicht der Belgier war schließlich der Schotte Kenny Dalglish der Spielverderber, die Engländer wiederum feierten ihn als Matchwinner. Liverpool 1, Brügge 0. Dieses Ergebnis leuchtete auch nach neunzig Minuten auf der Anzeigetafel.

Happel ahnte, dass er aus seiner Mannschaft das Maximum herausgeholt hatte. Er brach seine Zelte in der Hansestadt 1979 ab und unterschrieb beim Ligakonkurrenten Standard Lüttich einen lukrativen Zweijahresvertrag.

Startprobleme vor dem Höhenflug

Der sportliche Durchbruch in den Siebzigerjahren gelang dem Club Brügge nicht zuletzt dank den ausländischen Leistungsträgern Kurt Axelsson (Schweden), Ulirk LeFèvre (Dänemark) sowie den Holländern Ruud Geels, Nico Rijnders und Rob Rensenbrink. Die Dienste dieser Akteure waren allerdings nicht ganz billig. Auf alle Fälle reichten die Sponsoring- und Zuschauereinnahmen im Klokke-Stadion mit seinen 22 000 Plätzen nicht aus, um das Budget im Lot zu halten. Nach dem zweiten Meistertitel von 1973 drückte den Klub eine Schuldenlast von rund 60 Millionen Francs.

Brügges Bürgermeister Michael van Maele machte sich in dieser Zeit für den Bau des Olympia-Stadions stark. Privatpersonen standen für die Schulden des Vereins gerade, die schließlich durch einen Immobiliendeal und Investitionen *»à fonds perdu«* abgetragen werden konnten. Im 1975 eröffneten Olympia-Stadion spielte der Club Brügge wie befreit auf: In den Jahren 1976, 1977 und 1978 wurde ein Titel-Hattrick geschafft.

Seitdem hat Brügge auf der internationalen Bühne nur noch selten geglänzt. National konnte sich der Klub dank Eigengewächsen wie den Gebrüdern Frank und Leo van der Elst, Jan Ceulemans oder Mark Degryse auffangen. Der erste Titelgewinn nach einer achtjährigen Durststrecke verdankte Brügge 1988 in erster Linie seiner ausgezeichneten Nachwuchsförderung und seiner geschickten Transferpolitik. Erinnert sei in diesem Zusammenhang etwa an den französischen Torjäger Jean-Pierre Papin, der in seiner Heimat in der Anonymität der zweiten Liga gekickt hatte, ehe er via Brügge zu einer Weltkarriere (Marseille, Milan, München) startete. Auch bei der Verpflichtung des Australiers Frank Farina, des Nigerianers Daniel Amokachi oder der Kroaten Robert Spehar und Mario Stanic bewiesen die Talentspäher aus Brügge viel Sachverstand.

ERFOLGE:
Belgische Meisterschaft: 1920, 1973, 1976, 1977, 1978, 1980, 1988, 1990, 1992, 1996, 1998, 2003.
Belgischer Pokal: 1968, 1970, 1977, 1986, 1991, 1995, 1996, 2002.

Bekannteste Spieler: Addo – Amokachi – Axelsson – Bastijns – Borkelmans – Brylle-Larsen – Booy – Broos – Carteus – Ceulemans – Coeck – Cools – Davies – Deflandre – Devriendt – Degryse – Disztl – Eijkelkamp – Farina – Gonne – Goeyvaerts – Houwaert – Jensen – Krieger – Lambert – Leekens – LeFèvre – Maes – Mamadou – Medved – Meeuws – Papin – Rensenbrink – Rijnders – Sanders – Spehar – Staelens – Stanic – Thio – van den Daele – van der Elst – van Gool – Vereycken – Verheyen – Vermont – Wellens.
Bekannteste Trainer: Broos – Canjels – De Munck – Gerets – Gress – Happel – Höfling – Houwaert – Leekens – Kohn – Sollied – Verheyen.

In der Führungsetage und im Umfeld des Klubs ist man sich bewusst, dass bei einem Budget von 12 bis 15 Millionen Euro keine großen Sprünge möglich sind. Entsprechend realistisch wird geplant. Kontinuität wird groß geschrieben und die Arbeit der Trainer nicht nach jeder Niederlage in Frage gestellt. Hugo Broos betreute den Klub sechs Jahre lang, ehe er 1997 Erik Gerets Platz machte. Als Gerets zwei Jahre später vom PSV Eindhoven abgeworben wurde, rückte René Verheyen nach sieben Jahren als Assistenztrainer für kurze Zeit ins erste Glied. Der Norweger Trond Sollied bekam anschließend die Aufgabe, den eingeschlagenen Weg fortzusetzen und den Verein ins neue Jahrtausend zu führen.

Mit dem Gewinn der Meisterschaft in den Jahren 1990, 1992, 1996, 1998 und 2003 (und den Vizemeisterschaften von 1994, 1997, 1999, 2000, 2001, 2002) hat Brügge seinen Anspruch auf eine Führungsrolle im belgischen Fußball unterstrichen. Den Blau-Schwarzen wird im Königreich zusammen mit dem Rekordmeister RSC Anderlecht das größte Potenzial attestiert. In den internationalen Wettbewerben war der Club Brügge im Frühling allerdings nur in Ausnahmefällen noch vertreten. So etwa 1992, als die Elf erst im Halbfinale des Europapokals der Pokalsieger am späteren Sieger Werder Bremen scheiterte.

Weniger ehrenvoll war das Abschneiden in der *Champions League*, ein Jahr später. Bis heute ist nicht geklärt, ob sich Olympique Marseille beim 1:0-Sieg ausschließlich dank seiner spielerischen Klasse durchsetzte. Gerüchten zufolge sollen Tapies Handlanger einige Brügge-Spieler bestochen haben.

Höhenflug mit Bruchlandung

Das Industriegebiet von Lüttich (französisch Liège) ist eines der ältesten Europas. Als Bergbaustadt und Zentrum der Waffenherstellung erlebte der wallonische Hauptort im 19. Jahrhundert eine Blütezeit. Die florierende Stahlindustrie lockte zahlreiche Arbeiter an, darunter auch Briten. Diese spielten in ihrer Freizeit häufig Fußball und traten als Vereinsgründer in Erscheinung. Der 1892 geschaffene *Football Club Liège* nahm im belgischen Fußball eine Pionierrolle ein. Die erste Landesmeisterschaft, die in der Saison 1895/96 ausgetragen wurde, gewann er. In den Jahren 1898 und 1899 folgten weitere Titelgewinne.

Die Auftritte des FC Lüttich beeindruckten einige Studenten des katholischen *Collège Saint-Servais* derart, dass sie beschlossen, ebenfalls einen Verein ins Leben zu rufen. Am 27. Mai 1898 war es soweit: Der *Standard Football Club Liège* war geboren. Der Name sollte an das große Vorbild erinnern, den Standard Athletic Club Paris, dem damals in Frankreich der Ruf der Unschlagbarkeit vorauseilte. Als Klubfarben bestimmten die jungen Gründerväter Rot und Weiß. »Das sind die Farben der Freude, der Jugend, der Leidenschaft und des Zukunftsglaubens«, erklärte Joseph Debatty, der erste Standard-Präsident.

Zum Glück verfügten die jungen Vereinsgründer über viel Optimismus und Enthusiasmus. Denn in seinen ersten Jahren wurde Standard vor harte Bewährungsproben gestellt. Vom Spielfeld in Cointe, wo der FC Lüttich Hausherr war, wurden die Studenten verjagt. Im Parc de la Boverie fanden sie eine neue Spielstätte. Doch auch dieses Glück war nur von kurzer Dauer. Wegen der Expo von 1905 musste sich Standard erneut eine neue Heimat suchen. Man ließ sich vorerst in Grivegnée nieder. Die Wanderjahre hatten erst 1908 ein Ende, als der Verein im Industrieviertel Sclessin in der Nähe des Maas-Ufers ein geeignetes Gelände fand. Für eine Jahresgebühr von 300 belgischen Francs gewährten die Gebrüder Deprez dem Verein Unterschlupf.

ROYAL STANDARD DE LIÈGE
Gründungsdatum: 27. Mai 1898.
Anschrift: Royal Standard de Liège, Rue de la Centrale 2, 4000 Sclessin-Liège, Belgium.
Internet: www.standard.be
Stadion: Stade Maurice Dufrasne »Sclessin«, Fassungsvermögen: 30 000 Zuschauer.
Vereinsfarben: Rot und Weiß.

In Sclessin konnte Standard seine ersten Erfolge feiern, etwa den Aufstieg in die höchste Spielklasse (1909). Während des Ersten Weltkrieges brach allerdings vieles wieder zusammen. Wesentlich schlimmer als der Abstieg im Jahr 1913 wog für den Verein der Verlust von insgesamt zwanzig Spielern. Sie kamen in den Grabenkämpfen an der Front ums Leben. Erst 1922 gelang Standard der Wiederaufstieg. Seitdem war der Klub immer erstklassig, zumindest was die Ligazugehörigkeit betrifft.

In der höchsten Spielklasse setzten *Les Rouges* (»die Roten«) zunächst kaum Akzente, einmal abgesehen von den Vizemeisterschaften in den Jahren 1925, 1927 und

1935. Allerdings traf der Vorstand in den Zwanzigerjahren einige weitsichtige Entscheidungen. So wurde der Verein im September 1922 in eine Aktiengesellschaft umgewandelt. Zudem beschloss man den Kauf des zwei Hektar umfassenden Stadiongeländes zum Preis von 14 Francs pro Quadratmeter. Treibende Kraft hinter diesen beiden Projekten sowie dem Ausbau des Stadions auf 20 000 Plätze war Präsident Maurice Dufrasne. Ihm zu Ehren heißt die Arena heute offiziell *Stade Maurice Dufrasne »Sclessin«*.

Hohe Rendite

Bis im Sommer 2001 beschränkte sich der Bekanntheitsgrad von Daniel van Buyten auf Belgien. Das änderte sich, als Olympique Marseille den damals 23-jährigen Verteidiger verpflichtete. Standard kassierte eine Ablösesumme von umgerechnet rund 23 Millionen Euro. Van Buyten, der zwei Jahre zuvor für nur rund 300 000 Euro von Charleroi nach Lüttich gekommen war, wurde damit zum teuersten belgischen Fußballer.

Auch mit Stürmer Emile Mpenza machte Standard 1999 ein dickes Geschäft. Schalke 04 überwies für den dunkelhäutigen Angreifer 17 Millionen Mark. Kein Bundesligist hatte bis dato mehr Geld für einen Angestellten ausgegeben.

Aus der damaligen Zeit stammt auch das Adjektiv *royal*, das bis heute den Klubnamen schmückt. Anderlecht und Brügge sowie zahlreiche weitere Klubs des Landes tragen diesen Titel übrigens ebenfalls. Jede belgische Gesellschaft kann den Ehrentitel *royal* beziehungsweise *koninklijk* (»königlich«) erhalten, wenn sie sich während eines bestimmten Zeitraums tadellos aufgeführt hat. Standard erhielt den Titel zu seinem 25-jährigen Jubiläum.

Seinen 50. Geburtstag feierte der *Royal Standard Club* 1948 noch in einem bescheidenen Rahmen. Eine ganz neue Dimension eröffnete sich dem Verein fünf Jahre später, als es Geschäftsführer Roger Petit gelang, den Industriekapitän Paul Henrard fürs Fußball-Geschäft respektive für das Präsidentenamt von Standard zu begeistern. Petit hatte die Vision, in Lüttich ein internationales Spitzenteam aufzubauen. »Gebt mir 500 Millionen Francs und ich mache aus Standard den größten Verein Europas«, sagte er einmal. Wohlgemerkt: Der Verein hatte bis dato weder in der nationalen Meisterschaft noch im Pokal eine Trophäe erobern können.

Dieser Zustand änderte sich 1954 mit dem Pokalsieg und, vier Jahre später, mit dem Gewinn des ersten Meistertitels. Im folgenden Europapokal der Landesmeister machte Standard auch international auf sich aufmerksam, indem es Hearts of Midlothian und Sporting Lissabon eliminierte. Im Viertelfinale besiegten die Belgier im Hinspiel zwar den französischen Meister Stade Reims mit 2:0, doch im Rückspiel nützte auch die Unterstützung von 6000 mitgereisten Anhängern nichts: Reims behielt mit 3:0 die Oberhand.

Dieser Rückschlag warf die Elf nicht aus der Bahn. Die Leistungskurve zeigte auch in den folgenden Jahren nach oben. Der Zweikampf Anderlecht gegen Standard prägte in den Sechzigerjahren die belgische Meisterschaft. 1961 und 1963 sowie 1969, 1970 und 1971 hatte der Arbeiterklub aus Lüttich die Nase vorn.

Als Meistermacher gingen der ungarische Trainer Geza Kalocsay, der französisch-österreichische Turnlehrer Auguste (»Gusti«) Jordan sowie der Elsässer René Hauss in die Geschichte ein. Die Standard-Idole jener Jahre waren der langjährige Kapitän Léon Semmeling (er bestritt über 600 Spiele für Standard), die Torhüter Jean Nicolay und Christian Piot, der Spielmacher Wilfried van Moer sowie die Angreifer Roger Claessen, Antal Nagy, Erwin Kostedde und Harald Nickel. Offiziell wurde das Vollprofitum in Belgien erst 1972 eingeführt. Doch schon in den Sechzigerjahren hatte es sich bis weit über die Landesgrenzen hinaus herumgesprochen, dass talentierte Kikker in Lüttich eine üppige Lohntüte in Empfang nehmen konnten.

Die »Amateure« von Standard erreichten in dieser Zeit im Europacup zweimal das Halbfinale. Dort bildeten Real Madrid (1963) und Bayern München (1967) jedoch zu hohe Hürden. Die Trauer über diese Niederlagen hielt sich in Wallonien in Grenzen. Immerhin hatte sich Standard in Europa einen Namen gemacht und dafür gesorgt, dass mit dem Stichwort »Lüttich« nicht mehr nur die Schwerindustrie, der Bergbau oder die Großbrauereien assoziiert wurden.

In den ersten zwanzig Jahren des Europapokals hatte Standard insgesamt 72 Punkte erobert. Damit belegte der Klub 1974 den respektablen 9. Rang in der UEFA-Wertung. Erzrivale Anderlecht rangierte in dieser Wertung damals mit 41 Punkten lediglich auf dem den 32. Platz.

Das langsame Abrutschen ins Mittelmaß stoppte Standard im Sommer 1979 mit der Verpflichtung des Trainer-Gurus Ernst Happel. Der Österreicher war dem Club Brügge abspenstig gemacht worden. Obwohl der »Grantler« nur zwei Jahre in Lüttich blieb, war sein Engagement ein Glücksfall für den Klub. Im September 1980 beispielsweise deklassierte Standard in der Meisterschaft Brügge, das belgische Vorzeige-Team der Siebzigerjahre, mit 7:0. Raymond Goethals setzte ein Jahr später Happels Aufbauarbeit erfolgreich fort.

ERFOLGE

Belgischer Meister: 1958, 1961, 1963, 1969, 1970, 1971, 1982, 1983.
Belgischer Pokalsieger: 1954, 1966, 1967, 1981, 1993.

Bekannteste Spieler: Bukal – Bodart – Bosman – Bottéron – Capelle – Claessen – Cruz – Czerniatynski – Demol – Dewalque – Dimas – Edström – Galic – Gellis – Genaux – Gerets – Goossens – Haan – Hermosillo – Houf – Hrubesch – Kostedde – Léonard – Meeuws – Emile Mpenza – Mbo Mpenza – Nickel – Nicolayen – Nagy – Okpara – Önal – Patzke – Piot – Plessers – Preud'homme – Prosinecki – Raskin – Renquin – Rozental – Semmeling – Sigurvinsson – Spronk – Stelea – Sztani – Tahamata – Takac – Thissen – Thys – Vandersmissen – van Moer – Vidmar – Vliers – Voordeckers – Vos – Wegry – Walem – Wendt – Wilmots.
Bekannteste Trainer: Bollens – de Mos – Goethals – Haan – Happel – Hauss – Ivic – Jordan – Kalocsay – Kessler – Markovic – Preud'homme – Rion – Pavic – Thissen – van der Hart – Vandereycken – Waseige.

Zu den bisherigen Leistungsträgern Simon Tahamata, Jos Daerden, Michel Preud'homme, Erik Gerets und Guy Vandersmissen gesellten sich noch die Neuverpflichtungen Arie Haan, Walter Meeuws, Benny Wendt und René Bottéron. Durch sie gewann die Mannschaft weiter an Substanz und taktischer Raffinesse. Standard war zu Beginn der Achtzigerjahre wohl diejenige Equipe Europas, welche die Abseitsfalle am perfektesten beherrschte. Die Verteidiger spielten auf einer Linie, Libero Gerets gab

Stand bei Standard und in der Nationalmannschaft seinen Mann: Verteidiger Walter Meeuws

im richtigen Augenblick das Kommando, zwei Schritte vorzugehen, womit der Gegner, dutzendfach in einer Partie, ins Leere lief.

Neben den beiden Meistertiteln von 1982 und 1983 bildete das Erreichen des Endspiels im Europapokal der Pokalsieger den Höhepunkt der Ära Goethals. Das Finale fand im Nou-Camp-Stadion statt, der Gegner war ausgerechnet der Heimklub, der FC Barcelona. Zwar schoss Vandersmissen die Belgier schon in der 6. Minute in Führung, doch Quini und Simonsen drehten das Spiel mit ihren beiden Treffern noch zu Gunsten der Katalanen. Preud'homme, Gerets, Meeuws, Poel, Plessers, Daerden, Vandersmissen, Haan, Tahamata und Wendt standen an jenem 12. Mai 1982 in der Startformation.

Diese Aufstellung können in Wallonien heute noch viele Leute auswendig aufsagen, weil es die letzte große Standard-Elf war. Allerdings ist die Erinnerung an sie nicht die beste. Schuld daran hat ein Bestechungsskandal, der im Februar 1984 aufgedeckt wurde. Standard-Spieler und Funktionäre hatten zwei Jahre zuvor die Mannschaft von THOR Waterschei geschmiert, um auf dem Weg zur siebten Meisterschaft keine böse Überraschung zu erleben. Geschäftsführer Petit, Trainer Goethals und die Spieler Meeuws, Gerets und Plessers wurden gesperrt. Standards Höhenflug endete mit einem brutalen Absturz: Die Mannschaft fiel auseinander, das Publikum kehrte dem Verein den Rücken und der Staat forderte Steuernachzahlungen.

Die Zeit nach dem Zäsurjahr 1984 lässt sich am besten mit den Worten Pleiten, Pech und Pannen zusammenfassen. 1984, 1988, und 1989 stieß Standard in den nationalen Cupfinal vor – und verlor jeweils. Ironie des Schicksals war dabei, dass der siegreiche Gegner zweimal von Ex-Trainer Goethals betreut wurde.

Der Erfolg hatte Standard verlassen. Was blieb, war der glanzvolle Name. Und der lockte dubiose Investoren an. Etwa den kalifornischen Millionär Milan Mandaric, Besitzer zahlreicher Informatik-Firmen im Silicon-Valley und des französischen Klubs OGC Nizza. Sein Übernahmeangebot lehnte die Vereinsführung aber ebenso ab wie eine Anfrage von Finanzjongleur Bernard Tapie, der aus Standard 1986 ein zweites Marseille machen wollte.

Zu einer Zusammenarbeit mit Olympique Marseille und dessen Präsident Robert-Louis Dreyfus kam es dann aber doch noch, und zwar Ende der Neunzigerjahre. Der Adidas-Boss stellte Standard, das 1996 mit dem Klub Seraing fusioniert hatte, eine Milliarde belgischer Francs zur Verfügung. Damit wurden Schulden getilgt, eine Kapitalerhöhung vorgenommen, neue Spieler gekauft und ein überdachtes Trainingsgelände gebaut. Außerdem brachte Dreyfus Trainer Tomislav Ivic mit. Der Kroate hielt es in Lüttich aber ebenso wenig bis zum Vertragende aus wie seine illustren Vorgänger Arie Haan (der Standard 1993 immerhin zum Cupsieg und zur Vize-Meisterschaft geführt hatte) und Aad de Mos, der mit seiner sturen und rechthaberischen Art schon bei Werder Bremen am Widerstand der Spieler gescheitert war.

Standard gelang es in den Neunzigerjahren trotz Nationalspielern wie Marc Wilmots, Philippe Léonard, Michael Goossens, Régis Genaux oder den Gebrüdern Emile und Mbo Mpenza nie, in der nationalen Meisterschaft aus dem Schatten von Anderlecht oder Brügge zu treten.

All die erwähnten Akteure wählten den Weg ins Ausland, den ihnen ein ehemaliger Mitspieler durch sein langjähriges Klagen vor Gericht geebnet hatte. Jean-Marc Bosman bestritt für Standard insgesamt 15 Europapokalspiele und stand 25-mal in der Jugendnationalmannschaft Belgiens. Weltberühmt wurde er jedoch erst, als ihm 1995 der europäische Gerichtshof in Luxemburg Recht gab. Bosman hatte es mit Hilfe seiner Anwälte geschafft, das europäische Transfersystem zum Einsturz zu bringen.

Schwer zu stoppen: Belgiens Mbo Mpenza, hier im Zweikampf mit Roberto Carlos. Er wurde zusammen mit seinem anderthalb Jahre jüngeren Bruder Emile bei Standard groß. Während Emile 1999 zu Schalke wechselte, zog es Mbo nach Portugal zu Sporting Lissabon.

Der Paradiesvogel und das trockene Blatt

Lunte, Brandstifter oder Heisssporn sind mögliche Übersetzungen für das portugiesische Wort *botafogo*. Botafogo ist aber auch der Name eines Stadtviertels von Rio de Janeiro, das für seine wunderbare Aussicht auf die 38 Meter hohe Christusstatue auf dem Corcovado bekannt ist. In diesem belebten Quartier wurde am 12. August 1904 ein gleichnamiger Fußball-Verein gegründet, dessen Maskottchen lange Zeit die Comic-Figur Donald Duck war.

Als sich Botafogo 1957 für das Endspiel der Rio-Meisterschaft gegen Fluminense qualifizierte, versprach Spielmacher Didi: »Wenn wir gewinnen, dann laufe ich barfuß zu unserem Vereinssitz zurück.« Botafogo demütigte Didis Ex-Klub Fluminense im Maracanã-Stadion mit 6:2. Der knapp zehn Kilometer lange Rückweg an die General-Severiano-Straße kam einem Triumphzug gleich. Fünftausend Fans begleiteten Didi. Nach und nach entledigten sie ihn seiner Spielkleidung. Sein Trikot zogen sie einem Männchen (*Manequinho*) über, einer Statue, die sich in der Nähe des Vereinssitzes befand.

Als der Walt-Disney-Konzern 1991 Lizenzgebühren für die Nutzung von Donald Duck verlangte, verzichtete der Verein fortan auf die Glücksbringerdienste der tolpatschigen Ente im Matrosenanzug. Stattdessen wurde das *Manequinho* zum offiziellen Maskottchen des *Botafogo de Futebol e Regatas* befördert.

BOTAFOGO DE FUTBOL E REGATAS
Gründungsdatum: 12. August 1904.
Anschrift: Botafogo de Futbol, Av. Venceslau Braz, 72, Botafogo, CEP 22.290-140 Rio de Janeiro, Brasil.
Internet: www.botafogo.com
Stadion: Estádio Caio Martins, Fassungsvermögen: 12 000 Zuschauer.
Vereinsfarben: Schwarz und Weiß.

Seinen Namen verdankt der Klub Dona Chiquitota, der Großmutter des Vereinsgründers Flavio Silva Ramos. Als der 14-Jährige zur zweiten Gründungssitzung aufbrach, erkundigte sich Dona Chiquitota beiläufig nach dem Namen, den die Jugendlichen ihrem Klub geben wollten. Diese hatten an *Eletro Clube* gedacht, weil sie sich in der Nähe einer mit Neonlicht beleuchteten Garage treffen wollten. Damit war Dona Chiquitota aber überhaupt nicht einverstanden. »In unserem Quartier kann ein Verein nur Botafogo heissen«, stellte sie klar. Das leuchtete den jungen Vereinsgründern ein. Der *Botafogo Football Club* war geboren.

Botafogo trat von Anfang an in schwarz-weißen, längsgestreiften Trikots an, denn einer der Initianten, Itamar Tavares, war zuvor in Italien gewesen und schwärmte von Juventus Turin. Sechs Klubs, darunter auch Botafogo, nahmen 1906 an der ersten Meisterschaft von Rio de Janeiro teil, dem so genannten *Campeonato Carioca*. Siebzehn Mal gewann Botafogo diesen Wettbewerb im Laufe des zwanzigsten Jahrhunderts, erstmals 1907.

Eine erste Glanzzeit erlebten die *Alvinegros* in den Dreißigerjahren. 1930, 1932, 1933, 1934 und 1935 beendeten sie die Regionalmeisterschaft auf Rang eins. Publikumsliebling war in jener Zeit der Angreifer Carvalho Leite. Er erzielte 274 Tore für Botafogo und nahm mit der brasilianischen Nationalelf an zwei WM-Turnieren teil, 1930 in Uruguay und 1934 in Italien. Wegen einer Verletzung musste er seine Karriere 1941 im Alter von erst 29 Jahren unfreiwillig beenden.

Zu seinem Nachfolger avancierte Helenio de Freitas, ein Exzentriker und Dickschädel, der die Mehrzahl seiner 204 Tore mit dem Kopf erzielte. Titelehren blieben Helenio de Freitas im Trikot mit dem Stern auf der Brust allerdings verwehrt. Zwischen 1944 und 1947 belegte Botafogo viermal in Serie den zweiten Platz. Nachdem de Freitas 1948 an die Boca Juniors nach Argentinien verkauft worden war, eroberte Botafogo prompt den Meistertitel Nummer acht.

Offiziell hieß der Verein mittlerweile *Botafogo Futbol e Regatas*. Denn am 8. Dezember 1942 hatten der *Football Club Botafogo* und die Ruderer vom *Clube de Regatas Botafogo* fusioniert.

Die ruhmreichste Phase des *Fogão* begann in den Fünfzigerjahren und war eng mit dem 20-jährigen Jüngling aus dem Vorort Pau Grande verbunden, der im Juni 1953 schüchtern um ein Probetraining gebeten hatte. »Es muss Botafogo wirklich schlecht gehen, wenn sie jetzt schon Behinderte zum Probetraining einladen«, spotteten die Zaungäste damals. Auch Trainer Gentil Cardoso war skep-

Böse Geister

Der Sportjournalist Geraldo Romualdo da Silva träumte 1945, dass Botafogo das kommende Spiel verlieren würde. Um dem Team kein Pech zu bringen, hielt er sich den ganzen Tag vom Mannschaftshotel fern. Es brachte nichts. Romualdos Albtraum wurde Wirklichkeit, Botafogo verlor. Fortan wachten die abergläubischen Vereinsbosse jeden Freitagabend darüber, dass der Journalist nicht einschlief. Der Unheilbringer wurde ins Kasino und in Bars ausgeführt, einzig mit dem Zweck, ihn wach zu halten. Eine ganze Saison lang durfte er jeweils in der Nacht vor dem Spiel kein Auge zutun. Die Maßnahme half nur bedingt, denn Botafogo landete am Schluss auf dem zweiten Platz.

Carlito Rocha, in den Dreißiger- und Vierzigerjahren Klubpräsident, kannte zahlreiche Methoden, um böse Geister von der Mannschaft fernzuhalten. Auf dem Weg zu einem Spiel gegen Flamengo wurde der Mannschaftsbus einmal absichtlich in eine Einbahnstraße gelotst. Rocha untersagte dem Fahrer, den Rückwärtsgang einzulegen: »Wir weichen niemals zurück.« Dass er dadurch ein Verkehrschaos auslöste, war ihm egal.

Höhere Mächte scheinen treue Begleiter des Klubs zu sein, der sogar in Brasilien als extrem abergläubisch gilt. Am 29. April 2001 verlor Botafogo gegen Vasco da Gama mit 0:7. Letztmals sieben Tore kassiert hatte die Mannschaft am 29. April 1994, also exakt 7 Jahre zuvor. In beiden Partien erzielte der Spieler mit der Rückennummer 7 den siebten Treffer. Doch damit nicht genug: Auch das Datum, der 29. April, hatte es in sich, denn 9 minus 2 ergibt bekanntlich 7. Alles bloß Zufall? Oder hatte jemand den Klub verhext? Weder noch, meinte Dé, der Coach. »Sieben ist eine göttliche Zahl«, erklärte er, »weil der Allmächtige die Erde in sieben Tagen erschaffen hat. Wenn er uns jetzt so hart bestraft, dann nur, weil er uns in Zukunft reichlich belohnen wird.« Noch Fragen?

tisch. Er konnte sich nicht vorstellen, dass ein Mensch mit einer Wirbelsäule wie ein »S« und ungleich langen Beinen, die beide zur gleichen Seite gebogen waren, überhaupt Fußball spielen konnte. Doch Manoel Francisco dos Santos, den einer seiner vielen Brüder Garrincha getauft hatte (was der Name eines hässlichen kleinen Urwaldvogels ist), konnte mit dem Ball alles.

Der Ball war sein bester Freund: Garrincha. Der zweifache Weltmeister starb 1983 an den Folgen seiner Alkoholsucht einsam und verarmt.

Als Rechtsaußen bekam er es im Testspiel mit dem linken Verteidiger zu tun. Dieser hieß Nílton Santos, einer der besten Abwehrspieler aller Zeiten. Garrincha machte ihn zum Gespött, indem er ihm das Leder einige Male durch die Beine schob. Santos anerkannte das Talent seines Gegenspielers neidlos und machte sich für eine Verpflichtung Garrinchas stark. Er wurde fortan zum großen Fürsprecher des »Paradiesvogels«. So auch im Vorfeld der WM 1958, als sich alle brasilianischen Nationalspieler einem Psychotest unterziehen mussten. Weil bei Garrincha ein Intelligenzquotient knapp oberhalb der Raumtemperatur errechnet wurde, drohte ihm der Rauswurf aus der *Seleção*. Santos empfahl dem Arzt, das Gutachten zu zerreissen, »sonst werden wir nicht Weltmeister«.

Bei der WM 1958 war Garrincha der beste Rechtsaußen, vier Jahre später der mit Abstand beste Spieler des Turniers. Mit seinen Tricks und Dribblings brachte er Generationen von Abwehrspielern zur Verzweiflung und Millionen von Zuschauern in Verzückung. Pelé verehrten die Brasilianer, Garrincha aber liebten sie. »Die Freude der Armen« – *Alegria do povo* – erzielte 232 Tore für Botafogo.

Botafogo hatte den Mini-Klub Serrano di Petropolis, in dessen Besitz Garrinchas Transferrechte 1953 lagen, mit einer Transfersumme von knapp 500 Cruzeiros abgefunden. Das entspricht nach heutigem Wert rund 27 Dollar. Mit diesem Betrag konnte man damals in Brasilien ein neues Fahrrad kaufen.

Die Zuspiele erhielt Garrincha vom »Meister des langen Passes«, Didi. Valdir Pereira, so sein richtiger Name, war bereits ein Weltklassespieler, als ihn Botafogo 1956 dem Lokalrivalen Fluminense für die Rekordsumme von 1,85 Millionen Cruzeiros ausspannte. An der WM 1958 in Schweden wählten ihn die Journalisten zum besten Spieler des Turniers. Für Botafogo lief er 313 Mal auf und erzielte 114 Tore. Berühmt wurde er durch seine unnachahmlichen Freistöße, welche unter dem Begriff *fohla seca* (trockenes Blatt) in die Geschichtsbücher eingingen. Didi schlug den Ball mit der Innenseite des Fußes. Der Ball flog kreisend los und änderte seine Richtung wie ein trockenes Blatt im Wind, bis er dort ins Tor fiel, wo ihn der Goalie nie erwartet hätte.

Turm in der Abwehr und Chef auf dem Platz war der bereits erwähnte Nílton Santos. Er bestritt 739 Pflichtspiele für Botafogo und nahm mit der Nationalelf an den WM-Turnieren von 1950, 1954, 1958 und 1962 teil. Wegen seines Sachverstandes wurde er *Enciclopédia do Futebol* genannt. Ein weiteres Idol war Mario Jorge Zagalo, der die Position des Linksaußen einnahm. *El Lobo* (»der Wolf«) wurde insgesamt viermal Weltmeister: 1958 und 1962 stand er als Stürmer in der Stammelf, 1970 führte er als Trainer das legendäre Team um Pelé und Rivelino zum Titel und 1994 fungierte er als »Technischer Koordinator«.

Botafogo konnte sich den Luxus leisten, seine Mannschaft nach und nach zu verstärken. 1961 wurde mit Manga, der vorher bei Recife zwischen den Pfosten gestanden hatte, eine sichere Nummer eins verpflichtet. Als ein Jahr später Stürmer Quarentinha (mit 310 Treffern Rekord-Torschütze des Klubs) wegen einer schweren Meniskusverletzung für längere Zeit ausfiel, hatte Botafogo mit dem ehemaligen Flamengo-Spieler Amarildo bereits einen Nachfolger parat.

Die Rio-Meisterschaft gewann Botafogo 1961 und 1962 problemlos. Die Schlüsselspieler Nílton Santos, Garrincha, Didi, Amarildo und Zagalo spielten auch bei der WM in Chile eine herausragende Rolle, als Brasilien seinen WM-Titel erfolgreich verteidigte.

Botafogo hatte das Glück, dass die Nachfolger von Didi und Garrincha nicht minder genial waren. Gerson de Oliveira Nunes, der »Günter Netzer Brasiliens«, war 1963 bei Flamengo rausgeschmissen worden und trat bei Botafogo in die Fußstapfen von Didi. Pässe, Dribblings, Torschüsse – Gerson hatte alles auf Lager. Weil er auf dem Spielfeld immer lautstark dirigierte, verpassten ihm seine Mitspieler den Spitznamen *Papagaio*. Weltbekannt wurde er im WM-Finale von 1970, als er einen Pass über vierzig Meter millimetergenau auf die Brust von Jairzinho zirkelte, der das dritte Tor erzielte. Das 2:1 hatte Gerson kurz zuvor mit einem präzisen Schuss aus 18 Metern bereits selbst erzielt.

Mario Jorge Zagalo: Der »Wolf« spielte von 1958 bis 1966 als Linksaußen bei Botafogo, wo er anschließend seine Trainerkarriere begann. Er wurde mit Brasilien viermal Weltmeister: 1958 und 1962 als Spieler, 1970 als Trainer und 1994 als »Technischer Koordinator«.

Jair Ventura Filho – Jairzinho genannt – übernahm sowohl bei Botafogo als auch in der Nationalelf das legendäre Trikot mit der Nummer sieben von Garrincha, der 1965 an Corinthians verkauft worden war. Der antrittsschnelle Jairzinho wird in der Klubstatistik mit 189 Toren geführt. Zusammen mit Gérson hatte der »Wirbelsturm« wesentlichen Anteil an den beiden Meistertiteln von 1967 und 1968.

Botafogos Niedergang begann in den Siebzigerjahren, als die Schlüsselspieler nach und nach verschachert wurden, um den angehäuften Schuldenberg abzutragen. Damit kam der Klub zwar einer (generellen) Forderung des Parlamentes nach, hatte aber keine wettbewerbsfähige Equipe mehr. Für die Botafogo-Fans war es bitter, die Idole Gerson (São Paulo), Jairzinho (Marseille, später Cruzeiro), Paulo César, Dirceu und Marinho Chagas (alle Fluminense) plötzlich in den Trikots der Konkurrenz auflaufen zu sehen.

Als noch schlimmer empfanden viele den Verkauf des altehrwürdigen Vereinssitzes an die *Companhia Vale do Rio Doce*. Die Hintergründe dieses Handels sind bis heute nicht restlos geklärt. Der Rückkauf gelang dem Klub erst 16 Jahre und viele Prozesstage später, 1993. In der Zwischenzeit war Botafogo ins Vorstadtquartier Marechal Hermes umgezogen, wo nach Ansicht vieler Fans die Identität des Vereins verloren ging. »Es ist, als hätte man einem Vogel die Flügel gestutzt«, versuchte Nílton Santos seine Gefühle mit Worten auszudrücken.

Botafogos Höhenflüge waren tatsächlich vorbei. Seinen letzten bedeutenden Titel gewann der Klub eher zufällig im Dezember 1995 unter Trainer Paulo Autuori, als der FC Santos im Finale der brasilianischen Meisterschaft in zwei Spielen (1:2, 1:1) das Nachsehen hatte. Stürmer Túlio wurde mit 23 Treffern Torschützenkönig. Aber auch er konnte nicht verhindern, dass der Titelverteidiger in der folgenden Saison bös abstürzte und sich in der nationalen Meisterschaft bloß auf dem 17. Rang wiederfand.

Obwohl Botafogo Túlio 1997 für 4,8 Millionen Dollar an Corinthians abtrat, blieb die Finanzlage weiterhin angespannt. Im Mai 2001 setzte der Klub nach einer 0:7-Niederlage gegen den Lokalrivalen Vasco da Gama kurzerhand acht Profis vor die Tür. Präsident Mauro Ney Palmeiro unterstellte den Spielern, absichtlich verloren zu ha-

ERFOLGE

Meister von Rio de Janeiro: 1907, 1910, 1912, 1930, 1932, 1933, 1934, 1935, 1948, 1957, 1961, 1962, 1967, 1968, 1989, 1990, 1997.
Meister von Rio und São Paulo: 1962, 1964, 1966, 1998.
Brasilianischer Meister: 1995.
Brasilianischer Pokalsieger: 1968.

Bekannteste Spieler: Alemão – Amarildo – Basso – Bebeto – Beto – A. Brito – Carlos Alberto – Carvalho Leite – Chagas – Didi – Dirceu – De Freitas – Donizete – Fischer – Galvão – Garrincha – Gerson – Gonçalves – Jairzinho – Josimar – Júlio César – Leônidas – Manga – Márcio Santos – Marinho Chagas – Meola – Mirandinha – Nilo – Paulo César Lima – Paulo Roberto – Quarentinha – Nílton Santos – Paulo Sérgio – Túlio – Válber – Valdeir – Valentim – Wílson Gottardo – Zagalo – Zezé Moreira.
Bekannteste Trainer: Abel – Autuori – Carbore – Carlos Alberto – Da Silveira – De Almeida – Didi – Lazaroni – Nunes – Pantoni – Pereira – Rodrigues – Saldanha – Vieira – Zagalo – Zezé Moreira.

ben. Diese wiederum jammerten, teilweise seit mehr als sechs Monaten auf ihren Lohn zu warten.

Es war dies bei weitem nicht der einzige Skandal, der Botafogo in die Nachrichtenspalten der internationalen Presse brachte. 1999 waren die *Alvinegros* nach dem Abgang von Júlio César (er ging zu Borussia Dortmund zurück) und Altstar Bebeto derart schwach, dass sie die Meisterschaft auf einem Abstiegsplatz beendeten. Der Traditionsklub konnte sich jedoch auf dem Umweg über die Sportjustiz die Punkte eines verlorenen Matches erkämpfen und somit mit Gama – nicht zu verwechseln mit Vasco da Gama – eine unbedeutende Mannschaft aus der Hauptstadt Brasilia in die Zweitklassigkeit stürzen.

Der Weisheit letzter Schluss

Der Rio-Meister von 1989 heißt Botafogo. Zu dieser Feststellung kommt, wer die Statistiken des brasilianischen Verbandes konsultiert. Allerdings war es das höchste Sportgericht des Brasilianischen Verbandes, welches Botafogo zum Champion kürte. Denn aufgrund einer unterschiedlichen Interpretation einer mitten in der Saison geänderten Regel war ursprünglich Vasco da Gama zum Meister erklärt worden. Botafogo hatte sich nach einem 1:0-Sieg gegen Vasco im letzten Spiel der Saison als Meister gewähnt. Nach dem neuen Reglement hätten die beiden punktgleichen Equipen jedoch zu einer Verlängerung antreten sollen. Botafogo weigerte sich weiterzuspielen. Also wurde Vasco der Sieg zugesprochen und zum Meister erklärt. Dieses Verdikt wurde dann allerdings vom Verbandsgericht wieder umgekippt.
Ein anderer Streitfall endete 1991 vor Gericht unentschieden. Botafogo vertrat die Ansicht, den Meistertitel aus dem Jahre 1907 alleine beanspruchen zu dürfen, da Fluminense sich damals geweigert hatte, ein Entscheidungsspiel zu bestreiten. Das Bundesgericht teilte diese Ansicht. Die Rekurskammer hieß aber den Einspruch von Fluminense gut. Deshalb hat die Rio-Meisterschaft von 1907 auch heute noch zwei Sieger.

In der Saison 2002 gewann Botafogo dann aber nicht einmal mehr am grünen Tisch und stieg Ende Jahr als schlechtestes von 26 Teams in die zweite Liga ab. In sieben Monaten waren nicht weniger als fünf Trainer (Abel Braga, Arthur Bernardes, erneut Abel Braga, Ivo Wortmann und Carlos Alberto Torres) verschlissen worden. Sie mussten unter chaotischen Bedingungen arbeiten. Eine Zeitlang konnte die Mannschaft nicht im Stadion Caio Martins im Stadtteil Niterói trainieren, weil die Elektrizitätswerke den Strom abgestellt hatten. Der Verein, der ursprünglich *Eletro Clube* hätte heißen sollen, hatte seit Monaten keine Stromrechnungen mehr beglichen.

Die Freude der Armen

Im Großraum São Paulo, wo über zwanzig Millionen Menschen unter teils erbärmlichen Bedingungen leben, ist Corinthians der mit Abstand beliebteste Fußball-Klub. Laut Umfragen kann in Brasilien nur Flamengo auf eine noch größere Anhängerschaft zählen. Corinthians ist der Beweis dafür, dass die Herzen der Fans nicht nur den Siegern zufliegen. In der Vereinshymne als »Meister der Meister« glorifiziert, haftete dem am 1. September 1910 gegründeten Verein lange Zeit die Etikette einer Skandalnudel und Chaostruppe an. Trotzdem hielten die Anhänger Corinthians stets die Treue.

Ins Leben gerufen wurden die »Korinther« von zwei Anstreichern, einem Maurer, einem Chauffeur und einem Schuster. Ein Gastspiel der englischen Amateurmannschaft Corinthians aus London hatte sie derart beeindruckt, dass sie beschlossen, ihren neu gegründeten Verein auf den selben Namen zu taufen. Der *Sport Club Corinthians Paulista* setzte sich schon früh über die allgemein geltenden Rassenschranken hinweg und wurde so, wie die Klubhymne behauptet, zum »brasilianischsten aller Klubs«. Das erklärt die ungeheure Popularität, die der Arbeiterverein noch heute geniesst. Corinthians wird bisweilen auch als »Freude der Armen« bezeichnet.

»Der vierte Musketier« ist ein weiterer Spitzname des Klubs. Er bezieht sich auf den Umstand, dass in der *Liga Paulista* lange Zeit bloß die drei Vereine Americano, Germânia und Internacional den Ton angaben. Vier Jahre war Corinthians alt, als seine Mannschaft den ersten Meistertitel eroberte und dabei das Kunststück fertig brachte, in keinem der neun Spiele Federn zu lassen. Eben wie wahre Musketiere.

SPORT CLUB CORINTHIANS PAULISTA
Gründungsdatum: 1. September 1910.
Anschrift: Corinthians, Rua São Jorge 777, Tautapé, CEP 03087 São Paulo, Brasil.
Internet: www.corinthians.com.br
Stadion: Estádio Alfredo Schuring Parque São Jorge, Fassungsvermögen: 31 000 Zuschauer und Morumbi-Stadion, Fassungsvermögen: 80 000 Zuschauer.
Vereinsfarben: Weiß und Schwarz.

Die Zuschauer pilgerten in Scharen zu den Spielen. Im März 1917 konnte Corinthians dank dem Einfluss des Regionalpolitikers und Ehrenpräsidenten Alcântara Machado ein Stadion beziehen, in dem bereits 10 000 Zuschauer Platz fanden. Weil sich die Arena in der Nähe des Rio Tietê befand, wo eine üppige Flora wucherte, wurde das Stadion *Chácara da Floresta* genannt. Wenige Jahre später fand der Verein im *Parque São Jorge* eine definitive Heimat.

Die Glanzzeit von Corinthians begann in den Zwanzigerjahren. Zum hundertjährigen Jubiläum der brasilianischen Unabhängigkeit wurde 1922 ein nationales Turnier durchgeführt, das Corinthians durch einen 2:0-Sieg im Endspiel gegen den América FC aus Rio de Janeiro als Sieger beendete. Die Legende des *Timão*, der großen Mannschaft, entstand. Zwischen 1922 und 1941 gewann Corinthians zehnmal die Meisterschaft von São Paulo. Die Idole jener Epoche waren die Angreifer Neco und Teleco, die 217 respektive 243 Tore für Corinthians erzielten. Ihre Nachfolger waren nicht minder brillant. Cláudio debütierte 1944; mit 295 Toren – erzielt in 13 Jahren – ist er der treffsicherste Angreifer der Klubgeschichte. Baltazar, der WM-Teilnehmer von 1950, traf 267 Mal, häufig mit dem Kopf. Auch Servílio schaffte in den Vierzigerjahren den Sprung in die Nationalelf, 201 Treffer gingen auf sein Konto. Eine *Timão*-Legende ist mit seinen 172 Toren auch der bloß 1,65 Meter große Flügelstürmer Luizinho, der 1949 seinen Einstand im *Parque São Jorge* gab.

1954 gewann Corinthians zum insgesamt 15. Mal die Meisterschaft des Bundesstaates São Paulo. Danach verkamen die Musketiere zu Prügelknaben. Exakt 22 Jahre, 8 Monate, 7 Tage, 4 Stunden und 36 Minuten vergingen, ehe die Fans am 13. Oktober 1977 nach dem 1:0-Sieg gegen Ponte Preta endlich wieder über einen Meistertitel jubeln konnten. Basílio erzielte diesen vielleicht wichtigsten Treffer der Klubgeschichte. 120 000 Fans im Morumbi-Stadion gerieten aus dem Häuschen.

Die Erinnerung an die Sechzigerjahre, an die Zeit des großen Pelé, ist bei Corinthians mit traumatischen Erfahrungen verbunden. Pelé traf in 48 Spielen gegen die Musketiere 50 Mal – keine andere Mannschaft machte dem brasilianischen Nationalhelden das Toreschießen derart leicht. Corinthians galt als hoffnungsloser Fall. Die Trainerlegende Alfredo (»Zezé«) Moreira stöhnte: »Der Klub braucht keinen Trainer, sondern einen Psychologen.«

Hatte nicht nur Fußball im Kopf: Doktor Sócrates.

Die Krise rief auch selbst ernannte Ratgeber auf den Plan. Eine Hellseherin schlug allen Ernstes vor, den Klubnamen in Corinthivans umzuwandeln, mit der Begründung, dass der Buchstabe »V« Glück bringe. Schließlich würden die Worte *Vitoria* (Sieg) und *Valor* (Wert) auch mit diesem Buchstaben beginnen.

Als Sündenbock musste schließlich Mittelfeldspieler Roberto Rivelino herhalten, einer der besten Spieler, der je aus den Reihen des Klubs hervorging. Seine harten Schüsse brachten ihm den Spitznamen »atomarer Fusstritt« ein. Rivelino erzielte in 94 Länderspielen 26 Tore für Brasilien und war einer der Schlüsselspieler in der Weltmeister-Elf von 1970. Bei Corinthians blieb er jedoch ohne Glück und Titel. 1974 wurde er an Fluminense verkauft.

Es war einem anderen Mittelfeldspieler vorbehalten, den Klub wieder auf die Siegerstraße zurückzuführen. Der schlaksige Sócrates Brasileiro Sampaio de Souza Vieira de Oliveira, der

Geld regiert die Welt

Böse Zungen behaupten, dass Corinthians die FIFA-Klubweltmeisterschaft zweimal gewonnen habe. Nämlich das erste und letzte Mal ... Wegen Terminproblemen musste die FIFA das Turnier nach der ersten Austragung im Januar 2000 bereits wieder aufgegeben. Während die europäischen Klubs (Real Madrid und Manchester United) über den Ausflug in den brasilianischen Sommer murrten, erhitzte in Brasilien die Wahl der einheimischen Teilnehmer die Gemüter. Weil das Turnier in Rio und São Paulo stattfand, war es naheliegend, jeweils eine Mannschaft aus diesen beiden Städten einzuladen. In Rio fiel die Wahl auf Vasco da Gama, den Sieger der Copa Libertadores von 1998. Palmeiras São Paulo hatte die selbe Trophäe 1999 gewonnen und hätte somit eigentlich auch eine Einladung verdient gehabt. Den Vorzug erhielt jedoch Corinthians, aus einem ganz profanen Grund: Der brasilianische Sportvermarkter Traffic war Teilhaber beim Klub. Und da Traffic von der FIFA die TV-Rechte erworben hatte, guckte Palmeiras im wahrsten Sinne des Wortes in die Röhre. Aus sportlicher Sicht rechtfertigte Corinthians durch den Turniersieg die »Selbsteinladung«.

Einfachheit halber bloß Sócrates gerufen, war zwischen 1978 und 1984 die spielbestimmende Persönlichkeit beim *Timão*. Seine Pässe kamen wie mit dem Lineal gezogen beim Mitspieler an. Den Hackentrick beherrschte niemand besser als er. Zudem war er torgefährlich, 169 Treffer gingen auf sein Konto. Mit dem ebenfalls groß gewachsenen Mittelstürmer Walter Casagrande und Nationaltorhüter Emerson Leão hatte Corinthians zu Beginn der Achtzigerjahre zwei weitere Weltklasse-Spieler in seinen Reihen.

Sócrates‘ Horizont endete nicht bei der Eckfahne. Der *Doutor* (»Doktor«) war als Kämpfer für die Wiedereinführung von freien Wahlen auch politisch aktiv. Zusammen mit seinen Mitspielern Casagrande, Wladimir und Juninho sowie Adilson Monteiro Alves, einem Soziologen und Ex-Präsidenten des Klubs, gründete er die Bewegung *Democracia Corintiana*.

Ende 1981, als in Brasilien noch General João Baptista Figueiredo an der Macht war, begannen die Spieler von Corinthians, sämtliche Entscheide demokratisch zu fällen. »Wann sollen wir trainieren? Wo uns vor den Spielen zusammenziehen? Wie spielen? Solche Fragen haben wir im Plenum diskutiert. Danach haben wir über die verschiedenen Vorschläge abgestimmt«, berichtete Sócrates. Die Autonomie erstreckte sich nicht nur auf die Mannschaft, sondern auf den ganzen Verein. Fast sämtliche Spieler standen hinter dem Projekt, nur Biro-Biro und Leão hatten dagegen gestimmt.

Die »Corinthianische Demokratie« stieß auch in anderen Klubs auf ein großes Echo und trug nicht unwesentlich zum Demokratisierungsprozess des Landes bei. »In Radiointerviews konnten die Spieler großen Einfluss auf die politische Meinungsbildung der Bevölkerung ausüben«, hält der Journalist Ricardo Gozzi fest, der Ende der Neunzigerjahre zusammen mit Sócrates ein Buch mit dem Titel *Democracia Corintiana* verfasst hat. Politische Botschaften zierten auch die Trikots des Vereins. Vor den Endspielen gegen den FC São Paulo (1983) liefen die *Alvinegros* zudem mit dem Spruchband »Siegen oder verlieren, aber immer mit der Demokratie« ins Stadion ein.

Corinthians gewann die Regionalmeisterschaft (1:0, 1:1). Sócrates spielte überragend.

In ganz Brasilien riefen 1984 Demonstranten nach sofortigen freien Präsidentschaftswahlen. Im Januar 1985 bestimmte eine Wahlversammlung Tancredo de Almeida Neves zum neuen Staatschef. Zum ersten Mal seit 21 Jahren stand wieder ein Zivilist an der Spitze des Landes.

Sócrates Stern war zu diesem Zeitpunkt bereits am Verglühen. Mit seiner Forderung, den Verein in *Democracia Corintiana* umzutaufen, war er vielen Mitgliedern zu weit gegangen. Der Kapitän der brasilianischen Nationalmannschaft wurde 1984 an die AC Fiorentina verkauft. In den starren Schemen des italienischen Fußballs fand er sich allerdings nie zurecht.

Nach der demokratischen Wahl des Staatspräsidenten verlor die von Sócrates initiierte Bewegung viel von ihrem Elan. Die Aktivisten forderten das Parlament auf, den gesamten brasilianischen Fußball – sowohl auf Verbands- als auch auf Vereinsebene – zu demokratisieren. Damit wollten sie den Spielern und den Fans zu einem Mitspracherecht verhelfen. Der brasilianische Nationalkongress verabschiedete 1988 zwar eine neue Verfassung, doch auf die revolutionären Vorschläge der Fußballer war er nicht eingegangen.

Die »Corinthianische Demokratie« war damit politisch gescheitert. Sie bildete jedoch die Keimzelle einer Gewerkschaftsbewegung, die sich bis heute für die zahllosen Berufsfußballer im Land einsetzt, die von ihren Vereinen mit einem Hungerlohn abgespeist werden.

Der Meister der Meister

Die Sturmreihe mit Cláudio, Luizinho, Baltazar und Carbone war zu Beginn der Fünfzigerjahre etwas vom Feinsten, was es im internationalen Fußball gab. Das zeigte sich im Juli 1953 bei einem Turnier in Venezuela, an dem auch der FC Barcelona, die AS Roma und eine Auswahl aus Caracas teilnahmen. Corinthians erwies sich als unschlagbar. Zu Hause bereiteten die Fans der Mannschaft einen triumphalen Empfang. Tagelang hörte man im *Parque São Jorge* die Karnevalshymne *Campeão dos Campeões*, die so zum offiziellen Vereinslied mutierte. Corinthians übertraf damals alle anderen Klubs an Popularität. Als 1956 zwei Zeitungen aus Rio de Janeiro und São Paulo in einer gemeinsamen Aktion ihre Leser aufforderten, die beliebteste Mannschaft des Landes zu küren, stand auf 450 000 Wahlkarten der Name Corinthians. Auf dem zweiten Rang landete Flamengo mit 155 000 Stimmen, gefolgt von Palmeiras und dem São Paulo FC.

Die Abgänge von Sócrates und Casagrande (er ging 1987 zum FC Porto) verkraftete Corinthians problemlos. 1990 wurden die *Alvinegros* erstmals brasilianischer Meister. Dass der Titel ausgerechnet dank eines 1:0-Sieges über den Stadtrivalen FC São Paulo zustande kam, machte den Triumph für die Anhänger umso schöner. Ihre neuen Idole hießen Neto, Vágner, Gerson und Paulo Sérgio (der anschließend in Deutschland bei Bayer Leverkusen und Bayern München Karriere machte).

Unter Trainer Wanderley Luxemburgo festigte Corinthians seine Stellung als Spitzenklub und gewann 1998 und 1999 erneut die Meisterschaft. »Corinthians«, lobte

Altmeister Zico am Ende des Millenniums, »spielt den brasilianischen Fußball der Zukunft.« Trotz überragenden Individualisten wie Edílson, Vampeta, Rincón oder Marcelinho bestach die Mannschaft vor allem durch Geschlossenheit und taktische Disziplin.

Den Höhepunkt seiner Vereinsgeschichte erlebte Corinthians an seinem neunzigsten Geburtstag mit dem Gewinn der ersten und wohl auch einzigen von der FIFA organisierten Klubweltmeisterschaft. Weder Afrika-Meister Raja Casablanca noch Champions-League-Sieger Real Madrid und schon gar nicht Asiens Vertreter Al Nassr vermochten Corinthians auf dem Weg ins Endspiel zu stoppen. In einem rein brasilianischen Finale gegen Vasco da Gama wurde der hünenhafte Goalie Dida zum Helden des Penaltyschießens. Corinthians setzte sich vor 82 000 Zuschauern im ausverkauften Maracanã-Stadion nach 120 torlosen Minuten im Elfmeterschießen mit 4:3 durch.

Folgende Spieler durften sich als *Campeão do mundo* feiern lassen: Dida; Daniel, Adilson, Fabio Luciano, Kleber; Vampeta, Rincón, Ricardinho, Marcelinho; Edílson, Luizão. Trainer der Mannschaft war Oswaldo de Oliveira, der zum Handkuss kam, als Luxemburgo zum Nationaltrainer befördert wurde.

Wegen Corinthians Erfolg knallten auch in Texas die Champagner-Korken. Der Klub hatte im April 1999 die Investmentfirma Hicks, Muse, Tate & Furst (HMTF) als Mehrheitsaktionärin an Bord geholt. Die Texaner hatten sofort 25 Millionen Dollar »zur beliebigen Verwendung« locker gemacht. Mit dem Geld – so viel hatte noch nie zuvor ein brasilianischer Verein auf einen Schlag erhalten – konnte Corinthians das Meisterteam von 1998 um Mittelfeldmotor Marcelinho Carioca und den Kolumbianer Fredy Rincón zusammenhalten und mit Nationalgoalie Dida, Mittelfeldmann Vampeta und den Stürmern Luizão und Edílson verstärken.

»Vom Soccer haben wir keine Ahnung«, gab der HMTF-Mitinhaber John Tate zu. Für die Amerikaner war Corinthians in erster Linie ein Anlageobjekt. Nach dem »Weltmeistertitel« holten sie sich einen großen Teil ihrer Auslagen wieder zurück, indem Corinthians angehalten wurde, seine besten Spieler zu verkaufen.

ERFOLGE

Meister von São Paulo: 1914, 1916, 1922, 1923, 1924, 1928, 1929, 1930, 1937, 1938, 1939, 1941, 1951, 1952, 1954. 1977, 1979, 1982, 1983, 1988, 1995, 1997, 1999, 2001.
Meister von Rio und São Paulo: 1950, 1953, 1954, 1966, 2002.
Brasilianischer Meister: 1990, 1998, 1999.
Brasilianischer Pokalsieger: 1995, 2002.
FIFA-Klubweltmeister: 2000.

Bekannteste Spieler: Amaral – Baltazar – Biro-Biro – Carlos – Casagrande – Cláudio – Del Debbio – De Maria – Dida – Dinei – Dino Sani – Domingos da Guia – Dunga – Edílson – Edson – Ewerthon – Gamarra – Garrincha – Gerson – Gilmar – Goiano – Leão – Luizinho – Luizão – Marcelinho Carioca – Mauro – Mirandinha – Neco – Neto – Palhinha – Paulo César Lima – Paulo Nunes – Paulo Sérgio – Rincón – Rivelino – Servílio – Silvinho – Sócrates – Teleco – Tuffy – Vágner – Vampeta – Viola – Wladimir – Zé Elias – Zé Maria – Zenon.
Bekannteste Trainer: Baltazar – Barbuy – Brandão – Buzetto – Del Debbio – De Oliveira – Duque – Pantoni – Joreca – Luizinho – Luxemburgo – Mafia – Montarini – Parreira – Picerni – Pirilo – Sani – Sarno – Solich – Teixeira – Travaglini – Vinhaes – Zezé Moreira.

Das Kreuz mit den Deutschen

Der brasilianische Bundesstaat Minas Gerais entstand erst 1698 mit dem Beginn des Goldrausches. Im Gebiet der »verschiedenen Bergwerke«, so die deutsche Übersetzung, wurden zwischen 1700 und 1820 rund 1200 Tonnen Gold gefördert. Zu Tausenden strömten Glücksritter, Abenteurer und Spekulanten ins Eldorado, dessen Hauptstadt lange Zeit Ouro Preto hieß. Die umliegenden Berge setzten dem Wachstum und der Ausbreitung dieser Stadt jedoch schon früh Grenzen.

Architekten entwarfen deshalb 1897 am Reißbrett eine neue Hauptstadt für den jungen Bundesstaat. Belo Horizonte entwickelte sich rasch zum Zentrum einer stark expandierenden Bergbauindustrie. Bis heute werden im 587 172 Quadratkilometer großen Gebiet von Minas Gerais Uran, Edelsteine, Diamanten, Gold, Bauxit, Zinkerz, Eisen und Niobium abgebaut. Die fruchtbaren Felder, wo Baumwolle, Mais, Bohnen, Reis, Kaffee und Tabak angebaut werden, trugen ebenfalls zum unkontrollierten Bevölkerungswachstum bei. Heute leben allein in Belo Horizonte, der drittgrößten Stadt Brasiliens, rund drei Millionen Menschen.

Bei der ersten Volkszählung (1900) hatte die Einwohnerzahl noch bei 30 000 gelegen. Zwanzig Jahre später betrug sie bereits 50 000. Fußball-Klubs schossen in jener Zeit ebenfalls wie Pilze aus dem Boden. Portugiesische Einwanderer gründeten den *Lusitano Athletic Club*, Studenten hoben den *América Futebol Clube* aus der Taufe, der *Clube Atlético Mineiro* proklamierte sich als Verein des Volkes, italienische Immigranten schlossen sich im *Yale* zusammen. Doch letztgenannter Klub erwies sich als fragiles Konstrukt, ebenso wie *Scratch Italiano*, eine 1916 gegründeter Vereinigung, die schon nach kurzer Zeit wieder aufgelöst wurde.

CRUZEIRO ESPORTE CLUBE BELO HORIZONTE
Gründungsdatum: 2. Januar 1921.
Anschrift: Cruzeiro Belo Horizonte, Rua dos Guajajaras 1722, Barro Preto, Belo Horizonte, Brasil.
Internet: www.cruzeiro.com.br
Stadion: Estádio Mineirão, Fassungsvermögen: 90 000 Zuschauer.
Vereinsfarben: Blau und Weiß.

Die Familienclans der Savassi, Mancini, Lode und Noce rührten deshalb die Werbetrommel. Sie wollten endlich einen Klub schaffen, der die vielköpfige italienische Kolonie würdig vertrat. 72 Personen, darunter auch der Konsul, versammelten sich deshalb am 2. Januar 1921 in der *Casa d'Italia*. Das Ergebnis der Zusammenkunft war die Gründung der *Società Sportiva Palestra Italia*. In den Statuten wurde festgehalten, dass dem Verein nur Italiener beitreten durften. Die Farben der italienischen Flagge – grün, weiß und rot – zierten auch das Klubwappen.

Die Italiener durften auf Anhieb in der höchsten regionalen Spielklasse mitmischen, weil sie einen Aufnahmetest erfolgreich bestanden hatten. Das Tabellenschlusslicht der ersten Liga besiegten sie mit 2:1 und den Leader der zweiten Liga mit 3:2. In der *Primeira Divisão* ging der Neuling jedoch öfter als Verlierer denn als Sieger vom Platz. Als Grund für diese Misserfolge wurde rasch die restriktive Personalpolitik ausgemacht.

Deshalb beschloss Palestra Italia 1925 eine Liberalisierung. Fortan waren Spieler jeglicher Herkunft willkommen.

Diese Öffnung wirkte sich positiv auf das Niveau der ersten Mannschaft aus. Zwischen 1928 und 1930 gewann Palestra die Regionalmeisterschaft von Minas Gerais dreimal in Folge. Torjäger Leonídio Fantoni (»Niginho«) vermochte mit seinen Qualitäten sogar das Interesse von ausländischen Klubs zu wecken und machte die selbe Reise wie seine Vorfahren, nur in umgekehrter Richtung. Lazio Rom nahm ihn 1932 unter Vertrag.

Wegen seiner *Italianità* bekam Palestra während des Zweiten Weltkrieges Post vom brasilianischen Justizministerium. Brasilien kämpfte ab 1942 an der Seite der Alliierten gegen Deutschland und Italien. Fremdsprachige Vereinsnamen wurden deshalb nicht mehr geduldet, italienische schon gar nicht. Palestra Italia reagierte mit einer Umbenennung in *Sociedade Esportiva Palestra Mineiro*. Doch auch das italienische Wort *Palestra*, das auf deutsch so viel wie Sportplatz oder Turnhalle bedeutet, musste weg. Klubpräsident Enes Ciro Poni setzte in einem umstrittenen Alleingang den Namen *Ypiranga* durch. Mit einem großen Y auf einem gelben Trikot liefen die Kicker 1942 zum Derby gegen Atlético Mineiro auf. Wegen der 0:2-Niederlage drängten die aufgebrachten Mitglieder auf eine abermalige Umbenennung; sie brachten den heutigen Namen, *Cruzeiro Esporte Clube*, ins Spiel. Inspirieren ließen sie sich vom Sternbild *Cruzeiro do Sol*, dem »Kreuz des Südens«, das man nur von der südlichen Hemisphäre aus sehen kann. Blau (wie der Abendhimmel) und Weiß (als Symbol für die Sterne) wurden neue Klubfarben.

Schwarz und Weiß

Schwarz und Weiß sind die Klubfarben des Clube Atlético Mineiro, der 1908 gegründet wurde und bis heute der größte Rivale von Cruzeiro ist. Die Klubfarben sollen verdeutlichen, dass in diesem Verein jeder Mensch – ungeachtet seiner Hautfarbe – Mitglied werden konnte. Noch heute proklamiert sich Atlético als der Klub des Volkes, mit dem Hinweis, dass Cruzeiro ursprünglich nur Italiener aufgenommen hat.

Atlético gewann im zwanzigsten Jahrhundert die Meisterschaft von Minas Gerais insgesamt 37 Mal. Cruzeiro beendete den regionalen Wettbewerb »nur« 30 Mal auf Rang eins, war dafür aber auf nationaler und internationaler Ebene weitaus erfolgreicher. Atlético konnte die brasilianische Meisterschaft bisher nur einmal (1971) gewinnen. Der bekannteste Spieler, den der Klub hervorbrachte, war Mittelfeldspieler Antonio Carlos Cerezo. Als 17-Jähriger feierte er 1973 sein Debüt in der Profimannschaft von Atlético. Zwanzig Jahre später beendete er seine Karriere, nachdem er mit dem São Paulo FC den Weltpokal errungen hatte.

Im frischen Gewand erlebte der Verein einen kometenhaften Aufstieg. 1943, 1944 und 1945 verewigte sich Cruzeiro mit Rückkehrer Niginho in der Siegerliste der Regionalmeisterschaft. Danach hatte die Mannschaft ihr Pulver jedoch verschossen. Die Fünfzigerjahre standen ganz im Zeichen des Lokalrivalen Atlético Mineiro.

Cruzeiros Rückkehr in die Elite ist eng mit der Person des umtriebigen Präsidenten Felício Brandi verknüpft, der sein Amt 1961 antrat. Damals hatte sich der Klub mit seinem insgesamt dritten Titel-Hattrick in der regionalen Hierarchie wieder zuoberst festgesetzt. Der vermögende Brandi machte aus Cruzeiro in der Folgezeit einen Verein von internationalem Renommee. Meilensteine auf dem Weg an die Weltspitze bildeten die Jahre 1965 und 1966.

Am 7. September 1965 fand die Einweihung des *Estádio Mineirão* statt. Die Kapazität dieser gigantischen Betonschüssel wurde im Laufe der Jahre ständig erhöht. Der Besucherrekord liegt bei 133 000 Zuschauern. Parallel zum Stadionbau hatte Brandi bei Cruzeiro die Strukturen der Nachwuchsabteilung modernisiert und die Talentsichtung verbessert. Somit war die Basis für die zukünftigen Erfolge gelegt.

1966 wurde erstmals einem großen Publikum bewusst, dass in Belo Horizonte ein Riese herangewachsen war. Nach Siegen über América de Campos (4:0, 6:1), Grêmio de Porto Alegre (0:0, 2:1) und Fluminense (1:0, 3:1) erreichte Cruzeiro zum ersten Mal das Endspiel um die brasilianische Meisterschaft. Dort wartete mit dem FC Santos und Pelé eine der stärksten Mannschaften der Welt. Eine klare Angelegenheit, prophezeiten die meisten Experten. Sie sollten Recht bekommen. 6:2 endete das Hinspiel im *Mineirão* – aber zugunsten des Heimteams! Die 77 325 Fans gerieten aus dem Häuschen. Im Rückspiel überraschte Cruzeiro noch mehr, weil es einen 0:2-Rückstand in der zweiten Halbzeit noch in einen 3:2-Sieg umbog. Zwölf Millionen TV-Zuschauer trauten ihren Augen kaum.

Ganz Brasilien schwärmte vom neuen Wunderteam. In der Defensive ließ Trainer Airton Moreira mit vier Mann agieren. Vor Torhüter Raul Guilherme Plassmann bildeten in der Regel Pedro Paulo, Willian, Procópio und Neco eine Viererkette. Im Sturm setzte Moreira auf das Trio Natal, Evaldo und Hílton. Prunkstück der Mannschaft war jedoch das Mittelfeld mit Wilson Piazza, Dirceu Lopes und Tostão, drei Spieler, die dem brasilianischen Fußball über ein Jahrzehnt lang entscheidende Impulse verliehen:

Im falschen Trikot

Vom Elfmeterpunkt aus haben schon die besten Fußballer versagt. So auch Nationalspieler Edmundo. Während die meisten Fehlschützen jedoch vor Gram am liebsten im Boden versinken möchten, ließ sich der eigenwillige Stürmer am 5. Oktober 2001 für seinen Patzer von den gegnerischen Fans feiern. Dass Cruzeiro 0:3 verloren hatte, störte Edmundo nicht im geringsten. Schließlich hieß der Gegner Vasco da Gama. »Dieser Klub war 22 Jahre lang mein Leben«, erklärte er nach seinem Fehlschuss. Das interessierte jedoch den Präsidenten von Cruzeiro überhaupt nicht. Er jagte Edmundo wegen dieses absichtlich verschossenen Elfmeters zum Teufel. Edmundo, der erst drei Monate zuvor zu Cruzeiro gestoßen war, nahm das nicht tragisch. Keine zwei Wochen später unterschrieb O Animal (»das Tier«) einen 75-tägigen Vertrag bei beim japanischen Klub Verdy.

Tostão, der eigentlich Eduardo Gonçalves de Andrade hieß, krönte seine märchenhafte Karriere 1970 mit dem Gewinn des WM-Titels. Seinen Spitznamen verdankte er der damals kleinsten Geldmünze. Tostão war stets einer der Kleinsten auf dem Platz, hatte aber ein riesiges Kämpferherz. Er lief 219 Mal für Cruzeiro auf und erzielte 41 Tore. In der Nationalelf brachte es der »Goldjunge«, so ein weiterer Spitzname, auf 55 Spiele und 32 Tore.

Wilson da Silva Piazza (53 Länderspiele) wurde 1970 mit Brasilien ebenfalls Weltmeister. Er war der Mann fürs Grobe und hielt Tostão und Dirceu den Rücken frei. Während 15 Jahren lief er für Cruzeiro auf, bestritt insgesamt 487 Spiele und gewann zehnmal die Regionalmeisterschaft des Staates Minas Gerais.

Lief mit 16 erstmals für Cruzeiro auf: Ronaldo. Der Wunderknabe mit den auseinander stehenden Schneidezähnen erzielte in 60 Spielen 58 Tore, ehe er 1993 nach Europa wechselte.

Dirceu Lopes Mendes trug bei Cruzeiro die Nummer 10 und wurde *O príncipe da bola* (»Ballprinz«) genannt. Seine größte Frustration erlebte er bei der Nichtberücksichtigung für die WM 1970. Bei Cruzeiro bildete er zusammen mit Tostão eines der gefährlichsten Offensivduos in der Geschichte des brasilianischen Fußballs. Dirceu, ein Eigengewächs, bestritt 594 Spiele für Cruzeiro (224 Tore).

Die Himmelblauen praktizierten ein unglaublich schnelles und präzises Kurzpassspiel. Zudem verfügte die Mannschaft mit Dirceu und Tostão über zwei Individualisten, die eine Partie jederzeit im Alleingang entscheiden konnten. Zwischen 1965 und 1969 gewann Cruzeiro die Regionalmeisterschaft von Minas Gerais fünfmal in Serie. Mit siebzig Spielen ohne Niederlage stellte die Elf eine unglaubliche Bestmarke auf.

In den Siebzigerjahren ersetzte Cruzeiro nach und nach einige Stammspieler, ohne jedoch das Gleichgewicht der Mannschaft aus dem Lot zu bringen. Die Integration von Leuten wie Palhinha, Joãozinho, Zé Carlos, Jairzinho und Nelinho verlief problemlos, was der Gewinn der Regionalmeisterschaft in den Jahren 1972, 1973, 1974, 1975 und 1977 belegt. 1976 triumphierte Cruzeiro erstmals auch in der *Copa Libertadores*, dem südamerikanischen Pendant zum Europapokal. Im Hinspiel wurde River Plate mit 4:1 besiegt. Weil die Argentinier das Rückspiel mit 2:1 gewannen, musste ein drittes Duell die Entscheidung bringen. Cruzeiro gewann im Nationalstadion von Santiago de Chile mit 3:2.

Die absolute Krönung blieb Raul, Piazza, Nelinho, Jairzinho und Co. allerdings versagt, denn im Finale um den Weltpokal scheiterten sie am FC Bayern München. Im Olympiastadion leisteten sich die Brasilianer auf dem ungewohnten Schneeboden zu viele Ausrutscher – 0:2. Im Rückspiel scheiterten sie immer wieder am überragenden Torwart Sepp Maier – 0:0.

Dass die Cruzeiro-Elf ihren Zenit endgültig überschritten hatte, zeigte sich ein Jahr später im Finale um die *Copa Libertadores*. Boca Juniors gewann die Trophäe – allerdings mit viel Glück. 1:0, 0:1 und 0:0 lauteten die Ergebnisse der drei Endspiele. Die Argentinier setzten sich schließlich im Elfmeterschießen mit 5:4 durch. Zuvor hatte Cruzeiro schon in den Endspielen um die brasilianische Meisterschaft gegen Vasco (1974) und Internacional (1975) das Nachsehen gehabt.

Nach dem Regionalmeistertitel von 1977 war die Zeit der großen Mannschaft endgültig abgelaufen. Es folgte eine Durststrecke, die über ein Jahrzehnt dauerte. Die Achtzigerjahre gehörten ganz dem Lokalrivalen Atlético Mineiro, der die Regionalmeisterschft zwischen 1978 und 1989 zehnmal gewann.

Alt-Star Jairzinho hatte großen Anteil daran, dass es mit Cruzeiro in den Neunzigerjahren wieder aufwärts ging. Er tauchte eines Tages bei seinem ehemaligen Arbeitgeber mit einem 14-jährigen Talent auf, das in den Elendsvierteln von Rio de Janeiro gekickt hatte und nicht einmal genug Geld besaß, um mit dem Bus täglich zum Trainingsgelände von Flamengo zu fahren. »Ich hatte niemals zuvor so etwas gesehen. Ein 14-Jähriger, der spielte wie Pelé«, erinnerte sich Jairzinho später.

Musste sich in Berlin wegen seiner Launen böse Blicke gefallen lassen: Alex Alves. Für Cruzeiro hatte er in 114 Spielen 54 Tore erzielt, für Hertha brachte er es zwischen 1999 und 2003 auf 81 Einsätze (25 Tore) und fast ebenso viele Skandale.

Er brachte den Knaben namens Luiz Nazario de Lima nach Belo Horizonte. Mit 16 spielte Ronaldo, wie der Junge mit den auseinanderstehenden Schneidezähnen genannt wurde, erstmals für Cruzeiro. In 60 Spielen erzielte er 58 Tore, schoss Cruzeiro an die Spitze des brasilianischen Fußballs zurück und machte den Klub um umgerechnet 8 Millionen Euro reicher, als er 1993 als 17-Jähriger nach Europa zum PSV Eindhoven wechselte. Das Geschäft seines Lebens machte auch Jairzinho. Er hatte Ronaldos Transferrechte einst für rund 3000 Dollar erworben, bot ihn für 550 000 Dollar Cruzeiro an und kassierte bei Ronaldos Wechsel nach Holland nochmals 3,5 Millionen Dollar.

Ronaldo, »das Phänomen«, war

zweifellos der beste, aber bei weitem nicht der teuerste Nachwuchskicker, den Cruzeiro in den Neunzigerjahren ausbildete. Für den launischen Angreifer Alex Alves, der in 114 Spielen 54 Tore erzielt hatte, überwies Hertha Berlin umgerechnet 7,6 Millionen Euro. Borussia Dortmund ließ sich die Verpflichtung von Verteidiger Evanilson 4,8 Millionen Euro kosten. Mallorca erwarb sich die Dienste von Nationalstürmer Palhinha für 7 Millionen Euro. Die AS Roma blätterte für Stürmer Fábio Júnior sogar knapp 14 Millionen Euro auf den Tisch.

Trotz des ständigen Ausverkaufs stellte Cruzeiro in der jüngeren Vergangenheit stets ein konkurrenzfähiges Team, das weniger durch große Namen als vielmehr durch ein starkes Kollektiv auffiel. 1993, 1996, 2000, 2001 und 2003 gewann der Klub jeweils die *Copa do Brasil*, den brasilianischen Pokal.

Den größten Erfolg bedeutete jedoch der erneute Gewinn der *Copa Libertadores* im Jahre 1997. Cruzeiro gewann das zweite Endspiel dank eines Treffers von Nationalspieler Elivélton mit 1:0 gegen Sporting Cristal Lima. Das Hinspiel in Peru hatte torlos geendet.

Das Schicksal wollte es, dass Cruzeiro im Finale um den Weltpokal in Tokio erneut auf eine deutsche Mannschaft traf. Die Brasilianer bereiteten sich zwölf Tage in Japan auf das Spiel gegen Champions-League-Sieger Borussia Dortmund vor und trainierten vorübergehend sogar in einer Kältekammer. Zudem verpflichtete Cruzeiro eigens für die Begegnung gegen Dortmund die drei Nationalspieler Bebeto (Vitória Bahia), Donizete (Corinthians) und Gonçalves (Botafogo), die allesamt 20-Tages-Verträge unterschrieben.

Es half alles nichts – die höchste Trophäe des Vereinsfußballs wanderte wiederum nach Deutschland. Borussia Dortmund gewann die teilweise ruppige Partie durch Treffer von Zorc und Herrlich mit 2:0. Für Cruzeiro standen folgende Spieler im Einsatz: Dida; Vitor, Gonçalves, Juan Carlos, Fabinho; Ricardinho, Elivélton, Palacios (Marcelo), Cleisson; Bebeto, Donizete.

ERFOLGE

Meister von Minas Gerais: 1927, 1928, 1929, 1930, 1940, 1943, 1944, 1945, 1956, 1959, 1960, 1961, 1965, 1966, 1967, 1968, 1969, 1972, 1973, 1974, 1975, 1977, 1984, 1987, 1990, 1992, 1994, 1996, 1997, 1998.
Brasilianischer Meister: 1966.
Brasilianischer Pokalsieger: 1993, 1996, 2000, 2001, 2003.
Copa Libertadores: 1976, 1997.

Bekannteste Spieler: Abelardo – Alex Alves – Bebeto – Bengala – Careca – Dida – Dirceu – Donizete – Edmundo – Eduardo – Elivélton – Evaldo – Evanílson – Fábio Júnior – Geovanni Deiberson – Hílton – Joãozinho – Juvenal – Leonidio – Lopez – Natal – Nelinho – Niginho – Palhinha – Perfumo – Piazza – Plassmann – Procópio – Renato Gaúcho – Rincón – Roberto César – Ronaldo – Sorín – Tostão – Zé Carlos.
Bekannteste Trainer: Autuori – Bengala – Carlos Alberto Silva – Chaves – Fantoni – Groβo – Maturi – Minelli – Moura – Santana – Scolari – Zezé Moreira.

Die mit dem Ball tanzen

Im Jahre 1654 wurden ein paar Hundert Holländer in Pernambuco, im Nordosten Brasiliens, militärisch besiegt und nach Rio de Janeiro gebracht. Die Einheimischen nannten die Neuankömmlinge *Flamengos*, »Flamen«. Rund dreihundert dieser »Flamen« ließen sich an der damaligen *Praia dos Sapateiros*, dem »Strand der Schuhmacher«, nieder. Heute bildet Flamengo eines der vornehmsten Stadtviertel der 10-Millionen-Einwohner-Metropole am Fuß des Zuckerhutes. Die Immobilienpreise variieren zwischen »unerschwinglich« in der Nähe des Strandes und »gerade noch bezahlbar« etwas weiter im Stadtinnern.

Flamengo ist jedoch weit mehr als ein mondäner Stadtteil. Flamengo ist die Leidenschaft des Volkes und mit seinen angeblich über 25 Millionen Fans der beliebteste Fußball-Klub Brasiliens, *o mais querido do Brasil.* »Die Brasilianer werden für Flamengo geboren. Später degenerieren einige«, erklärte der Sänger João Nogueira einst. Der größte Fan-Klub nennt sich »rotschwarze Rasse«.

Den größten Rückhalt hat Flamengo in den Armenvierteln. Die Gründe dafür sind vielschichtig: In der Gründerzeit trainierte die Mannschaft ohne Berührungsängste mit dem Volk an der *Praia do Russell*; die meisten Spieler waren Dissidenten des aristokratischen Fluminense; seine ersten großen Erfolge verdankte Flamengo dunkelhäutigen Spielern wie Domingos da Guia, Leônidas und Zizinho.

All diese Faktoren mögen dazu beigetragen haben, dass Flamengo zum Identifikationsmuster der einfachen Leute wurde. Wenn die Mannschaft verliert, singen die gegnerischen Fans jeweils: *Ela, ela, ela – silêncio na favela* (auf deutsch etwa: »Juhe, juhe, in den Slums herrscht Ruhe«).

CLUBE DE REGATAS DO FLAMENGO
Gründungsjahr: 17. November 1895.
Anschrift: Clube de Regatas do Flamengo, Praça Nossa Senhora Auxiliadora s/n°, CEP 22441, Rio de Janeiro, Brasil.
Internet: www.flamengo.com.br.
Spielstätten: Estádio da Gavea, Fassungsvermögen: 20 000 Zuschauer und Estádio Maracanã, Fassungsvermögen: 102 000 Zuschauer.
Vereinsfarben: Schwarz und Rot.

Flamengo stand von Anfang an in Opposition zur Aristokratie und Oberschicht. Es waren Abtrünnige des vornehmen Fluminense, welche den Verein am 24. November 1911 ins Leben gerufen hatten. Rädelsführer war ein Medizinstudent namens Alberto Borgeth. Er hatte jahrelang jede Menge Ärger gehabt, weil er für den FC Fluminense kickte und im *Clube de Regatas Flamengo* ruderte. Borgeth entschied sich schließlich für Flamengo, wo er gegen den Willen seiner Ruderkollegen eine Fußball-Abteilung gründete. Nach einer handgreiflichen Auseinandersetzung zwischen den Rebellen, einigen Sekundanten und der Direktion der Ruder-Sektion stand den Fußballern nichts mehr im Wege.

Am 7. Juli 1912 kam es zum ersten Mal zum klassischen Derby des brasilianischen Fußballs, zum ersten *Flu* gegen *Fla*: Fluminense schlug Flamengo 3:2.

Die etablierten Ruderer brachten ihre Verachtung dadurch zum Ausdruck, dass sie den Fußballern ihre Trikots lange Zeit nicht zur Verfügung stellten. Erst 1914 wurde ein einheitliches Tenü in den Farben Rot und Schwarz angeschafft. Dieses Outfit brachte Flamengo den Spitznamen *Cobra coral* ein, was der Name einer Giftschlange ist. Der Spitzname zeugt aber auch von Respekt, denn mit den neuen Trikots eroberten Flamengos Fußballer 1914 ihren ersten Meistertitel von Rio de Janeiro.

In jener Zeit lief der Fußball dem Rudern den Rang ab, nicht nur bei Flamengo, sondern im ganzen Land. *Futebol* wurde zum brasilianischen Volkssport Nummer eins.

Flamengo setzte konsequent auf eigene Nachwuchsspieler und schaffte es immer wieder, die Rio-Meisterschaft als Klassenbester abzuschließen. 1915 und 1921 gelang sogar die Titelverteidigung. Zu einem absoluten Spitzenteam avancierte der Verein aber erst im Gavea-Stadion, dessen Bau 1933 in Angriff genommen wurde. 1936, 1937 und 1938 belegten die *Rubro-negros* hinter Fluminense dreimal in Serie den zweiten Platz, ehe 1939 der siebte Meistertitel unter Dach und Fach war.

Wasserratten in Seenot

Pleiten, Pech und Pannen prägten die ersten Jahre des *Clube de Regatas do Flamengo*. Gegründet hatten diesen Ruderverein am 17. November 1895 sechs Freunde im *Café Lamas*, einem bekannten Treffpunkt von Künstlern, Intellektuellen und Studenten. Für 650 000 Reis kauften sie sich ein gebrauchtes Boot. Im ersten Wettkampf gegen die Crew von Botafogo kenterte die *Pherusa* infolge des starken Windes und war nicht mehr renntauglich. Fischer mussten die Ruderer an Land ziehen. Zu allem Übel wurde das Wrack ein paar Tage später auch noch gestohlen. Die Sportsfreunde ließen sich aber nicht entmutigen und erwarben ein neues Boot, das auf den Namen *Soyra* getauft wurde. Auch der zweite Vergleich mit Botafogo geriet in die Hosen. Wegen eines Wassereinbruchs musste das Boot abgeschleppt werden.
Hätte man 1911 nicht eine »Abteilung für Landsportarten« gegründet, wäre Flamengo heute wohl kaum der beliebteste Verein Brasiliens.

Star dieser Mannschaft war Leônidas, der *Diamante Negro* (»der schwarze Diamant«). Der Mittelstürmer hatte 1935 bei Flamengo unterschrieben, schoss eine Unmenge von Toren – bei der WM 1938 wurde er zum Torschützenkönig gekrönt – und machte ansonsten, was ihm gerade gefiel. Sogar den Klubdirektoren tanzte er auf der Nase herum. Diese hatten 1943 genug von den Launen des schmalbrüstigen Supertechnikers, nach dem sogar Zigaretten- und Schokoladenmarken benannt wurden. Als São Paulo die damalige Rekordsumme von 200 000 Cruzeiros bot, stimmte Flamengo einem Transfer sofort zu.

Paradoxerweise verlor die Mannschaft durch den Abgang des besten Spielers nicht an Substanz und gewann 1942, 1943 und 1944 jeweils die Meisterschaft. Von den 63 Spielen, die Flamengo in diesen Jahren bestritt, wurden 44 gewonnen und nur 6 verloren. Auf das Konto von Stürmer Pirílio gingen 46 der 188 Tore. Schlüsselpositionen besetzten ferner Abwehrpatron Domingos da Guia, den die Fans *divino mestre* (»göttlicher Meister«) nannten, Yustrich, der später ein erfolgreicher Trainer wurde sowie Biguá, Jaime, Valido und Vevé.

Thomaz Soares da Silva, genannt Zizinho, stellte sie aber alle in den Schatten. Pelé bezeichnete *Mestre Zizi* als den komplettesten Spieler, den er je gesehen habe. Bei der WM 1950 zum besten Spieler des Turniers gewählt, konnte aber auch Zizinho die sensationelle Endspiel-Niederlage gegen Uruguay nicht verhindern. Flamengo hatte den Angreifer kurz vor der WM an Bangú verkauft. In jenem Jahr beendete der Gavea-Klub die Meisterschaft auf dem siebten Rang – das schlechteste Ergebnis der Vereinsgeschichte.

Der paraguayische Trainer Fleitas Solich hauchte der Mannschaft wieder Leben ein. Er war der Baumeister des zweiten *Tricampeão*, der drei Meistertitel in Folge zwischen 1953 und 1955. Flamengo spielte ausgesprochen offensiv, rein defensive Aufgaben übernahmen nur Torhüter Garcia und die beiden Abräumer Pavão und Jordan. Um den Spielaufbau im Mittelfeld kümmerten sich Dequinha, Rubens, Paulinho und Moacir. Im Angriff glänzte die Sturmreihe Joel, Índio, Henrique, Evaristo, Zagalo und Dida. 1955 brachte es dieses Quintett zusammen auf 86 Tore in 24 Spielen.

In den Sechzigerjahren stand Flamengo auf lokaler Ebene im Schatten von Botafogo (mit den Stars Garrincha und Nílton Santos), während international der FC Santos mit Pelé allen anderen brasilianischen Vereinen die Show stahl. Jener Ausnahmekönner, mit dem Flamengo in eine neue Dimension vorstieß, debütierte 1971. Arthur Antunes Coimbra, besser bekannt unter seinem Künstlernamen Zico, schoss insgesamt 508 Tore für Fla. Damit übertrifft er andere Klublegenden wie Dida (244 Tore), Henrique (214), Romário (204), Pirílio (201) oder Leônidas (142) deutlich.

Gehört zur »Generation der Gescheiterten«: Zico. Im Trikot der Nationalelf, das er 78 Mal trug (53 Tore), blieb er bei drei WM-Turnieren ohne Erfolg. Dafür gewann der Spielmacher mit Flamengo alles, was eine Klubmannschaft gewinnen kann.

Zico war nicht nur ein eiskalter Vollstrecker, sondern auch ein begnadeter Regisseur und charismatischer Anführer auf dem Platz. Dass er – ähnlich wie Zizinho – zur »Generation der Gescheiterten« gehört, hängt damit zusammen, dass er mit Brasilien nie Weltmeister wurde. Dafür gewann er mit Flamengo alles, was eine Klubmannschaft gewinnen kann. Sehr zur Freude der riesigen Anhängerschaft, die in ihrer Hymne nach Siegen und Spektakel schreit: *É meu maior prazer vê-lo brilhar, seja na terra, seja no mar, vencer, vencer, vencer* – »Es ist mein größtes Vergnügen, Flamengo brillieren zu sehen, sei es auf der Erde, sei es auf dem Meer. Siegen, siegen, siegen.«

ERFOLGE

Meister von Rio de Janeiro: 1914, 1915, 1920, 1921, 1925, 1927, 1939, 1942, 1943, 1944, 1953, 1954, 1955, 1963, 1965, 1972, 1974, 1978, 1979, 1981, 1986, 1991, 1996, 1999, 2000, 2001.
Meister von Rio und São Paulo: 1961.
Brasilianischer Meister: 1980, 1982, 1983, 1987, 1992.
Brasilianischer Pokalsieger: 1990.
Copa Libertadores: 1981
Weltpokal: 1981.
Copa Mercosur: 1999.

Bekannteste Spieler: Adílio – Adriano – Andrade – Borgerth – Amoroso – Aldair – Bebeto – Biguá – Brito – Carlos Alberto Torres – Claudinho – Cruz – Denílson – Dequinha – Diaz – Dida – Dominguos da Guia – Edmundo – Enrique – Evaristo – Fausto – Fillol – Garcia – Garrincha – Gerson – Gilmar – Henrique – Índio – Jaime – Jair da Rosa Pinto – Jarbas – Joel – Jordan – Jorginho – Juan – Júlio César – Júnior – Júnior Baiano – Jurandir – Leandro – Leonardo – Leônidas – Lima – Mozer – Patuska – Paulo Nunes – Pavão – Perácio – Petkovic – Pirílo – Raul – Renato – Reyes – Roberto – Romário – Rubens – Sávio – Tita – Vampeta – Vevé – Zagalo – Zé Maria – Zé Roberto – Zico – Zizinho – Zinho – Zozimo.
Bekannteste Trainer: Carlos Alberto Torres – Carpegiani – Costa – Coutinho – Edu – Jouber – Kürschner – Lazaroni – Luxemburgo – Solich – Tim – Zagalo.

Im Zenit seines Könnens stand Zico zu Beginn der Achtzigerjahre. Flamengo besiegte 1980 im Endspiel um die brasilianische Meisterschaft Atlético Mineiro mit 3:2, Zico wurde mit 21 Treffern Torschützenkönig des Wettbewerbs. In der anschließenden *Copa Libertadores* traf Fla im Endspiel auf Cobreola. Mit übergroßer Härte hatten die Chilenen den Rückstand aus dem Hinspiel wettgemacht (2:1, 0:1), so dass der Titel in einem dritten Match ausgefochten werden musste. In Montevideo setzten sich die Brasilianer problemlos durch, die Tore zum 2:0-Sieg gingen auf das Konto von – na wem schon? – Zico. Im Spiel um den Weltpokal erhielt ein wenig später der FC Liverpool eine Gratislektion in Sachen Spielwitz und Technik. Flamengo fertigte den Meistercupsieger der Jahre 1977, 1978 und 1981 mit 3:0 ab, Nunes (2) und Adílio trafen.

An der Seite von Zico brillierten Spieler wie Raul, Leandro, Marinho, Mozer, Júnior, Andrade, Adílio, Tita, Nunes und Lico. Sie bildeten auch den Stamm jener Elf, die 1982 und 1983 erneut die Landesmeisterschaft gewann. Danach fiel das Team auseinander. In Brasilien traten nach zwanzig Jahren Militärdiktatur wieder demokratische Verhältnisse ein, Transfers ins Ausland wurden nun wesentlich einfacher. Zico wechselte für zwei Jahre zu Udinese nach Italien, Júnior zu Torino, Mozer ging zu Benfica Lissabon und später zu Marseille, Tita wanderte nach Deutschland (Leverkusen) aus.

Mit dem zurückgekehrten Altmeister Zico sicherte sich Flamengo 1987 seine insgesamt fünfte brasilianische Meisterschaft. Die abgebrühten Haudegen Leandro und Edinho sicherten hinten ab, während vorne der Jungstar Renato seine Vollstreckerqualitäten unter Beweis stellte. Flamengo hatte eine gelungene Mischung aus Routiniers und vielversprechenden Talenten, die konsequent gefördert wurden. Jorginho, Aldair, Leonardo, Bebeto und Zinho machten später in Europa Karriere und hatten einen Stammplatz in der von Mario Zagalo gecoachten Nationalmannschaft, die 1994 zum vierten Mal Weltmeister wurde.

Flamengo verkam in den Neunzigerjahren – wie viele andere südamerikanische Klubs auch – zu einem wahren Taubenschlag: Ein Kommen und Gehen prägte den Klub, der 1992 seinen bisher letzten nationalen Meistertitel feiern konnte. Die beiden Starstürmer Romário, der 1995 ein kurzes Gastspiel gab, und Bebeto, der seine Karriere bei Flamengo ausklingen ließ, genossen es, in der *cidade maravilhosa* (»der wunderbaren Stadt«) gut verdienen zu können, aber nicht mehr dem Stress und dem Druck des europäischen Fußballs ausgesetzt zu sein. Ihre Engagements brachten Flamengo zwar nicht die erhofften sportlichen Erfolge, aber immerhin eine hohe Medienpräsenz. Spieler wie Júnior Baiano, Djalminha, Sávio, Amoroso, Adriano oder Juan wiederum zeugen davon, dass Flamengo nach wie vor über ein riesiges Reservoir an talentierten Spielern verfügt, die sich auch in Europa problemlos durchsetzen können.

Auf nationaler Ebene konnte Flamengo in den Neunzigerjahren allerdings nur selten eine herausragende Rolle spielen; jedenfalls keine, die mit den Erfolgen jener legendären Mannschaft um Zico in der ersten Hälfte der Achtzigerjahren auch nur annähernd vergleichbar wäre.

Die größte Partei

Flamengo bildet im brasilianischen Parlament die größte »Fraktion«. Zu diesem Schluss kam der Abgeordnete Dino Fernandes. Die Ergebnisse seiner minutiös durchgeführten Recherche unter den 512 Deputierten gab er am 14. September 2000 auf einer Party bekannt. Demnach bekannten sich 157 Parlamentarier zu Flamengo, was über dreißig Prozent entspricht – auf eine solche Quote brachte es keine der insgesamt 17 politischen Parteien. Das zweitplatzierte Vasco hatte 44 parlamentarische Anhänger. Danach folgten Fluminense, Corinthians und Botafogo. Flamengo belohnte Dino für seine Mühen mit dem Titel »Vizepräsident für Außenbeziehungen«.
Eine repräsentative Umfrage der Zeitung *Lance!* bescheinigte Flamengo am Ende des Millenniums eine Fangemeinde von über 25 Millionen Personen. Damit war der Klub die klare Nummer eins im Land:

1.	Flamengo	25,6 Millionen
2.	Corinthians	17,4 Millionen
3.	São Paulo	9,2 Millionen
4.	Palmeiras	9,1 Millionen
5.	Vasco	8,5 Millionen
6.	Cruzeiro	5,3 Millionen
7.	Grêmio	5,2 Millionen
8.	Santos	4,7 Millionen
9.	Internacional	4,2 Millionen
10.	Atlético Mineiro	2,8 Millionen
11.	Botafogo	2,6 Millionen
12.	Fluminense	1,9 Millionen

Obwohl immer wieder Transfermillionen von europäischen Klubs nach Rio überwiesen werden, steht es um Flamengos Finanzen nicht zum besten. Dank dem Geldgeber ISL im Rücken vermochte der Klub im Jahr 2000 kurzfristig einige spektakuläre Transfers zu tätigen. Dazu gehörte etwa die Verpflichtung eines gewissen Mozart, Mitglied der Olympiaauswahl, für den Coritiba umgerechnet 2,7 Millionen Euro erhielt. Den Spieler selbst entlöhnte Flamengo mit 87 500 Euro pro Monat, ein für brasilianische Verhältnisse exorbitantes Salär.

Seit der Pleite der Marketingfirma ISL (Ende 2001) gehören diese Zeiten allerdings der Vergangenheit an. Die monatliche Lohnsumme musste um 400 000 Dollar reduziert und Leistungsträger wie Vampeta, Beto, Edílson und Reinaldo zwecks Kostensenkung abgegeben werden.

Angesichts der finanziellen Schwierigkeiten – die Schuldenlast soll 100 Millionen Dollar betragen – scheint Flamengos Schicksal als fußballerischer Durchlauferhitzer vorprogrammiert zu sein. Um sich über Wasser halten zu können, wird der *Clube de Regatas do Flamengo* wohl auch in Zukunft gezwungen sein, seine Leistungsträger zu verkaufen und durch Newcomer zu ersetzen. Gut für Flamengo, dass es in Rio noch jede Menge Straßenfußballer gibt, die von nichts anderem träumen, als einmal das berühmte Trikot mit den rotschwarzen Streifen überziehen zu dürfen.

Kann mit dem linken Fuß alles: Zé Roberto. Er verließ Flamengo 1998 Richtung Bundesliga (Leverkusen, Bayern).

Mit allen Wassern gewaschen

Der *Fluminense Football Club* ist im eleganten Stadtviertel Retiro von Guanabara beheimatet und gilt in Brasilien als der Verein der Aristokratie und der Oberschicht. Die Initiative zur Klubgründung hatte Oscar Cox ergriffen, ein Engländer, der in der Schweiz studiert hatte. Zusammen mit zwanzig Gleichgesinnten – allesamt Mitglieder der besten Familien der Stadt – hob er am 21. Juli 1902 den ältesten unter den Traditionsvereinen Rio de Janeiros aus der Taufe.

An der englischen Bezeichnung *Football Club* hielt der Verein eisern fest, eine Umbenennung in *Futebol Clube* lehnten die konservativen Mitglieder stets entschieden ab. Auch deshalb, weil die Wortschöpfung Fluminense bereits auf eine lokale Verankerung hinweist.

Im Namen Fluminense steckt das lateinische Substantiv *flumen*, das so viel wie Fluß bedeutet. Dieser Begriff findet sich auch im Stadtnamen. Portugiesische Entdecker hielten im Jahre 1502 die Bucht von Guanabara für die Mündung eines Flusses, portugiesisch *Rio*. Weil sie ihre Entdeckung im Januar machten, war auch der zweite Teil des Namens schnell gefunden. *Rio de Janeiro* bedeutet also nichts anderes als »Fluss des Januars«.

Fluminense strebte anfangs nicht Popularität, sondern Exklusivität an. Der Klub diente der städtischen Elite als Treffpunkt, und diese wollte unter sich bleiben. Deshalb wurden absichtlich hohe Mitgliederbeiträge verlangt. Nichtsdestotrotz strömten immer mehr Zuschauer zu den Spielen der Mannschaft. Am 16. Juli 1905 ließ sich sogar Rodrigues Alves auf dem Sportplatz *As Laranjeiras* (»die Orangenbäume«) blicken. Es war das erste Mal, dass ein brasilianischer Staatspräsident ein Fußball-Spiel besuchte.

FOOTBALL CLUB FLUMINENSE

Gründungsdatum: 21. Juli 1902.
Anschrift: FC Fluminense, Rua Alvaro Chaves 41, 22231 Rio de Janeiro, Brasil.
Internet: www.fluminense.com.br
Stadion: Estádio Alvaro Chaves, Fassungsvermögen: 23 000 Zuschauer und Estádio Maracanã, Fassungsvermögen: 102 000 Zuschauern.
Vereinsfarben: Grün, Weiß und Rot.

Für Fluminense bedeutete dies Ehre und Verpflichtung zugleich. Eleganz und Noblesse wurden groß geschrieben – auch, um sich vor der wachsenden Konkurrenz abzugrenzen. 1904 beispielsweise entstanden mit América, Bangú und Botafogo gleich drei neue Vereine. Im Gegensatz zu Fluminense konnten sich diese Arbeiterklubs keinen Esel und keine Maschine aus England leisten, um den Rasen zu pflegen. Über die Hufeisen des Esels stülpte der Platzwart Socken, damit das Tier bei der Arbeit den Rasen nicht beschädigte. *Faisca* galt als »der eleganteste Esel von Rio«. Je nach Standpunkt kann man dies als Kompliment oder als Spott auffassen.

Unmissverständlich war eine andere Regel des Klubs: Dunkelhäutige Spieler galten bei Fluminense lange Zeit als unerwünscht. Der Mulatte Carlos Alberto, Sohn eines Photographen, rieb sich deshalb vor seinem ersten Spiel mit Reisstaub ein, um nicht

Zu Hause eine Macht

Fluminense ist neben Botafogo der einzige unter den großen brasilianischen Klubs, der noch nie einen internationalen Titel erringen konnte. Trotzdem ist Flu einer der erfolgreichsten Vereine des Landes, wovon allein schon die 28 Meistertitel in der Rio-Meisterschaft zeugen. Die Konkurrenten Flamengo (27), Vasco (20), Botafogo (16) und América (7) hatten im zwanzigsten Jahrhundert im *Torneio carioca* das Nachsehen.

Bis 1950 fanden in Brasilien nur Regionalmeisterschaften statt. Die riesigen Entfernungen und schlecht ausgebauten Kommunikationswege machten eine nationale Meisterschaft unmöglich. Sonst stünden wahrscheinlich noch weit mehr Pokale in den Vitrinen von Fluminense. Zwischen 1950 und 1966 trafen am Saisonende jeweils die stärksten Teams von São Paulo und Rio de Janeiro aufeinander. Der Sieger dieses Endspiels, das Flu zweimal gewann, wurde beinahe überall als brasilianischer Meister anerkannt. Das so genannte Brasileirão löste 1971 das Roberto-Gomes-Pedrosa-Turnier ab. Letzteres war ein inoffizieller Wettbewerb gewesen, in dem zwischen 1967 und 1971 der Meister ermittelt worden war. Ferner gab es von 1959 bis 1968 noch so etwas mit einen nationalen Pokal, die so genannte Taça do Brasil. 1989 wurde dieser Wettbewerb als Copa do Brasil wieder eingeführt. Unabhängig vom Modus erwiesen sich die Teams aus Rio und São Paulo als die besten des Landes. Sie gewannen seit 1971 rund zwei Drittel aller Meistertitel. Lediglich die Klubs aus der Bergbaustadt Belo Horizonte und aus der im Süden des Landes gelegenen Hafenstadt Porto Alegre konnten bisher mit ihnen mithalten.

aufzufallen. Doch die Zuschauer bemerkten diesen Trick sofort. *Pó-de-arroz, pó-de-arroz* hallte es von den Rängen. Unter dem Spitznamen »Reisstaub« ist der Nobelklub heute noch bekannt.

Dem autoritären Fluminense-Vorstand verdankt der südamerikanische Fußball ferner einen seiner größten Klassiker. Neun Mitglieder hatten den Verein 1911 im Streit verlassen und sich dem Ruderklub Flamengo angeschlossen, wo sie eine Fußball-Abteilung gründeten. Seitdem liefern sich Flu(minense) an Fla(mengo) eine erbitterte Rivalität. In der Gunst der Fans hatte Flamengo am Ende des zwanzigsten Jahrhunderts mit 25 Millionen Anhängern die Nase deutlich vorn. Zu Fluminense wollten sich »bloß« 1,9 Millionen Brasilianer bekennen.

In der Steinzeit des brasilianischen Fußballs hatte Fluminense niemand das Wasser reichen können. Im ersten Derby gegen Flamengo (1912) setzte sich der bis dato fünffache Rio-Meister noch mit 3:2 durch, obwohl er durch das Schisma einige seiner besten Spieler verloren hatte. Wegen dieses personellen Aderlasses schlitterte der Nobelklub in eine sportliche Krise, die sich über sechs Jahre erstreckte. Danach meldete sich Flu als *Tricampeão* zurück. Einen lupenreinen Titelhattrick hatte in der Rio-Meisterschaft noch keine Mannschaft geschafft. Fluminense gelang dieses Kunststück zwischen 1917 und 1919. Der Verein bestritt seine Heimspiele damals bereits in einem Stadion, das 18 000 Zuschauern Platz bot.

Nach der Einführung des Professionalismus konnte Flu dank seinen finanzkräftigen Mitgliedern einige exzellente Fußballer unter Vertrag nehmen. Die Mannschaft, die 1936, 1937 und 1938 Meister wurde, wies internationale Klasse auf. Das zeigte sich bei der WM 1938 in Frankreich, als Brasilien die Bronzemedaille errang. Mit Torwart Batalais, Verteidiger Machado und den Stürmern Romeu, Hércules und Tim stellte Fluminense fünf Nationalspieler.

Der damals 33-jährige João Coelho Netto erhielt 1938 keine Berufung mehr, obwohl er bei Fluminense nach wie vor Stammspieler war. Preguinho, wie der Mittelstürmer genannt wurde, hatte 1930 den ersten brasilianischen WM-Treffer überhaupt erzielt. Es war eines von insgesamt zehn Toren, die er in seinen sieben Länderspielen erzielte. Für Fluminense traf er 184 Mal. Seinen persönlichen Steckbrief zierten noch Regionalmeistertitel im Basketball, Volleyball und in der Leichtathletik. Preguinhos Vater, ein bekannter Schriftsteller, stellte einst resigniert fest: »Ich habe über hundert Bücher geschrieben. Aber auf der Straße erkennen mich die Leute deswegen, weil ich der Vater von Preguinho bin.«

Fluminense bildete während Jahrzehnten eine feste Größe im brasilianischen Fußball. Der Klub stellte zwar selten echte Übermannschaften, erweiterte seine Titelsammlung aber mit einer erstaunlichen Konstanz. Meistertitel Nummer 16 – 1951 erobert – ging auf das Konto der vielleicht besten Elf, die Flu je stellte. Ihr gehörten Torhüter Castilho, Stopper Pinheiro, Spielmacher Didi, Rechtsaußen Telê Santana und die Vollstrecker Carlyle und Orlando an. Deutlich erkennbar war die Handschrift von Trainer Zezé Moreira, der eine Raumdeckkung praktizieren ließ und auf Konter setzte.

Fluminenses Erfolge werden nicht im Superstars und Spektakel in Verbindung gebracht. Die Mannschaft überzeugte in der Regel durch eine kompakte und pragmatische Spielweise, oder, um aus der Klubhymne zu zitieren: »Fluminense fasziniert durch seine Disziplin.« Die Titelgewinne von 1959, 1964 und 1969 beruhten vorab auf einer sattelfesten Defensive. Bezeichnenderweise errang Bra-

Wiederholungen

Zum ersten Spielabbruch in der Rio-Liga kam es am 22. Oktober 1916. Fluminense und Flamengo stritten sich an jenem Tag wieder einmal um die Vorherrschaft in der Stadt. Flamengo lag 3:2 in Führung, als ein Spieler mit dem Spitznamen Japonês (»Japaner«) eine Elfmeterchance zum 4:2 vergab. Kurz darauf pfiff der Unparteiische erneut Penalty gegen Fluminense. Der legendäre Torhüter Marcos de Mendonça wehrte den Schuss ab. Doch weil er sich in den Augen des Schiedsrichters zu früh bewegt hatte, wurde der Strafstoß wiederholt. Marcos parierte auch diesen Versuch. Aber wieder hatte der Schiri einen Regelverstoß ausgemacht: Ein Spieler hatte den Strafraum zu früh betreten. Zu einer erneuten Wiederholung des Elfmeters kam es allerdings nicht. Denn einige Vorstandsmitglieder von Fluminense vergaßen ihre guten Manieren und stürmten wutentbrannt aufs Spielfeld. Hunderte von Zuschauern taten es ihnen gleich. Minutenlang wurde polemisiert.
Ob die Flu-Bosse wußten, dass eine Partie gemäß Reglement für maximal fünf Minuten unterbrochen werden durfte? Tatsache ist, dass sieben Minuten lang nicht gespielt wurde. Deshalb setzte der Verband eine Wiederholung des Derbies an. Fluminense gewann mit 3:1.

Die Torhüter fürchteten seine extrem harten und präzisen Schüsse: Roberto Rivelino, genannt »atomarer Fußtritt«. Mit Fluminense wurde er zweimal Meister von Rio de Janeiro.

silien die WM-Titel von 1958 und 1962 ohne Personal von Fluminense, erst 1970 war mit Torhüter Félix ein Klubrepräsentant am Titelgewinn beteiligt.

Mit dem ehrgeizigen Präsidenten Francisco Horta an der Spitze änderte der Verein in den Siebzigerjahren seine Strategie. Fortan wurde mit der großen Kelle angerührt. Etablierte Nationalspieler wie Paulo César, Carlos Alberto Torres oder Dirceu zeigten nun ihr Können im Trikot mit den grünen, weißen und roten Streifen. Zu ihnen gesellte sich im Januar 1975 noch Roberto Rivelino, der WM-Held von 1970. Corinthians war heilfroh, den Spielmacher für drei Millionen Cruzeiros abschieben zu können. Denn in São Paulo waren viele der Ansicht, dass Rivelino das Pech an den Schuhen klebte. In elf Jahren hatte der 94-fache Internationale mit Corinthians keinen einzigen Titel gewonnen. Doch das war offenbar nicht seine Schuld. Denn mit Flu wurde Rivelino 1975 und 1976 gleich zweimal Meister.

Im zwanzigsten Jahrhundert gewann keine Mannschaft die Meisterschaft von Rio häufiger als Fluminense – insgesamt 28 Mal, letztmals 1995. Dazu schmücken noch zwei nationale Meistertitel den Briefkopf des Vereins: einen inoffiziellen aus dem Jahr 1970 als Sieger des *Torneio Roberto Gomes Pedrosa* und einen offiziellen, 1984 durch einen Finalsieg gegen Vasco da Gama errungen.

Die Nationalspieler Paulo Vítor, Ricardo Gomes, Branco, Assis und der Paraguayer Júlio César Romerito ragten aus jener von Carlos Alberto Parreira geformten Equipe heraus, die zwischen 1983 und 1985 dreimal in Folge Rio-Meister wurde und 1984 überdies die nationale Meisterschaft gewann. Die Lei-

Carlos Alberto Parreira: Der Coach litt lange darunter, selbst kein großer Fußballer gewesen zu sein. Respekt verschaffte sich der langjährige Fluminense-Trainer erst 1994, als er Brasilien zum WM-Titel führte.

stungsträger der 1995er Elf waren Ailton, Djair und vor allem Renato Gaúcho, der lange Zeit für Lokalrivale Flamengo gespielt hatte und dort bis zu seinem Übertritt Publikumsliebling war. Im Endspiel gegen seinen ehemaligen Klub erzielte Renato kurz vor Schluss das entscheidende 3:2 mit dem Bauch, was ihm eine Heiligsprechung dieses Körperteils durch den Anhang von Fluminense einbrachte.

In jüngster Zeit machte Fluminense, dessen Ehrenpräsident der ehemalige FIFA-Präsident João Havelange ist, mehr durch Skandale als durch sportliche Erfolge von sich reden. Zwischen 1995 und 2000 versuchten insgesamt fünf Präsidenten den freien Fall zu stoppen. Sportlich bereits relegiert, konnten Fluminenses Funktionäre 1997 den Abstieg am grünen Tisch in letzter Minute nochmals abwenden. Ein Schachzug, der jedoch nicht allzu viel bewirkte, denn noch im gleichen Jahr belegte der Verein aus dem Norden der Stadt erneut einen Abstiegsplatz. Damit war der tiefe Fall aber noch nicht beendet. 1998 stieg Flu gar in die dritthöchste Spielklasse ab. Mit Carlos Alberto Parreira, als Trainer der brasilianischen Weltmeister-Elf von 1994 mittlerweile weltweit bekannt, gewann der Traditionsklub 1999 immerhin die Meisterschaft in der 3. Liga – der noch fehlende Titel in der Sammlung ...

Finanziell ging es dem Rekordmeister alles andere als gut. Als »Rettung des Vaterlandes« bezeichnete Fluminenses Präsidiumsmitglied Marcelo Pena im Frühling 2001 den Transfer von Jungstar Roger zu Benfica Lissabon. Spötter meinten mit Blick auf die Bedeutung des Klubnamens, dass Fluminense alles andere als flüssig sei ...

ERFOLGE

Meister von Rio de Janeiro: 1906, 1907, 1908, 1909, 1911, 1917, 1918, 1919, 1924, 1936, 1937, 1938, 1940, 1941, 1946, 1951, 1959, 1964, 1969, 1971, 1973, 1975, 1976, 1980, 1983, 1984, 1985, 1995.
Meister von Rio und São Paulo: 1957, 1960.
Brasilianischer Meister: 1984.

Bekannteste Spieler: Ademir – Aílton – Altair – Amorim – Antonio – Assis – Branco – Brant – Carlos Alberto Torres – Carreiro – Castilho – Denílson – Didi – Dirceu – Edinho – Félix – Flávio – Fortes – Gomes – Hércules – Júlio César Romerito – Lais – Mendonça – Neto – Oswaldo – Pelliciari – Pinheiro – Preguinho – Renato Gaúcho – Ricardo Gomes – Rivelino – Romeu – Russo – Tato – Tim – Vidal – Vítor – Zagalo – Zezé – Welfare.
Bekannteste Trainer: Amaral – Carbone – Cardoso – Carlos Alberto Torres – Didi – Duque – Evaristo – Emilio – Nelsinho – Parreira – Pastoriza – Pinheiro – Pirilo – Ricardo Gomes – Santana – Solich – Travaglini – J. Vieira – O. Vieíra – Vinhaes – Zagalo – Zezé Moreira.

Die deutschen Brasilianer

Die Landwirtschaft ist heute noch einer der wichtigsten Erwerbszweige in Rio Grande do Sul, dem südlichsten der 26 Bundesländer Brasiliens. Für die Bauern und Cowboys sind Utensilien wie Pferdesättel, Stiefel, Handschuhe, Gürtel und Peitschen unentbehrlich. Deshalb eröffnete Cândido Dias ein Ledergeschäft, als er sich zu Beginn des zwanzigsten Jahrhunderts in der Hauptstadt Porto Alegre niederließ. In seinem Gepäck befand sich auch ein Geschenk, das ihm seine Freunde beim Abschied aus São Paulo mitgegeben hatten: ein Ball.

Das Spiel mit dem runden Leder entwickelte sich rasch zu einem beliebten Freizeitvergnügen. Dias kickte mit seinen neuen, meist deutschstämmigen Freunden an den Wochenenden häufig im Stadtpark von Porto Alegre. Dieser Freundeskreis war die treibende Kraft bei der Gründung eines Fußball-Klubs. *Grêmio Foot-Ball Portoalegrense* nannten die zwanzig Jugendlichen den Verein, den sie am 15. September 1903 in einem Restaurant der Altstadt ins Leben gerufen hatten. Bei der Namengebung ließen sie ihrer Phantasie nicht eben freien Lauf. Das portugiesische Wort *grêmio* bedeutet auf deutsch nichts anderes als Klub oder Verein. Deutsch war die Muttersprache vieler Gründerväter, so auch des ersten Präsidenten, Carlos Luíz Bohrer.

SPORT CLUB INTERNACIONAL PORTO ALEGRE
Gründungsdatum: 4. April 1909.
Anschrift: SC Internacional, Av. Padre Cacique, 891, Porto Alegre, Brasil.
Internet: www.inter-rs.com.br.
Stadion: Estádio José Pinheiro Borda (Beira-Rio), Fassungsvermögen: 85 000 Zuschauer.
Vereinsfarben: Rot und Weiß.

Einige Jahre lang gab es in der Hafenstadt am Guaíba-See nur zwei Fußball-Vereine, nämlich Grêmio Foot-Ball und Grêmio Fußball. Letzterer war ebenfalls von deutschen Einwanderern gegründet worden, allerdings ein paar Tage später. Am 6. März 1904 traten die beiden Vereine erstmals gegeneinander an. Grêmio Foot-Ball gewann das Derby mit 1:0 und somit auch den *vanderpreiss* – die erste von mittlerweile über zweitausend Trophäen, die im *Estádio Monumental* ausgestellt werden.

Während Grêmio Fußball nach und nach von der Bildfläche verschwand, wuchs mit dem *Sport Club Internacional* ein neuer, breit abgestützter Rivale heran. Dieser Verein war von den Gebrüdern Henrique, José und Luíz Poppe gegründet worden. Als Brasilianer portugiesischen Ursprungs waren sie bei den beiden etablierten Stadtklubs abgewiesen worden. Deshalb hoben sie am 4. April 1909 kurzerhand einen eigenen Verein aus der Taufe. Internacional gilt seitdem als *Clube do Povo*, als »Klub der Armen«, während Grêmio lange Zeit seinen Ruf als elitärer Verein pflegte.

Die Duelle zwischen Grêmio und Internacional, Gre-Nal genannt, sind längst Klassiker. Das erste Derby endete mit einem ungefährdeten 10:0-Sieg für Grêmio, in dessen Reihen Spieler wie Deppermann, Becker, Both, Schröder und Grünewald standen. Henrique Poppe im Tor von Internacional musste sich an jenem 18. Juli 1909

»Wer kämpft, stirbt nicht«

Porto Alegre ist diejenige Stadt Brasiliens, die auf ihrem Gebiet am meisten Grünflächen aufweist: 700 Plätze, 7 Parks und zwei biologische Reservate. Die Hymne von Grêmio erzählt, wie die Anhänger zu Fuß ins Stadion gehen. Doch das hat nichts mit einem besonders ausgeprägten ökologischen Bewusstsein zu tun. Lupicínio Rodrigues verfasste das Lied 1953 anlässlich des fünfzigsten Geburtstages des Vereins. Damals hatte ein Streik den öffentlichen Verkehr lahmgelegt.

In der Vereinshymne als unsterblich verklärt wird der Torhüter Eurico Lara, der 1935, am hundertsten Jahrestag der Farraoupilha-Revolution, während eines Derbys gegen Internacional total erschöpft vom Platz geholt werden musste. Vierzig Tage später starb er an Tuberkulose. Lara ist der einzige Spieler, der in der Vereinshymne Aufnahme gefunden hat. Er stand von 1920 bis 1935 zwischen den Pfosten und verkörperte wie kein anderer die sprichwörtliche Haltung der Grêmio-Spieler: »Wer kämpft, stirbt nicht.«

ziemlich einsam vorgekommen sein. Es dauerte bis 1915, ehe die Roten ihr erstes Derby gewannen (4:1). Ein Jahr später triumphierten sie sogar mit 6:1. Als sechsfacher Torschütze glänzte ein Angreifer namens Vares.

Internacional warf 1925 sämtliche Rassenschranken über Bord und ließ mit Dirceu Alves den ersten dunkelhäutigen Spieler in der Liga des Staates Rio Grande do Sul auflaufen. Diese Liberalisierung verlieh dem Verein entscheidende Impulse. Auf die Meistertitel von 1927 und 1934 folgte die erste Glanzzeit, die als *Hexacampeonato* in die Geschichte einging. Sechsmal gewannen die *Colorados* zwischen 1940 und 1945 die Meisterschaft. In dieser Zeit kam es zu 28 Duellen mit Grêmio. 19 Mal gewann Internacional, das in der Person von Tesourinha über einen brillanten Linksaußen verfügte.

Tesourinha war 1939 mittellos und völlig unterernährt zu Internacional gestoßen. Sein erstes Gehalt bestand aus Gutscheinen für Brot und Milch. Der begnadete Dribbelkünstler schaffte in den Vierzigerjahren sogar den Sprung in die Nationalelf. 1949 wechselte er zu Vasco da Gama nach Rio de Janeiro. Drei Jahre später kehrte er nach Porto Alegre zurück – aber nicht zu Internacional, sondern zu Grêmio.

GRÊMIO FOOT-BALL PORTOALEGRENSE

Gründungsdatum: 15. September 1903.
Anschrift: Grêmio, Largo dos Campeones, 1, Medianeira, Porto Alegre, Brasil.
Internet: www.grêmio.net
Stadion: Estádio Olímpico Monumental, Fassungsvermögen: 85 000 Zuschauer.
Vereinsfarben: Schwarz, Blau und Weiß.

Dort kam Tesourinha die zweifelhafte Ehre zuteil, als erster dunkelhäutiger Spieler in die Geschichte des Vereins einzugehen. Die Grêmio-Mitglieder hatten 1952 beschlossen, fortan auch *proletários e jogadores negros* (»Proletarier und schwarze Spieler«) aufzunehmen. Ausschlaggebend für diese Statutenänderung waren weniger soziale als vielmehr sport-

liche Gründe. Denn Grêmio, das 1937 das Profitum eingeführt hatte, konnte sich zwischen 1926 und 1956 lediglich viermal als Meister in den Annalen des *Campeonato Gaúcho* verewigen.

Einen weiteren Wettbewerbsvorteil verschaffte sich der Verein durch den Bau des 38 000 Zuschauer fassenden *Estádio Olímpico*, das am 19. September 1954 mit einem 2:0-Sieg gegen Nacional Montevideo eingeweiht wurde. In dieser Arena legte die blau-weiß-schwarze *Equipe tricolore* eine eindrucksvolle Siegesserie hin. Bis 1968 sicherte sie sich nicht weniger als zwölf Meistertitel.

Die besten Spieler – Verteidiger Aírton, Spielmacher Gessi und Mittelstürmer Teixeira Juárez (*El Tank*) – erlangten jedoch über die Grenzen von Rio Grande hinaus kaum Bekanntheit. Taktische Disziplin und Kampfkraft waren die Kennzeichen der »Grêmio-Schule«. Merkmale, die an die deutschstämmigen Vorfahren erinnern. Teams aus Porto Alegre werden deshalb oft auch als »deutsche Brasilianer« bezeichnet.

Internacional räumte in den Sechzigerjahren dem Bau des *Estádio Beira-Rio* absolute Priorität ein. Im April 1969 mit einem 2:1-Sieg in einem Freundschaftsspiel gegen Benfica Lissabon eingeweiht, musste das ursprüngliche Fassungsvermögen von 85 000 Zuschauern bereits ein Jahr später auf 120 000 erhöht werden. Die Fans rannten Internacional die Türen ein. Dank den Zuschauereinnahmen konnte der Verein wieder aus dem vollen schöpfen und die Mannschaft gezielt verstärken.

Auf der Einkaufsliste standen der uruguayische Abwehrchef Elias Brander Figueroa (Südamerikas Fußballer der Jahre 1974, 1975 und 1976) sowie die brasilianischen Nationalspieler Paolo César Carpegiani, Valdomiro und Torhüter Manga. Keiner von ihnen erfuhr jedoch eine solche Verehrung wie Publikumsliebling Paulo Roberto Falção. Der elegante Spielmacher war in der eigenen Nachwuchsabteilung ausgebildet worden und gab 1973 seinen Einstand in der ersten Mannschaft. Sieben Jahre lang drückte er dem Spiel der Roten seinen Stempel auf.

Das »rote Karussell«, wie die Elf genannt wurde, spielte sämtliche Gegner schwindlig. In der zweiten Hälfte der Siebzigerjahre erlebte Internacional seine beste Phase: In der Regionalmeisterschaft gab es acht Meistertitel in Serie, und auf nationaler Ebene setzten sich Falção und Co. mit den Titelgewinnen von 1975, 1976 und 1979 ein Denkmal. Auf dem Weg zum dritten Meistertitel verlor Internacional kein einziges Spiel. Als letzter Widersacher musste sich im Finale Vasco da Gama geschlagen geben (2:1). Trainer Enio Andrade setzte auf folgende Elf, die vielleicht beste in der Geschichte des Klubs: Benitez; João Carlos, Mauro Pastor, Mauro Galvão, Cláudio Mineiro; Batista, Falção, Jair; Valdomirio, Bira, Mário Sérgio.

Nach der knappen Niederlage im Endspiel um die *Copa Libertadores* gegen Nacio-

So strahlt nur ein Weltmeister: Ronaldinho hatte im Sommer 2002 wesentlichen Anteil an Brasiliens fünftem WM-Titel. Groß wurde der »kleine Ronaldo« bei Grêmio, wo zu Beginn der Neunzigerjahre auch sein Bruder Roberto Assis gekickt hatte.

nal Montevideo (0:0, 0:1) und dem Verkauf von Falção an die AS Roma kehrte im Beira-Rio-Stadion wieder der graue Alltag ein. Der Niedergang verlief nicht abrupt, aber kontinuierlich. Positiv von sich reden machte der Verein etwa 1984, als elf Spieler den Sprung ins brasilianische Olympia-Team schafften. Oder 1988, als er sich nochmals für das Endspiel um die nationale Meisterschaft qualifizierte (gegen Bahia). Abgesehen vom Pokalsieg 1992 und ein paar regionalen Titeln spielten die *Colorados* aber keine bedeutende Rolle mehr im brasilianischen Fußball. Ganz im Gegensatz zum Lokalrivalen Grêmio, dessen Aufstieg parallel zum Abstieg von Internacional verlief.

Bei Grêmio hatte man in den Siebzigerjahren nicht lange neidisch auf das Großstadion des Konkurrenten geblickt, sondern schon rasch die Modernisierung der eigenen Arena in Angriff genommen. Diese wurde 1980 abgeschlossen. Im *Estádio Olímpico Monumental* fanden nun 75 000 Zuschauer Platz. Eine neue Finanzquelle erschloss sich der Klub mit der Errichtung von insgesamt 45 Logen für die Sponsoren.

Grêmio baute seine Mannschaft nach einem ähnlichen Strickmuster auf wie der Lokalrivale. Mit Emerson Leão wurde der brasilianische Nationaltorhüter verpflichtet, der Uruguayer Hugo de León von Nacional Montevideo verlieh der Abwehr mehr Sicherheit und das Sturmproblem behob Baltazar, der bei Flamengo groß geworden war. Trotzdem kam der Gewinn der Meisterschaft im Jahre 1981 für viele überraschend, denn beim Endspielgegner FC São Paulo liefen nicht weniger als sieben Nationalspieler auf. Grêmio siegte jedoch in beiden Duellen (2:1, 1:0). 1982 erreichte die Mannschaft erneut das Endspiel, scheiterte diesmal aber an Flamengo, bei dem sich Paulo César Carpegiani als Trainer seine ersten Meriten erwarb.

Grêmio steckte diesen Rückschlag problemlos weg und konzentrierte sich auf neue Ziele. *Conquista do mundo*, die Eroberung der Welt, lautete das Motto von Trainer Valdir Espinosa. Die *Copa Libertadores* war ein erster Gradmesser. Grêmio löste die Aufgabe nicht brillant, aber gewohnt robust und geradlinig, ohne Rücksicht auf Verluste. Die Endspiele gegen Titelverteidiger Peñarol Montevideo (1:1, 2:1) waren hart umkämpft, im wahrsten Sinne des Wortes. Kapitän De León nahm die wichtigste Trophäe des südamerikanischen Klub-Fußball mit einem blutenden Gesicht in Empfang.

Weniger ruppig ging es im Dezember 1983 in Tokio im Spiel um den Weltpokal

Internationale Klasse

2:1 hatte Fluminense 1992 das Hinspiel im brasilianischen Cupfinale gewonnen. Es war die einzige Niederlage, die Internacional in jenem Jahr erlitten hatte. Durch ein 1:0 im Rückspiel konnte die Copa do Brasil allerdings doch noch nach Porto Alegre geholt werden. Es war die bisher einzige Trophäe von nationaler Bedeutung, welche die Roten seit 1979 eroberten.

Das lag vor allem daran, dass Internacional selten hochkarätige Angreifer in seinen Reihen hatte. Seine Stars sind vielmehr bekannt dafür, dass sie dem Gegner den Schneid abkaufen. Zu nennen wäre da etwa Verteidiger Aloísio, auf den 1988 der FC Barcelona aufmerksam wurde. Oder der deutschstämmige Torhüter Taffarel. Der Weltmeister von 1994 ist mit 113 Länderspielen Rekord-Internationaler Brasiliens. Auf 91 Länderspiele brachte es Carlos Caetano Bledorn Verri. Dunga, »der Zwerg«, wie er wegen seinen Körpergröße von 1,77 Metern genannt wird, debütierte 1985 für Internacional. 9 Jahre später war er Kapitän der Seleção, die in den USA den vierten WM-Titel für Brasilien eroberte.

Der Paraguayer Carlos Gamarra, bei der WM 1998 einer der besten Innenverteidiger, und der Einheimische Lucio, der im Winter 2001 zu Bayer Leverkusen wechselte, zeugen davon, dass bei Internacional auch in den Neunzigerjahren Verteidiger von internationaler Klasse heranwuchsen.

gegen den Hamburger SV zu und her. Renato Portaluppi (»Gaúcho«) und Ditmar Jakobs erzielten in der regulären Spielzeit je einen Treffer. In der Verlängerung traf dann nur noch Renato. Er schloss ein schönes Solo zum 2:1 für Grêmio ab, das sich eigens für dieses Spiel mit den »Legionären« Mário Sérgio und Paulo César Lima verstärkt hatte. Für die Brasilianer kamen Mazzaropi, Paulo Roberto, Baidek, De León, Magallanes, Sérgio, Paulo César, Caio, Osvaldo, Bonamigo, China, Renato und Tarciso zum Einsatz.

Ein Jahr später ging dieser Mannschaft im Schlussspurt der Atem aus. In den beiden Endspielen um die *Copa Libertadores* unterlag sie Independiente Buenos Aires denkbar knapp: 0:0 und 0:1 lauteten die Ergebnisse.

Auf lokaler Ebene dominierte Grêmio in der zweiten Hälfte der Achtzigerjahre das Geschehen beinahe nach Belieben. Daneben wurde die Nachwuchsförderung intensiviert. Die Früchte dieser Arbeit konnte der Klub im folgenden Jahrzehnt ernten. Wegen Talenten wie Emerson, Aílton, Ronaldinho, Scheidt, Jardel, Paulo Nunes oder Arilson buchten zahlreiche europäische Transferchefs Flüge nach Porto Alegre.

Grêmio machte 1996 durch den Meistertitel sowie 1994 und 1997 durch den brasilianischen Pokalsieg auf sich aufmerksam. Der größte Erfolg bedeutete jedoch der erneute Gewinn der *Copa Libertadores* im Jahr 1995, als Atlético Nacional Medellín aus Kolumbien im Endspiel 3:1 und 1:1 bezwungen wurde. Im Viertelfinale hatte Grêmio in einem rein brasilianischen Duell Palmeiras aus dem Wettbewerb geworfen. Die Aufeinandertreffen bleiben nicht nur wegen den Resultaten (5:0, 1:5) in Erinnerung. Das Hinspiel in Porto Alegre wurde von einer wüsten Schlägerei überschattet. Spieler, Funktionäre, Radioreporter und Ordner gingen aufeinander los, so dass die Begegnung für 15 Minuten unterbrochen werden musste. Drei Spieler sahen die rote Karte.

Auch im Spiel um den Weltpokal gegen Ajax Amsterdam in Tokio wurde ein Spieler von Grêmio, Verteidiger Rivarola, wegen eines groben Foulspiels vom Platz gestellt. Zu zehnt retteten die Brasilianer ein 0:0 über die Zeit. Das Elfmeterschießen verloren sie dann aber mit 4:3. Für Grêmio standen folgende Spieler im Einsatz: Danrlei; Arce, Rivarola, Adílson, Roger, Goiano, Dinho, Arilson (63. Luicano), Carlos Miguel (98. Gelson);

ERFOLGE GRÊMIO FOOT-BALL PORTOALEGRENSE

Meister des Bundesstaates Rio Grande do Sul: 1921, 1922, 1926, 1931, 1932, 1946, 1949, 1956, 1957, 1958, 1959, 1960, 1962, 1963, 1964, 1965, 1966, 1967, 1968, 1977, 1979, 1980, 1985, 1986, 1987, 1988, 1989, 1990, 1993, 1995, 1996, 1999, 2001.
Brasilianischer Meister: 1981, 1996.
Brasilianischer Pokalsieger: 1989, 1994, 1997, 2001.
Copa Libertadores: 1983, 1995.
Weltpokal: 1983.

Bekannteste Spieler: Adílson – Aílton – Aírton – Alcindo – Ânderson Polga – Arilson – Assis – Baideck – Baltazar – Batista – Calvet – Carvalho – Cristovão – Danrlei – De León – Élton – Emerson – Everaldo – Galvão – Gessi – Isidoro – Jardel – Juárez – Lara – Leão – Luizão – Marcelinho – Mazzaropi – Mílton – Oberti – Ortunho – Paulo Nunes – Renato Portaluppi – Rodrigo – Ronaldinho – Scheidt – Tarciso – Tita – Valdo – Vieira – Zinho.
Bekannteste Trainer: Andrade – Chiquinho – De Almeida – Engelka – Espinoza – Froner – Glória – Kuelle – Leão – Lumumba – Minelli – Oberdan – Ribeiro – Santana – Scolari – Torres.

Paolo Nunes, Jardel (80. Magno). Mario Zagalo, der brasilianische Nationaltrainer hatte übrigens bis auf Torhüter Danrlei de Deus Hinterholz jeweils keinen Grêmio-Spieler in die Seleção berufen. Seiner Ansicht nach lag die Stärke dieser europäisch anmutenden Mannschaft nicht im Talent der Einzelspieler, sondern in der taktischen Disziplin und im konstanten Pressing.

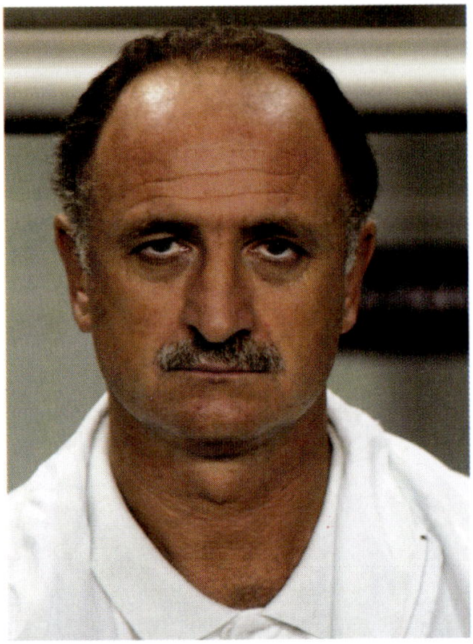
Luiz Felipe Scolari: Der »General« lässt seine Teams einen athletischen, von Taktik geprägten Kampffußball spielen. So führte er Grêmio an die Spitze und Brasilien bei der WM 2002 zum Titelgewinn.

Nach dem Gewinn der brasilianischen Meisterschaft 1996 zwangen finanzielle Engpässe den Klub zu einem Radikalschnitt. Erfolgstrainer Luís Felipe Scolari verließ Grêmio und wechselte zu Palmeiras, das er ebenfalls zum Gewinn der *Copa Libertadores* führte. Später wurde ihm die brasilianische Nationalelf anvertraut, die er im Sommer 2002 zum Gewinn des WM-Titels führte. Zusammen mit Scolari hatten eine Reihe von Leistungsträgern Grêmio verlassen. Die Torjäger Jardel und Paulo Nunes beispielsweise wurden an Porto respektive Benfica verkauft.

Die Vereinsführung, die sich stets durch eine solide Haushaltsführung ausgezeichnet hatte, versuchte anschließend einen Neuaufbau. Allerdings mit wenig Erfolg, nimmt man die glorreiche Vergangenheit zum Maßstab. Durch die Millionentransfers von Émerson (zu Leverkusen), Ronaldinho (zu PSG), Scheidt (zu Celtic) und Marcelinho (zu Hertha Berlin) konnte immerhin ein buchhalterisches Plus erwirtschaftet werden. Diese Kapitalverschiebung erfreute die Klubbosse, erboste aber die 46 000 Mitglieder. In der Stadt, die wegen des jährlich stattfindenden *Social Forums* als Heimat der Globalisierungsgegner gilt, sorgten diese

ERFOLGE SPORT CLUB INTERNACIONAL PORTO ALEGRE

Meister des Bundesstaates Rio Grande do Sul: 1927, 1934, 1940, 1941, 1942, 1943, 1944, 1945, 1947, 1948, 1950, 1951, 1952, 1953, 1955, 1961, 1969, 1970, 1971, 1972, 1973, 1974, 1975, 1976, 1978, 1981, 1982, 1983, 1984, 1991, 1992, 1994, 1997, 2002.
Brasilianischer Meister: 1975, 1976, 1979.
Brasilianischer Pokalsieger: 1992.

Bekannteste Spieler: Aloísio – Batista – Bodinho – Carlitos – Carpegiani – Christian – Claudomiro – Darío – Da Silva – Dunga – Eder – Fabiano – Falção – Figueroa – Flávio – Galvão – Gamarra – Gerson – Larry – Lucio – Manga – Mário Sérgio – Nena – Nílson – Oreco – Orlando – Paulinho – Paz – Salvador – Taffarel – Tesourinha – Tita – Valdomiro.
Bekannteste Trainer: Andrade – Carlos Alberto Parreira – Carpegiani – Castilho – Duarte – Enciso – Froner – Gonçalves – Guedes – Guinete – Juliato – Leão – Menezes – Minelli – Nunes – Sani

Patriotismus unter Palmen

Zwischen 1886 und 1905 wanderten über eine Million Italiener nach Brasilien aus. Sie kamen mit dem Schiff von Genua, Neapel oder Palermo in die Hafenstadt Santos. Von dort zogen die meisten ins achtzig Kilometer entfernte São Paulo weiter. Die Stadt liegt auf einer Hochebene mit fruchtbarem Boden, in der Nähe eines Passes über die Gebirgskette *Serra do Mar*. Jesuiten hatten dort 1545 eine Missionsstation gegründet, deren Schutzpatron der Heilige Paul war. Der Missionsposten gab dann der 1711 gegründeten Stadt auch ihren Namen.

Einen großen Aufschwung erlebte São Paulo, als im 19. Jahrhundert der Kaffeeanbau dank den guten Klima- und Bodenbedingungen zu einem wichtigen Industriezweig wurde. Die Stadt wirkte auf Arbeitsuchende wie ein Magnet. Lag die Einwohnerzahl um die Jahrhundertwende noch bei 230 000, so betrug sie fünfzig Jahre später bereits neun Millionen. Heute weiß niemand, wie viele Menschen in der größten Stadt Südamerikas leben. Schätzungen gehen von über zwanzig Millionen aus. Darunter befindet sich auch nach wie vor eine große italienische Kolonie.

Der Kontakt dieser so genannten *Oriundi* zu ihrem Heimatland brach nie ganz ab. Anfangs des zwanzigsten Jahrhunderts gab es zahlreiche Vereinigungen, in denen sich »Heimweh«-Italiener in ihrer Freizeit trafen: Vom Literatur- und Musikzirkel über den Frauenverein bis hin zu den Sportklubs reichte die Palette. Gastspiele von Pro Vercelli und Torino inspirierten schließlich 46 italienische Immigranten zur Gründung eines eigenen Fußball-Vereins. Dieser wurde *Palestra Italia* genannt und am 26. August 1914 aus der Taufe gehoben. Die Heimatverbundenheit und der Patriotismus der Gründerväter widerspiegelten sich auch in der Wahl der Klubfarben: Grün, weiß und rot, die Farben der italienischen Flagge.

SOCIEDADE ESPORTIVA PALMEIRAS SÃO PAULO

Gründungsdatum: 26. August 1914.
Anschrift: Palmeiras, Estádio Palestra Italia, Rua Turiassu 1840, Caixa Postal 818, São Paulo, Brasil.
Internet: www.palmeiras.com.br
Stadion: Estádio Palestra Italia (Parque Antárctica), Fassungsvermögen: 32 000 Zuschauer.
Vereinsfarben: Grün und Weiß.

Der Verein war noch kein Jahr alt, als er bereits vor eine Zerreißprobe gestellt wurde. In Europa hatten zahllose junge Männer ihr Leben auf den Schlachtfeldern des Ersten Weltkrieges gelassen. Die Regierungen brauchten Nachschub, um die Lücken in ihren Armeen zu schließen. Emigrantenkinder wurden an die Front beordert; zahlreiche Mitglieder von Palestra, unter ihnen auch Gründungspräsident Augusto Vacari, kehrten über den Ozean zurück. Wer keinen Militärdienst leistete, unterstützte die Kriegsaktivitäten durch einen tiefen Griff in seinen Geldbeutel. Wegen dieser Spendenflut herrschte in den Kassen von Palestra Ebbe.

Irgendwie gelang es dem Klub dennoch, eine Mannschaft auf die Beine zu stellen. Die Italiener fühlten sich aber des öfteren von den Schiedsrichtern benachteiligt. Aus

Protest zogen sie sich deshalb 1918 vorübergehend vom Spielbetrieb zurück. Doch bereits zwei Jahre später waren sie von niemandem mehr zu stoppen, auch nicht von Paulistano, das im Endspiel mit 2:1 bezwungen wurde. Palestra Italia verewigte sich erstmals in der Siegerliste der Regionalmeisterschaft von São Paulo.

1920 war auch das Jahr, in welchem der Klub im *Parque Antárctica* eine neue Spielstätte beziehen konnte. Weil es dort viele Palmen gab, war der Park auch unter der Bezeichnung *Palmeiras* bekannt. Im »Palmenhain« errang Palestra seine ersten großen Erfolge und mutierte vom Außenseiter zum Seriensieger. Zwischen 1932 und 1934 beendete das Team die Meisterschaft dreimal hintereinander auf Rang eins. Am eindrücklichsten war der Titelgewinn von 1932 mit elf Siegen in elf Spielen, darunter einem 8:0 zum Saisonabschluss gegen den FC Santos.

Als sich Brasilien während des Zweiten Weltkrieges den Alliierten anschloss, geriet Palestra Italia erneut in Turbulenzen. Die Regierung mit Präsident Getúlio Vargas an der Spitze verlangte eine »Brasilianisierung« des Klubnamens. Nachdem auch die Variante *Palestra de São Paulo* nicht akzeptiert wurde, verzichtete man schließlich am 14. September 1942 definitiv auf das Wort *Palestra* (was auf italienisch »Turnhalle« oder »Sportplatz« bedeutet). Beim Namen *Sociedade Esportiva Palmeiras* sah niemand mehr Rot. Diese Farbe wurde im übrigen überstrichen. Im neuen Wappen kamen nur noch Grün und Weiß vor: Grün als Farbe der Hoffnung, Weiß als Symbol des Friedens.

Palmeiras avancierte zu Beginn der Sechzigerjahre zu einem brasilianischen Vorzeigeklub, der nicht nur zahlreiche Titel, sondern auch viel Anerkennung gewann. Wegen seiner exzellenten Ausbildung von jungen Spielern erhielt der Verein den Spitznamen *Academia de Futebol*. Eine Reihe von Ausnahmekönnern machte Palmeiras im ganzen Land beliebt.

Ehre fürs Vaterland

Das monumentale Estádio Mineirão in Belo Horizonte wurde am 7. September 1965 durch ein Freundschaftsspiel zwischen Brasilien und Uruguay eingeweiht. Weltmeister Brasilien gewann durch Tore von Germano, Rinaldo und Tupãzinho mit 3:0. Das besondere an diesem Länderspiel war, dass die Seleção ausschließlich aus Palmeiras-Spielern bestand. Für die Mannschaft verantwortlich war der Argentinier Filpo Nuñes. Vicente Feola, Brasiliens Nationalcoach, nahm zwar ebenfalls auf der Trainerbank Platz, ließ Nuñes aber freie Hand. Dieser schickte folgende Elf auf den Platz: Valdir (Picasso); Djalma Santos, Djalma Dias, Valdemar Carabina (Procópio), Ferrari; Dudu (Zequinha), Ademir da Guia; Julinho (Germano), Servílio, Tupãzinho (Ademar Pantera), Rinaldo (Dário).

Grund für diese Maßnahme war das Trauma, das Brasilien 1950 im WM-Finale im Maracanã-Stadion gegen Uruguay erlitten hatte. Magalhães Pinto, der Gouverneur des Bundesstaates Minas Gerais, wollte verhindern, dass »seine« Arena mit einer abermaligen Niederlage gegen den Erzrivalen in Verbindung gebracht wird. Deshalb wurde diese staatstragende Mission einer perfekt eingespielten Elf anvertraut. Palmeiras erfüllte die Aufgabe problemlos.

Da war einmal der quirlige Rechtsaußen Julinho, der später in Italien auch die Fans der AC Fiorentina verzückte. Er stellte in der brasilianische Nationalelf lange Zeit ebenso eine feste Größe dar wie Verteidiger Djalma Santos, der zweimal Weltmeister wurde (1958 und 1962) und insgesamt 100 Länderspiele sowie über 1200 Ligaspiele bestritt. Zweimal Weltmeister wurde auch Mittelstürmer Vavá. Weniger Glück in der *Seleção* hatte Mazzola, der an der WM 1958 wegen einer Verletzung seinen Stammplatz an Pelé verlor. Mazzola wechselte später für 24,5 Millionen Cruzeiros nach Italien, wo er als José Altafini eine neue Identität erhielt und nach seinen 19 Länderspielen für Brasilien noch sechsmal für die *Squadra azzurra* auflief. Unbestrittener Publikumsliebling im *Parque Antárctica* war jedoch Ademir da Guia, der Sohn des berühmten Domingos da Guia. Ademir – *O Divino* (»der Göttliche«) – zog 15 Jahre lang im Mittelfeld die Fäden, bestach durch seine Eleganz und seine Spielübersicht. Er bestritt insgesamt 866 Spiele (153 Tore) für Palmeiras.

Diese Mannschaft konnte als einzige dem Wunderteam des FC Santos das Wasser reichen. Den ersten Erfolg bildete 1959 der Gewinn des *Torneio Roberto Gomes Pedrosa*, der inoffiziellen Landesmeisterschaft. Santos wurde im Endspiel mit 2:1 besiegt. 1963 und 1966 gewann Palmeiras zudem die Meisterschaft von São Paulo. Das ist insofern erwähnenswert, weil es in den Sechzigerjahren keinem anderen Verein gelungen ist, die imposante Siegesserie des FC Santos zu unterbrechen. Wermutstropfen bildeten einzig die Niederlagen in den Endspielen um die *Copa Libertadores*, der südamerikanischen Klubmeisterschaft. 1961 scheiterte Palmeiras an Peñarol Montevideo aus Uruguay (1:0, 1:1), 1968 am argentinischen Vertreter Estudiantes de la Plata (2:1, 1:3 und 2:0).

1972 und 1973 – Leão, Alfredo, Luís Pereira und der unverwüstliche Ademir da Guia bildeten das Gerippe der Mannschaft – wurden die Grünen nochmals Meister. Danach büßten sie sukzessive an Terrain ein. Für die Weltmeisterschaften von 1982 und 1986 nominierte Nationaltrainer Telê Santana keinen einzigen Palmeiras-Spieler. Dafür übernahm Santana nach seinem Ausscheiden aus dem Verband für kurze Zeit das Traineramt in der »Akademie«. Ihm erging es allerdings gleich wie seinen dreißig Vorgängern, die zwischen 1976 und 1990 auf der Palmeiras-Bank Platz genommen hatten: Er erfüllte seinen Vertrag nicht.

Positiv von sich reden machte der Klub erst wieder in den Neunzigerjahren, als er mit dem italienischen Lebensmittelkonzern Parmalat eine Kooperation einging (1992). Die Investoren scheuten keinen Aufwand, um Palmeiras an die Spitze zu führen. Allein zwischen 1992 und 1997 pumpten sie 38 Millionen Dollar in den Verein. Das Geld wurde sinnvoll angelegt. Palmeiras verfügt mittlerweile über eine beispielhafte Infrastruktur. Das 32 000 Besucher fassende *Estádio Palestra Italia* weist beispielsweise erheblich mehr Komfort auf als das kolossale Morumbi, und die Nachwuchsschule des Klubs gilt wieder als eine der besten des Landes.

Dank Parmalat konnte Palmeiras auch auf dem Transfermarkt kräftig hinlangen. Es wurden junge Spieler wie etwa der Angreifer Rivaldo geholt, der 1994 vom Lokalrivalen Corinthians kam, oder der schussstarke Verteidiger Roberto Carlos, der 1992

Fand bei Palmeiras zwischen 1995 und 1997 wieder zu alter Stärke zurück: Evangelista de Moraes Marcos, genannt Cafù. Der Linksverteidiger wurde mit Brasilien zweimal Weltmeister (1994 und 2002).

beim Zweitligisten União São João entdeckt wurde. Einen guten Riecher hatten die Verantwortlichen auch beim Kauf des Nationalspielers Cafù, der sich bei Real Saragossa in Spanien nicht durchsetzen konnte. In São Paulo fand er rasch zu alter Stärke zurück und avancierte zu einem der besten Linksverteidiger der Welt. Die AS Roma war 1997 bereit, für Cafù umgerechnet acht Millionen Euro zu bezahlen. Als ähnlich lukrativ erwiesen sich die Transfers von Rivaldo (zu La Coruña) und Roberto Carlos (Inter Mailand).

Trikotsponsor Parmalat spekulierte aber nicht nur auf fette Transfererlöse, sondern war aus Werbezwecken auch an einer sportlich starken Mannschaft interessiert (welches Unternehmen will schon seine Produkte mit Misserfolgen in Verbindung bringen?). Tatsächlich ließen die Erfolge nicht lange auf sich warten. 1993 und 1994 gewann Palmeiras mit dem Edelquintett Edmundo, Evair, César Sampaio, Rivaldo und Cléber erstmals nach über zwanzig Jahren Wartezeit wieder den nationalen Meistertitel. Trainiert wurde das Starensemble von Wanderley Luxemburgo, der nach der WM 1998 zum Nationaltrainer befördert wurde.

Auch international bewegte sich Palmeiras bald wieder im grünen Bereich. 1998 gewann die Mannschaft die *Copa Mercosur*, den »südamerikanischen UEFA-Cup«, in einem rein brasilianischen Finale gegen Cruzeiro. Dieser Erfolg wurde schon im folgenden Jahr durch den Triumph in der *Copa Libertadores* in den Schatten gestellt. Die 0:1-Auswärtsniederlage gegen die Kolumbianer von Deportivo Cali konnte im Rückspiel durch ei-

ERFOLGE:

Meister von São Paulo: 1920, 1926, 1927, 1932, 1933, 1934, 1936, 1940, 1942, 1944, 1947, 1950, 1959, 1963, 1966, 1972, 1974, 1976, 1993, 1994, 1996.
Meister von Rio und São Paulo: 1933 (inoffiziell), 1951, 1965, 1993, 2000.
Brasilianischer Meister: 1960, 1967, 1972, 1973, 1993, 1994.
Brasilianischer Pokalsieger: 1998.
Copa Libertadores. 1999, 2000.
Copa Mercosur: 1998.

Bekannteste Spieler: Ademir – Alex – Amílcar – Arce – Artime – Asprilla – Batista – Cafù – César Sampaio – Da Guia – Diaz – Diogo – Donizete – Dudu – Edu – Euller – Evair – Gerson – Heitor – Henrique – Jair – Julinho – Júnior Baiano – Leão – Lima – Marcos – Mazinho – Mazzola – Ministrinho – Mirandinha – Nuñes – Oberdan – Pereira – Primo – Rinaldo – Rincón – Rivaldo – Roberto Carlos – Roque Júnior – Romeu – Salvador – D. Santos – Serafino – Xingo – Vavà – Viola – Zinho
Bekannteste Trainer: Brandão – Carlos Alberto Silva – Dudu – Leão – Luxemburgo – Minelli – Rubens – Scolari – Santana.

nen 2:1-Sieg wettgemacht werden. Das fällige Elfmeterschießen gewann Palmeiras mit 4:3. Es war eine sehr ruppige Partie. Zu hässlichen Szenen kam es auf und neben dem Platz. Vor dem Stadion gab es Schlägereien zwischen den Sicherheitskräften und den Tausenden von Anhängern, die vergeblich auf Einlass gehofft hatten. Wer sich einen Platz ergattern konnte, sah zwei Platzverweise für je einen Spieler beider Teams. Zwei der drei Tore kamen durch Elfmeter zustande.

Die absolute Krönung blieb Palmeiras allerdings versagt. Im Finale um den Weltpokal unterlag das Team von Trainer Luiz Felipe Scolari am 30. November 1999

Eine Ballkontrolle wie im Lehrbuch: Rivaldo Vítor Barbosa Ferreira machte sich bei Palmeiras einen Namen. Zwischen 1994 und 1996 bestritt der Regisseur 76 Pflichtspiele (43 Tore).

Champions-League-Sieger Manchester United mit 0:1. Das Siegtor entsprang einem krassen Fehler von Torwart Marcos, der eine Flanke von Ryan Giggs verfehlte. Roy Keane brauchte den Ball aus drei Metern nur noch ins leere Tor zu schieben.

Palmeiras mit dem Kolumbianer Fausto Asprilla und den brasilianischen Nationalspielern César Sampaio, Alex, Zinho und Júnior Baiano scheiterte nicht so sehr an ManU als vielmehr an der eigenen Unzulänglichkeit. In der zweiten Halbzeit waren die Brasilianer deutlich überlegen, verstolperten aber eine Reihe bester Tormöglichkeiten. Scolari schickte folgende Spieler auf den Platz: Marcos; Arce, Roque Júnior, Júnior Baiano, Júnior; Galeano (55. Evair), César Sampaio, Zinho, Alex; Nunes (77. Euller), Asprilla (56. Oseas).

Die Welt im Sturm erobert

Als achte Mannschaft schaffte der FC Santos im Jahr 2002 gerade noch die Qualifikation für die Playoffs. Um so verblüffter waren die Experten, dass die junge Elf von Trainer Emerson Leão im Viertelfinale den Titelfavoriten FC São Paulo und im Halbfinale Grêmio de Porto Alegre mühelos besiegte. In den beiden Endspielen gegen Corinthians (2:0/3:2) begeisterten die Youngsters Renato, Paulo Almeida, Alex, Robinho und Diego mit unbekümmertem Angriffs-Fußball. Der FC Santos gewann erstmals die seit 1971 ausgetragene brasilianische Meisterschaft, das so genannte Brasileirão. Pelé verglich die jungen Himmelsstürmer mit jener glanzvollen Equipe der Sechzigerjahre, aus der er selber herausgeragt hatte.

Pelé ist für den FC Santos Fluch und Segen zugleich. Dank ihm stellte der Klub »die beste Mannschaft aller Zeiten«, wie die Zeitung *El Gráfico* am Ende des Millenniums befand. Das Blatt aus Buenos Aires stellte Pelés Equipe vor das Real Madrid der Fünfzigerjahre, dessen Aushängeschild der Argentinier Alfredo Di Stéfano war. Das will etwas heißen.

Der Name Pelé wurde für den FC Santos aber auch zur Belastung. Mit Pelé hatte Santos in 15 Jahren 27 nationale und internationale Titel erobert. Ohne ihn gewann der Klub, dessen Maskottchen ein Wal ist, lediglich viermal die Meisterschaft des Bundesstaates São Paulo: 1935, 1956, 1978 und 1984. Die brasilianische Meisterschaft konnte er im zwanzigsten Jahrhundert nie erringen. Ganz nah dran war er 1995. Doch die Niederlage im Endspiel gegen Botafogo konnte auch Edinho, Pelés einziger Sohn, nicht verhindern.

Womit wir wieder bei Pelé wären. Rund um das altehrwürdige Stadion Vila Belmiro wimmelt es von Statuen und Gedenktafeln. Die Vergangenheit ist allgegenwärtig. Pelés Namensschild ziert noch immer einen Spind in der Umkleidekabine. Zahllose Spieler wandelten im Santos-Trikot auf seinen Spuren. Aber keiner ist auch nur annähernd so weit gekommen wie *O Rei*, der König des Fußballs.

SANTOS FUTEBOL CLUBE
Gründungsdatum: 14. April 1912.
Anschrift: FC Santos, Rua Princesa Isabel, s/n°, Via Belmiro, CEP 11100 Santos – S.P., Brasil.
Internet: www.santosfc.com.br
Stadion: Estádio Urbano Caldeira (»Vila Belmiro«), Fassungsvermögen: 28 200 Zuschauer.
Vereinsfarben: Schwarz und Weiß.

Als es die Legende Pelé noch nicht gab, war Santos – die Stadt liegt rund achtzig Kilometer von São Paulo entfernt – als weltweit größter Exporthafen von Kaffee bekannt. Fußball spielten dort zu Beginn des zwanzigsten Jahrhunderts bloß einige Briten. Dies änderte sich erst, als Mário Ferraz de Campo, Argemiro de Souza Júnior und Raymundo Marques – allesamt Mitglieder des Sportklubs Concórdia – die Werbetrommel für die Schaffung eines Fußball-Vereins rührten.

Die Gründungsversammlung fand am 14. April 1912 statt. Die Diskussion um den Namen dauerte bis tief in die Nacht. Vorschläge wie *África Futebol Clube*, *Associação*

Esportiva Brasil oder *Concórdia Futebol Clube* machten die Runde. Das Ei des Kolumbus fand schließlich um 22:33 Uhr ein gewisser António de Araújo Cunha. Er war der Meinung, dass der neue Verein die ganze Stadt repräsentieren müsse und schlug deshalb die simple Bezeichnung *Santos Futebol Clube* vor.

Ein Problem war damit gelöst. Schwieriger gestaltete sich die Suche nach einer einheitlichen Spielbekleidung in den Farben von Concórdia. Weil sich weiß-blau-goldene Trikots nur schwer auftreiben ließen, spielte der FC Santos kurz entschlossen in schwarz-weiß. Die offizielle Erklärung für diesen Sinneswandel lautete: »Weiß ist die Farbe des Friedens, Schwarz strahlt Noblesse aus.«

Der FC Santos stellte die Hierarchie in der Stadt sofort auf den Kopf. Die Mannschaft besiegte in ihrem ersten offiziellen Spiel die Engländer vom Santos Athletic Club mit 3:2. Auch die Stadtmeisterschaft von 1913 beendete der FC Santos als Sieger: 6 Spiele, 6 Siege und ein Torverhältnis von 35:7 lautete die makellose Bilanz. Auf regionaler Ebene, im *Campeonato Paulista*, kam der Klub aber zwanzig Jahre lang nicht über eine Statistenrolle hinaus. Paulistano, Corinthians und Palestra Italia aus der Metropole São Paulo gaben den Ton an.

Der Durchbruch gelang Santos erst 1935, als Corinthians im Endspiel um die Meisterschaft von São Paulo mit 2:0 besiegt wurde. Die beiden Treffer erzielten Raul und Araken Patuska, der erste Star des FC Santos. Er war der einzige Spieler der Liga, der bei der WM in Uruguay (1930) für Brasilien zum Einsatz gekommen war. Patuska erzielte insgesamt 177 Tore für den FC

Ein gemachter Mann

Am 2. Oktober 1974 lief Pelé zum letzten Mal für den FC Santos auf. Eigentlich wollte er damals seine Karriere beenden. Finanzielle Aspekte bewogen ihn jedoch zum Rücktritt vom Rücktritt. Denn Pelé war nicht auf Rosen gebettet. Seine Firma, in der Milchprodukte hergestellt wurden, war Ende der Sechzigerjahre pleite gegangen. Beim Retortenklub Cosmos New York unterschrieb Pelé einen Vertrag, der ihn zum Multimillionär machte. Bis 1977 bestritt er (an der Seite von Franz Beckenbauer) nochmals 111 Spiele, in denen er sein Torkonto um weitere 65 Treffer auf insgesamt 1'278 Tore hochschraubte. Pelé hätte bereits in den Sechzigerjahren ein reicher Mann werden können. Europäische Klubs lockten ihn mit Wahnsinnsangeboten. Doch Santos blockte alle Anfragen ab. Schützenhilfe erhielt der Klub von den brasilianischen Politikern. Pelé wurde zum »nationalen Kulturgut« erklärt, was ihn zu einem Ausharren in seiner Heimat zwang.

In New York vergoldete er dann sein Können. Bei amerikanischen Firmen stand Pelé hoch im Kurs. Bis Ende der Achtzigerjahre war er bei Warner Communication als Repräsentant tätig. Anschließend gründete er ein eigenes Unternehmen, Pelé Sports genannt.

In der Werbung ist Pelé auch ein Vierteljahrhundert nach seinem Rücktritt noch ein gefragter Mann. Umfrageergebnisse bescheinigen ihm in Brasilien einen ähnlichen Bekanntheitsgrad wie etwa Coca Cola. Dieser Ruhm lässt sich problemlos in Bares ummünzen. Pelé verdient heute durch Werbung (u.a. für Viagra und Kreditkarten) weitaus mehr als zu seinen sportlichen Glanzzeiten.

Ein Bild, das um die Welt ging: Pelé wird nach Brasiliens drittem WM-Titel 1970 von den Fans auf den Schultern getragen.

Santos, der 1933 als zweiter brasilianischer Verein das Profitum eingeführt hatte.

Exakt zwanzig Jahre musste der FC Santos auf seinen zweiten Titelgewinn warten. Der Verein wurde seit 1945 von Athié Jorge Coury geführt, einem ehemaligen Spieler, der die Zügel im Vorstand 26 Jahre lang straff in der Hand hielt. Der 19. Präsident in der Geschichte des Klubs war ein umsichtiger Mann. Er modernisierte die Infrastrukturen und die Nachwuchsabteilung, mit dem Ergebnis, dass einige hochbegabte junge Spieler den Weg in die Hafenstadt unter die Füße nahmen. Mit untrüglichem Instinkt baute er in den Fünfzigerjahren eine geniale Mannschaft auf. Es war eine ideale Kombination aus eigenen Junioren und Routiniers, die nach und nach von anderen Vereinen losgeeist wurden.

Eine Schlüsselrolle spielte Jair da Rosa, der seine Karriere bei Santos ausklingen ließ. Er war ein Führungsspieler, von dem die jungen Talente jede Menge lernen konnten. Sein Rekord aus dem Jahr 1949, als er bei der Südamerika-Meisterschaft neun Tore für Brasilien erzielte, ist übrigens bis heute ungebrochen. An seiner Seite entwickelten sich der Linksaußen Pepe, bei dessen Schüssen die gegnerischen Torhüter in Deckung gingen, und der Mittelfeldstratege Zito zu Weltklasse-Spielern.

Pelé aber stellte sie alle in den Schatten. Edson Arantes do Nascimento, so sein bürgerlicher Name, debütierte am 7. September 1956 bei einem Freundschaftsspiel gegen *Corinthians de Santa André* im Alter von 15 Jahren, 10 Monaten und 14 Tagen. Gleich in seinem ersten Einsatz düpierte er den gegnerischen Torhüter mit einem Beinschuss. Es war der erste von insgesamt 1278 verbürgten Treffern, die der Ausnahmekönner im Laufe seiner einzigartigen Karriere erzielte. Pelé war ein Naturphänomen: Er legte hundert Meter in elf Sekunden zurück, sprang 1,80 Meter hoch und 6,50 Meter weit – und ließ sämtliche Torrekorde purzeln. Nur ein Beispiel: 1961 erzielte er in 75 Spielen 111 Tore, was einen Schnitt von 1,48 Treffern ergab.

Dank Pelé wurde der FC Santos die mit Abstand beste Mannschaft seiner Zeit, vielleicht sogar der Fußball-Geschichte überhaupt.

Ihre beste Phase hatte die Mannschaft 1962. Sämtliche Turniere, an denen sie teilnahm, beendete sie als Sieger. Die Krönung bildeten die Spiele um den Weltpokal gegen Benfica Lissabon mit seinen Stars Eusébio, Coluna und Cavém. Im Marcanã-Stadion wurde Europas beste Equipe mit 3:2 besiegt, Pelé (2) und Coutinho trafen. Im Rückspiel in Portugal bot Santos eine unvergessliche Galavorstellung: Pelé traf dreimal, Coutinho und Pepe je einmal – 5:2 für Santos.

Auch 1963 konnte dem FC Santos kein Gegner das Wasser reichen. Im Halbfinale der *Copa Libertadores* wurde zunächst Botafogo mit Garrincha ausgeschaltet. Im Endspiel gewann Santos beide Partien gegen die Boca Juniors aus Buenos Aires, 3:2 zu Hause und 2:1 in Argentinien. Der Gegner im Weltpokal-Finale war die AC Milan, in dessen Reihen zwei Brasilianer standen, die noch eine Rechnung offen hatten mit Santos: Amarildo war im Halbfinale der *Copa Libertadores* mit Botafogo an Santos gescheitert und Mazzola (oder Altafini, wie er sich in Italien nannte) hatte bei der WM 1958 seinen Platz in der *Seleção* an Pelé verloren. Für Zündstoff war also gesorgt.

Santos verlor in Mailand nicht nur das Hinspiel mit 2:4, sondern auch noch Pelé. Dieser hatte zwei Tore erzielt und wurde deshalb von den Italienern als eine Art Freiwild betrachtet. Im Rückspiel drehte Santos, das ohne die verletzten Stammspieler Pelé, Zito und Calvet auskommen musste, den Spiess. Vor 130 000 Zuschauern im Marcanã-Stadion trafen zweimal Pepe, Mengálvio und Lima – 4:2 für Santos. Das Entscheidungsspiel fand 48 Stunden später wiederum im Marcanã statt und war weitaus weniger spektakulär. Santos gewann durch ein Elfmetertor von Dalmo mit 1:0.

Die Fans liebten den FC Santos aber nicht in erster Linie wegen seiner Erfolge, sondern wegen seiner offensiven Spielweise. Während in Europa Rück- und Querpässe als taktische Geheimwaffe gepriesen wurden, griffen die Brasilianer unbekümmert an. »Für uns zählte ein 8:4 mehr als ein 3:1. Die Zuschauer hatten ihren Spaß und wir auch«, sagte später einmal Carlos Alberto Torres, der WM-Kapitän von 1970. Die Spielweise der Brasilianer – leichtfüßig, heiter, spontan – weckte in der alten Welt Assoziationen an die Musik: Der Begriff Samba-Fußball entstand.

Legendär ist das Zusammenspiel zwischen Pelé und seinem kongenialen Partner Coutinho. Sie hoben mit ihren Doppelpässen, den so genannten *Tabelinhas*, jede Abwehr aus den Angeln. Ihre Kombinationen blieben an Präzision und Inspiration unübertroffen. Die beiden praktizierten Doppelpässe am laufenden Meter und schossen Tore am Fließband. Coutinho wird mit seinen 370 Treffern in der Statistik des Klubs hinter Pepe (405) und Pelé (1091) als Nummer 3 geführt.

Ob dieser individuellen Glanzleistungen gerät vielfach in Vergessenheit, dass der FC Santos in allen Mannschaftsbereichen hervorragend besetzt war. Als Brasilien am 5. Mai 1963 in Hamburg ein Freundschaftsspiel gegen Deutschland bestritt, standen mit Gilmar, Lima, Zito, Mengálvio, Dorval, Coutinho, Pelé und Pepe nicht weniger als acht Santos-Spieler in der Elf des Weltmeisters. *Alemanha* wurde übrigens mit 2:1 bezwungen.

Der FC Santos hatte mit diesen Stars eine Lizenz zum Gelddrucken. Auf dem Klubsekretariat stapelten sich Anfragen für Freundschaftsspiele aus aller Welt. Wo die Mannschaft auftrat, blieben in der Regel keine Plätze leer. Pelé und seine Mitspieler bereisten über 125 Länder. Der FC Santos war fast immer auf Tournee und wurde eine Art *Harlem Globetrotters* des Fußballs. Pelé (1114 Einsätze), Pepe (750), Zito (733) Coutinho (457) und Carlos Alberto (455) konnten ihren Körpern nur selten die nötigen Ruhepausen gönnen. Da die ausländischen Fans in erster Linie einmal die legendären Stars live zaubern sehen wollten, hatten Nachwuchsspieler kaum noch Chancen, bei Santos zum Zuge zu kommen.

Erste Zerfallserscheinungen traten auf, als Independiente Buenos Aires den Titelhalter 1964 im Finale der *Copa Libertadores* vom Thron stieß. Verteidiger, die Pelé und Co. stoppten konnten, wurden mit Lob überschüttet. Das führte dazu, dass viele zu unsportlichen Mitteln griffen. Pelé war in der zweiten Hälfte seiner Karriere fast so oft im Rehazentrum wie auf dem Trainingsplatz.

Als Pelé Ende 1974 in die USA entschwand, kehrte im *Estádio Vila Belmiro* wieder der graue Alltag ein. Der FC Santos repräsentierte fortan nur noch biederen Durchschnitt, obwohl er zeitweise einige außergewöhnliche Akteure in seinen Reihen hatte, etwa Clodoaldo, Pita, Juary, Serginho Chalupa, Paulinho oder Viola. Das Rad der Zeit konnten diese Spieler allerdings auch nicht zurückdrehen. In Santos war die glorreiche Vergangenheit meist präsenter als die wenig erbauliche Gegenwart.

Wenn sich Aufbruchstimmung breit machte, dann hatte das meist mit dem Namen Pelé zu tun. Seine drei Comebacks als Funktionär sorgten in den Neunzigerjahren für ein wenig Euphorie und einen riesigen Medienwirbel. Am Sitzungstisch konnte sich Pelé jedoch bei weitem nicht so gut durchsetzen wie im Strafraum. 1994 trat er nach nur sieben Monaten als Direktor des Klubs zurück, weil er die Nase voll hatte von den ständigen Reibereien mit Präsident Miguel Kodja Neto. Später – Kodja Neto, der den Verein durch eine völlig undurchsichtige Finanzpolitik in den Ruin gewirtschaftet hatte, war inzwischen abgetreten – übernahm Pelé das Amt des Managers, das er aber 1996 wieder aufgab. Er begründete diesen Rücktritt mit der zeitlichen Überlastung in seiner Doppelfunktion als Sportminister Brasiliens und Santos-Manager.

Im Januar 1999 unterzeichnete er dann einen Vertrag als Juniorentrainer. Laut Konzept sollte Pelé die gesamte Nachwuchsarbeit bei Santos überwachen und mindestens einmal pro Woche die jungen Spieler selbst trainieren. Die Suche nach einem Thronfolger für den König des Fußballs hat der FC Santos noch nicht aufgegeben.

ERFOLGE

Meister von São Paulo: 1935, 1955, 1956, 1958, 1960, 1961, 1962, 1964, 1965, 1967, 1968, 1969, 1973, 1978, 1984.
Meister von Rio und São Paulo: 1959, 1963, 1964, 1965, 1968.
Brasilianischer Meister: 2002
Brasilianischer Pokalsieger: 1961, 1962, 1963, 1964, 1965.
Copa Libertadores: 1962, 1963.
Weltpokal: 1962, 1963.

Bekannteste Spieler: Alex – Antoninho – Arakan – Armstrong – Calvet – Carlos Alberto Torres – Castilho – Chicão – Clodoaldo – Coutinho – Dalmo – Diego – Dorval – Dunga – Edinho – Edu – Faroldo – Feitiço – Geraldinho – Gilmar – Giovanni – Ismael – João Paulo – Joel – Juary – Lima – Marinho – Mauro – Menotti – Mirandinha – Miura – Olavo – Orlando – Pagão – Paulo Alemeida – Paulo Isidoro – Pelé – Pepe – Pita – Rema – Renato – Rildo – Rink – Robinho – Rodolfo – Rodríguez – Serginho – Tostão – Vágner – Válber – Viola – Zito.
Bekannteste Trainer: Alfredinho – Antoninho – Castilho – Cilinho – Formiga – Leão – Lula – Paulo Emilio – Parreira – Pepe – Rubens Quintas – Tim – Urubatão.

Ein schwarzer Diamant und eine Goldgrube

Der *São Paulo Futebol Clube* ist erst 1935 entstanden. Die Wurzeln des Vereins aus der Millionenstadt am Rio Tietê reichen jedoch bis in die Anfangsjahre des zwanzigsten Jahrhunderts zurück. In der Frühzeit des brasilianischen Fußballs genossen der *Club Athletico Paulistano* und die *Associação Atlética das Palmeiras* einen guten Ruf. Paulistano trug sich fünfmal in die Siegerliste der Regionalmeisterschaft ein, und zwar in den Jahren 1905, 1908, 1917, 1918 und 1919. Palmeiras war 1909 und 1910 erfolgreich.

Die beiden Vereine wehrten sich in den Zwanzigerjahren mit Händen und Füßen gegen die schleichende Professionalisierung im Fußball. 1925 gründeten sie sogar eine eigene Amateurliga. Es war ein Kampf gegen Windmühlen. Das Rad der Zeit konnte nicht zurückgedreht werden. Paulistano und Palmeiras gerieten nach und nach ins Abseits, ihre Situation wurde von Jahr zu Jahr prekärer.

Was also lag näher als ein Zusammenschluss, um die finanziellen und sportlichen Probleme zu beheben? *São Paulo da Floresta* hieß das Fusionsprodukt, das am 27. Januar 1930 entstand. Man spielte im Floresta-Stadion, das 15 000 Zuschauern Platz bot und das ursprünglich Palmeiras gehört hatte. Das Gerüst der Mannschaft stellten ehemalige Paulistano-Spieler: Friedenreich, Joãozinho, Cassiano Passos, Barthô, Clodô, Nestor, Mário Andrada und Sérgio. Der unbestritten beste von ihnen war Arthur Friedenreich, der Sohn eines deutschen Einwanderers und einer schwarzen Wäscherin.

»Fried« war der erste Star des brasilianischen Fußballs. Der Legende nach soll er in seiner 26 Jahre dauernden Karriere 1329 Tore geschossen haben – mehr als Pelé! Verbürgt ist, dass Friedenreich 1931 in 26 Spielen 32 Mal traf. Jeder dritte Floresta-Treffer ging auf sein Konto. Damit hatte er wesentlichen Anteil am ersten Titelgewinn in der Stadtmeisterschaft von São Paulo. Im Endspiel behielt Floresta gegen Palestra Italia mit 4:0 die Oberhand.

SÃO PAULO FUTEBOL CLUBE
Gründungsdatum: 16. Dezember 1935.
Anschrift: São Paulo FC, Praça Roberto Gomes Pedrosa 1, Jardin Leonor, Morumbi, São Paulo, Brasil.
Internet: www.tricolornet.com.br
Stadion: Estádio Morumbi, Fassungsvermögen: 80 000 Zuschauer.
Vereinsfarben: Schwarz, Rot und Weiß.

Internationaler Ruhm blieb Friedenreich jedoch verwehrt. An der ersten Weltmeisterschaft, die 1930 in Uruguay stattfand, standen bis auf Araken Patuska nur Spieler aus Rio de Janeiro in der brasilianischen Nationalelf. Schuld daran war ein Streit unter den Funktionären. Der brasilianische Verband wollte keine Mitglieder aus São Paulo in die technische Kommission aufnehmen. Daraufhin verweigerte São Paulo die Freigabe der Spieler seines Verbandes, damals die besten des Landes.

Auch bei Floresta gab es Machtkämpfe und Intrigen. Mit dem umstrittenen Kauf einer luxuriösen Immobilie, die als neuer Vereinssitz dienen sollte, hatte sich der Verein übernommen. Um die Finanzen wieder ins Lot zu bringen, schloß er sich 1935 dem

Clube de Regatas Tietê an, einem wohlhabenden Ruderklub. Kaum war die Vereinigung vollzogen, wurde die Fußball-Abteilung geschlossen.

Doch da spielten rund 250 vorwiegend junge Mitglieder nicht mit. Sie gründeten kurz entschlossen einen neuen Verein. Am 16. Dezember 1935 entstand der *São Paulo Futebol Clube*. Die drei alten Klubfarben (rot, weiß und schwarz) wurden beibehalten, weshalb der São Paulo FC bisweilen auch *Tricolor* genannt wird. Der Vollständigkeit halber sei noch erwähnt, dass der SPFC 1938 den Studentenklub *Estudantes Moóca* schluckte.

Sein Name ist Symbol für Samba-Fußball: Telê Santana. Mit ihm als Trainer gewann Brasilien bei den Weltmeisterschaften von 1982 und 1986 viele Sympathien, aber keine Titel. Dies holte er mit dem FC São Paulo auf eindrückliche Weise nach.

Der ambitionierte Neuling tat sich vorerst aber schwer, die Phalanx von Corinthians und Palmeiras zu durchbrechen. Das Gespött machte die Runde, wonach das *Campeonato Paulista* mit einem Münzwurf entschieden werde: Bei »Kopf« sei Corinthians Meister, bei »Zahl« Palmeiras – und wenn die Münze auf dem Rand zu stehen komme, gewinne der São Paulo FC die Meisterschaft ...

Mit dem jungen Verein ging es trotz des Hohns der Konkurrenz kontinuierlich aufwärts. 1940 konnte er das *Estádio do Pacaembu* beziehen und kurz darauf zu äußerst vorteilhaften Konditionen ein Gelände von Canindé übernehmen, einem Verein, dem vorwiegend wohlhabende, deutschstämmige Mitglieder angehörten. Canindé hatte während des Zweiten Weltkrieges mit existenziellen Problemen zu kämpfen.

Der São Paulo FC hingegen schickte sich in den Vierzigerjahren an, zur führenden Mannschaft der Stadt zu werden. Großen Anteil am sportlichen Aufschwung hatte der *Diamante Negro* (»schwarze Diamant«), Leônidas da Silva. Als der Torschützenkönig der WM von 1938 am 24. Mai 1942 sein erstes Spiel für São Paulo bestritt, wollten 70 281 Zuschauer diesem Ereignis beiwohnen. Die Klubführung rieb sich die Hände. Noch bevor Leônidas erstmals den Ball berührt hatte, war seine Ablösesumme bereits amortisiert. Flamengo Rio de Janeiro hatte für Leônidas 200 000 Cruzeiros erhalten, was damals ein neuer Transferrekord war. Der Betrag entsprach den Einnahmen bei einem ausverkauften Pacaembu-Stadion.

Um Leônidas herum entstand eine großartige Mannschaft, die 1943, 1945, 1946, 1948 und 1949 die Regionalmeisterschaft auf Rang eins beendete. Der Argentinier Antonio Sastre, Kapitän Carlos Bauer (ein deutsch-brasilianischer Doppelbürger) sowie Noronha, Zezé Procópio, Luizinho, Rui, Teixeirinha und natürlich Leônidas werden mit dieser ersten Glanzzeit des Vereins in Verbindung gebracht.

Diese Erfolge weckten beim São Paulo FC den Appetit auf mehr. Präsident Cícero Pompeu de Toledo wollte sich und dem Verein in Form eines gigantischen Stadions ein Denkmal setzen. Für den Bau der Arena erwarb der Klub 1952 im Süden der Stadt ein 68 000 Quadratmeter großes Gelände. Die Stadtregierung stellte weitere 90 000 Quadratmeter Bauland zur Verfügung. In den folgenden Jahren steckte der São Paulo FC jede vorhandene Münze in den Prestigebau. Zwecks Geldbeschaffung wurden regelmäßig die besten Spieler veräußert. Deshalb war der Verein in den Fünfzigerjahren nur zweimal (1953 und 1957) stark genug, um die Meisterschaft zu erobern.

Am 2. Oktober 1960 konnte der Spielbetrieb im Morumbi-Stadion aufgenommen werden. Es vergingen jedoch weitere zehn Jahre, bis die Bauarbeiten vollständig abgeschlossen waren. Die Gesamtkosten für das größte private Stadion der Welt beliefen sich auf insgesamt siebzig Millionen Dollar. Im Morumbi fanden anfangs 150 000 Zuschauer Platz (mittlerweile wurde die Kapazität aus Sicherheitsgründen auf 80 000 reduziert).

Dem São Paulo FC standen während der achtzehnjährigen Bauzeit kaum Mittel zur Verfügung, um die Mannschaft zu verstärken. Dessen war sich Trainer Vicente Feola bewusst, als er 1960 seine Unterschrift unter einen Arbeitsvertrag setzte. *El Gordo* (»der Dicke«) gilt zusammen mit dem Ungar Béla Guttmann als Erfinder des 4-2-4-Systems. Nachdem Feola Brasilien 1958 erstmals zum Gewinn des WM-Titels geführt hatte, trainierte er die Boca Juniors in Buenos Aires. Die professionelle Ausbildung der Nachwuchskräfte in Argentinien beeindruckte ihn tief. Ein ähnliches Projekt wollte er beim São Paulo FC auf die Beine stellen, dem Klub, bei dem er schon zwischen 1937 und 1950 in verschiedenen Funktionen tätig gewesen war. Die Talentschmiede des Vereins heißt zu seinen Ehren mittlerweile *Escola de Futebol Vicente Ítalo Feola*.

Eine zweite Chance

Beim Spiel Brasilien gegen Chile ging es 1989 im Maracanã-Stadion um die Qualifikation für die Weltmeisterschaft in Italien. Stürmer Careca, beim São Paulo FC groß geworden, hatte die Seleção 1:0 in Führung geschossen. Dann flog eine Rauchbombe auf den Platz. Der chilenische Torwart Roberto Rojas ging instinktiv zu Boden und musste mit der Bahre vom Platz geholt werden. Blutüberströmt, wie die Chilenen behaupteten. Mit Farbe beschmiert, argumentierte die Gegenseite. Die FIFA schenkte der Version der Brasilianer Glauben, suspendierte Chile für vier Jahre und sperrte Rojas lebenslänglich. Das hinderte Telê Santana nicht daran, Rojas beim São Paulo FC als Torwarttrainer unter Vertrag zu nehmen. »Jeder Mensch verdient eine zweite Chance«, stellte Santana klar. Diese Geste wird dem Namenspatron der Stadt, dem heiligen Paul, sicherlich gefallen haben.

Dank dem Stadion und der Fußball-Schule wurde der São Paulo FC ein Riese. 1970 gewann er nach einer dreizehnjährigen Durststrecke erstmals wieder die São-Paulo-Meisterschaft. Die Mannschaft konnte dank den Zuschauer- und Sponsoringeinnahmen gezielt verstärkt werden: Gerson, der Weltmeister von 1970, kam von Botafogo, die beiden Uruguayer Pedro Rocha und Pablo Forlán wurden von Peñarol Montevideo übernommen, Toninho Guerreiro vom FC Santos.

Mit diesen Akteuren stieß der São Paulo FC in neue Dimensionen vor. 1974 erreichte er erstmals das Endspiel um die *Copa Libertadores*, das südamerikanische Pendant zur *Champions League*. Die drei Endspiele gingen allerdings gegen Independiente Buenos Aires mit 2:1, 0:2 und 0:1 verloren. Doch dieser Rückschlag warf den Klub nicht aus der Bahn. 1977 gewann er erstmals die nationale Meisterschaft.

In den Achtzigerjahren etablierte sich der SPFC in der brasilianischen Elite. Spieler wie Valdir Peres, Serginho Chalupa (mit 242 Toren bester Torjäger des Klubs), Oscar, Darío Pereya, Careca, Falção und Renato bescherten dem Klub fünf regionale und einen nationalen Meistertitel.

Mit der Eröffnung eines modernen Trainingszentrums wurde 1987 der Grundstein für zukünftige Erfolge gelegt. Der Verein, dem rund zehn Millionen Fans die Daumen drücken, begnügte sich nicht mehr damit, in Brasilien die Nummer eins zu sein. Mit der Umsetzung des *Projeto Tóquio*, das den Gewinn des Weltpokals in Tokio vorsah, wurde der ehemalige Nationaltrainer Telê Santana betraut. Der charismatische, den spektakulären Fußball pflegende Trainer begann 1990 mit dem Aufbau einer großen Equipe.

ERFOLGE

Meister von São Paulo: 1931, 1943, 1945, 1946, 1948, 1949, 1953, 1957, 1970, 1971, 1975, 1980, 1981, 1985, 1987, 1989, 1991, 1992, 1998, 2000.
Meister von Rio und São Paulo: 2001.
Brasilianischer Meister: 1977, 1986, 1991.
Copa Libertadores: 1992, 1993.
Weltpokal: 1992, 1993.

Bekannteste Spieler: Bauer – Belletti – Bellini – Caio – Cafú – Canhoteiro – Careca – Cerezo – Chicão – Darío Pereyra – Denílson – Dias – Dino Sani – De Sordi – Edmilson – Elivélton – Falção – Forlán – França – Friedenreich – Gerson – Getúlio – Gijo – Gino – José Poy – Kaká – King – Leonardo – Leônidas – Luizinho – Marcelinho – Márcio Santos – Mauro – Muller – Noronha – Oscar – Raí – Roberto Dias – Palhinha – Pedro Rocha – Peres – Poy – Procópio – Remo – Renato – Ricardo Rocha – Ronaldo – Sastre – Serginho – Silas – Telê Santana – Texeirinha – Válber – Zé Sergio – Zizinho.
Bekannteste Trainer: Brandão – Carpegiani – Cilinho – Costa – Del Debbio – Feola – Guttmann – Leônidas – Nelsinho – Oswaldo de Oliveira – Carlos Parreira – Pirilo – Poy – Tim – Telê Santana – Travalini.

Zum Chef auf dem Platz machte er Raí, den jüngeren Bruder der Corinthians-Legende Sócrates. Raí war mit seiner langsam anmutenden, aber durchdachten und wirkungsvollen Art ebenfalls ein genialer Spielmacher. Im Angriff glänzte Luís António Correa da Costa, der den Künstlernamen Muller trug, weil er ein ähnlicher Unruheherd war wie einst Gerd Müller. Die Flügel besetzten mit Leonardo und Palhinha ebenfalls zwei Nationalspieler. Im defensiven Mittelfeld rackerte Toninho Cerezo, der bereits 36 war, als ihn Santana 1991 aus Italien nach Brasilien zurückholte. Einer der jüngsten im Team war Linksverteidiger Cafú, der die brasilianische Nationalelf bei der WM 2002 als Kapitän zum Titelgewinn führen sollte.

Santana erfüllte seine Mission und übertraf sämtliche Erwartungen. 1992 und 1993 schafften die Spieler des São Paulo FC das, was vorher nur der Wunderelf des FC Santos mit Pelé gelungen war: Sie gewannen sowohl die *Copa Libertadores* als auch den Weltpokal zweimal hintereinander. Wie stark der São Paulo FC damals war, lässt sich vor allem anhand der jährlich stattfindenden Vergleiche mit den Champions-League-Siegern abschätzen. Barcelonas *Dream-Team* mit Koeman, Stoichkov und Romário wurde 1992 im Weltcup-Finale durch zwei Tore von Raí mit 2:1 bezwungen. Ein Jahr später musste sich das Star-Ensemble der AC Milan durch einen Treffer von Muller kurz vor Schluss zum Erstaunen der Fachwelt mit 1:0 geschlagen geben.

In gerade einmal zehn Jahren – zwischen 1985 und 1994 – errang der São Paulo FC insgesamt 15 regionale, nationale und internationale Titel.

Nachdem die Schlüsselspieler (Leonardo, Raí, Cafú, Muller, Juninho) gleich in Serie abgewandert waren, konnte auch Santana mit der stark verjüngten Mannschaft keine Wunder bewirken. Er beklagte sich über die Spieler, die seiner Ansicht nach unter Größenwahn litten und kaum noch zu motivieren seien. Santana trat anfangs 1996 definitiv zurück, nachdem er ein paar Monate zuvor einen Kreislaufkollaps mit vorübergehendem Herzstillstand erlitten hatte. Damit war eine große Epoche zu Ende.

Schiffbruch am Rio Tietê

Brasilianischer Meister, Gewinner der Copa Libertadores, Weltpokal-Sieger – Telê Santana hat mit dem São Paulo FC alles gewonnen, was eine brasilianische Mannschaft gewinnen kann. Als er sich im Februar 1996 wegen Kreislaufproblemen und Diabetes definitiv zur Ruhe setzte, übernahm Carlos Alberto Parreira das Ruder. Keine zehn Monate später hatte der Weltmeister-Trainer von 1994 am Rio Tietê kompletten Schiffbruch erlitten. Nach zehn sieglosen Spielen und dem Absturz in der Tabelle vom ersten auf den 17. Platz hatte er sämtlichen Kredit verspielt – Entlassung.

Seitdem hat der São Paulo FC keinen internationalen Titel mehr erringen können. Das hängt auch damit zusammen, dass europäische Klubs längst erkannt haben, dass die vorbildlich organisierte Jugendarbeit des Vereins immer wieder exzellente Fußballer hervorbringt. In den so genannten *Peneiras*, den übers ganze Land verteilten Talentsichtungen, zeigen jährlich rund 20 000 Jugendliche ihr Können. Maximal hundert nimmt der SPFC jedoch in seine Jugendmannschaften auf.

Die Talentspäher hatten in den Neunzigerjahren hervorragende Arbeit geleistet: Mit den Stürmern Denílson und Dodô, dem Verteidiger Bordon und Torhüter Rogerio brachte der Klub innerhalb von zweieinhalb Jahren gleich vier Nationalspieler hervor. Als besonders lukrativ erwies sich neben den Transfers von Edmilson (für 11,6 Millionen Euro zu Lyon), França (für 8,5 Millionen Euro zu Leverkusen) und Marcelinho (für 9,5 Millionen Euro zu Marseille; später Hertha Berlin) vor allem der Verkauf von Dribbelkünstler Denílson, für den Betis Sevilla 1997 die damalige Rekordablösesumme von 26 Millionen Dollar überwies.

Querdenker und Querulanten

Der Admiral Vasco da Gama ist wegen einer Tat in die Geschichtsbücher eingegangen, die der Menschheit neue Pfade gewiesen hat: die Öffnung des Seeweges nach Indien. Am 8. Juli 1497 hatte der portugiesische Edelmann mit einer Flotte von drei kleinen Schiffen die Tejo-Mündung bei Lissabon verlassen. In weitem Bogen wurde der gefährliche Golf von Guinea umfahren. Als die Novemberstürme die See aufwühlten, steuerte die Flottille um das Kap und erreichte die rettende Nordströmung. Der harte Wille des Kapitäns trieb die von Skorbut geplagte Mannschaft immer weiter voran – bis zum Hafen Kalikut an der indischen Küste.

Zum Gedenken an diese abenteuerliche Entdeckungsreise fand vierhundert Jahre später im ehemaligen portugiesischen Handelsstützpunkt Rio de Janeiro eine Ruderregatta statt. Unter den Zuschauern befanden sich auch vier Jugendliche, Henrique Ferreira Monteiros, José Alexandre d'Avelar Rodrigues und Manuel Texeira de Sousa Júnior. Sie waren vom Wettkampf derart angetan, dass sie die Gründung eines Ruderklubs beschlossen.

Für ihre Idee warben sie vorab bei den Mitgliedern der Literaturzirkel und bei den Radsport-Fans, denn ein Fahrrad konnten sich damals viele nicht leisten. Insgesamt 62 Personen – größtenteils portugiesischer Abstammung – fanden sich am 21. August 1898 in den Räumlichkeiten eines Theaters in der *Rua da Saúde* ein. Dort hoben sie den *Club de Regatas Vasco da Gama* aus der Taufe. Mit dem Erlös der ersten Kollekte konnten drei Boote gekauft werden, die *Zoca*, *Vaidosa* und *Volúvel* hießen. Sein erstes Rennen gewann Vasco am 4. Juli 1899. 1905 und 1906 sicherte sich der Klub mit der Karavelle und dem Malteserkreuz im Wappen die Stadtmeisterschaft im Rudern.

CLUBE DE REGATAS DO VASCO DA GAMA
Gründungsdatum: 21. August 1898.
Anschrift: CdR Vasco da Gama, Rua General Almério de Moura 131, São Cristóvão – Rio de Janeiro, CEP 20921-060, Brasil.
Internet: www.crvasco.hp10.com.br
Stadion: Estádio de São Januário, Fassungsvermögen: 40 000 Zuschauer.
Vereinsfarben: Schwarz und Weiß.

Dem Malteserkreuz liegt freilich ein historischer Irrtum zugrunde, denn es war das Christuskreuz, unter dessen Schutz der Seefahrer Vasco da Gama einst Neuland entdeckt hatte ...

Zu Beginn des zwanzigsten Jahrhunderts lief in Brasilien der Fußball dem Rudern nach und nach den Rang ab. Vasco da Gama ist der jüngste unter den großen Fußball-Klubs von Rio de Janeiro. Eine entsprechende Sektion wurde erst am 26. November 1916 gegründet. Ein großer Teil von Vascos Fußballern hatte zuvor für den *Lusitânia Esporte Clube* gekickt, der wegen seiner Portugal freundlich gesinnten Politik von der Meisterschaft ausgeschlossen worden war.

Auch Vasco eckte an. Nach dem Aufstieg von der dritten in die zweite Liga öffnete sich der Klub sämtlichen sozialen Schichten. Die Aufnahme Farbiger und sozial

Schwacher war für damalige Verhältnisse ein revolutionärer Akt und führte zu Kontroversen, denn der Fußball war seinerzeit noch eine elitäre und rassistische Sportart. Mit der kolonialistisch bedingten Neigung zur Vermischung wurde diese liberale Haltung begründet. Die Portugiesen seien als Seefahrer gegenüber anderen Rassen schon immer aufgeschlossen gewesen.

Vasco avancierte zum Flaggschiff der portugiesischen Kolonie. Geschäftsleute unterstützten den Klub nicht nur finanziell, sondern auch durch die Beschaffung von Alibi-Jobs für die Spieler. Dies ermöglichte bereits in den Zwanzigerjahren die Einführung eines (verdeckten) Profitums. Der uruguayische Trainer Ramón Platero konnte praktisch jeden Tag mit der Mannschaft trainieren. Dadurch waren die *Vascaínos* ihren Gegnern physisch und konditionell überlegen. Als Aufsteiger sicherte sich die Multi-Kulti-Truppe 1923 auf Anhieb die Rio-Meisterschaft. Drei Schwarze, ein Mulatte und sieben Weiße aus der Arbeiterklasse bildeten die Meisterelf.

Die etablierten Vereine Fluminense, Flamengo, Botafogo und América reagierten auf ihre Weise: sie gründeten 1924 eine neue Liga, die *Associação Metropolitana de Esportes Atléticos*. Vasco hätte zwölf seiner Spieler – Arme und Farbige – ausschließen müssen, um ebenfalls in der neuen Liga mitmischen zu dürfen. Das lehnte der Verein jedoch strikt ab. Er hielt an seinen liberalen Prinzipien fest und zog es vor, sich in einer Meisterschaft mit unbedeutenden Vereinen zu messen. Auf Vermittlung von Botafogo durfte Vasco ab 1925 wieder im Konzert der Großen mitspielen. Hinter dieser Amnestie standen vorab kommerzielle Interessen. Denn Vasco hatte eine große Fangemeinde. Und volle Stadien ließen die Kassen klingeln.

»Wo hast du den Frosch vergraben?«

Ein Autounfall hielt die Elf von Vasco im Dezember 1937 auf dem Weg zum Spiel gegen Andaraí auf. Die fairen Gastgeber warteten stundenlang im Regen auf den Gegner. Das war nicht selbstverständlich, denn Andaraí hätte auch auf einen Sieg pochen können. Im Spiel hatte der Außenseiter dann erwartungsgemäß nicht den Hauch einer Chance. Vasco demütigte Andaraí: 12:0. Einer der Verlierer, Arubinha, murmelte nach dem Spiel eine magische Formel und sprach: »Wenn es einen gerechten Gott gibt, dann bleibt Vasco zwölf Jahre lang ohne Titelgewinn.« Den Verantwortlichen von Vasco verging das Lachen nach und nach. In der Meisterschaft jubelten am Ende stets die anderen. 1943 gab es sogar ein peinliches 6:2 gegen den Erzrivalen Flamengo. Irgendjemand setzte das Gerücht in die Welt, Arubinha habe im São-Januário-Stadion einen Frosch vergraben. Der gesamte Rasen wurde abgetragen und ersetzt – vergeblich. Im folgenden Jahr verlor Vasco das entscheidende Spiel um den Titel erneut. Die Klubbosse entschieden sich für einen Canossa-Gang: »Lieber Arubinha, sag uns bitte, wo Du den Frosch vergraben hast.« Er habe nirgends einen Frosch vergraben, erwiderte Arubinha trocken. Und: »Ich verspreche euch, dass mein Fluch nun zu Ende ist.«
1945 gewann Vasco die Meisterschaft, ungeschlagen.

Trotzdem gängelten die Verbandsfunktionäre den Klub nach Kräften. So wurde beispielsweise eine Regel eingeführt, wonach alle Spieler vor dem Anpfiff selbständig ihren Namen auf dem Matchblatt eintragen mussten – für die vielen Analphabeten in den Reihen Vascos ein Ding der Unmöglichkeit! Der Klub löste das Problem, indem er den Spielern Lesen und Schreiben beibrachte, zumindest so lange, bis sie das Formular korrekt ausfüllen konnten. Komplizierte Namen wurden zudem vereinfacht. Viele Spieler hießen deswegen beispielsweise bloß »Silva«.

Vasco war seiner Zeit oft einen Schritt voraus. Mit dem Bau des *Estádio São Januário* im Stadtteil *São Cristóvão* setzte der Klub in Brasilien neue Maßstäbe. Die Bauzeit für die schmucke Arena betrug bloß zwölf Monate, am 21. April 1927 konnte sie eingeweiht werden. Sogar Staatspräsident Washington Luís gab sich die Ehre, ein Zeichen, dass sich Vasco Akzeptanz und Respekt verschafft hatte.

Das *Estádio São Januário* bot 50 000 Zuschauern Platz und diente sowohl Vasco als auch dem brasilianischen Nationalteam als Heimstätte. Erst 1950 zog die *Seleção* ins viermal größere Maracanã um, das eigens für die WM gebaut worden war. Am 16. Juli 1950 sahen dort 199 854 Fans, wie Außenseiter Uruguay im Endspiel die Gastgeber sensationell mit 2:1 besiegte. In Brasiliens Elf standen nicht weniger als sieben Vasco-Stars: Barbosa, Augusto, Danilo, Friaça, Jair, Chico und Ademir, der exzellente Mittelstürmer, der mit neun Treffern Torschützenkönig des Turniers wurde.

Undank ist der Welt Lohn

Die Journalisten wählten Moacir Barbosa von Vasco da Gama 1950 einstimmig zum besten Torhüter der WM. Als Barbosa sich als 40-Jähriger vom Fußball zurückzog, hatte er Tausende von Schüssen pariert, darunter zahlreiche Elfmeter. Was dem Volk allerdings in Erinnerung blieb, war jener haltbarer Treffer des Uruguayers Ghiggia im WM-Finale von 1950, der Uruguay zum Weltmeister machte. Barbosa galt als der Mann, der ganz Brasilien zum Weinen brachte.

Die Jahre vergingen, doch dem Torhüter wurde nie verziehen. Als Barbosa 1993 vor dem entscheidenden WM-Qualifikationsspiel gegen Uruguay die Seleção besuchen wollte, verwehrten ihm die Funktionäre den Zutritt zum Trainingscamp. Barbosa wohnte damals im Hause einer Schwägerin und lebte von einer kleinen Rente, die ihm Vasco zukommen ließ. Er klagte: »In Brasilien ist die Höchststrafe für ein Verbrechen 30 Jahre. Doch ich zahle jetzt schon 43 Jahre für ein Verbrechen, das ich nicht einmal begangen habe.« Der schlimmste Moment in seinem Leben, sagte Barbosa einmal, seien die ersten zwanzig Jahre nach dem WM-Endspiel gewesen.

Barbosa starb am 9. April 2000 im Alter von 79 Jahren an den Folgen eines Schlaganfalls. Kurz zuvor hatte mit Dida erstmals seit fast fünfzig Jahren wieder ein dunkelhäutiger Torhüter die Nummer 1 in der Seleção tragen dürfen.

Im Klub-Fußball war Vasco da Gama damals das Maß aller Dinge. Der Höhenflug begann mit der Verpflichtung von Trainer Flávio Costa, der mit Flamengo dreimal in Serie Meister geworden war (1942, 1943 und 1944). Bei Vasco baute Costa eine Mannschaft auf, die ehrfürchtig *O Expresso da Vitória* (»Siegesexpress«) genannt wurde. Die Erfolgsserie umfasste die Meistertitel der Jahre 1945, 1947, 1949 und 1950. In jenen Jahren entstand die Legende, wonach sich die Wolken um den Corcovado-Berg lichten, wenn Vasco ein Tor schießt, und der gigantische Christus soll von seinem hohen Sockel Beifall klatschen.

Wenn dem so ist, dann wird er an Ademir Marques de Menezes seine liebe Freude gehabt haben. Der Mittelstürmer erzielte in 429 Spielen für Vasco 301 Tore, in der Nationalelf brachte er es auf 41 Einsätze und 35 Treffer. Wegen einer Verletzung fehlte Ademir 1948 bei jenem Turnier in Santiago de Chile, bei dem neben Vasco die Meister aus Uruguay (Nacional Montevideo), Argentinien (River Plate), Chile (Colo Colo), Bolivien (Litoral), Peru (Municipal) und Ecuador (Emelec) teilnahmen. Es handelte sich also um eine Art südamerikanische *Champions-League*.

Als stolzer Sieger dieses Turniers ging Vasco da Gama hervor. Die Elf um Barbosa, Augusto, Wilson, Eli, Danilo, Jorge, Djalma, Maneca, Friaça, Ismael und Chico bescherte Brasilien den ersten internationalen Titel im Fußball.

Trainer Costa ließ ein 3-3-4-System spielen, aus dem später das 4-2-4 wurde, mit dem Brasilien 1958 in Schweden seinen ersten Weltmeistertitel errang. Drei Vasco-Stars spielten bei diesem Erfolg eine Schlüsselrolle: Kapitän und Abwehrchef Hideraldo Luíz Bellini, Mittelfeldrackerer Orlando Peçanha und Mittelstürmer Edvaldo Izídio Neto, genannt Vavá. Der Absturz der *Vascaínos* in den Sechzigerjahren hing eng mit dem Verkauf dieser drei Ausnahmekönner zusammen: Bellini wechselte zum FC São Paulo, Orlando zu den Boca Juniors und Vavá zu Atlético Madrid.

Eine Blütezeit erlebte der Verein erst wieder in den Siebzigerjahren. 1970 ging die zwölfjährige Durststrecke in der Rio-Meisterschaft zu Ende, und 1974 gewann Vasco erstmals die brasilianische Meisterschaft. Cruzeiro Belo Horizonte wurde im Endspiel um das *Brasileirão* mit 2:1 besiegt. Neuer Publikumsliebling war der Angreifer Roberto Dinamite, der in 1110 Spielen 698 Tore erzielte – ein noch heute gültiger Klubrekord. Robertos Visitenkarte zieren unter anderem die Meistertitel im *Campeonato Carioca* der Jahre 1977, 1982, 1987, 1988 und 1992.

Vom Strafraum ins Gefängnis

Bei Vasco waren in den Neunzigerjahren einige Spieler unter Vertrag, die durchaus als Seelenverwandte von Präsident Miranda bezeichnet werden können. Etwa die Stürmer Edmundo und Romário, in denen sich spielerische Genialität mit einem unausstehlichen Charakter paart. Oder Angreifer Hernande, der ebenfalls kein Kind von Traurigkeit ist und 1999 wegen eines schweren Verkehrsunfalls für zwei Jahre ins Gefängnis musste.

Wesentlichen Anteil am Gewinn der Meisterschaft von 1987 hatte auch Stürmer Romário de Souza Farias, der ein Jahr später an den PSV Eindhoven verkauft wurde. Im Gegensatz zu den darbenden Traditionsvereinen Flamengo, Fluminense und Botafogo konnte sich Vasco den Luxus leisten, für den Nachfolger von Romário die damalige Rekordsumme von 2,4 Millionen Dollar auszugeben. Nationalspieler Bebeto (bei Flamengo groß geworden) bewies mehrmals, dass er diese Summe auch tatsächlich wert war. Obwohl körperlich fragil, konnte er sich durch seine Beweglichkeit und Technik immer wieder gut in Szene setzen.

Mit Bebeto und dem alternden Roberto im Angriff gewann Vasco 1989 zum zwei-

Begann seine lange Karriere bei Vasco da Gama: Romário.

ten Mal die brasilianische Meisterschaft. Im ausverkauften Morumbi-Stadion wurde der FC São Paulo mit 1:0 besiegt.

In den Neunzigerjahren hatte Vasco nicht nur eines der stärksten Teams Brasiliens, sondern auch den umstrittensten Präsidenten. Kritiker bezeichnen den Parlamentsabgeordneten Eurico Angelo de Oliveira Miranda (Motto: »Um Ethik sollen sich die Philosophen kümmern«) als Mensch gewordene Skrupellosigkeit.

Das Meisterschaftsfinale der Saison 2000 brachte den Patriarchen in die internationalen Schlagzeilen. Vascos Gegner war das zweitklassige Überraschungsteam São Caetano do Sul, ein Quartierklub aus der Peripherie São Paulos. Das Hinspiel in São Paulo hatte 1:1 geendet. Damit konnte Vasco gut leben. Das Rückspiel fand am 30. Dezember 2000 im *Estádio São Januário* statt. In der 23. Minute geschah das Unglück, das eine Katastrophe auslöste. Den alternden Publikumsliebling Romário zwickte es wieder einmal im Oberschenkel. Aber musste er deswegen gleich ausgewechselt werden?

Diese Frage erhitzte die Gemüter der heißblütigen Vasco-Fans. Es kam zu Tumulten. Einige Zuschauer wurden gegen einen Zaun gedrückt. Dieser gab dem Druck nach. Die Massen strömten in panischer Angst auf das Spielfeld. Die TV-Bilder zeigten blutüberströmte Männer, Frauen und Kinder. Wie durch ein Wunder gab es »nur« 170 Verletzte, aber keine Toten. Dann fingen die TV-Kameras den tobenden Miranda ein. Er befahl den Sanitätern, die Verletzten schleunigst vom Platz zu schaffen. Ein Spielabbruch kam für ihn überhaupt nicht in Frage, denn die Verträge der meisten Spieler liefen am 31. Dezember aus.

Doch darauf nahm Anthony Garotinho keine Rücksicht. Der Gouverneur von Rio hatte die Partie zu Hause vor dem Fernseher verfolgt. Telefonisch ordnete er einen Spielabbruch an. Da drehte Miranda vollends durch. Erst lieferte er sich eine Rangelei mit Reportern, danach fand er kurz Zeit, den Gouverneur zu beleidigen (»bigotte Schwuchtel«), anschließend schnappte er sich den Pokal, drehte mit seinen Schützlingen eine Ehrenrunde und ließ sich von den Fans feiern.

Später rechtfertigte er diese Siegesfeier mit dem Umstand, dass Vasco beim Abbruch des Spiels dank des auswärts geschossenen Treffers vorne gelegen hatte. Allerdings war sein Klub als Gastgeber für das Drama im total überfüllten Stadion verantwortlich. Deshalb hätte man die Partie auch mit einer Niederlage werten können. Doch das kleine São Caetano hatte im Verband keine Lobby.

Auf Anordnung des obersten brasilianischen Gerichtshofes spielte man schließlich noch einmal, und zwar am 18. Januar 2001 im Maracanã. Vasco gewann standesgemäß mit 3:1. Romário gab den Journalisten nach dem Spiel zu Protokoll: »Ich widme diesen Pokal Miranda. Er behandelt den Klub wie einen Sohn. Väter wollen immer nur das Beste für ihre Söhne.«

Dass sportliche Erfolge nicht unbedingt ein solides Management voraussetzen, schon gar nicht in Südamerika, zeigte sich bei Vasco in den folgenden Monaten. Einige Spieler würden von der Hand in den Mund leben und seien kaum noch zu motivieren, klagte Romário. Dem Star selber schuldete der Klub umgerechnet 3,75 Millionen Euro – mehrere Saläre und die Rückzahlung eines Kredits, mit dem die Löhne weniger betuchter Teamkollegen beglichen worden waren. Vermieden wurde der Kollaps durch eine Finanzspritze des Verbandes sowie eine Solidaritätsaktion der anderen Vereine, die acht Prozent ihrer TV-Einnahmen Vasco zukommen ließen.

Es lässt sich nur schwer ermitteln, in welchen Kanälen die Einnahmen versickerten, etwa die 19 Millionen Dollar, die allein *Rede Globo* in der Saison 2000 für TV-Übertragungen überwiesen hatte. Publikumsattraktionen wie die Nationalspieler Romário, Bebeto, Juninho Pernambuco oder Edmundo wurden fürstlich entlohnt, solange das Bankkonto des Vereins im Plus war. Als Romário Ende 1999 einen Zweijahresvertrag unterschrieb, stellte ihm Vasco ein Monatssalär von 200 000 Euro in Aussicht.

Miranda, Absolvent einer Jesuitenschule und ehemaliger Autohändler, wurde schon damals unlauterer Geschäfte verdächtigt. Ein parlamentarischer Untersuchungsausschuß, der etwas Licht in die finsteren Geschäfte im brasilianischen Fußball bringen wollte, belastete den Klubboss später ebenfalls schwer. Ihm wurde unter anderem Bereicherung am Transfer Bebetos (der Stürmer war 1992 zu La Coruña gewechselt) vorgeworfen. Medienberichten über geheime Bankkonten und Scheinfirmen im Steuerparadies Nassau entgegnete Miranda auf seine Art: Er erteilte den entsprechenden Journalisten Stadionverbot ... Die FIFA erklärte Miranda im Januar 2000 zur unerwünschten Person. Die Offiziellen des Weltfußballverbandes hatten sich während der Klub-WM von den Leibwächtern des Vereinsvorstandes bedroht gefühlt.

ERFOLGE

Meister von Rio de Janeiro: 1923, 1924, 1929, 1934, 1936, 1945, 1947, 1949, 1950, 1952, 1956, 1958, 1970, 1977, 1982, 1987, 1988, 1992, 1993, 1994, 1998.
Meister von Rio und São Paulo: 1958, 1966, 1999.
Brasilianischer Meister: 1974, 1989, 1997, 2000.
Copa Libertadores: 1948, 1998.
Copa Mercosur: 2000.

Bekannteste Spieler: Acácio – Ademir – Barbosa – Bebeto – Bellini – Benedito – Bismarck – Brito – Carvalho Leite – Chico – Danilo Alvim – De Freitas – Dirceu – Donizete – Dunga – Edmundo – Fausto – Fontana – Galvão – Jaguaré – Geovani – Leônidas da Silva – Luizão – Maneca – Mazinho – Menezes – Miguel – Moises – Orlando – Ramón – Ricardo Rocha – Roberto – Romário – Tita – Tostão – Vavá.
Bekannteste Trainer: Amaral – Carlos Scarone – Costa – Fantoni – Lazaroni – Lopes – Nelsinho – Telê Santana – Travaglini – Vieira – Zagalo – Zezé Moreira – Zizinho.

Mirandas finanzieller Husarenritt brachte Vasco zwar an den Rand des Ruins. Gleichzeitig konnte aber der Briefkopf des Klubs um einige wichtige Titel ergänzt werden: Sieg in der *Copa Libertadores* 1998, Gewinn der *Copa Mercosur* 2000, Landesmeister 1997 und 2000, Meister von Rio 1992, 1993, 1994 und 1998. Ob der Preis für diese Erfolge allerdings nicht zu hoch war, wird die Zukunft zeigen.

Schützenhilfe für den Krieger

Als Gott die Welt schuf, hatte er am Ende von allem etwas übrig: Wüsten, Berge, Strände, Gletscher. Diese Reste schüttete er auf einen schmalen, 4000 Kilometer langen Streifen zwischen Anden und Pazifik. So entstand der Legende nach Chile.

Die spanischen Eroberer, die ab 1540 in das Land eindrangen, entdeckten kein Paradies, sondern kämpferische Völker, die Araukaner. Erst Mitte des 19. Jahrhunderts musste sich der letzte Araukaner-Stamm, die *Mapuche*, den Kolonisatoren aus Spanien, England und Deutschland beugen. Einer der Häuptlinge der aufständischen Mapuche-Indianer wurde Colo Colo genannt; ein Name, der in Chile auch zur Bezeichnung einer Leopardenart verwendet wird. Colo Colo war ein Krieger, der sich durch Mut, Einfachheit, Hartnäckigkeit und Aufrichtigkeit auszeichnete. Ein Vorbild in jeder Hinsicht.

Auch für die Gruppe von Studenten aus der Hauptstadt Santiago, die sich am 19. April 1925 entschloss, dem Erstdivisionsklub Magallanes den Rücken zu kehren. Angeführt wurden die Dissidenten von den fünf Brüdern Arellano Moraga, die unzufrieden waren, weil sie nicht gemeinsam in der ersten Mannschaft spielen durften. Zudem missfielen ihnen die bürgerlichen Leitlinien des Vereins. Deshalb gründeten sie umgehend einen eigenen Verein, den *Club Social y Deportivo Colo Colo*. Harte Arbeit und moralische Werte, die dem Adjektiv *social* im Klubnamen entsprechen, waren ihnen ebenso wichtig wie sportliche Erfolge. Der Indianerkopf im Vereinswappen sollte den Freiheitskampf des chilenischen Volkes gegen die spanischen Eroberer symbolisieren.

CLUB SOCIAL Y DEPORTIVO COLO COLO
Gründungsdatum: 19. April 1925.
Anschrift: Colo Colo, Cienfuegos 41, Santiago de Chile, Chile.
Internet: www.csdcolocolo.com
Stadion: Estadio David Arellano (El Monumental), Fassungsvermögen: 62 500 Zuschauer.
Vereinsfarben: Schwarz und Weiß.

Der Klub Colo Colo wurde schnell populär, und der Mythos stärkte sich noch mit der ersten Auslandtournee im Jahre 1927. Die Reise führte durch verschiedene Länder Südamerikas sowie nach Portugal und Spanien. Stürmer David Arellano überraschte mit einen Trick, den in Europa bis dahin noch niemand gesehen hatte: Mit dem ganzen Körper in der Luft, den Rücken zum Boden, schossen seine Beine mit einem plötzlichen Überschlag den Ball nach hinten. Die spanischen Journalisten tauften diese akrobatische Einlage *la chilena*, auf deutsch etwa »der chilenische Trick«.

Unmittelbar nach der Vereinsgründung hatte sich Colo Colo für die Liga *Metropolitana* eingeschrieben. Schon im ersten Jahr, 1925, holte sich der Klub den Meistertitel. 1928, 1929, 1930 und 1932 folgten weitere Amateur-Titel. Der Profi-Fußball wurde in Chile – wie übrigens auch in Brasilien – erst 1933 eingeführt. Vier Jahre später konnte Colo Colo seine erste »richtige« Meisterschaft feiern: 9 Siege, 3 Remis, 0 Niederlagen lautete die makellose Bilanz. Einen weiteren Meilenstein bildete 1941 die erstmalige Verpflichtung eines ausländischen Trainers. Der gebürtige Ungar Francisco Platko legte großen Wert auf eine optimale athletische Verfassung. Ähnlich wie die Uruguayer pflegten fortan auch die Chilenen einen ausgesprochen körperbetonten Fußball.

In Europa wurde man erst in den Fünfzigerjahren auf den chilenischen Fußball aufmerksam. Newcastle United verpflichtete 1953 die Gebrüder Robledo für insgesamt 25 000 Pfund. Jorge Robledo war in Chile in jenem Jahr mit 26 Treffern Torschützenkönig geworden und hatte wie sein Bruder Eduardo, der im Mittelfeld die Fäden zog, wesentlichen Anteil am insgesamt sechsten Titelgewinn von Colo Colo.

Im gleichen Jahr hatte Antonio Laban das Präsidium des Klubs übernommen. Dass Colo Colo endlich ein zeitgemäßes Stadion bekam, war zum großen Teil sein Verdienst. Im *Estadio Monumental* fanden 1962 auch einige Spiele der VII. Fußball-Weltmeisterschaft statt. Chile erkämpfte sich – im wahrsten Sinne des Wortes – den dritten Platz. Der Gastgeber hatte Italien, die Schweiz und die Sowjetunion bezwungen und scheiterte im Halbfinale erst am späteren Weltmeister und Titelverteidiger Brasilien. Der dritte Platz ist die beste Klassierung, die einer chilenischen Mannschaft bisher bei einer WM gelang. Allerdings kamen bloß zwei Akteure von Colo Colo (Torhüter Escutti und Mittelfeldspieler Moreno) regelmäßig zum Einsatz.

Heldentod

David Arellano geniesst in Chile Heldenstatus. Nicht nur, weil er als Erfinder des Fallrückziehers gilt. Der Stürmer verinnerlichte das Motto »Kämpfen bis zum Umfallen« wie kein anderer. Arellano starb während der Europatournee von Colo Colo im Jahr 1927. Gegen den Rat der Betreuer ging er nach einem Zusammenprall mit einem Verteidiger von Valladolid nicht vom Feld. Arellano wollte unbedingt weiterspielen, um gegen die Spanier – die ehemaligen Kolonialherren – zu kämpfen, was fatale Folgen für ihn hatte und zum Tod auf dem Spielfeld führte. Er starb offenbar an einer Bauchfellverletzung.
Heute sorgt der Name von Colo Colos Heimstätte dafür, dass der Einsatz von Arellano nicht in Vergessenheit gerät.

Innenpolitische Wirren stoppten Chiles Aufstieg in die Elite des südamerikanischen Fußballs. Der Christdemokrat Eduardo Frei Montalva leitete zwischen 1964 und 1970 in dem von Erdbeben, Streiks und sozialen Unruhen geplagten Land erste umfassende Reformen ein. Zudem setzte er eine Teilnationalisierung des sich vorwiegend in US-Händen befindenden Kupferbergbaus sowie eine Landreform durch.

Salvador Allende setzte dieses sozialistische Programm anschließend fort. Ein von der CIA unterstützter Militärputsch stürzte ihn 1973. Allende starb unter nie geklärten Umständen. Führer der Militärjunta wurde General Augusto Pinochet Ugarte. Er löste das Parlament auf, setzte die Verfassung außer Kraft, verbot alle Parteien und führte in den folgenden Jahren ein Terrorregime ein, das keine Opposition duldete. Pinochet fielen mindestens 3000 Menschen zum Opfer. Etwa 200 000 Chilenen flohen ins Exil.

Colo Colo war in den Sechziger- und Siebzigerjahren nicht der erfolgreichste, aber der bei weitem populärste Klub des Landes. Daran konnte auch die Tatsache nichts ändern, dass Pinochet einige Jahre lang offiziell Präsident des Vereins war.

Für Chiles Fußball war es eine düstere Zeit. Weil das Nationalstadion als Konzentrationslager und Hinrichtungsstätte missbraucht worden war, hatte sich die Sowjetunion geweigert, zum Entscheidungsspiel für die WM-Qualifikation nach Chile zu fliegen. So kam es am 21. November 1973, nach dem 0:0 in Moskau, zu einem der absurdesten Spiele der Fußball-Geschichte: Die chilenische Mannschaft spielte in Santiago gegen einen abwesenden Gegner und schoß Bälle aufs leere Tor. Sieben Monate später, bei der WM in Deutschland, gewann Chile kein einziges Spiel.

Colo Colo, der Klub der Arbeiter und des Mittelstandes, stand in dieser Zeit im Schatten von Universidad, dem ewigen Rivalen, dessen Anhängerschaft der gebildeten Oberschicht zugeordnet wird. Eines der wenigen Highlights gelang dem Klub mit dem Indianer im Wappen 1963, als er seine insgesamt neunte Meisterschaft feiern konnte. Bemerkenswert an diesem Titelgewinn waren die 37 Tore, die Stürmer Luis Herán Álvarez in jener Saison erzielte. Im Mittelfeld kickte ferner der Argentinier Walter Jiménez, der von Independiente gekommen war. Er war der erste Ausländer seit zwanzig Jahren. Die Mehrheit der Mitglieder hatte seinerzeit einen Entscheid aus dem Jahr 1944 aufgehoben, wonach nur Chilenen für Colo Colo auflaufen durften.

Erfüllte den Wunsch seines verstorbenen Vaters: Nationalheld Iván Zamorano beendete seine Laufbahn bei Colo Colo, dem populärsten Klub in Chile.

Als 1972 der Meistertitel Nummer elf errungen wurde, lockte der Klub im Schnitt bereits 39 000 Fans ins *Estadio El Monumental*. Publikumsliebling war ein Brasilianer namens Elson Beirut, der 1970 von Flamengo Rio de Janeiro verpflichtet worden war. Er hatte wesentlichen Anteil daran, dass Colo Colo 1973 zur großen Freude des Pinochet-Regimes erstmals ins Endspiel um die *Copa Libertadores* vorstieß. Die Chilenen bezahlten allerdings bitteres Lehrgeld. Titelverteidiger Independiente aus Buenos Aires, das insgesamt sieben Mal im Endspiel um die südamerikanische *Champions League* stand und dabei nie verlor, war nicht unbedingt besser, hatte aber das Glück im entscheidenden Moment auf seiner Seite: 1:1, 0:0 und 1:2 nach Verlängerung lauteten die Ergebnisse.

In den Achtzigerjahren avancierte Colo Colo zur unbestritten stärksten Mannschaft Chiles. Mit dem kroatischen Trainer Mirko Jozic gelang zwischen 1989 und 1991 zum ersten Mal ein Titel-Hattrick. Obwohl die Namen Moron, Garrido, Ramírez, Margas,

Peralta, Vilches, Pizarro, Espinoza, Mendoza, Pérez oder Barticciotto in Europa höchstens Experten vertraut waren, bildeten diese Spieler eine Elf, die sich in Südamerika vor niemandem zu fürchten brauchte. 1991 gewann Colo Colo als erste und bisher einzige chilenische Mannschaft die *Copa Libertadores* durch ein 3:0 über Olimpia Asunción aus Paraguay. Im Spiel um den Weltpokal gab es dann aber einen empfindlichen Dämpfer: Roter Stern Belgrad behielt mit 3:0 die Oberhand.

Als Präsident Eduardo Menicchetti 1995 seinen Sessel räumte, war der Klub schon tief in den roten Zahlen versunken. Das hinderte seinen Nachfolger, Peter Dragicevic Cariola, einen windigen Geschäftsmann mit jugoslawischen Wurzeln, allerdings nicht daran, das Geld weiterhin mit beiden Händen aus dem Fenster zu werfen. Auf dem einheimischen Transfermarkt war ihm nur das Beste gut genug, der Preis Nebensache. Außerdem verstärkte er die Mannschaft mit teuren Gastarbeitern aus Brasilien, Argentinien, Uruguay und Paraguay. Der paraguayische Trainer Gustavo Benítez führte das Starensemble zu drei nationalen Meisterschaften in Folge (1996, 1997 und 1998).

Benítez' Nachfolger, der Brasilianer Nelsinho Baptista, der Uruguayer Fernando Morena und der Chilene Roberto Hernández, fanden nie den richtigen Draht zur Mannschaft und mussten mit üppigen Abfindungen entschädigt werden. Colo Colo wurde nicht nur ein finanzieller, sondern auch ein sportlicher Sanierungsfall.

Logische Folge dieser Misswirtschaft war der Bankrott im Frühjahr 2002. Weil weder die Strom- noch die Wasserrechnungen beglichen worden waren, ließen die Behörden die Tore des Stadions und des vereinseigenen Trainingszentrums versiegeln. Der Präsident landete für kurze Zeit hinter Gittern. Ein Konkursverwalter übernahm das Kommando des mit über 20 Milliarden Pesos (rund 35 Millionen Euro) verschuldeten Klubs.

ERFOLGE

Chilenischer Meister: 1937, 1939, 1941, 1944, 1947, 1953, 1956, 1960, 1963, 1967, 1970, 1972, 1979, 1981, 1983, 1986, 1989, 1990, 1991, 1993, 1996, 1997, 1998, 2002.
Chilenischer Pokalsieger: 1958, 1974, 1981, 1982, 1985, 1988, 1989, 1990, 1994, 1996.
Copa Libertadores: 1991.

Bekannteste Spieler: Bello – Caszely – Contreras – Cruz – Domínguez – Escuti – Etcheverry – Figueroa – Galindo – García – Garido – González – Herrera – Lara – Moren – Osben – Paez – Pizarro – Reyes – Rivas – Robledo – Rojas – Sorrel – Tapia – Toro – Valdés – Vasconcelos – Véliz – Zamorano.
Bekannteste Trainer: Álamos – Benítez – García – Hormazábal – Jozic – Morales – Pizarro – Plakto – Prieto – Salah – Tirado.

In der Meisterschaft kamen junge, billige und willige Spieler zum Einsatz, die ihren Gegnern um die Ohren rannten. In den beiden Finalspielen im Dezember 2002 bezwang Colo Colo den Erzrivalen Universidad mit 2:0 und 3:2 – der 24. Meistertitel war unter Dach und Fach.

Über siebzig Spiele hatte die Mannschaft von Trainerneuling Jaime Pizarro, dem Kapitän der legendären Elf von 1991, im Verlaufe des Jahres bestritten. Auf Anordnung des Konkursverwalters mussten auch Reisen in die entferntesten Ecken des Landes in Kauf genommen werden. Solche Freundschaftsspiele füllten die leeren Kassen ein wenig. Das Überleben verdankte der Klub mit dem Mapuche-Krieger im Wappen seiner tiefen Verankerung in der Bevölkerung.

Zum Siegen verdammt

Als begeisterter Fußballer ärgerte sich der Berliner Franz John immer wieder, dass ihn die konservativen Mitglieder des *Männerturnvereins München 1879* nicht für voll nahmen. »Wir müssen die Fesseln der Turnerbewegung abstreifen«, forderte John, als er sich am Abend des 27. Februar 1900 mit siebzehn Gleichgesinnten im Gasthaus Gisela im Stadtteil Schwabing traf. Am Ende der Versammlung stand die Abspaltung vom MTV und die Gründung des *Fußball-Club Bayern München* fest.

Die Bayern galten schon früh als elitärer Studentenklub. Bis zum Ersten Weltkrieg war für die Mitgliedschaft nicht nur fußballerische Klasse gefragt, sondern auch noch mindestens Mittlere Reife. Die Spieler trugen aus Frankreich importierte Strohhüte, vom »Kavaliersklub« war die Rede.

Die Bayern freuten sich anfangs über vergleichsweise bescheidene Begebenheiten wie etwa den 7:1-Sieg im ersten Spiel gegen den MTV. Oder das 3:0 im ersten Derby gegen den TSV 1860 am 21. September 1902. Ob diese Erfolge auf die unkonventionellen Trainingsmethoden zurückzuführen waren? Ein englischer Trainer namens Taylor kümmerte sich damals um die Betreuung der Mannschaft. Überliefert ist, dass er seine Schützlinge während des Konditionstrainings zum Singen aufforderte. Dadurch sollte das Lungenvolumen erhöht werden.

Ihren ersten Titel gewannen die Bayern 1910, als sie Ostkreismeister wurden. Im gleichen Jahr stellten sie ihren ersten Nationalspieler. Rechtsaußen Max (»Gaberl«) Gablonsky stand bei der 0:3-Niederlage gegen Belgien im deutschen Aufgebot. Schon damals hoben sich die Bayern von der Konkurrenz ab, wenn auch nur optisch. Während in Deutschland fast überall noch in langen Hosen gespielt wurde, zeigten die Münchner Bein und kickten in kurzen Shorts. Spätestens in den Zwanzigerjahren konnte allerdings niemand mehr behaupten, die Bayern stünden mit abgesägten Hosen da.

FUßBALL-CLUB BAYERN MÜNCHEN

Gründungsdatum: 27. Februar 1900.
Anschrift: FC Bayern München, Postfach 90 04 51, 81504 München, Deutschland.
Internet: www.fcbayern.de
Stadion: Olympiastadion, Fassungsvermögen: 69 256 Zuschauer (Bayern verkauft davon 63 000 Plätze).
Vereinsfarben: Rot und Blau.

1920 zählte der Klub bereits 700 Mitglieder. Damit war er der größte Fußball-Verein Münchens, aber wegen der Inflation arm. Sportlich machte der FC Bayern in den Jahren der Weimarer Republik auch außerhalb Münchens auf sich aufmerksam. 1926 gewann er erstmals die Süddeutsche Meisterschaft, 1932 erstmals die *Viktoria*, die Meistertrophäe. 2:0 wurde Eintracht Frankfurt im Endspiel um die Deutsche Meisterschaft weggeputzt. Die Torschützen hießen Oskar Rohr und Franz Krumm, die Stars Conrad Heidkamp, Ludwig Goldbrunner und Robert Breindl. Trainer, Masseur, Organisator und Geschäftsführer in Personalunion war Richard (»Little«) Dombi.

Während der Herrschaft der NSDAP fristeten die Bayern anschließend ein Mauerblümchendasein. Dem bürgerlichen Verein gehörten zahlreiche jüdische Mitglieder an. Kurt Landauer, Sohn jüdischer Kaufleute, musste 1933 wegen den politischen Verhältnissen als Präsident den Hut nehmen. Nach der Reichskristallnacht wurde er sogar einige Wochen im KZ Dachau festgehalten. Später setzte sich Landauer aus Angst vor weiteren Repressionen nach Genf in die Schweiz ab.

Der Nationalsozialismus und der Zweite Weltkrieg hatten die Aufbauarbeit des Vereins weitgehend zunichte gemacht. Landauer kehrte 1947 aus seinem Asyl zurück; die Mitglieder wählten ihn erneut zum Präsidenten. Mit insgesamt 16 Jahren an der Vereinsspitze wurde Landauer nur von dem 1993 verstorbenen Wilhelm Neudecker (1962 bis 1979) übertroffen.

Neudecker übernahm das Kommando im April 1962 und leitete die längst überfällige Modernisierung ein. Lange Zeit war der Bauunternehmer nur ein einfaches Mitglied des Vereins gewesen. Er hatte nur einmal von sich reden gemacht, als er eine Holzbaracke in Moosbach abbrechen und sie für den FC Bayern auf dem Trainingsgelände an der Säbenerstraße wieder aufbauen ließ.

Neudeckers Amtszeit begann mit einer herben Enttäuschung. Die Bayern wurden 1963 nicht in die neu geschaffene Bundesliga aufgenommen, weil sie an Erfolgen aus der jüngeren Vergangenheit bloß den Pokalsieg von 1958 (1:0 gegen Fortuna Düsseldorf) vorweisen konnten. Dem DFB war das zu wenig. Er gab dem Lokalrivalen TSV 1860 München den Vorzug.

Bulle sah Rot(h)

Die großen Bayern-Erfolge der Siebzigerjahre werden heute meist mit den Namen Sepp Maier, Franz Beckenbauer und Gerd Müller in Verbindung gebracht. Franz (»Bulle«) Roth ist dagegen in Vergessenheit geraten. Dabei war er der Mann der wichtigen Endspiel-Tore. Das Kraftpaket entschied 1967, 1975 und 1976 die Europacup-Finals praktisch im Alleingang. Trainer Cajkovski sagte über ihn: »Wir haben eine Bauer. Haben Kraft wie Kuh.« Obwohl Roth ein Frühaufsteher und die personifizierte Zuverlässigkeit war, fehlte er einmal unentschuldigt bei einer Mannschaftsbesprechung. Die Erklärung lieferte er später nach: Bei einem Morgenspaziergang über die Felder am Ammersee hatte ihn ein Bulle vor sich her getrieben, Roth musste auf einen Baum flüchten und stundenlang dort ausharren. Danach nannten ihn alle nur noch »Bulle«. In der Bayern-Chronik wird Roth mit 322 Bundesligaspielen und 72 Toren geführt.

Die Bayern begannen in der zweithöchsten Spielklasse mit dem Aufbau einer jungen Mannschaft. Neudecker revolutionierte den deutschen Fußball insofern, als er mit Robert Schwan einen hauptamtlichen Manager einsetzte. Für den sportlichen Bereich war seit 1963 der Jugoslawe Zlatko (»Tschik«) Cajkovski verantwortlich. Der ehemalige Weltklasse-Verteidiger hatte zuvor den 1. FC Köln zum Meister gemacht und stand im Ruf, gut mit jungen Spielern umgehen zu können.

In Cajkovskis erstem Jahr scheiterte der FC Bayern in den Aufstiegsspielen zur Bundesliga. Danach startete der Verein durch. Aus der eigenen Jugend rückte ein gewisser Franz Beckenbauer nach und vom TSV Nördlingen wurde ein Torjäger verpflichtet, mit dem Cajkovski anfangs überhaupt nichts anfangen konnte. »Was soll ich

Machte instinktiv alles richtig: Franz Beckenbauer in jungen Jahren.

mit einem Gewichtheber?«, lästerte er angesichts der stämmigen Figur Gerd Müllers. »Kleines dickes Müller« sollte in seiner Karriere mehr Tore erzielen als jeder andere deutsche Stürmer.

Mit der Tormaschine Gerd Müller (68 Treffer in 62 Länderspielen), Libero Franz Beckenbauer (103 Länderspiele) und Torwart Josef (»Sepp«) Maier (95 Länderspiele) begann beim FC Bayern eine Erfolgsstory, die im deutschen Fußball ihresgleichen sucht.

In ihrem ersten Bundesligajahr 1965/66 stürmten die Bayern auf Rang drei. Zur Belohnung durften Beckenbauer und Maier mit dem Nationalteam auf die Insel, wo Deutschland erst im WM-Finale an Gastgeber England scheiterte. Ganz mit leeren Händen standen Beckenbauer und Co. aber trotzdem nicht da. Durch ein 4:2 gegen den Meidericher SV (heute MSV Duisburg) gewannen die Bayern zum zweiten Mal den DFB-Pokal.

Das Jahr 1967 hat in der Klubhistorie nicht so sehr wegen der gelungenen Titelverteidigung im nationalen Pokal, sondern vielmehr wegen dem Triumph im Europapokal der Pokalsieger eine besondere Bedeutung. Im Endspiel gegen die renommierten Glasgow Rangers, das in Nürnberg stattfand, erzielte Franz (»Bulle«) Roth den einzigen Treffer. Dieses 1:0 war damals eine Sensation: Drei Jahre zuvor hatte die Bayern-Elf noch in der Regionalliga Süd gekickt, jetzt hielt Kapitän Werner Olk den Europacup in den Händen. Maier; Kupferschmidt, Nowak; Roth, Beckenbauer, Olk; Nafziger, Müller, Ohlhauser, Koulmann und Brenninger standen in der Siegerelf. Jeder Spieler erhielt die damals stattliche Erfolgsprämie von 4500 Mark.

Der 1998 verstorbene Cajkovski war ein hervorragender Trainer. »Er hat den neuen FC Bayern aufgebaut und den Grundstein für unsere Erfolge gelegt. Aber nach fünf Jahren war seine Platte abgelaufen, eine ganz natürliche Entwicklung«, erinnerte sich Beckenbauer später einmal. 1968, im Jahr der Studentenunruhen, kam für Cajkovski das Aus bei den Bayern.

Bayerns Weg zum deutschen Rekordmeister und führenden Wirtschaftsunternehmen der Branche lässt sich am besten anhand der verschiedenen Trainer aufzeigen.

Als erster Meistermacher in der Bundesliga konnte sich Branko Zebec feiern lassen, auch ein Jugoslawe, aber ein ganz anderer Typ als der fröhliche »Tschik«. Zebec ließ dreimal am Tag trainieren, verbot seinen Spielern den Bierkonsum, stabilisierte die Defensive und setzte auf eine eingespielte Elf. Gleich in seinem ersten Amtsjahr – 1968/69 – führte er die Münchner zum Gewinn der Meisterschaft (acht Punkte Vorsprung auf Alemannia Aachen) und des Pokals (2:1-Sieg im Endspiel gegen Schalke). Weil Zebec jedoch nach dem Double die knallharte Tour fortsetzte und die Stars zu meutern begannen, kam für ihn im März 1970 das Aus. Er wurde durch Udo Lattek ersetzt, der zuvor für den DFB tätig gewesen war.

Bauernsohn Lattek (»Ich habe viel aus der Natur gelernt, auch dass es immer weitergeht, wenn man denkt, alles Leben erstirbt«) erwarb sich rasch den Ruf eines Motivationskünstlers. Lattek lebte von seiner Menschenkenntnis und Intuition. Er brachte der jungen, ungestümen Elf den »kalten«, ergebnisorientierten Fußball bei. Zum Saisonstart 1970/71 hatte er zudem einige neue Spieler mitgebracht, die noch für viel Gesprächsstoff sorgen sollten: Paul Breitner, Jonny Hansen, Uli Hoeneß und Rainer Zobel.

Lattek führte die Bayern auf den Gipfel. Neben drei Meistertiteln (1972, 1973, 1974) gelang dem Klub unter ihm auch der Durchbruch auf dem internationalen Parkett, allerdings mit viel Dusel. Im Endspiel um den Europapokal der Landesmeister gelang Vorstopper Georg (»Katsche«) Schwarzenbeck 1974 erst in der 120. Minute der Ausgleich gegen Atlético Madrid. Zwei Tage später, im Wiederholungsspiel, brillierten die Münchner dann: 4:0, Müller und Hoeneß teilten sich die Tore.

Wenige Monate später wurden Beckenbauer, Maier, Schwarzenbeck, Hoeneß, Breitner und Müller mit der Deutschen Nationalmannschaft Weltmeister.

Zwei Meister ihres Fachs präsentieren die Meisterschale: Gerd Müller (links) stellte mit 365 Toren in der Bundesliga einen Rekord für die Ewigkeit auf. Eine Bestmarke hält auch Torwart Sepp Maier: Er bestritt am meisten Bundesligaspiele in Folge, 442 an der Zahl.

Die Tormaschine

Bei Bayern setzten sich im Laufe der Jahre eine Reihe von ehemaligen Spitzenspielern an die Schalthebel der Macht. Franz Beckenbauer und Karl-Heinz Rummenigge (beide im Präsidium), Uli Hoeneß (Manager), Wolfgang Dremmler (Talent-Scouting), Sepp Maier (Torwart-Trainer) und Raimond Aumann (Fan-Koordinator) besitzen ein gewaltiges Fußball-Know-How. In den Trainerstab wurde auch Gerd Müller aufgenommen. Den ehemaligen »Bomber der Nation« plagten finanzielle und private Probleme. Deshalb machten ihn seine Kumpels zum »teuersten Jugendtrainer der Welt« (Beckenbauer). »Ohne die Tore von Gerd Müller würde es diese Erfolgsgeschichte des FC Bayern gar nicht geben«, erklärte der Kaiser. »Kleines dickes Müller« (Trainer Cajkovski) spielte von 1964 bis 1979 für Bayern. In 427 Bundesligaeinsätzen erzielte er 365 Tore. Im Europacup lautete seine Bilanz: 74 Spiele, 66 Tore. Dazu wurde er sieben Mal Torschützenkönig in der Bundesliga. Rekorde für die Ewigkeit.

Die beiden Tore zum 2:1-Endspielsieg gegen die Niederlande gingen auf das Konto von Breitner und Müller, dem »Bomber der Nation«.

In der darauf folgenden Saison erlebten die müden Überflieger in der Meisterschaft einen bösen Absturz. Der FC Bayern München überwinterte auf dem ungewohnten 13. Tabellenplatz. Ein »klärendes Gespräch« mit Präsident Neudecker endete am 2. Januar 1975 mit Latteks Rauswurf.

Sein Nachfolger wurde der Beckenbauer-Intimus Dettmar Cramer. Viereinhalb Monate später feierte »Napoleon«, wie Cramer genannt wurde, seinen größten Erfolg, den 2:0-Sieg im Europapokal-Endspiel gegen Leeds United. Ein Jahr später gelang der Titel-Hattrick im Europapokal (1:0 gegen Saint-Etienne) und der erstmalige Gewinn des Weltpokals (2:0, 0:0 gegen Cruzeiro Belo Horizonte).

Warten ungeduldig auf den Schlusspfiff: Manager Robert Schwan (links) und Trainer Dettmar Cramer während des Europapokal-Endspiels von 1975. Bayern bezwang Leeds United in Paris mit 2:0.

In der Bundesliga gab es in der Saison 1976/77 jedoch ein paar empfindliche Rückschläge. Im Heimspiel gegen Schalke beispielsweise erlitten die Bayern ein 0:7-Debakel, die höchste Niederlage ihrer Bundesligageschichte. Cramer geriet immer mehr in die Kritik. Ohne Beckenbauer, der wegen Steuerproblemen und privaten Sorgen in die USA zu Cosmos New York geflohen war, stolperten die satten Stars auch in der Saison 1977/78 des öfteren. Nach einem 0:4 gegen Eintracht Frankfurt war die Ära Cramer zu Ende. »Napoleon« hatte zwar drei internationale Titel erobert, aber auf nationaler Ebene hatten die Bayern wenig Grund zum Jubeln gehabt.

Die Bayern torkelten auch unter dem ungarischen Trainer Gyula Lorant vor sich hin. 1978 beendeten sie die Saison auf dem blamablen 12. Rang. Von November 1976 bis April 1978 hatten sie in der Bundesliga kein einziges Auswärtsspiel gewinnen können.

Um den drohenden Fall ins Mittelmaß abzuwenden, kam es zu der längst fälligen Zäsur. Gerd Müller folgte Beckenbauer ins Land der unbegrenzten Möglichkeiten und ließ seine Karriere bei den Fort Lauderdale Strikers in Florida ausklingen. Ein Autounfall beendete im Juli 1979 Sepp Maiers großartige Karriere. Im selben Jahr hängte auch Uli Hoeneß seine Schuhe an den berühmten Nagel. Er kehrte nach einem einjährigen Gastspiel beim 1. FC Nürnberg im Alter von erst 27 Jahren als neuer Manager zum FC Bayern zurück und trat das Erbe von Beckenbauer-Berater Robert Schwan an.

Veränderungen gab es auch auf weiteren wichtigen Positionen: Pal Csernai, der Trainer mit dem Seidenschal, ersetzte im Dezember 1978 Lorant. Willi O. Hoffmann beerbte Präsident Neudecker, der den Bettel hinwarf, weil die Mannschaft seinen Wunschtrainer Max Merkel (ehemals Nürnberg und 1860 München) mit 16:0 Stimmen abgelehnt hatte.

Mit dem »Pal-System« kehrte bei den Bayern der Erfolg zurück. Torjäger Karl-Heinz (»Kalle«) Rummenigge und Ideengeber Paul Breitner führten den Klub 1980 und 1981 mit erfrischendem Offensivfußball zur Meisterschaft. Unter Csernai wurden Erinnerungen an die goldenen Siebzigerjahre wach.

Die internationale Krönung blieb dem »FC Breitnigge« allerdings versagt. 1979 und 1980 war im Europapokal jeweils im Halbfinale Schluss. 1982 verloren die favorisierten Münchner das Endspiel im Meistercup gegen Aston Villa mit 0:1. Es sollte nicht das einzige Europacup-Finale bleiben, in dem Münchner am Ende mit hängenden Köpfen und leeren Händen dastanden.

Nach dem Rauswurf von Csernai übernahm im Sommer 1983 erneut Lattek das Kommando. Ein Jahr später besiegte sein Team die Gladbacher Borussia im DFB-Pokal-Finale, wobei Lothar Matthäus, dessen Wechsel für 2,4 Millionen Mark nach München schon feststand, den ersten Strafstoß in den Frankfurter Nachthimmel jagte.

Während der junge Matthäus kam, ging Rummenigge für die damalige Rekordablöse von 11 Millionen Mark zum Inter Mailand. Dadurch war der Verein schuldenfrei. Aber Lattek wähnte sich »auf dem Nullpunkt«. Trotzdem wanderten die Meisterschalen von 1985, 1986 und 1987 sowie der DFB-Pokal

Tor des Monats

Verteidiger Helmut Winklhofer bestritt in den Achtzigerjahren 50 Spiele für den FC Bayern und erzielte 3 Törchen. Berühmt machte ihn ein Eigentor, das von den Zuschauern in der ARD-Sportschau zum »Tor des Monats« gekürt wurde. Sein herrlicher Weitschuss aus dreißig Metern ins eigene Netz führte 1985 zur 0:1-Niederlage der Bayern in Krefeld gegen Bayer 05 Uerdingen. Winklhofer verzichtete übrigens darauf, im Studio eine Auszeichnung für sein Tor in Empfang zu nehmen.

(1986) an die Säbenerstraße, wo in der Zwischenzeit der Akademiker Fritz Scherer neuer Präsident geworden war.

Europas höchster Gipfel blieb allerdings erneut unerreicht. Elf Jahre nach dem letzten Europacup-Triumph galten die Münchner 1987 im Landesmeister-Finale in Wien als hoher Favorit, verloren jedoch gegen den FC Porto 1:2. Das Debakel wurde vor allem dem versagenden Matthäus angekreidet. Die Mannschaft brach anschließend auseinander. Lothar Matthäus, Andreas Brehme, Norbert Eder, Mark Hughes, Michael Rummenigge und Torhüter Jean-Marie Pfaff verließen den Verein.

Der neue Trainer Jupp Heynckes musste ein frisches Team aufbauen, das er zwar 1989 und 1990 zur Deutschen Meisterschaft führte, doch das große Ziel, ein Europapokalsieg, blieb unerreicht. Immerhin standen in der WM-Mannschaft von Franz Beckenbauer 1990 mit Klaus Augenthaler, Stefan Reuter, Olaf Thon, Jürgen Kohler, Hans Pflügler und Raimond Aumann nicht weniger als sechs Bayern-Akteure.

Ein Siegertyp: Klaus Augenthaler ist, an gewonnenen Titeln gemessen, erfolgreicher als Beckenbauer, Seeler, Walter, Szepan oder Stuhlfauth. Er war Weltmeister 1990 und hat mit dem FC Bayern neunmal die Meisterschaft errungen: Sieben Titel holte er als Spieler, zwei als Co-Trainer.

Die Neunzigerjahre begannen mit einem Schock für die 7,5 Millionen Bayern-Fans in Deutschland. Nach Platz zwei in der Saison 1990/91 kämpfte der »FC Nobel« plötzlich lange Zeit gegen den Abstieg. Panik brach aus. Drei Trainer wurden verschlissen und unüberlegt Spieler verpflichtet. Franz Beckenbauer und Karl-Heinz Rummenigge ließen sich ins Präsidium wählen und beendeten so die unsäglichen Machtkämpfe hinter den Kulissen. Heynckes musste vorzeitig gehen. Das selbe Schicksal ereilte auch seinen Nachfolger, den Dänen Sören Lerby, der nach nur fünf Monaten im Amt und einer 2:6-Pleite im UEFA-Cup gegen Bröndby Kopenhagen durch Erich Ribbeck ersetzt wurde.

Unter Ribbeck schaffte die verunsicherte Mannschaft mit dem zehnten Platz wenigstens den Klassenerhalt. Das Ende der darauf folgenden Saison erlebte aber auch »Sir Erich« nicht mehr von der Trainerbank aus. Er wurde von Beckenbauer abgelöst.

Treffsicher

Jürgen Klinsmann und Bayern München, das war nur auf dem Papier eine glückliche Beziehung. Der Stürmer traf in 65 Bundesligaeinsätzen für den Rekordmeister 31 Mal ins Tor sowie einmal (aus Frust über eine vorzeitige Auswechslung) in die Werbesäule eines Sponsors. Mehr Erfolg hatte er im Europacup. Im UEFA-Pokal der Saison 1995/96 erzielte Klinsmann 15 Treffer und stellte damit einen neuen Rekord auf. Die bisherige Bestmarke lag bei 14 Toren und wurde von José Altafini (AC Milan, 1962/63 bei den Landesmeistern) und John Wark (Ipswich Town, 1980/81 im UEFA-Cup) gehalten. Als Klinsmanns größte Tat galten seine vier Treffer beim 4:1-Sieg im Achtelfinale gegen Benfica Lissabon.

Schach matt

84 500 Mitglieder, 1790 Fan-Klubs, deutscher Rekordmeister (15 Titel), Rekord-Pokalsieger (9), fünffacher Europapokalsieger, 249,7 Millionen Mark Umsatz – das waren die Eckdaten, als der FC Bayern im Jahr 2000 sein hundertjähriges Jubiläum feierte.
Was die wenigsten wissen: Im FCB wird nicht nur Fußball gespielt. Die sechs Unterabteilungen (Basketball, Handball, Kegeln, Schach, Tischtennis und Turnen) werden allerdings bestenfalls geduldet. Über die einst erfolgreich in der Bundesliga aktiven Schachspieler lästerte Präsident Franz Beckenbauer: »Die Klötzeschieber brauch mer ned.«

Der »Kaiser« holte die Meisterschale 1994 zurück an die Isar und setzte sich im November auf den Präsidentensessel.

Das Trainerkarussell erfuhr anschließend abermals eine Beschleunigung. Der Italiener Giovanni Trapattoni kam zwar in der Öffentlichkeit und bei den Spielern gut an, erreichte 1995 aber nur Platz sechs und schied in der *Champions League* im Halbfinale gegen Ajax Amsterdam (0:0, 2:5) aus. Das war zu viel des Schlechten: *Arrivederci, Trap!*

Die Bremer Trainerlegende Otto Rehhagel kam 1995 als »idealer Mann« (Beckenbauer), zusammen mit Stars wie Jürgen Klinsmann, Andreas Herzog und Ciriaco Sforza. Trotz der Qualifikation für das UEFA-Cup-Endspiel wurde »König Otto« in die Wüste geschickt. Der »Kaiser« sprang wieder ein und jubelte mit seiner Elf im Frühjahr 1996 über den Finalsieg gegen Bordeaux (2:0, 3:1), den ersten internationalen Titel seit zwanzig Jahren.

Anschließend nahm Trapattoni einen zweiten, diesmal erfolgreicheren Anlauf, der den Bayern zwei Titel bescherte: 1997 die Meisterschaft und 1998 den DFB-Pokal. Unvergessen bleibt »Trap« aber vor allem wegen seiner legendären Medienkonferenz vom März 1998, als er sich wortgewaltig (»Was erlauben Struuuuunz«, »Gespielt wie Flasche leer«, »Habe fertig«) über die Kritik von Mehmet Scholl, Mario Basler und Thomas Strunz beschwerte.

Je nach Stimmungslage wurden die Bayern von den Medien mal als Dream Team hochgejubelt, dann wieder als FC Hollywood verspottet. Es war die Zeit, in der Klinsmann eine Werbetonne eintrat, Matthäus in seinem »Tagebuch« Interna ausplauderte und Hoeneß wegen Basler sogar Detektive auf die Spieler losließ.

Trapattoni ging 1998 nach Italien zurück. Sein Nachfolger wurde Ottmar Hitzfeld (»Ein Profiklub ist ein Pulverfass«). Der Lörracher machte aus dem untrainierbaren FC Hollywood endlich ein harmonisches Gebilde.

Zeigt, wo es lang geht: Ottmar Hitzfeld. »Verlieren ist die schlimmste Strafe«, sagt er.

Hitzfelds Bilanz in seinen ersten drei Jahren auf der Bayern-Bank ist beeindrukkend: Drei Meistertitel, ein DFB-Pokalsieg, zwei Ligacup-Siege und natürlich der Champions-League-Triumph im Mai 2001 gegen Valencia – sieben Titel in drei Jahren. In Hitzfelds Amtszeit fällt aber auch einer der bittersten Momente in der Vereinsgeschichte des FC Bayern. 1999 fehlten nur wenige Sekunden zum Triumph in der *Champions League*, als Manchester United in der Nachspielzeit ein 0:1 in ein 2:1 verwandelte.

Der ehemalige Münchner Ostkreismeister hat sich zu Beginn des neuen Jahrtausends zu einen Medien- und Wirtschaftsunternehmen mit einem Umsatz von beinahe 200 Millionen Euro gewandelt. Der große Boom begann in den Neunzigerjahren mit der Einführung des Privatfernsehens und der Professionalisierung des *Merchandising*. Innerhalb von sechs Jahren hatte sich der Umsatz von 65,2 Millionen (1993) über 74,3 (1994), 123,9 (1995), 147,3 (1996), 165,2 (1997) und 196,5 (1998) auf 249,7 Millionen Mark (1999) fast vervierfacht.

Trotzdem war Bayern nie bereit, den Wahnsinn mit den Wahnsinnssummen mitzumachen, den Weg zu gehen, den andere Große und Möchtegern-Große in Europa in den Jahren des Börsenbooms glaubten gehen zu müssen. Die Münchner waren finanziell stets gesund, Manager Hoeneß sagte nach dem Sieg in der *Champions-League*: »Die ganz große Zeit des FC Bayern kommt erst noch.«

Allerdings musste auch Hoeneß die Erfahrung machen, dass die Mannschaft spätestens nach dem Gewinn des Weltpokals gegen Boca

ERFOLGE:

Deutscher Meister: 1932, 1969, 1972, 1973, 1974, 1980, 1981, 1985, 1986, 1987, 1989, 1990, 1994, 1997, 1999, 2000, 2001, 2003.
Deutscher Pokalsieger: 1957, 1966, 1967, 1969, 1971, 1982, 1984, 1986, 1998, 2000, 2003.
DFB-Ligapokal: 1997, 1998, 1999, 2000.
Europapokal der Landesmeister / Champions League: 1974, 1975, 1976, 2001.
Europapokal der Pokalsieger: 1967.
UEFA-Cup: 1996.
Weltpokal: 1976, 2001.

Bekannteste Spieler: Björn Andersson – Patrick Andersson – Augenthaler – Aumann – Babbel – Ballack – Basler – Beckenbauer – Beierlorzer – Bergmaier – Berthold – Brehme – Breitner – Daei – Deisler – Del Haye – Dorfner – Dremmler – Dürnberger – Eder – Effenberg – Ekström – Elber – Erhardt – Fink – Gablonsky – Giesemann – Goldbrunner – Grahammer – Hahn – Hamann – Hansen – Haringer – Heidkamp – Helmer – Herzog – Dieter u. Uli Hoeneß – Hofmann – Horsmann – Hughes – Jancker – Jeremies – Jorginho – Junghans – Kahn – Kapellmann – Klinsmann – Kögl – Kohler – Kostadinov – Kraus – Kreuzer – Kuffour – Labbadia – Laudrup – Lerby – Linke – Lizarazu – Maier – Mathy – Matthäus – Mazinho – McInally – Mihajlovic – Müller – Nachtweih – Nerlinger – Niedermayer – Nowak – Oblak – Ohlhauser – Olk – Papin – Paulo Sérgio – Pfaff – Pflügler – Pöttinger – Reuter – Rizzitelli – Röber – Roth – Karl-Heinz und Michael Rummenigge – Salihamidzic – Santa Cruz – Scholl – Schumacher – Schwabl – Schwarzenbeck – Sforza – Siedl – Sigurvinsson – Starek – Sternkopf – Simetsreiter – Streitle – Strunz – Sutter – Tarnat – Thon – Valencia – Wegmann – Weiner – Willmer – Winklhofer – Wohlfarth – Wouters – Zé Roberto – Zickler – Ziege – Zobel.
Bekannteste Trainer: Beckenbauer – Cajkovski – Cramer – Csernai – Dietl – Hahn – Heidkamp – Heynckes – Hitzfeld – Högg – Knöpfle – Lattek – Lerby – Lorant – Patek – Rehhagel – Ribbeck – Riemke – Schneider – Trapattoni – Zebec.

Stets neue Ziele im Blick: Torwart Oliver Kahn (oben) und Mittelfeld-Stratege Michael Ballack.

Juniors (1:0, Tor Kuffour) im Herbst 2001 satt und bequem wurde. Ein Schicksal, das der deutsche Paradeklub mit anderen internationalen Top-Adressen wie Manchester United,

Ajax oder AC Milan teilte. Auch diese Teams stürzten ab, nachdem sie den Gipfel erreicht hatten. Dennoch war die Häme groß, als der Rekordmeister im Jahr 2002 weder in der Bundesliga noch im DFB-Pokal geschweige denn in der *Champions League* einen Titel erringen konnte.

Hoeneß und Rummenigge mussten im Nachhinein ihrem ehemaligen Teamkollegen Paul Breitner, den sie aus ihrer Firma – wohl nicht grundlos – ausgegrenzt haben, zähneknirschend beipflichten. Ein Bayern-Gesetz heisse, wer bei diesem Klub unterschreibe, dürfe nicht mehr verlieren, so der Boulevard- und Fernsehkritiker. Und: »Nirgendwo zählen Erfolge hinterher weniger als im FC Bayern – du bist hier immer zum Siegen verdammt.«

Ein hartes Stück Arbeit

Dortmunds Reichtum lag lange Zeit unter der Erde. Der Kohleabbau und die damit verbundene Schwerindustrie lockten Tausende von Arbeitern mit ihren Familien ins Ruhrgebiet. Zahllose Einwanderer kamen aus den Gebieten des heutigen Polens und waren katholischen Glaubens. Die Dreifaltigkeitskirche kümmerte sich um die Integration und das Seelenheil dieser Fremdarbeiter. Mit Hilfe der Kirche wurden um die vorletzte Jahrhundertwende Jugend-, Theater-, Musik- und vor allem Sportvereine ins Leben gerufen. Deren Leitung oblag meist den Geistlichen.

Konflikte zwischen dem Klerus und der Arbeiterschaft waren vorprogrammiert, denn zu unterschiedlich waren die jeweiligen Weltbilder. Für böses Blut sorgte beispielsweise die klerikale Forderung, die Arbeiter hätten den Tag mit dem Besuch der Messe zu beginnen. Die Schicht eines Kumpels fing meist schon vor dem Morgengrauen an und dauerte nicht selten zwölf oder noch mehr Stunden. Entspannung suchten die Arbeiter oft in der Kneipe um die Ecke. Doch auch das sahen die Geistlichen nicht gerne. Sie hatten sich dem Kampf gegen die Trunkenheit verschrieben. Die Dreifaltigkeitskirche forderte deshalb die jungen Arbeiter in Dortmund auf, einen Bogen um das Wirtshaus *Zum Wildschütz* in der Oesterholzstraße zu machen, wo die Männer nach den Fußball-Spielen jeweils ihren Durst zu löschen pflegten. Diese Forderung brachte das Fass zum Überlaufen.

Am 19. Dezember 1909 um 19 Uhr versammelten sich über vierzig Mitglieder der Jugendgruppe der Dreifaltigkeitskirche in ihrem Stammlokal. Aus Liebe zum Fußball und aus Verärgerung über Kaplan Hubert Dewald hoben sie den *Ballspiel-Verein Borussia Dortmund* aus der Taufe. Doch der Kaplan, der in der Kirchgemeinde für die Jugendarbeit zuständig war, bekam Wind von der Sache und versuchte, die Vereinsgründung zu verhindern. Obwohl ihm der Zutritt zum Gasthaus gewaltsam verwehrt wurde, stimmte er mehr als die Hälfte der »Rebellen« um. Nur noch 18 Borussen brachten den Mut zur offiziellen Vereinsgründung auf. Das Wort *Borussia* ist die lateinische Bezeichnung für »Preussen« und war den Vereinsvätern von einer Bierbrauerei her bekannt.

BALLSPIEL-VEREIN BORUSSIA DORTMUND
Gründungsdatum: 19. Dezember 1909.
Anschrift: Borussia Dortmund, Strobelallee 50, 44139 Dortmund, Deutschland.
Internet: www.borussia-dortmund.de
Stadion: Westfalenstadion, Fassungsvermögen: 68 600 Zuschauer.
Vereinsfarben: Gelb und Schwarz.

Das erste Jahrzehnt verlief für den jungen Verein, der 1910 in den Westdeutschen Verband aufgenommen worden war, nicht allzu erfolgreich. Lediglich auf lokaler Ebene konnten einige Achtungserfolge erzielt werden.

Die Zwischenkriegszeit war in Deutschland geprägt von politischer Instabilität und sozialem Elend (im deutschen Reich meldeten sich sechs Millionen Bürger arbeitslos). In dieser Zeit führte bei der Borussia Präsident Heinz Schwaben, der Direktor der

Union-Brauerei, das große Wort. Er hatte ehrgeizige Pläne. Als erstes baute der BVB 1924 in der Nähe des Borsigplatzes für 25 000 Reichsmark ein richtiges Stadion, die so genannte *Weiße Wiese*. Rund 12 000 Zuschauer fanden in dieser Arena Platz. Ferner belieh der Verein Versicherungspolicen mit 12 000 Reichsmark, um eine schlagkräftige Elf auf die Beine zu stellen – gute Fußballer hatten schon damals ihren Preis. 1926 war das große Ziel erreicht: Die Borussen stiegen als Vizemeister der Kreisliga Mark in die Ruhrbezirksklasse Dortmund-Gelsenkirchen auf. Hätte der Deutsche Fußball-Bund (DFB) jedoch von diesen Machenschaften gewusst, dann wäre die Borussia höchstwahrscheinlich vom Spielbetrieb ausgeschlossen worden.

Doch auch so kam es für den Klub knüppeldick. Die geliehenen 12 000 Reichsmark konnten nicht fristgerecht zurückbezahlt werden. Ex-Präsident Schwaben half dem BVB aus der Patsche, indem er die Summe aus der eigenen Tasche zusammenkratzte. Auch sportlich gab es einen herben Rückschlag: Die Mannschaft stieg Ende Saison gleich wieder ab. Sie verlor das Entscheidungsspiel gegen die punktgleiche Elf von Langendreer 04 mit 1:3 nach Verlängerung.

Rauchfreie Zone

Borussia Dortmund war schon früh ein Publikumsmagnet. 1919 führte der Klub in der Nachbarstadt Hamm das erste Benefizspiel seiner Geschichte durch, zugunsten der aus dem Krieg zurückgekehrten Soldaten. Im selben Jahr hat sich die Borussia auch eine verbindliche Vereinssatzung gegeben. Diese wurde am 24. Mai 1919 dem Amtsgericht vorgelegt. Demnach bezweckte der BVB »die Hebung der Volksgesundung durch Pflege des Fußballspieles und anderer Bewegungsspiele«. Daneben gab es auch eine Spielordnung, in der unter anderem stand: »Unentschuldigtes Fehlen bei Wettspielen wird mit 1 Reichsmark bestraft. Für Verspätungen ist, wenn keine trifftige Entschuldigung vorliegt, die Hälfte zu entrichten.« Für das unbewilligte Verlassen des Spielfeldes mussten zwei Reichsmark locker gemacht werden. Zudem wurde den Spielern das Rauchen während (!) der Spiele untersagt.

In den Zwanzigerjahren blickten die Dortmunder neidisch zu Schalke 04 hinüber, dem Klub aus der Nachbarstadt Gelsenkirchen. In jener Zeit begann eine Rivalität, die in Deutschland ihresgleichen sucht. Dortmund gegen Schalke, das ist im Ruhrgebiet die »Mutta aller Mätsche«. Lange Zeit lagen aber Welten zwischen den beiden Nachbarn. Die Schalker gewannen bis zum Ende des Zweiten Weltkrieges sechsmal die Deutsche Meisterschaft und einmal den DFB-Pokal. Die Dortmunder hingegen waren schon froh, dass sie 1936 zumindest den Wiederaufstieg in die höchste Spielklasse – die damalige »Gauliga Westfalen« – schafften.

Erst im November 1943, also mitten während des Zweiten Weltkrieges, gelang der Borussia im Stadion *Rote Erde* erstmals ein Sieg gegen Schalke. Den einzigen Treffer erzielte August Lenz, der erste Nationalspieler in der Geschichte der Schwarz-Gelben. Vier Jahre später folgte der bis dahin größte Erfolg in der BVB-Vereinsgeschichte: Im Endspiel um die Westfalen-Meisterschaft bezwang Dortmund Schalke mit 3:2. Eine

Wachablösung begann sich abzuzeichnen. Zwischen 1948 und 1957 belegten die Dortmunder sechsmal den ersten Rang in der Oberliga West. 1949 qualifizierten sie sich überdies erstmals für das Finale um die Deutsche Meisterschaft, zogen in der Sonnenglut des Stuttgarter Neckarstadions jedoch gegen den VfR Mannheim mit 2:3 den Kürzeren.

Der große Wurf gelang sieben Jahre später. Am 24. Juni 1956 wurde die Borussia durch einem 4:2-Endspielsieg gegen den Karlsruher SC erstmals Deutscher Meister. Rund 250 000 Menschen feierten auf dem Borsigplatz, der Heimat des Klubs, die Helden des Spiels: Kwiatkowski; Burgsmüller, Sandmann; Schlebrowski, Michallek, Bracht; Peters, Preissler, Kelbassa, Niepieklo und Kapitulski. Die genau gleichen Spieler kamen auch ein Jahr später zum Einsatz, als der Hamburger SV im Endspiel mit 4:1 in die Schranken gewiesen wurde. Die Dortmunder leisteten sich sogar den Luxus, im Endspiel ohne den damals erst 18-jährigen Jungstar Alfred (»Aki«) Schmidt anzutreten. Der zukünftige Nationalspieler (25 Länderspiele) musste auf der Bank Platz nehmen

Doch auch Schmidt sollte zu Meisterehren kommen. 1961 stand die Borussia kurz vor einem weiteren Triumph, verpatzte aber das Endspiel gegen den 1. FC Nürnberg (0:3). Besser lief es 1963, als der haushohe Favorit 1. FC Köln durch Tore von Dieter Kurrat, Reinhold Wosab und Aki Schmidt mit 3:1 niedergerungen wurde. Der BVB ging als letzter Meister »alter Art« in die Geschichte des deutschen Fußballs ein. Auch in der Bundesliga schrieben die Dortmunder Geschichte: Friedhelm (»Timo«) Konietzka erzielte in Bremen das erste Bundesligator, konnte aber trotz seines späteren Anschlusstreffers zum 2:3 die überraschende Auftaktniederlage des Meisters und Pokalfinalisten nicht verhindern. Am Ende der Saison 1963/64 belegte die Borussia den vierten Rang.

Trainer entlässt Vorstand

Der ehemalige Schalker Hermann Eppenhoff (1919 – 1992) war in Dortmund überaus populär. Er führte den BVB als Trainer 1963 zur Meisterschaft und zu den großen Europacup-Siegen gegen Benfica Lissabon und Dukla Prag. Mit einigen Mitgliedern des Vorstandes hatte er das Heu allerdings nicht auf der gleichen Bühne. Diese nutzen die unglückliche Niederlage im Europacup-Halbfinale gegen Inter Mailand, um Eppenhoff zum Teufel zu jagen. Ihm wurde vorgeworfen, sich negativ über den Verein geäußert zu haben. Zudem sei er »zu weich«. Doch da spielte der Trainer nicht mit – er zwang das gesamte Präsidium zum Rücktritt.

Wie war das möglich? Vor den Vorstandswahlen vom 27. Januar 1964 war es an der Mitgliederversammlung zu einer juristisch unkorrekten Änderung der Vereinsstatuten gekommen. Folglich war die Wahl des Vorstandes um Präsident Kurt Schönherr, Direktor der Union-Brauerei, nicht rechtsgültig. Juristisch gesehen hatte das Präsidium deshalb auch keine Befugnis, Eppenhoff zu entlassen. Dies machte der Anwalt des Trainers dem Vorstand rasch klar. Der Verein musste eine außerordentliche Generalversammlung mit erneuter Vorstandswahl anberaumen. Eppenhoff konnte im Amt bleiben, der Schönherr-Vorstand demissionierte. 1:0 für den Trainer.

In jener Spielzeit machten die Dortmunder erstmals auch international auf sich aufmerksam. Im Europapokal der Landesmeister stürmten sie nach begeisternden Spielen gegen Benfica Lissabon (1:2, 5:0) und Dukla Prag (4:0, 3:1) bis ins Halbfinale, mussten dann aber gegen den späteren Sieger Inter Mailand die Segel streichen (2:2, 0:2). Fünfzehn Monate später kam raus, dass Inter den jugoslawischen Schiedsrichter Tesanic mit einem kostenlosen Italienurlaub und einer goldenen Uhr bestochen hatte. Der »Unparteiische« wurde lebenslänglich gesperrt. Doch das half den Gelb-Schwarzen herzlich wenig.

Dortmunds große Stunde sollte drei Jahre später schlagen. Als DFB-Pokalsieger erreichte der BVB nach Siegen über La Valetta, ZSKA Sofia, Atlético Madrid und West Ham das Endspiel im entsprechenden Europapokal. Gegner war am 5. Mai 1966 im Glasgower Hampden-Park der große FC Liverpool. Am Ende hatte der Außenseiter aus dem Ruhrgebiet mit 2:1 Toren die Nase vorn. Die Borussen waren taktisch klug eingestellt, gingen keinem Zweikampf aus dem Weg und hatten im entscheidenden Moment das Glück auf ihrer Seite. Die Entscheidung fiel in der 106. Minute durch Dribbelkünstler Reinhard (»Stan«) Libuda. Nach einem Konter über Sigfried (»Sigi«) Held prallte der Ball Libuda vor die Füße. Dieser lupfte ihn aus 25 Metern ins Netz.

Kaum vom Ball zu trennen: Stéphane Chapuisat war einer der besten Einkäufe in der Geschichte von Borussia Dortmund. Er kam 1991 vom damaligen Absteiger Bayer Uerdingen. In der Bundesliga erzielte der Schweizer insgesamt 106 Tore.

Folgende Spieler schafften diesen ersten Europapokal-Sieg einer deutschen Mannschaft: Tilkowski; Cyliax, Assauer, Paul, Redder; Kurrat, Schmidt, Sturm, Libuda, Held, Emmerich.

Borussia hatte den Gipfel erklommen. Der Abstieg begann schon kurz nach den Feierlichkeiten. Erfolgstrainer Willi (»Fischken«) Multhaupt kehrte dem Verein den Rücken, weil ihm Köln ein lukrativeres Angebot unterbreitete, und der Vorstand versäumte es, rechtzeitig den Umbau der Mannschaft einzuleiten. Die alten Kämpen wurden sukzessive verkauft (Lothar Emmerich ging beispielsweise für 175 000 Mark nach Antwerpen, Rudi Assauer für 150 000 Mark nach Bremen), aber gleichwertige Neuerwerbungen kamen nicht.

Fünf Jahre nach dem Europapokalsieg und nach insgesamt 36 Jahren Zugehörigkeit zur jeweils höchsten Spielklasse stieg der klamme Verein 1972 aus der Bundesliga ab. Zwei Jahre später drohte – wie schon in den Zwanzigerjahren – der Konkurs. Tiefpunkt jener Zeit war das Spiel gegen Preussen Münster. Der BVB gewann zwar mühelos mit 9:0, doch wollten bloß noch 1500 Zuschauer die letzte Partie der Saison 1972/73 sehen.

Den entscheidenden Wendepunkt hin zum Positiven bildete der 4. Januar 1974, der Tag, an dem Heinz Günther zum neuen Präsidenten gewählt wurde. Der Bergwerksdirektor der Zeche Gneisenau war kein Fußball-Experte, aber ein knallharter Rechner und Sanierungsfachmann. Er griff rigoros durch, verkaufte einige Spieler gegen ihren Willen, weil sie nichts mehr brachten, und kürzte die Gehälter.

Auch im Umfeld des Vereins tat sich einiges. Am 2. April 1974 wurde das Westfalenstadion, wo ein paar Monate später WM-Spiele stattfanden, eingeweiht. Der BVB empfing an jenem Tag Schalke 04 zu einem Freundschaftsspiel, das zugleich eine Benefizveranstaltung für die finanziell angeschlagenen Hausherren war. Im Westfalenstadion mit seinen damals 54 000 Plätzen klingelte fortan die Kasse. 1976 stürmte die Borussia unter Trainer Otto Rehhagel in die 1. Bundesliga zurück – schuldenfrei.

Die erste Saison nach dem Aufstieg beendeten die Schwarz-Gelben auf Platz acht. Ein Jahr später landeten sie auf Rang 11 und auf den Titelseiten sämtlicher Zeitungen. Die lustlos aufspielende Rehhagel-Elf unterlag am letzten Spieltag Mönchengladbach mit 0:12 und machte die »Fohlen« fast noch zum Meister. Nur die Tatsache, dass der 1. FC Köln den FC St. Pauli mit 5:0 besiegte, bewahrte die Bundesliga vor einem weiteren Skandal. Rehhagel wurde als »Torhagel« verspottet und entlassen. Dieses 0:12 ist bis heute die höchste Niederlage in der Geschichte der Bundesliga.

Während die Mannschaft in den Achtzigerjahren sportlich stagnierte, rutschte der Verein immer tiefer in die roten Zahlen. 1984, als der BVB 75 Jahre alt wurde, war kaum jemandem zum Feiern zumute. Denn der Klub stand (wieder einmal) kurz vor dem Offenbarungseid. Die beiden Anwälte Reinhard Rauball und Gerd Niebaum, der 1986 das Präsidium übernahm, sanierten die Borussia und stellten sie endlich auf ein solides Fundament. Nachdem sich die Mannschaft 1986 erst im dritten Relegationsspiel (8:0 gegen Fortuna Köln) vor dem erneuten Fall in die Zweitklassigkeit gerettet hatte, ging es stetig aufwärts.

Geschafft: Ottmar Hitzfeld jubelt über den Gewinn der Champions League. Die Borussia bezwang 1997 Juventus Turin mit 3:1.

1989 gewann die Borussia erstmals seit 24 Jahren wieder einen Titel. Im Endspiel um den DFB-Pokal besiegte Dortmund das von Otto Rehhagel betreute Werder Bremen mit folgender Elf 4:1: De Beer; Kroth, Kutowski, Helmer; Breitzke (72. Lusch), Zorc, Mac Leod, Möller, Rummenigge, Dickel (77. Storck), Mill.

Ungläubiges Staunen erntete Niebaum 1991, als er Trainer Horst Köppel durch den Lörracher Zahnarztsohn Ottmar Hitzfeld ersetzte. Der Präsident hätte keine bessere Wahl treffen können. Hitzfeld, der als Aktiver acht Amateur-Länderspiele für Deutschland bestritten und als Trainer in der Schweiz die Klubs Zug, Aarau und Grasshoppers betreut hatte, verankerte den Traditionsverein aus dem Revier in der europäischen Spitzenklasse. Als »bester Mann der Welt« wurde der Pädagoge im Trenchcoat von den Dortmunder Fans verehrt, als Rekordtrainer (sechs Jahre) und Meistermacher setzte er sich ein Denkmal.

In der ersten Saison unter Hitzfeld fehlten der Borussia ganze vier Minuten zum Titelgewinn. Auf der internationalen Bühne eroberte der von den Medien als »Borussia Deutschland« gefeierte Klub landauf, landab viele Sympathien, auch wenn 1993 die beiden Endspiele um den UEFA-Cup gegen Juventus Turin (1:3, 0:3) klar verloren gingen.

Borussia profitierte in jenen Jahren von den TV-Sendern, die immer größere Beträge für die Übertragungsrechte der Europacup-Spiele hinblätterten. Dadurch hatte der bisher chronisch klamme Klub plötzlich genug Geld auf der hohen Kante, um renommierte Akteure verpflichten zu können. Die Nationalspieler Jürgen Kohler, Júlio César, Paulo Sousa, Ruben Sosa, Andreas Möller, Stefan Reuter, Jörg Heinrich, Jens Lehmann, Karl-Heinz Riedle und vor allem Matthias Sammer konnten dadurch aus Italien (zurück) in die Bundesliga geholt werden.

Sammer, einer der streitbarsten und profiliertesten Spieler seiner Zeit, wurde zur wichtigsten Figur in Hitzfelds Meister-Ära. 1995 und 1996 wurde die Borussia Deutscher Meister, 1997 gewann sie sogar die *Champions League*. Im Finale im Münchner Olympiastadion bezwang sie Titelverteidiger Juventus Turin mit 3:1. Das i-Tüpfelchen setzten die Dortmunder im Dezember 1997, als sie sich durch ein 2:0 gegen Cruzeiro Belo Horizonte in Tokio den Weltpokal sicherten. Gegen die Brasilianer setzte Hitzfeld-Nachfolger Nevio Scala auf folgende Elf: Klos; Feiersinger; Reuter, César;

Freund, Sousa, Möller, Zorc (80. Kirovski), Heinrich; Herrlich, Chapuisat (75. Decheiver).

Sammer, Europas Fußballer des Jahres 1996, war damals schon nicht mehr dabei. Er war am 4. Oktober 1997 letztmals für den BVB aufgelaufen. Eine Verletzung beendete seine großartige Karriere; bei einem Routineeingriff waren Bakterien in sein Kniegelenk gekommen. Sammer muss heute froh sein, dass er wenigstens wieder laufen kann.

Ohne den »Feuerkopf« fehlte der Borussia der Anführer und Antreiber auf dem Rasen. Dazu kamen Probleme in der Teppichetage. Mit dem Bruch der Männerfreundschaft zwischen Präsident Niebaum, Manager Michael Meier und Trainer Hitzfeld begann der Zerfall des Starensembles. Hitzfeld hatte den Präsidenten nach dem Gewinn der *Champions League* vor die Wahl gestellt, sich von fünf älteren Stars zu trennen und das Kader mit jungen, ehrgeizigen Talenten aufzufüllen. Niebaum aber erlag sichtbar den Einflüsterungen der renommierten Profis. Hitzfeld wurde zum Sportdirektor »befördert« und ins Abseits gestellt; er konnte beim BVB nicht mehr richtig ins Geschehen eingreifen und wechselte ein Jahr später zum FC Bayern.

Das Objekt der Begierde: Der Champions-League-Pokal hat weder künstlerisch noch materiell einen großen Wert – trotzdem reißen sich alle Fußballer um ihn, Jahr für Jahr.

Die BVB-Mannschaft wurde in der Post-Hitzfeld-Ära ohne System, vor allem nach Namen eingekauft. Die gelb-schwarzen Fußball-Götter torkelten vor sich hin. Dic Trainer Nevio Scala (Saison 1997/98), Michael Skibbe (Juli 1998 bis Februar 2000) und Bernd Krauss (Frühling 2000) konnten den sportlichen Niedergang nicht stoppen. Ein einziges zusätzliches Gegentor hätte im Mai 2000 genügt, und der Weltcup-Sieger von 1997 wäre in die zweite Liga abgestiegen.

Das Jahr 2000 brachte die Wende. Im April sprang Matthias Sammer, damals noch keine 33, zusammen mit Altmeister Udo Lattek als Trainer ein. Der Klub schwebte in höchster Abstiegsgefahr. Die Geschichte ging bekanntlich gut aus, und Sammer wurde von der Vereinsleitung überredet, definitiv Trainer zu werden. »Messias Matthias«, jubelte die Boulevardpresse.

Im Oktober des selben Jahres brachte die Borussia 13 500 000 Aktien im Gesamtwert von rund 148 Millionen Euro auf den Markt, davon behielt der Klub 30 Prozent Anteile selbst. Das eingenommene Kapital wurde in Spieler investiert. Mindestens 55 Millionen Euro bezahlten die Westfalen für die beiden brasilianischen Angreifer Amoroso (Parma) und Ewerthon (Corinthians), die beiden tschechischen Internationalen Tomas Rosicky (Sparta Prag) und Jan Koller (Anderlecht) sowie den aus Freiburg verpflichteten deutschen Nationalspieler Sebastian Kehl.

Stürmische Primadonna: Márcio Amoroso sicherte sich in der Saison 2001/2002 mit 18 Treffern die Torjägerkrone. Dortmund ließ sich seine Dienste 25 Millionen Euro kosten.

Geschickt lancierten die Bayern aus München in jener Zeit immer wieder, dass der BVB spätestens mit dem Börsengang seine Identität aufgegeben habe. Die Transfers von Amoroso, Rosicky und Koller wurden zu Synonymen des Ausverkaufs von Idealen stilisiert. Dortmunds kritische

Ein Lächeln für den Fotografen: Matthias Sammer präsentiert die Meisterschale.

Anhänger haben die Explosion der Gehaltssummen nach anfänglichen Misstönen (»Scheiß-Millionäre«) mittlerweile aber akzeptiert. Nicht zuletzt, weil in Dortmund echte, harte Arbeit noch immer mit Sympathie belohnt wird und Trainer Sammer, ein akribischer Arbeiter und ein ewig Unzufriedener, wieder dafür sorgte, dass die Großverdiener in jedem Spiel Gas geben.

Im Frühling 2002 hatte sich der BVB drei Runden vor Schluss trotz fünf Punkten Rückstand auf Bayer Leverkusen nicht aufgegeben und im Endspurt die stärksten Nerven gezeigt. Die Aufholjagd wurde mit der Meisterschale gekrönt. Die Freude über den sechsten Meistertitel war riesig, auf alle Fälle zu groß, um vier Tage später in Rotterdam wieder voll konzentriert bei der Sache zu sein. Die Dortmunder verloren das Finale um den UEFA-Cup gegen Feyenoord Rotterdam mit 2:3 und gehören deshalb (noch) nicht zum erlauchten Kreis jener Klubs, deren Briefkopf alle drei europäischen Titel zieren.

ERFOLGE:
Deutscher Meister: 1956, 1957, 1963, 1995, 1996, 2002.
Deutscher Pokalsieger: 1965, 1989.
Champions League: 1997.
Europapokal der Pokalsieger: 1966.
Weltpokal: 1997.

Bekannteste Spieler: Abramczik – Amoroso – Barbarez – Berger – Bertram – Bitticher – Bobic – Bracht – Brungs – Burgsmüller – Júlio César – Chapuisat – Cyliax – Dédé – Dickel – Dressel – Edvaldsson – Egli – Emmerich – Ewerthon – Evanílson – Feiersinger – Flügel – Freund – Frings – Gorlukowitsch – Hässler – Heinrich – Held – Helmer – Herrlich – Hrubesch – Huber – Hupe – Ikpeba – Immel – Kapitulski – Kasperski – Kehl – Kelbassa – Klos – Koch – Kohler – Koller – Konietzka – Koschmieder – Kurrat – Kutowski – Kwiatkowski – Lambert – Lehmann – Lenz – Libuda – Loose – MacLeod – Metzelder – Michallek – Mill – Möller – Neuberger – Niepieklo – Oliseh – Pagelsdorf – Peters – Povlsen – Preissler – Raducanu – Reuter – Ricken – Riedle – Rosicky – M. Rummenigge – Rüssmann – Salou – Sammer – Sandmann – Schanko – Schlebrowski – Schmidt – Schneider – Schulz – Schütz – Simmes – Sobieray – Sosa – Sousa – Sturm – Tenhagen – Tilkowski – Votava – Wegmann – Wörns – Wosab – Zorc.
Bekannteste Trainer: Burdenski – Csernai – Eppenhoff – Feldkamp – Knefler – Konietzka – Köppel – Krauss – Hitzfeld – Lattek – Lindemann – Merkel – Michallek – Murach – Pfau – Rehhagel – Ribbeck – Rühl – Saftig – Sammer – Scala – Schmidt – Skibbe – Zebec.

Dinosaurier mit Altersschwäche

Als Uwe Seeler am 5. November 2001 seinen 65. Geburtstag feierte, war »sein« HSV der einzige Klub, der seit der Gründung der Bundesliga stets im Oberhaus vertreten war. Wie immer, wenn alte Idole glorifiziert werden, drehte sich auch bei Seelers Geburtstag fast alles um die Vergangenheit. Was in Anbetracht der trostlosen Lage rund um den Hamburger Sport-Verein durchaus nachvollziehbar war. Denn seit dem letzten Meistertitel waren fast zwanzig Jahre ins Land gezogen und die Nachfolger von Seeler spielten einen derart unattraktiven Fußball, dass ihretwegen nur noch wenige Fans mehr als ein paar hundert Kilometer zu reisen bereit waren. In der Statistik, welche die Attraktivität von Gastmannschaften ausdrückt, lagen die Hamburger im November 2001 auf dem letzten Platz. Weit abgeschlagen hinter Klubs wie Energie Cottbus oder VfL Wolfsburg, die nicht annähernd die Tradition besitzen wie der siebenfache Meister und zweimalige Europacup-Sieger.

In Hamburg war schon gekickt worden, als in anderen Gegenden Deutschlands das Spiel mit dem runden Leder noch gänzlich unbekannt war. Als offizielles Gründungsdatum des HSV gilt der 29. September 1887, der Tag, an dem der *Sportclub Germania* mit seiner Fußball-Abteilung entstand. Es war dies die Zeit des internationalen Wettrennens um einen »Platz an der Sonne«, des Kolonialismus, und die Hansestadt Hamburg mit ihrem riesigen Hafen wurde zu Deutschlands Tor zur Welt. In Hamburg legten zahllose britische Schiffe an. Deren Besatzungen brachten nebst Handelsgütern auch den Fußball an die Alster. Nach dem SC Germania entstanden noch weitere Klubs, etwa der *Hamburger FC* (1888), den Schüler des Wilhelmsgymnasiums gründeten, oder der *FC Falke* (1906), dem vorab Eppendorfer Realschüler angehörten. Auf nationaler Ebene – seit 1903 wurde jeweils ein Deutscher Meister ermittelt – erfuhren diese Vereine allerdings kaum Beachtung.

HAMBURGER SPORT-VEREIN
Gründungsdatum: 29. September 1887.
Anschrift: HSV, Rothenbaumchaussee 125, 20149 Hamburg, Deutschland.
Internet: www.hsv.de
Stadion: AOL-Arena, Fassungsvermögen: 50 000 bis 53 000 Zuschauer.
Vereinsfarben: Blau, Weiß und Schwarz.

Der Erste Weltkrieg riss große Lücken in die Reihen der Hamburger Vereine, die plötzlich nicht mehr genügend Mitglieder hatten, um den Spielbetrieb weiterführen zu können. Die Lösung konnte nur eine Fusion bringen: Am 1. Juni 1919 schlossen sich der SC Germania, der Hamburger FC und der FC Falke zum *Hamburger Sport-Verein* zusammen. Der Klub mit der schwarz-weiß-blauen Raute und dem Rufnamen HSV entwickelte sich rasch zur unangefochtenen Nummer eins der Stadt und stellte Konkurrenten wie Altona 93, den FC St. Pauli, den Eimsbütteler TV und Victoria Hamburg fortan deutlich in den Schatten.

Seinen ersten großen Erfolg feierte der HSV 1922. Im Endspiel um die Deutsche

Meisterschaft traf er auf den Titelverteidiger, den 1. FC Nürnberg. Sowohl in der ersten Partie in Berlin (2:2) als auch im Wiederholungsspiel in Leipzig (1:1) setzte sich keine Mannschaft durch. Als die Nürnberger im dritten Spiel nur noch sieben Akteure auf dem Platz hatten, brach Schiedsrichter Peco Bauwens, der spätere DFB-Präsident, die Partie ab. Denn das Reglement schrieb vor, dass eine Elf mindestens acht Spieler haben musste. Man versuchte, dem 1. FCN eine neue Chance zu geben – doch der HSV weigerte sich. Die Rechtslage war eindeutig. Der DFB erklärte die Hanseaten schließlich zum Sieger, allerdings mit der Weisung, auf den Titel zu verzichten. Der Süddeutsche Verband hatte nämlich mit der Abspaltung vom DFB gedroht. Der HSV gehorchte. So kam es, dass Deutschland 1922 offiziell keinen Meister hatte.

Ein Jahr später gab es überhaupt keine Diskussionen. Der HSV bezwang im Endspiel Union Oberschöneweide klar und deutlich mit 3:0 und durfte sich nun auch offiziell als Meister fühlen. Eines der Tore ging auf das Konto von Otto (»Tull«) Harder, dem erfolgreichsten Torjäger seiner Zeit. Der Mittelstürmer bestritt zwischen 1914 und 1926 15 Länderspiele für Deutschland, in denen er 14 Tore erzielte. Harder traf auch 1928 beim 5:2 gegen Hertha Berlin, als der HSV vor 50 000 Zuschauern im Stadion von Altona zum dritten Mal Deutscher Meister wurde. Es war der letzte große Erfolg für den Klub, der in der Folgezeit Mühe hatte, gleichwertigen Ersatz für die abtretenden alten Kämpen zu finden.

Aus drei mach eins

Der Hamburger Sport-Verein wurde am 1. Juni 1919 von Vertretern der drei Vereine Germania, Hamburger FC und FC Falke gegründet. Die Fusion sorgte zunächst für viel Konfusion. Bis 1921 hatte der HSV nicht weniger als fünf Präsidenten, denn jeder der Gründerklubs wollte den Boss stellen. Schwierig war auch die Auswahl der Vereinsfarben. Die ersten Spiele bestritt der HSV in Rot und Weiß, den Farben der Stadt. Offizielle Vereinsfarben wurden anschließend Schwarz, Weiß und Blau. Es handelt sich dabei um die Farben der drei Gründerklubs. Daraus setzt sich auch die HSV-Raute zusammen. Das schlichte, aber einprägsame Klubwappen soll die enge Verbundenheit mit der maritimen Geschichte der Stadt verdeutlichen: Der Rhombus erinnert an eine Reederei-Flagge.

Nach dem Zweiten Weltkrieg gab es in Hamburg kaum mehr ein intaktes Gebäude, die Stadt war fast vollständig zerstört. Die Menschen in Deutschland hatten Wichtigeres zu tun als an Fußball zu denken. Nicht aber Günther Mahlmann. Der Trainer arbeitete unter schlechten Bedingungen mit viel Leidenschaft und Enthusiasmus mit hoffnungsvollen Talenten am Wiederaufbau einer großen HSV-Elf. Ein Fußball-Juwel fiel ihm buchstäblich in den Schoß: Josef (»Jupp«) Posipal, geboren am 20. Juni 1927 im rumänischen Lugoj.

Posipals Mutter war Ungarin, sein Vater Donauschwabe. Als 16-Jähriger kam er allein nach Deutschland. Posipal wurde – nach heutigen Maßstäben – ein Superstar und 1954 mit der deutschen Nationalelf sogar Weltmeister. Ein Jahr zuvor war er bereits in die FIFA-Auswahl berufen worden, die im Wembley-Stadion ein 4:4 gegen England erreicht hatte. Dafür erhielt er tausend Pfund, was damals etwa 120 000 Mark entsprach, ein Vermögen. Posipal war ein technisch versierter Spieler und in den Fünfzigerjahren der wohl beste Mittelläufer Europas. Er zog in seiner Laufbahn nur zwei Trikots über: über 500 Mal jenes des HSV sowie 32 Mal das weiße Dress mit dem Bundesadler.

»Uns Uwe« zieht ab: Seine Tore machten Uwe Seeler zum Star. Aber erst sein Charakter und seine Persönlichkeit machten ihn zum Liebling der Massen – zu »Uns Uwe« eben.

Als Posipal im Zenit seiner Karriere stand, war der Stern von Uwe Seeler eben erst aufgegangen. Seine Tore – 404 für den HSV, 43 für die Nationalelf – machten Seeler zum Star. Zum Idol wurde er aber wegen seines Charakters und seiner Persönlichkeit: Der 72-fache Nationalspieler war geradlinig, unkompliziert, bescheiden, ein Mann des Volkes und der Prinzipien. 1961 klopfte Inter Mailand an, bot 500 000 Mark Handgeld bei einem Wechsel nach Italien. Seeler überlegte sich das Ganze und gab den Mailändern schließlich einen Korb. Damit blieb der damals 24-Jährige nicht nur dem HSV, sondern auch der Nationalelf erhalten. Fortan wurde der Stürmer in ganz Deutschland als »Uns Uwe« verehrt.

Mit Seeler knüpfte der HSV an die Erfolge der Zwischenkriegszeit an. Es brauchte allerdings drei Anläufe, ehe 1960 der dritte Meistertitel unter Dach und Fach war. 1957 hatte es im Endspiel eine 1:4-Packung gegen Borussia Dortmund gesetzt, 1958 hatte der HSV gegen Schalke 04 mit 0:3 verloren. Wer weiß, ob die Hamburger das Trauma einer weiteren Endspielniederlage verkraftet hätten? Doch so weit sollte es nicht kommen. Gegen den 1. FC Köln war der HSV die glücklichere Elf. Zum 3:2 steuerten Uwe Seeler (2) und Linksaußen Charly Dörfel die Tore bei. Der HSV trat gegen die Kölner mit einer Mannschaft an, die zum großen Teil aus Spielern bestand, die aus der eigenen Jugendabteilung kamen: Schnoor; Piechowiak, Krug; Werner, Meinke, D. Seeler; Neisner, Dehn, U. Seeler, Stürmer, Dörfel.

Zwischen 1948 und 1963 war der HSV jedes Mal (einzige Ausnahme: 1954) Norddeutscher Meister geworden. Im Europacup der Landesmeister scheiterte er 1962 im Halbfinale nur ganz knapp am FC Barcelona (0:1, 2:1, 0:1). Bei der Einführung der Bundesliga im Jahre 1963 hatte die Mannschaft ihren Zenit aber bereits überschritten.

In den ersten zehn Bundesligajahren belegten die Hanseaten die Ränge 6, 11, 9, 14, 13, 6, 6, 5, 10 und 14 – Mittelmaß pur.

Die Elf um Willi Schulz (66 Länderspiele, Vizeweltmeister 1966) und Uwe Seeler spielte zwar bisweilen ansehnlichen Fußball, doch im entscheidenden Moment versagte sie. Wie etwa 1967, als sie im DFB-Pokal-Finale Bayern München mit 0:4 unterlag. Die Bayern hatte in jenem Jahr auch den Europapokal der Pokalsieger gewonnen. So kam es, dass in der folgenden Saison mit München und Hamburg zwei deutsche Vertreter an diesem Wettbewerb teilnahmen. Während Bayern im Halbfinale ausschied, stießen die Hanseaten bis ins Endspiel vor. Dort wartete mit der AC Milan ein großer Brocken. Der HSV, der mit Öczan, Sandmann, Schulz, Horst, Kurbjuhn, Dieckmann Krämer, Bernd Dörfel, Seeler, Hönig und Gerd Dörfel antrat, kämpfte zwar aufopfernd, war den Italiener aber klar unterlegen und verlor 0:2.

Brauchte eine Saison, um in Hamburg auf Touren zu kommen: Kevin Keegan, Europas Fußballer der Jahre 1978 und 1979.

Am 1. Mai 1972 trat Seeler, der wie kein anderer Hamburger Spieler Weltklasse darstellte, ab. Alle kamen sie noch einmal zusammen, die gegen ihn gespielt hatten: Eusébio, Rivera, Djajic, Moore, Best, Hurst, Banks und Charlton.

In der Zeit nach Seeler wurde im Verein eine längst fällige Professionalisierung eingeleitet. Besonders Manager Dr. Peter Krohn, Sohn des ehemaligen HSV-Spielers, der vor dem Krieg in den Meistermannschaften gestanden hatte, sorgte für frischen Wind. Etwa mit der Aktion »Wir kaufen uns einen Star«. Die Fans zahlten freiwillig zwei Mark pro (Stehplatz-)Karte mehr. So konnte der HSV für 770 000 Mark Stürmer Willi Reimann von Hannover 96 verpflichten. Auch sportlich ging es vorwärts. Ein erster großer Schritt ins Rampenlicht machte die Elf von Trainer Kuno Klötzer 1977 mit dem Vordringen ins Endspiel des Europapokals der Pokalsieger. Gegen Titelverteidiger RSC Anderlecht erzielten Georg Volkert und Felix Magath die Tore zum 2:0-Sieg für den HSV.

Anschließend landete der Europapokalsieger mit der Verpflichtung des Engländers Kevin Keegan vom FC Liverpool einen Transfercoup, der in der Geschichte der Bundesliga einmalig ist. Der Wuschelkopf kostete die seinerzeit astronomische Summe von 2,5 Millionen Mark. In seiner ersten Saison an der Elbe kam Keegan allerdings nie auf Touren, was auch daran lag, dass er von seinen Mitspielern häufig geschnitten wurde. Als er eines Tages in der Kabine sein erstes »Guten Morgen« auf Deutsch sagte, grüßte niemand zurück. Die Mitspieler neideten dem Mädchenschwarm, der sich sogar als Popstar (mit dem Song *Head over heels*) versuchte, die öffentliche Aufmerksamkeit. Am Ende wurde der HSV blamabler Zehnter.

Deshalb stand im Sommer 1978 ein neuer Trainer auf dem Platz: Der Jugoslawe Branko Zebec, der schon Bayern München zur Meisterschaft geführt hatte. Nun wehte an der Alster ein anderer Wind. Zebec initiierte ein ganz auf Torsicherung, Disziplin und Zweckmäßigkeit ausgerichtetes System. Er setzte auf eine rationale Spielweise, die darauf aus war, die gegnerischen Schwächen eiskalt zu nutzen. Eine Schlüsselrolle kam Rechtsverteidiger Manfred Kaltz zu, der durch seine Vorstöße der Grundlinie entlang und durch seine »Bananenflanken« in den Strafraum Berühmtheit erlangte. Kaltz bestritt insgesamt 581 Bundesligaspiele, nur der Frankfurter Karl-Heinz Körbel (602) lief öfter auf als »Mister HSV«.

Gefeuert und gefeiert

IF Kevlavik, Hearts of Midlothian und MTK Budapest waren für den HSV 1976/77 im Europapokal der Pokalsieger keine echten Prüfsteine. Der erste harte Brocken bildete im Halbfinale Atlético Madrid. Das Hinspiel verlor der HSV mit 1:3. »Unsere Chance für das Rückspiel ist relativ klein«, stellte Trainer Kuno Klötzer fest. Präsident Peter Krohn sah im Trainer den Hauptschuldigen für den Misserfolg und verpflichtete für die folgende Saison – gegen den Willen der Fans – den Weltenbummler Rudi Gutendorf.

Das Rückspiel wurde eine Demonstration für Klötzer. Die Zuschauer skandierten während neunzig Minuten ununterbrochen »Kuno, Kuno«. Dieser ließ mit vier Stürmern angreifen. Der HSV schaffte das Wunder (3:0-Sieg) und den Einzug ins Finale. »Wir haben auch für den Trainer gekämpft«, diktierte Torhüter Rudi Kargus den Journalisten hinterher in die Notizblöcke. »Ihm ist in diesem Klub so viel Unrecht geschehen, dass es schon zum Himmel stinkt.«

Im Endspiel besiegte der HSV den belgischen Pokalsieger Anderlecht mit 2:0. Es war der bis dato größte Erfolg für die Hanseaten. »Kuno, du darfst nicht geh'n«, sangen die Fans. Es half nichts. Gutendorf war schon verpflichtet. Er wurde beim HSV allerdings ebenso wenig glücklich wie Klötzer bei seinem neuen Arbeitgeber, Hertha Berlin.

Zebec überzeugte zudem die noch immer neidischen Spieler, Keegan zu akzeptieren statt zu schneiden – mit Erfolg. Der kleine Keegan drehte in seiner zweiten Saison beim HSV voll auf, schoss 17 Tore und wurde eine ganz große Nummer im Bundesligazirkus. Der filigrane Engländer harmonierte auf ideale Weise mit dem kopfballstarken Horst Hrubesch, der von Rot-Weiß Essen gekommen war. Die beiden bildeten ein exzellentes Sturmduo, das auch auf internationaler Ebene seine Durchschlagskraft bewies.

Das zeigte sich 1979 nach dem Gewinn der Deutschen Meisterschaft. Der HSV eliminierte im Meistercup der Reihe nach Reykjavik, Dynamo Tiflis, Hajduk Split und Real Madrid und musste erst im Endspiel die Segel streichen – 0:1 gegen Nottingham Forest. Ein weitaus größeres Drama war für den Klub der Werdegang des Trainers. Zebec verfiel immer mehr dem Alkohol. Manager Günter Netzer blieb schließlich keine andere Wahl, als den alkoholkranken Jugoslawen im Dezember 1980 zu entlassen.

Zebec verstarb 1988 im Alter von bloß 59 Jahren an einem Herzversagen in seinem Haus in Zagreb.

Zebecs Nachfolge trat im Sommer 1981 der Österreicher Ernst Happel an, der die Mannschaft auf Angriffsfußball trimmte: »Mir ist ein 5:4-Erfolg lieber als ein 1:0-Sieg.« Der 1925 in Wien geborene und später bei seiner Großmutter aufgewachsene Happel formte seine Mannschaften jeweils mit einer unglaublichen Weitsicht und Disziplin. Happel war ebenfalls ein Verfechter der Raumdeckung (»Bei der Manndeckung hast du elf Esel auf dem Platz«) und sortierte knallhart aus, wenn Spieler nicht seinen Vorstellungen entsprachen. Über seine Ziele sagte er: »Ich will immer alles gewinnen und kann ich nicht alles gewinnen, möchte ich den Rest gewinnen.«

In der sechsjährigen Amtszeit Happels gewann der HSV bis auf den Weltpokal alles, was eine Klubmannschaft gewinnen kann. Mit Libero Franz Beckenbauer, der von Cosmos New York gekommen war (und oft verletzt auf der Tribüne saß), sicherten sich die Hanseaten 1982 erneut die Meisterschaft. Den Höhepunkt der Vereinsgeschichte bildete das Jahr 1983. Auf nationaler Ebene klappte die Titelverteidigung und im Europapokal gelang der große Coup: Der HSV besiegte im Endspiel in Athen Juventus Turin mit 1:0.

Der Sieg war ein taktisches Meisterstück von Happel. Er ließ den unermüdlichen Dänen Lars Bastrup auf links statt auf der gewohnten rechten Seite beginnen. Bastrup rochierte während des Spiels über den ganzen Platz, sein Gegenspieler, Weltmeister Claudio Gentile, folgte ihm auf Schritt und Tritt. Dadurch entstanden Lücken in der Abwehr der Italiener. In diese stieß Spielmacher Magath, der nach neun Minuten mit einem brillanten Heber aus zwanzig Metern Torhüter Zoff überlistete. Für den HSV standen Stein; Kaltz, Hieronymus, Jakobs, Wehmeyer; Rolff, Groh, Magath, Milewski; Hrubesch und Bastrup (von Heesen) im Einsatz.

Der Beweis: Der HSV ist das beste Teams Europas. Assistent Aleksandar Ristic, Torschütze Felix Magath, Trainer Ernst Happel und Manager Günter Netzer präsentieren nach dem 1:0-Sieg gegen Juventus den Meistercup.

In der Elf steckte allerdings zu wenig Substanz, um sich an der Spitze des europäischen Fußballs zu etablieren. Im Europapokal flog der Titelverteidiger bereits in der zweiten Runde gegen Dinamo Bukarest raus, und das Spiel um den Weltpokal gegen Grêmio de Porto Alegre ging mit 1:2 in die Hosen. Nach der Vizemeisterschaft von 1984 kehrten viele Schlüsselspieler dem HSV den Rücken. Manager Netzer räumte sein Büro, seinen Job übernahm Magath. Der als »Grantler« verschrieene Happel verabschiedete sich spä-

Seine Spezialität sind Tore: Bernardo Romeo. Der Argentinier kam im Januar 2002 von San Lorenzo und entpuppte sich als einer der besten Einkäufe in der jüngeren HSV-Geschichte.

ter mit einem »sechs Jahre Hamburg sind genug« und kehrte zum FC Tirol in seine Heimat zurück.

Für den HSV begann eine Talfahrt, die bis heute nicht gestoppt werden konnte. Der Schlachtruf »Wer wird Deutscher Meister? Ha-Ha-Ha-Ha-Es-Vau« musste im Volksparkstadion nicht mehr angestimmt werden.

Der wirtschaftliche Niedergang und sportliche Fall ins Mittelmaß war spätestens zu Beginn der Neunzigerjahre auch für Außenstehende offenkundig. Der HSV wurde in der Öffentlichkeit als »Hamburger Skandal-Verein« und »Hamburger Statisten-Verein« verspottet. 1991 musste der ehemalige DDR-Nationalspieler Thomas Doll für die Rekordsumme von 16 Millionen Mark an Lazio Rom verkauft werden, um den angehäuften Schuldenberg abzubauen.

In der Führungsetage gaben weder der Versicherungs-Tycoon Jürgen Hunke, der den HSV wieder zu einem europäischen Spitzenteam zu machen versprach, noch Uwe Seeler, der als Präsident (1995 bis 1998) schlicht überfordert war, eine gute Figur ab. Das Ansehen des Vereins wurde in den Neunzigerjahren arg ramponiert. Besserung soll das komplett umgebaute Stadion bringen. Aus dem einstigen Gefrierschrank Volksparkstadion wurde die schmucke AOL-Arena, deren Realisierung allerdings nur dank der Unterstützung des finanzstarken Marketingpartners Ufa Sports (heute Sportfive) gelang. Immerhin konnte sich der HSV rühmen, als erster Bundesligist ein modernes Großstadion errichtet zu haben.

Eine Mannschaft, die den Ansprüchen der Führungsetage und der Fans gerecht werden konnte, hatte der Klub bisher allerdings nie mehr. Dafür fiel er durch seinem hohen Trainerverschleiß – Skoblar, Reimann, Schock, Coordes, Möhlmann, Magath, Pagelsdorf – auf. Auch die Liste der Fehleinkäufe ist imposant und umfasst Namen wie

Spricht Klartext: Kurt Jara, österreichischer Trainer des HSV.

Kirjakov, Dahlin, Kindvall, Nando, Zafirov, Uysal, Ilic, Curtianu, Jepsen, Molata, Fukal, Grubac, Ketelaer, Hashemian, Khatibi, Heinz, Albertz oder Ledesma, um nur ein paar der größten Transferflops beim Namen zu nennen. Für Kopfschütteln sorgte vor allem die Personalpolitik von Trainer Frank Pagelsdorf, der in seinem vierjährigen Wirken mehr als drei komplette Mannschaften eingekauft und wieder ausgetauscht hatte.

Als der Österreicher Kurt Jara im Herbst 2001 die Nachfolge von Pagelsdorf antrat, übernahm er eine Ansammlung handwerklich ordentlicher Mitläufer, der ein oder zwei Leader fehlten, um eine schlagkräftige Elf zu bilden. Zu besseren Zeiten waren das etwa ein Rodolfo Cardoso oder ein Nico Kovac gewesen, die den HSV im Jahr 2000 immerhin in die *Champions League* führten. Dort nahm der Klub dank des neuen Stadions rund 20 Millionen Euro ein. Die Verpflichtung von Jörg Albertz im folgenden Jahr löste zwar bei den Fans kurzfristig eine Euphorie aus, kostete den Klub aber inklusive Ablöse und Gehalt deutlich über 10 Millionen Euro. Viel Geld für einen 30-Jährigen, der nach fünf Jahren bei den Glasgow Rangers um etliches behäbiger aus Schottland zurückgekehrt war. Bei einer solchen Transferpolitik wundert es nicht, dass der HSV oft näher am Tabellenende als an der Spitze stand.

»Nicht lachen«, forderte deshalb die in Hamburg beheimatete *Sport-Bild* ihre Leser auf, als HSV-Boss Werner Hackmann im Sommer 2001 verkündete, sein Klub strebe in zwei Jahren den Gewinn der Deutschen Meisterschaft an. Kritiker lästern, dass der HSV in den nächsten Jahren bloß noch die Geburtstage seiner zahlreichen Altstars feiern könne ...

ERFOLGE:

Deutscher Meister: 1922 (verzichtet), 1923, 1928, 1960, 1979, 1982, 1983.
Deutscher Pokalsieger: 1963, 1976, 1987.
DFB-Ligapokalsieger: 1973.
Europapokal der Landesmeister: 1983.
Europapokal der Pokalsieger: 1977.

Bekannteste Spieler: Adamkiewicz – Albertz – Barbarez – Bäron – Bastrup – Beier – Beckenbauer – Butt – Cardoso – Dahlin – Doll – B. Dörfel – G. Dörfel – Fukal – Furtok – Gravesen – Gründel – Halvorsen – Harder – Hartwig – Holdt – Hoogma – Hrubesch – Jakbos – Kaltz – Keegan – Kmetsch – Kovac – Kroth – Krug – Kurbjuhn – Laband – Lang – Letchkov – Mahdavikia – Magath – Mahlmann – Matysik – McGhee – Meinke – Memering – Milewski – Nogly – Pieckenhagen – Plessers – Posipal – Reimann – Risse – Rohde – Rolff – Salihamidzic – Schatzschneider – Schlegel – Schmeisser – H. Schnoor – Schulz – Dieter, Uwe und Erwin Seeler – Soler – Spörl – Spundflasche – Stein – Stürmer – Takahara – Trenkel – Von Heesen – Volkert – Wehmeyer – Werner – Woitkowiak – Wuttke – Yeboah – Zaczyk.
Bekannteste Trainer: Coordes – Gawliczek – Gutendorf – Happel – Jara – Klötzer – Knöpfle – Koch – Magath – Mahlmann – Möhlmann – Ochs – Pagelsdorf – Reimann – Ristic – Schneider – Schock – Skoblar – Wilke – Zebec.

Im Tempel der Glückseligkeit

Der Betzenberg liegt 286,5 Meter über dem Meeresspiegel. Doch der Name täuscht. Von einem Berg im geographischen Sinn kann man eigentlich gar nicht sprechen. Höchstens von einem Hügel, auf dem seit 1920 das Stadion des 1. FC Kaiserslautern thront und der die Stadt überragt. Kaiserslautern tut sich heute ohne die amerikanischen Garnisonen schwer, die Großstadt-Grenze von 100 000 Einwohnern zu übertreffen. Dass die Barbarossa-Stadt mittlerweile weit über die Grenzen von Rheinland-Pfalz hinaus ein Begriff ist, verdankt sie vor allem dem Fußball-Klub.

Der 1. FC Kaiserslautern gibt als Gründungsdatum den 2. Juli 1900 an, jenen Tag, an dem sich der FC Germania 1896 und die FG 1898 zu einem Zusammenschluss entschlossen. Der dadurch entstandene FC Kaiserslautern fusionierte später auch noch mit dem FC Palatia, dem FC Bavaria und dem SV Phönix. Der heutige Name – 1. FC Kaiserslautern – stammt aus dem Jahre 1932.

Erst als 1. FCK wurde der Klub aus der damals 25 000 Einwohner zählenden Provinzstadt auch außerhalb der Pfalz wahrgenommen. 1932/33 erreichte er als Tabellenzweiter hinter dem FK Pirmasens die Endrunde um die Süddeutsche Meisterschaft, landete dort aber mit nur einem Sieg auf dem letzten Platz. Ohne Fortüne agierte der 1. FCK in den folgenden Jahren auch in der regionalen Gauliga. Nach einem siebten Rang im ersten Jahr reichte es in der Saison 1934/35 nur zu Platz zehn – Abstieg in die Bezirksklasse.

Dort feierte 1938 der damals 18-jährige Fritz Walter sein Debüt. Er führte seinen Verein sofort in die Erstklassigkeit zurück und ein Jahr später gleich zum erstmaligen Gewinn des Meistertitels. Dem Mittelfeldstrategen verdankt der 1. FC Kaiserslautern im Grunde alles. Um diese absolute Ausnahmeerscheinung herum wurde eine Elf aufgebaut, die zu den stärksten Mannschaften des deutschen Klub-Fußballs aller Zeiten gehört. Wenn der Name Fritz Walter noch heute in einem Atemzug mit Größen wie Charlton, Beckenbauer, Pelé, Di Stéfano, Puskás, Cruyff oder Maradona genannt wird, dann sagt das alles über die Klasse dieses technisch versierten, genialen Regisseurs aus. Fritz Walter machte aus dem bis dahin unbekannten Kaiserslautern eine Fußball-Hochburg.

ERSTER FUßBALL-CLUB KAISERSLAUTERN
Gründungsdatum: 2. Juli 1900.
Anschrift: 1. FC Kaiserslautern, Stadionstrasse 11, 67663 Kaiserslautern, Deutschland.
Internet: www.fck.de
Stadion: Fritz-Walter-Stadion, Fassungsvermögen: 41 582 Zuschauer.
Vereinsfarben: Rot und Weiß.

Der »große Fritz« kam in seiner langen Laufbahn auf 61 Länderspiele, in denen er 33 Tore erzielte. Es wären wohl noch weit mehr geworden, wenn nicht der Zweite Weltkrieg seine internationale Karriere um mehr als acht Jahre unterbrochen hätte.

Kaiserslautern lag 1944 nach schweren Luftangriffen auf Wohngebiete und Industrieanlagen in Schutt und Asche. Auch der Betzenberg war empfindlich getroffen worden. Dennoch rappelte sich der 1. FCK rasch wieder auf. Zwischen 1947 und 1950

Blieben sich und der Pfalz ein Leben lang treu: Fritz Walter und seine Frau Italia.

gewann er die Meisterschaft der Oberliga Südwest (Gruppe Nord) viermal in Serie, zwischen 1951 und 1957 gar siebenmal. An der Endrunde um die Deutsche Meisterschaft gelang den Roten Teufeln fünfmal die Finalqualifikation. 1951 (2:1 gegen Preußen Münster) und 1953 (4:1 gegen den VfB Stuttgart) wanderte der Titel in die Pfalz. 1948 (1:2 gegen Nürnberg), 1954 (1:5 gegen Hannover) und 1955 (3:4 gegen Essen) mussten sich Walter und Co. mit der Vizemeisterschaft begnügen.

Den Namen Fritz Walter verbindet man jedoch nicht so sehr mit den Erfolgen seines Klubs als vielmehr mit dem »Wunder von Bern«. Bei Deutschlands 3:2-Sieg gegen Ungarn im WM-Finale von 1954 waren fünf Lauterer mit von der Partie: Werner Kohlmeyer, Horst Eckel, Werner Liebrich sowie die Brüder Ottmar und Fritz Walter. Sie wurden zu Symbolen jener Generation, die als Kriegsverlierer den Wiederaufbau bewältigte und dank ihren sportlichen Leistungen von der internationalen Völkergemeinschaft wieder anerkannt wurde.

Fritz Walter war bereits 34-jährig, als er die Jules-Rimet-Trophäe auf der Triumphfahrt aus der Schweiz an jeder Bahnstation zwischen Radolfzell und München aus dem Fenster strecken musste. 1960 beendete er seine großartige Karriere. Sein Abschied war für den Klub, der seinen Inspirator und seine Seele verloren hatte, ein echtes Drama.

Italia – der Glücksfall für den FCK

Im Dezember 2001, acht Tage nach ihrem 80. Geburtstag, verstarb Italia Walter. Sechs Monate später folgte ihr Fritz Walter. Ohne seine Frau mochte der »große Fritz« nicht mehr leben. Es war das Ende einer langen Liebesgeschichte, die im Jahre 1946 begonnen hatte. Damals arbeitete die schwarzhaarige Italia Bortoluzzi als Sekretärin und Dolmetscherin bei den französischen Streitkräften. Für Fritz Walter war es Liebe auf den ersten Blick. 1948 heiratete das Paar. Die Leute lästerten: »Die schwarze Hex', die will den Fritz nach Italien locken.«

Das Gegenteil war der Fall. Italia sorgte dafür, dass ihr Mann außer dem Trikot des 1. FCK nur das Dress mit dem Bundesadler überzog. 1951 machte Atlético Madrid ein für damalige Zeiten »unmoralisches« Angebot, lockte mit 250 000 Mark Handgeld, 15 000 Mark Monatslohn sowie einer Wohnung und einem Auto. Fritz wäre vielleicht gegangen, doch Italia verspürte kein Fernweh. Also gab das Ehepaar Walter den Spaniern einen Korb. Ebenso wie später Vertretern von Inter Mailand und Nancy und allen, die sonst noch anfragten. Fritz und Italia blieben nicht nur sich, sondern auch der Pfalz treu. Ihr ganzes Leben lang.

Pfälzer Urgestein: Hans-Peter Briegel verließ den 1. FCK 1984 nach neun Jahren, damit sich der Klub sanieren konnte. Mit Hellas Verona wurde die »Walz aus der Pfalz« auf Anhieb und sensationell italienischer Meister.

Eine besondere Ehre hat ihm der 1. FC Kaiserslautern noch zu Lebzeiten erwiesen: Er taufte die Arena auf dem Betzenberg 1985 in Fritz-Walter-Stadion um. Und der DFB ernannte zu Recht ihn als ersten Spieler zum Ehrenspielführer der Nationalmannschaft.

Als 1963 die Bundesliga gegründet wurde, befand sich der 1. FCK bereits auf dem absteigenden Ast. Ein gewaltiger Kraftakt war notwendig, um Südwestmeister zu werden und den zweiten Platz in der neuen Liga hinter dem vom DFB gesetzten 1. FC Saarbrücken zu erobern. Im Profifußball hatte der Klub aus dem »Land der Winzer und Bauern, von Wald und Wein«, wie die strukturschwache Pfalz oft abschätzig genannt wird, einen schweren Stand. In den ersten zehn Bundesligajahren belegten die Roten Teufel die Ränge 12, 13, 15, 5, 16, 15, 10, 8, 8 und 7. Seine rustikalen Abräumer bescherten dem 1. FCK den Spitznamen »Klopper der Liga« und obendrein den Rekord an Platzverweisen. Nicht nur der Klub, sondern auch die Mannschaft kämpfte verbissen um das Überleben in der Bundesliga.

Mit Trainer Dietrich Weise erreichte Kaiserslautern 1972 ein bis dahin für utopisch gehaltenes Ziel, den UEFA-Cup. Anlass zum Jubeln gab es auch unter Weises Nachfolger Erich Ribbeck. Der 7:4-Sieg gegen Bayern München bleibt in der Pfalz unvergessen. Die Zuschauer sahen an jenem 20. Oktober 1973 eines der verrücktesten Spiele in der Geschichte der Bundesliga. Die Bayern brachen nach einer 4:1-Führung total ein, kassierten in den letzten 31 Minuten noch sechs Gegentore. Die Pfalz war wie von Sinnen.

Eine ähnliche Euphorie herrschte Ende der Siebziger-, Anfang der Achtzigerjahre, als sich der 1. FCK regelmäßig für den UEFA-Pokal qualifizierte. Die international bekanntesten Spieler waren die Schweden Roland Sandberg, Ronnie Hellström, Benny Wendt, Torbjörn Nilsson sowie Hans-Peter Briegel (»die Walz aus der Pfalz«), ein ehemaliger Zehnkämpfer und unermüdlicher Rackerer. Unter Trainer Karl-Heinz

Feldkamp gelang 1982 im UEFA-Cup ein ganz großer Coup, als im Viertelfinale Real Madrid aus dem Wettbewerb geworfen wurde. 5:0 lautete das Resultat auf dem Betzenberg. Der 1. FCK spielte mit folgender Elf: Hellström, Melzer, Wolf, Briegel, Brehme, Geye, Bongartz, Dusek, Eilenfeldt (Brummer), Funkel (Eigendorf), Hofeditz.

Um das Budget im Lot halten zu können, war Kaiserslautern auf das internationale Geschäft angewiesen. Als die Mannschaft 1984 bloß auf dem zwölften Rang landete, musste Nationalspieler Briegel für 2,24 Millionen Mark an Hellas Verona verkauft werden. Nur so konnte der Verein den angehäuften Schuldenberg wieder abbauen. Aus dem selben Grund musste man 1986 auch Andreas Brehme für 1,7 Millionen Mark zu Bayern München ziehen lassen.

Viele glaubten Ende der Achtzigerjahre, Kaiserslautern würde wegen den fehlenden finanziellen Mitteln wie so manch anderer Traditionsklub aus der Provinz in der Bedeutungslosigkeit verschwinden. Die sportliche Krise vom Herbst 1989 schien die Meinung dieser Pessimisten zu bestätigen.

Als alle Dämme zu brechen drohten, erinnerten sich die Klubverantwortlichen an den mittlerweile in Ägypten lebenden Feldkamp. Dieser ersetzte den glücklosen Gerd Roggensack. Motivationskünstler Feldkamp päppelte die verunsicherten Spieler wieder auf. Sie gewannen 15 Punkte aus zwölf Spielen und vermieden so den Abstieg. Gleichzeitig feierten sie im DFB-Pokal einen unerwarteten Erfolg. Dank Toren von Bruno Labbadia (2) und Stefan Kuntz gelang dem 1. FCK in seiner fünften Endspielteilnahme endlich der erste Pokalsieg. Das favorisierte Werder Bremen wurde mit 3:2 besiegt. »Wir haben unseren Höhepunkt erreicht. Kaiserslautern wird es nicht noch besser machen können«, meinte Kuntz.

Er sollte sich irren. Die Schlüsselspieler blieben dem Klub nach dem Pokalgewinn erhalten. Zudem vermochte Lautern sein auf einmaliger Dynamik aufgebautes Spiel nicht zuletzt dank der Unterstützung des fanatischen Publikums auf dem Betzenberg noch zu steigern. Uli Hoeneß, der Manager von Bayern München, sagte: »Diese Stimmung bringt ihnen fünf Punkte pro Saison.« Am Ende der Saison 1990/91 hatte der 1. FCK insgesamt 48 Punkte auf seinem Konto, Verfolger Bayern jedoch nur deren 45. Während der dritte Meistertitel der Klubgeschichte landauf, landab als Sensation bezeichnet wurde, machte Stefan Effenberg das Niveau der Bundesliga für den Pfälzer Triumph verantwortlich: »Die anderen waren einfach zu doof«, meinte der Bayern-Spieler. Die Lauterer Fans reagierten humorvoll: »Lieber Betzenberg als Effenberg«, skandierten sie.

Aber wie schaffte Lautern die Sensation? Mittelfeldspieler Roger Lutz erklärte das »Wunder« rückblickend folgendermaßen: »Von den Namen her hatten wir keine große Mannschaft. Nur Gerry Ehrmann, Miroslav Kadlec und Stefan Kuntz hatten einen Stammplatz sicher. Das schürte den Konkurrenzkampf. Die Truppe hatte eine unglaubliche Fitness, wir haben viele Spiele in der letzten Viertelstunde gewonnen.«

In der Pfalz war man sich bewusst, dass es utopisch wäre, an eine erfolgreiche Titelverteidigung zu glauben. Dass der Klub aber bloß fünf Jahre später zum ersten Mal in die zweite Liga absteigen sollte, damit hatten nicht einmal die größten Schwarzmaler gerechnet. Es war der 18. Mai 1996 um 17.05, als Markus Münch von Bayer Leverkusen das Tor zum 1:1-Ausgleich erzielte. Elf Minuten später war das Unfassbare Tatsache: Der 1. FCK, ein Gründungsmitglied der Bundesliga, musste nach 33 Jahren Zugehörigkeit zur jeweils höchsten Spielklasse den bitteren Gang ins Unterhaus antreten. Kaiserslautern hatte nach dem Meistertitel wegen einer verfehlten Personalpolitik immer mehr an Substanz verloren – am Ende dieser Entwicklung stand der Abstieg.

Die Trauer dauerte allerdings bloß eine Woche. 17 000 Fans begleiteten den Klub am 25. Mai nach Berlin zum Pokalfinale gegen den Karlsruher SC. Ein wuchtiger Freistoß von Martin Wagner brachte eine Viertelstunde vor Schluss die Entscheidung – 1:0 für Lautern. Der Pokalsieg war für die Pfälzer ein Trostpreis, im wahrsten Sinne des Wortes.

Der anschließende Aufenthalt in der 2. Bundesliga war nur von kurzer Dauer. Auf den Tag genau ein Jahr nach dem Abstieg gelang unter der Leitung von Trainer Otto Rehhagel der direkte Wiederaufstieg. Im entscheidenden Spiel gelang ein 7:0 gegen den VfB Lübeck. Trotzdem brodelte der Betzenberg wie ein Vulkan, dessen Ausbruch nur um Haaresbreite verhindert wurde. Hausgemachte Probleme drohten den Neubeginn zu gefährden. Rehhagel musste sich von Manager Hans-Peter Briegel Vorwürfe wie »Alleinherrschaft« gefallen lassen, dem Aufsichtsrat mit dem Präsidenten Jürgen (»Atze«) Friedrich an der Spitze wurde von einem Gremiumskollegen Vetternwirtschaft unterstellt.

Erst das erfolgreiche Comeback in der Bundesliga glättete die Wogen. Der Paukenschlag des Aufsteigers mit der 1:0-Sensation bei Titelverteidiger Bayern München passte ins Bild dieser turbulenten Tage. Am 23. August 1997, nach einem 3:0-Heimsieg gegen Schalke, stand der Klub erstmals an der Tabellenspitze. Zu diesem Zeitpunkt ahnte noch niemand, dass die Rehhagel-Elf die Führung bis zum Saisonende nicht mehr hergeben sollte. Erstmals in der Geschichte der Bundesliga wurde 1998 ein Aufsteiger Deutscher Meister. »Dieser Erfolg hat die letzten Tränen von Leverkusen ge-

Der zwölfte Mann

Kaiserslautern wurde für die WM 1974 nicht als Spielort berücksichtigt. Für den 1. FCK erwies sich dies im nachhinein als Segen. In München, Hamburg, Köln, Frankfurt, Gelsenkirchen, Hannover und Stuttgart entstanden wegen der Weltmeisterschaft anonyme Großstadien, in denen oft keine Stimmung aufkommen wollte. Der Betzenberg hingegen war jeweils ein Tollhaus und der 1. FCK mit den eigenen Fans im Rücken eine Macht. Zwischen 1975/76 und 1982/83 blieb beispielsweise Bayern München auf dem »Betze« acht Jahre lang ohne Sieg (2:14 Punkte). Paul Breitner schlug resigniert vor, die Punkte mit der Post nach Kaiserslautern zu schicken, da dort eh nichts zu holen sei. Der Fanatismus der Fans hatte aber auch negative Seiten. Der erste Spielabbruch in der Bundesliga betraf im Herbst 1976 die Partie Kaiserslautern gegen Fortuna Düsseldorf. Schiedsrichter Rudolf Frickel hatte nach 76 Minuten beim Stand von 0:2 abgebrochen, weil er sich durch Flaschenwürfe gefährdet fühlte. Das Spiel wurde mit 0:2 Punkten und 0:2 Toren gegen den 1. FCK gewertet. Um eine Platzsperre kamen die Pfälzer herum, nicht aber um eine Geldstrafe von 8000 Mark.

trocknet«, strahlte Präsident Hubert Kessler. Die Pfälzer standen für Fußball mit Herz, Kampfgeist, Leidenschaft und Siegeswillen. Der Star der Mannschaft war Spielmacher Ciriaco Sforza, für den Kaiserslautern zu Saisonbeginn 6 Millionen Mark an Inter Mailand überwiesen hatte. Ein weiterer Leistungsträger war Andreas Buck auf der rechten Außenbahn, den der VfB Stuttgart zuvor als Auslaufmodell ausgemustert hatte. Eine Auferstehung erlebte auch Olaf Marschall, den manche nach seinen zahlreichen Verletzungen gar nicht mehr auf der Rechnung hatten. Marschall erzielte 21 Tore.

Anschließend brach in der Pfalz das Chaos aus. Kapitän Sforza zettelte eine Rebellion an und beklagte in einem Interview die fachlichen Handicaps des Trainers. Auf dem Betzenberg, für Rehhagel »ein Tempel der Glückseligkeit«, prangten immer häufiger Bettlaken, die davon zeugten, dass der Übungsleiter die Gegenwart nicht mehr im Griff hatte: »Otto fand ich gut«, lautete der Tenor der Fans. Die Klubleitung beugte sich schließlich dem Druck der Öffentlichkeit und ersetzte den bisweilen selbstherrlichen Guru.

Neuer Teamchef wurde Andreas Brehme, der sein Fußball-Lehrer-Diplom einem Kurzlehrgang für verdiente Alt-Internationale verdankte. Auch ihm gelang es nicht, den Pfälzern Kontinuität zu vermitteln. Die Saison 2000/2001 endete mit vier Niederlagen, einem Remis und Platz acht statt eines möglichen Spitzenranges. Dazu kamen noch die neun Gegentreffer und somit das Aus im UEFA-Cup-Halbfinale gegen Alavés. In jenen Tagen wollte der Vereinsvorsitzende Friedrich mehr als den halben Kader verkaufen. Er unterstellte den Profis fehlenden Charakter sowie einen Mangel an Identifikation mit dem Arbeitgeber. Ein ähnliches Szenario bot sich ein Jahr später. »Seit drei Jahren lassen wir uns leichtfertig große Ziele durch die Finger gleiten«, schimpfte Friedrich im Frühling 2002.

Wegen den fehlenden Europacup- und TV-Einnahmen verschärfte sich die Finanzkrise. Dass die Führungstroika um Jürgen Friedrich, Robert (»Lenin«) Wischemann und Gerhard Herzog noch Wochen nach ihrer Absetzung öffentlich behauptete, den Verein mit ordentlicher Finanzlage übergeben zu haben, verbesserte die Situation auch nicht. Das Trio hatte Millionenzahlungen an Spielerberater, millionenschwere Nachzahlungen an das Finanzamt wegen dubioser Spielerverträge, die den Tatbestand der Steuerhinterziehung erfüllten, sowie Fehlinvestitionen bei Trans-

ERFOLGE

Deutscher Meister: 1951, 1953, 1991, 1998.
Deutscher Pokalsieger: 1990, 1996.

Bekannteste Spieler: T. Allofs – Ballack – Basler – Bassler – Bold – Bongartz – Brehme – Briegel – Buck – Diehl – Dooley – Dusek – Eckel – Ehrmann – Eilenfeldt – Foda – Funkel – Geye – Hellström – Hofeditz– Hölz – Kadlec – Klimaschewfski – Klose – Koch – Kohlmeyer – Kuka – Kuntz – Haber – Hotic – Hristov – Labbadia – Liebrich – Lincoln – Lutz – Marschall – Melzer – Nilsson – Neues – Pirrung – Ramzy – Ratinho – Rehhagel – Reich – Reinke – Roos – Sandberg – Scheffler – Schjönberg – Schmidt – Schwager – Sforza – Toppmöller – Wagner – F. Walter – O. Walter – Wenger – Wendt – Wolf – Wuttke.
Bekannteste Trainer: Bongartz – Brehme – Brocker – Feldkamp – Gerets – Knefler – Krafft – G. Lorant – Rausch – Rehhagel – Ribbeck – Roggensack – Schneider – Weise.

fers in Millionenhöhe zu verantworten. Dazu hatte sich der Verein beim Ausbau des Fritz-Walter-Stadions übernommen, weil er die Arena WM-gerecht herrichten wollte. Ende des Jahres 2002 stand der 1. FC Kaiserslautern vor einen Schuldenberg in der Höhe von 62,3 Millionen Euro.

Praktisch Tag für Tag sah sich der Schweizer René C. Jäggi mit neuen Hiobsbotschaften konfrontiert. Der gelernte Eisenbetonzeichner hatte sich am 22. August 2002

Einmal Spagat statt Salto: Torjäger Miroslav Klose.

dazu bereit erklärt, den 1. FCK zu sanieren. Krisenmanager Jäggi schaffte es nach zähen Verhandlungen, das vereinseigene Stadion auf dem Betzenberg an eine Objektgesellschaft (bestehend aus Gläubigerbanken und der Stadt) zu verkaufen. Per 30. Juni 2003 war der Klub schuldenfrei.

Für das sportliche Wunder feierte die Region den Belgier Erik Gerets, den 86-maligen Nationalspieler, der im September 2002 die Nachfolge von Teamchef Brehme angetreten hatte. Zu Beginn der Rückrunde hatte seine Elf noch auf einem Abstiegsplatz gelegen, ehe eine Serie von zwölf Pflichtspielen ohne Niederlage die Rettung und nebenbei noch die Qualifikation für das DFB-Pokalfinale (und damit für den UEFA-Pokal, da Finalgegner Bayern München als Meister in der Champions League antrat) brachte. Der Betzenberg war wieder ein Tempel der Glückseligkeit.

Der Trainer und sein verlängerter Arm auf dem Spielfeld: Erik Gerets und Ciriaco Sforza. Der Klassenerhalt in der Zittersaison 2002/2003 hatte für den Schweizer den »gleichen Stellenwert wie der Titel 1998«.

Pech wie kein zweiter

In der nach dem Zweiten Weltkrieg fast vollständig zerstörten Stadt Köln versuchten einige Unentwegte, den Fußball neu aufleben zu lassen. Es waren Mitglieder aus dem 1901 gegründeten *Kölner Ballspiel-Club* und der 1907 entstandenen *Spielvereinigung Sülz*, die sich – der Not gehorchend – am 13. Februar 1948 zu einer Fusion durchrangen. Es war eine »Zweckehe«, denn viel mehr als eine Quartiernachbarschaft hatte die beiden Vereine vorher nicht verbunden. Die Ballspieler brüsteten sich mit ihrer vornehmen Herkunft, während die Sülzer stolz ihre größeren sportlichen Erfolge in den Vordergrund rückten. Doch trotz scheinbar ungünstigen Vorzeichen und einigen Startschwierigkeiten erwies sich das Konstrukt mit dem Namen *Erster Fußball-Club Köln 01/07* als überlebensfähig.

»Ich will Meister werden«, lauteten die unbescheidenen Ziele des Unternehmers Franz Kremer, des ersten Präsidenten des 1. FC Köln. Er ließ den großen Worten auch Taten folgen und stützte den Verein breit ab. Der FC verschaffte sich in der Region erstaunlich schnell Anerkennung, hatte rasch Erfolg und stieg bereits 1949 in die Oberliga West auf. In dieser Spielklasse waren die Domstädter in den Fünfzigerjahren tonangebend.

Von 1960 bis 1963 gewann die Mannschaft, aus der Kapitän Hans Schäfer, der Weltmeister von 1954, und der Verteidiger Karl-Heinz Schnellinger herausragten, den Westdeutschen Titel sogar viermal in Serie. Die 2:3-Niederlage im Endspiel um die Deutsche Meisterschaft gegen den Hamburger SV wurde 1960 nicht als Tragödie empfunden, die Vizemeisterschaft bedeutete vielmehr den endgültigen Vorstoß in die Elite des deutschen Fußballs. Das ist eine beachtliche Leistung, wenn man bedenkt, dass der 1. FC Köln zu diesem Zeitpunkt bloß ein Dutzend Jahre alt war.

ERSTER FUẞBALL-CLUB KÖLN
Gründungsdatum: 13. Februar 1948.
Anschrift: 1. FC Köln, Postfach 42 02 51, 50896 Köln, Deutschland.
Internet: www.fc-koeln.de
Stadion: RheinEnergie-Stadion, Fassungsvermögen: 50 997 Zuschauer.
Vereinsfarben: Rot und Weiß.

Seine erste Meisterschaft errang Köln 1963 unter dem neuen Trainer Zlatko (»Tschik«) Cajkovski, der in den Fünfzigerjahren bereits als Spieler drei Jahre lang beim FC unter Vertrag gestanden hatte. Der bis dato achtmalige Meister 1. FC Nürnberg wurde im Endspiel mit 4:0 demontiert. Überschwenglich feierten die Kölner Fans ihre Lieblinge: Karl-Heinz Schnellinger, Christian Breuer, Matthias Hemmersbach, Ernst-Günter Habig, Hans Schäfer, Fritz Ewert, Hans Sturm, Fritz Pott, Christian Müller, Leo Wilden und Karl-Heinz Thielen.

Nach einer erneuten Finalteilnahme (1963, 1:3-Pleite gegen Borussia Dortmund) startete der 1. FC Köln als haushoher Favorit in die erste Bundesligasaison. Präsident Kremer war einer der Ersten im deutschen Fußball, die professionell dachten. So war die Einführung der Bundesliga in der Saison 1963/64 zum großen Teil sein Werk. Entsprechend gut war seine Equipe für das Abenteuer Profifußball gerüstet. An der Seite von Torhüter Fritz Ewert, Stopper Leo Wilden und Kapitän Hans Schäfer spielten sich die Talente Wolfgang Weber und vor allem Wolfgang Overath, der nach bloß fünf Bundesligaeinsätzen bereits in die Nationalelf berufen wurde, ins Rampenlicht. In der ersten Bundesligasaison legten die Kölner einen Alleingang hin und sicherten sich die Schale überlegen mit einem Vorsprung von sechs Punkten auf den Meidericher SV.

Ein noch größerer Erfolg, der größte in der Vereinsgeschichte, konnte in der Saison 1977/78 gefeiert werden, obwohl es gleich im ersten Spiel eine 1:5-Blamage gegen den Lokalrivalen Fortuna Düsseldorf gegeben hatte. Was vorher nur Schalke 04 (1937) und der FC Bayern München (1969) geschafft hatten, gelang in dieser Spielzeit auch dem 1. FC Köln: Er holte das Double, gewann also den DFB-Pokal und die Meisterschale. In der Meister-Elf war die Handschrift von Trainer Hennes Weisweiler deutlich zu erkennen: Wolfgang Overath hatte seine Fußball-Schuhe an den sprichwörtlichen Nagel gehängt, Heinz Flohe die Nachfolge als Regisseur angetreten, Bernhard (»Bernd«) Cullmann spielte nun doch auf der zunächst ungeliebten Mittelfeldposition und im Tor hatte sich Harald (»Toni«) Schumacher etabliert. In der Kölner Elf standen nicht weniger als acht Nationalspieler.

Auf Stippvisite

Sie sind fast so lange dabei, wie die Bundesliga alt ist. Mittlerweile hat fast jeder Klub einen von ihnen in seinen Reihen. Die Rede ist von den Brasilianern. Der 1. FC Köln war 1964 der erste Bundesligist, der auf Samba do Brasil setzte. Der damals 21-jährige Zezé, der eigentlich José Gilson Rodriguez hieß und in Brasilien nur bei kleinen Vereinen gespielt hatte, hielt es allerdings nicht lange am Rhein aus. Nach bloß fünf Einsätzen in der Bundesliga und einem Tor gegen den 1. FC Kaiserslautern fiel der erste Schnee. Zezé verabschiedete sich wieder. Er zog es vor, den Karneval unter der Sonne Brasiliens statt im nebeligtrüben Rheinland zu feiern.

Ein Jahr später versuchten es die Kölner erneut mit einem Brasilianer. Für 100 000 Mark wurde Torhüter Miguel Ferreira von Flamengo übernommen. Dessen Trainingseindrücke waren derart schlecht, dass er kein einziges Mal in der Bundesliga zwischen die Pfosten durfte. Köln verschenkte ihn schließlich an den Bonner FV.

Doch berühmt geworden ist der 1. FC Köln nicht in erster Linie wegen seinen sportlichen Erfolgen. Davon zeugen Bezeichnungen wie »Skandalnudel« oder »launische Diva vom Rhein«. Die karnevalsverrückten Domstädter stört das wenig. Sie feiern die Feste, wie sie fallen – auch dann, wenn sie gar nicht fallen. Ein echter Kölner scheint sich in der Rolle des tragischen Helden wohl zu fühlen. Sechs Vizemeisterschaften (1960, 1963, 1965, 1982, 1989, 1990), sechs Niederlagen in DFB-Pokal-Endspielen (1954, 1970, 1971, 1973, 1980, 1991) und die Pleite im UEFA-Cup-Finale gegen Real Madrid (1986) haben ihn abgehärtet. Unvergessliche Niederlagen bilden einen festen Bestandteil der Vereinschronik und liefern heute noch Gesprächsstoff in den zahlreichen Kneipen der Kölner Altstadt:

Kam im Spätherbst seiner Karriere nach Köln: Rainer Bonhof. Bei den Domstädtern vermochte der ehemalige Gladbacher kaum mehr Akzente zu setzen.

1962 beispielsweise reiste der frischgebackene Meister zum Europacup-Spiel nach Schottland. Dundee United hieß der Gegner bei Kölns internationalem Debüt. Die Kölner wollten nicht zu hoch gewinnen, um im Rückspiel vor vollem Haus spielen zu können. Aber erstens kommt es anders, und zweitens als man denkt: Dundee 8, Köln 1, lautete das Resultat. Trainer Cajkovski murmelte auf dem Rückflug die legendären Worte: »Am besten, Flugzeug stürzt ab!« Das Rückspiel gewann Köln übrigens mit 4:0.

Eine ähnliche Weltuntergangsstimmung herrschte 1970. Im Pokalfinale standen die Kölner dem Zweitligisten Kickers Offenbach gegenüber. 50 000 Zuschauer sahen im Niedersachsenstadion von Hannover einen überraschenden Underdog, der zwar glücklich, aber nicht unverdient mit 2:1 gewann. Der Kölner Werner Biskup verschoss zu allem Übel noch einen Strafstoß. Das Szenario kannten die Domstädter bereits aus dem Jahre 1954, als Herbert Dörner ebenfalls im Pokal-Endspiel gegen den VfB Stuttgart in der regulären Spielzeit einen Elfmeter versiebt hatte.

1960 verlor der favorisierte FC, der mit Hans Schäfer und Helmut Rahn zwei Mitglieder der Weltmeister-Elf von 1954 im Aufgebot hatte, in Frankfurt das Meisterschaftsfinale gegen den HSV (wie bereits erwähnt) mit 2:3. Erst später erfuhr die Öffentlichkeit, dass Altstar Rahn das Mannschaftsquartier am Dienstag heimlich verlassen hatte und am Samstag erst kurz vor dem Spiel stark angeheitert wieder zurückgekehrt war. Was tun? Kapitän Schäfer hatte die Idee, Bundestrainer Sepp Herberger (»Ein Spiel dauert 90 Minuten«, »Der Ball ist rund«) um Rat zu fragen. Herberger orakelte: »Vielleicht haut er gleich in der ersten Minute ein oder zwei Dinger rein. Dann habt ihr gewonnen. Vielleicht aber auch nicht. Dann werdet ihr nachher nicht mehr viel von ihm sehen.« Rahn traf kaum einen Ball und wurde anschließend ausgemustert …

Einen ähnlich unrühmlichen Abgang erlebte auch Wolfgang Overath, der Weltmeister von 1974 und wohl beste Spieler, den der Klub je in seinen Reihen hatte. Trainer Weisweiler rüttelte ein Jahr lang systematisch am Denkmal Overath, setzte den 81-maligen Nationalspieler sogar auf die Ersatzbank. Das so gedemütigte Idol hängte schließlich 1977 seine Schuhe nach 765 Spielen für den 1. FC Köln (287 Tore) frustriert an den Nagel. Overath verließ die große Fußball-Bühne durch die Hintertür. Der Erfolg gab Weisweiler Recht: Ohne ihren alternden Regisseur waren die Kölner nicht

Nahm kein Blatt vor den Mund: Toni Schumacher. Der Nationaltorwart wurde wegen seines provokanten Buches (»Anpfiff«) in Köln zum Teufel gejagt.

mehr so leicht auszurechnen und gewannen 1978 das Double.

Auch der bärbeißige Weisweiler verließ den Klub später im Unfrieden. Weil er die volle Rückendeckung des Vorstandes vermisste, nahm er 1980 kurz entschlossen ein lukratives Angebot von Cosmos New York an. Weisweilers Nachfolger, der Fußball-Pädagoge Karl-Heinz Heddergott, kam mit dem Jungstar Bernd Schuster nicht klar. Der »blonde Engel« verabschiedete sich schon bald Richtung Barcelona. Für 3,6 Millionen Mark hatte der 1. FC Köln seine Zukunft verkauft.

In den Achtzigerjahren sorgte Köln zwar noch für Furore – Titel gab es seit dem Pokalsieg von 1983 aber keine mehr zu feiern. Das Endspiel um den UEFA-Cup verlor der FC 1986 gegen Real Madrid mit 1:5 und 2:2.

Auf nationaler Ebene sagten die Rheinländer den Bayern aus München in jener Zeit lautstark den Kampf an. Sportdirektor Udo Lattek und der junge Trainer Christoph Daum entfachten einen bisher noch nie dagewesenen Medienwirbel. Der 1. FC Köln hatte eine junge Mannschaft mit Perspektive. Im Tor war Schumacher, der wegen seines provokanten Buches (»Anpfiff«) zum Teufel gejagt wurde, durch Bodo Illgner hervorragend ersetzt worden. In der Verteidigung machte sich Jürgen Kohler einen Namen. Das Mittelfeld gewann durch den von Racing Paris zurückgeholten Dribbelkünstler Pierre Littbarski erheblich an Kreativität. An seiner Seite spielte sich Thomas (»Icke«) Hässler ins Rampenlicht und in die

Brachte frischen Wind ins Kölner Offensivspiel: Thomas Häßler. Er wurde 1990 Weltmeister und 1996 Europameister.

Bock auf Köln

Einem geschenkten Gaul schaut man bekanntlich nicht ins Maul. Aber einem Geißbock? Die Begeisterung hielt sich beim 1. FC Köln zunächst in Grenzen, als die Zirkusdirektorin Carola Williams 1951 auf der Karnevalsfeier Vereinsboss Franz Kremer aus Jux einen lebenden Geißbock vermachte. Zunächst wusste niemand so recht, was man mit dem störrischen Tier anfangen sollte. Kremer kam dann auf die Idee, den Geißbock als Maskottchen zu verwenden und sogar ins Vereinsemblem zu integrieren. Das Tier wurde auf den Namen »Hennes« getauft, weil es bei der Übergabe Hennes Weisweiler angepinkelt hatte.
»Hennes« war fortan bei jedem Heimspiel dabei und bekam in der Nähe des Klubhauses, das später in »Geißbockheim« umbenannt wurde, eine eigene Stallung. Die Nachfahren von »Hennes« werden bis heute verhätschelt und verwöhnt. Mit Blick auf die sportliche Situation kommt man allerdings nicht um die Feststellung herum, dass der Glücksbringer-Effekt der Geißböcke von Generation zu Generation nachgelassen hat.

Nationalelf. Weitere Leistungsträger waren die dänischen Nationalspieler Morten Olsen und Fleming Povlsen. Zu mehr als zwei Vizemeisterschaften reichte es allerdings auch diesem Team nicht.

Der Niedergang begann, als das FC-Präsidium während der WM 1990 geschlossen nach Italien reiste, um dort in einer spektakulären Medienkonferenz die Trennung von Trainer Daum zu verkünden. Daums Nachfolger hießen Rutemöller, Berger, Jerat, Olsen, Engels, Neururer und Köstner. Sie verband eine Gemeinsamkeit: Sie hatten allesamt keinen Erfolg und verhedderten sich im Kölner Klüngel. Den Tiefpunkt erreichte der Klub, der bis dato neben dem HSV das einzige noch verbliebene Gründungsmitglied in der höchsten Spielklasse war, im Sommer 1998 mit dem (erstmaligen) Abstieg in die zweite Bundesliga.

Als Deutschland 1996 in England Europameister wurde, war dies der erste internationale Titel, der ohne Kölner Nationalspieler zustande kam. Das war mehr als nur ein Indiz für den schleichenden Niedergang. »Die Kölner hatten immer ein übergroßes Reservoir. An diesem Klub kommt kein Bundestrainer vorbei«, hatte Helmut Schön, der Trainer der Weltmeister-Elf von 1974, einmal gelobt. In der Tat ist der FC der Klub, der nach Bayern München im zwanzigsten Jahrhundert am meisten Nationalspieler (insgesamt 727 Berufungen) gestellt hat.

Nicht alle wurden allerdings im Trikot mit dem Bundesadler glücklich. Overath wurde ständig mit seinem Konkurrenten Günter Netzer von Mönchengladbach konfrontiert. Schuster verließ 1984 nach vielen Streitigkeiten und bloß 21 Länderspielen die Nationalelf für immer. Zwei Jahre später, bei der WM in Mexiko, lagen sich die Bayern-Spieler Karl-Heinz Rummenigge, Klaus Augenthaler und Lothar Matthäus mit der »kölschen Mafia« um Toni Schumacher, Klaus Allofs und Pierre Littbarski in den Haaren. Bei der WM 1994 stand ein anderer Kölner im Blickpunkt: Torwart Bodo Illgner. Weder in der Mannschaft noch bei Bundestrainer Berti Vogts war der Weltmeister von 1990 sonderlich beliebt. Seine Frau Bianca sorgte während dem Turnier in den USA für unnötige Schlagzeilen, ihr Mann mit seinen Patzern bei der 1:2-

Niederlage gegen Bulgarien ebenfalls. Das reichte – Illgner gab nach 54 Länderspielen seinen Rücktritt aus der Nationalelf bekannt.

Der Torwart war einer der letzten Akteure von internationaler Klasse in den Reihen der Kölner. Er wechselte kurz vor dem erstmaligen Abstieg seines Stammvereins zu Real Madrid. Ablösesumme: 4 Millionen Mark.

Die zwei Jahre in der 2. Bundesliga hatten beim chronisch intrigenverseuchten FC eine vorübergehend heilende Wirkung gehabt. Mit dem fleißigen Ewald Lienen (»Köln ist ein Minenfeld«) wurde ein Trainer verpflichtet, der den Chaostagen am Rhein zumindest außerhalb der Karnevalszeit ein Ende setzte und den Klub wieder ins Oberhaus zurück führte.

Waren die Kölner in der Saison 2000/2001 noch eine Bereicherung in der höchsten Spielklasse, so verkamen sie in der darauf folgenden Spielzeit zum Gespött der Nation. Zwischen dem 15. und 24. Spieltag blieb der »1. FC Torlos« während 1034 Minuten ohne Treffer und stellte damit einen neuen Negativrekord auf. »Kölns Sturmpfeifen: Sie treffen nicht mal den Dom«, spotteten die Boulevardblätter. Den Bann brach nach zehn torlosen Spielen in Folge mit Thomas Cichon übrigens ausgerechnet der laut Statistik »ungefährlichste Spieler der Liga«. Der Verteidiger hatte zuvor in seinen hundert Bundesligaeinsätzen noch nie getroffen …

Ähnlich harmlos waren die Angreifer, die während der ganzen Saison bloß mickrige neun Tore zustande brachten. Als größter Flop entpuppte sich Frankreichs Ex-Nationalstürmer Lilian Laslandes. Für 1,2 Millionen Euro Gehalt leistete er im Abstiegskampf dies: 5 Spiele (0 Punkte, 1:17 Tore), kein Tor, keine Vorlagen, eine Rote Karte. Auch der teuerste Einkauf der Klubgeschichte, Marco Reich, für den der 1. FC Kaiserslautern 3 Millionen Euro erhalten hatte, brachte während der ganzen Spielzeit kein Tor zustande.

ERFOLGE

Deutscher Meister: 1962, 1964, 1978.
Deutscher Vize-Meister: 1960, 1963, 1965, 1982, 1989, 1990.
Deutscher Pokalsieger: 1968, 1977, 1978, 1983.
Deutscher Vize-Pokalsieger: 1954, 1970, 1971, 1973, 1980, 1991.

Bekannteste Spieler: Klaus Allofs – Thomas Allofs – Andersen – Benthaus – Bein – Bonhof – Bottéron – Cullmann – Elkjaer-Larsen – Engels – Ewert – Fischer – Flohe – Geilenkirchen – Geils – Görtz – Hartwig – Hauptmann – Hässler – Hense – Herkenrath – Hornig – Illgner – Kapellmann – Kohler – Konopka – Lehnhoff – Littbarski – Löhr – Lottner – Magnusson – Mebus – Moog – D. Müller – Munteanu – Okudera – Oliseh – Olsen – Ordenewitz – Overath – Polster – Pott – Povlsen – Prestin – Rahn – Reich – Röhrig – Rolff – Rudy – Rühl – Schäfer – Schnellinger – Schumacher – Schuster – Soskic – Steiner – Stollenwerk – Strack – Sturm – van Gool – Weber – Woodcock – Thielen – Zezé.
Bekannteste Trainer: Berger – Cajkowski – Daum – Funkel – Kessler – Knöpfle – Köstner – Lienen – Löhr – Lorant – Michels – Multhaup – Neururer – Ocwirk – Olsen – Pfau – Rutemöller – Schuster – Weisweiler.

Am Ende der Saison 2001/02 musste der FC, der einst für seine Torjäger bekannt war, erneut den Gang in die Zweitklassigkeit antreten. Erstklassig war allerdings trotz allem die Effizienz der Kölner. Mit bloß 26 Törchen ergatterten sie immerhin stolze 29 Punkte. Für die Fans war das angesichts der tristen sportlichen Lage bereits ein Grund zum Feiern …

»Der Geist der Utopie«

Der *Verein für Leibesübungen Borussia Mönchengladbach* ist trotz seines bieder klingenden Namens ein Mythos. Keine andere deutsche Mannschaft hat so auf das kollektive Bewusstsein der Nation eingewirkt wie der Provinzklub vom Niederrhein. Wegen der »Fohlen-Elf« bekannten sich in den Siebzigerjahren selbst linke Intellektuelle und Feuilletonisten zum deutschen Volkssport Nummer eins. Und sei es nur, weil sie den langhaarigen Spielmacher, Disco-Besitzer und Ferrari-Fahrer Günter Netzer wegen dessen langer Mähne für einen Rebellen hielten oder in seinen Haaren den »Geist der Utopie« zu sehen glaubten. Die Spiele der Borussia bildeten zudem so etwas wie einen Klassenkampf: hier das mittelständische Gladbach, dort die Millionarios aus München oder Hamburg. Das schöne an diesen ungleichen Duellen war die Tatsache, dass der Sieger nicht schon von vornherein feststand.

VEREIN FÜR LEIBESÜBUNGEN BORUSSIA MÖNCHENGLADBACH

Gründungsdatum: 1. August 1900.
Anschrift: VfL Borussia Mönchengladbach, Bökelstraße 165, 41063 Mönchengladbach, Deutschland.
Internet: www.borussia.de
Stadion: Bökelberg-Stadion, Fassungsvermögen: 34 500 Zuschauer.
Vereinsfarben: Grün, Weiß und Schwarz.

Der Schöpfer jener legendären »Fohlen«-Epoche hieß Hennes Weisweiler (1919 – 1983). Als er am 1. Juli 1964 seine Arbeit am Bökelberg aufnahm, kickte die Borussia in den Niederungen der zweiten Bundesliga und war alles andere als ein Mythos. Außer einem Pokalsieg, 1960 gegen den Karlsruher SC (3:2) errungen, konnte der Klub auf seinem Briefkopf keinerlei sportliche Erfolge vorweisen. Die Borussia war damals ebenso ein Synonym für Mittelmaß wie Mönchengladbach, die Kleinstadt, die bis 1961 München-Gladbach hieß.

Gegründet wurde die Borussia (der Begriff stammt aus dem Lateinischen und bedeutet »Preussen«) im Jahre 1900, als sich die Spielgemeinschaft *Teutonia* der *Marianischen Jünglings-*

Wurde wegen seiner langen Haare für einen Rebellen gehalten: Günter Netzer.

kongregation München-Gladbach-Eicken anschloss. Drei Jahre später wurde der Verein unter der Bezeichnung *Fußball Club Borussia München-Gladbach* in den Rheinisch-Westfälischen Fußball-Verband aufgenommen. Sechzig Jahre lang sollten die Gladbacher ein stinknormaler Provinzverein bleiben. In einer seiner zahlreichen Kolumnen erinnerte sich Netzer später an die Anfänge seiner Karriere: »Als 18-Jähriger wurde ich 1963 in Gladbach Profi. Mein erster Vertrag brachte mir 160 Mark Monatslohn. Große Spieler gab es zu dieser Zeit am Bökelberg keine. Wir spielten in der 2. Liga. Dann kam er: Hennes Weisweiler.«

Den Tipp, Weisweiler von Viktoria Köln zu holen, bekamen die Gladbacher 1964 vom früheren Bundestrainer Sepp Herberger. Er kannte die Fähigkeiten seines ehemaligen Assistenten bestens. Weisweiler besaß einen enormen Sachverstand und hatte einen ungewöhnlich scharfen Blick für Talente. Bei Viktoria Köln hatte er etliche Spieler in seiner Mannschaft, die später von sich reden machen sollten: Erich Ribbeck, Jürgen Sundermann, Carl-Heinz Rühl, Gero Bisanz und Willibert Kremer. Doch die Elf, die ihn weltweit bekannt gemacht hat, waren die Gladbacher »Fohlen«. Deren Glanzzeit begann im Sommer 1965, als die Borussia zusammen mit dem FC Bayern München ins Oberhaus aufstieg.

Der »Terrier« unter den »Fohlen«: Berti Vogts. Der Verteidiger wurde 1971 zu Deutschlands Fußballer des Jahres gewählt.

In der Aufstiegself wirkten bereits die zukünftigen Nationalspieler Günter Netzer, Jupp Heynckes und Herbert Laumen mit. Zu ihnen gesellten sich später weitere Talente, deren Namen heute noch jedem Fußball-Freund auf der Zunge vergehen: Herbert Wimmer, Rainer Bonhof, Berti Vogts, Horst Köppel, Wolfgang Kleff, Winfried Schäfer, Uli Stielike – allesamt angehende Nationalspieler. Ganz auf erfahrene Akteure wollte aber auch Weisweiler nicht verzichten. Er drängte auf die Verpflichtung von Abwehrroutiniers wie Ludwig Müller vom 1. FC Nürnberg, Klaus Sieloff vom VfB Stuttgart und lotste die Dänen Ulrik Le Fèvre, Henning Jensen und Alan Simonsen, der 1977 zu »Europas Fußballer des Jahres« gewählt wurde, an den Niederrhein.

Bei der Borussia schafften diese Spieler den internationalen Durchbruch, sie machten den Provinzverein mit ihrem erfrischenden Angriffsfußball zu einem Kultklub.

»Die Bayern gewannen zwar immer mehr Meisterschaften als wir«, erinnerte sich Kolumnist Netzer später einmal. »Aber viel wichtiger war die Tatsache, wie Fußball gespielt wurde. Dieser Hurra-Stil, der weit über die deutschen Grenzen reichte. Dafür wurden wir geliebt. Wir waren die jungen, frechen Himmelsstürmer. Die Bayern dagegen pflegten ihr schachbrettartiges, kühles System.«

Zusammen mit den Bayern prägten die Gladbacher den deutschen Fußball der Siebzigerjahre. 1970, 1971, 1975, 1976 und 1977 wurde die Borussia deutscher Meister. Die Glanzzeit der »Fohlen« bringt man heute jedoch nicht so sehr mit den eroberten Titeln, sondern vielmehr mit ihren spektakulären Auftritten in Verbindung.

So ein Tag, so wunderschön wie heute: Trainer Hennes Weisweiler präsentiert den Fans 1971 die Meisterschale.

Unvergessen bleibt etwa das sensationelle 7:1 gegen Inter Mailand im Europapokal der Landesmeister (1971). Es war ein Duell, in dem zwei Welten aufeinander prallten. Hier die Kicker aus der niederrheinischen Provinzstadt, dort die Stars aus der lombardischen Modemetropole. Die Lust am Toreschießen gegen die Kunst des Verteidigens. Inter mit seinen Nationalspielern Giubertoni, Oriali, Burgnich, Facchetti, Corso, Mazzola und Boninsegna konnte froh sein, dass das Debakel nicht live im TV gezeigt wurde. 70 000 Mark und obendrein noch elf Prozent Mehrwertsteuer hätte Gladbach (!) der ARD für eine Übertragung des Spiels bezahlen sollen. Manager Helmut Grashoff lehnte das Angebot ab. Ein Fehler, denn die TV-Kameras hätten vielleicht aufklären können, wie schwer der italienische Mittelstürmer Boninsegna tatsächlich verletzt wurde, als ihn in der 28. Minute eine leere Getränkedose am Kopf traf.

Boninsegna ließ sich vom Platz tragen. Netzer beschrieb die angebliche Wucht des

Aufpralls später mit den Worten »als ob man einem Kind den Kopf getätschelt hätte«. Doch die UEFA blieb hart und ordnete ein Wiederholungsspiel an. In Berlin ermauerte sich Inter ein 0:0. Gladbach war wegen der 2:4-Pleite im Hinspiel ausgeschieden und die Welt um eine Ungerechtigkeit reicher.

In besserer Erinnerung wird das Pokalfinale von 1973 im Düsseldorfer Rheinstadion bleiben. Gegner war der 1. FC Köln. Es sollte Günter Netzers Abschiedsgala werden. Der »King vom Bökelberg« hatte in den Augen von Weisweiler Hochverrat begangen. Nach zehn Jahren hatte Netzer bei der Borussia gekündigt, um ab Juli 1973 bei den Königlichen von Real Madrid zu spielen. Zur Strafe – oder aus taktischen Überlegungen? – ließ Weisweiler seinen Ziehsohn auf der Ersatzbank schmoren. Nach 90 Minuten Dramatik pur stand das Pokalfinale immer noch 1:1. Verlängerung! Was dann genau geschah, ist bis heute nicht geklärt. Wechselte sich der rebellische Netzer selbst ein? Oder gab Weisweiler dem Druck den »Netzer-Netzer«-Rufe aus dem Publikum nach? Wie auch immer. Plötzlich war »der Jünther« auf dem Platz. Zwei Ballberührungen, und es stand 2:1 für Gladbach. Nach einem Pass von Bernd Rupp hatte Netzer den Ball mit links, wuchtig und gleichzeitig mit viel Gefühl, ins Lattenkreuz gedroschen. Das 2:1, das entscheidende Tor zum Pokalsieg, war Netzers Abschiedsgeschenk.

Als 1975 auch Weisweiler den Bökelberg verließ (er unterschrieb beim FC Barcelona), begann bei der Borussia endgültig eine neue Ära. Udo Lattek nahm auf der Trainerbank Platz. Er zähmte die bisweilen ungestümen »Fohlen« und verpasste ihnen ein neues System, das er mit den Worten »so viel Defensive wie nötig, so viel Offensive wie möglich« umschrieb. Vor allem auswärts verlegte sich die Borussia aufs Kontern – mit Er-

Die Ästhetik des Scheiterns

Borussia Mönchengladbach eroberte die Herzen der Fußball-Fans im Sturm. Richtig populär wurden die Fohlen aber nicht durch ihre spektakulären Siege, sondern erst durch ihre unglücklichen Niederlagen im Europapokal. 1970 warfen die Fans von Everton Klopapier in den Gladbacher Strafraum. Als Torhüter Wolfgang Kleff seinen Arbeitsplatz säuberte, überraschte ihn Evertons Kendall mit einem Schuss aus 30 Metern – 1:1. Weil auch das Rückspiel 1:1 endete, kam es zum Elfmeterschießen: Luggi Müller versagte, Gladbach war draußen. Ein Jahr später ereignete sich die Büchsenwurf-Tragödie gegen Inter Mailand. Der 7:1-Sieg, »das wohl großartigste Spiel, das je eine deutsche Mannschaft im Europapokal geboten hat« (Kicker), war plötzlich wertlos. Auch 1976 gegen Real Madrid (1:1, 2:2) wurden die »Fohlen« schlecht belohnt. Der holländische Schiedsrichter Leonardus van der Kroft annullierte aus unverständlichen Gründen zwei absolut reguläre Tore der Deutschen.
»Wie konntest du zulassen, dass ›Glück‹ nur selten uns hold war, sich unerträglich oft anderen zuwandte und somit unser ›Pech‹ draus wurde?«, jammerte der inzwischen verstorbene Manager Helmut Grashoff in seinen Erinnerungen. Der Soziologe und Netzer-Biograph Helmut Böttiger schrieb: »Die Magie der Gladbacher rührt nicht vom Erfolg, vom Glanz der Siegertypen. Die Gladbacher Ästhetik ist eine Ästhetik des Scheiterns.«

Endlich wieder einen Pott in den Händen: Stefan Effenberg jubelt über den Gewinn des DFB-Pokals. Die Borussia bezwang 1995 den VfL Wolfsburg mit 3:0.

folg, auch auf der internationalen Bühne. 1975 wurden im UEFA-Cup Wacker Innsbruck, Olympique Lyon, Real Saragossa, Banik Ostrau und der 1. FC Köln eliminiert. Im Endspiel besiegte die Borussia (Aufstellung: Kleff – Vogts, Stielike (Klinkhammer), Wittkamp, Surau (Schäffer) – Bonhof, Wimmer (Köppel), Danner (Del'Haye), Kulik – Jensen (Heynckes) und Simonsen) die Holländer von Twente Enschede in zwei Spielen: 0:0 und 5:1.

1979 stieß Gladbach im UEFA-Cup erneut ins Endspiel vor. Sturm Graz, Benfica Lissabon, Slask Breslau, Manchester City und der MSV Duisburg wurden auf dem Weg dorthin aus dem Wettbewerb geworfen. Im Finale gegen Roter Stern Belgrad setzte Lattek auf folgende Spieler: Kneib – Ringels, Vogts, Schäffer, Hannes – Wohlers (Gores), Kulik (Köppel), Schäfer, Nielsen (Danner) – Simonsen, Lienen. Das Hinspiel in Belgrad endete 1:1, im Düsseldorfer Rheinstadion entschied ein Elfmeter von Simonsen die Partie: 1:0.

Die absolute Krönung blieb aber auch Lattek versagt. Im Endspiel um den Europapokal der Landesmeister hieß der Sieger 1977 FC Liverpool. Der Triumph im

UEFA-Cup zwei Jahre später bildete ein letztes Aufbäumen. Schon damals gab es deutliche Anzeichen, dass sich die große Zeit der Borussia langsam aber sicher dem Ende zuneigte. Nach dem UEFA-Cup-Sieg gegen Roter Stern Belgrad verabschiedete sich Berti Vogts von der internationalen Fußball-Bühne. »Schaut euch den Pokal gut an. Es wird für viele Jahre der letzte sein, der nach Gladbach wandert«, prophezeite der »Terrier«. Er sollte Recht behalten.

Neben Vogts verließ mit Trainer Lattek ein weiterer Erfolgsgarant den Verein. Jupp Heynckes ersetzte ihn. Acht Jahre lang arbeitete der ehemalige Stürmer als Trainer auf dem Bökelberg und erwarb sich in dieser Zeit den Ruf des »ewigen Zweiten«. Das UEFA-Cup-Finale gegen Eintracht Frankfurt verlor Gladbach 1980 (3:2 und 0:1) ebenso wie das Pokalfinale 1984 gegen den FC Bayern München. Den entscheidenden Elfmeter verschoss Lothar Matthäus, dessen Transfer vom Rhein an die Isar schon vor dem Spiel feststand.

Drei Jahre später übersiedelte auch Heynckes nach München, um endlich einen Titel als Trainer feiern zu können. Gladbach war längst keine prominente Adresse mehr. Ende der Achtzigerjahre wurde aus dem Mythos endgültig ein ganz gewöhnlicher Verein. Erstmals in seiner Bundesligageschichte entließ die Borussia mit Wolf Werner 1989 einen Trainer. Ein Jahr später verabschiedete sich auch Helmut Grashoff, einst einer der ersten bezahlten Manager der Bundesliga. Der rechtschaffene Grashoff hatte sich stets an die Strategie »Mit dem Einkommen auskommen« gehalten und wurde von vielen je länger, desto mehr als Anachronismus betrachtet. Rolf Rüssmann trat die Nachfolge von »Mister Borussia« an.

Es folgten turbulente Jahre. 1992 schaffte Gladbach das Kunststück, als Bundesligist das DFB-Pokal-Endspiel gegen einen unterklassigen Gegner zu verlieren. Zweitligist Hannover 96 war im Elfmeterschießen (4:3) die glücklichere Mannschaft.

Auch abseits des Rasens gab es zahlreiche Pannen. Manager Rüssmann wurde zum Teufel gejagt, dann aber – nachdem das Präsidium ausgewechselt worden war – wieder zurückgeholt. Diese Tumulte bildeten den traurigen Schlussakt der Ära Helmut Beyer, der die Borussia als Präsident dreißig Jahre lang äußerst seriös geführt hatte. Zum neuen Vorsitzenden wurde der ehemalige Konditionstrainer Karl-Heinz Drygalski bestimmt, der den Verein zunächst wieder in ruhigere Gewässer führte. Auf der Trainerbank nahm der langjährige Außenverteidiger Bernd Krauss Platz. Der damals jüngste Bundesligatrainer aller Zeiten ließ für kurze Zeit wieder die alte Borussia-Herrlichkeit aufkeimen.

Der Pokalsieg von 1995 gegen den Zweitligisten VfL Wolfsburg bildete den Höhepunkt der Ära Krauss. Gegen Arsenal London bot Gladbach 1996 außerdem zwei Galavorstellungen im UEFA-Cup und siegte zweimal verdient mit 3:2. Kurz darauf wurde auch Meister Dortmund auf dem Bökelberg mit 5:1 abgefertigt. Stefan Effenberg führte im Mittelfeld großartig Regie. Doch die Mannschaft lebte über ihren Verhältnissen, spielte konstant am Limit. Auf weitere Sternstunden mussten die Anhänger verzichten. Dafür wurden sie via Medien über Effenbergs Gehalt – 5,5 Millionen Mark jährlich – informiert. Diese Enthüllung löste am Niederrhein ein mittleres Erdbeben aus. Vom Wunsch beseelt, wieder zu den ganz Großen zu gehören, war die Borussia in Größenwahn verfallen. Mönchengladbach wurde nicht die »dritte Kraft im Lande«, wie von Manager Rüssmann angestrebt, sondern ein Abstiegskandidat.

Mit der Ruhe im Verein war es endgültig vorbei. Präsident Drygalski demontierte Trainer Krauss, indem er ihm Erfolglosigkeit und falsches Training vorwarf. Krauss trat im Winter 1996 genervt zurück (Drygalski übrigens ein Jahr später). Der als »Spargeltarzan« bekannt gewordene Pferdeliebhaber und Trainer Hannes Bongartz konnte den Rückfall ins Mittelmaß nicht stoppen. Auch seinen Nachfolgern auf der Trainerbank – Norbert Meier, Friedel Rausch und Rainer Bonhof – gelang es nicht, den Verein auf die Erfolgsstraße zurückzuführen. 1999 musste die Borussia als Tabellenletzter nach 34 Jahren zurück in die zweite Liga.

Der Klub hatte fast 30 Millionen Mark Schulden, als Trainer Hans Meyer im Sommer 2000 das Zepter übernahm. Meyer fand in Gladbach »katastrophale Rahmenbedingungen« vor. 1971 in Jena, wo er mit 29 Jahren in der DDR-Oberliga seine Karriere als Fußball-Lehrer begonnen habe, seien etwa die Trainingsplätze besser gewesen. Der Abstieg der Borussia war für ihn die logische Folge einer jahrelangen Talfahrt, und kein Ausrutscher.

Realist Meyer führte Gladbach nach zwei Jahren Absenz wieder in die 1. Bundesliga zurück. Seine Mannschaft hatte nicht mehr viel mit dem Hurra-Stil der Siebzigerjahre gemein. Stattdessen hatte er der Borussia ein klares System verpasst, das er »Vorwärtsverteidigen« nannte und in welchem sich Spielerblöcke mit großer Disziplin taktisch verschoben. Immerhin, im Oberhaus überrumpelte Gladbach gleich zum Auftakt den Champions-League-Sieger aus München. Meyer erheiterte die Bundesrepublik mit dem Spruch, er werde den 1:0-Sieg mit seiner Frau bei einer Flasche Sekt feiern: »Wir trinken einen Freyburger Riesling aus Neuenburg an der Unstrut, die billige Sorte vom Rotkäppchen-Sekt, den für 6 Mark. Der andere kostet 8,50.«

ERFOLGE:

Deutscher Meister: 1970, 1971, 1975, 1976, 1977.
Deutscher Pokalsieger: 1960, 1973, 1995.
UEFA-Cup-Sieger: 1975, 1979.

Bekannteste Spieler: Andersson – Belanow – Bierhoff – Bonhof – Borowka – Brungs – Bruns – Brülls – Criens – Dahlin – Deisler – Del Haye – Effenberg – Enke – Fach – Frontzeck – Hannes – Herlovsen – Herrlich – Heynckes – Heyne – Hochstätter – Juskowiak – Kamps – Kleff – Kneib – Köppel – Krauss – Kremers – Laumen – Le Fèvre – Lienen – Lupescu – Matthäus – Meier – Mill – Netzer – Nikkel – Nielsen – Pinkall – Pflipsen – Polster – Rahn – Sieloff – Simonsen – Stiel – Stielike – Straka – Sude – Vogts – Wimmer – Wynhoff.
Bekannteste Trainer: Bongarts – Bonhof – Gelsdorf – Heynckes – Krauss – Langner – Lattek – Lienen – Meier – Meyer – Pliska – Rausch – Vom Bruch – Weisweiler.

Gegen Fußball-Konzerne, wie sie sich in München, Dortmund, Berlin, Leverkusen und Gelsenkirchen formiert haben, wird die Borussia wohl auf ewig ein Underdog bleiben, der den Großen der Branche alle Jubeljahre mal ein Bein stellt. »Für die Nostalgie kann sich heute niemand mehr etwas kaufen«, urteilte Netzer, mittlerweile als Geschäftsmann eine große Nummer im Fußball-Business, nach dem Aufstieg. »Gladbach liebt jeder – mehr aber wegen seiner Vergangenheit als wegen seiner Gegenwart.«

Willkommen im Club

Auf der ewigen Bestenliste des deutschen Fußballs belegt der 1. FC Nürnberg mit seinen neun Meistertiteln Rang zwei hinter dem FC Bayern München. Aber der »Club«, der so genannt wird, weil er einst als Inbegriff eines Fußball-Vereins galt, zehrt von seiner ruhmreichen Vergangenheit. In den letzten drei Jahrzehnten des zwanzigsten Jahrhunderts hatte der im Frankenland wenig beliebte FC Bayern 14 Meistertitel eingefahren – der Club keinen.

Sechsmal ist der Traditionsverein aus der Stadt der Lebkuchen, der Bratwürste, des Christkindlmarktes und der Reichsparteitage dafür bereits aus der 1. Bundesliga abgestiegen, fast immer unter kuriosen Begleitumständen: 1969 als Titelverteidiger; 1984 ohne einen einzigen Auswärtspunkt errungen zu haben; 1994 als Folge von Thomas Helmers »Phantomtor«, einem Bayern-Treffer, den nur der Linienrichter gesehen hatte; 1999 trotz eines Vorsprungs von fünf Zählern auf einen Nichtabstiegsplatz zwei Spieltage vor Schluss; 2003 zum insgesamt sechsten Mal – ein Rekord, auf den im Club niemand stolz ist.

ERSTER FUSSBALL-CLUB NÜRNBERG

Gründungsdatum: 4. Mai 1900.
Anschrift: 1. FC Nürnberg, Valznerweiherstrasse 200, 90480 Nürnberg, Deutschland.
Internet: www.fcn.de
Stadion: Frankenstadion, Fassungsvermögen: 44 800 Zuschauer.
Vereinsfarben: Rot und Weiß.

Seine beste Phase erlebte der am 4. Mai 1900 gegründete *Erste Fußball Club Nürnberg* während der Weimarer Republik: Deutscher Meister in den Jahren 1920, 1921, 1924, 1925 und 1927. Zwei Namen werden mit dieser Blütezeit in Verbindung gebracht: Schlussmann Stuhlfauth und Mittelläufer Kalb.

Heiner Stuhlfauth, der 21 Länderspiele für Deutschland bestritt, war ein Hüne, dessen Hände ihrer Größe wegen oft mit Bratpfannen oder – etwas derber – mit Abortdeckeln verglichen wurden. Trotzdem wehrte er die Bälle lieber mit den Füßen als mit den Fäusten ab. Stuhlfauth machte nicht nur zwischen den Pfosten, sondern auch hinter dem Tresen eine gute Figur. Die von ihm geleitete *Sebaldusklause* war damals ein Nürnberger In-Lokal. Stuhlfauth, der im September 1966 im Alter von 70 Jahren verstarb, galt zusammen mit dem Spanier Ricardo Zamora und dem Tschechen Frantisek Planicka als der beste Torhüter der Zwischenkriegszeit. Er hütete zwischen 1916 und 1933 in insgesamt 606 Spielen das Tor des 1. FCN, wurde fünfmal Meister und eine Legende des deutschen Fußballs.

Das zweite Idol der »Clubberer« war der Mittelläufer Hans Kalb, mit seinen neunzig Kilo ebenfalls eine imposante Erscheinung. Der Zahnarzt und Lebemann machte seine Defizite (mangelnde Schnelligkeit, Unbeweglichkeit, Hang zu Übergewicht) durch sein feines Ballgefühl, sein hervorragendes Stellungsspiel und seine unvergleichliche Ausstrahlung wett. Er war das Herz des Nürnberger Flachpassspiels. Oft fing er in der Defensive Angriffe des Gegners ab und lancierte mit millimetergenauen Pässen über das halbe Feld seine eigenen Mitspieler. Der Mittelläufer (heute würde

Erfolgshunger und Futterneid

Keine zehn Kilometer beträgt die Distanz zwischen Nürnberg (500 000 Einwohner) und Fürth (100 000). Trotzdem liegen Welten zwischen dem 1. FC Nürnberg und der SpVgg Greuther Fürth. Der gegenseitige Hass stammt aus den Zeiten, als man sich im Frankenland noch darum stritt, wer die beste Mannschaft Deutschlands stellte. 1914 holte sich Fürth seine erste von insgesamt drei Meisterschaften und war mit über 3000 Mitgliedern zum Ärger der Nürnberger auch noch der größte Sportverein Deutschlands.
In den Zwanzigerjahren diskutierten die Städte Fürth und Nürnberg über eine politische Fusion, die allerdings nie zustande kam. Zu groß war die gegenseitige Abneigung.
Hans Sutor, damals einer der besten Linksaußen, musste Fürth 1920 verlassen, weil er eine Nürnbergerin geheiratet hatte. Den umgekehrten Weg war ein Jahr zuvor Leonhard Seiderer gegangen. Weil er als gebürtiger Fürther beim Club geschnitten wurde und kaum Bälle bekam, wechselte er zu den Grünen. In Fürth blühte er auf, wurde sogar Kapitän der Nationalmannschaft. A propos Nationalelf: 1924 liefen dreimal nur Fürther und Nürnberger für Deutschland auf. Im Zug saßen sie in getrennten Abteilen. Im Spiel hielten sie für 90 Minuten zusammen wie Pech und Schwefel, danach trennten sich die Wege wieder.
Fürths prominentester Fan ist der ehemalige amerikanische Außenminister Henry Kissinger, der vor dem Zweiten Weltkrieg in der Jugend der SpVgg kickte, obwohl es seine Eltern verboten hatten. Die Rivalität zwischen Nürnberg und Fürth hindert den Diplomaten allerdings nicht daran, auch beim Club Mitglied zu sein ...

man von einem Spielmacher sprechen) bestritt 681 Spiele für den Club sowie 15 Länderspiele für Deutschland und verkörperte in seinen besten Jahren absolute Weltklasse. Der Spruch jener Jahre, »Ohne Kalb halb«, kam nicht von ungefähr. Der FCN verpasste 1923 den Titel-Hattrick wohl nur deshalb, weil Kalb im Endspiel gegen den HSV wegen eines Beinbruchs fehlte.

Die »Clubberer« hatten sich drei Jahre zuvor an die Spitze des deutschen Fußballs katapultiert. Auf dem Weg ins Finale bestritten Stuhlfauth, Kalb, Köpplinger, Bark, Kugler, Grünerwald, Böss, Riegel, Träg und Popp in der Nordbayrischen, in der Süddeutschen und schließlich in der Deutschen Meisterschaft 28 Spiele, von denen sie 27 gewannen und nur beim FSV Frankfurt einen Punkt abgaben. Im Finale besiegten sie den Lokalrivalen Fürth mit 2:0. In Nürnberg und im benachbarten Fürth wurde in den Zwanzigerjahren der beste Fußball Deutschlands gespielt.

Adolf Hitler fand an der fränkischen Metropole Gefallen. Fasziniert vom Geist der alten Reichsstadt und der beeindruckenden Burganlage ließ er Nürnberg zur »Stadt der Reichsparteitage« ausbauen. Mehrere dieser Versammlungen wurden in den folgenden Jahren in Nürnberg abgehalten, um der ganzen Welt die neue Macht zu demonstrieren. Die Nazis wollten sogar ein Stadion für 400 000 Menschen bauen. Nach dem Krieg wurden die Kohlewannen von Hitlers Aufmarschgelände zu Planschbekken im Stadionbad umfunktioniert. Das Zabo-Stadion lag nach der Kapitulation des tausendjährigen Reiches in Schutt und Asche, Nürnberg zählte zu den am meisten zerstörten Städten in ganz Deutschland.

Doch der Club lebte. Mehr noch, er behielt seine dominierende Stellung auch nach dem Krieg bei. 1948, als die Alliierten den Nazis in Nürnberg den Prozess machten, gewann der Club das Endspiel um die Deutsche Meisterschaft gegen den 1. FC Kaiserslautern mit 2:1. Es war bereits das Aufeinandertreffen einer neuen Generation. Bei Nürnberg glänzte Max Morlock, bei Lautern Fritz Walter. Sechs Jahre später feierten beide gemeinsam den Höhepunkt ihrer Karriere: Deutschland wurde in Bern Weltmeister. Mit seinen 1,70 Metern war Morlock der kleinste der 54er Weltmeister. Mit seinen sechs Toren hatte er jedoch großen Anteil am Titelgewinn.

1961 sicherte sich der Club durch einen 3:0-Endspielsieg gegen Borussia Dortmund einen weiteren Meistertitel, den insgesamt achten, womit Nürnberg wieder alleiniger Rekordmeister war. Die Sportjournalisten wählten den damals 36-jährigen Morlock mit überwältigender Mehrheit zu »Deutschlands Fußballer des Jahres«. Er war der Senior in einer Mannschaft, deren Durchschnittsalter bloß 23,7 Jahre betrug. In der Meisterelf standen acht Spieler, die aus der eigenen Jugend kamen: Hilpert, Reisch, Wenauer, Flachenecker, Morlock, Strehl, Haseneder und Wild. 200 000 Menschen empfingen die Helden bei ihrer Rückkehr auf dem Hauptmarkt.

Morlock hatte exakt 900 Spiele für den Club bestritten, als er 1964 drei Tage vor seinem 39. Geburtstag im Zabo-Stadion seine Abschiedsvorstellung gab: Nürnberg und Nacional Montevideo trennten sich 1:1.

Kam sich oft wie eine Schießbudenfigur vor: Andreas Köpke, Schlussmann des 1. FC Nürnberg. Der Europameister von 1996 stand insgesamt 280 Mal beim Club zwischen den Pfosten.

Die Schaffung der Bundesliga und die damit verbundene Kommerzialisierung führten zu einer Machtverschiebung im deutschen Fußball. Der FCN hatte bis zuletzt zu den schärfsten Gegnern der Bundesliga gehört. Die Einwände der Kritiker stießen jedoch auf taube Ohren. Die Provinzklubs mussten fortan machtlos zusehen, wie ihnen die Vereine aus den Wirtschaftsmetropolen nach und nach die besten Spieler abwarben und den Rang abliefen. Im Südwesten der Republik avancierte der FC Bayern München, der 1965 in die Bundesliga aufgestiegen war, innerhalb weniger Jahre zur bis heute unumstrittenen Nummer eins.

Ein letztes Aufbäumen gelang dem Club 1968, als er unter Trainer Max Merkel überraschend seinen neunten und bisher letzten Meistertitel eroberte. Merkel hatte den Club, der bis dato noch nie Tabellenführer der Bundesliga gewesen war, am 3. Januar 1967 in Abstiegsgefahr übernommen. Mit Zuckerbrot und Peitsche führte er ein Durchschnittsteam in anderthalb Jahren zur Meisterschaft. Merkels Mannschaft bestand aus Kämpfern (»Die müssen beißen«) und Technikern (»Die müssen spielen«). Meist setzte der Österreicher auf folgenden Spieler: Wabra; Leupold, Popp; Ludwig

Müller, Wenauer, Ferschl; Cebinac, Strehl, Brungs, Heinz Müller, Volkert. In der ganzen Saison kamen nur noch vier weitere Akteure zum Einsatz.

In seiner Euphorie versprach Merkel, der damals als Trainer das Rekordgehalt von monatlich 17 500 Mark verdiente, eine goldene Zukunft, Fußball wie bei Real Madrid oder der AC Milan. Dann stieg der Meister 1969 ab, ein einmaliger Vorgang in der Bundesliga-Geschichte. Merkel war beim bitteren Ende schon nicht mehr dabei: Am 24. März 1969 hatte er um Vertragsauflösung gebeten ...

Seitdem pendelt der Club ständig zwischen der 1. und 2. Bundesliga – wenn er nicht gerade, wie in der Saison 1996/97, in der Regionalliga kickt. Legendär sind die Skandale im notorisch intrigenverseuchten FCN. Ein paar Beispiele:

Im Oktober 1984 meuterte die gesamte Truppe gegen Trainer Heinz Höher. Die Spieler Udo Horsmann, Stefan Lottermann, Rudi Kargus, Horst Weyerich und Thomas Brunner übergaben einen offenen Brief der Mannschaft an die Sportredaktionen der Nürnberger Lokalzeitungen. Darin erklärten sie, weshalb sie das Training bestreikten. Präsident Gerd Schmelzer knüpfte sich jeden einzelnen Spieler vor und sprach danach vier Kündigungen aus, für Horsmann, Kargus, Weyerich und Lottermann. Verteidiger Brunner, so hieß es, habe sich »einsichtig« gezeigt, so dass er ungeschoren davonkam. Das war nur die halbe Wahrheit. Denn der hoch verschuldete Verein hatte Brunner bereits im Wert von 800 000 Mark der Hausbank überschrieben und somit »unkündbar« gemacht. Höher führte den Club mit jungen Spielern wie Hans Dorfner, Dieter Eckstein und Stefan Reuter wieder zurück in die Bundesliga.

Am 24. Februar 1990 musste das Heimspiel gegen Borussia Dortmund abgesagt werden. Der Platz im Frankenstadion war mit einer Mischung aus Quarzsand, Glasscherben und Nägeln bestreut worden.

Am 9. Januar 1991 erklärte Schmelzer in einem Exklusivinterview, weshalb er den holländischen Trainer Arie Haan entlassen hatte. Doch der Präsident hatte die Rechnung ohne die anderen Vorstandsmitglieder gemacht. Der Finanz- und Wirtschaftsrat sperrte sich gegen die Trennung von Haan, die den klammen Club eine halbe Million Mark gekostet hätte. Schmelzer nahm deshalb seinen Hut: »Ich gebe eine Liebe ab.«

366 Minuten blieb Torhüter Andreas Köpke ohne Gegentor, ehe er im März 1991 beim 0:1 gegen Stuttgart erstmals wieder bezwungen wurde – vom eigenen Libero, Vlado Kasalo. Der Jugoslawe traf auch im nächsten Spiel (0:2 gegen Karlsruhe) ins eigene Netz. Die Polizei begann wegen Wettbetrugs und illegalen Glücksspiels gegen Kasalo zu ermitteln. Der Club beurlaubte ihn, der DFB entzog ihm die Lizenz. Bis heute ist ungeklärt, ob Kasalo absichtlich zwei Eigentore erzielte, um auf dem schwarzen Wettmarkt satte Gewinne zu erzielen.

Der »Fall Kasalo« war ein Kavaliersdelikt im Vergleich zu dem, was Ende November 1991 publik wurde. Der frühere Schatzmeister Peter Kargs deckte auf, dass der Club in der Saison 1990/91 174 000 Mark an Schiedsrichterkosten aufgewendet hatte. Die Unparteiischen bekamen teure Sportgeräte, Kosmetiksets und Kleider. Im Zuge der Ermittlungen entdeckte DFB-Chefankläger Hans Kindermann dann auch noch

»schwarze Kassen«, aus denen das Präsidium das Geld für illegal gezahlte Handgelder entnahm.

Im September 1994 wurde Schatzmeister Dr. Ingo Böbel wegen Veruntreuung von Klubgeldern in der Höhe von 700 000 Mark und wegen Steuerhinterziehung von 675 000 Mark zu dreieinhalb Jahren Haft verurteilt. Die Lokalpresse bezeichnete Böbel als »Mischung aus Hasardeur, Betrüger, Phantast und gutgläubigem Trottel«. Wegen guter Führung durfte er den Knast im Sommer 1995 vorzeitig verlassen. Böbel war allerdings nicht der einzige, der Dreck am Stecken hatte. Die Nürnberger Justiz verhängte gegen insgesamt 21 Personen strafrechtliche Sanktionen, darunter auch gegen die ehemaligen Präsidenten Gerd Schmelzer (1983 – 1991) und Sven Oberhof (1991 – 1992) sowie die Profis Manfred (»Manni«) Schwabl, Sergio Fabian Zárate und Dieter (»Eckes«) Eckstein.

Ruhe – für Nürnberger Verhältnisse – kehrte erst wieder ein, als der Teppichhändler Michael A. Roth 1995 zum zweiten Mal das Präsidium übernahm. Ohne den geltungssüchtigen Roth gäbe es ziemlich sicher keinen Club mehr. Seine Geldspritzen und Bürgschaften haben den Schuldentod des FCN mehrere Male verhindert. Nach seiner Wahl zum Präsidenten hatte er gesagt: »Der Club ist etwas Geheimnisvolles. So wie der Schatz im Silbersee. Mich reizt es, diese Nuss zu knacken. Ich fürchte mich vor nichts.«

Vom Silbersee war der Club zwar auch fünf Jahre später noch weit entfernt, aber immerhin, Roth hatte das schlingernde Schiff in ruhigere Gewässer geführt. Trainiert vom ehemaligen Libero des FC Bayern und der Nationalelf, Klaus Augenthaler, gelang den Nürnbergern im Sommer 2001 die Rückkehr in die Bundesliga.

Schule geschwänzt, Karriere gemacht

Gymnasiasten war es in Preußen lange Zeit strengstens verboten, sich irgendwelchen geselligen Vereinen anzuschließen. Ferner gehörte am Sonntagmorgen ein Messebesuch zur Pflicht eines jeden Katholiken. Diese Regeln machten dem Studenten Theo Haggenmiller, der beim 1. FC Nürnberg auf der Position des Rechtsaußen spielte, das Leben schwer. Im Mai 1906 hatte der Club eine Einladung zu einem Freundschaftsspiel von Slavia Prag erhalten. Haggenmiller täuschte deshalb in der Schule schon am Samstag Bauchweh vor und ging vorzeitig nach Hause respektive zum Bahnhof.

Nürnberg reiste mit einer 2:12-Niederlage im Gepäck heim, doch für Haggenmiller kam es noch viel schlimmer. Der Rektor seiner Schule hatte per Zufall in den *Leipziger Neuesten Nachrichten* etwas von einem großartigen Nürnberger Fußballer namens Haggenmiller gelesen. Diesem blieb, als er zur Rede gestellt wurde, nur noch eines: die Flucht nach vorne! Er schmückte sein Geständnis mit Schilderungen über die Schönheiten Prags, über die vielen historischen Gebäude und Denkmäler und imponierte damit dem Rektor. Dieser erteilte ihm schließlich eine offizielle Spielerlaubnis – als erstem bayrischen Gymnasiasten überhaupt. Gegen den Willen der Geistlichen durfte Haggenmiller fortan an allen Wettkampfreisen seines 1. FCN teilnehmen. Nach Beendigung seiner aktiven Karriere und abgeschlossenem Medizinstudium war er beim Club lange als Mannschaftsarzt tätig.

Wollten den Club zu altem Glanz führen: Manager Edgar Geenen (links) und Präsident Michael A. Roth. Ein Unterfangen, das jämmerlich scheiterte.

Im Oberhaus sorgte allerdings weniger die Mannschaft durch sportliche Erfolge als vielmehr Manager Edgar Geenen durch unflätige Beleidigungen für Schlagzeilen. Die Spieler seien nicht den Schuss Pulver wert, um sie zu erschießen, tobte Geenen, als der Club wieder einmal in höchster Abstiegsgefahr schwebte. Er beschimpfte die Profis als Abschaum und Dreck und verglich sie mit Lepra-Kranken. Der Ruf des Clubs war wieder einmal ruiniert. Daran konnte auch Geenens formelle Bitte um Entschuldigung, die er ein paar Tage später auf Druck des Präsidiums und der Sponsoren kommunizierte, nichts mehr ändern. Dass die Franken sich unter solchen Umständen in der höchsten Spielklasse halten konnten, war das Erstaunlichste an der Geschichte. Noch heute ist vielen ein Rätsel, wie die Nürnberger damals Bayer Leverkusen den Titel vermasselt und selber den Kopf aus der Schlinge gezogen haben.

Ein Jahr später hofften die Anhänger dann vergeblich auf ein Wunder. Der sechste Abstieg stand bereits an Ostern fest. Die Absetzung von Augenthaler und Geenen führte am Valznerweiher zu einer ebenso peinlichen wie überflüssigen Schlammschlacht – notabene in einem Klub, dem finanziell das Wasser bis zum Hals stand und dessen Zukunftsaussichten alles andere als rosig sind. Bis 2012 hat sich Nürnberg an die Firma Sportfive (früher Ufa Sports) gebunden. 25 Prozent der Werbeerträge muss der Club auf die Konten der Vermarkterfirma überweisen. Die zwanzig Millionen Mark, welche die Ufa dafür einst spendiert hatte, verbrauchte der FCN innerhalb kurzer Zeit zur dringenden Schuldentilgung. »Des werd scho widder«, pflegen die Nürnberger in solchen Situationen zu sagen.

ERFOLGE

Deutscher Meister: 1920, 1921, 1924, 1925, 1927, 1936, 1948, 1961, 1968.
Deutscher Pokalsieger: 1935, 1939, 1962.

Bekannteste Spieler: Allemann – Bast – F. Baumann – G. Baumann – Beer – Beierlorzer – Bergner – Billmann – Bös – Bottéron – Brungs – Brunner – Cacau – Cebinac – Ciric – Dorfner – Eckstein – Eder – Ferschl – Friedel – Gebhardt – Geiger – Glomb – Grahammer – Gussner – Hansen – Hochgesang – Hofmann – Kalb – Kasalo – Kennemann – Köpke – Kugler – Morlock – Luggi Müller – Munkert – Popp – Pöschl – Reisch – Riegel – Rink – Reuter – Sané – Schaffer – Schmidt – Schwabl – Starek – Strehl – Strobel – Stuhlfauth – Sutor – Sutter – Szabo – Träg – Ucko – Ueberlein – Volkert – Wabra – Wenauer – Wieder – Zaczyk – Zárate.
Bekannteste Trainer: Augenthaler – Baumann – Binder – Buhtz – Cajkovski – Csaknady – Gebhardt – Entenmann – Gerland – Haan – Heese – Höher – Klötzer – Klug – Langner – Magath – Merkel – Rausch – Reimann – Renner – Schmidt – Sebert – Tilkowski – Vincze – Vliers – Widmayer – Zobel.

Schalkes Revier

Zur Zeit der großen Weltwirtschaftskrise und der Massenarbeitslosigkeit waren sich die Leute im Ruhrgebiet an Hiobsbotschaften gewohnt. Trotzdem wollten viele ihren Ohren nicht trauen, als im Sommer 1930 publik wurde, dass Schalke seinen Spielern Spesen und Gehälter bezahlte. Das brachte den Klub in Teufels Küche. Denn der DFB hatte per Rundschreiben unmissverständlich formuliert: »Es ist unsere Pflicht, Berufssportler, die sich in unseren Reihen finden sollten, auszumerzen.«

Schalke war damals mit größter Wahrscheinlichkeit nicht der einzige Verein, der seinen Spielern unter der Hand höhere Spesen bezahlt und somit gegen das »Amateurwesen« und die Auflagen des DFB verstoßen hatte. An Schalke wurde ein Exempel statuiert, weil der aufstrebende Klub außerhalb des Ruhrgebiets nicht sonderlich beliebt war. Schalke galt in gehobenen Kreisen wegen den vielen Einwanderern und Bergleuten, die in der Mannschaft spielten, als »Polacken- und Proleten-Verein« – die Namen Szepan, Kuzorra, Sobotka, Burdenski, Kalwitzki, Tibulski und so fort sprachen Bände über Stand und Herkunft.

Am 25. August 1930 wurde Schalke nach einer »hochnotpeinlichen Untersuchung« vom Spielbetrieb ausgeschlossen. 14 Schalker wurden zu Berufsspielern erklärt und gesperrt. Der Klub musste obendrein eine Geldstrafe von tausend Reichsmark bezahlen.

Willi Nier, Schalkes Finanzchef, nahm sich deswegen das Leben. Der als überaus korrekt geltende Banker glaubte, diese Schande nicht ertragen zu können. Am Morgen nach der Urteilsverkündung barg man seinen Leichnam aus dem Rhein-Herne-Kanal. Der Tote wurde auf dem Spielfeld der Glückauf-Kampfbahn aufgebahrt. Bergleute in ihrem traditionellen schwarzen Gewand mit der Grubenlampe hielten die Totenwache. Tausende begleiteten den Sarg anschließend zum Friedhof.

FUßBALL-CLUB GELSENKIRCHEN SCHALKE 04
Gründungsdatum: 4. Mai 1904.
Anschrift: FC Schalke 04, Kurt-Schuhmacher-Straße 284a, 45891 Gelsenkirchen, Deutschland.
Internet: www.schalke04.de
Stadion: Arena AufSchalke, Fassungsvermögen: 60 289 Zuschauer.
Vereinsfarben: Blau und Weiß.

Ein Jahr später wurde Schalke begnadigt. Am Abend des 1. Juni 1931, einem Montag, bestritten die Königsblauen ein Freundschaftsspiel gegen Fortuna Düsseldorf und gewannen 1:0. Rund 70 000 Menschen überfluteten die Glückauf-Kampfbahn, die für 36 000 Zuschauer konzipiert worden war. Die Leute saßen sogar auf dem Tor. Die Welt war, zumindest auf Schalke, wieder in Ordnung.

Schalke ist ein Stadtteil von Gelsenkirchen, in dem zu Beginn des zwanzigsten Jahrhunderts rund 30 000 Menschen lebten. Die meisten von ihnen hatte der Bergbau in die Industriestadt gelockt. Die Belegschaft der Zeche Consolidation beispielsweise bestand zur Hälfte aus masurischen Einwanderern. Schalke war ein klassisches Arbeiterviertel, geprägt von Fördertürmen, Schornsteinen, engen Gassen, dunklen

Hinterhöfen und halbverfallenen Häusern. Im ganzen Stadtteil gab es ungezählte Thekenmannschaften, die auf den Straßen und Plätzen Fußball spielten.

Weshalb allerdings bloß die Jugendlichen aus der Hauergasse einen Verein gründeten, ist heute nicht mehr bekannt. Der älteste von ihnen, der 17-jährige Willy Gies, leitete am 4. Mai 1904 in der Gaststätte von Ernst Dettmer die Gründung des *Sportclub Westfalia Schalke* in die Wege. Erster Vorsitzender wurde der Steiger und Wiegemeister der Zeche Consolidation, Heinrich Hilgert.

Anfangs waren Rot und Gelb die offiziellen Klubfarben, denn bei den Schalkern hatte das Gastspiel einer holländischen Mannschaft im Revier großen Eindruck hinterlassen. Erst später streiften sich die »Knappen« die berühmten königsblauen Trikots über. Denn Blau ist für die Bergleute eine spezielle Farbe: Der blaue Himmel ist das erste, was man sieht, man von der Arbeit aus den dunklen Grubengängen wieder ans Tageslicht zurückkehrt.

Wegen des jugendlichen Alters seiner Mitglieder wurde *Westfalia Schalke* vom Westdeutschen Spielverband lange Zeit nicht anerkannt. Das änderte sich erst 1912, als sich der Klub als Fußball-Abteilung dem *Turnverein Schalke von 1887* anschloss. Damit begann der geregelte Spielbetrieb. 1926, zwei Jahre nach der Umbenennung in Schalke 04, schaff-

007 und 04

Schalke und seine Präsidenten, das ist ein schier unerschöpfliches Sammelsurium von Anekdoten und Kuriositäten. Michael Zylka beispielsweise ging als der Drei-Tage-Präsident in die Geschichte des Klubs ein. Das war im Herbst 1988. Damals herrschte auf Schalke Endzeitstimmung. Die Mannschaft kämpfte in der 2. Liga gegen den Fall ins Amateurlager und hinter den Kulissen tobte ein Machtkampf, der angesichts der leeren Kassen und fehlenden Perspektiven absurd wirkte.

Am 22. September 1988 kam es zu einer turbulenten Mitgliederversammlung. Präsident Günter Siebert hatte die Vertrauensfrage gestellt, fiel durch und trat zurück. Zu seinem Nachfolger sollte der profillose Großbäcker Fred Gatenbröcker gewählt werden. Doch die Mitglieder gaben mit 675 zu 528 Stimmen dem unbekannten Zylka den Vorzug. Dieser hatte eine flammende Rede gehalten und wurde zu seiner eigenen Überraschung ins Präsidentenamt gehievt. Tags darauf meldete sich der neue Boss auf der Geschäftsstelle, wo ihm ein kühler Empfang bereitet wurde. »Ich wusste, dass ich in einen reißenden Fluss gesprungen war. Aber dass das Wasser so kalt war, hatte ich nicht gedacht«, sagte Zylka später. Auf Druck der Sponsoren und Gläubigerbanken trat er nach bloß 72 Stunden wieder zurück. Dazu beigetragen hatten auch einige Medienberichte über Zylkas berufliche Tätigkeit. »Geheimagent als Präsident«, titelten die billigen Blätter, was jedoch leicht übertrieben war. Zylka war als Soldat des Bundesministeriums der Verteidigung im »sicherheitsrelevanten Bereich« beschäftigt. Er arbeitete als Sachbearbeiter und Übersetzer in der Abteilung »Slawistik«. Die Begeisterung seiner Vorgesetzten über das Engagement auf Schalke hielt sich denn auch in Grenzen. Denn das Amt eines Präsidenten auf Schalke lässt sich nur schlecht mit den Aufgaben eines diskreten Innendienstlers vereinbaren.

ten die »Knappen« den Aufstieg in die damals höchste Spielklasse, die Ruhrliga, und somit den Anschluss an die deutsche Fußball-Elite. Im entscheidenden Spiel gab es einen 2:1-Sieg über die Sportfreunde Gelsenkirchen 07. In jener Partie tauchte zum ersten Mal ein Name auf der Mannschaftsaufstellung auf, der später eine Legende werden sollte: Ernst Kuzorra.

Schalkes spielerische Fortschritte waren zunächst vor allem ein Verdienst der Gebrüder Fred und Hans Ballmann. Deren Eltern waren vor dem Ersten Weltkrieg nach England ausgewandert. Als der Krieg ausbrach, wurden sie interniert und 1920 nach Deutschland ausgewiesen. Die Ballmann-Brüder machten die Schalker mit dem schnellen schottischen Flachpass- und Kombinationsspiel vertraut. Der berühmte Schalker Kreisel war geboren. Meisterspieler Hans Bornemann erklärte das Spielprinzip einmal folgendermaßen: »Nicht der, der im Ballbesitz ist, bestimmt das Spiel, sondern die, die sich freilaufen, zwingen zum Abspiel.«

Der Schalker Kreisel wurde rasch zu einem Fachbegriff für Spielfreude und Spektakel. Kuzorra und sein Schwager Fritz Szepan führten den Klub Ende der Zwanzigerjahre von einem Erfolg zum anderen. Namen wie Ballmann, Szepan, Kuzorra, Sobotka, Passmann, Ferkau, Wendt, Jatzek, Rothardt, Huppertz, Seppelfricke, Schachtsiek, Böcke, Dimmek, Kellner oder Lampmann kannte im Revier bald jedes Kind.

Die Stadt Gelsenkirchen reagierte schnell und unterstützte Schalke 1928 beim Bau eines neuen Stadions. Die Arena wurde auf den Namen Glückauf-Kampfbahn getauft und konnte 36 000 Zuschauer aufnehmen (viel zu wenig, wie sich bald herausstellte). Inmitten von Hochöfen, Werksanlagen und stinkenden Konvertern war ein neues Fußball-Mekka entstanden. Der Kultverein hieß nun offiziell *FC Gelsenkirchen Schalke 04*.

Sechsmal beendeten die Schalker die Westdeutsche Meisterschaft als Sieger. Während der Zeit des Nationalsozialismus mussten sie zwischen 1933 und 1942 in der so genannten »Gauliga« nie einer anderen Mannschaft den Vortritt lassen. Schalke war im deutschen Fußball das Maß aller Dinge. Die Königsblauen qualifizierten sich von 1933 bis 1942 neunmal fürs Endspiel um die Deutsche Meisterschaft, sechsmal kehrten sie als Sieger zurück.

Es hätte vielleicht zu noch mehr Meistertiteln gereicht, wenn die Schalker nicht immer wieder Opfer von umstrittenen Schiedsrichterentscheiden geworden wären. Wie etwa 1938, als Außenseiter Hannover 96 das Endspiel dank einem geschenkten Elfmeter, einem ungeahndeten Handspiel im eigenen Strafraum und einem nicht anerkannten Treffer Schalkes mit 4:3 nach Verlängerung gewann. »Es musste mal eine andere Mannschaft als Schalke Deutscher Meister werden, sonst wäre es langweilig geworden. Die anderen haben ja schon richtig Angst, ins Endspiel zu gehen, weil sie ja doch von Schalke geschlagen werden«, ließ Reichssportführer Hans von Tschammer und Osten die Teilnehmer am Meisterschaftsbankett wissen.

Auch das Endspiel von 1941 nahm einen seltsamen Verlauf. Titelverteidiger Schalke lag 3:0 in Führung, ehe Rapid Wien drei Elfmeter in Folge zugesprochen bekam und das Spiel schließlich noch drehte: 3:4. Kuzorra weigerte sich beim Bankett aus Protest über die Schiedsrichterleistung, die Ehrennadel für den Vizemeister anzunehmen.

Schalkes »goldenes Jahrzehnt« hatte 1934 begonnen, als Hans (»Bumbes«) Schmidt das Traineramt übernahm. Er löste Kurt Otto ab, der zum polnischen Nationaltrainer ernannt wurde. Schmidt hatte als Aktiver 16 Länderspiele für Deutschland bestritten und war mit dem 1. FC Nürnberg mehrmals Meister geworden. Er erkannte die Defizite der Schalker sofort: Sie waren brillante Straßenfußballer, echte Ballkünstler, aber sie hatten schlechte Ausdauerwerte und der letzte Biss fehlte ihnen. Oder, wie sich Kuzorra später ausdrückte: »Schmidt hatte genau das, was uns fehlte, nämlich Ehrgeiz.« Der neue Mann schmiedete eine Elf zusammen, die 1934, 1935, 1937, 1939, 1940 und 1942 die Meisterschaft gewann und damit mit dem bisherigen Rekordmeister Nürnberg gleichzog.

Mehr noch als die zahlreichen Titel und Pokale zeugen zwei Spiele gegen ausländische Teams von der Klasse der Schalker:

Am 18. Mai 1937 deklassierten sie auf der Glückauf-Kampfbahn Brentford London durch Tore von Adolf (»Ala«) Urban (3), Walter Berg (2) und Ernst Kuzorra mit 6:2. Die englischen Profis hatten auf ihrer Deutschland-Tournee zuvor den Hamburger SV mit 3:0 und Hertha Berlin mit 4:0 geschlagen.

Den Höhepunkt der Schalker Spielkunst erlebten am 18. Juni 1939 100 000 Zuschauer im Berliner Olympia-Stadion. Es ging um die Deutsche Meisterschaft. Gegner Admira Wien – die Nazis hatten in der Zwischenzeit Österreich annektiert – wusste nicht, wie ihm geschah und kam brutal unter die Räder: 1:0 Kalwitzki, 2:0 Urban, 3:0 Kalwitzki, 4:0 Kalwitzki, Halbzeit, 5:0 Tibulski, 6:0 Kalwitzki, 8:0 Szepan, 9:0 Kuzorra.

Schalke war in den Dreißigerjahren eine Ausnahmeerscheinung. Die Zuschauer strömten in Massen ins Stadion, die Gelder flossen in Hülle und Fülle, die Spieler wurden gut bezahlt, brauchten kaum mehr zu arbeiten und das Training war ebenfalls professionell. Otto Tibulski, einer der ganz großen Schalker, sagte später über diese Zeit: »Wir spielten wie im Rausch, und das ganze Drum und Dran war ebenfalls phantastisch. Die Stimmung in und um Schalke war überwältigend. Wo immer wir auftraten, wurden wir von wahren Begeisterungsstürmen getragen. Schalke war populär wie kein anderer Verein.«

Der Zweite Weltkrieg setzte der Dominanz des Klubs ein Ende. Die Glückauf-Kampfbahn wurde zerstört, das zerbombte Spielfeld glich einer Wüstenlandschaft und der Schalker Markt mit dem Vereinslokal war bloß noch ein Haufen Trümmer. Sämtliche Pokale und Trophäen wurden unter dem Bombenhagel vernichtet. Der Krieg zerstörte alles.

Vom alten Stamm waren 1945 noch Hans Klodt, Ernst Kuzorra, Fritz Szepan, Otto Tibulski und Otto Schweisfurth übrig geblieben. Die Schalker tingelten durch die Dörfer und absolvierten »Bratkartoffelspiele«. Die Antrittsprämie für die ehemaligen Meisterspieler wurde mit Lebensmitteln und Naturalien bezahlt, die Königsblauen bedankten sich mit einer Torflut und Spektakel. Die Gegner hießen Erwitte, Lemgo, Leer oder Röhlinghausen.

Es dauerte bis 1958, ehe Schalke wieder an die großen Erfolge der Zwischenkriegszeit anknüpfen konnte. Der Wiener Trainer Edmund (»Edi«) Frühwirth hatte ein Team aufgebaut, das zwar keine Bergleute mehr in seinen Reihen hatte, aber bei den Leuten im Revier immer noch äußerst beliebt war: Orzessek; Sadlowski, Brocker; Borutta, Laszig, Karnhof; Koslowski, Kördell, Siebert, Kreuz, Klodt. Diese Mannschaft besiegte am 18. Mai 1958 in Hannover den HSV im Endspiel um die Deutsche Meisterschaft mit 3:0. Es war der Tag des Bernie Klodt, der die ersten beiden Tore erzielte (zum 3:0 traf Manfred Kreuz). Die Rückkehr nach Gelsenkirchen wurde für die Elf zu einem einzigen Triumphzug. Zwei Brauereien spendierten Freibier, das Regionalfernsehen übertrug live, eine Kneipe wurde direkt nach dem Endspiel blau-weiß angestrichen und Berni Klodts Haus von oben bis unten mit Girlanden geschmückt. Rund 300 000 Fans feierten am Hauptbahnhof – zum letzten Mal für lange Zeit.

Sportliche Triumphe gab es in den nächsten vierzig Jahren in Gelsenkirchen nur noch selten zu verzeichnen. Obwohl Schalke mit Hans Nowak, Willi Schulz, Günther Herrmann, Willi (»Schwatte«) Koslowski und Reinhard (»Stan«) Libuda fünf Nationalspieler in seinen Reihen hatte und mit großen Ambitionen in die Bundesliga startete, wäre das Team 1965 als Tabellenletzter in die zweite Liga abgestürzt, hätte man Hertha Berlin nicht wegen Mauscheleien in die Regionalliga verbannt. Zudem wurde die Bundesliga von 16 auf 18 Teams aufgestockt. Was die Skandale betrifft, stand Schalke der Konkurrenz allerdings in nichts nach.

Der Flankengott vom Kohlenpott: Reinhard Libuda. Die Fans tauften ihn »Stan«, weil er dribbeln konnte wie der legendäre Engländer Stanley Matthews.

Als 1963 die Bundesliga gegründet wurde, hatte der DFB genaue Vorschriften über die Höhe von Ablösesummen und Spielergehältern erlassen. Doch an diese Richtlinien hielt sich kaum ein Verein. Zum Eklat kam es, als Schalke für 50 000 Mark vom Karlsruher SC den Nationalspieler Günter Herrmann (9 Länderspiele) verpflichtete. So weit, so gut, wären da nicht die 50 000 Mark für einen weitgehend unbekannten Spieler namens Hans-Georg Lambert gewesen, der ebenfalls vom KSC zu Schalke wechselte. Rasch tauchte der Verdacht auf, dass Schalke für Herrmann 100 000 Mark bezahlt und Lambert bloß zum Schein verpflichtet hatte.

Der DFB tobte. Das Sportgericht verurteilte Schalke und den KSC in erster Instanz zu einem Abzug von jeweils vier Punkten. Das war juristisch allerdings nicht haltbar. Die Strafe musste wieder aufgehoben werden. Lambert, das sei der Vollständigkeit halber noch erwähnt, bestritt bloß ein einziges Bundesligaspiel für die Königsblauen …

Schalke lebte damals auf großem Fuß und bezahlte seine Spieler extrem gut. Die Herkunft der Gelder interessierte nicht nur die Konkurrenten, sondern auch die Staatsanwaltschaft. Licht in die dunklen Machenschaften brachte ein Prozess vor dem Landgericht in Essen, in dem Schalkes Vorstand der Steuerhinterziehung angeklagt war. Dem Präsidium wurde vorgeworfen, einen Teil der Matcheinnahmen abgezweigt und in schwarzen Kassen deponiert zu haben. Einige Vorstandsmitglieder wurden schließlich verurteilt, kamen aber mit Geldbußen und bedingt erlassenen Strafen davon.

Verwandelte den FC Schalke in ein seriöses Unternehmen: Manager Rudi Assauer.

Der Schalker Vorstand musste nach diesen Verfehlungen durch neue Leute besetzt werden. Fritz Szepan wurde so auch noch Präsident des Klubs, nachdem er vorher schon als Spieler und Trainer gearbeitet hatte.

Im Bundesliga-Skandal spielten die Schalker ebenfalls eine unrühmliche Rolle. Sie hatten insofern Pech, als dass sie vor einem ordentlichen Gericht – dem Landgericht in Essen – angeklagt wurden. Denn mit der Manipulation im Profifußball befassten sich normalerweise die Sportgerichte. Doch zufälligerweise ermittelte damals die Bielefelder Staatsanwaltschaft gegen das Präsidium der Arminia, dem Veruntreuung von Vereinsgeldern vorgeworfen wurde.

Während des Prozesses mussten einige Schalker Spieler als Zeugen aussagen. Diese schwörten unter Eid, keine 2400 Mark pro Mann kassiert zu haben und drohten, jeden zu verklagen, der dies dennoch behauptete. Arminia-Spieler Jürgen Neumann hielt jedoch unbeeindruckt an seiner Aussage fest. Er hatte zu Protokoll gegeben, dass Schalke das Heimspiel vom 17. April 1971 nach einer Zahlung von insgesamt 40 000 Mark an den Spieler Waldemar Slomiany absichtlich mit 0:1 verloren habe. Um das Gesicht zu wahren, sahen sich die Schalke-Spieler Wittkamp, Rüssmann, Fischer, Libuda, Sobierary, Lütkebohmert, Fichtel, Galbierz und Senger gezwungen, Neumann wegen Rufschädigung zu verklagen. Als Slomiany am 1. März 1972 nach monatelangem

Leugnen gestand, Schmiergelder in Empfang genommen zu haben, zogen die Spieler ihre Klage zurück. Dieser Schritt wurde natürlich als Schuldgeständnis interpretiert.

Nun war ein Prozess wegen Meineides unvermeidlich. Den Helden des Strafraums war im Gerichtssaal zum Heulen zumute. Dribbelkönig Libuda beispielsweise beendete seine Verteidigungsrede vor Gericht mit erstickter Stimme und den Worten: »Dummheit war es sowieso. Aber glauben Sie mir, ich war von Anfang an dagegen und wollte nie mitmachen. Doch plötzlich war ich drin.«

Die Spieler fanden milde Richter. Sie kamen mit einer Geld- statt der möglichen Haftstrafe davon. Auch der DFB zeigte sich gnädig und verzichtete auf lebenslange Sperren. Den Spielern Fischer, Sobierary, Rüssmann und Lütkebohmert wurde vom 9. Dezember 1976 bis 14. Januar 1977 die Lizenz entzogen. Sie zeigten Reue, indem sie pro Person 10 000 Mark an die Krebshilfe überwiesen. Damit war der Bundesliga-Skandal endlich ausgestanden.

Sechseinhalb Jahre hatte die Affäre wie ein Damoklesschwert über Schalke gehangen. Der Klub hätte in den Siebzigerjahren mit Sicherheit auch fußballerisch für Furore sorgen können. Doch wegen dem juristischen Hickhack waren immer wieder wichtige Spieler gesperrt.

In kompletter Formation hatten die »Knappen« letztmals am 1. Juli 1972 in Hannover gespielt. Es war ein glorreicher Tag, denn die Elf gewann den DFB-Pokal. Helmut Kremers (2), Herbert Lütkebohmert, Klaus Scheer und Klaus Fischer sorgten im Endspiel gegen den 1. FC Kaiserslautern für einen triumphalen 5:0-Sieg. Wenige Tage zuvor war Schalke bereits Vizemeister hinter dem FC Bayern München geworden. Das Team der Zukunft mit Nigbur, Huhse, Helmut Kremers, Rüssmann, Fichtel, van Haaren, Libuda, Lütkebohmert, Fischer, Scheer und Erwin Kremers fiel in den folgenden Jahren jedoch wegen des Bestechungsskandals auseinander.

Weil die zahlreichen Prozesse auch die Klubkasse stark belasteten, verlor Schalke den Anschluss. Die Nationalspieler Rolf Rüssmann, Klaus Fischer und Rüdiger Abramczik mussten verkauft werden. Hinter den Kulissen tobten heftige Machtkämpfe, in denen die Devise hieß: jeder gegen jeden. Es machte den Anschein, dass die Königsblauen alles daran setzten, um dem Image einer Skandalnudel gerecht zu werden. Die Folge dieser Ränkespiele waren Abstiege aus der Bundesliga in den Jahren 1981, 1983 und 1988. Nach einer dreijährigen Abstinenz gelang 1991 die Rückkehr ins Oberhaus.

Ein weitaus wichtigeres Datum in der jüngeren Klubgeschichte bildet jedoch der 5. Dezember 1994. An jenem Tag stimmten die Klubmitglieder einer Satzungsänderung zu. Der FC Schalke 04 erhielt einen Aufsichtsrat, der fortan den Vorstand bestellte. Die neue Satzung schloss den Prozess der dringend notwendigen Umstrukturierung ab. Gleichzeitig gelang es durch Sparmaßnahmen, den Verein von seiner Schuldenlast in der Höhe von annähernd zwanzig Millionen Mark zu befreien.

Das war in erster Linie ein Verdienst von Rudi Assauer. Der gelernte Stahlbauschlosser und ehemalige Spieler von Borussia Dortmund war 1993 zum Manager ernannt worden. »Der Gerichtsvollzieher stand jeden zweiten Tag bei mir auf der Matte

Brachte Schalke auf die Siegerstraße zurück: Trainer Huub Stevens.

Publikumsliebling: Olaf Thon bestritt insgesamt 295 Spiele (52 Tore) für die Knappen.

und wollte Geld, weil Rechnungen nicht bezahlt waren.« Solche Anekdoten kann Assauer heute mit einem Schmunzeln zum Besten geben. Damals aber stand die Existenz des Vereins auf dem Spiel. 1994 erteilte der DFB den Königsblauen die Lizenz erst im letzten Moment.

Wie sorglos auf Schalke mit Geld umgegangen wurde, belegt eine weitere Anekdote Assauers: »Udo Lattek hatte einen Dienst-Mercedes, natürlich den dicksten, der möglich war, und er hatte eine Tankkarte. Egal, wo er war, benutzte er sie auf Kosten von Schalke. Als ich am dritten Tag hier war, lag eine Rechnung von Esso über 8500 Mark auf meinem Tisch.« Die Pointe bestand darin, dass Lattek damals seit fast einem Jahr nicht mehr Schalke-Trainer war …

Schalke konnte nach dem Wiederaufstieg in die Bundesliga stets auf die Unterstützung seiner großen Anhängerschaft in ganz Deutschland zählen. Über sportliche Erfolge konnten die 23 000 Mitglieder (darunter auch der Papst) und die über 60 000 organisierten Fans aber nur selten jubeln. Schalke kämpfte gegen den Abstieg. Als es besonders brenzlig wurde, holte Assauer Jörg Berger als Feuerwehrmann. Berger bewahrte den Klub vor dem freien Fall und führte ihn 1996 als Bundesligadritter sogar in den UEFA-Cup.

Den größten Erfolg in der jüngeren Klubgeschichte erlebte Berger allerdings nicht mehr von der Trainerbank aus. Dort saß nämlich seit Herbst 1996 der Holländer Huub Stevens, der Schalke ins Finale des UEFA-Cups brachte. Im Hinspiel wurde Inter Mailand im Parkstadion durch ein Tor des Belgiers Marc Wilmots mit 1:0 geschlagen. Dank eines Treffers von Ivan Zamorano kurz vor Schluss erzwang Inter im Rückspiel die Verlängerung. Das Elfmeterschießen endete mit 4:1 klar zugunsten der Schalker. Ingo Anderbrügge, Martin Max, Kapitän Olaf Thon und Marc Wilmots behielten vor 25 000 mitgereisten Schalker Fans im Meazza-Stadion die Nerven. Am 21. Mai 1997 war Schalke endlich wieder das, was es sechzig Jahre zuvor schon einmal gewesen war, nämlich ein europäisches Spitzenteam. Die Helden, die so genannten *Eurofighters*, hießen Lehmann, Wilmots, Max, Mulder, Linke, Anderbrügge, Eigenrauch, Thon, De Kock, Latal, Nemec und Büskens.

Als Vater des Erfolges wurde neben Trainer Stevens auch Manager Assauer (»entweder ich schaffe Schalke, oder Schalke schafft mich«) gefeiert. Der »Pate von Schalke« hatte frühzeitig erkannt, dass sein Klub nicht mit so reichen Firmen wie Bayern München oder Borussia Dortmund konkurrieren konnte, was die Transfers betraf. Deshalb sondierte Assauer auch nicht den Markt in Brasilien, Argentinien oder der Serie A. Der Zigarrenraucher konzentrierte sich auf die Nachbarschaft und die zweite internationale Kategorie in kleineren Fußball-Nationen wie Holland, Belgien, Däne-

Ein Blender sorgt für Glanz

Zwischen 1989 und 1993 war Günter Eichberg Präsident auf Schalke. Der Klinikbesitzer führte den Klub zurück in die Bundesliga – und mit seiner Verschwendungssucht beinahe in den Abgrund. Für vermeintliche Stars wie den Jugoslawen Radmilo Mihajlovic und den Dänen Bent Christensen, die zusammen in zwei Jahren ganze 17 Tore für Schalke schossen, verpulverte er Unsummen.

Beispiel Mihajlovic: Dem Jugoslawen offerierte Eichberg einen Blankovertrag. Darauf schrieb der Stürmer: 500 000 Mark Garantiegehalt, dazu ein Handgeld von einer Million Dollar (damals 1,6 Millionen Mark) netto, ein mietfreies Haus mit Einrichtung für 120 000 Mark und einen neuen Mercedes für 145 000 Mark. Den Bayern bezahlte Eichberg eine Ablösesumme von 3 Millionen Mark. Beispiel Christensen: Mit dem Dänen leistete sich Schalke den drittteuersten Spieler der Liga (1,26 Millionen Mark pro Jahr, dazu Haus und Mercedes). Bröndby Kopenhagen freute sich über eine Ablösesumme von fünf Millionen Mark.

Schalkes Trainer hieß damals Udo Lattek, der »quasi umsonst arbeitet«, wie Eichberg auf einer Pressekonferenz verkündete. In Wahrheit war Lattek einer der bestbezahlten Trainer der Liga. Für jeden Punktgewinn kassierte er 8 000 Mark.

Eichberg wurde Sonnenkönig genannt, weil er sich und dem Verein zu Glanz verhalf. Als er im Oktober 1993 abtrat, hinterließ er ein finanzielles Chaos und eine Reihe offener Forderungen, was ihm den Zorn der Fans einbrachte. Und nicht nur der Fans. Nachfolger Bernd Tönnies ließ Eichberg medienwirksam aus dem Stadion schmeißen, als dieser ein Spiel besuchen wollte. Bis heute ist es für den Sonnenkönig besser, wenn er sich nicht auf Schalke blicken lässt.

mark, Tschechien oder Polen. Daraus entstand ein seltsamer Mix aus West-, Nord- und Osteuropa sowie einer Handvoll Deutschen, denen ihre früheren Vereine nicht mehr viel zugetraut hatten.

Durch die neue »Arena Auf Schalke« sollte der Verein auch als Wirtschaftsunternehmen für die Zukunft gerüstet sein. Das »tollste, modernste und spektakulärste Stadion Europas« (Assauer) bietet 60 289 Zuschauern Platz und verfügt über ein 560 Tonnen schweres und zu öffnendes Dach sowie einen Rasenteppich, der in einem sechsstündigen Prozess ins Freie gefahren werden kann, damit er schön Regen und Sonne abkriegt. Auf dem größten Videowürfel der Welt lässt sich das Geschehen im Stadion auf vier jeweils 35 Quadratmeter großen Bildschirmen verfolgen. Das Bier fließt in einer vier Kilometer langen Leitung zu den verschiedenen Zapfhähnen. 183 Millionen Euro kostete die Arena, der gesamte Betrag wurde – man höre und staune – von Schalke 04 aufgebracht.

Unter diesen Bedingungen sollte sich der »Meister der Herzen« des Jahres 2001 und Pokalsieger der Jahre 2001 und 2002 auch in Zukunft unter den Top-Klubs des deutschen Fußball einreihen können. Schalke hat hinter Bayern München die mit Abstand größte Anhängerschaft des Landes. Das ist erstaunlich, denn die Königsblauen waren in den letzten fünfzig Jahren nicht annähernd so erfolgreich wie die Roten aus München. »Ob ich verroste oder verkalke, ich geh immer auf Schalke«, lautet das Motto der Fans. 1989 feierten 60 000 ihre Lieblinge, als hätte der Klub die Meisterschaft errungen. Dabei hatte Schalke bloß mit Müh und Not den Klassenerhalt in der zweiten Liga geschafft.

»Die Tradition hat Schalke am Leben erhalten«, erklärte Assauer einmal. »Manchester United wurde durch den Flugzeugabsturz von 1958 populär. Vorher war Manchester City weitaus beliebter. Aber nach diesem Unglück ging in England eine Sympathiewelle ohnegleichen über ManU hinweg. Bei uns waren es die Dreißiger- und Vierzigerjahre, als der Verein in einer Zeit, die von Armut, vom Krieg und seinen Folgen geprägt war, Fußball-Geschichte schrieb, weil er mit Abstand den besten Fußball spielte. Schalke war die einzige Freude, die die Menschen hatten.«

ERFOLGE

Deutscher Meister: 1934, 1935, 1937, 1939, 1940, 1942, 1958.
Deutscher Pokalsieger: 1937, 1972, 2001, 2002.
UEFA-Pokal-Sieger: 1997.
»Meister der Herzen«: 2001.

Bekannteste Spieler: Abramczik – Agali – Anderbrügge – Asamoah – Böhme – Bongartz – Borodjuk – Borutta – Burdenski – Büskens – Christensen – De Kock – Dietz – Dooley – Eigenrauch – Eppenhoff – Fichtel – Fischer – Freund – Gawilczek – Gellesch – Hajto – Hannes – Hartmann – Hasil – Herget – Herzog – Jara – Junghans – Kamphuis – Kleppinger – B. u. H. Klodt – Kmetsch – Koslowski – E. u. H. Kremers – Kruse – Kuzorra – Latal – Lehmannn – Libuda – Linke – Ljuty – Lütkebohmert – Mandirali – Matellán – Matzkowski – Medford – Mellage – Memering – Mihajlovic – Möller – Mpenza – Mulder – Andreas Müller – Nemec – Neuser – Nowak – Nigbur – Pörtgen – Reck –Rüssmann – Sand – Schatzschneider – Schipper – Schulz – Schweißfurth – Szepan – Täuber – Thon – Tibulski – Urban – van Hogdalem – van Kerckhoven – Vermant – Waldoch – Wilmots.
Bekannteste Trainer: Berger – Brocker – Cendic – Ferner – Frühwirth – Gutendorf – Heynckes – Horvat – Jusufi – Langner – Lattek – Lengyel – Lorant – Merkel – Neubarth – Neururer – Rausch – Ristic – Schafstall – Schmidt – Stevens.

Erfolge mit raschem Verfalldatum

Fußballer hatten in Stuttgart lange Zeit einen schweren Stand. Den zwanzig Jugendlichen, die am 9. September 1893 im Gasthaus *Zum Becher* den *Stuttgarter Fußball-Verein* aus der Taufe gehoben hatten, wurden Schulverweise angedroht, bloß weil sie in ihrer Freizeit der Lederkugel nachrannten. Auch die Realschüler des Cannstätter Gymnasiums – sie hatten 1897 den *Kronenklub Cannstatt* gegründet – bekamen wegen ihres Hobbys immer wieder Ärger mit den Stadtvätern und der Schuldirektion. Die beiden Vereine hatten einen gemeinsamen Gegner, nämlich die städtischen Beamten, die das Ballspiel auf dem Wasen – einer riesigen Grünfläche in der Nähe des Neckars – verboten. Den Siegeszug des Balles konnte aber auch der Amtsschimmel nicht stoppen.

Am 12. April 1912 fusionierten die beiden Klubs zum *Verein für Bewegungsspiele Stuttgart 1893.* Nach dem Ersten Weltkrieg war der VfB – so das Kürzel – bereits in der Lage, ein Stadion zu bauen, das 15 000 Zuschauern Platz bot. Sportlich machten die Schwaben ebenfalls enorme Fortschritte, was hauptsächlich ein Verdienst ihrer professionellen Ausbilder war. 1924 engagierte der VfB mit dem Engländer Tom Hanney, einem ehemaligen Spieler von Manchester City, seinen ersten hauptamtlichen Trainer. Zwei Jahre später gewann der Klub erstmals die baden-württembergische Regionalmeisterschaft. Dieser Titel konnte 1929 erneut errungen werden, diesmal unter der Führung des Ungarn Ludwig Kovács, der einst beim MTK Budapest gekickt hatte.

VEREIN FÜR BEWEGUNGSSPIELE STUTTGART
Gründungsdatum: 9. September 1893.
Anschrift: VfB Stuttgart, Mercedesstraße 109, 70372 Stuttgart, Deutschland.
Internet: www.vfb-stuttgart.de
Stadion: Gottlieb-Daimler-Stadion, Fassungsvermögen: 53 218 Zuschauer.
Vereinsfarben: Weiß und Rot.

Hanney hatte bei seiner Arbeit großen Wert auf eine gute athletische und konditionelle Verfassung der Spieler gelegt. Unter Kovács verbesserten die Stuttgarter ihre Balltechnik und ihr taktisches Verständnis. Die spielerischen Fortschritte des Klubs belegt auch die erstmalige Berufung eines Stuttgarters ins Nationalteam: Mittelfeldspieler Ernst Blum durfte 1927 bei der 1:3-Niederlage gegen Dänemark zum ersten (und einzigen Mal in seiner Karriere) für Deutschland auflaufen.

Dem VfB gelang in den Dreißigerjahren die Annäherung an die Spitze des nationalen Fußballs. 1935 qualifizierte er sich für das Endspiel um die Deutsche Meisterschaft in Köln. Der Gegner war ausgerechnet Schalke 04, die Top-Elf der damaligen Zeit mit seinen Stars Szepan und Kuzorra. Die Schalker gewannen 6:4, doch als Verlierer fühlte sich beim VfB kaum jemand.

Stuttgart wurde während des Zweiten Weltkrieges zwar stark zerstört, doch der VfB nahm keinen großen Schaden. Klubpräsident Dr. Fritz Walter hatte einen guten Draht zum Stuttgarter Stadtkommandanten. So war es möglich, dass bereits am 22. Septem-

Sparen und spendieren

Der VfB stand vor einem finanziellen Schuldenberg und einem sportlichen Scherbenhaufen, als Gerhard Mayer-Vorfelder im April 1975 das Präsidium übernahm. Mit der Verpflichtung von Trainer Sundermann zeigte er ein gutes Gespür. Sundermann brachte wieder Bewegung in den Verein für Bewegungsspiele. Er setzte konsequent auf junge, hungrige Spieler. Der VfB gewann in der 2. Liga nicht nur praktisch sämtliche Spiele, sondern auch die Gunst des Publikums. Die Zuschauerzahlen stiegen enorm, die Kassen füllten sich, der Schuldenberg konnte abgetragen werden. Als junge Stars wie Hansi Müller, Karl-Heinz Förster, Bernd Martin oder Dieter Hoeneß ein höheres Grundgehalt forderten, schlug Sundermann dazwischen: »Solange ich Trainer bin, gibt es nur Geld für Leistung. Ich halte nichts von Spielern, die schon Hunderttausende von Mark bekommen, bevor sie überhaupt das erste Mal gegen den Ball getreten haben.« Sundermann hatte damals, 1978, die volle Rückendeckung des Vorstandes.

Der Niedergang des VfB begann, als sich Präsident »MV« in der zweiten Hälfte der Neunzigerjahre nicht mehr an dieses Prinzip hielt:

Spielmacher Krassimir Balakov offerierte er einen Vertrag, der dem Bulgaren 3 Millionen Euro im Jahr garantierte. Der Kontrakt verlängerte sich jeweils automatisch um ein Jahr, sobald Balakov vor der neuen Saison einen Arzt auftrieb, der ihm die sportliche Tauglichkeit für die Bundesliga attestierte. Im normalen Wirtschaftsleben wäre ein Vorstandsvorsitzender wohl persönlich haftbar gemacht worden für einen solchen Vertrag.

Das selbe gilt für den Transfer von Sasa Markovic, den der VfB 1998 für 2 Millionen Mark von Roter Stern Belgrad erworben hatte. Das einzige, was die Stuttgarter von Markovic vor dem Transfer gesehen hatten, waren Videobilder. Der Stürmer erwies sich als nicht bundesligatauglich und kam bloß auf eine handvoll Einsätze.

Als ähnlicher Flop erwies sich der Brasilianer Didi. Er wurde 1999 gegen den Willen von Trainer Ralf Rangnick und Sportdirektor Karl-Heinz Förster verpflichtet. MV's rechte Hand Ulrich Schäfer gab ihm einen 4-Jahres-Vertrag. Erst danach stellte sich heraus, dass Didi kein Kreuzband mehr hatte – untauglich! Ablöse und Gehalt waren teilweise schon gezahlt, 5 Millionen Mark futsch.

Die Liste der teuren Fehleinkäufe ließe sich noch durch die Namen Raducioiu, Yakin, Fournier, Zaharievski, Stojkovski oder Spanring ergänzen (ohne Gewähr auf Vollständigkeit).

Für Mayer-Vorfelder schloss sich der Kreis. Als er im April 2001 abtrat, stand der Verein wieder vor einem finanziellen Schuldenberg (in der Höhe von 20 Millionen Euro) und einem sportlichen Scherbenhaufen. Der einzige Ausweg bestand für die neue Führung darin, wieder konsequent auf Nachwuchsspieler zu setzen.

ber 1945 im *Gasthaus Krone* in Fellbach bei Stuttgart die Schaffung einer Oberliga Süd in die Wege geleitet werden konnte. In dieser Meisterschaft traf der VfB Stuttgart auf so prominente Gegner wie Bayern München, TSV 1860 München, 1. FC Nürnberg, Fürth, Karlsruhe, Waldhof Mannheim, Eintracht Frankfurt oder Kickers Offenbach.

Der erste Sieger dieser Süddeutschen Meisterschaft hieß überraschend VfB. In jenem Jahr legten die Stuttgarter die Basis für die großen Erfolge der Fünfzigerjahre. Die meisten Spieler, die vier Jahre später erstmals Deutscher Meister werden sollten, waren damals schon dabei. Ebenso der für seinen Ehrgeiz und seine Härte bekannte Trainer Georg (»Schorsch«) Wurzer. Im Endspiel von 1950 traf der VfB auf die Offenbacher Kickers. Die Stürmer Erwin Läpple und Walter Bühler schossen im Berliner Olympia-Stadion vor 96 000 Zuschauern die Stuttgarter Tore zum 2:1-Finalsieg. Die VfB-Elf war gespickt mit großartigen Fußballern: Schmid; Retter, Steimle; Otterbach, Ledl, Barufka; Läpple, Schlienz, Bühler, Baitinger und Blessing. Aus diesem Team wurden Karl Barufka (3), Erich Retter (14) und Robert Schlienz (3) Nationalspieler.

Dreh- und Angelpunkt war Robert Schlienz, ein Alleskönner, ein begnadeter Fußballer. Er war mit Sicherheit eine der größten Persönlichkeiten, die je das VfB-Trikot überstreiften. Auf dem Weg zu einem Freundschaftsspiel hatte er eines Tages einen schweren Autounfall erlitten und dabei den linken Arm verloren. Trotz dieses Handicaps blieb er ein ausgezeichneter Regisseur. Bundestrainer Sepp Herberger stellte ihn nur dreimal in der Nationalelf auf, weil er befürchtete, dass die Gegner zu viel Rücksicht auf Schlienz' Handicap nehmen könnten. Dabei wurde Schlienz mit seinem Schicksal besser fertig, als viele vermuteten. Dass er nur einen Arm hatte, wurde schließlich sogar zu einer Art Markenzeichen.

War wegen seiner Schussstärke gefürchtet: Karl Allgöwer. Der Mittelfeldspieler erzielte in 338 Spielen für den VfB beachtliche 129 Tore.

Um Schlienz herum wurde ein Team geformt, das keinen Gegner zu fürchten brauchte und 1952 zum zweiten Mal den Meistertitel eroberte. Rot-Weiß Essen, der VfL Osnabrück und Tennis-Borussia Berlin wurden in den Gruppenspielen zur »Deutschen« ausgeschaltet. Im Endspiel traf der VfB auf den 1. FC Saarbrücken. Am 22. Juni 1952 gab es in Ludwigshafen vor 86 000 Fans einen knappen 3:2-Sieg, Otto Baitinger (2) und Schlienz schossen die Tore für die Schwaben. Das VfB-Team war gegenüber der ersten Meisterschaft auf fünf Positionen umgestellt worden: Bögelein; Krauss, Steimle; Schlienz, Retter, Barufka; Baitinger, Kronenbitter, Wehrle, Krieger und Blessing standen in der Startelf.

Die Bilanz der Stuttgarter in den Fünfzigerjahren ist beeindruckend: 1950 und 1952 Meister, 1953 Vizemeister (Endspiel-Niederlage gegen den 1. FC Kaiserslautern), 1954 und 1958 Pokalsieger. In den Endspielen des DFB-Pokals wurden der 1. FC Köln mit 1:0 (1954) respektive Fortuna Düsseldorf mit 4:3 (1958) bezwungen.

In der 1963 gegründeten Bundesliga lief es dem VfB mehr schlecht als recht. Der Abstieg im Jahr 1975 war kein Betriebsunfall, sondern Endstation eines zwar immer wieder gebremsten, aber dennoch kontinuierlichen Niedergangs.

Wenige Monate vor dem Sturz in die Zweitklassigkeit hatte der Politiker Gerhard Mayer-Vorfelder das Amt des Präsidenten übernommen. Als »MV« im Frühjahr 2001 zurücktrat, hatten die Schwaben zwei weitere Meistertitel auf ihrem Briefkopf verzeichnet und 40 Millionen Mark Schulden. Mayer-Vorfelder verschliss in seiner 26-jährigen Amtszeit über zwanzig Trainer verschiedenster Prägung: Charmeure und Dampfplauderer, Motivationskünstler und Weltmänner.

Erfolge konnten nur die Fußball-Pädagogen Sundermann, Benthaus, Haan, Daum und Löw feiern.

»Sundermann, Wundermann« skandierten die Fans 1977, als der VfB unter der Leitung von Jürgen Sundermann die Rückkehr ins Oberhaus schaffte. Die Euphorie im Ländle war riesig, der Zuschauerschnitt kletterte auf 53 567. Die Newcomer Karl-Heinz Förster, Hansi Müller und Dieter Hoeneß begeisterten mit ihrer unbekümmerten, frechen Spielweise. Bestes Ergebnis der Ära Sundermann war die Vizemeisterschaft von 1979.

Aus der Finanznot eine Tugend gemacht

Als Trainer Felix Magath im Februar 2001 nach Stuttgart kam, schwebte der VfB als Tabellenvorletzter in akuter Abstiegsgefahr. Erst in letzter Minute schaffte der Klub im Frühling den Klassenerhalt. Schritt für Schritt führte Magath Stuttgart in der Folge nach oben, obwohl die Kassen leer waren und die Spieler auf Prämien verzichten mussten. Der VfB machte aus seiner Finanznot eine Tugend, setzte auf Spieler aus der eigenen A-Jugend oder den Amateuren. Und diese spielten frisch von der Leber weg. Ganz Deutschland schwärmte plötzlich von der Torwart-Katze Timo Hildebrand, von U-21-Renner Andreas Hinkel, Balakov-Nachfolger Aliaksandr Hleb, Wusel-Stürmer Ioannis Amanatidis, Angreifer-Alleskönner Kevin Kuranyi, Flanken-Turbo Christian Tiffert und Kopfball-Abräumer Steffen Dangelmayr, wie die Bild-Zeitung die »jungen Wilden« beschrieb. Der VfB Stuttgart war die Überraschung der Saison 2002/2003.

1982 engagierte der VfB mit Helmut Benthaus einen Trainer, der in der Schweiz den FC Basel zu sieben Meistertiteln geführt hatte. Benthaus setzte Sundermanns Aufbauarbeit nahtlos fort und brachte einige Spieler ganz groß heraus. Die Schwaben stellten mit dem Isländer Asgeir Sigurvinsson den besten Mittelfeldspieler der Saison 1983/84, mit Guido Buchwald deren Senkrechtstarter und vor den Freistößen von Karl Allgöwer (»Knallgöwer«) fürchteten sich die gegnerischen Torhüter ebenso wie die Stürmer vor der Kompromisslosigkeit der beiden Förster-Brüder Bernd und Karl-Heinz in der Abwehr. So wurde der VfB 1984 zum dritten Mal Meister. Prunkstück war dabei die Verteidigung, die in 34 Spielen nur 33 Gegentore zuließ.

Unter dem holländischen Trainer Arie Haan reichte es dem VfB zwar nicht zu Titelehren, aber immerhin gelang der Elf mit ihren Stars Guido Buchwald, Maurizio

Gaudino, Fritz Walter und Jürgen Klinsmann 1989 der Vorstoß ins Endspiel um den UEFA-Cup. Die SSC Napoli und Diego Maradona waren dort allerdings eine Nummer zu groß und vermasselten durch ein 2:1 und 3:3 dem VfB den ersten Triumph auf der internationalen Bühne.

Drei Jahre später lachte ganz Fußball-Europa über die Schwaben, die im Meistercup bereits in der ersten Runde an Leeds United scheiterten. Mit 3:0 hatte der VfB zu Hause gewonnen. So war es kein Unglück, dass er auf der Insel kurz vor Schluss mit 1:4 zurücklag. Das auswärts geschossene Tor reichte ja zum Weiterkommen. Deshalb wechselte Trainer Christoph Daum in der 83. Minute für Spielmacher Maurizio Gaudino einen zusätzlichen Verteidiger ein, den Vertragsamateur Jovo Simanic. Die Schwaben brachten das Ergebnis über die Zeit und merkten erst später, dass sie mit Slobodan Dubajic, Eyjölfur Sverisson, Adrian Knup und eben Simanic vier Ausländer – einen zu viel! – eingesetzt hatten. Die UEFA wertete das Spiel mit 3:0 für Leeds. Das bedeutete Gleichstand. In Barcelona wurde ein Entscheidungsspiel ausgetragen, das Stuttgart 1:2 verlor.

Präsident Mayer-Vorfelder wertete die Panne als »menschliche Unzulänglichkeit« und betonte, dass sie keine Konsequenzen für die sportliche Leitung haben würde. Doch Daums fataler Wechselfehler wurde immer wieder öffentlich thematisiert, zumal die Stuttgarter in der Bundesliga nicht auf Touren kamen und bloß auf dem 7. Platz landeten. Am Ende des Spieljahres löste Daum seinen Vertrag vorzeitig auf, und wenige Monate später wurde Dieter Hoeneß vom Posten des Managers weggemobbt.

Der Wechselfehler überschattete Daums Erfolge mit dem VfB. In der Saison 1991/92 hatte der spätere »Beinahe-Bundestrainer« die Schwaben überraschend zum Gewinn ihrer vierten Meisterschaft geführt. Die Frankfurter Eintracht fühlte sich vor dem letzten Spieltag schon als Meister, verlor dann aber ausgerechnet bei Absteiger Rostock mit 1:2. Dortmund wähnte sich bis vier Minuten vor dem Abpfiff bei einer 1:0-Führung in Duisburg als Meister, doch dann erzielte Guido Buchwald den entscheidenden Treffer zum 2:1-Sieg des VfB in Leverkusen. Die Schwaben gewannen den Titel buchstäblich in letzter Minute. Folgende elf Spieler stellten das Gerüst der Stuttgarter Meistermannschaft: Immel; Dubajic, Schäfer, Buchwald, Frontzeck,

ERFOLGE:

Deutscher Meister: 1950, 1952, 1984, 1992.
Deutscher Pokalsieger: 1954, 1958, 1997.

Bekannteste Spieler: Allgöwer – Baitinger – Balakov – Barufka – Basualdo – Berthold – Binkert – Blessing – Blum – Bobic – Bögelein – Brenninger – Buchwald – Claesen – Dunga – Elber – Entenmann – Ettmayer – B. und K. Förster – Frontzeck – Gaudino – Geiger – Gress – Hadewicz – Handschuh – Hattenberger – Heinze – Hitzfeld – Hleb – D. Hoeneß – Immel – Katanec – Kelsch – Klinsmann – Knup – Kögl – Köppel – Kronenbitter – Kuka – Kuranyi – Larsson – Makan – Martin – Müller – Ohlicher – Retter – Roleder – Sammer – Sawitzki – Schäfer – Schlienz – Schmid – Sieloff – Sigurvinsson – Six – Soldo – Steimle – Strunz – Thiam – Tüfekci – Verlaat – Volkert – Waldner – Walter – Weidmann – Wohlfahrt – Yakin.
Bekannteste Trainer: Baluses – Baric – Baumann – Benthaus – Coordes – Daum – Entenmann – Eppenhoff – Fringer – Gutendorf – Haan – Hanney – Kovács – Löw – Magath – Rangnick – Röber – Schäfer – Seybold – Sing – Sundermann – Sztani – Wurzer – Zebec.

Die Zuverlässigkeit in Person: Guido Buchwald. Im WM-Finale von 1990 neutralisierte er Maradona. Seitdem riefen ihn die Mitspieler ehrfurchtsvoll »Diego«.

U. Schneider, Buck, Gaudino, Sammer; Walter, Sverisson.

Kurz vor Beginn der Saison 1996/97 schmiss Trainer Rolf Fringer nach monatelangen Querelen mit »MV« den Bettel hin. Der als Interimscoach gehandelte ehemalige Trainerassistent Joachim (»Jogi«) Löw eilte mit der Mannschaft von Erfolg zu Erfolg und wurde während der Hinrunde auf Druck der Medien und Fans zum Cheftrainer befördert. Der VfB spielte den attraktivsten Fußball in Deutschland; der Bulgare Krassimir Balakov, der deutsche Nationalspieler Fredi Bobic und der Brasilianer Giovane Elber prägten den Begriff des »magischen Dreiecks«. Durch einen 2:0-Sieg im Endspiel gegen Energie Cottbus wurde der VfB 1997 zum dritten Mal Pokalsieger. Elber verabschiedete sich als zweifacher Torschütze zum FC Bayern, wo er in den folgenden Jahren zum besten ausländischen Torschützen der Bundesliga-Geschichte avancierte.

Auch die Saison 1997/98 endete für Löw erfolgreich, wenngleich wesentlich weniger glanzvoll. Der VfB erreichte erneut den vierten Tabellenplatz und stieß im Europapokal der Pokalsieger bis ins Endspiel vor, wo er allerdings Chelsea London mit 0:1 unterlag. Wenige Monate später wurde der von Mayer-Vorfelder nie geliebte Löw entlassen und durch den glücklosen Winnie Schäfer (Motto: »Der Rasen muss brennen«) ersetzt.

Der Christdemokrat »MV« sonnte sich gerne in den Erfolgen des VfB. In seiner 26-jährigen Amtszeit bewegte sich der Klub mal näher, mal nicht ganz so nahe im Bereich der Spitze. Im entscheidenden Moment, als das Fernsehgeld sich vervielfachte, verpasste er durch Daums Wechselfehler den Anschluss an die europäischen Top-Klubs.

Mayer-Vorfelders Gegner sagen: Wie sein Parteifreund Helmut Kohl die Nation, so führte der baden-württembergische Minister den VfB Stuttgart – patriarchalisch und mit Hilfe eines für Außenstehende schwer durchschaubaren Gestrüpps von Ver-

Von Null auf hundert: Kevin Kuranyi war der große Gewinner der Saison 2002/2003. Mit seinen 15 Toren hatte er wesentlichen Anteil an der Vizemeisterschaft des VfB.

Zwei, die sich auf Anhieb verstanden: Trainer Felix Magath und Spielmacher Krassimir Balakov. Der Bulgare war der verlängerte Arm des Trainers auf dem Platz, ehe er im Sommer 2003 dessen Assistent wurde. (unten)

bindungen und Beziehungen. In erster Linie ging es »MV« um den persönlichen Machterhalt, das Wohl des Vereins war sekundär. Wie bei Kohl häuften sich mit der Amtsdauer die einsamen und von der Geschichte als falsch entlarvten Entscheidungen. Auch Mayer-Vorfelders Regentschaft führte neben einem Loch in der Kasse dazu, dass nichts neben ihm entstehen konnte.

Im finanziell und personell ausgebluteten Verein funktionierte zum Schluss kaum noch etwas. Fast 40 Millionen Mark Schulden brachten den VfB zu Beginn des neuen Millenniums schwer in die Bredouille, und dass ausgerechnet der langjährige Finanzminister im Ländle die miesen Zahlen und eine chaotische Personalpolitik zu verantworten hatte, machte das Ganze auch nicht besser. Nicht alles ließ sich auf die Entwicklung nach dem Bosman-Urteil abladen – damit erklärte Multifunktionär »MV« bei seinem Abgang die finanziell prekäre Lage seines Klubs.

Wunder gibt es immer wieder

Werder Bremen ist ein alter Verein, der allerdings erst in der jüngeren Vergangenheit nationale und internationale Fußball-Geschichte geschrieben hat. Das Vordringen in die europäische Spitze hatte der Klub aus der 550 000-Einwohner-Stadt in der norddeutschen Tiefebene in erster Linie Trainer Otto Rehhagel zu verdanken. »König« Otto prägte den Traditionsverein sechzehn Jahre lang mit seiner bisweilen eigenartigen Denkweise.

Rehhagel (»Die Wahrheit ist 60 mal 110 Meter«) übernahm die Werderaner in der zweithöchsten Spielklasse und schaffte 1981 den Wiederaufstieg in die 1. Bundesliga. Ein Europapokal-Sieg, zwei deutsche Meisterschaften, zwei Pokalsiege und mehrere unvergessliche Europacup-Nächte verdanken die Bremer dem gelernten Maler, der Werder 1995 verlassen hat, um ausgerechnet beim Erzfeind Bayern München anzuheuern.

Seitdem kämpft der Verein gegen den Fall ins Mittelmaß, das er im Grunde genommen bis weit ins zwanzigste Jahrhundert hinein repräsentiert hat. Der SV Werder Bremen wurde 1963 zwar in die damals neu gegründete Bundesliga aufgenommen. Doch das lag weniger an der Performance als vielmehr an der geographischen Lage. Der Traditionsklub war im Norden die unangefochtene Nummer zwei hinter dem großen Rivalen Hamburger Sport-Verein.

Gegründet wurde Werder im Februar 1899. Die Vorgeschichte reicht jedoch ein Jahr zurück. Zur Erinnerung an die Kapitulation der französischen Armee im Krieg von 1870 organisierten die Bremer Schulen am 2. September, dem so genannten »Sedan-Tag«, jeweils ein Turnfest. Ein paar Jugendliche der Privat-Realschule von C. W. Debbe nahmen 1898 am Seilziehwettbewerb teil und gewannen dabei ein Sportgerät, das damals noch ziemlich unbekannt war: einen Ball.

In den folgenden Wochen kickten sie nach dem Unterricht im Stadtpark. Andere Jugendliche schlossen sich ihnen bald an. Diese Fußball-Begeisterung sorgte in der bürgerlich-biederen Hafenstadt schon bald für böses Blut. Die Fußballer sahen sich den Anfeindungen der nationalistisch gesonnenen Turnbewegung ausgesetzt. Man warf ihnen aus diesen Kreisen vor, eine ungesunde, rohe und nicht zuletzt »undeutsche« Sportart auszuüben; von einer »Fußlümmelei« war die Rede.

SPORTVEREIN WERDER BREMEN
Gründungsdatum: 4. Februar 1899.
Anschrift: SV Werder Bremen, Am Weserstadion 7, 28205 Bremen, Deutschland.
Internet: www.werder-online.de
Stadion: Weserstadion, Fassungsvermögen: 35 282 Zuschauer.
Vereinsfarben: Grün und Weiß.

Doch die Jugendlichen ließen sich ihre Freude am »englischen« Spiel nicht nehmen und gingen konsequent ihren Weg. Am 4. Februar 1899 gründeten sie auf der Veranda des Restaurants *Zum Kuhhirten* einen Verein, dem sie den Namen »Werder« gaben. Das ist eine alte norddeutsche Bezeichnung für Flussinsel oder urbar gemachtes Schwemmgebiet. Weil die Fußballer jeweils auf dem Stadtwerder an der Weser spielten, entschied man sich für die Kombination *Werder Bremen*. Die Heimstätte des Vereins trägt seit 1926 den Namen Weserstadion.

Sein erstes Spiel trug Werder am 10. September 1899 aus. Zur Premiere gab es gleich einen 1:0-Sieg gegen den *Allgemeinen Bremer SC von 1898*. Die Leistungskurve der Werderaner flachte allerdings rasch ab. Lange Zeit blieb man bloß eine lokale Größe. Nach dem Ersten Weltkrieg, der zahlreichen Mitgliedern das Leben kostete, baute Werder auf seinem eigenen Platz eine neue Tribüne. Dadurch verschuldete sich der Verein dermaßen, dass er um ein Haar pleite gegangen wäre.

In den Jahren der Weimarer Republik stieg die Mitgliederzahl rapide an, und in den Dreißigerjahren konnten die Grün-Weißen dank großzügigen Mäzenatentums erstmals auch auf nationaler Ebene auf sich aufmerksam machen. Sie gewannen viermal die »Gaumeisterschaft« von Niedersachsen. Mit Matthias Heidemann – er bestritt insgesamt drei Länderspiele für Deutschland – schaffte 1934 sogar ein Bremer den Sprung in den deutschen WM-Kader.

Nach dem Krieg nahmen die Werderaner an der Meisterschaft in der Oberliga Nord teil, wo sie sich den Ruf eines »ewigen Zweiten« erwarben. Fünfmal in Folge gewannen sie in den Fünfzigerjahren die Vizemeisterschaft, jedes Mal versperrte ihnen der Hamburger SV mit dem großen Uwe Seeler den Platz an der Sonne. Wegen ihrer Launenhaftigkeit wurde die Werder-Equipe mitunter als »Sphinx des Nordens« verspottet. Ein weiterer Spitzname lautete »Texas-Elf«, in Anlehnung an eine Zigarettenmarke, die damals in Mode war. Er rührte daher, dass die meisten Spieler beim Tabakunternehmen Brinkmann arbeiteten. Fußballer waren damals in Deutschland noch dem Amateurideal verpflichtet. Die Vereine durften sie mit maximal 320 Mark im Monat für Aufwand und Spesen entschädigen.

Das Halstuch

Der Mörder ist praktisch immer der Gärtner. Oder doch nicht? Diese Frage beschäftigte im Frühjahr 1962 nicht nur die Leute in Bremen, sondern in ganz Deutschland. Der dreiteilige TV-Krimi »Das Halstuch« war damals der Quotenknüller schlechthin. Dummerweise wurde die letzte Folge dieses Krimis just zu dem Zeitpunkt ausgestrahlt, als Werder im Viertelfinale des Europapokals der Pokalsieger auf Atlético Madrid traf. Um die Zuschauer im Weserstadion nicht unnötig auf die Folter zu spannen, gab man während der Halbzeitpause den Mörder bekannt. In den folgenden Monaten stellte sich dieses Problem dann nicht mehr. Nach einem 1:1 im Hinspiel unterlag Werder in Madrid mit 1:3 und musste im Europapokal die Segel streichen.

Offiziell wurde der Profifußball erst mit der Gründung der Bundesliga im Jahre 1963 eingeführt. Als Nummer zwei im Norden war Bremen in der neuen Liga gesetzt. Zwei Jahre zuvor hatte der Klub mit dem Gewinn des DFB-Pokals seinen bis dahin größten Erfolg feiern können. Werder hatte im Finale den 1. FC Kaiserslautern durch Tore von Willi Schröder und Helmut Jagielski mit 2:0 besiegt.

In der Bundesliga spielte Bremen auf Anhieb vorne mit. 1965 kamen die »Feierabend-Fußballer« (so das Fachmagazin *Kicker*) sogar völlig überraschend zu ihrem ers-

Bremer Bankgeflüster: Trainer Otto Rehhagel gibt Anweisungen, Ersatzmann Manfred Burgsmüller hört artig zu.

ten Meistertitel. Der 61 Jahre alte Gentleman-Trainer Willi (»Fischken«) Multhaup wurde als Meistermacher gefeiert. Mit dem »Eisenfuß« Horst-Dieter Höttges aus Mönchengladbach, der in der Meistersaison zum Nationalspieler aufstieg, und Heinz Steinmann aus Saarbrücken, der schon 1962 sein erstes Länderspiel (damals noch für Essen) bestritten hatte, zog »Fischken« zwei dicke Fische an Land. Zusammen mit Max Lorenz, Sepp Piontek und Helmut Jagielski mischten sie den »Bremer Beton« an. In zwölf Spielen blieb Nationalkeeper Günter Bernard ohne Gegentor; mit nur 54 erzielten Treffern wurde Bremen Meister.

Auf die Vizemeisterschaft von 1968 folgte ein Jahrzehnt, in dem es mit Werder langsam, aber stetig bergab ging. Für eine Million Mark (damals eine unglaublich hohe Summe) kaufte der Klub in den Siebzigerjahren die vermeintlich besten Spieler des Landes zusammen. Der Dortmunder Willi Neuberger sowie die Gladbacher Herbert Laumen, Peter Dietrich und Bernd Rupp sollten die Grün-Weißen zur Meisterschaft schießen. Werder hatte allerdings übersehen, dass die Gladbacher Sturmreihe vor allem dank Günter Netzers genialen Zuspielen geglänzt hatte. Den Spielmacher aber holte Werder nicht. Und so scheiterte das Experiment mit der ersten »Millionen-Elf« der Bundesliga kläglich. Bremen spielte zwar phasenweise oben mit, verpasste am Ende aber jeweils klar den Meistertitel. Der Tiefpunkt dieses Abwärtstrends wurde 1979 mit dem Abstieg erreicht.

Einen Wendepunkt stellte im April 1981 die (erneute) Verpflichtung von Trainer Otto Rehhagel dar. Als Aktiver hatte der Essener insgesamt 201 Bundesligaspiele bestritten, in denen er 22 Tore erzielt hatte – eine ansehnliche Bilanz für einen Defensivmann. Weniger erfolgreich war bis dato allerdings seine Trainerkarriere verlaufen. In Saarbrücken, Offenbach, Bremen (vom 29. Februar 1976 bis 30. Juni 1976), Dortmund, Bielefeld und

Kontrollierte Offensive: Libero Bruno Pezzey schaltete sich oft ins Bremer Angriffsspiel ein. Der Österreicher bestritt 114 Spiele (18 Tore) für Werder.

Düsseldorf war Rehhagel zwar immer erstklassig, aber selten richtig erfolgreich gewesen. Das zweitklassige Bremen holte ihn im Frühjahr 1981 zurück, nachdem der damalige Trainer Kuno Klötzer einen schweren Autounfall erlitten hatte.

Rehhagel führte den Klub zurück ins Oberhaus und in der Saison 1982/83 gleich zur Vizemeisterschaft. Werder erlebte in der Folgezeit anderthalb glanzvolle Jahrzehnte mit unvergesslichen Europacup-Nächten. Erinnert sei an dieser Stelle an die großartigen Spiele gegen Dundee United, Malmö FF, Lokomotive Leipzig, den RSC Anderlecht, Schwarzmeer Odessa, Atlético Madrid, Spartak Moskau, Dynamo Berlin oder die AC Milan.

Verlor selten den Überblick: Marco Bode. Der offensive Allrounder blieb Bremen 13 Jahre lang treu, schlug sämtliche lukrativen Angebote der Konkurrenz aus.

Zwei Spiele bleiben in besonderer Erinnerung. Im Oktober 1987 gab es bei Spartak Moskau eine 1:4-Klatsche. Vierzehn Tage später schaffte Werder das Unmögliche, schlug die Russen mit 6:2 nach Verlängerung. »Der totale Wahnsinn«, meinte Rehhagel. »Das Wunder von der Weser«, titelten die Zeitungen. Ein Jahr später traf Werder im Europapokal der Landesmeister auf Dynamo Berlin, verlor auswärts 0:3. Rehhagel stellte vor dem Rückspiel klar: »Es geht nur noch um die Ehre.« Damit machte er seine Spieler heiß. In einem wahren Spielrausch demontierten sie den DDR-Meister. Bis zur 62. Minute war der Rückstand durch Tore von Michael Kutzop, Günther Hermann und Karl-Heinz Riedle aufgeholt, Manfred Burgsmüller und Thomas Schaaf trafen noch zum 4:0 und 5:0.

Erster Höhepunkt auf nationaler Ebene war der Gewinn der zweiten Deutschen Meisterschaft in der Saison 1987/88. Die Freude war umso größer, weil 1983 und 1986 der Meistertitel nur durch das schlechtere Torverhältnis gegenüber den großen Rivalen HSV und Bayern München verpasst worden war. Auch in den Pokalwettbewerben bewahrheitete sich der Bremer Volksmund, der besagt: »Dreimal ist Bremer Recht«. Das Endspiel um den DFB-Pokal hatte Werder 1989 gegen Borussia Dortmund und 1990 gegen den 1. FC Kaiserslautern verloren. 1991 mussten die Bremer im Endspiel wieder zittern, gewannen aber im Elfmeterschießen gegen den 1. FC Köln doch noch den seit langem angestrebten zweiten Pokalsieg.

Im darauf folgenden Europapokal schafften die Hanseaten den bisher größten Triumph ihrer Vereinsgeschichte. Nach dramatischen Spielen im Viertelfinale gegen Galatasaray Istanbul (2:1, 0:0) und im Halbfinale gegen den FC Brügge (2:0, 0:1) gelang der Einzug ins Endspiel. In Lissabon bezwang Werder die AS Monaco dank Toren von Wynton Rufer und Klaus Allofs mit 2:0. Rehhagel schickte folgende Elf ins Endspiel: Rollmann; Bratseth; Wolter (Schaaf), Borowka; Bockenfeld, Votava, Eilts, Neubarth (Kohn), Bode; Rufer, Allofs.

In der folgenden Bundesliga-Saison avancierte diese Mannschaft zum Bayern-Jäger Nummer eins. Bremen verbrachte den Großteil der Saison in Lauerstellung. Zwei Spieltage vor Schluss sprachen das bessere Torverhältnis und die vermeintlich leichteren Gegner für die Münchner – die Salatschüssel eroberten sich aber die Hanseaten. Mit einem 5:0 gegen den HSV im Weserstadion und einem 3:0 beim VfB Stuttgart wurde das Fernduell gegen Bayern München gewonnen. Bremen stellte zum dritten Mal die beste deutsche Fußball-Mannschaft.

In der *Champions League* verpasste Werder den Einzug ins Halbfinale nur knapp. In Erinnerung bleibt vor allem das Spiel gegen den RSC Anderlecht, als es Bremen gelang, einen 0:3 Rückstand in den letzten zwanzig Minuten in einen 5:3-Sieg umzuwandeln. Parallel dazu stießen die Grün-Weißen im DFB-Pokal bis ins Endspiel vor, das sie gegen den Zweitligisten Rot-Weiß Essen mühe- und glanzlos 3:1 gewannen.

Es war der letzte Titelgewinn der Ära Rehhagel. In der darauf folgenden Saison – 1994/95 – stand Bremen zwar nochmals im Rampenlicht, aber am Ende mit leeren Händen da. Borussia Dortmund machte das Rennen um die Meisterschaft, weil Werder sein letztes Spiel gegen Bayern München vergeigte. Anschließend packte Rehhagel seine Koffer. Sein Wechsel an die Isar hatte schon lange vor dem Saisonende festgestanden.

ERFOLGE

Deutscher Meister: 1965, 1988, 1993.
Deutscher Pokalsieger: 1961, 1991, 1994, 1999.
Europapokal der Pokalsieger: 1992.

Bekannteste Spieler: Aílton – Allofs – Basler – Baumann – Bernard – Beschastnyk – Björnmose – Bode – Borowka – Bratseth – D. Burdenski – H. Burdenski – Burgsmüller – Cardoso – Charisteas –Eilts – Ferner – Gernhardt – Gruber – Hänel – Herman – Herzog – Höttges – Hundt – Júlio César – Júnior Baiano – Kutzop – Labbadia – Lorenz – Matischak – Meier – Micoud – Möhlmann – Neubarth – Okudera – Ordenewitz – Otten – Pezzey – Pfeifenberger – Piontek – Pizarro – Preusse – Ramzy – Rath – Reck – Reinders – Riedle – Röber – Rost – Rufer – Rupp – Sauer – Schaaf – Schröder – Schütz – Sidka – Siegmann – Skripnik – Verlaat – Völler – Votava – Wicky – Wilmovius.
Bekannteste Trainer: Brocker – H. Burdenski – De Mos – Dörner – Gebhardt – Klötzer – Knöpfle – Magath – Multhaup – Piontek – Rebell – Rehhagel – Schaaf – Sidka – Tilkowski – Weber.

»Wir können auch in der Zeit nach Rehhagel unser Niveau halten«, verkündete Präsident Franz Böhmert im Sommer 1995 der Nation. Werders Triumphe waren jedoch mehr mit dem Namen Rehhagel verbunden, als viele an der Nordsee wahrhaben wollten. Obwohl nicht verschwiegen werden darf, dass sie bis zu einem gewissen Grad auch das Produkt eines Teamworks waren, das in der Bundesliga seinesgleichen suchte. Dazu gehörten auch das vorbildliche Management, für das der Name Willi Lemke

Der Albtraum

Es war die vorletzte Minute am vorletzten Spieltag der Bundesligasaison 1985/1986, als Michael Kutzop Anlauf nahm. Der Bremer Verteidiger galt als einer der sichersten Elfmeterschützen der Bundesliga. Ein Treffer Kutzops hätte den Sieg gegen Bayern München und die Meisterschaft für Werder Bremen bedeutet. Doch der Schütze zielte zu genau, traf nur den Pfosten. Für Bremen kam es dann knüppeldick. Durch ein 6:0 gegen Gladbach schlichen sich die Bayern am letzten Spieltag dank der um 9 Treffer besseren Tordifferenz doch noch an den seit dem 2. Spieltag (!) führenden Hanseaten vorbei, die in Stuttgart mit 1:2 verloren. Bremen musste sich zum vierten Mal nach 1968, 1983 und 1985 mit dem wertlosen Titel »Vizemeister« zufrieden geben.

stand, und die seriöse Vereinsführung, für die in erster Linie Präsident Böhmert verantwortlich war.

König Otto war also gegangen, und mit ihm auch der Erfolg. Die Post-Rehhagel-Epoche bezeichneten Optimisten als Phase des Umbruchs. Kritiker hingegen berichteten von einem langsamen, aber stetigen Niedergang. Ob der Holländer Aad de Mos (»Es wird nie was aus diesem Klub«), Dixie Dörner, das Eigengewächs Wolfgang Sidka oder Felix Magath, dessen Entlassung der Schweizer Internationale Raphael Wicky (»Magath ist ein Menschenverachter«) als Freudentag empfunden hatte – all diese Übungsleiter fanden keinen richtigen Zugang zur grün-weißen Familie. Und dementsprechend wurden im Kader auch Neuzugänge gemobbt.

Erst Trainer Thomas Schaaf, der den Trainerjob am 9. Mai 1999 übernommen hatte, gelang es, den Klub wieder in positive Schlagzeilen zu bringen. Schaaf war unter Rehhagel in 262 Bundesligaspielen für Werder die rechte Seite rauf und runter gerannt, hatte danach zwei Jahre die A-Jugend und später fünf Jahre die eigenen Amateure zu modernen Fußballern geschliffen. Nur als Interimscoach vorgesehen, führte er die Bremer aus dem Tabellenkeller und feierte in Berlin die Wiederauferstehung: Sieg im DFB-Pokal-Endspiel gegen Bayern München – etwas Schöneres gibt es nicht im Leben eines Werderaners.

Chance gepackt: Thomas Schaaf war im Mai 1999 nur als Notlösung vorgesehen. Eine Mär ist, dass er zum Lachen in den Keller geht.

Kanoniere als Pioniere

Im 19. Jahrhundert unterwarf England ausgedehnte Gebiete auf der ganzen Welt, vor allem in Afrika und Asien. Als der Erste Weltkrieg ausbrach (1914), umfasste das British Empire rund einen Viertel der gesamten Landfläche der Erde. Die wichtigste Stütze der englischen Macht in den Kolonien war die Armee und die Flotte. Munitions- und Waffenfabriken sowie Werften und Transportunternehmen erlebten eine langjährige Blütezeit.

In der Royal-Arsenal-Fabrik im Süden Londons, wo Munition für die britische Flotte produziert wurde, arbeiteten zahlreiche Männer, die mit ihren Familien aus den Midlands und dem Norden des Landes eingewandert waren. Zwei dieser Immigranten waren Fred Beardsley und Morris Bates. Sie hatten früher bei Nottingham Forest als Profis Fußball gespielt und wollten ihrer Leidenschaft auch in der Hauptstadt freien Lauf lassen. Deshalb trommelten sie zwecks Vereinsgründung einige ebenfalls fußballbegeisterte Arbeitskollegen zusammen. Am 1. Mai 1886 hoben sie den *Dial Square Football Club* aus der Taufe. Der Name verwies auf die Abteilung, in der sie arbeiteten.

Die Vereinsgründer kratzten ein paar Schillinge zusammen, um einen Ball zu kaufen. Beardsley und Bates besorgten sich über ihren ehemaligen Klub einen Satz Trikots. An Weihnachten 1886 bekam der Verein einen neuen Namen: *Royal Arsenal Football Club Woolwich*. Unter dieser Bezeichnung etablierte er sich rasch in der Londoner Fußball-Szene. 1890 gewann Arsenal seine erste Trophäe, den *London Charity Cup*. Das Endspiel gegen Old Westminsters lockte 10 000 Zuschauer auf den Manor Ground.

Arsenal hatte große Ziele. Deshalb wurde 1891 die Einführung des Profifußballs beschlossen, so wie es bei den Klubs im Norden des Landes seit Jahren gang und gäbe war. Die *London Football Association* tolerierte dies jedoch nicht und suspendierte den *Woolwich Arsenal FC* – so hieß der Verein nun – umgehend vom lokalen Spielbetrieb. Zwei Jahre lang konnten Arsenals Profis deshalb nur Freundschaftsspiele (insgesamt 113) bestreiten. Die Erlösung brachte eine Umstrukturierung der nationalen *Football League*, die mit der neu geschaffenen *Second Division* einen Unterbau erhielt. 1893 nahm Arsenal den Spielbetrieb in der zweiten Liga auf. Gleichzeitig wurde der Verein in eine Aktiengesellschaft umgewandelt und hieß fortan *Woolwich Arsenal Football and Athletic Company Ltd.*

ARSENAL FOOTBALL CLUB LONDON
Gründungsdatum: 1. Mai 1886.
Anschrift: Arsenal London, Avenell Road, Highbury, London N5 1BU, Great Britain.
Internet: www.arsenal.co.uk.
Stadion: Highbury Park, Fassungsvermögen: 38 500 Zuschauer.
Vereinsfarben: Rot und Weiß.

Auf einem soliden Fundament stand der Klub aber immer noch nicht; 1910 ging er pleite. Auf den Trümmern von Woolwich Arsenal wurde der *Arsenal Football Club London* gegründet, der seine Heimspiele ab 1913 im Highbury-Stadion austrug. Als der

Spielbetrieb nach dem Ersten Weltkrieg neu lanciert wurde, durfte Arsenal in der *First Division* mitmachen. Seitdem sind die *Gunners* (»Kanoniere«) nie mehr aus der höchsten Spielklasse abgestiegen. Auf eine so lange, ununterbrochene Erstliga-Zugehörigkeit kann kein anderer englischer Klub zurückblicken.

In der Zwischenkriegszeit begann Arsenals Aufstieg zu einem der stärksten Teams der Welt, was in erster Linie ein Verdienst von Herbert Chapman war. Er gilt als der erste moderne Trainer des britischen Fußballs, ein Wegbereiter für zukünftige Autoritäten wie Matt Busby, Bill Shankly oder Alex Ferguson.

Chapman übernahm 1920 die Betreuung des Provinzklubs Huddersfield Town. Innerhalb kürzester Zeit krempelte er die Mannschaft nach seinen Vorstellungen um, mit dem Resultat, dass Huddersfield 1922 den Pokal und von 1924 bis 1926 dreimal in Serie die Meisterschaft gewann. Bis dato war noch keinem englischen Klub ein Titel-Hattrick gelungen.

Der Sohn eines Grubenarbeiters aus Yorkshire musste also niemandem mehr etwas beweisen, als er 1925 seine Arbeit bei Arsenal aufnahm. Damals hatte die FIFA gerade die Abseitsregel neu definiert. Zwischen dem vordersten Angreifer und der Torlinie mussten sich fortan nur noch zwei statt wie bisher drei Verteidiger (inklusive Torwart) aufhalten. Diese Regel führte zu einer Torinflation. Hatte sich Huddersfield 1925 die Meisterschaft mit einem Torverhältnis von 69:28 gesichert, so lautete die Bilanz 1926 bei der erfolgreichen Titelverteidigung 92:60 Tore. Gesamthaft stieg die Trefferzahl innerhalb eines Jahres von 4700 auf 6373 an.

Chapman tüftelte eine Taktik aus, mit der es ihm gelang, diese Torflut zu stoppen. Das so genannte WM-System wurde für die nächsten drei Jahrzehnte zum taktischen Sakrament: Drei Verteidiger, zwei Außenläufer (die in ihrer Anordnung auf dem Platz ein »M« bildeten), zwei zurückhängende Innenstürmer und drei Sturmspitzen, die zusammen ein umgekehrtes »W« ergaben.

Die Neuheit bestand darin, dass der Mittelläufer, der bis dahin in allen Systemen offensiv ausgerichtet gewesen war, nun zu einem Abwehrturm umfunktioniert wurde. Er wurde zwischen den beiden bereits vorhandenen Verteidigern postiert und musste den gegnerischen Mittelstürmer aus dem Verkehr ziehen. Von diesem Moment an gab es in praktisch jeder Elf einen Abwehrspieler mehr. Das WM-System war somit auch die Geburt der Manndeckung. Chapmans erster Stopper war ein rothaariger Hüne namens Herbie Roberts. Ein anderer Abwehrrecke war George Male, der zwischen 1930 und 1948 318 Pflichtspiele für Arsenal bestritt und dabei das Kunststück fertig brachte, keinen einzigen Treffer zu erzielen.

Chapman war in jeder Beziehung ein moderner Trainer. Er wusste, dass ein Klub viel Geld in die Hand nehmen muss, um Erfolg zu haben. Dank seinen Überzeugungskünsten gelang es ihm, dies auch dem Vereinsboss, Sir Henry Norris, klar zu machen. Für horrende Summen konnte Chapman, der 2000 Pfund im Jahr verdiente, die Mannschaft nach seinen Vorstellungen sukzessive verstärken. In seinen acht Jahren bei Arsenal sollte er insgesamt 101 400 Pfund für neues Personal ausgeben – seinerzeit ein gigantischer Betrag.

Den Anfang machte Charlie Buchan. Sunderland forderte 1925 für den bereits 34-jährigen Stürmer eiskalt 4000 Pfund. »Buchan garantiert euch 20 Tore pro Saison«, argumentierten Sunderlands Direktoren. Chapman nahm sie beim Wort und handelte einen Deal aus: 2000 Pfund in bar und weitere 100 Pfund für jeden Treffer, den Buchan im Arsenal-Dress erzielt. Der Veteran traf exakt zwanzig Mal ... Neben Buchan hatte Chapman auch noch Schlussmann Bill Harper verpflichtet. Für den schottischen Nationaltorwart überwiesen die Londoner 5000 Pfund an Hibernian. Das Resultat dieser Transferaktivitäten war, dass Chapman den Mittelfeldklub Arsenal auf Anhieb zur Vizemeisterschaft führte.

Stars, aber keine Vorbilder

Sicherlich not amused war die Klubführung über das Benehmen von einigen Arsenal-Stars in den Neunzigerjahren. Nationalspieler Paul Merson gab 1994 öffentlich zu, dem Alkohol, dem Kokain und der Spielleidenschaft verfallen zu sein. Zwei Jahre später schockte Abwehrchef und Nationalmannschafts-Captain Tony Adams (er bestritt über 500 Ligaspiele für Arsenal) die Nation mit seinem Geständnis, ein Alkoholiker zu sein. 1995 hatte schon David Hillier für negative Schlagzeilen gesorgt. Er wurde wegen Gepäckdiebstahls auf dem Londoner Flughafen Gatwick und wegen Handelns mit gestohlenen Kreditkarten verhaftet. Im gleichen Jahr landete auch sein Mitspieler Ray Parlour in einer Gefängniszelle. Nach einem Abend mit einem Bierkonsum von knapp sieben Litern hatte er in Hongkong den Taxichauffeur während der Fahrt unentwegt mit chinesischen Keksen beworfen.

Chapman sondierte auch in der Folgezeit den Spielermarkt. Ein Wunschkandidat war 1928 David Jack, der Angreifer der Bolton Wanderers. Bolton, das aus naheliegenden Gründen kein Interesse daran hatte, sich von seinem Star zu trennen, forderte 13 000 Pfund. Das war doppelt so viel wie die bisherige Höchstsumme, die Sunderland für Bob Kelly hingeblättert hatte. Doch Chapman ließ sich nicht abschrecken und handelte die Summe auf immer noch stolze 10 890 Pfund herunter: Jack schoss seine Tore fortan für Arsenal. Ein Jahr später ging Chapman erneut auf Einkaufstour. Diesmal war das Objekt der Begierde der schottische Nationalspieler Alex James von Preston North End. Arsenal bekam ihn für 8750 Pfund.

Wegen diesen teuren Transfers wurde Arsenal als *Bank of England Club* verspottet, Chapman handelte sich den Spitznamen *Moneybag* (»Geldsack«) ein.

Bei seinem Amtsantritt hatte Chapman angekündigt, dass er fünf Jahre benötigen werde, um mit Arsenal den ersten Titel zu erringen. Sein Team hielt sich an diesen Zeitplan, wenn auch nicht ganz freiwillig. 1927 patzte Torhüter Dan Lewis im Pokalfinale, Arsenal verlor 0:1 gegen Cardiff City. Drei Jahre später war Chapman am Ziel seiner Träume: Arsenal gewann seine erste Trophäe. Im Pokalfinale schossen die *Gunners* den Favoriten Huddersfield mit seinen sieben Nationalspielern ab (2:0).

Chapman kannte den Gegner natürlich bestens. Seinem Verteidiger Young Hapgood – ein aufsässiger Wadenbeißer à la Berti Vogts – hatte er eingebläut, den stets gefährlichen Alex Jackson keine Sekunde aus den Augen zu lassen. So setzte er den Schlüsselspieler des Gegners matt. In der Offensive wirbelte Arsenals legendäre Sturmreihe mit Joe Hulme, David Jack, Jack Lambert, Alex James und Cliff Bastin. James (17.) und Lambert (83.) trugen sich in die Torschützenliste ein.

Dieses Endspiel ging noch aus zwei anderen Gründen in die Geschichte ein. Zum einen durften nach dem Schlusspfiff erstmals die Akteure beider Teams die königliche Loge besuchen. Zum anderen kreiste während des Spiels das deutsche Luftschiff *Graf Zeppelin* über dem Wembley-Stadion, weshalb Historiker auch vom »Zeppelin-Finale« sprechen.

Der Cup-Triumph war der Beginn der großen Arsenal-Epoche mit fünf Meisterschaften innerhalb von acht Jahren (1931, 1933, 1934, 1935, 1938) und einem weiteren Pokalsieg (1936). In einem Freundschaftsspiel entzauberte Arsenal 1933 sogar Österreichs Wunderteam und siegte in London mit 4:2. Das WM-System wurde rasch von anderen Mannschaften übernommen. Für eine taktische Revolution sorgten erst wieder die Brasilianer, die 1958 mit ihrer 4-2-4-Aufstellung den Weltmeistertitel eroberten.

Chapman setzte jedoch nicht nur auf dem Rasen neue Maßstäbe. Seit 1932 hat Arsenal eine eigene U-Bahn-Haltestelle. Der umtriebige Manager brachte es fertig, dass die Londoner Stadtverwaltung einer Umbenennung der *Gillespie Road* in *Arsenal Station* zustimmte. Ferner gelang es Chapman, bei der BBC das Interesse für den Fußball zu wecken. Mit Arsenal gegen Sheffield wurde 1927 erstmals ein Spiel live im Radio übertragen. Bei der ersten Direktübertragung eines Fußball-Spiels im Fernsehen, zehn Jahre später, flimmerten dann gleich zwei Arsenal-Teams über den Bildschirm: Die Stammelf spielte gegen die Reservemannschaft.

Chapman war es allerdings nicht vergönnt, diese Premiere mitzuerleben. Er starb am 6. Januar 1934 an einer Lungenentzündung im Alter von 55 Jahren. Chapman war bis zu seinem Tod für Arsenal im Einsatz. An Neujahr beobachtete er ein Amateurspiel in Bury, tags darauf sah er sich in Sheffield den nächsten Meisterschaftsgegner an. Obwohl ihm der Arzt wegen Fieber strikte Bettruhe verordnet hatte, war Chapman zwei Tage später in Guildford, wo Arsenals Reserveteam ein Spiel bestritt. Als er sich endlich eine Pause gönnte, war es bereits zu spät. Arsenal lag zu diesem Zeitpunkt in der Tabelle auf Rang eins.

Chapman hinterließ ein äußerst solides Konstrukt. Sein Nachfolger, George Allison, führte Arsenal 1934, 1935 und 1938 zum Titelgewinn. Allison wiederum übergab nach dem Zweiten Weltkrieg das Kommando seinem langjährigen Assistenten Tom Whittaker, unter dessen Führung 1948 und 1953 nochmals zwei Meisterschaften errungen werden konnten. Als Allison 1956 starb, war eine große Epoche endgültig zu Ende. Für längere Zeit wurde es ruhig an der Avenell Road. Das WM-System lande-

Ausgeladen

Arsenal hat im Herbst 2001 dem saudiarabischen Terroristenführer Osama bin Laden offiziell ein Stadionverbot erteilt. Grund für den unüblichen Schritt war die Publikation einer Biographie, in welcher bin Laden als Fan der Gunners enttarnt wurde. Dem Buch zufolge saß er 1994 bei zwei Europacup-Spielen im Highbury-Stadion. Zudem soll er seinem ältesten Sohn ein Arsenal-Trikot (mit der Kanone im Wappen) gekauft haben.

te auf dem Müllhaufen der Geschichte. Den nächsten Triumph konnten die Fans 1970 feiern, als Arsenal seine erste internationale Trophäe errang. Das erste Endspiel um den UEFA-Cup hatte das Team von Trainer Bertie Mee in Brüssel gegen den RSC Anderlecht mit 1:3 verloren. Dass der Ehrentreffer von Ray Kennedy die Entscheidung herbeiführen würde, konnte damals noch niemand ahnen. Denn im Rückspiel zwei Wochen später im Highbury Park siegte Arsenal mit 3:0. Eddie Kelly, John Radford und John Sammels trafen.

In der Champions League geriet Arsenal häufig aus dem Tritt: Hier bringt Leverkusens Neuville Verteidiger Sol Campell in Schwierigkeiten.

Das war sozusagen die Vorspeise. Das Hauptgericht wurde in der folgenden Saison serviert und war eine Delikatesse: Arsenal, das die Meisterschaft im Jahr zuvor auf dem 12. Rang beendet hatte, gewann das Double. In der Meisterschaft wurde Leeds United um einen Zähler distanziert, im FA-Cup-Finale besiegten die *Gunners* den FC Liverpool mit 2:1 nach Verlängerung. Arsenal musste sich allerdings den Vorwurf gefallen lassen, selten geglänzt zu haben. Im Europapokal der Landesmeister deckte Ajax Amsterdam die Schwächen der Zweck-Fußballer schonungslos auf: Arsenal verlor im Viertelfinale mit 2:1 und 1:0.

Eine bemerkenswerte Pokalserie legte die Mannschaft Ende der Siebzigerjahre hin, als sie sich 1978, 1979 und 1980 dreimal in Folge für das Endspiel um den FA-Cup qualifizierte. Gegen Ipswich und West Ham verlor Arsenal zweimal mit 0:1, gegen Manchester United gewann man 1979 mit 3:2.

Auch auf der europäischen Bühne wurden Jennings, Brady, O'Leary, Stapleton und Co. ihrem Ruf als Pokalschreck vollauf gerecht. Im Endspiel kamen aber einmal mehr die offensiven Schwächen und die Angst vor der eigenen Courage zum Vorschein. Allerdings brachte auch Gegner Valencia in der regulären Spielzeit keinen Treffer zustande. Im Elfmeterschießen versagten Liam Brady und Graham Rix. 5:4 gewannen die Spanier das Endspiel, von dem kein einziger Spielzug in Erinnerung geblieben ist.

Den Ruf einer langweiligen Spielweise zementierte Arsenal ab 1986, als Manager George Graham (er war 1971 als Aktiver beim Double-Gewinn dabei gewesen) das sportliche Kommando übernahm. 1:0 lautete fortan das Standardresultat, erzielt mit defensiver Disziplin, Warten auf gegnerische Fehler und Rückzug nach eigenem Torerfolg. Die Arsenal-Fans stimmten dann ihren Schlachtgesang an (»*One-nil to the Ar-*

senal«), während die gegnerischen Anhänger ihrem Frust mit »*Boring Arsenal*«-Rufen Luft machten. Kern der Mannschaft bildete die Abwehr um Torhüter David Seaman und der Viererkette mit Lee Dixon, Tony Adams, Martin Keown und Nigel Winterburn.

Arsenal praktizierte unter Graham einen typisch britischen Hauruck-Fußball, und zwar durchaus erfolgreich: 1989 und 1991 Meister, 1993 FA-Cup-Sieger. Höhepunkt war der Sieg im Europapokal der Pokalsieger, als sich Arsenal mit 1:0 gegen Titelverteidiger Parma aus Italien durchsetzte. Als einziger Torschütze konnte sich – wie so oft – der Angreifer mit dem Allerweltsnamen Alan Martin Smith (115 Tore in 347 Spielen) feiern lassen.

Ein Jahr später – am 10. Mai 1995 – stand Arsenal erneut im Endspiel um den mittlerweile abgeschafften Europapokal der Pokalsieger. 1:1 stand es gegen Real Saragossa bis kurz vor Ende der Verlängerung, als der Marokkaner Nayim mehr aus Verzweiflung denn aus Überzeugung von der Mittellinie abzog und Torhüter Seaman mit einem Heber aus über vierzig Metern überlistete: 2:1 für Saragossa. Arsenals Nimbus als Pokal-Elf war dahin.

Das Arbeitsverhältnis zwischen Arsenal und Graham wurde im Sommer 1995 nach neunjähriger Zusammenarbeit abrupt beendet, als sich herausstellte, dass der Trainer sein Gehalt durch Transfer-Beteiligungen aufzubessern pflegte. Weil er bei den Transfers der beiden Dänen Pal Lydersen und John Jensen umgerechnet rund 600 000 Euro an Provisionen kassiert haben soll, sperrte ihn die FIFA weltweit für ein Jahr.

Als Glücksgriff erwies sich das Engagement des französischen Trainers Arsène Wenger, der Arsenal 1998 zum Double führte. Die Londoner Medien, die den zuvor in Japan tätigen Fußball-Lehrer mit den Worten »*Arsène who?*« begrüßt und verspottet hatten, titelten nun: »*From Zero to Hero*«. Wengers Erfolg leitete die Tendenz zu mehr Ausländern in der *Premier League* ein.

In den folgenden Jahren stand jedoch immer wieder der Seriensieger Manchester United Wengers Team vor der Sonne. Arsenal haftete der Ruf des »ewigen Zweiten« an. Auch im Europacup gewann die Equipe nichts, außer Schönheitspreise und Platz zwei im UEFA-Pokal 2000. Die relative Erfolglosigkeit lag nicht zuletzt daran, dass es Wenger lange Zeit nicht

Arsenals Erfolge der Neuzeit sind eng mit seinem Namen verknüpft: Torjäger Thierry Henry.

gelang, die alternden Abwehrrecken Seaman, Adams und Dixon rechtzeitig und adäquat zu ersetzen. Dabei hatte Arsenal jede Menge kostspielige Transfers getätigt und hochkarätige Spieler wie Bergkamp, Overmars, Suker, Petit, Vieira, Anelka, Kanu, Wiltord, Pires, Henry, Ljungberg, Campbell oder Luschny ins *Highbury Stadion* gelockt.

Als die erwarteten Erfolge ausblieben, rechnete der *Observer* Wenger deshalb im Herbst 2001 das Minus von 51 Millionen Euro in der Transferbilanz vor. Wenige Monate später warf ihm der *Independent* gar ein »zerstörerisches Fehlen moralischer Führungsqualitäten« vor. Anlass für diese massive Kritik war die Strafenbilanz: Diese umfasste zwischen Oktober 1996 (Wengers Arbeitsbeginn) und Januar 2002 immerhin 44 Platzverweise für Arsenal-Spieler. Wengers Mannschaft bewegte sich zwischen Genie und Wahnsinn.

Um so größer war die Genugtuung für den Elsässer, dass sich seine Equipe im Frühling 2002 von der besseren Seite zeigte. Im Pokalfinale bezwang sie Lokalrivale Chelsea mit 2:0. Fünf Tage später sicherte sie sich auch noch die Meisterschaft. Ausgerechnet ein 1:0-Sieg im Old Trafford gegen Manchester United brachte die Entscheidung. Es war Arsenals drittes Double nach 1971 und 1998. Wenger verkündete anschließend selbstbewusst: »Wir wollen der größte Verein der Welt werden.«

Bei manch anderer Fußball-Firma müsste man von Größenwahn sprechen, doch im Falle der Londoner sind diese Worte nicht ganz unberechtigt. Arsenal steht in den nächsten Jahren ein Umbruch bevor, nicht nur was die Mannschaft, sondern auch was die Infrastruktur betrifft. Im heruntergekommenen Industrieviertel Ashburton Grove, nur 800 Meter vom altehrwürdigen Highbury entfernt, plant der Klub für rund 300 Millionen Pfund eine neue, über 60 000 Zuschauer fassende Arena, in der er ab 2005 seine Heimspiele austragen will. Kommentar Wenger: »Wenn man sich das Potenzial des Vereins mit dem neuen Stadion betrachtet, sollte man sich nicht damit begnügen, zweitbester Klub der Welt zu sein.«

ERFOLGE:
Englischer Meister: 1931, 1933, 1934, 1935, 1938, 1948, 1953, 1971, 1989, 1991, 1998, 2002.
Englischer Pokalsieger: 1930, 1936, 1950, 1971, 1979, 1993, 1998, 2002, 2003.
Englischer Ligapokal-Sieger: 1987, 1993.
Europacup der Pokalsieger: 1994.
UEFA-Pokal: 1970.

Bekannteste Spieler: Adams – Anderson – Anelka – Ashcroft – Ball – Barnes – Bastin – Bergkamp – Bowden – Bowen – Brady – Campbell – Charles – Crayston – Daniel – Devine – Dickson – Dixon – Docherty – Drake – Eastham – Fitchie – Forbes – Gilberto – Graham – Grimandi – Hapgood – Harper – Haverty – Helder – Henderson – Henry – Herd – Hulme – Inamoto – Jack – James – Jenkins – Jensen – John – Jones – Kanu – Kelsey – Kennedy – Keown – Lauren – Limpar – Ljungberg – Luschny – Magill – Male – Manninger – Mariner – McClelland – McCullough – McNab – Merson – Moss – Neill – Nelson – O'Flannagan – O'-Leary – Overmars – Parlour – Petit – Pires – Platt – Quinn – Rice – Rix – Roberts – Rocastle – Sansom – Scott – Schwarz – Seaman – Silvinho – Smith – Stapleton – Storey – Suker – Thomas – Trapscott – Thomas – Toner – van Bronckhorst – Vieira – Wiltord – Winterburn – Wright – Woodcock.
Bekannteste Trainer: Allison – Chapman – Crayston – Graham – Howe – Mee – Neill – Rioch – Swindin – Wenger – Whittacker – Wright.

Rot wie der Wein, blau wie der Himmel

The sight of such labours and burgeoning construction,
Beauteous result of that exquisite function,
As ton and as ton of brick
From deepest sunset orange to plain manilla,
Were assembled forsooth,
To createth a villa.

Als William Shakespeare dieses Gedicht verfasste, war Aston ein Weiler und weit entfernt von Birminghams Stadtkern. Während der Industrialisierung entstanden in Aston Arbeitersiedlungen, kleine Fabriken und Handwerksbetriebe. Aus der einstigen Landgemeinde wurde 1903 ein Vorort der unbändig wachsenden Stadt. Seit 1911 gehört Aston zu Birmingham. Zu diesem Zeitpunkt war der Fußball-Klub Aston Villa bereits weit über die Midlands hinaus ein Begriff.

Gegründet wurde Aston Villa im Winter des Jahres 1874 von Mitgliedern des Cricket-Klubs *Villa Cross Wesleyan Chapel*. Dieser wiederum war 1872 ins Leben gerufen worden. Um die Wintermonate zu überbrücken, wurde zwei Jahre später die Schaffung einer Fußball-Abteilung beschlossen. Die Bezeichnung *Aston Villa* soll auf das eingangs zitierte Gedicht des englischen Nationaldichters Shakespeare zurückgehen. Legenden ranken sich auch um die Wahl der Klubfarben: weinrot und himmelblau. Das Bordeaux-Rot soll den Wein symbolisieren, den sich die Spieler nach dem Schlusspfiff jeweils genehmigten. Für einen Trinkspruch hoben sie die Gläser in die Höhe, wodurch im Hintergrund das Blau des Himmels zu sehen war.

ASTON VILLA FOOTBALL CLUB
Gründungsjahr: 1874.
Anschrift: Aston Villa FC, Villa Park, Trinity Road, Birmingham, B6 6HE, Great Britain.
Internet: www.astonvialla-fc.co.uk
Stadion: Villa-Park, Fassungsvermögen: 39 217 Zuschauer.
Vereinsfarben: Rot und Blau.

In Birmingham wurde Fußball nicht nur nach Feierabend und in der Freizeit praktiziert. Die tiefe gesellschaftliche Verankerung des Spiels ist unter anderem auf die Förderung durch die Elementarschulen zurückzuführen. Einige junge Lehrer, die das Spiel an den elitären Gymnasien und Universitäten kennengelernt hatten, unterrichteten es anfangs nach Schulschluss. Schon bald einmal wurde Fußball in den offiziellen Stundenplan aufgenommen. Da das Spiel keine soziale Schranken kannte, konnten es auch mittellose Arbeiterkinder problemlos ausüben. Dieses Gleichheitsprinzip, verbunden mit dem Team- und Fairplay-Gedanken, wurde als pädagogisch wertvolle Erfahrung betrachtet. 1882 gab es in Birmingham bereits 23 Schul-Fußball-Vereine mit über tausend Mitgliedern.

Schottische Immigranten, die in England Arbeit suchten, trugen viel zur Entwicklung des Spiels bei. Einer dieser Gastarbeiter war George Ramsay (1855 – 1935). Er kam 1871 nach Birmingham und schloss sich Aston Villa an, das unter seiner Regie zum besten Team der Stadt avancierte. Bei der Gründung der ersten Fußball-Liga der Welt – sinnigerweise *Football League* genannt – am 17. April 1888 im *Royal Hotel* in Manchester waren auch die *Villans* dabei, die seit drei Jahren eine Profimannschaft unterhielten. Aston Villa beendete die erste Saison in der nationalen Meisterschaft hinter Preston North End auf dem zweiten Platz.

Die Sensation ist perfekt: Stolz präsentiert Kapitän Denis Mortimer den Europapokal der Landesmeister. Aston Villa bezwang Favorit Bayern München mit 1:0.

Die große Zeit von Aston Villa begann 1894. Bis zur Jahrhundertwende gewannen die Rot-Blauen fünf Meistertitel und zwei Pokalsiege. Während auf dem Kontinent noch kaum jemand wusste, was Fußball war, strömten in Birmingham damals im Schnitt schon 33 000 Zuschauer zu den Spielen in den *Villa Park*, seinerzeit eines der sichersten und zugleich schönsten Stadien Englands.

Das Pokalfinale von 1895 zwischen Aston Villa und Lokalrivale West Bromwich Albion lockte bereits eine Rekordkulisse von 42 000 Zuschauern an. Das Wembley-Stadion gab es damals noch nicht! Austragungsort des Endspiels war der Londoner Crystal Palace. Durch ein Tor von Kapitän John Devey – erzielt nach 40 Sekunden – konnte sich Aston als Pokalsieger feiern lassen. Die Freude währte aber nur kurz. Der Klub lieh die Trophäe zum Ausstellen an ein lokales Sportgeschäft aus. Dort wurde sie aus dem Schaufenster gestohlen und seitdem – trotz einer ausgesetzten Belohnung von zehn Pfund – nie mehr gesehen. 1958 »gestand« der damals 83-jährige Villa-Fan Harry Burge den Diebstahl. Burge war zwar als Kleinkrimineller stadtbekannt. Da er aber keine Angaben über den Verbleib der Trophäe machen konnte, ist ein dickes Fragezeichen hinter den Wahrheitsgehalt seiner »Enthüllung« zu setzen.

Aston Villa sorgte aber nicht nur wegen des Diebstahls der Originaltrophäe für Schlagzeilen, sondern auch wegen teuren Spielertransfers. Nach dem Pokalfinale von 1892 wurde die Mannschaft mit Willie Groves und John Reynolds von West Bromwich verstärkt. 100 beziehungsweise 40 Pfund kosteten die beiden Spieler. Nach dem Sieg von 1895 machten die *Villans* schon 250 Pfund für die Verpflichtung von Nationalspieler und Abwehrchef Jimmy Crabtree vom FC Burnley locker. Gar 350 Pfund forderte das benachbarte Small Heath für die Dienste von Fred Wheldon – Aston bezahlte die Summe.

Der ehemalige Spieler Ramsay kümmerte sich damals als Direktor vollamtlich um die Geschäfte des Klubs. Als Aston Villa diese Stelle im Juni 1886 ausgeschrieben hatte, waren über 150 Bewerbungen eingegangen. Ein Sekretariat war bitter nötig, allein schon, um den zahlreichen Fans eine Anlaufstelle bieten zu können. Beim Pokalfinale von 1913 wurden 120 081 Zuschauer gezählt. Sie sahen, wie Aston Villa Sunderland durch ein Tor von Tom Barber mit 1:0 bezwang.

Reif für die Insel: Der Bayer Thomas Hitzlsperger wanderte nach seinem starken Auftritt bei der U-17-WM 1999 in Neuseeland nach England aus, schaffte wenig später bei Aston Villa den Durchbruch in der Premier League.

Gute Geschichten haben immer ein Ende. So auch die von Aston Villa. Die Rot-Blauen verabschiedeten sich nach dem Ersten Weltkrieg langsam aber kontinuierlich aus dem Rampenlicht. 1936 stieg der sechsfache Meister und Pokalsieger erstmals aus der höchsten Spielklasse ab. 1957 gab es ein kurzes Zwischenhoch, als nach einer langen Durststrecke wieder einmal der FA-Cup gewonnen werden konnte (2:1 gegen Manchester United). Doch in den folgenden zwei Jahrzehnten verschwand Aston Villa wieder in der Bedeutungslosigkeit und machte lediglich durch den Gewinn des Ligapokals in den Jahren 1961, 1975 und 1977 auf sich aufmerksam.

Die englischen Klubs dominierten zwischen 1977 und 1985 die Europacup-Wettbewerbe wie kein Land zuvor. Trotzdem wurde den Herren Rimmer, Swain, McNaught, Evans, Williams, Bremner, Mortimer, Cowans, Shaw, White und Morley kaum ein Chance eingeräumt, als sie im Finale des Europacups der Landesmeister 1982 in Rotterdam auf Bayern München trafen. Aston Villa, im Jahr zuvor erstmals seit 71 Jahren wieder englischer Meister geworden, musste bereits in der 10. Minute den angeschlagenen Torhüter Jimmy Rimmer ersetzen. Für ihn stellte sich Nigel Spink zwischen die Pfosten; es war erst der zweite Einsatz des Ersatztorwarts überhaupt! Nicht nur deshalb »sahen die Deutschen wie der sichere Sieger aus«, wie der *Guardian* anderntags schrieb. Doch dann kam die 67. Minute, und Stürmer Peter White schloss einen Konter der

Engländer zum 1:0 ab. Der Europapokal-Sieg war mindestens eine ebenso große Überraschung wie der Meistertitel im Jahr zuvor.

Aston Villa hatte in Windeseile den Gipfel des europäischen Fußballs erklommen und erlebte danach einen tiefen Fall, der erst nach dem Abstieg in die zweithöchste Spielklasse gestoppt werden konnte. Dort übernahm Graham Taylor den Klub. Er schaffte den Wiederaufstieg und führte Aston Villa 1990 zur Vizemeisterschaft hinter dem FC Liverpool. Der englische Verband wurde auf die Qualitäten Taylors aufmerksam und betraute ihn mit der Nachfolge von Nationaltrainer Bobby Robson.

Säcke und Regenschirme

West Bromwich Albion heißt der Stadtrivale von Aston Villa. Der 1878 gegründete Klub war ebenso wie Aston ein Gründungsmitglied der Football League und gewann einmal die Meisterschaft (1920) und fünfmal den FA-Cup. Den Spitznamen Baggies (Säcke) erhielt West Bromwich, weil die ersten Trikots für die Spieler viel zu groß gewesen waren. Bei Aston Villa legte man weit mehr Wert auf ein elegantes Auftreten. Vom legendären Rechtsaußen Charles Athersmith wird berichtet, dass er einmal ein ganzes Spiel mit einem Regenschirm bestritten hat, um seine gepflegte Frisur nicht dem Regen aussetzen zu müssen ...

Nach einem kurzen Intermezzo mit dem Tschechen Josef Venglos übernahm Ron Atkinson das Zepter. Zwar wurde der Klub 1993 wieder nur Vizemeister, dafür gelang 1994 im Finale des Liga-Cups ein überraschender 3:1-Sieg gegen den haushohen Favoriten Manchester United. Es ist dies die bisher letzte Trophäe, die der Verein in seine Vitrinen stellen konnte. Wichtiger aber ist, dass die Berg- und Talfahrt gestoppt wurde. Aston Villa beendete in der zweiten Hälfte der Neunzigerjahre die Meisterschaft stets im einstelligen Bereich der Tabelle und qualifizierte sich regelmäßig für den UEFA-Pokal.

Vieles deutet darauf hin, dass die Erfolgsgeschichte des in England sehr populären Traditionsvereins auch im neuen Jahrtausend eine Fortsetzung findet.

ERFOLGE:

Englischer Meister: 1894, 1896, 1897, 1899, 1900, 1910, 1981.
Englischer Pokal-Sieger: 1887, 1895, 1897, 1905, 1913, 1920, 1957.
Englischer Ligapokal-Sieger: 1961, 1975, 1977, 1994, 1996.
Europacup der Landesmeister: 1982.

Bekannteste Spieler: Aitken – Allen – Alpay – Ángel – Athersmith – Bache – Balaban – Barson – Blair – Blanchflower – Brawn – Broome – Brown – Cowan – Cowans – Crabtree – Crowe – Cummings – Deacy – De Bilde – Devey – Dixon – Dorrell – Dougan – Dublin – Ehiogu – Evans – Ford – Gardner – George – Gibson – Ginola – Gray – Hadji – Hampton – Hardy – Hitchens – Hodgetts – Houghton – Hunter – Leake – Lowe – Little – Lochhead – Lynn – Martin – Massie – McGrath – McParland – Mellberg – Merson – Milosevic – Morley – Mortimer – Moss – Nicholl – Philipps – Platt – Powell – Ramsay – Rioch – D. Saunders – Schmeichel – Six – Smart – Spencer – Southgate – Spink – Staunton – Tate – Thompson – Townsend – Vassell – Vaughton – Walker – Wallace – Waring – Wheldon – Withe – Yorke.
Bekannteste Trainer: Atkinson – Barton – Crowe – Cummings – Docherty – Gregory – Hougthon – Little – Martin – Massie – Mercer – R. Saunders – Taylor – Turner – Venglos.

Fußball als Religion

Lebten im Jahre 1801 auf der britischen Insel 8,9 Millionen Einwohner, so waren es fünfzig Jahre später bereits deren 17,9 Millionen. Diese Bevölkerungsexplosion war eine Folge der Industrialisierung und führte in den unkontrolliert wachsenden Städten zu katastrophalen Lebensbedingungen. Die methodistische Kirche hatte es sich schon früh zur Aufgabe gemacht, in den Arbeitervierteln der Industriezentren aktiv zu werden. Sie verschrieb sich vorab dem Kampf gegen die Alkohol- und Wettleidenschaft. Als Alternative wurde Sport, vorab das Fußball-Spiel, propagiert.

Mit Vereinsgründungen versuchte die Kirche, in der Arbeiterschaft verlorenes Terrain gut zu machen. Denn wegen dem Elend und der Armut in den Städten wandten sich viele Arbeiter sozialradikalen Ideen zu. In der Frühzeit des englischen Fußballs ging bei jeder vierten Klubgründung die Initiative von Kirchenmännern aus. Einer war Referend Chambers, der 1878 in Liverpool das *Sunday School Team of St. Domingo Congregational Church* ins Leben rief. Weil sich dieser Mannschaft nach und nach auch Jugendliche anschlossen, die mit der Kirche nichts am Hut hatten, wurde im November 1879 eine Namensänderung beschlossen. Der Verein nannte sich fortan nach dem Stadtviertel, in dem er beheimatet war: *Football Club Everton*.

Everton kickte anfangs nur gegen andere lokale Teams, das allerdings ziemlich erfolgreich. Schon in den Gründerjahren wohnten den Spielen um die Meisterschaft der Region Lancashire oder um den *Liverpool Cup* regelmäßig zwischen 2000 und 3000 Zuschauer bei. Seit 1885 wurden die Kicker der ersten Mannschaft für ihre Dienste entschädigt, Everton unterhielt also bereits damals ein Profiteam! Der Wunsch, sich mit den besten Vereinen anderer Städte zu messen, führte 1888 zur Schaffung der *Football League*, der ältesten Fußball-Liga der Welt. Der FC Everton war eines von zwölf Gründungsmitgliedern, die allesamt aus dem Norden und dem Zentrum Englands stammten.

EVERTON FOOTBALL CLUB
Gründungsjahr: 1878.
Anschrift: FC Everton, Goodison Park, Liverpool L4 EL, Great Britain.
Internet: www.evertonfc.com
Stadion: Goodison Park, Fassungsvermögen: 40 200 Zuschauer.
Vereinsfarben: Blau und Weiß.

Die *Blues*, wie die Everton-Spieler wegen ihren blauen Trikots genannt werden, gewannen die nationale Meisterschaft 1891 zum ersten Mal. 10 000 Zuschauer wollten die Heimspiele im Schnitt sehen. Die Kassen klingelten. Der Besitzer des Geländes an der Anfield Road, wo Everton Gastrecht genoss, kündigte deshalb eine Erhöhung des Mietzinses von 100 auf 250 Pfund an. Doch da spielten die *Evertonians* nicht mit. Angeführt vom Säckelmeister und Organist George Mahon kaufte sich der Klub ganz in der Nähe ein eigenes Gelände, auf dem er ein neues Stadion errichtete. Der Goodison Park wurde am 24. August 1892 mit einem Freundschaftsspiel zwischen Everton und den Bolton Wanderers eingeweiht. 12 000 Zuschauer waren Zeugen von Evertons 4:2-Sieg. Für viele Bewohner der

Stadt hatte Liverpool fortan zwei Kathedralen: eine auf dem Marktplatz am Mersey-Fluss und eine im Goodison Park.

Der Goodison Park galt als eine der modernsten Arenen im britischen Königreich, so dass der englische Verband beschloss, das Pokalfinale von 1894 im Stadion von Everton auszutragen. Dieses Spiel endete mit einem 4:1-Sieg von Notts County gegen die Bolton Wanderers. Everton trug sich 1906 durch ein 1:0 gegen Newcastle United erstmals in die Siegerliste des FA-Cups ein, zuvor hatte es 1893 und 1897 zwei Endspiel-Niederlagen gegen Wolverhampton (0:1) und Aston Villa (2:3) gegeben. 1915 stieg im Goodison Park zudem die zweite Meisterfeier. Danach musste der nationale Spielbetrieb wegen des Ersten Weltkrieges eingestellt werden.

Am 3. Mai 1928 machte sich William Ralph (»Dixie«) Dean unsterblich. Mit einem Hattrick sicherte er Everton vor 48 000 Zuschauern ein 3:3 gegen Arsenal und damit den dritten Meistertitel. Der Erfolg des Teams wurde jedoch von der individuellen Leistung seines Mittelstürmers überstrahlt. Dean stellte einen Rekord für die Ewigkeit auf: 60 Saisontore, erzielt in 39 Meisterschaftsspielen.

Für den Sohn eines Eisenbahnarbeiters aus Birkenhead hatte Everton den Tranmere Rovers am 16. März 1925 eine Ablöse von 3000 Pfund überwiesen. Es war die vielleicht beste Investition, die der Klub je getätigt hat. Dean verfügte über die wunderbare Fähigkeit, fast alle Chancen in Tore umzumünzen. 379 waren es insgesamt, erzielt in 437 Ligaspielen. Das ist umso erstaunlicher, wenn man bedenkt, dass die Ärzte ihm 1926 nach einem Schädel- und Kieferbruch prophezeit hatten, er werde nie mehr Fußball spielen können. Vier Monate nach dem Unfall erklärte sich Dean selber für fit und spielte noch jahrelang auf höchstem Niveau. Obwohl nur 1,78 Meter groß, erzielte er rund einen Drittel seiner Tore mit dem Kopf.

Dean erlebte mit Everton alle Höhen und Tiefen: 1930 Abstieg in die *Second Division*, 1931 Wiederaufstieg, 1932 Meister, 1933 Pokalsieger, 1939 nochmals Meister. Beim letzten Titelgewinn spielte der in die Jahre gekommene Dean bereits an der Seite seines legitimen Nachfolgers, Thomas (»Tommy«) Lawton. Ihn hatte Everton im März 1937 für 6500 Pfund von Burnley übernommen, wo er als 17-jähriger in der höchsten Spielklasse debütiert hatte. Just dann, als der Zweite Weltkrieg ausbrach, stand Lawton im Zenit seiner Karriere. Für Everton bestritt er bis 1939 95 Ligaspiele, in denen er 70 Tore erzielte. Auch seine internationale Bilanz kann sich sehen lassen: In 46 Länderspielen respektive so genannten *Wartime Games* schoss er 47 Tore für England.

Nach dem Zweiten Weltkrieg tat Everton zunächst nur wenig, um seinen Ruhm zu mehren. Zwischen 1951 und 1954 gab es im Goodison Park sogar bloß zweitklassigen Fußball. Ein Aufschwung trat erst wieder ein, als Manager Harry Catterick – ein ehemaliger Spieler – das Zepter übernahm. Er trainierte Everton von 1961 bis 1973. Als *Chairman* amtierte John Moores, ein Mitglied jener Familie, die *Littlewoods Footballpools* gegründet hatte, die größte Toto-Lotto-Gesellschaft des Landes. Er erfüllte Catterick jeden Transferwunsch, was diesem den Spitznamen »Scheckbuch-Manager« eintrug. Mit den Meistertiteln von 1963 und 1970 sowie dem Pokalsieg von 1966 erfüllte Catterick seinen Auftrag, nämlich Everton wieder an die Spitze des nationalen Fußballs zu führen.

Im Trikot der *Toffees* liefen in den Sechzigerjahren einige großartige Spieler auf, allen voran Alan Ball, der Weltmeister, den Everton im Sommer 1966 für 110 000 Pfund von Blackpool übernommen hatte. Weitere Idole waren der langjährige Kapitän Roy Vernon, Brian Labone, Jimmy Gabriel, Ray Wilson, Alex Scott und Alex Young. Catterick bewies bei seinen Neueinkäufen jeweils ein gutes Händchen. Nur einmal erwischte er einen »faulen Apfel«: Den Nationalspieler Tony Kay holte in der Hafenstadt an der irischen See seine Vergangenheit bei Sheffield Wednesday ein, wo er in eine Bestechungsaffäre verwickelt gewesen war. Er wurde deshalb im Januar 1965 von einem Gericht in Nottingham zu einer Gefängnisstrafe verurteilt und für neun Jahre gesperrt.

Weil Kay aus dem Verkehr gezogen worden war, bot sich dem jungen Mike Trebilcock eine unverhoffte Chance. Der 21-jährige Nobody kam im Pokalfinale von 1966 ganz groß heraus. Mit einem Doppelpack glich er die 2:0 Führung von Sheffield Wednesday bis zur 63. Minute aus. Der 3:2-Siegtreffer für Everton ging auf das Konto von Linksaußen Derek Temple. Weniger Glück hatte Everton zwei Jahre später, als sich West Bromwich die Pokal-Trophäe in der Verlängerung sicherte. Es war eine von insgesamt sieben Niederlagen, welche die *Blues* in ihren zwölf Endspiel-Teilnahmen erlitten.

Im April 1973 bat Catterick um die Auflösung seines Vertrages, der noch vier weitere Jahre gedauert hätte. Für den Trainer war der Stress zu viel geworden, er hatte im Januar 1973 in seinem Auto einen Herzinfarkt erlitten und wollte seiner Gesundheit zuliebe kürzer treten. Bereits nach dem Meistertitel von 1970 war in seiner Mannschaft ein Leistungszerfall festzustellen gewesen. Als Titelverteidiger platzierte sich Everton bloß auf dem 14. Rang. Auch in den folgenden Jahren murksten die *Toffees* häufig in diesen Zonen herum. Dass der Lokalrivale FC Liverpool gleichzeitig zum Höhenflug ansetzte, trug nicht unbedingt zu einer Verbesserung der Stimmung im Goodison Park bei.

Ein leckeres Vergnügen

Obwohl der FC Liverpool mehr Titel erringen konnte als Everton, genießen die Blues in der Hafenstadt eher die größeren Sympathien. Das mag vielleicht auch daran liegen, dass der Besitzer eines nahe gelegenen Süßwaren-Ladens an den Heimspielen im Goodison Park jeweils Karamelbonbons (engl. toffee) ins Publikum warf. Wegen dieses Werbegags werden die Spieler von Everton heute noch The Toffees genannt. Weniger angenehm ist ein Brauch aus dem Lager der Reds: »Du kennst Liverpool erst dann richtig, wenn Dir auf den Tribünen an der Anfield Road jemand ans Bein gepinkelt hat«, steht in einem Reiseführer.

Es war Howard Kendall, ein Mitglied der Meisterelf von 1970, der die »Blauen« wieder aus dem Schatten der »Roten« führte. Kendalls Elf bestach weniger durch spielerischen Glanz als vielmehr durch eine enorme Effizienz, solides Handwerk und mannschaftliche Geschlossenheit. Der erste Erfolg war der Gewinn des Pokals 1984 durch ein 2:0 gegen den FC Watford. Im darauf folgenden Jahr sicherte sich Everton erstmals seit 15 Jahren wieder den Meistertitel. Die Mannschaft war in allen Teilen stark besetzt, angefangen beim walisischen Torwart Neville Southall, den die Journalisten 1985 zu Englands Fußballer des Jahres kürten. In der Verteidigung standen Derek Mountfield, Kevin Ratcliffe, Gary Stevens und Pat van Den Hauwe ihren Mann. Um den Spielaufbau im Mittelfeld kümmerten sich Trevor Steven, Peter Reid (für Englands Profis war er der Fußballer des Jahres 1985), Paul Bracewell und Kevin Sheedy. Und obwohl mit Adrian Heath der beste Angreifer ein halbes Jahr lang verletzt fehlte, erzielte Everton mit dem schottischen Angriffsduo Andy Gray und Graeme Sharp am meisten Tore.

Diese Elf sorgte auch im Europapokal der Pokalsieger für Furore, den sie durch einen 3:1-Finalsieg gegen Rapid Wien gewann; Gray, Steven und Sheedy erzielten die Treffer. Im Halbfinale hatten die *Blues* den FC Bayern München ausgeschaltet, deren Stürmer Reinhold Mathy anerkennend meinte: »Die spielen, als ob jeder Angst hätte, arbeitslos zu werden.«

Auch auf der Insel war diesem Team kein Gegner gewachsen, oder besser gesagt: fast keiner. Everton gewann 1985 zwar den Europapokal und die englische Meisterschaft, doch im Pokal-Finale ging der Atem aus. 100 000 Fans sahen im Wembley-Stadion, wie der Favorit gegen Manchester United in der Verlängerung ins Straucheln geriet und 0:1 verlor. Im *Charity Shield*, dem Duell zwischen dem Meister und dem Cupsieger, gelang Everton immerhin die Revanche: 2:0. Neuer Star der Mannschaft war Torjäger Gary Lineker, der in der Sommerpause für 800 000 Pfund aus Leicester geholt wurde und sämtliche Erwartungen übertraf. Lineker schoss in 41 Spielen für Everton 30 Tore und krönte seine grandiose Saison bei der WM in Mexiko mit dem Titel des Torschützenkönigs.

Diese Mannschaft hätte sicherlich auch im Europapokal der Landesmeister eine gute Rolle gespielt – wenn sie denn an diesem Wettbewerb hätte teilnehmen dürfen. Doch weil Hooligans des FC Liverpool am 29. Mai 1985 im Heysel-Stadion bestialisch gewütet hatten, schloss die UEFA für fünf Jahre sämtliche englische Klubs aus dem Europapokal aus. Um die fehlenden Einnahmen zu kompensieren, verlangten die großen englischen Klubs das Recht, ihre eigenen Verträge mit den Radio- und Fernsehsendern abschließen zu dür-

ERFOLGE

Englischer Meister: 1891, 1915, 1928, 1932, 1939, 1963, 1970, 1985, 1987.
Englischer Pokalsieger: 1906, 1933, 1966, 1984, 1995.
Europacup der Pokalsieger: 1985.

Bekannteste Spieler: Abbott – Bailey – Ball – Beardsley – Bilic – Bracewell – Britton – Chadwik – Chedgzogy – Cottee – Davies – Dean – Donovan – Eglington – Farrell – Ferguson – Freeman – Gascoigne – Geary – Gee – Geldard – Ginola – Gravesen – Gray – Griffiths – Hardman – Harris – Harrison – Holt – Irwine – Jeffris – Johnson – Johnstone – Jones – Kanchelskis – Kendrick – Keown – Lacey – Latchford – Lawton – Lineker – Makepeace – McCall – McMahon – Mercer – Milward – Mountfield – Nyarko – O'Neill – Parry – Pickering – Radzinski – Ratcliffe – Reid – Rooney – Royle – Sagar – Sharp – Sheedy – Southall – Steven – Stevens – Sheedy – Walsh – West – Wilson – Wolstenhome – Wood – Wright – Xavier – Young.
Bekannteste Trainer: Bingham – Britton – Buchan – Carey – Catterick – Dixon – Harvey – Kelly – Kendall – Lee – Royle – Smith.

fen; andernfalls würden sie die Liga verlassen. Infolge dieser Drohung wurde 1992 die alte *First Division* durch die *Premier League* ersetzt.

Evertons große Mannschaft fiel wegen der Europacup-Sperre rasch auseinander. Nationalheld Lineker verabschiedete sich im Sommer 1986 nach bloß einer Saison Richtung Barcelona. Bei einer Offerte von 4 262 000 Pfund konnte Evertons Vorstand nicht »Nein« sagen.

Ein Jahr später, nach dem abermaligen Gewinn der Meisterschaft, schockte Manager Kendall die Fans mit der Ankündigung, in Zukunft den spanischen Erstligisten Athletic Bilbao zu trainieren. Mit Kendall verließ auch der Erfolg den FC Everton. Der Meistermacher kam zwar noch zweimal zurück, doch seine Comebacks auf der Trainerbank (1990-1993, 1997-1998) brachten nicht den erhofften Schub.

Everton mutierte in den Neunzigerjahren zu einer »grauen Maus«, musste sich damit begnügen, den Großen alle Jubeljahre einmal ein Bein zu stellen. Im Mai 1995 gab es dazu Gelegenheit, als Evertons No-Name-Team im Cup-Finale gegen Manchester United durch ein Tor von Paul Rideout die Sensation gelang. Doch der Pokalsieg erwies sich ebenso wenig als die erhoffte Initialzündung für einen Neustart wie das Engagement von Walter Smith, der zuvor bei den Glasgow Rangers einen Meistertitel nach dem anderen gefeiert hatte. Bei seinem Amtsantritt im Sommer 1998 investierte Smith 20 Millionen Pfund in Spieler wie Olivier Dacourt (Straßburg), Marco Materazzi (Perugia), John Collins (Monaco), Alex Cleland (Glasgow Rangers), David Unsworth (West Ham United) und Ibrahim Bakayoko (Montpellier). Den Glanz vergangener Tage brachten diese Akteure aber ebenso wenig zurück wie Paul Gascoigne, dessen kurzes Gastspiel zukünftigen Historikern allenfalls eine Fußnote in der Geschichte des FC Everton wert sein wird.

Die Heimat der Torjäger

Bei Everton wurde über all die Jahre stets ein offensiver Fußball gepflegt. Kein Team stellte öfter den Torschützenkönig als die Blauen. Insgesamt 12 Mal trug der beste Goalgetter der höchsten englischen Spielklasse das Everton-Trikot:

1893/94:	Jack Southwarth	27 Tore
1901/02:	James Settle	18 Tore
1906/07:	Alec Young	28 Tore
1908/09:	Bert Freeman	38 Tore
1914/15:	Bobby Parker	35 Tore
1923/24:	Bill Chadwick	28 Tore
1927/28:	William Dean	60 Tore
1931/32:	William Dean	44 Tore
1937/38:	Tommy Lawton	38 Tore
1938/39:	Tommy Lawton	35 Tore
1977/78:	Bob Latchford	30 Tore
1985/86:	Gary Lineker	30 Tore

Ein größeres Kapitel könnte allenfalls der Bau eines riesigen Sport- und Vergnügungskomplexes im neuen Hafengelände an der *King's Waterfront* einnehmen. Mit diesem Prestigeprojekt möchten Sir Philipp Carter und der Theater-Impresario Bill Kenwright, die seit 1998 im Besitz der Aktienmehrheit sind, die Kluft zu den Branchenführern verringern. Immer getreu dem Motto, das auch im Vereinswappen verewigt ist: *Nil satis nisi optimum* (frei übersetzt: nur das Beste ist gut genug).

Gab keinen Ball verloren: Gary Lineker, hier im Duell mit Hollands Frank Rijkaard (rechts).

Wadenbeißer in weißer Weste

Die 450 000-Einwohnerstadt Leeds putzte sich in den Neunzigerjahren des zwanzigsten Jahrhunderts heraus. Die alten Textilfabriken im Zentrum wurden in *Shopping-Malls* umgewandelt, die Lagerhäuser entlang den Kanälen renoviert und zweckentfremdet. Sie beherbergen heute Pubs, Büros, Geschäfte und Appartements. In Leeds gibt es mittlerweile 90 000 Studierende, eine Filiale des noblen Warenhauses *Harvey Nichols* und ein reichhaltiges Kulturangebot. Die Zeit des wirtschaftlichen Niedergangs und der Sinnkrise in der Region *Yorkshire and Humberside* ist längst bewältigt. Leeds gilt mittlerweile als eine der reichsten Provinzstädte Britanniens.

In den Sechzigerjahren war Leeds genau so deprimierend wie die meisten nordenglischen Städte, die sich nur mühsam vom Ende der Industriellen Revolution erholten. Abwechslung in den grauen Alltag brachte die lokale Fußball-Elf, die 1964 zum fünften Mal den Aufstieg in die höchste Spielklasse schaffte. Neu war seinerzeit, dass die Mannschaft ganz in Weiß spielte. Dahinter steckte der Gedanke, dass sie nicht nur so ausschauen wie Real Madrid, sondern auch so spielen sollte.

Natürlich klaffte zwischen Anspruch und Wirklichkeit eine immense Lücke. Die Mannschaft des *Leeds United Association Football Club* war alles andere als ein »weißes Ballett«. Wer allerdings genau hinschaute, konnte unter all den Rauhbeinen und Wadenbeißern trotzdem den einen oder anderen Ballartisten ausmachen.

Den Spähern von Juventus Turin beispielsweise war im April 1957 ein hochgewachsener Stürmer aufgefallen, der innerhalb von zwei Jahren 69 Treffer erzielt hatte. Für die seinerzeit astronomische Summe von 70 000 Pfund wechselte der Waliser John William Charles nach Italien. Dort wurde er als »der nette Riese« gefeiert und 1958 zum Fußballer des Jahres gewählt. Bemerkenswert ist die Tatsache, dass Charles während seiner 17-jährigen Profikarriere weder je verwarnt noch ausgeschlossen wurde. Eine solch weiße Weste ist in Leeds jedoch nicht Grundvoraussetzung, um die Gunst des Publikums zu erobern.

LEEDS UNITED ASSOCIATION FOOTBALL CLUB

Gründungsdatum: 4. Oktober 1919.
Anschrift: Leeds United, Elland Road, Leeds LS11 OES, Great Britain.
Internet: www.lufc.co.uk
Stadion: Elland Road, Fassungsvermögen: 40 000 Zuschauer.
Vereinsfarben: Weiß und Blau.

Mit dem Aufstieg im Jahr 1964 begann an der Elland Road unter der Ägide des legendären Managers Don Revie eine bis Mitte der Siebzigerjahre anhaltende Erfolgsserie. Zwei Meistertitel (1969, 1974) und ein Pokalsieg (1972) stehen in dieser Periode zu Buch, fünfmal belegte die Mannschaft in der nationalen Meisterschaft den undankbaren zweiten Platz. Auf der europäischen Bühne schauten zwei Erfolge im Messestädte-Cup (so hieß der UEFA-Cup einstmals) heraus: In der Saison 1967/1968 wurden Spora Luxemburg, Partizan Belgrad, Hibernian Edinburgh, die Glasgow Rangers, Dundee United und Ferencváros Budapest besiegt, 1970/71 Sarpsborg, Dynamo Dresden, Sparta Prag, Vitória Setúbal, Liverpool und – im Endspiel – Juventus Turin (2:2, 1:1).

1973 erreichte Leeds das Endspiel im Europapokal der Pokalsieger (0:1-Niederlage gegen die AC Milan), zwei Jahre darauf, mittlerweile unter der Regie von Trainer Jimmy Armfield, gar das Meistercup-Finale in Paris. Daran werden die Fans allerdings nicht gern erinnert. Viel Pech und ein schwacher französischer Schiedsrichter führten zu einer 0:2-Niederlage gegen den FC Bayern München. Weil englische Hooligans anschließend für Randale sorgten, belegte die UEFA den Klub mit einer dreijährigen Europacup-Sperre. Das war der Anfang vom Ende eines legendären Teams.

Gefahr gebannt: Franz Beckenbauer stoppt William Bremner. Bayern gewann 1975 das Europapokal-Finale gegen Leeds mit 2:0.

Die Aufstellung der Final-Elf können in Leeds noch heute viele auswendig aufsagen: Stewart; Reaney, Madeley, Hunter, F. Gray; Bremner, Giles, Yorath (80. E. Gray); Lorimer, Jordan, Clarke. Der Schotte Billy Bremner, der 770 Mal die Farben von Leeds trug und 115 Tore schoss, sowie Jack (»die Giraffe«) Charlton und Norman (»Beiß ihn ins Bein«) Hunter waren damals die Idole, Peter Lorimer und Allan Clarke die *Goalgetter*.

Ältere Semester oder ehemalige Spieler sind mittlerweile der Ansicht, dass ein flexiblerer, weniger auf Defensive und Disziplin setzender Trainer als Revie mit dieser Elf mehr Titel erobert hätte. Der *Observer* störte sich zudem am oftmals flegelhaften Auftreten der United-Spieler: Leeds habe sich unter Revie »wie eine Straßengang« aufgeführt.

Die Zahlen stellen dem Trainer allerdings ein positives Zeugnis aus. Unter Revie, der als Aktiver 6 Länderspiele (4 Tore) für England bestritten hatte und der 1955 auf der Insel zum Fußballer des Jahres gewählt worden war, gab es in 555 Spielen 294 Siege, 150 Remis und 111 Niederlagen. Allerdings spielte seine Truppe oft einen Minimalisten-Fußball. Bestes Beispiel dafür war die Europacup-Saison 1967/68. In zehn Spielen brachte es Leeds gerade mal auf ein Torverhältnis von 10:4 – und gewann trotzdem den Messestädte-Cup. Die Ergebnisse in den beiden Endspielen gegen Ferencvaros Budapest sprechen Bände: 1:0, 0:0.

Trotzdem sind Revies Verdienste in Leeds unbestritten. Er führte moderne und innovative Trainingsmethoden ein und sorgte dafür, dass die Spieler Teigwaren und Salate statt fetttriefende Steaks zu sich nahmen. Vor den Spielen zog er die Truppe jeweils in einem Hotel zusammen, wo er gewissenhaft vorbereitete Taktikbesprechungen abhielt, ähnlich wie Inter Mailands Trainer-Guru Helenio Herrera. Als Perfektionist Revie 1961 seine Arbeit an der Elland Road aufgenommen habe, sei er seiner Zeit um dreißig Jahre voraus gewesen, sagte später einmal Terry Cooper, einer von Revies erfolgreichen Spielern.

Viele haben sich nach Revies Abschied (er übernahm 1974 die englische Nationalmannschaft) darin versucht, seine Erfolge zu wiederholen. Viele sind gescheitert. 1982 verschwand Leeds sogar für acht Spielzeiten in der Zweitklassigkeit. Erst unter der Führung von Howard Wilkinson ging es wieder aufwärts. Er führte Leeds 1992 zum insgesamt dritten Meistertitel. Doch unter Wilkinson »brannte« die Mannschaft rasch aus, der Trainer hatte Probleme im Umgang mit Stars. Das zeigte sich beim Franzosen Eric Cantona (der zu Erzfeind Manchester wechselte) und wiederholte sich beim Schweden Thomas Brolin und beim Ghanaer Anthony Yeboah.

Nach Wilkinson hoffte man in Leeds mit George Graham auf den Beginn einer neuen Ära. In Grahams erster voller Saison schaffte der Klub den respektablen fünften Platz. Die Gegenwart und Zukunft waren deshalb 1998 im prosperierenden Leeds wieder aktueller als die vielbeschworene Vergangenheit. Doch nach sieben Meisterschaftsspielen verabschiedete sich Graham überraschend zu den Tottenham Hotspurs und löste damit in Leeds ein mittleres Erdbeben aus.

Jeder erwartete, David O'Leary, der geschätzte Assistenztrainer aus Irland, würde mit seinem Lehrmeister nach London ziehen. O'Leary hatte sich als loyale Nummer zwei einen Namen gemacht. Er fürchtete anfangs, die Empörung der Fans über den unvermittelten Abgang Grahams würde sich auf ihn entladen. Doch im ersten Match ohne Graham kam alles anders: O'Leary wurde mit *Standing Ovations* empfangen.

Anfängliche Niederlagen taten seiner Beliebtheit erstaunlicherweise keinen Abbruch. Mit der Zeit wurden die Misserfolge immer seltener. Nichts war mehr zu sehen von dem ultra-defensiven Stil, den Graham praktizieren ließ. O'Leary behielt aber die Kompaktheit, Disziplin und Or-

Schlechte Zeiten, gute Löhne

Ein Finanzskandal brachte den 1904 gegründeten Leeds City Football Club zu Fall. Der Verein hatte während des Ersten Weltkrieges gegen die Lohnvorschriften verstoßen und seinen Spielern unter der Hand höhere Saläre bezahlt. Die Football League kannte kein Pardon: Leeds City wurde von der Liga ausgeschlossen. Diese Suspendierung führte schließlich zur Auflösung des Vereins.
Auf den Trümmern von Leeds City entstand am 4. Oktober 1919 der Leeds United Association Football Club, der den Spielbetrieb in der Midland League aufnahm. Leeds United avancierte in der Folge zu einer Liftmannschaft par excellence. Mal ging es rauf in die First, dann wieder runter in die Second Division. 1927, 1931, 1947, 1960 und 1982 stieg der Verein jeweils ab. Aufstiegsfeiern fanden an der Elland Road 1924, 1928, 1932, 1956, 1964 und 1990 statt.

ERFOLGE

Englischer Meister: 1969, 1974, 1992.
Englischer Pokalsieger: 1972.
Englischer Ligacup-Sieger: 1968.
UEFA-Cup-Sieger: 1968, 1971.

Bekannteste Spieler: Batty – Bremner – Brolin – Browne – Bowyer – Cantona – Chapman – Charles – J. Charlton – Cherry – Clarke – Cochrane – Collins – Cooper – Copping – Curtis – Dacourt – Dorigo – Duggan – Edwards – Ferdinand – Fitzgerald – Fowler – Giles – Graham – Gray – Harris – Hart – Harvey – Hasselbaink – Hodge – Hunter – Jordan – Kewell – Lorimer – Madeley – Martyn – McAllister – McCabe – McQueen – Mills – Peacock – Reaney – Revie – Rocastle – Rush – Smith – Speed – Sprake – Sproston – Stevenson – Strachan – Viduka – Woodgate – Yeboah – Yorath.
Bekannteste Trainer: Adamson – Armfield – Bremner – Carter – Clarke – Clough – Edwards – Graham – Gray – Hampson – Lambton – O'Leary – Revie – Stein – Taylor – Wilkinson.

ganisation bei und konnte mit seinem jungen, begeisterungsfähigen Team in den vorderen Rängen der Tabelle mithalten. Der vierte Schlussrang löste 1999 in Leeds uneingeschränkte Anerkennung und in England bereits mehr Bewunderung als Erstaunen aus.

Ein Jahr später entdeckte dann auch der Kontinent den erfrischend spektakulären Fußball der *Whites*, die im UEFA-Cup erst im Halbfinale von Galatasaray Istanbul gestoppt wurden. In der Champions-League-Saison 2000/2001 stieß die mit Youngsters wie John Woodgate, Ian Harte, Harry Kewell, Lee Bowyer, Alan Smith, Michael Bridges und Stephen McPhail gespickte Elf ebenfalls bis ins Halbfinale vor, wo sie an Valencia scheiterte. Dieser Erfolg war umso erstaunlicher, weil Leeds erst über die dritte Runde (gegen 1860 München) in die ordentliche *Champions League* gerutscht war.

Der Wert des Spielerkaders stieg, so Präsident Peter Ridsdale im Geschäftsbericht vom September 2001, innerhalb eines Jahres von 185 auf 340 Millionen Euro. In seiner Euphorie gab der Klub weit über 50 Millionen Euro für den Erwerb von Akteuren wie

Tor für Irland: Robbie Keane erzielte bei der WM 2002 das 1:1 gegen Deutschland. Für Leeds hatte er zuvor in 25 Spielen bloß dreimal getroffen.

Mark Viduka, Rio Ferdinand, Olivier Dacourt und Robbie Keane aus. Manche Experten hielten es nur noch für eine Frage der Zeit, bis Leeds den Erzrivalen Manchester United als Branchenführer ablösen würde.

Mit dem Ende des Börsenbooms (der Kurs der Leeds-Aktie sank von 25 Pence im Jahr 2000 auf unter 5 Pence im Januar 2003) und dem Beginn der TV-Krise gab es in Leeds aber ein böses Erwachen. Als sich Trainer O'Leary öffentlich beklagte, dass Nationalverteidiger Rio Ferdinand gehen müsse, um die Schulden des Vereins (über 80 Millionen Pfund) zu senken, bekam er den blauen Brief. Sein Nachfolger wurde im Sommer 2002 der ehemalige Nationaltrainer Terry Venables. Dieser erklärte sofort, Ferdinand sei unverkäuflich – zwei Wochen später war der Abwehrspieler für eine Ablösesumme von 30 Millionen Pfund zu Manchester United transferiert. Die Fans tobten. Ihr Unmut stieg, als Ridsdale auch noch Keane, Bowyer, Dacourt, Fowler und Woodgate verschacherte. Der Präsident wagte sich fortan nur noch mit Bodyguards an die Öffentlichkeit.

Leeds musste seinen ehrgeizigen Fünfjahresplan, an dessen Ende der Gewinn der Meisterschaft und Erfolge in der *Champions League* stehen, vorerst auf Eis legen. Anlass zur Hoffnung auf eine glorreiche Zukunft gibt die vorbildlich geführte Nachwuchsschule. Aus dieser ging auch der am 4. Januar 1986 im Vorort Horsforth geborene Stürmer James Milner hervor. Er erzielte am 26. Dezember 2002 im Alter von 16 Jahren und 357 Tagen seinen ersten Treffer im Trikot von Leeds. Somit war er der jüngste Torschütze in der Geschichte der *Premier League*.

Grundlose Gewalt

Am 11. Januar 2000 konsumierte Leeds-Verteidiger Jonathan Woodgate acht Wodka-Rum-Cocktails sowie etliche Gläser Champagner. Sein Mitspieler Lee Bowyer kam auf der Tour durch Pubs und Nachtklubs auf acht Pints, also 4,5 Liter Bier. In Leeds hätte man dieses Saufgelage mit einem Achselzucken quittiert, wären Bowyer und Woodgate zu später Stunde nicht ein paar jungen Asiaten über den Weg gelaufen und hätten sie nicht, wie es in der Anklageschrift der Staatsanwaltschaft hieß, einen von ihnen fast totgetreten.

Wie können zwei junge Profis, die 20 000 Euro in der Woche verdienen, in einer Villa wohnen und, wie Bowyer, einen BMW, einen Porsche sowie einen Jeep zu ihrem Fuhrpark zählen, mit einer solch sinnlosen Tat ihre Karriere aufs Spiel setzen? Diese Frage beschäftigte halb Europa während des elf Monate dauernden Prozesses.

Ein mitangeklagter Freund von Woodgate wurde schließlich zu sechs Jahren Gefängnis verurteilt. Den prominenten Angeklagten konnte die schwere Körperverletzung jedoch nicht nachgewiesen werden. Bowyer wurde freigesprochen. Woodgate musste wegen Beteiligung an einer Schlägerei 100 Stunden Sozialarbeit ableisten. Als das Urteil verkündet wurde, klatschten sich die beiden Teamkollegen im Gerichtssaal von Hull ab.

Die Öffentlichkeit und Trainer O'Leary fällten ein weniger mildes Urteil. In seinem Buch Leeds United on Trial (»Leeds United auf der Anklagebank«) übte O'Leary heftige Kritik an seinen beiden Spielern.

You'll never walk alone

Die *Anfield Road* ist lediglich eine kleine Straße, die ein beschauliches Wohnquartier vom großflächigen *Stanley Park* abgrenzt. Und doch ist diese Straße weltberühmt, denn dort ist seit über hundert Jahren der FC Liverpool beheimatet. Wer sich der schmucken Arena nähert, steht sofort mittendrin in der Geschichte dieses Vereins. Über dem Eingangstor ist die legendäre Klubhymne in eisernen Buchstaben verewigt: *You'll never walk alone*. Seit den Katastrophen von Heysel und Hillsborough hat das ewige Treuebekenntnis der Fans eine noch tiefere Bedeutung.

Der 29. Mai 1985 versprach ein herrlicher Fußball-Abend zu werden. Juventus Turin und Titelverteidiger Liverpool standen sich im Endspiel um den Europapokal der Landesmeister im Brüsseler Heysel-Stadion gegenüber. Ein Traumfinale. Doch dann stürmten *Hooligans* aus Liverpool vor Spielbeginn einen Block mit *Tifosi* aus Turin. Panik brach aus. Die italienischen Anhänger versuchten zu fliehen und trampelten sich gegenseitig tot. Die grauenvolle Bilanz: 39 Tote und zahllose Verletzte. Das Spiel wurde trotzdem angepfiffen. Die deutschen TV-Anstalten verzichteten auf eine Übertragung. Das österreichische Fernsehen blendete den Untertitel »Das ist keine Fußball-Übertragung, sondern ein Bericht über die Verhinderung eines weiteren Massakers« ein. Liverpool verlor 0:1. Aber wen interessierte das schon?

Alle englischen Klubs wurden danach für fünf Jahre von den europäischen Wettbewerben verbannt. Liverpool wurde erst nach einer Zusatzsperre von weiteren drei Jahren begnadigt. Die 18 Meistertitel und 6 Europapokalsiege waren über Nacht nichts mehr wert. Liverpool hatte Schande über Englands Fußball gebracht und den eigenen Ruf nachhaltig zerstört. An den *Reds* klebte Blut.

Die Fans hatten ihren Verein zu Fall gebracht. Sie hielten aber auch nach der Nacht von Brüssel zu ihm. Denn die Geschichte des FC Liverpool und seinen Fans ist eine Geschichte von Liebe und Treue. Seit Beginn der Sechzigerjahre singen die Anhänger vor jedem Spiel *You'll never walk alone*. Beinahe im Gleichschritt mit der Siegesserie des FC Liverpool begann in jener Zeit auch der Aufstieg der Beatles. Von der Hafenstadt am Mersey-Fluss aus hatte die Popgruppe ihre Botschaften von Liebe und Frieden in die Welt hinaus gesandt.

FOOTBALL CLUB LIVERPOOL
Gründungsdatum: 15. März 1892.
Anschrift: FC Liverpool, Anfield Road, Liverpool L4 0TH, Great Britain.
Internet: www.liverpoolfc.net
Stadion: Anfield Road, Fassungsvermögen: 45 362 Zuschauer.
Vereinsfarben: Rot und Weiß.

Aber dann kam die Gewaltorgie von Brüssel. Liverpool wurde plötzlich zum Symbol für besoffene Jugendliche mit Stiernacken und ohne Zukunftshoffnung.

Gleich neben dem Haupteingang des Stadions an der *Anfield Road* sind die Namen von 89 Menschen in Marmor eingraviert. Sie starben am 15. April 1989 bei der nächsten Katastrophe, die den FC Liverpool traf. Bei einem Pokalspiel in Sheffield wurden

89 Liverpool-Fans im total überfüllten Hillsborough-Stadion zu Tode gequetscht. Auch ihretwegen singen die Anhänger *You'll never walk alone* so inbrünstig. Dieses Unglück führte zu einer beispiellosen Solidarisierungswelle in der Stadt. Über eine Viertelmillion Menschen kamen innerhalb von einer Woche an die *Anfield Road* und legten auf dem Spielfeld Blumen, Schals, Fotos und Kränze nieder.

Die Katastrophe von Sheffield brachte eine Zäsur im englischen Fußball. Fortan mussten alle Stadien in reine Sitzplatz-Arenen umgewandelt werden. Auch *The Kop*, die wohl berühmteste Stehrampe der Welt, wurde von dieser Massnahme nicht verschont. Obwohl die Tribüne seit 1994 mit Sitzplätzen bestückt ist, stehen die Fans. *The Kop* hat deshalb nichts von seinem Zauber eingebüßt, den der legendäre Manager Bill Shankly einst folgendermaßen beschrieb: »Manchmal habe ich das Gefühl, dass der Kop den Ball ins Tor saugt.«

Als Shankly, der zuvor Carlisle, Grimsby, Workington und Huddersfield trainiert hatte, 1959 seine Arbeit an der *Anfield Road* aufnahm, war der FC Liverpool ein Verein wie viele andere in den nordenglischen Industriegebieten. Kurz nach seinem Amtsantritt feuerte »Shanks« 24 Spieler, kaufte einige Neue ein und krempelte die Spielweise um. 1962 gelang seiner Mannschaft die Rückkehr in die *First Division*, die damals noch die höchste Spielklasse war. Bereits 1964 wurde Liverpool englischer Meister, 1965 folgte der Gewinn des FA-Cups und schließlich 1966 die erneute Meisterschaft. Unter Shanklys Regie gelangen noch weitere Titelgewinne: Meister und UEFA-Cup-Sieger 1973, FA-Cup-Sieger 1974. Die Idole dieser Epoche hießen Ian St John, John Toshack, Ian Callaghan (er bestritt zwischen 1960 und 1978 die Rekordzahl von 640 Spielen für die *Reds*) sowie Roger Hunt, der mit 245 Toren bis heute einer der treffsichersten Stürmer des Vereins ist.

Shanklys Nachfolger, Bob Paisley und Joe Fagan, leiteten die erfolgreichste Zeit in der Klubgeschichte ein. Nichtsdestotrotz bleibt Shankly der populärste Trainer, der je

»Spion Kop«

In der Nacht zum 22. Januar 1900 kämpften britische Truppen im Burenkrieg in Südafrika in einer blutigen Schlacht, die vielen das Leben kostete. Bei dem Versuch, ihre Kameraden bei Ladysmith zu entsetzen, sahen sie sich einem gefährlichen Hindernis gegenüber – einem befestigten Hügel namens Spion Kop. Die Schlacht um den Hügel dauerte die ganze Nacht. Bei Morgengrauen, als er eingenommen worden war, tränkte das Blut von zweitausend Männern den Boden. Es war jedoch nur ein kurzlebiger Sieg. Der britische Kommandant sah sich zum Rückzug gezwungen, um weiteres Blutvergießen zu vermeiden. Der Spion Kop wurde am nächsten Tag wieder von den Buren besetzt. Nichts war gewonnen worden, aber man hatte großen Mut gezeigt. Es war die Erinnerung an diese Tapferkeit, die die Überlebenden mit nach Hause nahmen.
Einige der Helden stammten aus Liverpool. Bei der Rückkehr in ihre Heimatstadt verbreiteten sie die dramatische Geschichte von der blutigen Schlacht um den Spion Kop. Es dauerte nicht lange, und sie fanden sich auf einem ähnlichen Hügel wieder, der großen Böschung am Ende der Anfield Road. Jahre später, in der Saison 1928/29, wurde dort eine überdachte Tribüne gebaut. The Kop ist seitdem der Ort, wo die treuesten Fans den FC Liverpool anfeuern.

Die Mutter aller Lieder

Die Fans des FC Liverpool begannen Anfang der Sechzigerjahre, die neuesten Lieder der Hit-Parade im Stadion zu singen und erfanden zu den Melodien neue Texte. Schon bald übernahmen auch die Anhänger der Gästeteams diese Songs, änderten nur die Worte, um sie ihren eigenen Stadien und Spielern anzupassen. Eine alte Jazz-Melodie, When the saints go marching in, wurde in Liverpool eingeführt, um einen der Stars, Ian St John, zu ehren. Mit kleineren Variationen ist sie inzwischen in ganz Europa zu hören. Ihre Herkunft ist aber den meisten unbekannt.

Das selbe gilt für Gerry Marsden, einen lokalen Popstar der Sechzigerjahre, der 1963 eine Platte in den Top Ten des Tages hatte. Seine Gruppe (Gerry and the Pacemakers) ist schon lange aus den Hitparaden verschwunden und vergessen, bleibt aber durch den Song You'll never walk alone unsterblich. Dieses Lied lief neben anderen vor jedem Heimspiel Liverpools über die Lautsprecher. Und dann, als der DJ an der Anfield Road diesen Song nicht mehr auflegte, protestierten die Fans auf ihre Weise. Sie sangen das Lied selber. Und seither tun sie das vor jedem Spiel:

When you walk through a storm,	Wenn du durch den Sturm gehst,
Hold your head up high,	Halte deinen Kopf hoch,
And don't be afraid of the dark.	Und fürchte dich nicht vor der Dunkelheit.
At the end of a storm, there's a golden sky,	Am Ende des Sturms ist ein goldener Himmel,
And the sweet silver song of lark.	Und das süße silberne Lied der Lerche.
Walk on through the wind.	Geh' weiter durch den Wind.
Walk on through the rain,	Geh' weiter durch den Regen,
Though your dreams be tossed and blown.	Auch wenn deine Träume verworfen und verwirbelt werden.
Walk on, walk on, with hope in your heart	Geh' weiter, geh' weiter, mit Hoffnung in deinem Herzen,
And you'll never walk alone,	Und du wirst nie alleine gehen,
You'll never walk alone ...	Du wirst nie alleine gehen ...

an der *Anfield Road* gearbeitet hat. Er hinterließ der Nachwelt Sprüche wie »Im Fußball geht es nicht um Leben oder Tod – es geht um mehr« oder »In England gibt es nur zwei große Mannschaften: Unser Profiteam und unsere Reserveelf«.

Die *Anfield Road* ist übrigens Shanklys ewige Heimat. Als er 1982 starb, wurde seine Asche auf dem Spielfeld verstreut. Er hatte sich das so gewünscht.

Shankly starb zu der Zeit, als Liverpool die beste Mannschaft der Welt stellte. Die Thronbesteigung hatte er noch erlebt, sie fand am 25. Mai 1977 in Rom statt. Liverpool stand an jenem Abend im Endspiel um den Landesmeisterpokal Borussia Mönchengladbach gegenüber. Terry McDermott, Tommy Smith, Phil Neal und Alan Simonsen trafen: 3:1 für Liverpool.

Nach diesem Triumph wechselte Kevin Keegan, *the mighty mouse* (»die mächtige Maus«), Liverpools Symbolfigur der Siebzigerjahre, für die Rekordsumme von 500 000 Pfund zum Hamburger SV. An der *Anfield Road* brach eine neue Ära an: Die Ära von Kenny Dalglish und Ian Rush. Für Dalglish überwies Liverpool drei Monate nach Keegans Abschied 400 000 Pfund an Celtic Glasgow. Die Investition lohnte sich. Dalglish avancierte zum einzigen Stürmer in der Geschichte des britischen Fußballs, der sowohl in der schottischen als auch in der englischen Liga über hundert Tore erzielte. Der Waliser Rush kam 1980 vom Drittligisten Chester City und verewigte sich mit seinen 346 Goals in 658 Spielen ebenfalls in der Klubgeschichte der *Reds*.

Trainiert wurde diese große Mannschaft von Bob Paisley (1919 – 1996). In seinen neun Jahren als Manager (1974 bis 1983) errang der FC Liverpool sechsmal die Meisterschaft, siegte dreimal im Europapokal der Landesmeister und holte 1976 den UEFA-Pokal an den Mersey River. Unter ihm wurde die *Anfield Road* zur Festung: Vom Januar 1978 bis Januar 1981 blieb Liverpool in 85 Heimspielen ungeschlagen – wohl ein Rekord für die Ewigkeit. Legendär ist Paisleys Ratschlag: »Wenn du im Sechzehner nicht weißt, wohin mit dem Ball, schieß ihn einfach ins Tor. Diskutieren können wir dann nach dem Spiel.« Die Stars dieser Epoche sind heute längst Legenden: Kevin Keegan, Kenny Dalglish, Ian Rush, Phil Thompson, Ray Clemence, Phil Neal, Alan Hansen, Alan Kennedy, Graeme Souness ...

Liverpool wurde in der Nacht von Brüssel vom Thron gestoßen. Die Verbannung von der europäischen Fußball-Bühne hatte einen Niveauzerfall zur Folge. Es dauerte sechzehn Jahre, ehe der englische Rekordmeister im Sommer 2001 in Dortmund mit einem unvergesslichen 5:4 über den baskischen Provinzverein CD Alavés wieder einen europäischen Titel erringen konnte. Es war das Jahr des *Triples*: Neben dem UEFA-Cup eroberten die *Reds* auch noch den FA-Cup und den Liga-Pokal. Liverpool war wieder eine Macht und die Tristesse der Neunzigerjahre vergessen.

Brüssel, 29. Mai 1985, Heysel-Stadion: Britische Hooligans greifen die Tifosi von Juventus Turin an.
Die Ausschreitungen forderten 39 Todesopfer.

Nach dem Meistertitel von 1990 hatten die *Liverpudlians* kaum noch Anlass zum Feiern gehabt. Graeme Souness war zwar ein großer Spieler gewesen, aber kein großer Trainer. Er betreute Liverpool zwischen 1991 und 1994 und war ganz dem Kommerz zugetan, dem rücksichtslosen Heuern und Feuern von Spielern. Souness holte als »Verstärkungen« unter anderem Ausländer wie den Dänen Piechnik, den Norweger Björnbye oder den Ungar Kozma. Den eigenen Nachwuchs vernachlässigte er hingegen auf beinahe fahrlässige Weise.

Souness' Nachfolger, Roy Evans, musste zuerst einmal die Scherben aufwischen. Er führte den Klub wieder zurück zu seinen Wurzeln, schließlich hatte er sein Handwerk noch unter Shankly und Paisley gelernt. Evans, ein kleingewachsener, grauhaariger, bedachter Mann, leitete die Renaissance beim FC Liverpool ein. Ihm kam dabei zugute, dass die Junioren-Abteilung der Roten nach wie vor etwas vom Feinsten ist, was es weltweit gibt. Spieler wie Robbie Fowler, Steven Gerrard, Kevin Gallagher und Michael Owen haben das Kicken von klein auf beim FC Liverpool gelernt.

Der Franzose Gérard Houllier setzte die Aufbauarbeit fort. Als Technischer Direktor des Verbandes hatte er seinen Teil zum WM-Gewinn der Franzosen 1998 beigetragen. Anschließend kam er nach Liverpool, teilte sich zuerst das Manager-Amt mit Evans, übernahm nach fünf Monaten die Führung allein, und bereits war ihm klar geworden, dass er tiefe »chirurgische Eingriffe« (wenn nicht gar Amputationen) vornehmen musste, um den Zerfall der Mannschaft zu stoppen.

Immer dabei

Liverpool ist die einzige Stadt, die ununterbrochen in der höchsten englischen Spielklasse vertreten ist. Seit der Einführung der Profi-Liga im Jahr 1888 war stets entweder der FC Everton oder der FC Liverpool erstklassig. Die Reds sind zudem mit 18 gewonnenen Meisterschaften englischer Rekordmeister. Die Toffees brachten es auf 9 Meistertitel.

Liverpools Spieler wurden ab Mitte der Neunzigerjahre wegen ihren luxuriösen Extravaganzen als *Spice-Boys* verspottet, in Anlehnung an die berühmte *Girl-Group*. David James, Steve McManaman, Robbie Fowler, Jamie Redknapp, Stan Collymore oder Jason McAteer machten mehr durch ihre Auftritte als Models und Party-Löwen als durch sportliche Heldentaten auf sich aufmerksam. Allen voran Torhüter David James. Er patzte 1996 im FA-Cup-Finale gegen Manchester United, Liverpool verlor 0:1. Ausgerechnet James! Er war es nämlich, der vor dem Spiel erfolgreich mit Stardesigner Giorgio Armani über die Anfertigung edler Anzüge für die Akteure verhandelt hatte. Schließlich sollten die Stars des FC Liverpool in einem feinen Zwirn am Bankett für die Sieger erscheinen ...

Solche Extrawürste gab es unter Houllier nicht mehr. Er ging weise, aber entschlossen vor. Indem er den ehemaligen Spieler Phil Thompson zu seinem Assistenten berief, schaffte er sich einen Schutzschild, noch ehe er ins Kreuzfeuer der Boulevardpresse geraten konnte. Zudem konnte Houllier viel Geld in die Hand nehmen, um seine Ideen zu verwirklichen. Er holte unter anderen die Deutschen Didi Hamann, Markus Babbel und Christian Ziege, den Schweizer Stéphane Henchoz, die Finnen Sami Hyypiä und Jari Litmanen sowie die Einheimischen Emile Heskey und Nick Barmby, die zusammen die stolze Summe von 65 Millionen Euro verschlangen. Seit Houllier Liverpool zum *Triple* geführt hat, ist der *Frenchie* überaus beliebt in der Stadt des im 19. Jahrhundert wichtigsten britischen Hafens für Handel und Emigranten nach Amerika.

Ende des 19. Jahrhunderts hatte das Gelände an der *Anfield Road* dem Brauereibesitzer und Hotelier John Houlding (1833 – 1902) gehört. Er vermietete das Stadion dem FC Everton, der damals regelmäßig vor 10 000 Zuschauern spielte und 1891 erst-

Titel, Tore, Triumphe

Wenn von der *Red Army* die Rede war, dachte man anfangs an die Mannschaft des FC Liverpools. Mit der Zeit machten sich die Hooligans diesen Namen zu eigen. Bei den Auswärtsspielen ihres Klubs hinterließen sie oft eine Spur der Verwüstung. Spätestens nach der Katastrophennacht von Brüssel verblassten alle Erfolge des Klubs:

- 1973 gewann Liverpool seine erste internationale Trophäe. Im Finale des UEFA-Cups gegen Mönchengladbach fiel die Entscheidung bereits im Hinspiel. Durch Tore von Keegan (2) und Lloyd siegten die *Reds* zu Hause 3:0. Im Rückspiel traf Heynckes zweimal. Doch das 2:0 reichte der Borussia nicht. Auf dem Weg ins Finale hatte Liverpool Eintracht Frankfurt, AEK Athen, Dynamo Berlin, Dynamo Dresden und die Tottenham Hotspurs ausgeschaltet.
- 1976 eroberte sich Liverpool zum zweiten Mal die UEFA-Cup-Trophäe: 3:2, 1:1 gegen den FC Brügge. Die Tore gingen auf das Konto von Keegan (2), Ray Kennedy und Case. Edinburgh, San Sebastián, Breslau, Dynamo Dresden und der FC Barcelona hatten sich der *Red Army* zuvor ebenfalls vergeblich in den Weg gestellt.
- 1977 musste im Meistercup wiederum Mönchengladbach dran glauben: 3:1 gewann Liverpool das Endspiel in Rom, McDermott, Smith und Neal trafen. Crusaders Belfast, Trabzonspor, Saint-Etienne und der FC Zürich hatten die Engländer ebenfalls nicht stoppen können.
- 1978 misslang Gladbach im Halbfinale die Revanche ebenso wie Brügge im Endspiel im Wembley-Stadion. Den einzigen Treffer im Finale um den Landesmeistercup erzielte Dalglish. Benfica Lissabon und Dynamo Dresden waren ebenfalls unter die Räder gekommen.
- 1981 reichte Liverpool im Finale des Meistercups erneut ein einziger Treffer: 1:0 gegen Real Madrid. Alan Kennedy traf im Prinzenpark-Stadion. Zuvor waren Oulu, Aberdeen, Sofia und Bayern München eliminiert worden. 12 000 Anhänger begleiteten die Elf zum Endspiel nach Paris: »Das Verhalten der Fans war ein weiterer Triumph. Die französische Polizei hatte zu ihrer eigenen Überraschung nichts zu tun«, staunte der *Daily Telegraph*.
- 1984 siegte Liverpool in der Höhle des Löwen im Elfmeterschießen: 4:2 gegen die AS Roma. Torhüter Grobbelaar verwirrte die Römer Penaltyschützen Conti und Graziani mit seinen Grimassen. Neal, der bereits das 1:0 erzielt hatte, sowie Souness, Rush und Alan Kennedy verwandelten ihre Elfmeter im *Stadio Olimpico* ganz cool. Der Weg nach Rom hatte Liverpool über Odense, Bilbao, Lissabon (Benfica) und Bukarest (Dinamo) geführt.
- 2001 feierte Liverpool seinen dritten Sieg im UEFA-Cup: 5:4 gegen Alavés. Babbel, Gerrard, McAllister, Fowler sowie ein Eigentor von Geli brachten den Reds den ersten internationalen Titel seit der Nacht von Brüssel. Zuvor waren die Hürden Rapid Bukarest, Slovan Liberec, Olympiakos Piräus, AS Roma, Porto und Barcelona überwunden worden.

Zeigt, wo es lang geht: Gerard Houllier. Der Franzose stieß 1998 zum FC Liverpool.

mals englischer Meister wurde. Dieser Erfolg veranlasste Houlding zu einer Erhöhung der Miete von 100 auf 250 Pfund. Doch da spielten die Everton-Mitglieder nicht mit. Sie beschlossen, den Mietvertrag mit Houlding aufzulösen und eine neue Spielstätte zu suchen. Die Heimat des FC Everton befindet sich seitdem im *Goodison Park*, nur etwas mehr als einen Steinwurf von der *Anfield Road* entfernt.

Weil Houlding eine Fußball-Arena, aber keine Mannschaft mehr besaß, fuhr er kurzerhand nach Schottland. Dort verpflichtete er mehrere Spieler und meldete im Mai 1892 den neu geschaffenen *Liverpool Football Club & Athletic Grounds Company Limited* für den Spielbetrieb an. Innerhalb von drei Jahren gelang dem FC Liverpool der Durchmarsch von der halbprofessionellen *Lancashire League* in die *First Division*. Liverpool erhielt in der Folge, in Anspielung auf die kaledonischen, durch ihre Ballfertigkeit beeindruckenden Stars, den Spitznamen *Team of the Macs*. Bereits 1901 konnte der Klub seinen ersten Meistertitel feiern. Vier Jahre zuvor war Houlding übrigens zum Bürgermeister der Hafenstadt gewählt worden.

Der FC Liverpool war sehr beliebt. Rund 20 000 Fans pilgerten um die Jahrhundertwende jeweils zu den Heimspielen. Das freute

ERFOLGE

Englischer Meister: 1901, 1906, 1922, 1923, 1947, 1964, 1966, 1973, 1976, 1977, 1979, 1980, 1982, 1983, 1984, 1986, 1988, 1990.
Englischer Pokalsieger: 1965, 1974, 1986, 1989, 1992, 2001.
Englischer Ligacup-Sieger: 1981, 1982, 1983, 1984, 1995, 2001, 2003.
Europapokal der Landesmeister: 1977, 1978, 1981, 1984.
UEFA-Cup-Sieger: 1973, 1976, 2001.

Bekannteste Spieler: A'Court – Aldridge – Anelka – Babbel – Barmby – Barnes – Baros – Beardsley – Beglin – Berger – Boersma – Bromilow – Byrne – Callaghan – Camara – Case – Clemence – Cox – Dalglish – Diomède – Dudek – Dundee – Fairclough – Fowler – Gillespie – Grobbelaar – Hamann – Hansen – Hardy – Heggem – Heighway – Henchoz – Heskey – Houghton – Hughes – Hunt – Hyypiä – Ince – Johnston – Jones – Keegan – A. Kennedy – R. Kennedy – Lacey – Lambert – Lathom – Lawler – Lawrence – Lawrenson – Lee – Lidell – Lindsay – Litmanen – Lloyd – Longworth – McAllister – McCormack – McDermott – McMahon – McManaman – Milne – Mölby – Murphy – Neal – Nicol – Owen – Raisbeck – Redknapp – Riise – Rosenthal – Rush – Saunders – Scott – Smicer – Smith – Souness – Staunton – St John – Thompson – Toshack – Wark – Westerweld – Whelan – Wright – Yeats – Ziege.
Bekannteste Trainer: Fagan – Dalglish – Evans – Houllier – Kay – Paisley – Shankly – Souness – Taylor – Welsh.

vor allem den Finanzchef des Klubs, der den Kickern üppige Löhne auszahlte. Diese Praxis wurde am 1. April 1901 gestoppt, als ein Gericht das Lohnmaximum für Fußball-Professionals auf vier Pfund pro Woche festsetzte. Natürlich fanden auch die englischen Klubs rasch Möglichkeiten, um diese Regelung zu umgehen. Doch für viele Kicker büßte der FC Liverpool als Arbeitgeber an Attraktivität ein. Trotzdem waren die *Reds* 1906 nach einem kurzen Abstecher in die 2. Liga stark genug, um ihren zweiten Meistertitel zu erobern.

1922 und 1923 gab es an der *Anfield Road* zwei weitere Meisterfeiern. Danach übernahm Lokalrivale Everton bis zum Ausbruch des Zweiten Weltkrieges die lokale Vorherrschaft. Nach Liverpools fünftem Titel, 1947 errungen, folgte eine längere Talfahrt. Von 1954 bis 1961 war der FC Liverpool trotz außergewöhnlicher Spieler wie dem linken Läufer Bob Paisley, dem auf halblinks stürmenden Joe Fagan oder Linksaußen William Lidell bloß ein zweitklassiger Verein.

Mit dem Aufstieg 1961 unter Manager Shankly und der gleichzeitigen Liberalisierung des Transferwesens stand Liverpools Aufstieg an die Spitze nichts mehr im Weg. Obwohl der Klub in der Folge stets zahlreiche auswärtige Spieler verpflichtete, verkam die Mannschaft nie zu einer lustlos wirkenden Ansammlung von Fremdenlegionären. Auch die kickenden Jungmillionäre von heute kennen ihre Verpflichtung. Wenn sie bei Heimspielen ins Stadion einlaufen, geht es zuerst ein paar Treppenstufen hinunter. Oben an der Wand ist eine Tafel angebracht. *This is Anfield*, steht darauf. Drei Worte nur, aber ein Botschaft für alle, eigene Spieler und Gegner: Vergesst nie, wo ihr seid. An der *Anfield Road*.

Ging aus der exzellenten Nachwuchsschule des FC Liverpool hervor: Michael Owen.

Vom Mythos zur Marke

Am 6. Februar 1958 legte in München ein Flugzeug vom Typ *Elizabethan* eine Zwischenlandung ein. Ein gewöhnlicher Tankstopp. An Bord befanden sich 44 Personen, darunter die Mannschaft von Manchester United. Sie hatte sich am Tag zuvor für das Halbfinale im Europapokal der Landesmeister qualifiziert. Ein 3:3 gegen Roter Stern Belgrad hatte ihr nach dem 2:1 im Hinspiel gereicht. Linksaußen Dennis Viollet und der 19-jährige Spielmacher Robert (»Bobby«) Charlton hatten Manchester in Belgrad mit 3:0 in Front geschossen. Danach hatte die junge Elf – ihr Durchschnittsalter lag bei 22 Jahren – einen Gang zurückgeschaltet. Für die englische Presse war klar: Die *Busby Babes* würden dieses Jahr den Europapokal erobern.

Im Flugzeug stieg die Nervosität. Zweimal hatte der Pilot den Startversuch im Schnee und Nebel bereits abgebrochen, weil die zwei vereisten Motoren unregelmäßig arbeiteten. Um 15.03 nahm er einen dritten Anlauf. Er bekam die zweimotorige Maschine hoch, doch wenige Sekunden später sackte sie wieder ab, rasierte ein paar Bäume und raste in das zweistöckige Haus einer Gärtnerei. Die *Elizabethan* brach auseinander, Rumpf und Tragflächen wurden weggeschleudert, das Heck ging sofort in Flammen auf. Das heftige Schneegestöber erschwerte die Rettungsarbeiten. Zwei Stunden nach dem Absturz war das Wrack völlig eingeschneit.

23 Menschen kamen beim Unglück ums Leben, darunter acht Spieler von ManU. Zu den Opfern gehörten Kapitän Roger Byrne (29 Jahre alt), die Abwehrspieler Geoff Bent (23) und Mark Jones (24), der Mittelfeldspieler Eddie Colman (21), Linksaußen David Pegg (22), Mittelstürmer Tommy Taylor (26) und Rechtsaußen Liam Whelan (22). Der linke Läufer Duncan Edwards, eines der größten Talente im englischen Fußball, lag zwei Wochen lang im Koma. Die Ärzte konnten den 21-Jährigen nicht retten.

Neun Spielern stand ein Schutzengel bei. Die Torhüter Harry Gregg und Ray Wood, die Verteidiger Jakky Blanchflower und Bill Foulkes sowie die Offensivleute Ken Morgans, John Berry, Dennis Viollet, Bobby Charlton und Albert Scanlon überlebten das Inferno. Um das Leben von Manager Busby kämpften die Ärzte wochenlang. Busby überlebte. Nach einem 63-tägigen Krankenhausaufenthalt kehrte er wieder nach Manchester zurück.

MANCHESTER UNITED FOOTBALL CLUB
Gründungsjahr: 1878.
Anschrift: Manchester United, Sir Matt Busby Way, Old Trafford, Manchester M16 ORA, Great Britain.
Internet: www.manutd.com
Stadion: Old Trafford, Fassungsvermögen: 67 500 Zuschauer.
Vereinsfarben: Rot und Weiß.

Eine verstärkte Juniorenelf gewann ein paar Wochen nach dem Unglück das Halbfinal-Hinspiel gegen die AC Milan mit 2:1. Im San Siro machten die Mailänder dann allerdings kurzen Prozess: 4:0. Im FA-Cup erreichte ManU das Endspiel gegen die Bolton Wanderers, »ein Spiel, bei dem von vornherein klar war, dass es keinen Sieger geben würde«, wie der *Daily Telegraph* schrieb. Bolton gewann 2:0, aber ManU flogen die

Sympathien zu. Nie hat ein Verlierer mehr Applaus erhalten. Manchester lebte. Charlton, Viollet, Gregg und Foulkes standen bereits wieder auf dem Platz, Busby saß auf der Trainerbank.

Es war die Geburtsstunde eines Mythos.

Achtzig Jahre hatte Manchester United gebraucht, um ein europäisches Spitzenteam zu formen. Das ist viel Zeit, zumal kaum eine andere Stadt im 19. Jahrhundert eine so rasante Entwicklung und Industrialisierung erlebt hat wie Manchester, die Wiege der Industriellen Revolution. Zum Symbol für die Dynamik der Stadt wurde die Eisenbahn. Die erste kommerzielle Bahnstrecke der Welt führte von Manchester in die Hafenstadt Liverpool.

Einige Angestellte der Eisenbahngesellschaft *The Lancashire & York Railway Company* (LYR) gründeten 1878 einen Fußball-Klub. Ihr Arbeitsplatz befand sich in Newton Heath, einem Quartier im Nordwesten Manchesters, und so war es naheliegend, dass sie ihren Verein *Newton Heath (LYR) Football Club* nannten. Die Klubfarben, Grün und Gelb, wurden ebenfalls vom Arbeitgeber übernommen. Newton Heath war anfangs eine Firmenmannschaft. Gespielt wurde an der North Road gegen Gegner, die ebenfalls aus dem Eisenbahnermilieu stammten.

Bereits 1885 stellte Newton Heath die Weichen Richtung Profitum. Ein Jahr später gewann die Mannschaft erstmals den Manchester Cup, die Stadtmeisterschaft. Dieser Erfolg konnte 1888, 1889 und 1890 wiederholt werden. Zu Beginn der Neunzigerjahre nabelte sich der Klub sukzessive von der Eisenbahngesellschaft ab. Das Kürzel LYR verschwand 1892 aus dem Klubnamen. In jenem Jahr qualifizierte sich Newton Heath als Vizemeister der *Football Alliance* (hinter Nottingham Forest) für die erweiterte *Football League*. Zwei Jahre konnte sich die Mannschaft in der höchsten Spielklasse halten, ehe sie 1894 ihren Platz dem FC Liverpool räumen musste.

Ewige Treue

Als Paradebeispiel für Klubtreue eignet sich Eric Cantona nicht besonders. Der Franzose kickte in Auxerre, Martigues, Marseille, Bordeaux, Montpellier, Nîmes und Leeds, ehe er seine Karriere in Manchester beendete. ManU will er aber ewig treu bleiben. Der von den Fans zum »Spieler des Jahrhunderts« gewählte Cantona bat, dass seine Asche auf dem Rasen des Old Trafford verstreut wird, »wenn es mit mir zu Ende gegangen ist«.
Der Stürmer (Motto: »Die Verrückten haben der Welt mehr gebracht als die Vernünftigen«) machte die Reds mit seinen Toren 1993, 1994, 1996 und 1997 zum Landesmeister. Ohne ihn, als er 1995 wegen seiner Kung-Fu-Attacke gegen einen pöbelnden Fan gesperrt war, wurde ManU nur Zweiter.

Aus Newton Heath wurde ein unheilbarer Patient. Anfangs des neuen Jahrhunderts drohte dem sportlich darbenden Verein gar der Bankrott. Durch die Auflösung des Newton Heath FC und einer Neugründung am 28. April 1902 unter dem Namen *Manchester United Football Club* konnte die Zukunft gesichert werden. Vor allem dank dem Engagement des Brauereibesitzers John H. Davies, der den Ruin abwendete und sieben Jahre später den Bau des Old-Trafford-Stadions finanzierte, einer Arena, die schon damals mehreren Zehntausend Zuschauern Platz bot. Unter der Haupttribüne wurden ein Billardraum, ein Massageraum, ein Entspannungsbad und eine Turnhalle untergebracht.

In der Ära Davies feierte der Klub seine ersten großen Erfolge. 1908 gewann ManU seinen ersten Meistertitel. Das zweitplatzierte Aston Villa wurde um neun Punkte distanziert. Ein Jahr später eroberten die *Red Devils* (»die roten Teufel«), so der Spitzname des Vereins, durch ein 1:0 gegen Bristol City zum ersten Mal die Pokaltrophäe. 1911 schließlich stieg im Old Trafford nach dem 5:1 gegen Sunderland die zweite Meisterfeier. Aston Villa war diesmal um einen Zähler distanziert worden.

Ein Stürmer wie ein Pferd

Torrekorde stammen in der Regel aus der Steinzeit des Fußballs. Dass es auch im 21. Jahrhundert noch Stürmer mit eingebauter Torgarantie gibt, bewies Ruud van Nistelrooy im Herbst 2001. Gleich in seinem ersten Jahr bei ManU trug sich der Holländer in die Geschichtsbücher ein, weil er in acht aufeinander folgenden Spielen in der Premier League stets mindestens ein Tor erzielte. Das hatte vor ihm noch niemand geschafft. »Er fliegt an den Gegnern vorbei wie meine Pferde auf der Galoppbahn von Newmarket«, lobte Trainer Ferguson.

In der Zwischenkriegszeit kam ManU nie auf Touren, hatte erneut mit finanziellen Problemen zu kämpfen und stieg insgesamt dreimal aus der höchsten Liga ab. Hätte der Textilfabrikant James W. Gibson 1931 nicht 22 000 Pfund locker gemacht, wäre der Verein wohl pleite gegangen. Doch die sportlichen Probleme waren damit noch nicht behoben. 1934 belegte ManU in der zweiten Division den 20. Platz – vor den *Red Devils* fürchtete sich längst niemand mehr. Der Abstieg konnte im letzten Spiel durch ein 2:0 gegen Millwall gerade noch abgewendet werden.

Mit dem Ausbruch des Zweiten Weltkrieges wurde auf der Insel der nationale Spielbetrieb eingestellt. Deutsche Bomber zerstörten Manchester und das Old Trafford. Vier Jahre lang musste ManU die Arena an der Maine Road mit dem Lokalrivalen Manchester City teilen, ehe das Old Trafford wieder aufgebaut war.

Matthew (»Matt«) Busby stand also im wahrsten Sinne des Wortes vor einem Trümmerhaufen, als er am 15. Februar 1945 seinen Job in Manchester antrat. Für den Wiederaufbau war der am 26. Mai 1909 im kleinen schottischen Bergwerksdorf Bellshill geborene Busby genau der richtige Mann. Seine Herkunft vergaß der später zum *Commander of the British Empire* geadelte Arbeitersohn nie. Anfangs hatte er wie sein Vater in der Kohlegrube geschuftet. Sein fußballerisches Talent verhalf ihm schließlich zu Engagements beim FC Denny Hibernian, bei Manchester City und beim FC Liverpool (1936 – 1945).

Mit Manager Busby stellte ManU schlagartig wieder ein Spitzenteam. 1947, 1949 und 1951 wurde der Klub Vizemeister, 1948 durch ein 4:2 gegen Blackpool Pokalsieger und 1952 erstmals seit 41 Jahren wieder Meister. Von der Öffentlichkeit lange Zeit unbemerkt blieb der Aufbau einer professionellen Juniorenabteilung. Busby betrieb eine konsequente Nachwuchspolitik, die darin bestand, das Land nach talentierten Schuljungen abzugrasen und sie frühzeitig als Lehrlinge zu verpflichten. Zwischen 1953 und 1957 verlor Manchester kein einziges Junioren-Pokalspiel. Zahlreiche Nachwuchsspieler schafften den Sprung in die erste Mannschaft. Die *Busby Babes* wurden mit Komplimenten überhäuft. Eines der schönsten stammt von Jimmy Greaves, Englands Top-Torjäger jener Zeit (Chelsea, Tottenham). Er sagte: »ManU – das waren die Künstler, wir anderen dagegen alle nur Handwerker. Sie waren ein Symphonie-Orchester, wir Straßenmusiker.«

Das Maß aller Dinge

Anfang August 1998 wollte der australische Medienzar Robert Murdoch über den von ihm kontrollierten Satellitensender BSky B für rund eine Milliarde Euro die Aktienmehrheit bei ManU übernehmen. Die Fans stiegen auf die Barrikaden. Der Deal scheiterte schließlich am Veto der englischen Regierung, nachdem die Monopol- und Fusionskommission des Handelsministerium vor einem Interessenkonflikt gewarnt hatte.

Im Nachhinein dürfte Murdoch gar nicht so unglücklich darüber sein. Denn mit der Krise auf den Börsenmärkten stürzten die Kurse der englischen Klubs in den Keller. In den zwölf Monaten zwischen Oktober 2000 und Oktober 2001 verlor die Manchester-Aktie 55,5 Prozent ihres Wertes. Für eine Milliarde Euro hätte Murdoch Ende 2001 praktisch alle elf an der Londoner Börse notierten Klubs der Premier League kaufen können. Noch ein Jahr zuvor hatten sie einen mehr als doppelt so hohen Wert gehabt.

Nach den Boom in der zweiten Hälfte der Neunzigerjahre dürfte es auch ManU, der reichste Klub der Welt, schwer haben. Einerseits wurde bei den Einnahmen (Tickets, Sponsoren, TV-Rechte, Merchandising) der Plafond wohl erreicht. Andererseits stiegen die Ausgaben gewaltig. Stars wie Beckham und Keane mussten mit langjährigen, lukrativen Verträgen (Wochenlöhne von über 100 000 Pfund) bei Laune gehalten werden. Im Jahr 2001 betrugen die Lohnkosten für die Spieler erstmals mehr als 50 Prozent des Umsatzes (im Jahr zuvor 39 Prozent).

Sollte die Klubkasse einmal leer sein, kann sich ManU immer noch an seine Sponsoren wenden. Die Bank of Scotland und Zurich Financial Services bieten unter dem Markennamen des Klubs verschiedene Finanzdienstleistungen an. Über Manchester United Finance kann man auch Darlehen und Hypotheken erhalten.

1956 und 1957 errangen die *Youngsters* den Meistertitel und machten sich auf, Europas Fußball-Thron zu besteigen. 1957 drangen sie im Europapokal bis ins Halbfinale vor, wo sie an Titelverteidiger Real Madrid scheiterten (1:3, 2:2). In der folgenden Saison eliminierten sie die Shamrock Rovers, Dukla Prag und Roter Stern Belgrad. Dann setzte das Schicksal dem Höhenflug der jungen Überflieger mit dem Unglück von München vorerst ein abruptes Ende. Heute erinnert eine Uhr im Old Trafford an den schwärzesten Tag der Klubgeschichte.

Gern gesehene Gäste

Manchester United hat weltweit knapp 53 Millionen Fans, davon allein im fernen Thailand 1,8 Millionen. Aus Werbezwecken reist ManU deshalb häufig nach Asien. Im Sommer 2001 beispielsweise drängten sich vor dem Rajamangala-Stadion in Bangkok 30 000 Fans, nur um einmal Beckham und Co. beim Training beobachten zu können. Das tags darauf am Fernsehen live übertragene »Testspiel« gegen die thailändische Nationalelf (ManU gewann 2:1) verfolgten 60 000 Fans auf den überfüllten Rängen.
In der Teppichetage des Klubs wurde die bei den Spielern wenig beliebte Reise als absoluter Erfolg verbucht. Die riesige Resonanz war beste Werbung in eigener Sache. Denn der asiatische Raum ist mit 16,6 Millionen Anhängern für die Marketingstrategen gewichtiger als das Vereinigte Königreich, das inklusive Irland 11,1 Millionen Fans aufweist.

Kaum aus dem Krankenhaus in München entlassen, verkündete Busby: »Gebt mir zehn Jahre Zeit, ich werde den Mount Everest besteigen.« Mit diesen Worten drückte er seine Bereitschaft aus, ManU auf den Gipfel zurückzuführen. Der Gewinn des Europapokals wurde für Busby zur Obsession. Er wollte diese Trophäe für seine verstorbenen Schützlinge erringen, ihnen damit eine Art letzte Ehre erweisen.

Um die Überlebenden von München formte der Manager eine neue Mannschaft. Dreh- und Angelpunkt in der Offensive war Bobby Charlton. Mit Pat Crerand von Celtic Glasgow bekam er einen kongenialen Partner. Das Angriffsspiel wurde mit den beiden Flügelstürmern Dennis Law (er wurde aus Turin zurück auf die Insel geholt) und George Best (er kam von Hibernian Cork) variabler. Der Schotte Law wurde 1964, der Engländer Charlton 1966 und der Nordire Best 1968 zu Europas Fußballer des Jahres gewählt.

Der Stern von Busbys neuem Team ging 1963 mit dem Gewinn des englischen Pokals gegen Leicester City (3:1) auf. 1965 und 1967 beendete ManU die Meisterschaft auf Rang eins. Doch Busby betrachtete seine Mission erst am 29. Mai 1968 als erfüllt. Zehn Jahre, drei Wochen und drei Tage nach der Tragödie von München stemmte Kapitän Charlton mit zitternden Händen den Meistercup in den Londoner Abendhimmel.

Manchester hatte im Wembley-Stadion Benfica Lissabon mit 4:1 nach Verlängerung niedergerungen. Das *Kicker Sportmagazin* schrieb: »Benfica wurde überrannt und geschlagen wie noch nie ein Gegner in einem Europapokal-Endspiel.« Charlton erzielte zwei Kopfball-Tore, die anderen beiden Treffer gingen auf das Konto von Best und Kidd. Mit dem Titel »Die Nacht der Nächte« feierte die in Manchester gegründete Tageszeitung *The Guardian* die Helden. Sie hießen Stepney, Brennan, Dunne, Crerand, Foulkes, Stiles, Best, Kidd, Charlton, Sadler und Aston.

Innerhalb von zehn Jahren von einem tragischen Tiefpunkt zum sportlichen Gipfel – der Mythos ManU war zementiert.

Doch danach stürzte die Mannschaft wieder ab. Diesmal allerdings nur sportlich. Zuerst gingen die Spiele um den Weltpokal gegen Estudiantes de la Plata verloren (0:1, 1:1). Es folgte das Aus im Halbfinale des Europapokals gegen die AC Milan (0:2, 1:0). Die Talfahrt ging in rasantem Tempo weiter: 1970 stand ManU in der Meisterschaft der Abstiegszone bereits näher als der Tabellenspitze.

Bei der Ursachenforschung für diesen jähen Fall kommt man nicht um den Namen George Best herum. Der Nordire war Ende der Sechzigerjahre eine Kultfigur. Wegen seinen langen Haaren galt er als »fünfter Beatle«. Er war der erste Fußballer, bei dessen Anblick die Schulmädchen kreischten. Doch Best wurde mit diesem Status nicht fertig. Wilde Parties mit Alkoholexzessen und Frauengeschichten prägten seine Nächte und führten zu seinem persönlichen und sportlichen Niedergang. Busby meinte resigniert: »Auf seine Art ist George schon gestorben.«

Immer öfter gerieten sich *Gentleman* Charlton und das *Enfant terrible* Best in die Haare. Charlton warf Best mangelnden Einsatz vor. In den Augen des Kapitäns war das ein Kapitalverbrechen. Charlton, mit 247 Treffern bester Torschütze des Klubs, verabschiedete sich 1973, nachdem er in 604 Ligaspielen für die United gerackert und gezaubert hatte. Seine Mission war erfüllt, der Klassenerhalt geschafft. Ein Jahr später beendete ManU die Meisterschaft auf dem 21. Platz und stieg für ein Jahr in die *Second Division* ab.

Busby hatte den Bettel schon 1969 enttäuscht hingeschmissen. Er wurde Vereinsdirektor, Ehrenpräsident und 1982 Vizepräsident der *Football League* und musste machtlos zusehen, wie sein Lebenswerk auseinanderfiel. Weder Tommy Docherty (von 1972 bis 1977) noch Dave Sexton (von 1977 bis 1981) noch Ron Atkinson (von 1981 bis 1986) gelang es, das schlingernde Schiff wieder auf Kurs zu bringen.

Busbys legitimer Nachfolger wurde erst 1986 gefunden: Der Schotte Alex Ferguson. Der Sohn eines Werftarbeiters aus Glasgow war ein zäher Stürmer, aber kein großer Spieler gewesen. Mit knapp 33 wurde er Manager bei East Sterling. Einen Namen machte er sich bei

Der Herr der Sterne: Manager Alex Ferguson etablierte ManU in der Königsklasse.

Der Schrei: Torhüter Fabien Barthez versucht, sich bei seinen Vorderleuten Gehör zu verschaffen. ManU holte den Franzosen im Sommer 2002 für die Rekordsumme von 12 Millionen Euro aus Monaco.

Aberdeen mit drei Meistertiteln, vier Pokalsiegen und einem Erfolg im Cupsieger-Cup 1983.

Eine weitere Tragödie, ein innovativer Präsident und ein Fernsehsender waren nebst Fergusons Geschick dafür verantwortlich, dass der Mythos ManU in den Neunzigerjahren eine neue Dimension annahm.

Nach der Katastrophe im Hillsborough-Stadion von Sheffield (1989), als in einem überfüllten Stehplatz-Sektor 96 Menschen zu Tode gequetscht wurden, mussten in England sämtliche Arenen mit Sitzplätzen bestückt werden. Die britische Regierung subventionierte diese Stadionsanierungen mit Millionenbeträgen. Gleichzeitig wurde die *Premier League* gegründet (1992). Der Kabelsender *Sky Sports* blätterte fortan Millionen und Milliarden für die Übertragungsrechte hin. Parallel dazu leitete Martin Edwards, der geschäftsführende Direktor von ManU, den Börsengang ein. Mitte der Neunzigerjahre war Manchester der reichste Klub der Welt.

Obwohl es in England mittlerweile kein größeres Stadion als das Old Trafford gibt, ist die Arena viel zu klein. Im »Theater der Träume« sind seit Jahren sämtliche Heimspiele ausverkauft. 67 500 Zuschauer lassen die Kassen klingeln und Fans, die keine Dauerkarte besitzen, verzweifeln. Tickets für ManU-Heimspiele gelangen praktisch keine in den freien Verkauf.

Ähnlich wie Busby, der am 20. Januar 1994 an Blutkrebs starb, setzte auch Ferguson auf eine starke Nachwuchsabteilung. Acht Talente aus der Jugend-Elf der Jahrgänge 1974 bis 1977 wurden A-Nationalspieler für England, Nordirland und Wales.

Fünf von ihnen und der ein Jahr ältere Ryan Giggs bildeten den Stamm der jungen Mannschaft, mit der Ferguson den Klub 1993 zur ersten englischen Meisterschaft seit 26 Jahren führte. Zuvor hatte ManU schon den FA-Cup und den Ligapokal gewonnen und 1991 den FC Barcelona im Final des Cupsieger-Cups dank zwei Toren von Mark Hughes mit 2:1 besiegt.

Unter Fergusons Regie haben junge Talente wie die Brüder Philip und Gary Neville, David Beckham, Ryan Giggs, Nicky Butt und Paul Scholes ein offensives Kombinationsspiel bis fast zur Perfektion kultiviert. Natürlich kam auch Manchester nicht ohne teure Transfers aus. Roy Keane, Dwight Yorke, Andy Cole oder Jaap Stam brachten die Mannschaft spielerisch weiter. Ein Glücksgriff war gemäß Ferguson die Verpflichtung des Franzosen Eric Cantona: »Er zeigte meinen Jungen Ideale und Visionen auf. Sie haben ihm zugehört, ihm zugeschaut und ihn kopiert. So wurden sie zu dem, was sie heute sind.«

Viele sind lebende Legenden. Ihren Ruhm verdanken sie jenen 149 Sekunden, in denen sie am 26. Mai 1999 einen 0:1-Rückstand im Finale der *Champions League* in einen 2:1-Sieg gegen Bayern München umgewandelt haben.

89:48 Minuten waren an jenem Abend in Barcelona bereits gespielt, als der neun Minuten zuvor eingewechselte Ole Gunnar Solskjaer einen Einwurf rausholte. Diesen führte Gary Neville aus. Als er den Ball in den Bayern-Strafraum warf, leuchtete auf der Matchuhr die Zahlenkombination 90:00 auf. Während der Flugphase wurde die Verlängerung angezeigt: Noch drei Minuten! Die Verteidigung der Deutschen klärte.

Der Lohn einer unglaublichen Aufholjagd: David Beckham stemmt den Champions-League-Pokal in den Nachthimmel von Barcelona.

Der Ball landete bei David Beckham, der ihn für Gary Neville auflegte. Neville flankte, Stefan Effenberg wehrte ab – Eckball. United-Goalie Peter Schmeichel hielt nichts mehr in seinem Kasten, er stürzte sich ins Getümmel, ging an der Strafraumgrenze in Lauerstellung. Beckhams Ekball segelte in den Sechzehner (90:28), Schmeichel bugsierte die Kugel zu Dwight Yorke, dieser verlängerte per Kopf in die Strafraummitte. Dort klärte ein Bayern-Spieler, allerdings genau vor die Füße von Ryan Giggs. Dieser schickte das Leder mit einer Direktabnahme zurück in den Strafraum. Teddy Sheringham, erst seit 25 Minuten im Spiel, lenkte den Ball zum 1:1 ins Tor. 90 Minuten und 36 Sekunden waren gespielt. Die Bayern rissen die Arme in die Höhe, reklamierten Abseits, Schiedsrichter Pierluigi Collina zeigte auf den Anstoßkreis, Manchester jubelte.

ERFOLGE

Englischer Meister: 1908, 1911, 1952, 1956, 1957, 1965, 1967, 1993, 1994, 1996, 1997, 1999, 2000, 2001, 2003.
Englischer Pokalsieger: 1909, 1948, 1963, 1977, 1983, 1985, 1990, 1994, 1996, 1999.
Englischer Ligapokal-Sieger: 1992.
Europapokal der Landesmeister: 1968, 1999.
Europapokal der Pokalsieger: 1991.
Europäischer Superpokal: 1991.
Weltpokal: 1999.

Bekannteste Spieler: Albiston – Anderson – Aston – Bailey – Barthez – Beckham – Best – Blackmore – Blanc – Blanchflower – Blomqvist – Brennan – Bruce – Byrne – Cantona – Cantwell – Carey – Charlton – Cockburn – Cole – Jordi Cruyff – Daly – Davies – Delaney – Dunne – Duxbury – Edwards – Foulkes – Giggs – Giles – Givens – Greenhoff – Gregg – Grimes – Hill – Holton – Hughes – Ince – Irwin – Jackson – Johnson – Jordan – Kanchelskis – Keane – Kidd – Law – Leighton – Macari – Martin – McClair – McGrath – McIlroy – McQueen – Meredith – Morgan – Moran – G. Neville – P. Neville – Nicholl – Nicholson – O'Brien – Olsen – Pallister – Parker – Pearson – Pegg – Robson – Rowley – Sadler – Schmeichel – Scholes – Sharpe – Sheringham – Solskjaer – Stam – Stapleton – Stiles – Strachan – Taylor – van Nistelrooy – Verón – Viollet – Wall – Webb – Whelan – Whiteside – Webster – Wilkins – Wood – Yorke.
Bekannteste Trainer: Atkinson – Busby – Chapman – Docherty – Ferguson – McGuiness – O'Farrell – Sexton.

Die Uhr stand auf 91:26, als die Bayern ungestüm angriffen – Ballverlust. Konterangriff. Weiter Pass auf Solskjaer, Duell gegen Sammy Kuffour, Eckball (91:54). Beckham schlug den 19. Eckball des Spiels von links in den Strafraum (92:15), Sheringham verlängerte mit dem Kopf Richtung langen Pfosten. Dort stand Kuffour zu weit weg von seinem Gegenspieler. Solskjaer spitzelte den Ball mit rechts ins Tor – 2:1 (92:17).

93:26: Anspiel der Bayern. Ein hoher Ball Richtung Sechzehner. Nicky Butt haute das Leder zurück Richtung Anstoßkreis. Collina pfiff ab. Nach 93 Minuten und 36 Sekunden war die verrückteste Aufholjagd der Fußballgeschichte zu Ende. Ferguson analysierte im TV-Interview: »*Incredible. That's football. Bloody hell!*«

Der Mythos ManU lebt – obwohl der Verein längst ein Markenartikel geworden ist, der weit über die Insel hinaus Bekanntheit erlangt hat.

Manchester machte sich in den Neunzigerjahren die Vorteile der Globalisierung geschickt zu nutze. Vor allem in Asien ist der Klub äußerst populär. Das ist aber nicht in erster Linie ein Verdienst der Kicker, sondern eine Folge des perfekten *Merchandising*. Um dieses kümmert sich der *Commercial Director* Edward Freedman. Als ihn Edwards überredete, bei den Tottenham Hotspurs zu kündigen, entdeckte Freedman bei ManU ein enormes, aber noch lange nicht ausgeschöpftes Potential im Fan-Artikelverkauf. Er schaffte es, die unheilbare Leidenschaft der Fans in bare Münze umzuwandeln. »Das Geschäft mit den Fußball-Souvenirs wird die Wachstumsbranche der Neunzigerjahre«, prophezeite er und lag damit völlig richtig.

Mittlerweile gibt es fast keinen Alltagsgegenstand, den United nicht in den offiziellen Klubfarben Rot-Weiß-Schwarz liefern kann: Geschirr, Besteck, Tapeten, Bierhumpen, Taschenrechner, Babylätzchen, Bettbezüge, Klodeckel, mit oder ohne Portraits und Autogramm der Spieler.

Mit ihrer kommerziellen Strategie setzten die *Reds* im internationalen Profi-Fußball völlig neue Maßstäbe. »Manchester United ist zu einem hochprofitablen Freizeitunternehmen geworden«, staunte das Wirtschaftsmagazin *The Economist*. Im Old Trafford hat für die professionellen Analysten aus London die »industrielle Revolution« im europäischen Fußball begonnen.

Seine Merchandising-Rechte trat der Klub im Sommer 2002 an den amerikanischen Sportartikel-Hersteller Nike ab. Dieser zahlt dem Klub dafür bis 2015 insgesamt 429 Millionen Dollar. Daneben nehmen sich die gut 50 Millionen Euro, die Trikotsponsor Vodafone für einen 5-Jahre-Vertrag hinblätterte, beinahe bescheiden aus.

Sir Alex Ferguson (nach dem Sieg in der *Champions League* war er von der *Queen* geadelt worden) kann sich deshalb jeden Transferwunsch erfüllen. Als der dänische Torhüter Schmeichel 1999 zu Sporting Lissabon wechselte und Nachfolger Mark Bosnich zu oft patzte, nannte der Schotte dem ManU-Aufsichtsrat drei Namen: »Nur Kahn, Buffon oder Barthez sind stark genug für uns.« Manchester holte schließlich für 12 Millionen Euro den französischen Welt- und Europameister Fabien Barthez. So viel war bis dahin noch nie für einen Torhüter ausgegeben worden.

Vor allem im Hinblick auf die *Champions League*, in welcher das ausgelaugte Manchester im Frühjahr 2001 im Viertelfinale an Bayern München gescheitert war, engagierte Ferguson nach dem dritten nationalen Meistertitel in Serie den argentinischen Mittelfeldstrategen Juan Sebastián Verón. Lazio Rom wurde mit der damaligen englischen Rekordsumme von 28,1 Millionen Pfund entschädigt. Für den Angriff verpflichtete er den Holländer Ruud van Nistelrooy vom PSV Eindhoven. Kostenpunkt: 19 Millionen Pfund. Damit hatte Manchester »die beste Mannschaft aller Zeiten« (Ferguson) – und legte den schlechtesten Start seit zehn Jahren hin, durchlebte schwere Herbststürme mit 5 Niederlagen in 7 Meisterschaftsspielen. Da man in der *Champions League* im Halbfinale an Bayer Leverkusen scheiterte, stand ManU am Ende mit leeren Händen da. Ein ungewohntes Gefühl für Ferguson.

Die Vormachtstellung seines Klubs sah der Schotte trotzdem nicht gefährdet. Ein Reich stürze nicht durch äußeren Druck, stellte Ferguson im Frühling 2002 in der Stadionzeitung klar. Sondern: »Imperien fallen durch innere Schwächen«. Vom römischen Kaiserreich bis zur Sowjetunion reichen die Beispiele. Manchester United sei aber noch nicht in diese Reihe zu stellen, befand Ferguson. »Wir sind noch lange nicht am Ende unserer Herrschaft angekommen.«

Den Bogen überspannt

Das Stichwort »Nottingham« bringen die meisten Leute mit dem Namen »Robin Hood« in Verbindung. Der Legende zufolge führte der »König der Diebe« mit einer Schar von Getreuen im Wald von Sherwood ein abenteuerliches Leben. Er raubte Adelige und Kleriker aus und teilte die Beute mit den Armen. Sein Gegenspieler, der habgierige und grausame Sheriff von Nottingham, sowie eine hübsche Dame (Lady Marian) verliehen der Geschichte Farbe und Spannung. Ungezählte literarische Bearbeitungen des Stoffes, Dramatisierungen, Vertonungen und Verfilmungen trugen den Namen Nottinghams in alle Welt.

Zu Weltruhm gelangte auch der lokale Fußball-Klub, der im Jahre 1865 als *Forest FC* gegründet worden war. Vom Wald, der dem Verein den Namen gab, war aber schon damals nicht mehr viel zu sehen. Einst erstreckte sich das königliche Jagdgebiet des *Sherwood Forest* über Nottingham und Yorkshire, aber Rodungen und die Auswüchse der Industrialisierung haben das einstige Dickicht zu einer größeren Ansammlung von Bäumen schrumpfen lassen, die heute von zahlreichen Souvenir-Läden umgeben ist.

Der Wald verdankt seine Bekanntheit Robin Hood; den Ruhm des Forest FC begründete Brian Clough. Der bärbeißige Exzentriker trainierte Nottingham von 1975 bis 1993. Als Aktiver war der 1935 in Middlesbrough geborene Clough ein gefürchteter Torjäger gewesen. In 274 Ligaspielen für Middlesbrough und Sunderland erzielte er 251 Treffer. Es wären zweifellos noch mehr geworden, wenn nicht ein Zusammenprall mit einem gegnerischen Torhüter seine Karriere abrupt beendet hätte.

NOTTINGHAM FOREST FOOTBALL CLUB
Gründungsjahr: 1865.
Anschrift: Nottingham Forest, The City Ground, Nottingham NG2 5FJ, Great Britain.
Internet: www.nottinghamforest.co.uk
Stadion: City Ground, Fassungsvermögen: 30 602 Zuschauer.
Vereinsfarben: Rot und Weiß.

Clough wurde Trainer. Und was für einer! Das ambitionslose Derby County übernahm er in der zweiten Liga – 1972 gewann der Klub zum ersten Mal in seiner Geschichte den Meistertitel. Anschließend ging Clough zu Leeds United, wo er aber nach bloß 44 Tagen den Bettel wieder hinschmiss. Das war das Glück von Nottingham, das seinerzeit in der zweiten Liga dümpelte und einen neuen Trainer suchte. Den Briefkopf der *Reds* zierten damals bloß zwei Pokalsiege aus den Jahren 1898 und 1959. Weniger gerne erinnerten sich die Fans an die Jahre 1906, 1911, 1925 und 1972, als Nottingham jeweils den Gang in die zweite Liga antreten musste.

Bei seinem Amtsantritt am 6. Januar 1975 fand Clough im *City Ground* eine Reihe von talentierten Spielern wie Stürmer John Robertson, Verteidiger Vivian Anderson oder den späteren Bundesliga-Spieler Tony Woodcock vor. Zur Ergänzung verpflichtete er noch einige preiswerte und pflegeleichte Routiniers. Mit John McGovern und John O'Hare hatte er schon bei seinen vorherigen Vereinen zusammengearbeitet. Zu ihnen gesellten sich noch Martin O'Neill, Peter White, Larry Lloyd und Frank Clark.

Müde, aber überglücklich: Nottinghams Spieler und Trainer Brian Clough feiern den 1:0-Sieg gegen Malmö.

Sie bildeten den Kern jener Mannschaft, die 1977 in die höchste Spielklasse aufstieg. Wider jede Expertenlogik beendete Nottingham auch die folgende Saison auf Rang eins – zum ersten Mal in der *First Division*.

Die englischen Klubs dominierten damals mit ihrem athletischen Power-Fußball die europäischen Klub-Wettbewerbe nach Belieben. So erstaunte es nicht, dass Nottingham im Europapokal der Landesmeister problemlos mithalten konnte. Dass der Europacup-Debütant die Trophäe allerdings gleich im ersten Anlauf erobern würde, damit hatte nun aber wahrlich niemand gerechnet.

Im Endspiel wurde der schwedische Meister Malmö FF dank eines Kopfballtreffers von Mittelfeldmotor Trevor Francis mit 1:0 bezwungen. Fußball-Feinschmecker unter den 57 000 Zuschauern im Münchner Olympiastadion beschäftigte allerdings bloß die Frage, wie es zwei derart schwachen Teams gelingen konnte, bis ins Endspiel vorzudringen. Vor allem Nottingham hatte auf dem Kontinent wegen seinem als Großmaul verschrieenen Trainer und seiner defensiven Spielweise einen schlechten Ruf. Auf dem Weg nach München hatte Cloughs Elf Titelverteidiger Liverpool, AEK Athen, Grasshoppers Zürich und den 1. FC Köln mit einem Torverhältnis von insgesamt 18:7 ausgeschaltet.

Als Titelverteidiger war Nottingham in der Saison 1979/80 im Meistercup gesetzt, obwohl der FC Liverpool die nationale Meisterschaft gewonnen hatte. Erneut gelang Nottingham der Vorstoß ins Finale. Auf dem Weg dorthin bildete Ajax Amsterdam im Halbfinale den einzigen echten Prüfstein, ein Ausscheiden gegen Östers Växjö, Arges Pitesti oder Dynamo Berlin hätte man im Mutterland des Fußballs als Schande empfunden.

Im Endspiel in Madrid wartete mit dem Hamburger SV ein ausgesprochen starker Gegner, der nach seinem 5:1-Sieg im Halbfinale gegen Real Madrid vor Selbstvertrauen strotzte. Doch zur großen Überraschung entschieden die Defensivkünstler aus Nottingham auch dieses Duell für sich – 1:0. Das Tor des Abends erzielte der quirlige Linksaußen Robertson. Clough hatte folgende Elf aufs Feld geschickt: Shilton; Anderson, Burns, Lloyd, Gray (84. Dunn); McGovern, O'Neill, Bowyer, Mills (68. O'Hare); Robertson, Birtles. Die Hamburger mit ihren Stars Keegan, Magath, Kaltz und Hrubesch scheiterten immer wieder am englischen Rekordnationalspieler Peter Shilton (125 Länderspiele), den Clough als »den besten Torhüter der Welt« lobte.

Wo der Fußball zu Hause ist

Ein gewisser Mister Scrimshaw hatte 1865 die Nase voll von Shinney, einem dem Hockey ähnlichen Spiel, das seine Freunde ständig ausübten. Er versuchte, sie für den in Mode gekommenen Fußball zu begeistern. Das Vorhaben gelang, und noch im selben Jahr entstand der Forest Football Club. Sein erstes Spiel trug er am 22. März 1866 gegen den Lokalrivalen Notts County aus. Das 1862 gegründete Notts County und Forest sind die ältesten Ligaklubs Englands.

Von Anfang an spielte Forest in roten Trikots. Die Klubfarbe ist eine Hommage an den italienischen Nationalhelden Giuseppe Garibaldi, dessen Freiheitskämpfer seinerzeit auch in England sehr populär waren. Sportlich hinkte Forest der Konkurrenz lange Zeit hinterher. Erst als die Reds 1892 die Meisterschaft der Football Alliance gewannen, wurden sie in die vier Jahre zuvor von den Top-Klubs gegründete Football League aufgenommen. Der Sieg im FA-Cup von 1898 ist aber der einzige Erfolg aus dieser Epoche. Bis zum nächsten Pokalsieg sollten über sechzig Jahre vergehen.

Nottingham ist somit der einzige Klub, der zweimal den Europapokal der Landesmeister gewann, aber bloß einen nationalen Meistertitel feiern konnte. Damit ist auch gesagt, dass die *Reds* in den Achtzigerjahren nicht mehr an ihre großen Erfolge anknüpfen konnten. Das lag vor allem daran, dass sich Trainer Clough einige teure Transferflops leistete (u.a. Justin Fashanu, Ian Wallace, Peter Ward). Als Titelverteidiger blamierte sich Nottingham 1980 im Meistercup bis auf die Knochen: Schon in der ersten Runde kam das Aus gegen den Armeeklub Sofia (1:0, 1:0). Für einen Neuaufbau fehlten dem Verein aus der 300 000 Einwohner zählenden Provinzstadt in der Folge die nötigen finanziellen Mittel.

Die größten Erfolge der jüngeren Vergangenheit gelangen Nottingham im englischen Ligapokal, dem die Großklubs allerdings relativ wenig Bedeutung beimessen. 1989 besiegte Forest im Endspiel Luton Town, ein Jahr später Oldham Athletic. Weniger Glück hatte die Mannschaft um Kapitän Stuart Pearce 1991 im Finale um den prestigeträchtigen FA-Cup: Tottenham behielt in der Verlängerung mit 2:1 knapp die Oberhand.

Bei Nottingham waren damals erste Zerfallserscheinungen auszumachen, die im April 1993 nach 18-jähriger Tätigkeit und zahllosen Eskapaden zum Rücktritt des selbstherrlichen Clough führten. Wenig später war der Abstieg des Klubs besiegelt. Nottingham verlor das letzte Spiel der Saison in Ipswich mit 2:1. Den einzigen Forest-Treffer erzielte in jener Partie Nigel Clough, der Sohn des einstigen Erfolgstrainers. Auf den Abstieg folgte der Exodus der besten Spieler. Der Ire Roy Keane wechselte für die damalige Rekordsumme von 3,75 Millionen Pfund zu Manchester United.

In der zweiten Liga übernahm mit Frank Clark eine andere Klub-Legende das Ruder. Der Abwehrhaudegen war 1975 nach Nottingham gekommen und Mitglied jener Mannschaft, die 1979 den Europapokal gewonnen hatte. Als Trainer hatte er sich zwischen 1982 und 1991 bei Leyton Orient Meriten erworben. Anfangs schien es, als ob er in Nottingham in die Fußstapfen seines legendären Vorgängers treten könnte. Clark stieg mit Nottingham in die *Premier League* auf, führte den Klub dort gleich auf den dritten Platz und schaffte somit die Qualifikation für den UEFA-Cup. Er wurde von der englischen Trainer-Vereinigung zum »Manager des Jahres 1995« gekürt.

Der Zeit voraus

Nottingham Forest war seiner Zeit oft einen Schritt voraus. Dank Nationalspieler Sam Widdowson konnten den Reds die Tritte der Gegner nichts mehr anhaben. Widdowson erhielt 1874 ein Patent auf die von ihm erfundenen Schienbeinschoner, die kurz darauf von der Football Association als obligatorisch vorgeschrieben wurden. Widdowson war es angeblich auch, der die erste »klassische« Taktik der Fußball-Geschichte erfand. Bald agierten alle englischen Teams mit zwei Verteidigern, drei Mittelfeldspielern und fünf Stürmern.

Für eine ganz andere Premiere sorgte ein Jahrhundert später Vivian Anderson. Er war der erste schwarze Spieler, der in die englische Nationalmannschaft berufen wurde. Sein Aufgebot im November 1978 für das Spiel gegen die Tschechoslowakei im Wembley-Stadion war wochenlang das Gesprächsthema Nummer eins auf der Insel. Nottinghams Verteidiger bestritt insgesamt 28 Länderspiele für England.

Nach Siegen über Malmö und Auxerre kam im Viertelfinale des UEFA-Cups das Aus gegen Bayern München (1:2, 1:5). Im Sommer 1996 wurde das finanzielle Elend des Klubs publik: Forest drückte eine Schuldenlast von 11,3 Millionen Pfund, und das, obwohl im Jahr zuvor Stürmer Stan Collymore für 8,5 Millionen Pfund an Liverpool verkauft worden war. Während Fußball-Konzerne wie Manchester United oder Arsenal London allein mit dem *Merchandising* zweistellige Millionengewinne erwirtschafteten, hatte Nottingham Mühe, seinen Spielern die Saläre pünktlich zu überweisen.

In der Saison 1996/97 kämpfte Forest von Anfang an gegen den Abstieg. Dieser konnte trotz des unfreiwilligen Abgangs von Manager Clark während der Weihnachtszeit nicht vermieden werden. Zwar gelang anschließend für ein Jahr nochmals die Rückkehr in die *Premier League*, aber ebenso prompt folgte der erneute Absturz in die *First Division*, die nur noch dem Namen nach erstklassig war. Wegen der enormen Verschuldung würde die Nachricht vom Bankrott des »sicherlich größten Fußball-Vereins der Welt« (Eigenwerbung des Klubs auf seiner Homepage) niemanden überraschen.

Der *Nottingham Forest Football Club* ist allerdings ein zählebiger Patient. Bereits 1915 schien den damaligen Zweitligisten nichts mehr vor der Pleite retten zu können. Doch dann musste wegen des Ersten Weltkrieges der nationale Meisterschaftsbetrieb eingestellt werden. Nottingham hatte zuvor dem englischen Fußball-Verband bereits mitgeteilt, dass man nicht mehr in der Lage sei, offene Rechnungen zu begleichen. Die kriegsbedingte Pause und eine Sonderbehandlung durch den Verband retteten den Verein.

ERFOLGE

Englischer Meister: 1978.
Englischer Pokalsieger: 1898, 1959.
Englischer Ligapokalsieger: 1978, 1979, 1989, 1990.
Europapokal der Landesmeister: 1979, 1980.

Bekannteste Spieler: Anderson – Birtles – Burns – Clark – Clough – Chapman – Collymore – Cormack – Forman – Francis – Gray – Gemmill – Hennessy – Hodge – Hughes – Imlach – Iremonger – Jackson – Keane – Lloyd – McGovern – McKinlay – Martin – Metgod – Mills – Morgan – Morris – O'Kane – O'Neill – Pearce – Ponte – Rees – Robertson – Roy – Sheringham – Shilton – Silenzi – Stone – van Breukelen – van Hooijdonk – Walker – Webb – Widdowson – Wignall – White.
Bekannteste Trainer: Atkinson – Beattie – Brown – Carey – Clark – Clough – Gillies – Mackay – Pearce – Platt – Walker.

Allerdings war die Klubkasse schon damals ein Fass ohne Boden. Als der Zweite Weltkrieg ausbrach, war Nottingham wieder einmal pleite. Die Vorstandsmitglieder machten für die Sanierung mehrere Tausend Pfund locker. Zudem wurden sämtliche Spielerverträge annulliert und nur noch Amateure angestellt. Trotzdem wollten nach dem Krieg 33 000 Zuschauer das Spiel gegen Newcastle sehen. Die Euphorie währte freilich nur kurz. 1949 stieg Nottingham von der zweiten in die dritte Spielklasse ab. Niemand wagte damals daran zu denken, dass der Klub genau dreißig Jahre später die wichtigste Trophäe des europäischen Fußballs erringen würde.

»Glory, Glory Hallelujah – Spurs go marching on«

Nebel, Nässe, Kälte: Es gibt in den Wintermonaten sicherlich angenehmere Orte als London. Doch was tun, wenn man die Stadt nicht verlassen kann? Diese Frage stellten sich einige Studenten der *St. John's Presbyterian Grammar School*. Im Sommer spielten sie jeweils im *Northumberland Park* im Nordosten der Stadt Cricket. Zu diesem Zweck hatten sie zu Beginn der 1880er Jahre einen Verein gegründet, den *Hotspur Cricket Club*. Doch die Cricket-Saison dauerte nur bis September. Die Jungen trafen sich deshalb am 5. September 1882 unter einer Gaslaterne an der *High Road*, um zu überlegen, wie sie die Zeit bis zum kommenden Frühling überbrücken könnten. Ihr Beschluss: »Wir stellen ein Fußball-Team zusammen.«

Anfangs kickten sie unter dem Namen *Hotspur Football Club*. Um Verwechslungen mit der Konkurrenz von *London Hotspur* zu vermeiden, tauften sie ihren Verein drei Jahre später in *Tottenham Hotspur Football Club* um. Die Bezeichnung *Hotspur* (auf deutsch: »Heißsporn«) entnahmen sie einer Charakterfigur aus Shakespeares Drama »Heinrich IV.« Harry Hotspur hieß der jüngste Sohn des *Earl of Northumberland*, der in Tottenham residierte.

Der Tottenham Hotspur FC sattelte 1895 auf das Profitum um. Drei Jahre später wurde der Verein in eine Aktiengesellschaft umgewandelt. Sportlich hinkten die Spurs der Konkurrenz aus dem Norden des Landes aber trotz ihres professionellen Umfeldes lange Zeit hinterher. Auf sich aufmerksam machten sie erstmals im Jahr 1900, als sie die *Southern League* als Sieger beendeten.

Ein Jahr später schrieben sie Geschichte: Mit Tottenham gewann erstmals ein Team den prestigeträchtigen FA-Cup, das nicht der höchsten Liga angehörte. Im Wiederholungsspiel gegen Sheffield United siegte der Außenseiter vor 110 820 Zuschauern mit 3:1, die erste Partie hatte 2:2 geendet. Unter den Torschützen in den beiden Pokalendspielen figurierte auch Alexander (»Sandy«) Brown. Er hatte in jedem Cupspiel getroffen, insgesamt 15 Mal – das hatte es noch nie zuvor gegeben.

TOTTENHAM HOTSPUR FOOTBALL CLUB
Gründung: 5. September 1882.
Anschrift: Tottenham Hotspur, 748, High Road Tottenham, London N17 OAP, Great Britain.
Internet: www.spurs.co.uk
Stadion: White Hart Lane, Fassungsvermögen: 36 236 Zuschauer.
Vereinsfarbe: Weiß.

1909 stieg Tottenham in die Erste Division auf. Dort hielt sich der Klub sechs Jahre lang mehr schlecht als recht. In der zweiten Liga konnte nach dem Abstieg und den zahlreichen Niederlagen wieder Selbstvertrauen getankt werden. 1920 schafften die Spurs mit der Rekordzahl von siebzig Punkten die Rückkehr ins Oberhaus und gewannen ein Jahr später zum zweiten Mal den Pokal (1:0 gegen die Wolverhampton Wanderers). Doch auf die Jubelschreie folgte an der *White Hart Lane* schon bald wieder Katzenjammer. Tottenham musste 1928 und 1935 jeweils den Gang in die zweite

Liga antreten. In jenen Jahren machte Lokalrivale und Erzfeind Arsenal den Londoner Fußball auch auf nationaler Ebene salonfähig.

Nach dem Zweiten Weltkrieg kehrte der ehemalige Spieler Arthur Rowe als Trainer zu Tottenham zurück. »Fußball ist ein einfaches Spiel. So spielt es denn unkompliziert, aber macht es schnell«, lautete seine Philosophie. Die Spieler verstanden, was er meinte. In der zweiten Liga blieb Tottenham während 23 Begegnungen unbesiegt. Vier Monate nach dem Aufstieg war Rowes Team auch in der *First Division* Spitze – und blieb es bis zum Saisonende. Stopper William (»Bill«) Nicholson, Abwehrchef Alf Ramsey, Torhüter Ted Ditchburn, Außenläufer Ron Burgess, Mittelstürmer Len Duquemin sowie die beiden Flügel Eddie Bailey und Les Medley aus dem Meisterteam von 1951 schafften auch den Sprung in die englische Nationalelf. Nach der Vizemeisterschaft von 1952 musste Rowe aus gesundheitlichen Gründen kürzer treten. Tottenhams Erfolgsserie riss ab.

Ein Besitzer, viel Ärger

Was haben Tottenham, die Glasgow Rangers, der FC Basel, Slavia Prag, der AEK Athen sowie der italienische Zweitligist Vicenza gemeinsam? Die Antwort lautet: Diese Vereine waren oder sind Spekulationsobjekte des medienscheuen britischen Milliardärs Joe Lewis. Über die English National Investment Company (Enic) sicherte er sich bedeutende Beteiligungen an diesen Klubs. Meistertitel oder Millionen-Gewinne blieben der Enic allerdings versagt. Als sich 1998 AEK Athen und Slavia Prag für den UEFA-Cup qualifizierten, schritt der europäische Fußball-Verband ein und schuf eine »Lex Enic«: Pro Eigentümer darf nur ein Verein an einem Europacup-Wettbewerb teilnehmen. Daraufhin konzentrierte sich die Enic in erster Linie auf ihr Engagement bei Tottenham.

Zwei Spieler hatten besonders viel von ihrem Lehrmeister profitiert und wurden ebenfalls exzellente Trainer. Alf Ramsey führte Englands Nationalteam 1966 als Trainer zum Gewinn der Weltmeisterschaft. Bill Nicholson war als Manager, wie die Trainer in Großbritannien genannt werden, für die zweite Glanzzeit von Tottenham verantwortlich. Er hatte seine aktive Karriere 1955 beendet, wurde Co-Trainer im Klub, reiste 1958 als Assistent von Nationaltrainer Walter Winterbottom zur WM nach Schweden und dachte sich nichts Böses, als ihn die Vereinsleitung von Tottenham am Morgen des 11. Oktober 1958 zu einer Besprechung bat. Am Nachmittag saß er bereits als Nachfolger des entlassenen Jimmy Anderson als Chef auf der Trainerbank. Tottenham besiegte Everton mit 10:4.

Das war der Beginn einer einzigartigen Erfolgsstory, deren erster Höhepunkt der sensationelle Gewinn des Doubles im Jahre 1961 darstellte. Im zwanzigsten Jahrhundert hatte es noch kein englisches Team geschafft, im gleichen Jahr sowohl in der Meisterschaft als auch im Pokal obenauf zu sein. In der *First Division* wies Tottenham in der Endabrechnung einen Punkt Vorsprung auf Sheffield Wednesday auf. Im FA-Cup-Finale wurde Leicester City im Schach gehalten (2:0).

In der Saison 1960/61 hatte Tottenham bei seinen Auftritten insgesamt 2,5 Millionen Fans in die Stadien gelockt und mit seinem technisch hochstehenden Fußball begeistert. Das Team um Kapitän Robert (»Danny«) Blanchflower entwickelte sich anfangs der Sechzigerjahre zu einem der besten Europas. Der Nordire war 1954 für 30 000 Pfund von Aston Villa losgeeist worden und bestimmte zehn Jahre lang Tottenhams Spieltempo im Mittelfeld. Der glänzende Techniker und gewiefte Taktiker wurde 1958 und 1961 zu Englands Fußballer des Jahres gewählt. Nach über 600 Ligaspielen überwarf er sich 1964 mit Trainer Nicholson und beendete seine Karriere.

In Tottenhams Angriff wirbelte ab 1961 der lauffaule, aber antrittsschnelle James (»Jimmy«) Greaves. Er hatte vorher bei Chelsea und der AC Milan unter Vertrag gestanden und galt als einer der besten *Goalgetter* seiner Zeit. Er soll einen derart fulminanten Antritt gehabt haben, dass ihn die Schiedsrichter oft irrtümlich im Abseits wähnten. Greaves wurde sechsmal Torschützenkönig in Englands höchster Spielklasse, für die Nationalelf schoss er in 57 Begegnungen 44 Treffer. Unglücklich verlief für ihn die Weltmeisterschaft von 1966. Er schoss kein einziges Tor und verpasste wegen einer Krankheit das Endspiel gegen Deutschland.

Internationale Anerkennung verschafften sich Greaves und Co. dafür mit Tottenham im Europapokal. Im Meistercup scheiterten sie 1962 im Halbfinale knapp am späteren Sieger Benfica Lissabon (1:3, 2:1). Zum Trost gab es wenige Wochen später ein 3:1 im englischen Pokal-Endspiel gegen den FC Burnley. Im folgenden Europacup-Wettbewerb fegten die *Whites* in Rotterdam mit 5:1 Toren wie ein Orkan über den Endspielgegner Atlético Madrid hinweg. Mit folgender Elf gewann Tottenham am 15. Mai 1963 als erster englischer Klub einen Europapokal: Brown; Baker, Henry, Blanchflower, Norman, Marchi, Jones, White, Smith, Greaves, Dyson.

Der Pokalschreck

Wer am 16. Mai 1987 auf einen Tottenham-Sieg im englischen Pokal-Finale setzte, konnte eigentlich nicht schief liegen. Denn die Whites hatten zuvor bei all ihren sieben Endspiel-Teilnahmen nach dem Schlusspfiff die älteste Trophäe des Fußballs nach Hause mitnehmen können. Gegner Coventry hingegen galt als graue Maus. Titel suchte man im Briefkopf dieses Provinzklubs vergeblich. Im Finale vor 98 000 Fans lief alles für Tottenham, das schon in der 2. Minute durch ein Tor von Clive Allen in Führung ging. Allen wurde 1987 mit 33 Treffern Torschützenkönig und zu Englands Fußballer des Jahres gewählt. Doch die No-Name-Truppe von Coventry hielt dagegen und trotzte dem Favoriten ein 2:2 ab. In der Nachspielzeit traf dann nur noch Tottenham-Verteidiger Gary Mabbutt – ins eigene Tor. Tottenham verlor das Spiel und den Nimbus der Unschlagbarkeit.
Trösten konnten sich die Spurs mit einem weiteren Pokalsieg im Jahr 1991, als Nottingham Forest in der Verlängerung mit 2:1 bezwungen wurde. Und auch im Finale um den Ligacup hielten sie sich 1999 schadlos.

Teure Transfers brachten Tottenham in den folgenden Jahren den Übernahmen *Millionarios* ein, aber keine weiteren Meisterehren. Immerhin gab es vier weitere Cup-Erfolge (1967, 1981, 1982 und 1991) sowie zwei UEFA-Cup-Siege (1972 und 1984) zu feiern.

Kam bei Tottenham ganz groß heraus: Jürgen Klinsmann.
Der Schwabe schoss in der Saison 1994/95 29 Tore und wurde zu Englands Fußballer des Jahres gewählt.

1972 erreichte Tottenham dank Erfolgen über Keflavik, Nantes, Rapid Bukarest, UT Arad und die AC Milan zum ersten Mal das Endspiel um den damals neu geschaffenen UEFA-Cup, der den Messe-Pokal ersetzte. Auf dem Weg ins Finale schossen die Spurs 27 Tore (und kassierten nur vier Gegentreffer). In einem rein britischen Endspiel besiegten sie die Wolverhampton Wanderers mit 2:1 und 1:1. Bei Tottenham stand übrigens Patrick (»Pat«) Jennings zwischen den Pfosten – jener Torwart, der 1986 bei der WM in Mexiko noch als 41-Jähriger der große Rückhalt in der nordirischen Nationalelf war. Martin Peters, der Weltmeister von 1966, sowie der schottische Mittelstürmer Alan Gilzean waren weitere bekannte Namen im Team von Nicholson.

Sie konnten allerdings auch nicht verhindern, dass Tottenham 1974 das UEFA-Cup-Endspiel gegen Feyenoord Rotterdam mit 0:2 und 2:2 verlor. Es war die erste Endspiel-Niederlage des Traditionsklubs, der daraufhin in eine tiefe Sinnkrise stürzte. Das Urgestein Nicholson fühlte sich im Zeitalter der Fußball-Industrialisierung als Anachronismus und schmiss im September 1974 den Bettel hin. Zehn Jahre lang musste Tottenham auf eine neuerliche Europapokal-Teilnahme warten und zwischenzeitlich sogar den Gang in die zweite Liga antreten.

Zu Beginn der Achtzigerjahre konnten die Fans erneut ihre berühmte Hymne »*Glory, Glory Hallelujah – Spurs go marching on*« anstimmen. Die Equipe mit den Stars Osvaldo Ardiles, Steve Archibald und Glenn Hoddle holte 1984 zum zweiten Mal den UEFA-Pokal an die *White Hart Lane*. Nachdem die beiden Endspiele zwischen Tottenham und Anderlecht jeweils 1:1 geendet hatten, musste ein Elfmeterschießen die Entscheidung herbeiführen. Die Spurs gewannen die Lotterie mit 4:3. Graham Roberts, Mark Falco, Gary Stevens und Steve Archibald behielten im Elfmeterschießen die Nerven, Torhüter Tony Parks parierte die Schüsse von Morten Olsen und Arnor Gudjohnsen.

Tottenham galt lange Zeit als einer der reichsten Vereine auf der Insel und sorgte mit spektakulären Transfers für Aufsehen. Den Anfang hatte 1954 Danny Blanchflower gemacht, für dessen Übertritt Aston Villa 30 000 Pfund erhielt. Als im November 1961 Jimmy Greaves für 99 999 Pfund von der AC Milan zurück auf die Insel geholt wurde, hatte Tottenham für Spielerkäufe schon die stolze Summe von insgesamt 500 000 Pfund ausgegeben. Mit der Verpflichtung von Flügelstürmer Martin Peters (vorher West Ham United) stellte der Klub 1969 einen neuen Transferrekord auf: Noch nie hatten bis dato für einen Fußballer über 200 000 Pfund den Besitzer gewechselt.

Durch den Um- und Ausbau des Stadions sowie teure Transfers (für die beiden argentinischen Weltmeister Osvaldo Ardiles und Ricardo Villa wurden 1978 750 000 Pfund hingeblättert) geriet der Verein zu Beginn der Achtzigerjahre in finanzielle Schwierigkeiten. Die Direktoren Irving Scholar und Paul Bobroff versuchten im Oktober 1983, das Problem durch an einen Gang an die Londoner Börse zu lösen. Tottenham war somit der erste börsenkotierte Fußball-Klub. Genützt hat diese Maßnahme allerdings wenig.

Im Sommer 1991 steckte Tottenham wieder tief im Finanzschlamassel. Ein Angebot des Computer-Millionärs Alan Sugar rettete den Klub vor dem Ruin. Sugar machte aus dem extrem defizitären Verein ein florierendes und profitables Unternehmen. Das gelang ihm durch rigorose Sparmaßnahmen. Er strich selbst die Biskuits, welche die Spieler vor dem Training am Vormittag zum Tee erhalten hatten. »Bevor wir etwas ausgeben, müssen Einnahmen da sein«, lautete seine Maxime.

Vieles deutete darauf hin, dass Tottenham unter der Regie des reichen *Chairmans* wieder an seine erfolgreiche Vergangenheit anknüpfen könnte, zumal der Klub im Mai 1991 seinen insgesamt achten FA-Cup-Titel erobert hatte. Wesentlichen Anteil an diesem Erfolg hatten Gary Lineker, der WM-Torschützenkönig von 1986, und Paul Gascoigne, der sich allerdings im Cupfinale gegen Nottingham (2:1) schwer verletzte, später einen erfolglosen Abstecher zu Lazio Rom machte und sich nach seiner Rückkehr auf die Insel beinahe zu Tode soff.

In der Ära Sugar machte Tottenham mehr durch Skandale als durch sportliche Triumphe von sich reden. 1994 bestrafte der englische Verband den Klub mit einem Punkteabzug und einem einjährigen Ausschluss aus dem FA-Cup, hob diese Sanktionen später aber wieder auf. Tottenham wurden finanzielle Unregelmäßigkeiten wie etwa illegale Darlehen an die Spieler zur Last gelegt. Manager Terry Venables musste 1993 seinen Arbeitsplatz räumen, weil er in seiner Zeit als geschäftsführender Direktor unsaubere Geschäfte betrieben haben soll. Er wurde unter anderem verdächtigt, beim Transfer von Stürmer Teddy Sheringham (kam von Nottingham) umgerechnet 70 000 Euro abgezwackt zu haben.

Sheringham war einer der wenigen Spieler von internationaler Klasse, die in den Neunzigerjahren das Trikot von Tottenham überstreiften. Seine beste Zeit hatte er an der Seite von Jürgen Klinsmann, mit dem er sich auf dem Platz bestens verstand. Publikumsliebling Klinsmann schoss in der Saison 1994/95 29 Tore, wurde zu Englands Fußballer des Jahres gewählt – und verließ London trotz eines weiterlaufenden Vertrages. Sein Wechsel zu Bayern München erzürnte Sugar derart, dass er Klinsmanns Trikot mit der berühmten Rückennummer 18 vor laufender TV-Kamera wutentbrannt mit den Worten »Damit würde ich nicht einmal mein Auto waschen« zu Boden warf

ERFOLGE

Englischer Meister: 1951, 1961.
Englischer Pokal-Sieger: 1901, 1921, 1961, 1962, 1967, 1981, 1982, 1991.
Englischer Ligapokal-Sieger: 1971, 1973, 1999.
Europapokal der Pokalsieger: 1963.
UEFA-Pokal: 1972, 1984.

Bekannteste Spieler: C. Allen – P. Allen – Anderton – Archibald – Ardiles – Armstrong – Baily – Barmby – Berti – Blanchflower – Brooks – Brown – Burgess – Calderwood – Campell – Chivers – Clay – Clemence – Ditchburn – Dumitrescu – Durie – England – Evans – Ferdinand – Freund – Galvin – Gascoigne – Gilzean – Ginola – Gough – Greaves – Grimsdell – Hall – Hoddle – Hodge – Holmes – Hopkins – Hughes – Hughton – Hunt – Iversen – Jennings – Jones – Kinnear – Kirwan – Klinsmann – Knowles – Leonhardsen – Lineker – Mabbutt – Mackay – McGrath – Medley – Medwin – Mullery – Nielsen – Norman – O'Callaghan – Osborne – Perryman – Peters – Poyet – Price – Ramsey – Rebrov – Roberts – Rowley – Sheringham – Sherwood – Seed – Smith – Stevens – Thorstvedt – Vega – Waddle – Walsh – White – Woodward – Yorath – Ziege.
Bekannteste Trainer: Anderson – Burkinshaw – Graham – Groß – Francis – Hoddle – Hulme – Nicholson – Pleat – Rowe – Neill – Shreeves – Venables.

– diese Aussage hinderte ihn allerdings nicht daran, Klinsmann zwei Jahre später wieder als Retter zurückzuholen, als Tottenham tief im Abstiegssumpf steckte.

Trainiert wurde die Mannschaft damals vom Schweizer Christian Groß, den Sugar nach einer zehnmonatigen Amtszeit bereits wieder entließ. In 29 Spielen unter Groß gab es zehn Siege, acht Remis und elf Niederlagen. Eine typische Bilanz für das Tottenham der Neunzigerjahre – die Spurs repräsentierten in der *Premier League* biederes Mittelmaß. Das schlug sich auch auf den Börsenkurs der Tottenham-Aktie nieder. Diese verlor in der zweiten Hälfte der Neunzigerjahre rund 65 Prozent ihres Wertes.

Die Wut der Fans auf den Verwaltungsratsvorsitzenden und Mehrheitsaktionär Sugar, der von der *Queen* für seine Arbeit bei Tottenham geadelt wurde, stieg von Spieltag zu Spieltag. Denn die Anhänger von Tottenham wollen einen erfolgreichen und gleichzeitig auch noch begeisternden Offensiv-Fußball sehen. So wie zu Beginn der Sechziger-, Siebziger- und Achtzigerjahre, als ganz England vom »Kavaliersfußball« der Spurs schwärmte. Doch unter den Trainern Gerry Francis, Christian Groß und vor allem George Graham spielte Tottenham in den Neunzigerjahren weder attraktiv noch erfolgreich. Unter Mut zum Risiko, wie es das Motto im Klubwappen suggeriert (*audere est facere*), verstanden die Anhänger etwas anderes.

Glaubt an die Wiedergeburt: Trainer Glenn Hoddle. Als Spieler gewann er mit Tottenham den UEFA-Pokal. Dies will er auch als Trainer schaffen.

Als Anfang 2001 der wenig beliebte Sugar die Kommandobrücke von Tottenham verließ, verpflichtete die neue Führung unter David Buchler einen Trainer, der schon als Spieler bei den Supportern wegen seinen technischen Qualitäten bestens angekommen war: Glenn Hoddle. Die Visitenkarte des 53-fachen Internationalen zieren die Gewinne des FA-Cups von 1981 und 1982 sowie des UEFA-Pokals von 1984. Weniger erfolgreich war er als Trainer der englischen Nationalmannschaft. Mit abstrusen Theorien über die Wiedergeburt verlor er diesen Job und musste seine Karriere in der Provinz bei Southampton, das er vor dem Abstieg rettete, neu lancieren.

Hoddle unterschrieb bei den Hotspurs einen Vertrag bis 2006, wird jährlich mit rund 2,5 Millionen Euro entlohnt und soll den Verein wieder dorthin führen, wohin er aufgrund seiner erfolgreichen Vergangenheit hingehört: zu den *Big Five* des englischen Fußballs – neben Manchester United, Arsenal, Liverpool und Everton.

Größenwahn und Genialität

In einem Lokal an der Rue Sanche-de-Pommier im Herzen von Bordeaux wurde am 1. Oktober 1881 der Klub *Girondins Guyenne Omnisports* ins Leben gerufen. In Frankreich gibt es nur einen Sportverein, dessen Geschichte noch weiter zurück reicht, nämlich den 1872 von englischen Kaufleuten gegründeten *Le Havre Athletic Club*. Die jungen Girondins praktizierten praktisch sämtliche damals bekannten Sportarten: Turnen, Schwimmen, Reiten, Laufen, Schießen, Boxen und Fechten. Nur eine Fußball-Abteilung suchte man in diesem polysportiven Verein lange Zeit vergeblich. In der Region Aquitanien stand die schönste Nebensache der Welt lange im Schatten des dort heute noch äußerst populären Rugby.

Das erste offizielle Fußball-Spiel von Girondins trugen erst die Söhne der Gründerväter aus. Ihre ersten Gehversuche fielen noch ziemlich kläglich aus. Gleich im ersten Spiel, das 1920 stattfand, gab es eine 0:12-Schlappe gegen Burdigalienne. Schritt für Schritt näherte sich Girondins in den folgenden Jahren der Spitze des französischen Fußballs. Es war ein langer und steiniger Weg.

Ein erster Achtungserfolg gelang mit dem Vordringen ins Achtelfinale des französischen Pokals, wo man 1932 am späteren Meister Lille nur knapp mit 0:1 unterlag. Noch wichtiger war die Bündelung der Kräfte, die vier Jahre später vorgenommen wurde: Die Amateure von Girondins fusionierten am 17. Oktober 1936 mit den Amateuren des FC Bordeaux zum FC Girondins Bordeaux, der sogleich einen Profibetrieb auf die Beine stellte und immerhin einen Platz in der zweiten Division erhielt. Unterstützung erfuhr der neue Verein auch durch die Stadt. Für die Weltmeisterschaft, die 1938 erstmals in Frankreich stattfand, wurde ein neues Stadion gebaut. Das *Stade Municipal* bot damals 38 000 Zuschauern Platz. Trotz mehrfachen Aus- und Umbauten blieb die eigenwillige Architektur mit den gewölbten Bögen erhalten. Das Stadion gilt heute noch als eines der schönsten in Europa.

FOOTBALL CLUB DES GIRONDINS DE BORDEAUX
Gründungsdatum: 1. Oktober 1881.
Anschrift: Girondins de Bordeaux, Rue Joliot-Curie, B.P. 33, 33186 Le Haillan Cedex, France.
Internet: www.girondins.com
Stadion: Parc Lescure, Fassungsvermögen: 34 462 Zuschauer.
Vereinsfarben: Blau, Weiß und Weinrot.

Girondins machte in der neuen Spielstätte sportlich weitere Fortschritte. Großen Anteil daran hatten drei Basken, die wegen des Bürgerkrieges aus ihrer Heimat geflohen waren: Verteidiger Jaime Mancisidor und Stürmer Santi Urtizberea sowie Trainer Benito Díaz, der zuvor für Real Sociedad San Sebastián gearbeitet hatte. Sie führten den Zweitligisten Bordeaux 1941 ins Pokalfinale. Wegen des Krieges und der dadurch verbundenen Okkupation durch die Deutschen war Frankreich damals in drei Zonen eingeteilt. Bordeaux gewann die Endspiele gegen Red Star Paris (3:1), Toulouse (3:1) und Fives (2:0) und wurde erstmals Pokalsieger. Beide Tore im dritten und entscheidenden Finale gingen übrigens auf das Konto von Urtizberea.

Nach dem Zweiten Weltkrieg wurde der französische Fußball neu strukturiert. Bordeaux erhielt nun einen Platz in der höchsten Spielklasse und gewann 1950 zum ersten Mal und völlig überraschend die Meisterschaft. Auch in der *Coppa Latina*, in der die Meister der südeuropäischen Länder aufeinander trafen, hinterließ der Verein einen guten Eindruck. Die Kicker von der Garonne besiegten im Halbfinale Atlético Madrid 4:2, unterlagen aber im Endspiel Benfica Lissabon (3:3, 0:2). Die damaligen Stars – etwa der holländische Flügel De Harder, Goalgetter Kargu oder Verteidiger Mérignac – waren allerdings bloß nationale Größen, die über die Grenzen Frankreichs hinaus kaum Bekanntheit erlangten.

Weil sich in der vom Weinbau dominierten Region kaum zahlungskräftige Sponsoren finden ließen, konnte sich Bordeaux nicht lange an der Spitze des französischen Fußballs halten. 1957 musste erneut der Gang in die Zweite Liga angetreten werden. Exakt zehn Jahre später gelang zwar die Rückkehr ins Oberhaus, doch an die großen Erfolge konnte der finanziell nicht auf Rosen gebettete Verein vorerst nicht anknüpfen. Immerhin erreichte Bordeaux dreimal das Pokalfinale (1964, 1968, 1969), ging aber jedes Mal als Verlierer vom Platz.

Niederlagen waren dem Weinhändler und Cadillac-Fahrer Claude Bez ein Gräuel. Er übernahm Ende der Siebzigerjahre das Präsidium des Klubs und hatte große Ziele. Girondins Bordeaux sollte ein europäisches Spitzenteam werden, verkündete er vollmundig.

1980 fand Bez einen mächtigen Verbündeten. Der Gaullist Jacques Chaban-Delmas (1915 – 2000), während des Zweiten Weltkrieges Mitglied der *Résistance* und spä-

»Girondins de Bordeaux«

Um sich ein Bild von der Bedeutsamkeit der Stadt Bordeaux im Laufe der Jahrhunderte zu machen, empfehlen Reiseführer einen Besuch der imposanten Esplanade des Quinconces, einem der größten Plätze Europas. Außer den monumentalen Standbildern der Philosophen Montaigne und Montesquieu über dem Fluss Garonne wird die Esplanade vom Denkmal Monument des Girondins beherrscht. Dieses wurde nicht zu Ehren der Fußballer, sondern zur Erinnerung an die Märtyrer der Revolution errichtet. Das »Girondins« im Namen des Fußball-Klubs ist eine Hommage an die Freiheitskämpfer aus dem Departement Gironde. Die offizielle Bezeichnung Football Club des Girondins de Bordeaux stammt zwar lediglich aus dem Jahr 1994. Der Name an sich ist aber gleich alt wie der Klub. Er erfuhr allerdings im Laufe der Zeit eine Reihe von Modifikationen:

1881 Gründung als Girondins Guyenne Omnisports Bordeaux
1919 Fusion mit Argus Sports Bordeaux zu Girondins Guyenne Sports Bordeaux
1928 Fusion mit Sports Athlétiques Bordelais zu Sports Athlétiques-Girondins Bordeaux
1936 Fusion mit FC Bordeaux zu Girondins Bordeaux FC
1940 Umbenennung in Girondins-AS Port Bordeaux
1950 Umbenennung in Girondins de Bordeaux FC
1991 Auflösung des Vereins und Neugründung als Association Nouvelle des Girondins Bordeaux FC
1994 Umbenennung in Football Club des Girondins de Bordeaux

ter drei Jahre lang Premierminister, suchte eine Plattform, um seinen Sitz als Bürgermeister von Bordeaux zu verteidigen. Er fand sie im Fußball und beschloss, die Girondins mit Steuergeldern zu subventionieren. Der Weinhändler und der Politiker machten Bordeaux zur Nummer eins des französischen Fußballs. Der Klub wurde 1984, 1985 und 1987 Meister, 1985 und 1987 Pokalsieger und stand 1985 und 1987 in Europacup-Halbfinals.

Baumeister der Erfolge war Trainer Aimé Jacquet, den Bez 1980 als Nachfolger des Belgiers Raymond Goethals verpflichtet hatte. Jacquet, der Frankreich 1998 zum WM-Titel führen sollte, baute in Bordeaux mit viel Sachverstand eine schlagkräftige Mannschaft auf. Der Klub erfüllte dem Trainer praktisch jeden Wunsch: Vom maroden Olympique Marseille wurde Libero Maurice Trésor übernommen, von Saint-Etienne Mittelstürmer Bernard Lacombe und von Olympique Lyon Mittelfeldregisseur Jean Tigana – allesamt französische Nationalspieler. Ergänzt wurde diese Achse durch Importe aus der Bundesliga: Verteidiger Gernot Rohr (ehemals Bayern München und Kickers Offenbach), Mittelfeldspieler Caspar Memering (HSV) und Torschützenkönig Dieter Müller (Stuttgart und Köln) wurden an die Garonne gelockt. Als sich Trésor 1983 schwer verletzte, verpflichtete Girondins als Ersatz Patrick Battiston von Rekordmeister Saint-Etienne. Dazu wurde vom FC Nantes noch der 22-fache Nationalspieler Thierry Tusseau abgeworben.

Mit diesen Stars gewann Bordeaux 1984 erstmals nach 34 Jahren wieder die französische Meisterschaft. Und in der *Equipe tricolore*, die am 27. Juni des selben Jahres in Paris durch ein 2:0 gegen Spanien Europameister wurde, standen vier Spieler aus der Weinmetropole: Battiston, Tigana, Lacombe und Alain Giresse. Der grazile, ab und an geniale Mittelfeldregisseur Giresse war im Mittelfeld neben Tigana die spielbestimmende Persönlichkeit. Giresse bestritt für Bordeaux zwischen 1970 und 1986 insgesamt 519 Spiele, in denen er 158 Tore erzielte – beide Werte bedeuten heute noch Klubrekord.

Nach neun Jahren, 1989, zog Jacquet weiter. Zwei Jahre später war Girondins bankrott. Chaban-Delmas und Bez hatten endgültig jedes Maß verloren, vor allem auch, weil sie glaubten, nur

ERFOLGE:

Französischer Meister: 1950, 1984, 1985, 1987, 1999.
Französischer Pokalsieger: 1941, 1986, 1987.
Französischer Ligapokalsieger: 2002.

Bekannteste Spieler: Abdesselem – Allofs – Ba – Baillot – Battiston – Bell – Benarbia – Bernard – Blondeau – Bodart – Bracci – Cabrera – Cantona – Chalana – Chorda – Christian – Couécou – De Bourgoing – De Harder – Depooter – Deschamps – Dib – Doye – Dropsy – Dugarry – Durand – Ferreri – Gallice – Garriga – Genghini – Girard – Giresse – Guillas – Huard – Kargulewiez – Kieft – Lacombe – Laslandes – Libar – Lizarazu – Luccin – Mancisidor – Márcio Santos – Martinez – M'Barek – Memering – Menzo – Mérignac – Meynieu – Micoud – D. Müller – Olsen – Papin – Pauleta – Pavon – Peri – R. Petit – Ramé – Reinders – Remetter – Roche – Rohr – Rostagni – Sahnoun – Saveljic – Sávio – Scifo – Smertin – Soler – Specht – Swiatek – Stopyra – Thouvenel – Tigana – Torres Mestre – Touré – Tresor – Tusseau – Valdeir – Vervoort – Zlatko u. Zoran Vujovic – Wilmots – Wiltord – Witschge – Ziani – Zidane.
Bekannteste Trainer: Artigas – Bakrim – Baup – Carniglia – Courbis – Gérard – Gili – Goethals – Jacquet – Rohr – Toni.

mit dem Einsatz von noch mehr Geld dem wachsenden Druck von Bernard Tapies Marseille widerstehen zu können. Am Ende allerdings türmten sich Schulden von Hunderten von Millionen französischer Francs auf. Chaban-Delmas verlor sein Amt als Bürgermeister, das er seit 1947 (!) innehatte, Bez musste wegen Steuerhinterziehung ins Gefängnis, und Bordeaux wurde 1991 zwangsrelegiert.

Alain Afflelou, ein Brillenfabrikant aus Paris mit algerischen Wurzeln, und Jean-Didier Lange, ein Anwalt aus Bordeaux, übernahmen die Sanierung des Vereins. Die Girondins stiegen unter Trainer Rohr sogleich wieder auf und qualifizierten sich in den folgenden drei Jahren immer für den Europacup. Neue große Spieler wuchsen heran: Bixente Lizarazu, Christophe Dugarry und Zinedine Zidane, die späteren Welt- und Europameister.

Im Winter 1996 stand die Mannschaft allerdings zwei Punkte vor einem Abstiegsplatz, als Gernot Rohr – damals Leiter der Jugendschule – wieder das Traineramt der ersten Mannschaft übernahm. Keine fünf Wochen später warf Bordeaux die AC Milan nach einer 0:2-Niederlage in Mailand mit einem 3:0-Heimsieg noch aus dem UEFA-Cup. Zwanzig Minuten nach dem Schlusspfiff klatschen die Zuschauer immer noch, und auf der Ehrentribüne lagen sich Präsident Afflelou und Bürgermeister Alain Juppé, zugleich auch noch Frankreichs Premierminister, in den Armen.

In Bordeaux' Kader standen elf Spieler, die in der eigenen Nachwuchsschule ausgebildet worden waren. Was in den Achtzigerjahren mit teuren Stars wie Giresse, Tigana, Lacombe, Battiston aber auch den deutschen Legionären Dieter Müller, Uwe Reinders oder Klaus Allofs nicht gelungen war, schafften nun die jungen Talente: den erstmaligen Einzug in ein Europacup-Finale. Dort scheiterten Zidane, Dugarry, Lizarazu, Witschge, Dutuel und Co allerdings an Bayern München, das nach der Entlassung Otto Rehhagels von Franz Beckenbauer trainiert wurde und die beiden UEFA-Cup-Endspiele 2:0 und 3:1 gewann.

Ein Hotel in Senegal

Die Finanzskandale der Ära Bez beschäftigten in den Neunzigerjahren Frankreichs Gerichte. Der mittlerweile verstorbene Ex-Präsident Claude Bez musste 1995 für ein Jahr ins Gefängnis. Das Berufungsgericht kam zum Schluss, dass der damals 55-Jährige beim Bau des Trainingsgeländes sowie der Renovierung eines Schlosses überhöhte Kosten geltend gemacht und den Staat um insgesamt 1,7 Millionen Euro betrogen hatte. Für den Bau des Trainingszentrums waren ursprünglich umgerechnet 7,5 Millionen Euro veranschlagt worden. Von den zusätzlichen Geldern ließ Bez knapp ein Million der Vereinskasse zukommen. Weitere 700 000 steckte er in ein ihm gehörendes Hotel in Senegal.

1999 wurde der ehemalige Spieler und spätere Manager Didier Couécou zu zwei Jahren Gefängnis (davon 20 Monate auf Bewährung) verurteilt. Ebenso der kroatische Spielerberater Ljubomir Barin. Den beiden warf die Staatsanwaltschaft vor, in den Achtzigerjahren Rechnungen für Transfers gefälscht zu haben. In der Ära Bez sollen umgerechnet 800 000 Euro für die Bestechung von Schiedsrichtern ausgegeben worden sein. Zudem seien aus dem Erlös von Spielertransfers rund 6,8 Millionen Euro Schwarzgeld abgezweigt worden.

Wurde in Deutschland als Trainer nicht glücklich: Gernot Rohr. In Frankreich hingegen genießt der Coach einen exzellenten Ruf.

Girondins musste anschließend die Abgänge seiner wichtigsten Leistungsträger verkraften, was erstaunlich gut gelang. 1999 gewannen die *Bordelais* überraschend zum fünften Mal die Meisterschaft. Den entscheidenden Treffer erzielte ein Joker namens Pascal Feinduono aus Guinea in der letzten Minute des 34. und letzten Spieltages. Bordeaux besiegte den FC Paris St. Germain mit 3:2 und gewann die Meisterschaft mit einem Punkt Vorsprung auf Olympique Marseille.

Obwohl Marseille, Lyon und Paris doppelt so große Budgets haben, ist es Bordeaux gelungen, in den letzten Jahren stets ein Spitzenteam zu stellen. Das ist in erster Linie ein Verdienst der umsichtigen Klubleitung, von der es heißt, dass sie pro eingenommenem Euro nur 80 *Centimes* wieder ausgibt. Mit dem TV-Sender M6 hat Bordeaux seit 1999 zudem einen Partner, der garantieren soll, dass ähnliche Finanzskandale wie Ende der Achtzigerjahre vermieden werden.

Girondins Bordeaux steht mittlerweile im Ruf, neben Nantes und Auxerre über eine der besten Jugendabteilungen Frankreichs zu verfügen. Da der Verein aus der 850 000-Einwohner-Stadt keinerlei lokale Konkurrenz zu fürchten braucht, sollte er in der Lage sein, im Fußball auf lange Sicht eine ähnliche Qualität zu erreichen wie der weltbekannte Wein aus der Region.

Behielt auch in schwierigen Situationen die Übersicht: Christoph Dugarry. Der Bordelais wurde mit Frankreich Welt- und Europameister.

Der Jungbrunnen an der Loire

Eine Meisterschaft ohne den *Football Club Nantes Atlantique* ist in Frankreich ein ähnlich undenkbares Szenario wie etwa der Louvre ohne Mona Lisa. Begründet wurde der Mythos des FC Nantes in den Sechzigerjahren. Damals sorgte der Klub mit einer jungen Equipe und gepflegtem Offensivfußball für Furore. Als wahrscheinlich erster Verein in Europa setzte Nantes konsequent und erfolgreich auf die Ausbildung eigener Junioren. Viel anderes blieb (und bleibt) dem Klub aus der Kleinstadt mit ihren 260 000 Einwohnern im Westen Frankreichs allerdings auch nicht übrig. Während in den Wirtschaftszentren Paris, Lyon oder Marseille immer wieder Millionen-Budgets in den Sand gesetzt werden, wird in Nantes so ruhig und gleichmäßig gearbeitet, wie die Loire in den nahen Atlantik fließt.

Und das, seit der Klub 1963 erstmals in die höchste Liga aufgestiegen ist. Seitdem fand keine Meisterschaft mehr ohne Nantes statt. Dabei ist der Klub erst relativ spät, nämlich am 21. April 1943, gegründet worden. Selbstverständlich war in der Hafenstadt schon vorher gekickt worden, und zwar in den unterklassigen Amateurvereinen *Saint-Pierre*, *La Mellinet*, *ACB Loire*, *ASO Nantes*, *Batignolles* und *Stade Nantais Université Club*. Mitten während des Zweiten Weltkrieges trafen sich Vertreter dieser sechs Vereine im *Café des Alliées* und hoben den *Football-Club Nantes* aus der Taufe.

Treibende Kraft war dabei Marcel Saupin, ein ehemaliger Torhüter und Präsident des FC La Mellinet, der die Vision hatte, in Nantes einen Spitzenklub auf die Beine zu stellen. Einer der Gründerväter, Jean le Guillou, verhalf dem FCN zu seinem Wahrzeichen, den knallig gelben und grünen Trikots. Le Guillou war ein Pferdenarr und besaß einen erfolgreichen Rennstall, in dem die Jockeys in gelb-grünen Blousons ritten. Diese Farben übernahm auch der neue Verein; seitdem werden die Fußballer aus Nantes *les Canaris* (»die Kanarienvögel«) genannt.

FOOTBALL CLUB NANTES ATLANTIQUE
Gründungsdatum: 21. April 1943.
Anschrift: FC Nantes, Centre sportif José Arribas – La Jonelière, route de la Chapelle, 44240 La Chappelle-sur-Erdre, France.
Internet: www.fcna.fr
Stadion: La Beaujoire – Louis Fonteneau, Fassungsvermögen: 38 373 Zuschauer.
Vereinsfarben: Gelb und Grün.

Saupin starb am 10. Januar 1963 nach langer Krankheit im Alter von 70 Jahren. Sechs Monate später gewann »sein« Klub das Entscheidungsspiel gegen Sochaux und stieg in die höchste Spielklasse auf. Dort etablierte sich der FC Nantes erstaunlich schnell. Ein Besuch im *Stade Marcel Saupin*, wie die Spielstätte des Klubs bis in die Achtzigerjahre hieß, erwies sich auch für neutrale Zuschauer als überaus lohnenswerter Ausflug.

Bereits zwei Jahre nach dem Aufstieg, also 1965, gewann Nantes mit einer jungen, technisch versierten Elf seinen ersten Meistertitel. Vater dieses Erfolgs war der baskische Trainer José Arribas, der seine Arbeit in Nantes 1959 aufgenommen hatte. Arribas war ein Fußball-Ästhet, der eine schnelle, auf einer einzigen Ballberührung basierende Spielweise mit vielen Positionswechseln praktizieren ließ. In dieser Ära wurde gesät, was erst in den Achtzigerjahren einem breiteren Publikum offenbar und zum Markenartikel wurde: das Spiel *à la nantaise*. Scheinbar sorg- und ordnungslos flattern die jungen Fußballer durcheinander – auch deshalb passt der Spitzname Kanarienvögel.

Star der ersten Meister-Elf war Jack Simon, der sich mit 24 Treffern die Torjägerkrone sicherte. Auch 1966 stammte der beste Torschütze aus Nantes: Philippe Gondet traf in 34 Spielen 36 Mal und hatte damit wesentlichen Anteil an der erfolgreichen Titelverteidigung. Im Europacup jedoch wurde der jungen Truppe die fehlende internationale Erfahrung zum Verhängnis. Beim Debüt 1965 schied der FC Nantes bereits in der ersten Runde gegen Partizan Belgrad aus. Beim nächsten Versuch (1966) scheiterte man im zweiten Durchgang am späteren Sieger Celtic Glasgow. Auf die Vizemeisterschaft von 1967 folgten fünf Jahre, in denen Nantes auch in Frankreich biederes Mittelmaß verkörperte: Die Ränge 7, 10, 10, 3, 7, die der Klub zwischen 1968 und 1972 belegt hat, verdeutlichen dies.

In den Siebzigerjahren übernahm das Eigengewächs Henri Michel, der später französischer Nationaltrainer wurde, die Chefrolle im Mittelfeld. Mit ihm und den erstklassigen Stürmern Philippe Gondet und Didier Couécou, der von Olympique Marseille gekommen war, gelang 1973 der dritte Meistertitel innerhalb von zehn Jahren.

Nach dem erneuten Ausscheiden in der ersten Runde des Europapokals – diesmal hieß der Bezwinger Veije BK aus Dänemark – verließ Trainer Arribas 1976 den Klub und heuerte in Marseille an. Bei Nantes sorgte Jean Vincent für einen nahtlosen Über-

Ein reinigendes Gewitter

Der Größenwahn der Achtzigerjahre hätte den FC Nantes beinahe ruiniert. Die Klubführung war der Ansicht, nur mit dem Einsatz von Geld gegen die Riesen Marseille, Bordeaux und Paris bestehen zu können. Präsident Louis Fonteneau, der den Klub 17 Jahre lang umsichtig geführt hatte und nach dem heute das Stadion benannt ist, trat 1986 ab. Sein Nachfolger wurde Max Bouyer, ein Bewunderer von Hochstapler Bernard Tapie. Bouyer warf die traditionellen Werte über Bord und holte vermeintliche Stars wie den Schotten Johnston, den Belgier Vercauteren oder den Dänen Mölby. Als sich ein Schuldenberg von 60 Millionen Francs angehäuft hatte, schritt der französische Verband ein. Am 10. Juni 1992 wurde der FC Nantes in die zweite Liga zwangsrelegiert. Die Fans tobten und zwangen die Stadtregierung zum Handeln. So wurde eine Aufspaltung des Klubs beschlossen. Eine AG übernahm die Führung der Profiabteilung, während der Verein und damit die Schulden ausgelagert wurden. Am 24. Juni 1992 wurde die Mannschaft unter dem neuen Namen FC Nantes Atlantique wieder in die höchste Spielklasse aufgenommen. Bouyer wurde zum Teufel gejagt, und der neue Präsident, der in der Gebäckindustrie tätige Guy Scherrer, begann mit der Sanierung: Die Spitzenverdiener Mölby, Desailly, Eydelie und Burruchaga mussten gehen. Dafür setzte der Klub erfolgreich auf Talente aus den eigenen Reihen. Damit war die Bühne frei für die großen Auftritte von Pedros, Ouédec, Makélélé, Karembeu, Loko und Co.

gang. Er hatte in den Fünfzigerjahren 46 Länderspiele (22 Tore) bestritten und war Mitglied jener französischen Mannschaft, die bei der WM 1958 durch ein 6:3 über Deutschland die Bronzemedaille gewonnen hatte. Gleich in seinem ersten Jahr als Trainer führte er Nantes zum Meistertitel, dem insgesamt vierten in der Geschichte des Klubs. Das Durchschnittsalter seiner Elf lag bei 22 Jahren und war damit extrem tief. Ungestüm suchten die jungen Wilden den direktesten Weg aufs Tor, in der Meistersaison 1977 erzielten sie sagenhafte 80 Tore.

Oftmals fehlte es der jungen Equipe aber an der nötigen Cleverness und Abgeklärtheit. Im Meistercup scheiterten Amisse, Bargas, Baronchelli, Bossis, Michel, Pécout und Co. bereits in der zweiten Runde an Atlético Madrid. Auch in der nationalen Meisterschaft versagte Nantes oft im entscheidenden Moment, sonst wäre wohl 1978, 1979 und 1981 mehr herausgesprungen als »bloß« die Vizemeisterschaft. Immerhin gewann der Klub in der Saison 1979 durch ein 4:1 gegen Auxerre erstmals den französischen Pokal, mit folgender Aufstellung: Bertrand-Demanes, Bossis, Rio (85. Denoueix), Michel, Tusseau, Muller, Shanoun, Trossero (61. Baronchelli), Rampillon, Pécout und Amisse.

Die folgende Europa-Tournee der Kanarienvögel dauerte diesmal wesentlich länger. Sie warfen die Iren von Cliftonville sowie Steaua Bukarest und Dynamo Moskau aus dem Rennen und scheiterten erst im Halbfinale am späteren Sieger FC Valencia. Im Hinspiel erlebte Valencia eine Lehrstunde zum Thema phantasievoller Angriffsfußball. Der legendäre Alfredo Di Stéfano, Valencias Trainer, meinte später anerkennend, nur reines Glück habe seine Mannschaft vor einem Desaster bewahrt. Valencia verlor 1:2, machte im Rückspiel dann aber kurzen Prozess mit den Franzosen und gewann diskussionslos mit 4:0.

Nach der fünften Meisterschaft (1981) verließ Vincent den Verein. Sein Nachfolger wurde der frühere Spieler Jean-Claude Suaudeau, der – von einer zweijährigen Unterbrechung abgesehen – das Traineramt bis 1997 inne haben sollte. Suaudeau setzte den eingeschlagenen Weg kontinuierlich fort und führte die durch den jugoslawischen Stürmer Vahid Halilhodzic (Velez Mostar) verstärkte Mannschaft 1983 zur fünften Meisterschaft. Nantes hatte die beste Verteidigung (bloß 29 Gegentore), den besten Angriff (77 Tore) und stellte mit Halilhodzic, der 27 Treffer verbuchte, obendrein noch den Torschützenkönig. Den einzigen dunklen Fleck auf der weißen Weste bildete 1983 das Pokalfinale, das man gegen Paris Saint-Germain mit 2:3 verlor.

Im selben Jahr begann Nantes mit dem Bau des Stadions *La Beaujoire*, das so schön ist, wie der Name klingt. Investiert wurde selbstverständlich auch in die Nachwuchsabteilung. Im idyllisch gelegenen, über beispielhafte Infrastruktur verfügenden *Centre de formation La Jonelière* wurde (und wird immer noch) von der jüngsten Juniorenelf bis hin zum Profiteam dem selben System gehuldigt. Und weil das Netz der »Spione«, die im Auftrag des Klubs in der Provinz nach Talenten Ausschau halten, mit der Zeit immer engere Maschen erhielt, wurde die Ausbildungsstätte zusehends zum Sprungbrett für künftige Stars. Von Ayache, Tusseau, Touré, Desailly, Deschamps bis hin zu Ferri, Karembeu, Loko, Ouédec und Pedros reicht die Liste der Eigengewächse. Mit dem

Wurde mit Nantes 1995 französischer Meister: Mittelfeldspieler Christian Karembeu.

letztgenannten Quintett hinterließen die Kanarienvögel die tiefsten Spuren – der FC Nantes-Atlantique wurde in bezug auf seine Spielkultur in den Neunzigerjahren häufig mit dem von Johan Cruyff trainierten FC Barcelona verglichen.

Nantes musste nach der Meisterschaft von 1983 zwölf Jahre auf den nächsten Titel warten. Die großen Erfolge Mitte der Neunzigerjahre (Meister 1995, Champions-League-Halbfinale 1996) wiesen aber auch Schattenseiten auf. Die erfolgreichen Eigengewächse avancierten auf dem Transfermarkt zu heiß umworbenen Stars, vernachlässigten die vom bodenständigen Suaudeau gepredigten Tugenden und hatten mehr ihre persönliche Laufbahn als das Wohl des Vereins im Visier. Suaudeau warf 1997 zehn Tage vor dem Saisonstart frustriert den Bettel hin. Nachfolger wurde sein langjähriger Assistent, der ehemalige Spieler Reynald Denoueix.

ERFOLGE

Französischer Meister: 1965, 1966, 1973, 1977, 1980, 1983, 1995, 2001.
Französischer Pokalsieger: 1979, 1999, 2000.

Bekannteste Spieler: Amisse – Ayache – Bargas – Baronchelli – Bertrand-Demanes – Blanchet – Bibard – Bonalair – Bossis – Budzinski – Burruchaga – Carrière – Desailly – Deschamps – De Michèle – Eon – Fabbri – Ferri – Gondet – Gonzales – Gourvennec – Guillot – Halilhodzic – Johnston – Karembeu – Kombouaré – Kovacevic – Landreau – Le Guen – Lemerre – Le Roux – Loko – Maas – Makélélé – Marcos – Michel – Muller – Moldovan – N'Doram – Olarticoechea – Ouédec – Pécout – Pedros – Robert – Ramos – Rampillon – Rio – Sahnoun – Simon – Suaudeau – Touré – Trossero – Tusseau – Vahirua – Veinante – Ziani.
Bekannteste Trainer: Arribas – Blazevic – Denoueix – Marcos – Suaudeau – Veinant – Vincent.

Sechs Jahre dauerte es, bis in Nantes wieder eine Generation herangereift war, die den Titel gewinnen konnte. Davor hatte es 1999 (1:0 gegen Sedan) und 2000 (2:1 gegen Calais) bereits zwei Pokalsiege zu feiern gegeben. Der Meistertitel im Jahr 2001 war ein Sieg des hochgelobten Ausbildungssystems. 19 von 25 Spielern waren in Nantes geschult worden. Einer der Besten, Marama Vahirua, hatte als Jugendlicher seine Heimat Tahiti verlassen, um sich im Westen Frankreichs zum Fußballer ausbilden zu lassen. Dass es selbst in Polynesien Talente zu entdecken gibt, kann wohl nur den Spähern aus Nantes einfallen. In der Tradition des Abenteurers und berühmtesten Sohnes der Stadt, Jules Verne, reisen sie um die Welt und fischen geduldig dort, wo andere die Rute erst gar nicht auswerfen. In den Achtzigerjahren hatten sie sich so auch einen gewissen Christian Karembeu geangelt – er wurde später Welt- und Europameister.

Eine besondere Genugtuung war der achte Meistertitel auch für Präsident Kléber Bobin. In seinen bis dato 38 Jahren in der ersten Liga hatte Nantes nur fünfmal den Trainer gewechselt, und bis auf den Kroaten Miroslav Blazevic (1988 bis 1991) hatte jeder etwas gewonnen. Kontinuität, Ruhe und Geduld sind in Nantes Programm. Deshalb hatte Bobin auch an Denoueix festgehalten, als der Klub ein Jahr zuvor bloß im Tabellenkeller herumgekrebst war.

Die internationalen Auftritte haben auch beim FCNA Millionen in die Klubkassen gespült. Solche Einnahmen werden in Nantes aber ebenso wie Transferüberschüsse vorwiegend in die Jugend investiert. Schon Zukäufe wie die des Rumänen Viorel Moldovan, der im Sommer 2000 für acht Millionen Euro von Coventry übernommen wurde, gelten als Spiel mit dem Feuer. Abgänge drohen dagegen jedes Jahr. Um den Ausverkauf der Meistergeneration von 2001 zu bremsen, hatte der Manager und ehemalige Spieler Robert Budzynski den Preis hoch angesetzt: Unter 15 Millionen Euro pro Mann wollte er nicht einmal diskutieren. So verließ denn auch nur Spielmacher Eric Carrière (zu Lyon) den Klub.

Dass die besten Kanarienvögel irgendwann flügge werden und dorthin ziehen wollen, wo es das große Geld gibt, kann Budzynski natürlich nachvollziehen; er ist auch stolz darauf. Außerdem reift die nächste Auslese ja schon wieder heran …

Ein unrühmliches Kapitel

Im 18. Jahrhundert erlebte die Hafenstadt Nantes dank des Sklavenhandels eine Blütezeit. »Dreieckshandel« wurden die unrühmlichen Geschäfte auch genannt. Er spielte sich zwischen Nantes, der afrikanischen Westküste und Amerika ab. Von Nantes gingen Schmuck und Glaswerk nach Afrika. Diese Ware wurde dort gegen versklavte Einheimische getauscht, die dann in die Karibik verschleppt und dort gegen Zucker, Kakao, Kaffee und Tabak gehandelt wurden, wobei letztere Ware zurück an die Loire-Mündung ging. Bis zur Revolution 1789 war Nantes der Hauptumschlagplatz Frankreichs für den Sklavenhandel – allerdings bekam kaum je ein Bürger der Stadt einen Schwarzen zu Gesicht. Die Revolution schaffte den Sklavenhandel dann ab, allen Sklaven des westindischen Kolonialreichs wurde die französische Staatsbürgerschaft verliehen. Nantes versank für zwei Jahrhunderte wieder in provinzielle Unbedeutsamkeit.

Zu fundamentalen Menschenrechtsverletzungen durch die Großmacht Frankreich kam es allerdings auch im 20. Jahrhundert noch. So waren zwei Urgroßväter von Christian Karembeu, dem Mittelfeldspieler aus Neukaledonien, der beim FC Nantes zum umjubelten Star reifte, zu trauriger Berühmtheit gelangt. Als Mitglieder einer Gruppe von Kannibalen waren sie 1931 in einem Pariser Zoo ausgestellt worden. In einem Gehege zwischen Löwen, Affen und Krokodilen wurden sie halbnackt zur Schau gestellt. Nach dem WM-Titel von 1998 feierten die Politiker Karembeu und seine Mannschaftskollegen, die zum großen Teil ebenfalls aus ehemaligen Kolonien stammten, als Beispiel für die neue »Regenbogenkoalition« in der französischen Gesellschaft.

Wie Phönix aus der Asche

Als der Unternehmer Bernard Tapie im Frühjahr 1986 das Präsidium von Olympique Marseille übernahm, war der Traditionsverein finanziell ein Scherbenhaufen. Als Tapie 1994 zum Teufel gejagt wurde, stand OM erneut kurz vor dem Bankrott. Dafür hatte der Klub, der im Herbst 1899 aus dem aufgelösten *Football Club Marseille* hervorgegangen war, die acht erfolgreichsten Jahre seiner Geschichte hinter sich. Unter Tapies Führung gewann Olympique Marseille als erster und bisher einziger französischer Verein die Champions League (1993) sowie vier Meistertitel in Serie.

Nicht nur deswegen kann Tapie auf eine einmalige Karriere zurückblicken. Sie gelang ihm nicht zuletzt dank seines schlagfertigen Mundwerks. Der Mann, der Marseilles Wahrzeichen zum Triumph und ins Desaster führte, ist in ärmlichen Verhältnissen im Pariser Vorort Le Bourget aufgewachsen und einer der schillerndsten und skrupellosesten Aufsteiger, den die französische Hauptstadt je hervorgebracht hat. In den Siebzigerjahren machte er ein Vermögen, indem er marode Unternehmen unterschiedlichster Branchen günstig aufkaufte, sie – häufig durch Entlassungen – sanierte und danach zu einem wesentlich höheren Preis wieder verkaufte. In der Sportszene machte sich Tapie Mitte der Achtzigerjahre einen Namen, als er den Radstall *La Vie Claire* mit Greg Lemond und Bernard Hinault zum Sieg in der *Tour de France* führte.

OLYMPIQUE DE MARSEILLE
Gründungsjahr: 1898.
Anschrift: Olympique de Marseille, 25 Rue Negresko, BP 124, 13267 Marseille Cedex 08, France.
Internet: www.olympiquedemarseille.com
Stadion: Stade Vélodrome, Fassungsvermögen: 60 000 Zuschauer.
Vereinsfarben: Blau und Weiß,

Von genau solchen Triumphen träumte Gaston Deferre. Er war seit rund drei Jahrzehnten Bürgermeister von Marseille und ärgerte sich über die Misere des Stadtklubs, die seine Wiederwahl gefährden konnte. OM war damals ein maroder, von Schulden geplagter Verein, der eben erst den Wiederaufstieg in die höchste Spielklasse geschafft hatte und dort gegen den Abstieg kämpfte.

Deferre suchte einen Investor, Tapie eine neue Herausforderung – damit konnte das Abenteuer beginnen.

Tapie versprach, Olympique in den nächsten fünf Jahren zu den führenden Vereinen Frankreichs zu machen. Spätestens 1996, so seine Rechnung, sollte Marseille als erster französischer Klub einen europäischen Pokal errungen haben. Die Altlasten des Vereins von umgerechnet rund drei Millionen Euro übernahm die Stadt in Form eines Kredits.

Tapie hielt sein Wort und investierte selber mehrere Millionen in neues Personal. Es kamen unter anderem Bell, Francescoli, Förster, Sauzée, Tigana, Giresse, Mozer, Allofs, Cantona, Völler, Boli, Desailly, Deschamps, Amoros, Boksic, Waddle, Stojkovic, Abédi Pélé und Papin. Die besten Spieler waren Tapie gerade gut genug. Er bewies mit seiner Transferpolitik, dass man den Erfolg auch kaufen kann. Zwischen 1989 und 1992 gewann OM vier Meistertitel in Serie, 1989 wurde der Klub Pokalsieger, 1991 verlor er das Finale des Europapokals der Landesmeister gegen Roter Stern Belgrad erst im Elfmeterschießen. Den größten Erfolg in der Vereinsgeschichte realisierte Marseille zwei Jahre später unter dem belgischen Trainer Raymond Goethals, als in München die AC Milan durch ein Tor von Verteidiger Basile Boli mit 1:0 bezwungen wurde. Tapies Traum wurde Realität: OM hatte die *Champions League* gewonnen.

Danach platzte die Bombe. Tapie hatte die Mannschaft von Valenciennes bestechen lassen, um neben dem Europacup auch zum fünften Mal in Folge den nationalen Titel zu sichern. Im Beben dieser Enthüllung brach sein Firmen- und Finanzimperium zusammen. Auch seine politische Karriere, die ihn in der Ära Mitterand als Städtebauminister in eine sozialistische Regierung geführt hatte, war abrupt beendet. OM hinterließ er einen Schuldenberg von umgerechnet fünfzig Millionen Euro. Dem Verein wurde nicht nur der Champions-League-Sieg aberkannt, sondern auch der Titel des französischen Meisters. Außerdem verlor OM seinen Platz in Frankreichs *Première Division* und im Europacup. Ein Jahr später, 1995, stand dem direkten Wiederaufstieg in die höchste Spielklasse eine Bilanzdeponierung im Weg.

Kurz zuvor, Ende 1994, hatte Tapie, der vom Verband mit einem umfassenden Bannstrahl belegt worden war, bei OM demissioniert. Am 15. Mai 1995 wurde er dann wegen Komplizenschaft zu Korruption und Zeugenbeeinflussung zu einer zweijährigen Gefängnisstrafe verurteilt. Tapies Größenwahn resultierte in 165 (effektiv abgesessenen) Tagen Gefängnis.

Das Tor zu Afrika

Unter dem Namen Massilia haben die Phönizier im 6. Jahrhundert vor Christus einen Handelsstützpunkt errichtet. Starke Zuwanderungen aus dem gesamten Mittelmeerraum kennzeichnen seitdem die Geschichte Marseilles. Die Stadt gilt als Frankreichs Tor zu Afrika. Eindrucksvolles Beispiel für die ethische Vielfalt sind die vielen Amateurclubs, wie etwa die AS Tunisiens oder CS Algériens. Spieler aus Nordafrika haben auch bei OM ihre Spuren hinterlassen. Etwa der gebürtige Marokkaner Larbi Ben Barek, der insgesamt 17 Länderspiele für Frankreich bestritt. Oder Ahmed Ben Bella, der 1940 mit OM das französische Cupfinale bestritt und zwanzig Jahre später Präsident der Republik Algerien wurde.
Der berühmteste Fußballer aus Marseille hat ebenfalls algerische Wurzeln – aber bisher nie für OM gespielt. Zinedine Zidane wurde 1972 im rauhen Vorort La Castellane geboren. Weil junge Straßenfußballer Ende der Achtzigerjahre bei OM keine Chancen hatten, den Sprung in die erste Mannschaft zu schaffen, begann der spätere Welt- und Europameister seine Profikarriere ausgerechnet im mondänen Cannes.

Das zwangsrelegierte Marseille schaffte schon bald die Rückkehr in die höchste Spielklasse. Dank den Investitionen des ehemaligen Adidas-Bosses Robert-Louis Dreyfus gelang dem scheinbar planlos zusammengekauften Star-Ensemble 1999 sogar der Einzug ins UEFA-Cup-Endspiel. Dort hatten die Franzosen beim 0:3 gegen Par-

Kämpfte bis zum Umfallen: Rudi Völler gewann 1993 mit Marseille das Finale der Champions League gegen die AC Milan mit 1:0. Hier hat er allerdings das Nachsehen gegen Verteidiger Mauro Tassotti.

Triumphierte 1993 mit Marseille in der Champions League, ein Jahr später mit Milan: Frankreichs Kapitän Marcel Desailly.

ma jedoch keine Chance, weil fünf Spieler wegen Unsportlichkeiten und Tätlichkeiten, die sie im Halbfinale gegen Bologna begangen hatten, gesperrt waren.

Obwohl sich OM ein Jahr später für die *Champions League* qualifizierte, wurde der Klub die negativen Schlagzeilen nicht los. Das lag nicht zuletzt am umstrittenen Trainer Rolland Courbis, der im Spätherbst 1999 demissionierte.

In zweieinhalb Spielzeiten hatte Courbis insgesamt 66 Spieler eingestellt oder entlassen. Laut Staatsanwaltschaft kam es in den Jahren 1997 und 1998 bei zahlreichen Transfers zu »Anomalien«. Der Verbleib von mehreren hundert Millionen französischer Francs blieb ungeklärt. Zudem waren aus der Vereinskasse Millionen-Beträge abgezweigt worden. Auch tauchte der Vorwurf auf, dass mit Hilfe des Klubs in Südamerika Drogengelder gewaschen worden seien. Zwei Kriminelle, die sich im engen Umfeld von Olympique getummelt hatten, wurden zu Haftstrafen verurteilt. Mysteriös war auch eine Zahlung von drei Millionen Francs an einen Spieler aus Paraguay, der keine einzige Partie für OM bestritt ...

Bei so viel Chaos, Intrigen und Skandalen erstaunt es nicht, dass der sportliche Erfolg weitgehend ausblieb. Olympique kämpfte im Frühling 2001 gegen den Abstieg, obwohl der Verein über eines der höchsten Budgets der gesamten Liga verfügte. Die aufgebrachten Fans schimpften über Präsident Dreyfus, der je nach Schätzung zwischen 160 und 250 Millionen Euro in den Klub investiert hatte, und forderten die Rückkehr Tapies. Und siehe da! Dreyfus, der von Tapie einst Adidas und später dann auch OM übernommen hatte, holte seinen Vorgänger als Sportdirektor an Bord. Er schenkte ihm 15 Prozent der Klub-Anteile und eine Option auf weitere 20 Prozent.

Tapies erste Amtshandlung war der Rauswurf von Javier Clemente, weil er sich mit ihm nicht unterhalten konnte. Den ehemaligen Trainer der spanischen Nationalelf ersetzte er durch den Kroaten Tomislav Ivic, der Ende der Achtzigerjahre schon einmal als Übungsleiter in Marseille angestellt gewesen war. Mit Müh und Not schafften die Südfranzosen den Ligaerhalt.

Dann schritt der Lizenzierungsausschuss des Ligaverbandes ein. OM wurde am grünen Tisch (zusammen mit Toulouse) in die zweite Liga verbannt. Der Verband hatte diesen drastischen Schritt mit der hohen Verschuldung des Klubs und dem Fehlen ausreichender Bankbürgschaften begründet. OM reichte Beschwerde ein, Dreyfus griff nochmals tief in die eigene Tasche und die Rekurskommission machte den Entscheid rückgängig. Der Fall in die Zweitklassigkeit war in letzter Minute verhindert worden.

Die Erinnerung an die zweite Liga ist in Marseille mit Schreckensvisionen aus der Zeit zwischen 1980 und 1984 verbunden. Damals war der Traditionsverein finanziell völlig ausgeblutet. Zum Glück war OM damals bereits eine Institution. Sonst hätte der 1899 gegründete Verein riskiert, in dieser schwierigen Zeit endgültig von der Bildfläche zu verschwinden.

Olympique weist eine wechselvolle Geschichte auf. Bevor 1932 in Frankreich der Profifußball eingeführt wurde, war es dem Klub immerhin gelungen, dreimal den nationalen Pokal (1924, 1926, 1927) und einmal den Meistertitel zu erringen (1929). Bis

Ende der Vierzigerjahre hielt sich OM in der nationalen Spitze. Pokalsieg 1935 und 1938, Titelgewinn erstmals in der Profiliga 1937 und 1948, dazwischen 1943 der sechste Pokaltriumph: Olympique genoss einen guten Ruf im französischen Fußball, der zu dieser Zeit im internationalen Vergleich allerdings bestenfalls zweitklassig war.

In der Nachkriegszeit ging es dann aber bergab mit OM. Reims, Nantes, Monaco und vor allem Saint-Etienne dominierten das Geschehen im *Hexagone*. Marseille stieg 1959 ab. Acht lange Jahre dümpelte der Traditionsverein in der Anonymität der zweiten Liga. Den absoluten Tiefpunkt bildete wohl das Heimspiel gegen Forbach am 23. April 1965: Bloß 434 Anhänger sahen den 3:0-Sieg gegen den Provinzklub.

Der Medienunternehmer Marcel Leclerc brachte ab 1967 mit seinem Beziehungsnetz und Vermögen frischen Wind in den Verein. Zurück im Oberhaus, verstärkte sich Marseille mit dem jugoslawischen Torjäger Josip Skoblar (er erzielte insgesamt 151 Tore für OM) und dem schwedischen Dribbelkönig Roger Magnusson. Dazu wurden die besten französischen Spieler unter Vertrag genommen: Torwart Georges Carnus, die Verteidiger Bernard Bosquier, Jules Zvunka und Jean Djorkaeff (der Vater von Youri), die Mittelfeldspieler Jacky Novi und Joseph Bonnel sowie Spielmacher Gilbert Gress, der vom VfB Stuttgart nach Frankreich zurückgeholt wurde. Diese Stars – allesamt Nationalspieler – entfachten bei den *Marseillais* wieder das Feuer der Leidenschaft. Ihr Klub gewann zweimal hintereinander die Meisterschaft (1971, 1972) und zweimal den Pokal (1969, 1972). Internationale Erfolge blieben allerdings aus, Ajax Amsterdam und Juventus Turin waren im Meistercup jeweils eine Nummer zu groß.

Der Euphorie folgte die Enttäuschung auf dem Fuß. Leclerc musste wegen finanziellen Problemen und internen Streitigkeiten den Hut nehmen; der Klub geriet ins Strudeln. Der Versuch, mit prominenten Einkäufen wie den beiden Brasilianern Jairzinho und Paulo César wieder an Format zu gewinnen, missriet kläglich. Jairzinho ging auf die 30 zu und hatte viel von seiner Kraft und damit seiner Torgefährlichkeit eingebüßt. Paulo César ließ oft die nötige Einstellung vermissen und genoss lieber die Annehmlichkeiten des Nachtlebens.

ERFOLGE

Französischer Meister: 1929, 1937, 1948, 1971, 1972, 1989, 1990, 1991, 1992, 1993.
Französischer Pokalsieger: 1924, 1926, 1927, 1935, 1938, 1943, 1969, 1972, 1976, 1989.
Französischer Ligapokalsieger: 1957.
Champions-League-Sieger: 1993.

Bekannteste Spieler: Abédi Pélé – K. Allofs – Amoros – Anderson – Andersson – Angloma – Artelesa – Ayache – Aznar – Barthez – Bell – Ben Barek – Berdoll – Bereta – Blanc – Boghossian – Boksic – Boli – Bonnel – Bosquier – Boyer – Bracci – Carnus – Cascarino – Celestini – Couécou – Crut – Cunningham – Delachet – Desailly – Deschamps – Devasquez – Di Meco – J. Djorkaeff – Domerque – Dugarry – K. Förster – Francescoli – Giresse – Gress – Hervé – Jairzinho – Keita – Kohut – Köpke – La Ling – Linderoth – López – Loubet – Magnusson – Makélélé – Mozer – Nagy – Novi – D. Pantelic – Papin – Paulo César – Pires – Pironti – Ravanelli – Rodriguez – Sauvage – Sauzée – Scotti – Six – Skoblar – Sliskovic – Steven – Stojkovic – Temime – Trésor – Völler – Waddle – Weah – Yazalde – Zvunka.
Bekannteste Trainer: Arribas – Batteux – Beckenbauer – Bonnel – Casoni – Clemente – Courbis – Domergue – Gili – Glória – Goethals – Gransart – Hidalgo – Ivic – Leduc – Markovic – Riera – Robin – Skoblar – Zatelli – Zvunka.

Der Cupsieg gegen Lyon (1976) war bloß ein kurzes Strohfeuer. 1980 war bei OM die Luft definitiv draußen: Die überalterte Mannschaft verabschiedete sich mit lediglich 24 Punkten aus 38 Spielen und wenig Hoffnung auf eine bessere Zukunft in die 2. Liga. Vier Jahre später stiegen die Südfranzosen zwar wieder auf; in der höchsten Spielklasse blieben sie aber eine graue Maus. Bis Tapie damit begann, sein Lebensmotto *Rêve, Risque et Rire* auf OM zu übertragen.

Der charismatische Selfmademan Tapie konnte in Marseille schalten und walten, wie er wollte. Er verwandelte OM im Stile Napoleons in einen dynastisch-patriarchalischen Verein. So durfte beispielsweise sein kleiner Bruder Jean-Claude die Handball-Abteilung führen. Deren Erfolge mehrten den Ruhm des großen Vorsitzenden.

Tapie war in Marseille ein Alleinherrscher. Das musste auch Franz Beckenbauer erfahren, den Tapie nach dem deutschen WM-Sieg von 1990 mit einer lukrativen Offerte ans Mittelmeer lockte. Zwei Kaiser nebeneinander – das konnte nicht gut gehen. Der Technische Direktor Beckenbauer meinte lakonisch: »In Frankreich haben die Präsidenten viel mehr Einfluss als in der Bundesliga …« Kaiser Franz ging nach Deutschland zurück und wurde Präsident bei Bayern München.

Man muss Selbstdarsteller Tapie allerdings zugute halten, dass es ihm gelungen ist, eine schlagkräftige Mannschaft zusammenzukaufen, die anfangs der Neunzigerjahre den europäischen Fußball dominierte. Die Equipe, die 1993 die *Champions League* gewann, spielte einen schnörkellosen, ungemein athletischen und effizienten Fußball. Sie setzte die Devise des Klubemblems phasenweise perfekt um: »Direkt aufs Tor zu!« (*Droit au but*).

Hexenkessel und Schmelztiegel

Das *Stade de Vélodrome* ist nicht nur ein Hexenkessel, sondern auch ein Schmelztiegel. Unterschiedlichste soziale Gruppen haben dort ihren angestammten Steh- oder Sitzplatz. So stehen die *Ultras* in der Südkurve. Sie sind eine perfekt organisierte Fangruppe, deren Mitglieder zumeist in den schmuckeren Vororten wohnen und die den Klub auch zu den Auswärtsspielen begleiten. Von ihnen unterscheiden sich die *Winners* in der Nordkurve, zumeist Schüler, Studenten und Arbeiter, die zusammen mit den Maghrebinern aus den trostlosen Vororten im Norden der Stadt stammen. Auch die beiden Sitzplatz-Tribünen unterscheiden sich: Die *Ganaytribüne* ist dem Mittelstand und vor allem den »echten« *Marseillais* vorbehalten, während die lokale Prominenz das Spiel auf der *Tribune Jean Bouin* verfolgt. Führt man sich diese Heterogenität vor Augen, so kann man den Fußball hier sicherlich als Einheit stiftendes Element bezeichnen. Gemäß dem Soziologen Christian Bromberger kann das *Stade de Vélodrome* als eine »lebendige Karte für die Geographie der Stadt angesehen« werden.

Die ausgewogene Equipe wies kaum Schwachstellen auf. Das Tor hütete Fabien Barthez, der 1998 mit Frankreich Weltmeister und zwei Jahre später auch noch Europameister wurde. In der Verteidigung bildeten Basile Boli und Marcel Desailly ein Bollwerk, im Mittelfeld stopften der unermüdliche Didier Deschamps und Frank Sauzée die Löcher. In der Offensive durfte Abédi Pélé glänzen, und im Sturm schossen der Kroate Alen Boksic und Rudi Völler die Tore. Welch ein Mannschaft!

Fußball aus der Retorte

Paris ist das Herz Frankreichs. Alle Verkehrsadern laufen auf die Hauptstadt zu. Die »Stadt des Lichtes« an der Seine ist nicht nur Regierungssitz, sondern auch Ballungszentrum von Wirtschaftsmacht und kulturellem Leben. Der ganze Rest Frankreichs gilt bei den Bewohnern der 9-Millionen-Einwohner-Metropole als »Provinz«.

Im Fußball allerdings mussten die Pariser lange Zeit die Überlegenheit der so genannten »Provinzstädte« anerkennen: In Saint-Etienne (10 Meistertitel), Marseille (8), Nantes (7), Reims (6), Bordeaux (5) oder gar Nizza (4) wurde das Ballspiel weitaus erfolgreicher praktiziert als in der Hauptstadt. Seit der Einführung der Profiliga im Jahr 1932 stellte Paris bis 1986 nur einmal den Meister, nämlich 1936, als sich das mittlerweile in der Bedeutungslosigkeit versunkene Racing das Double sicherte. Anschließend wandten die Klubs aus der Hauptstadt bloß noch das olympische Motto erfolgreich an: Mitmachen kommt vor dem Siegen.

Die Funktionäre versuchten der Misere mit zahlreichen Fusionen ein Ende zu setzen. Doch diese Zusammenschlüsse brachten nicht die gewünschten Verbesserungen auf sportlicher und wirtschaftlicher Ebene. Im Gegenteil, sie führten zu einem Identitätsverlust bei den Fans. Ein Paradebeispiel für diese negative Entwicklung ist Racing: Weder die heute kaum noch nachvollziehbare Zwangsehe mit einem Verein aus dem zweihundert Kilometer entfernten Sedan noch das Engagement des Waffenmultis Matra (der unter anderem die Stars Enzo Francescoli und Pierre Littbarski finanzierte) brachten die erhofften Erfolge.

Erfolgreicher erwies sich die Kreation eines neuen Vereins. Der *Football Club de Paris* entstand im Februar 1970 sozusagen am Reißbrett und sollte die Hauptstadt endlich auch im Fußball würdig vertreten. Die rot-blauen Vereinsfarben sind die der Stadt Paris, die im Wappen abgebildete Wiege unter dem Eiffelturm ist die des französischen Königshauses. Bereits drei Monate später fusionierte der eben erst gegründete Klub mit *Stade 1904 Saint-Germain-en-Laye*, einem bescheidenen Verein aus dem Universitätsviertel, der 1969 immerhin das Viertelfinale im französischen Pokal erreicht hatte.

PARIS SAINT-GERMAIN FOOTBALL CLUB
Gründungsdatum: 12. August 1970.
Anschrift: PSG, 24, Rue du Commandant-Guilbaud, 75016 Paris, France.
Internet: www.psg.fr
Stadion: Parc des Princes, Fassungsvermögen: 48 527 Zuschauer.
Vereinsfarben: Rot und Blau.

Der *Paris Saint-Germain Football Club*, so der neue Name, wurde am 30. Mai 1970 vom Verband offiziell anerkannt und erhielt eine Lizenz für die zweithöchste Spielklasse. Die Mannschaft bestand zum großen Teil aus ehemaligen Stade-Spielern, mit einer Ausnahme: Mit Jean Djorkaeff wurde niemand geringerer als der ehemalige Kapitän der französischen Nationalmannschaft verpflichtet. Der Altstar führte den Retortenklub auf Anhieb in die höchste Spielklasse. Doch dieser Kraftakt hatte viel Geld gekostet – zu viel, wie sich herausstellte. Der Verein gab die Profiabteilung 1973 wieder auf und fand sich in der dritten Liga wieder.

Wer weiß, was aus dem Paris Saint-Germain Football Club geworden wäre, wenn nicht der Modezar Daniel Hechter als Retter eingesprungen wäre. Mit Just Fontaine, als Torschützenkönig der WM 1958 eine lebende Legende in Frankreich, engagierte er einen international bekannten Trainer, und zwei Jahre später meldete sich der Klub in der *Première Division* zurück.

Seit 1974 ist PSG, wie der Verein genannt wird, in der höchsten Spielklasse vertreten. Nur Nantes (seit 1963) kann in Frankreich auf eine noch längere Erstliga-Tradition zurückblicken als der am Reißbrett entstandene Klub aus der Hauptstadt.

PSG fiel in den Siebzigerjahren vor allem durch seinen sorglosen Umgang mit dem Geld auf. Die Mannschaft wurde schrittweise verstärkt, die Konkurrenz durch die gezahlten Summen geschockt. So etwa 1974, als PSG für Mustapha Dahleb von Sedan die damalige Rekordsumme von 1,3 Millionen Francs hinblätterte. Viel Geld floss auch beim Transfer des Argentiniers Carlos Bianchi von Reims sowie bei der Verpflichtung des Verteidigers Dominique Bathenay und des Angreifers Dominique Rocheteau. Die beiden französischen Nationalspieler wurden von Saint-Etienne losgeeist.

Seine Finanzpolitik brachte Hechter schließlich zu Fall. 1978 kam heraus, dass Paris Saint-Germain die Matcheinnahmen jeweils in zwei verschiedene Kassen fließen ließ – eine davon war schwarz. Das konnten weder die Stadt, die den Klub großzügig mit Steuergeldern unterstützte, noch die Justiz tolerieren. Hechter wurde 1981 schließlich zu 15 Monaten Gefängnis auf Bewährung verurteilt. Seine Nachfolge hatte 1978 der steinreiche Unternehmer Francis Borelli angetreten. Er machte PSG endgültig zu einer Top-Adresse im französischen Fußball.

Das Pokalfinale von 1982 gegen die AS Saint-Etienne, gegen den Klub, der den

Zwei Klubs – ein Problem

Mit viel Geschrei übernahm Canal plus 1997 beim maroden 17-fachen Schweizer Meister Servette Genf die Aktienmehrheit. Servette sollte ein Farmteam von Paris Saint-Germain werden und junge Spieler ausbilden. Der TV-Sender ließ sich sein Engagement anfangs für Schweizer Verhältnisse enorm viel kosten und wurde 1999 auch prompt mit dem Meistertitel belohnt. Doch schon bald tauchten Probleme auf. Die UEFA stellte die Regel auf, dass nicht mehrere Vereine des gleichen Eigners am selben Europapokal-Wettbewerb teilnehmen dürfen. Als sich Servette und der PSG für den UEFA-Cup qualifizierten, sah sich Canal plus im Sommer 2001 gezwungen, praktisch über Nacht 51 Prozent seiner Servette-Anteile abzugeben.

Trotzdem hielten die Franzosen verbissen an einer Minderheitsbeteiligung fest. Über die Gründe kann nur spekuliert werden. Sportliche können es nicht sein, denn die beabsichtigte Zusammenarbeit zwischen Genf und Paris hat nie stattgefunden. Kenner der Szene vermuten deshalb, dass sich Canal plus dank seinem Engagement in der Schweiz enorme Steuervorteile verschafft. Es soll dabei um Beträge gehen, welche die Defizite bei Servette klar übersteigen ...

französischen Fußball in den Siebzigerjahren dominiert hatte, entpuppte sich im nachhinein als Wachablösung. Der Retortenklub besiegte den Rekordmeister mit 6:5 nach Elfmeterschießen und sicherte sich damit seinen ersten Titelgewinn. Im darauf folgenden Jahr wurde die Pokaltrophäe durch ein 3:2 im Endspiel gegen Nantes verteidigt. Eine phantasiereiche und rhythmische Spielinterpretation sowie eine hohe Ballfertigkeit und athletische Klasse zeichneten die Mannschaft aus. Drei Individualisten ragten aus dem Kollektiv heraus: Der Jugoslawe Safet Susic sowie die Franzosen Dominique Rocheteau und Luis Fernandez, die beiden Europameister von 1984. Dieses Trio hatte wesentlichen Anteil daran, dass PSG 1986 erstmals in seiner Geschichte die Meisterschaft gewann. Genau fünfzig Jahre waren vergangen, seitdem Racing als letzter Pariser Klub diesen Titel erobert hatte.

Mit den vorhandenen Strukturen konnte PSG national zwar an der Spitze mithalten, doch die Kluft zur europäischen Elite war nach wie vor groß. Als den Klub zu Beginn der Neunzigerjahre finanzielle Sorgen plagten, übernahm der TV-Sender Canal Plus – der in Frankreich 1984 das Zeitalter des kommerziellen Fernsehens eingeläutet hatte – das Kommando. Im Mai 1991 wurde der Deal besiegelt. Mit dem Portugiesen Artur Jorge, der 1987 mit dem FC Porto den Europapokal der Landesmeister gewonnen hatte, stellte Canal plus gleich einen renommierten Trainer an.

Der schnauzbärtige Portugiese leistete in Paris hervorragende Aufbauarbeit und formte eine ausgewogene Mannschaft. PSG spielte einen berauschenden Offensivfußball und hatte mit George Weah und David Ginola eines der gefährlichsten Sturmduos Europas, das vom Brasilianer Valdo optimal mit Zuspielen aus dem Mittelfeld versorgt wurde. In der Saison 1992/93 stieß die Equipe im UEFA-Cup bis ins Halbfinale vor, belegte in der Meisterschaft hinter Olympique Marseille Rang zwei und gewann zum dritten Mal den nationalen Pokal.

ERFOLGE

Französischer Meister: 1986, 1994.
Französischer Pokalsieger: 1982, 1983, 1993, 1995, 1998.
Französischer Ligapokal-Sieger: 1995, 1998.
Europapokal der Pokalsieger: 1996.

Bekannteste Spieler: Abel – Alex – Aloísio – Anelka – Angloma – Ardiles – Ayache – Bathenay – Bats – Benarbia – Bianchi – Bravo – Calderón – Cauet – G. Chapuisat – Cissé – Cobos – Colleter – Christian – Dalmat – Jean u. Youri Djorkaeff – Domenech – Domi – Edmílson – El Karkouri – Fernandez – Fournier – Germain – Ginola – Goma – Gravelaine – Guérin – Halilhodzic – Heinze – Hélder – Janvion – Kist – Kombouaré – Lama – Larqué – Le Guen – Leonardo – Loko – Luccin – M'boma – Madar – Maurice – Mitoraj – Ronaldinho – N'Gotty – Nouma – Okocha – Okpara – Ouédec – Pantelic – Perez – Pilorget – Pochettino – Raí – Ricardo – Roche – Rocheteau – Ronaldinho – Sandjak – Simone – Susic – Valdo – Vampeta – Vujovic – Weah – Wilkins – Wörns – Xuereb.
Bekannteste Trainer: Bats – Fernandez – Fontaine – Giresse – Houiller – Ivic – Jorge – Larqué – Michel – Peyroche – Ricardo Gomes.

Ein noch besseres Ergebnis wurde im darauf folgenden Jahr erzielt. PSG gewann zum zweiten Mal die Meisterschaft und stellte mit 27 Spielen in Folge ohne Niederlage einen neuen französischen Rekord auf. Trainer Jorge wurde anschließend durch Luis Fernandez ersetzt. Der Europameister von 1984 führte das Werk seines Vorgängers kontinuierlich fort. In der *Champions League* eliminierte PSG unter anderem Bayern München und den FC Barcelona und stieß zum dritten Mal ins Halbfinale eines europäischen Klubwettbewerbes vor. Dort war dann allerdings der spätere Sieger, die AC Milan, ein zu starker Gegner. Als Trost blieb zum 25-jährigen Vereinsjubiläum immerhin der fünfte Pokalsieg.

Dadurch war die Teilnahme am Europapokal der Pokalsieger gesichert. Nach Siegen über Celtic Glasgow, Parma und La Coruña standen die Pariser erstmals in einem europäischen Endspiel. Gegner war Rapid Wien, haushoher Favorit PSG. Allerdings mussten die Franzosen mehr zittern, als ihnen lieb war. Ein abgefälschter Freistoß von Verteidiger Bruno N'Gotty bescherte ihnen ein glückliches 1:0. Folgende Spieler schickte Trainer Fernandez aufs Feld: Lama; Roche, Le Guen, N'Gotty, Fournier (77. Llacer), Bravo, Guérin, Colleter, Loko, Raí (11. Dely Valdes), Djorkaeff.

Nach dem Europacup-Triumph verließen Trainer Fernandez (Bilbao) und Stürmerstar Youri Djorkaeff (Inter Mailand) den Verein. PSG versuchte diese Abgänge durch die Verpflichtung von zwei Brasilianern zu kompensieren: Der unerfahrene Ricardo Gomes übernahm das Traineramt und Leonardo die Regie im Mittelfeld. Mit ihnen gelang dem Titelverteidiger erneut der Vorstoß ins Finale des Europapokals der Pokalsieger. Den einzigen Treffer des Spiels erzielte zwar ein Brasilianer – aber Ronaldo, und der spielte beim Gegner, dem FC Barcelona.

Trainerlehrling Gomes, der ehemalige brasilianische Nationalverteidiger, der von 1991 bis 1995 beim PSG gespielt hatte, besaß in der Folge nicht die Autorität, um die Egos der zahlreichen Stars unter einen Hut zu bringen. Der PSG erlebte in der Meisterschaft einen unerwarteten Absturz, der auch durch einen Trainerwechsel nicht gestoppt werden konnte. Alain Giresse, Rückkehrer Artur Jorge und schließlich Philippe Bergeroo gelang es in den folgenden Jahren ebenfalls nicht, Stabilität, Kontinuität und Ruhe in den Nobelklub zu bringen.

An der Klasse der Spieler kann es eigentlich nicht gelegen haben, dass PSG in der Meisterschaft selten vom Fleck kam. Canal Plus, dem der Verein zu 90 Prozent gehört, ließ sich vermeintliche Stars wie den Nigerianer Jay Jay Okocha (ehemals Eintracht Frankfurt), den Deutschen Christian Wörns (Leverkusen) den Italiener Marco Simone (Milan) oder die Brasilianer Edmílson, Alex, Aloísio, Christian, Vampeta und Ronaldinho horrende Summe kosten. Die Teppichetage von PSG hatte nach dem Bosman-Urteil reihenweise unnütze Transfers abgeschlossen und teilweise viel Geld regelrecht aus dem Fenster geworfen.

Das beste Beispiel für die Megalomanie und die Panik, die an der Seine wegen der anhaltenden Erfolglosigkeit herrschten, war die Verpflichtung des französischen Nationalspielers Nicolas Anelka. Fernandez hatte das Eigengewächs Anelka in der Saison 1995/96 als 16-jährigen Teenager in der höchsten Spielklasse debütieren lassen. Weil Anelka aber nach eigener Ansicht zu wenig eingesetzt wurde, wechselte er 1997 nach London, wo er bei Arsenal den Durchbruch schaffte. Mit jedem Tor von Anelka für Arsenal wuchs die Wut der Fans auf die Klubführung von PSG. Als Anelka im Sommer 2000 bei Real Madrid Probleme hatte, wurde PSG von den Fans geradezu »ge-

Führte sich in Paris auf wie eine launische Diva: Stürmer Nicolas Anelka.

zwungen«, den verlorenen Sohn für die französische Rekordsumme von 34 Millionen Euro zurückzuholen. Doch Anelka kam trotz eines Monatslohns von über 150 000 Euro (sein Vertrag dauerte ursprünglich bis 2007!) nie auf Touren, ließ jegliches Engagement vermissen und führte sich als Diva auf, die sich mit Trainer und Mitspielern anlegte. In Paris atmeten alle auf, als Manchester City im Sommer 2002 bereit war, den Problemfall für immerhin noch 19 Millionen Euro definitiv zu übernehmen.

Der im Sommer 2001 zurückgekehrte Trainer Luis Fernandez fasste den Auftrag, eine neue, hungrige Mannschaft aufzubauen. Das war kein leichtes Unterfangen, denn auch finanziell war die Lage des Vereins mittlerweile alles andere als rosig. Gemäß einer im Frühling 2002 von der *Direction nationale du contrôle de gestion* veröffentlichten Studie war PSG nach Olympique Marseille der am zweithöchsten verschuldete Verein im *Hexagone* mit einem Fehlbetrag von über 50 Millionen Euro. Verschärft wurden die Finanzsorgen durch den Umstand, dass auch die *Municipalité* ihren Geldhahn zudrehte und Canal plus beziehungsweise dessen Muttergesellschaft Vivendi Universal mit erheblichen wirtschaftlichen Problemen zu kämpfen hatte.

Verwelktes Grün

Jahrhunderte lang war das 1195 erstmals urkundlich erwähnte Saint-Etienne eine überschaubare bäuerliche Siedlung mitten im *Massif Central* gewesen. Der Ort erlangte erst ab dem 16. Jahrhundert durch die Textilproduktion überregionale Bedeutung. Später wurde die Stadt, in der schon im Mittelalter Bergbau betrieben worden war, durch die Herstellung von Nägeln, Waffen und Eisenwaren bekannt. Einen Aufschwung brachten im 19. Jahrhundert der Kohleabbau und die Zweiradindustrie. Im zwanzigsten Jahrhundert sorgten dann die Fußballer dafür, dass Saint-Etienne über Frankreichs Landesgrenzen hinaus wahrgenommen wurde. Die AS Saint-Etienne ist mit zehn Meistertiteln und sechs Pokalsiegen der erfolgreichste Klub der *Grande Nation*.

Die Geschichte des Vereins ist eng mit der lokalen Wirtschaft verknüpft. 1920 rief der Unternehmer Geoffroy Guichard einen Betriebsklub ins Leben, die *Association Sportive du Casino*. In diesem Verein konnten sich die Büroangestellten, Verkäufer, Fabrik- und Lagerarbeiter des Supermarktgiganten Casino nach Feierabend sportlich betätigen. Fußball jedoch wurde nur im *Amical Sporting Club* gespielt, der auch Leuten offenstand, die nicht auf der Lohnliste von Casino standen. Am 19. Mai 1927 schlossen sich die beiden Vereine zur *Association Sportive Stéphanoise* zusammen. Den Vorsitz übernahm Pierre Guichard, der Sohn von Geoffroy. Das Grün und Weiß der Firma fungierten fortan auch als Vereinsfarben, wobei Saint-Etienne im Volksmund lediglich *les Verts* (»die Grünen«) genannt wird.

Casino kaufte dem Klub 1930 ein 38 000 Quadratmeter großes Gelände, auf dem auch das heutige Geoffroy-Guichard-Stadion steht, das für die WM 1998 letztmals renoviert wurde. Somit waren sämtliche Voraussetzungen erfüllt, um im französischen Fußball für Furore zu sorgen.

ASSOCIATION SPORTIVE DE SAINT-ETIENNE

Gründungsdatum: 29. März 1920.
Anschrift: AS Saint-Etienne, Stade Geoffroy-Guichard, 14, Rue Paul-et-Pierre-Guichard, 42028 Saint-Etienne Cedex 01, France.
Internet: www.asse.fr
Stadion: Stade Geoffroy-Guichard, Fassungsvermögen: 34 600 Zuschauer.
Vereinsfarben: Grün und Weiß.

1938 stieg die *Association Sportive Saint-Etienne*, wie der Klub seit 1933 (Einführung des Profitums) offiziell heißt, in die höchste Spielklasse auf und belegte dort auf Anhieb Rang zwei. Großen Anteil am sportlichen Höhenflug hatten die Nationalspieler Yvan Beck und Roger Rolhion sowie der Österreicher Ignace Tax. Dass Präsident Guichard dieses Trio besser entlohnte als irgendeinen Handlanger in seinen Depots, versteht sich von selbst. Das Vichy-Regime verbot während des Zweiten Weltkrieges allerdings diese Praxis. Aus Protest gegen das Profifußball-Verbot trat Guichard am 8. Februar 1943 als Präsident von Saint-Etienne zurück.

Bis 1950 hielt er sich aus dem Klubgeschehen heraus. Danach übernahm er nochmals für zwei Jahre das Präsidium und leitete einige Maßnahmen ein, welche die Ent-

Torhüter Sepp Maier im Blickpunkt des Geschehens: Saint-Etienne warf die Bayern 1969 im Europacup mit 3:0 und 0:2 aus dem Rennen.

wicklung des Vereins nachhaltig prägen sollten. Als Trainer engagierte er den ehemaligen Spieler Jean Snella, im administrativen Bereich setzte er mit Charles Paret einen Kadermann von Casino ein und als seinen Nachfolger baute er Pierre Faurand auf. Gleichzeitig errichtete Saint-Etienne eines der besten Ausbildungszentren für junge Spieler in ganz Frankreich.

Den sportlichen Vorstoß in die nationale Spitzengruppe verdankten die Grünen dem formidablen Angriffsduo Eugène N'Jo Léa und Rachid Mekloufi. Die beiden schossen in der Saison 1956/57 zusammen 54 der insgesamt 88 Tore, die dem Klub den ersten Meistertitel bescherten. Während in Frankreich mancherorts durchschnittlich bloß 5000 Unentwegte die Heimspiele ihrer Equipe verfolgten, herrschte in Saint-Etienne eine grenzenlose Begeisterung: 30 000 Fans pilgerten jeweils zu den Spielen. Das frühe Ausscheiden im Europacup der Landesmeister – 1:3 und 2:1 gegen die Glasgow Rangers – warf den Verein nicht aus der Bahn und tat der Euphorie keinen Abbruch.

Saint-Etienne gehörte auch in den folgenden Jahren zu den Spitzenteams in Frankreich. Weshalb das Star-Ensemble mit seinen acht Nationalspielern 1962 allerdings in die zweite Spielklasse abstieg, ist vielen Experten bis heute ein Rätsel – zumal der Verein im selben Jahr erstmals den nationalen Pokal gewann (1:0 gegen Nancy).

Wie auch immer, Saint-Etienne schaffte ein Jahr später die allseits erwartete Rückkehr ins Oberhaus, dessen Meisterschaft es anschließend dominierte wie noch kein Klub zuvor. In der Saison 1963/64 schaffte Saint-Etienne das Kunststück, als Aufsteiger auf Anhieb Meister zu werden. Die *Verts* waren nun reifer, strotzten vor Selbstvertrauen und hatten ihr Potenzial noch längst nicht ausgeschöpft. Zwischen 1967 und 1970 gewannen sie viermal in Folge die Meisterschaft, auch das hatte es in Frankreich

Eine einmalige Karriere

Obwohl 1939 in Paris geboren, ist Robert Herbin »Monsieur Saint-Etienne« schlechthin. Als 19-Jähriger bekam er bei den Grünen einen Profivertrag. Er wurde allerdings nicht wie erwartet im Sturm, sondern in der Verteidigung und im defensiven Mittelfeld eingesetzt. Dort hielt Herbin die Fäden des Spiels in der Hand und führte den Klub 1964, 1967, 1968, 1969 und 1970 zu Meisterehren. Dass er »nur« 23 Länderspiele (3 Tore) für Frankreich bestritt, erklärt sich durch die zahlreichen Verletzungen, die ihn immer wieder aus der Bahn warfen.
Auf Wunsch von Präsident Roger Rocher beendete Herbin 1972 seine Karriere praktisch über Nacht. Dieser hatte lange, aber erfolglos nach einem geeigneten Nachfolger für den scheidenden Erfolgstrainer Albert Batteux gesucht. Seinem Instinkt folgend übertrug Rocher das Amt Herbin, der bis anhin so etwas wie der verlängerte Arm des Trainers auf dem Feld gewesen war.
Der distanziert wirkende Herbin kam mit seinem britischen Humor bei der Mannschaft bestens an. Der Erfolg blieb im auch als Trainer treu. Saint-Etienne wurde unter seiner Regie 1974, 1975, 1976 und 1981 Meister, zudem 1974, 1975, 1977 und 1981 noch Pokalsieger. Im Januar 1983 feuerte ihn die neue Klubführung – wegen Erfolglosigkeit.

noch nie gegeben. Die Angreifer Hervé Revelli, Rachid Mekloufi, Georges Bereta und Salif Keita aus Mali waren das Prunkstück der Equipe, die einen erfrischenden Offensiv-Fußball zelebrierte. Einer der Wasserträger im defensiven Mittelfeld war übrigens Aimé Jacquet, der Frankreich als Trainer 1998 zum WM-Titel führte.

Das Saint-Etienne der Sechzigerjahre war eine starke Mannschaft, die 1969 im Europacup der Landesmeister sogar Bayern München dank eines unvergesslichen 3:0-Sieges im Rückspiel (das Hinspiel hatte Bayern 2:0 gewonnen) aus dem Wettbewerb warf. Das Team der Siebzigerjahre war aber noch stärker, obwohl es 1976 gegen Bayern München 0:1 verlor. Es war der 12. Mai in Glasgow. Um 21.27 Uhr foulte der argentinische Verteidiger Oswaldo Piazza den deutschen Stürmer Gerd Müller. Der Schiedsrichter entschied auf indirekten Freistoß. Franz Beckenbauer tippte den Ball leicht an und Franz Roth, den sie in Bayern nur »Bulle« nennen, hämmerte das runde Leder ins Eck. Saint-Etiennes jugoslawischer Torhüter Ivan Curkovic war machtlos: 1:0 für Bayern. Der Europapokal der Landesmeister wanderte erneut in den

Torwart Curkovic macht sich vergebens lang: Der Freistoß von Franz Roth landet im Tor. Bayern 1, Saint-Etienne 0.

Michel Platini auf dem Höhepunkt seiner Karriere: 1984 wurde er mit Frankreich Europameister. Im selben Jahr stieg sein Ex-Klub Saint-Etienne in die 2. Liga ab.

Trophäenschrank der Münchner. Viele Fans in Saint-Etienne sind heute noch überzeugt, dass das Europacup-Finale ganz anders ausgegangen wäre, wenn der Star ihrer Mannschaft, Stürmer Dominique Rocheteau (39 Länderspiele für Frankreich), richtig fit gewesen wäre. Rocheteau, der Publikumsliebling, kam im Endspiel wegen einer noch nicht richtig auskurierten Verletzung bloß auf einen Acht-Minuten-Einsatz. Gegen Bayern standen Curkovic, Janvion, Piazza, López, Repellini, Bathenay, Larqué, Santini, Hervé Revelli, Patrick Revelli, Sarramagna und der angeschlagene Rocheteau auf dem Platz. Diese Mannschaft fiel anschließend auseinander, was vor allem daran lag, dass andere Vereine mit dicke Geldbündeln wedelten.

Den Transfererlös investierte Saint-Etienne praktisch vollumfänglich in neues Personal. 1979 wurde von Nancy der talentierte Spielmacher Michel Platini verpflichtet. Ausgestattet mit einem Höchstmaß an Ballgefühl, an Schusstechnik und Intuition wurde *Roi Michel* schon damals eine große Zukunft prophezeit. Den Angriff verstärkte der Holländer Jonny Rep, der mit seiner Nationalmannschaft 1974 und 1978 im WM-Finale gestanden hatte. Die Verteidigung wurde neu von Nationalspieler Patrick Battiston dirigiert, der zuvor acht Jahre lang für den FC Metz seine Knochen hingehalten hatte. Die stark verjüngte Mannschaft gewann 1981 nach fünfjähriger Durststrecke den zehnten und bisher letzten Meistertitel. Wie stark das Team um Regisseur Platini in jener Saison war, erfuhr auch der Hamburger SV. Er verlor sein Heimspiel im UEFA-Cup gegen Saint-Etienne 0:5.

Auf nationaler Ebene verloren die Grünen danach den Anschluss an die Elite, was im wesentlichen eine Folge des schlechten Managements war. 1982 sorgte ein Skandal um schwarze Kassen für Schlagzeilen. Präsident Roger Rocher, seit 1961 im Amt, musste abdanken.

ERFOLGE:

Französische Meister: 1957, 1964, 1967, 1968, 1969, 1970, 1974, 1975, 1976, 1981.
Französischer Pokalsieger: 1962, 1968, 1970, 1974, 1975, 1977.
Französischer Ligapokalsieger: 1955, 1958.

Bekannteste Spieler: Abbes – Alex – Bathenay – Battiston – Beck – Bereta – Bernard – Bosquier – Camara – Carnus – Castaneda – Curkovic – Didier – Dimitrow – Durkovic – Ferry – Foix – Geiger – Genghini – Herbin – Janvion – Jacquet – Keita – Lacombe – Larios – Larqué – López – Mekloufi – Piazza – Peyroche – Platini – Rep – Hervé und Patrick Revelli – Rijvers – Rocheteau – Samardzic – Sarramagna – Synaeghel – Triantafilos – Tylinski – Wohlfarth – Zimako.
Bekannteste Trainer: Batteux – Baup – Garronniere – Guérin – Herbin – Jacquet – Kasperczak – Snella – Tax – Vernier.

Zwar brachte der Verkauf von Michel Platini an Juventus Turin viel Geld in die Klubkasse, saniert war Saint-Etienne aber noch lange nicht. Finanzielle Engpässe veranlassten 1983 die Klubleitung, die Löhne der Spieler stark zu kürzen. Stars wie Patrick Battiston, Gérard Janvion, Bernard Genghini und Jonny Rep suchten deshalb das Weite respektive liquidere Arbeitgeber.

Während Frankreichs Nationalelf 1984 mit dem Gewinn der Europameisterschaft seinen bis dato größten Erfolg feierte, musste das einstige Aushängeschild der *Grande Nation* erneut den bitteren Gang in die Zweite Liga antreten. Dank den Toren des Kameruners Roger Milla gelang immerhin der sofortige Wiederaufstieg.

Obwohl Saint-Etienne in den folgenden Jahren routinierte Profis wie John Sivebaek (Dänemark), Lubomir Moravcik (Tschechoslowakei), Alain Geiger (Schweiz), Rob Witschge (Holland), Roland Wohlfarth (Deutschland), Pietr Swierczewski (Polen) oder den französischen Nationalspieler Laurent Blanc unter Vertrag nahm, gelang dem Klub kein weiterer Titelgewinn mehr. Ein siebter Platz in der Saison 1992/93 war in den Neunzigerjahren das höchste der Gefühle.

Bis 1996 konnte sich Saint-Etienne in der ersten Liga halten. Danach brach der Klub unter seiner enormen Schuldenlast zusammen und riskierte beinahe den Sturz in die Drittklassigkeit. 1999 gelang zwar abermals der Aufstieg in die höchste Spielklasse, doch ein Jahr und ein paar Skandale später (Stichwort »gefälschte EU-Pässe«) fanden sich die Grünen erneut in der *Deuxième Division* wieder. Und das, obwohl Saint-Etienne ein modernes Stadion, ein begeisterungsfähiges Publikum, eine ausgezeichnete Nachwuchsschule (die U-17 wurde 1997 französischer Meister) und eine Visitenkarte wie kein anderer Verein Frankreichs hat.

Zu allem Übel für Saint-Etienne hat sich mit Olympique Lyon zu Beginn des neuen Jahrtausends auf lokaler Ebene ein finanzkräftiger Rivale in den Vordergrund gespielt, der die neu gewonnene Vorherrschaft nicht widerstandslos preisgeben wird. In der Finanzmetropole und Millionenstadt Lyon ist es zudem leichter, ein europäisches Top-Team zu unterhalten als im Provinznest Saint-Etienne mit seinen 202 000 Einwohnern. Den Grünen droht deshalb eine Mauerblümchen-Existenz.

Schule gemacht

In den Siebzigerjahren wurden in Frankreich Ausbildungsinstitute für die Vereine Pflicht, um vom Verband überhaupt eine Lizenz zu erhalten. Saint-Etienne bereitete dieser Passus überhaupt keine Probleme. Der Verein besaß seit Jahrzehnten eine hervorragende Jugendabteilung. Der begnadete Dribbelkünstler Dominique Rocheteau (Jahrgang 1955; 49 Länderspiele) wurde ebenso in den Juniorenteams von Saint-Etienne groß wie Mittelstürmer Hervé Revelli (1946; 30 Länderspiele), Linksaußen Georges Bereta (1946; 44 Länderspiele) sowie die beiden Verteidiger Gérard Farison (1944; 1 Länderspiel) und Gérard Janvion (1953; 40 Länderspiele).

Das Nervenzentrum der Nachwuchsförderung befindet sich in L'Etrat, fünf Kilometer außerhalb Saint-Etiennes, und ist laut Angaben des Vereins in Frankreich sans équivalent: 13 Hektar mit Fußball-Feldern, ein Hauptgelände mit 4200 Quadratmetern, ein gedeckter Kunstrasenplatz, ein Schwimmbad mit Sauna und zwei Restaurants.

Den Olymp beinahe bestiegen

In der Geschichte des Sports stellt das Jahr 1896 einen Meilenstein dar. Damals wurden in Griechenland die ersten olympischen Spiele der Neuzeit ausgetragen. Fußball stand allerdings noch nicht auf dem Programm und war bei den Vätern der olympischen Bewegung verpönt. Die im Laufe des 19. Jahrhunderts in Athen entstandenen elitären Turnvereine zeigten sich ebenfalls desinteressiert und setzten stattdessen auf die Karte Gymnastik. Einer dieser Vereine war der vornehme *Panhellenic Gymnastic Club*, oftmals auch Panhellinios genannt. Im Herbst 1908 kam es in diesem Verein zu einem Eklat. Rund vierzig zumeist jugendliche Mitglieder traten aus, weil ihr Vorschlag – die Schaffung einer Fußball-Abteilung – auf taube Ohren respektive heftige Ablehnung gestoßen war.

Angeführt vom angehenden Arzt Georgios Kalafatis gründeten die abtrünnigen Fußball-Liebhaber im September 1908 den *Athens Football Club*. Ihr erstes Spiel gewannen sie gleich mit 9:0 gegen ein Team namens Praikos, dem Vorläufer des heutigen Olympiakos Piräus. Ihren Ruhm mehrten die Kicker, deren Klub 1910 in *Panhellinios Podosfeirikos Omilos* (PPO) umbenannt wurde, allerdings nicht so sehr auf den Fußball-Plätzen als vielmehr in den Leichtathletik-Arenen. Torhüter Costas Tsiklitiras beispielsweise kehrte 1912 von den olympischen Spielen in Stockholm mit einer Gold- und einer Bronzemedaille zurück, errungen im Weit- respektive im Hochsprung. Trotz seinen Lorbeeren lehnte Tsiklitiras sämtliche Privilegien ab und rückte pflichtbewusst als Frontsoldat in den Ersten Weltkrieg ein. Er starb am 10. Februar 1913 im Alter von bloß 25 Jahren an Meningitis.

Als der Krieg zu Ende war, fand in Paris ein internationales Freundschaftsturnier statt. Die griechische Nationalmannschaft bestand zur Hälfte aus Spielern des PPO. Deren Umgang mit dem Ball war allerdings noch ziemlich rudimentär. Ihr erstes offizielles Fußball-Spiel verloren die Griechen 1920 gegen Schweden sang- und klanglos mit 0:9.

PANATHINAÏKOS AGONISTIKOS OMILOS ATHÍNAI
Gründungsjahr: 1908.
Anschrift: Panathinaikos, Karelas Peania Athletic, P.O. Box 62, GR-19002 Peania Attika oder Panathinaikos, 47 Armatolon & Klefton Street, GR-11471 Athinai, Hellas.
Internet: www.pao.gr
Stadion: Leoforos Alexandras, Fassungsvermögen: 22 000 Zuschauer und Olympia-Stadion, Fassungsvermögen: 72 000 Zuschauer.
Vereinsfarben: Grün und Weiß.

Bei *Panhellinios* ging es in der Zwischenkriegszeit noch reichlich provinziell zu und her. 1918 wurde der Trainingsbetrieb einmal gar von einem Stier gestört, der sich durch die roten Leibchen der Spieler provoziert fühlte. Zur »Tarnung« spielte man fortan in grünem Trikots. Grün ist auch das Vereinsemblem, ein dreiblättriges Kleeblatt. Das so genannte *Trifylli* hatte ein Mitglied bei einem Verein in Istanbul entdeckt und nach Athen mitgebracht. Seit 1924 trägt der Klub auch seinen heutigen Namen: *Panathinaikos Agonistikos Omilos*. Das bedeutet frei übersetzt so viel wie: Alle Sportarten unter einem Dach für alle Athener. PAO war längst kein reiner Fußball-Verein mehr, andere Abteilungen wie Leichtathletik, Basketball, Fechten oder Schwimmen waren im Laufe der Zeit hinzugekommen.

Mitte der Zwanzigerjahre steckte der Fußball auf dem Peloponnes immer noch in den Kinderschuhen. Der griechische Fußball-Verband konstituierte sich erst 1926. Zwei weitere Jahre zogen ins Land, ehe 1928 die erste nationale Meisterschaft ausgetragen wurde. Der Meistertitel aus dem Jahr 1930 war der einzige nennenswerte Erfolg von Panathinaikos vor dem Zweiten Weltkrieg. Olympiakos aus der benachbarten Hafenstadt Piräus war in jener Zeit das Maß aller Dinge und gewann bis zur kriegsbedingten Einstellung des Spielbetriebes sechs Meistertitel.

Nach dem Zweiten Weltkrieg leitete der ehrgeizige Vorstand der Grünen die Wende ein. Panathinaikos leistete sich als erster Verein des Landes den Luxus einer Flutlichtanlage und konnte seine Spiele fortan auch abends austragen. Zudem suchte der Verein potente Sponsoren. Diese fand er ausgerechnet in Piräus, wo große Reedereien ihren Sitz hatten. Das war ein schlauer Schachzug, denn die Reedereien fehlten nun natürlich Olympiakos als mögliche Geldgeber. Panathinaikos' Meistertitel zwei und drei – 1949 und 1953 errungen – waren die ersten Zeichen der nahenden Wachablösung. In den Sechzigerjahren setzte sich PAO dann endgültig an der Spitze fest. Zwischen 1960 und 1970 gewannen die Athener sieben von zehn möglichen Meistertiteln.

Drakonische Strafen

Olympiakos Piräus hat im zwanzigsten Jahrhundert fast doppelt so viele griechische Meistertitel (30) errungen wie Panathinaikos Athen (18). Auf der internationalen Bühne glänzte der Klub aus der Hafenstadt allerdings selten. Während Panathinaikos als der Verein der urbanen Elite Athens gilt, nimmt Olympiakos für sich in Anspruch, ganz Griechenland zu vertreten.

Die Duelle zwischen den Grünen und den Roten sind nichts für zarte Gemüter. Das zeigte sich besonders deutlich am 24. März 2002. Als der Schiedsrichter in der Nachspielzeit Elfmeter für Piräus pfiff, sahen Fans und Funktionäre von Panathinaikos rot und gingen auf den Unparteiischen los. Der Fall landete beim Sportgericht, das drakonische Strafen aussprach. Panathinaikos-Präsident Angelos Philippidis wurde für ein Jahr seines Amtes enthoben und mit einem 18-monatigen Stadionverbot belegt. Trainer Sergio Markarian wurde für vierzig Tage gesperrt. Gegen den Verein wurde eine Busse von 87 000 Euro verhängt, zudem musste er vier Heimspiele unter Ausschluss der Öffentlichkeit austragen.

Das Derby hatte übrigens – ganz brüderlich – 1:1 geendet.

Auch auf politischer Ebene gab es damals tiefgreifende Veränderungen. 1967 löschte in Griechenland eine Militärregierung jegliche Opposition brutal aus. Der Sport wurde als Propagandamittel missbraucht. Die Militärs versprachen sich durch die Förderung des Fußballs und des in Griechenland sehr populären Basketballs einen Imagegewinn in der Bevölkerung. Nach dem misslungenen Versuch, die Mittelmeerinsel Zypern zu annektieren, wurde die Militärjunta im November 1974 durch eine zivile Regierung unter Konstantin Karamanlis abgelöst.

Musste sich in Athen das Prädikat »Fehleinkauf« gefallen lassen: Der Portugiese Paulo Sousa.

Das vom ehemaligen ungarischen Ausnahmekönner Ferenc Puskás trainierte Panathinaikos war während der Militärdiktatur das Aushängeschild des hellenischen Fußballs. 1971 stieß die Equipe im Meistercup bis ins Finale vor und sorgte damit für eine der größten Überraschungen in der Geschichte des Europapokals. Den Anhängern von Panathinaikos ermöglichte die Regierung durch einen subventionierten Spottpreis von umgerechnet fünfzig Mark die Teilnahme am Endspiel im Wembley-Stadion. Die 0:2-Niederlage gegen Ajax Amsterdam konnten aber auch die 25 000 nach London mitgereisten Griechen nicht verhindern.

Der Star von Panathinaikos war der Trainer. Mit den Namen der Spieler konnten die Fußball-Freunde außerhalb Griechenlands nichts anfangen. Mit den Worten »Ajax spielt auch nur mit elf Mann« schickte der Ungar folgendes Team ins Endspiel: Ikonomopoulos, Tomaras, Vlachos, Eleftherakis, Kamaras, Sourpis, Grammos, Filakouris, Antoniadis, Domazos, Kapsis. Aus der kompakten Mannschaft ragten der technisch versierte Regisseur Dimitrios (»Mimis«) Domazos – ein Johan Cruyff im Miniformat – und der hochgewachsene Mittelstürmer Antonis Antoniadis heraus. Letzterer erzielte in der Europacup-Saison 1970/1971 insgesamt zehn Tore und sicherte sich 1970, 1972, 1973, 1974 und 1975 die griechische Torjägerkrone.

Auf dem Weg ins Endspiel gegen Ajax hatte Panathinaikos der Reihe nach Jeunesse Esch (2:1, 5:0), Slovan Bratislava (3:0, 1:2), Everton (1:1, 0:0) und Roter Stern Belgrad (1:4, 3:0) aus dem Weg geräumt. Allerdings haftete diesen Erfolgen ein fader Beigeschmack an.

Die Spieler von Everton beklagten sich beispielsweise, dass sie vor dem Rückspiel im Athener King-George-Hotel kaum ein Auge zugetan hätten. Das lag weniger an der Qualität der Hotelbetten als vielmehr am ununterbrochenen Hupkonzert, das die griechischen Fans während der Nacht vor der Nobelherberge veranstaltet hatten. Auch das Halbfinale gegen Roter Stern Belgrad sorgte für Schlagzeilen. Panathinaikos hatte das Hinspiel 1:4 verloren und war schon so gut wie aus dem Rennen. Das fürs Weiterkommen notwendige 3:0 im Rückspiel bezeichneten griechische Kommentatoren als Heldentat, während böse Zungen behaupteten, die Jugoslawen hätten sich ihre Passivität einige tausend Drachmen kosten lassen.

Bekannt ist, dass jeder Panathinaikos-Spieler für den Einzug ins Finale umgerechnet 25 000 Mark erhalten hat. Puskás wurde mit einer Sonderprämie von 80 000 Mark belohnt.

Geld wurde bei Panathinaikos wieder zum zentralen Thema, als der Verein 1979 in eine Aktiengesellschaft umgewandelt wurde und in den Besitz von Giorgos Vardinoyannis überging. Der Herr über einen riesigen Ölkonzern gilt als einer der reichsten Männer Europas. Vardinoyannis pumpte Millionen von Drachmen in den Verein und dessen Infrastruktur, etwa in den Bau eines schmucken Trainingsgeländes und eines hochmodernen medizinischen Zentrums. Doch sportlich konnte Panathinaikos in den Achtzigerjahren den hohen Erwartungen selten gerecht werden. 1985 erreichte die Mannschaft im

In geheimer Mission

Das Trifylli, das dreiblättrige Kleeblatt im Wappen von Panathinaikos, brachte der Geschäftsmann Michael Papazoglou aus einem Besuch in Konstantinopel mit. Papazoglou machte sich in den Zwanzigerjahren als Spieler und Funktionär einen Namen im griechischen Fußball. Im Zweiten Weltkrieg war er ein aktives Mitglied des Widerstandes. Dieser lieferten den Alliierten Informationen und organisierte Sabotageakte. Drei abgeschossene deutsche Flugzeuge und drei versenkte Kriegsboote lautete die Bilanz dieser Partisanen, ehe Papazoglou am 12. Oktober 1942 gefasst wurde.

Bei den Verhören stellte er sich dumm. Die Deutschen schickten den vermeintlichen »Psychopathen« zwecks weiterer medizinischer Untersuchungen ins Aiginition-Spital. Sie wussten nicht, dass dort Panathinaikos-Gründer Georgios Kalafatis als Arzt tätig war. Dieser sorgte unauffällig dafür, dass sein Vereinsfreund wieder in den Untergrund verschwinden konnte …

Europapokal der Landesmeister zwar das Halbfinale (Endstation war der FC Liverpool), ansonsten gab es in der nationalen Meisterschaft aber nur gerade die Titelgewinne von 1984 und 1986 zu feiern. Das ist zu wenig für einen Verein, der das Ziel hat, internationale Trophäen in seinen Vitrinen auszustellen.

Zwischen Anspruch und Wirklichkeit klaffte auch zu Beginn der Neunzigerjahre noch eine riesige Lücke, wie ein erster Auftritt in der neu geschaffenen *Champions League* in der Saison 1991/92 zeigte. In den sechs Gruppenspielen der Finalrunde gegen Sampdoria Genua, RSC Anderlecht und Roter Stern Belgrad brachte Panathinaikos bloß ein einziges Tor zustande. Doch die Griechen lernten schnell dazu, verbesserten ihre Durchschlagskraft im Angriff und avancierten nach und nach zu einem unbequemen Gegner. Juventus Turin und Manchester United beispielsweise verließen das Olympia-Stadion als Verlierer.

Der Trainer von Panathinaikos hat meist keinen Grund zum Lachen: Ioannis Kirastas wurde im Sommer 2000 als Sündenbock entlassen, ein Jahr später als Retter zurückgeholt.

Der größte Erfolg der jüngeren Vergangenheit gelang 1996 mit dem 1:0-Auswärtssieg gegen Ajax Amsterdam im Halbfinale der *Champions League*. Panathinaikos agierte mit *Catenaccio* alter Schule und kam während neunzig Minuten zu zwei Kontern, von denen der polnische Goalgetter Krzysztof Warzycha einen erfolgreich abschloss. Athens Bürgermeister ordnete nach dem Spiel für die ganze Nacht die Beleuchtung der Straßen und aller antiker Denkmäler an. Damit rückte er einen der größten Erfolge des Stadtklubs ins rechte Licht. Im Rückspiel ließen die Ajaciden allerdings nichts mehr anbrennen und verdarben den Griechen das Fest – zum zweiten Mal nach 1971 ...

Dennoch, die damals vom Argentinier Juan Ramón Rocha trainierte Elf der Namenlosen hatte wieder einmal bewiesen, dass sie mit den europäischen Topklubs mithalten konnte. Im gleichen Zeitraum etablierte sich übrigens das Basketball-Team von Panathinaikos in der europäischen Elite. 1996 (mit dem früheren NBA-Star Dominique Wilkins) und 2000 gewann PAO jeweils den Meistercup.

Für den kostspieligen Unterhalt der Fußball- und Basketball-Teams kam über all die Jahre in erster Linie Mäzen Giorgos Vardinoyannis auf. Als er im Mai 2000 nach 21 Jahren ins zweite Glied trat, übertrug er das Kommando seinen beiden Enkeln Pavlos und Yiannis.

Die Erkenntnis, dass Geld allein keine Tore schießt, setzte sich in der Fußball-Abteilung von Panathinaikos aber nur zögerlich durch. Die Engagements von vermeintlichen Stars wie Geovanni (ehemals FC Barcelona), Júlio César und Paulo Sousa (beide Dortmund) oder Karl-Heinz Pflipsen (Mönchengladbach) verdeutlichen, dass bei Panathinaikos lange Zeit mehr Wert auf bekannte Namen denn auf sinnvolle sportliche Verstärkungen gelegt wurde – mit dem Erfolg, dass Erzrivale Olympiakos Piräus den Athenern den Rang ablief. Die Roten eroberten 1997, 1998, 1999, 2000, 2001 und 2002 die Meisterschaft.

Das im Stolz verletzte Panathinaikos wollte mit aller Macht wieder die Nummer eins im Lande werden. Mit der Verpflichtung von Stürmer Michalis Konstantinou im Sommer 2001 unterstrich der Klub seine Ambitionen. Nie zuvor hatten die Athener 16 Millionen Euro für einen Spieler ausgegeben. Schon beim ersten Training kamen 20 000 Fans, um dem Stürmer aus Zypern, der seine Tore vorher für Saloniki geschossen hatte, zuzujubeln. Am Ende der Saison 2001/2002 herrschte dann erneut Katzenjammer statt Euphorie: Bloß Rang drei schaute heraus, hinter Olympiakos und Lokalrivale AEK Athen. Dazu kamen wegen der TV-Krise noch finanzielle Sorgen. Sogar ein Verein wie Panathinaikos musste den Gürtel enger schnallen.

PAO leidet vor allem unter dem Desinteresse der Fans. Abgesehen von den internationalen Duellen und den Derbies gegen AEK und Olympiakos ist der Publikumsaufmarsch in Griechenland gering und fünfstellige Zuschauerzahlen mittlerweile selten. Die Heimspiele von Panathinaikos besuchen im Schnitt bloß etwa 7000 Supporter.

Schuld an der Misere ist in erster Linie die Gewaltbereitschaft einiger Anhänger. Kaum ein Familienvater wagt es noch, mit seinen Kindern ins Stadion zu gehen. Flüche der übelsten Sorte kommen aus den Kurven, wo Fanatiker ihr Unwesen treiben. Auch die kleinste Fehlentscheidung eines Schiedsrichters reicht aus, damit es zu Krawallen kommt. Als die Anhänger im Oktober 2002 nach dem UEFA-Cup-Spiel gegen Fenerbahçe Istanbul (1:1) zum x-ten Mal für Randale sorgten, löste das Präsidium kurzerhand sämtliche Panathinaikos-Fan-Klubs auf. Den schlechten Eindruck konnte es damit allerdings auch nicht mehr wegwischen. Immerhin war das Spiel unter Anwesenheit der Außenminister Giorgos Papandreou und Sükrü Sina Gürel zur Generalprobe der griechisch-türkischen Kandidatur für die EM 2008 proklamiert worden.

ERFOLGE:

Griechischer Meister: 1930, 1949, 1953, 1960, 1961, 1962, 1964, 1965, 1969, 1970, 1972, 1977, 1984, 1986, 1990, 1991, 1995, 1996.
Griechischer Pokalsieger: 1940, 1948, 1955, 1967, 1969, 1977, 1982, 1984, 1986, 1988, 1989, 1991, 1993, 1994, 1995.

Bekannteste Spieler: Antoniadis – Antoniou – Bassinas – Berios – Borrelli – Charalampidis – Dentas – Dimatos – Dimopoulos – Domasos – Donis – Eleftherakis – Galakos – Geovanni – Henriksen – Houseman – Ifantidis – Ikonomopoulos – Júlio César – Kalitzakis – Kamaras – Kapsis – Karagounis – Karoulias – Kolkka – Konstantinou – Kyrastas – La Ling – Linoxilaris – Livanthinos – Loukanidis – Lymperopoulos – Mavridis – Mykland – Olisadebe – Papaemmanuel – Papaioannou – Papavasilou – Pflipsen – Rocha – Saravakos – Saric – Sourpis – Sousa – Tarassis – Terzanidis – Vlaovic – Wandzik – Warzycha – Zajec.
Bekannteste Trainer: Bobek – Daniel – Gmoch – Gorski – Ivic – Kirastas – Moreira – Osim – Packert – Petropoulos – Puskás – Rocha – Senekowitsch.

Tränen im Triumph

Als erste Stadt Europas erhielt Bologna im Jahre 1088 eine Universität. Im Fußball nahm der Hauptort der Region Emilia Romagna allerdings keine Vorreiterrolle ein. Dafür lernten die *Bolognesi* den Umgang mit dem runden Leder erstaunlich schnell. Am 3. März 1909 hatten einige Italiener und Schweizer in der *Birreria Ronzani* im Herzen der Stadt einen Klub gegründet, den sie auf den simplen Namen *Football Club Bologna* tauften. In den Jahren nach dem Ersten Weltkrieg hatte der FC Bologna bereits zu den führenden Vereinen Italiens aufgeschlossen.

Wesentlichen Anteil an den ersten Erfolgen hatte der Wiener Ermanno Felsner, dem 1920 das Traineramt anvertraut worden war. Unter seiner Führung schafften die ersten Spieler des Klubs – die beiden Stürmer Bernardo Perin und Emilio Badini sowie der Verteidiger Pietro Genovesi – den Sprung in die italienische Nationalelf. Sie bildeten das Gerüst jener Mannschaft, die 1925 den ersten Meistertitel, den so genannten *Scudetto*, nach Bologna holte.

FOOTBALL CLUB BOLOGNA
Gründungsdatum: 3. Oktober 1909.
Anschrift: FC Bologna, Via Casteldebole 10, 40132 Bologna, Italia.
Internet: www.bolognafc.it
Stadion: Stadio Renato Dall'Ara, Fassungsvermögen: 39 387 Zuschauer.
Klubfarben: Rot und Blau.

Wie fast alle der insgesamt sieben Titel Bolognas war auch der erste von einem handfesten Skandal begleitet. Im Entscheidungsspiel in Mailand stand es zwischen Bologna und Genoa nach neunzig Minuten 1:1. Die Genuesen weigerten sich, eine Verlängerung zu bestreiten. Trotz Protesten von Bologna ordnete der Verband ein Wiederholungsspiel an. Dieses fand in Turin statt und endete erneut 1:1. Die mitgereisten Anhänger der beiden Klubs lieferten sich am Bahnhof eine blutige Schlägerei, in deren Verlauf eine Person erschossen wurde. Deshalb fand das dritte Endspiel vor leeren Rängen in Mailand statt. So sah niemand, wie der FC Bologna durch einen 2:0-Sieg seinen ersten Meistertitel gewann.

Der nächste Skandal folgte zwei Jahre später. Bologna hatte die Meisterschaft auf dem zweiten Platz hinter Torino beendet. Allerdings stellte sich am Saisonende heraus, dass im Turiner Derby der Juventus-Verteidiger Luigi Allemandi bestochen worden war, um Torino den doppelten Punktgewinn zu erleichtern. Der Derby-Sieg bescherte dem *Toro* (Stier) in der Tat den nötigen Vorsprung im Kampf um die Meisterschaft. Torinos Titel wurde vom Verband deshalb nicht anerkannt. Da sich Verbandspräsident Leandro Arpinati nicht getraute, den *Scudetto* dem Klub seiner Heimatstadt zu »schenken«, gab es in Italien 1927 offiziell keinen Meister.

Der ranghohe Faschist Arpinati machte sich immerhin für den Bau eines neuen Stadions in Bologna stark. Das *Stadio Litorale* wurde im Oktober 1926 in Anwesenheit des italienischen Königs eingeweiht. Die Arena bot 25 000 Zuschauern Platz und war mit zahlreichen Symbolen geschmückt, die an das antike Rom erinnern sollten. Mit weniger Stolz erinnert man sich heute daran, dass seit den frühen Dreißigerjahren auch eine Statue von Mussolini über der Ehrentribüne thronte.

Bologna hatte damals eine Mannschaft, die sich vor keinem Gegner zu verstecken brauchte. 1932 gewannen die *Rossoblù*, die Rotblauen, zum ersten Mal den Mitropa-Cup – am grünen Tisch. Weil es im Halbfinale zwischen Juventus Turin und Slavia Prag zu Ausschreitungen gekommen war, wurden beide Klubs vom Wettbewerb ausgeschlossen. Bologna stand ohne Endspielgegner da, bekam den Siegerpokal aber trotzdem zugesprochen. Zwei Jahre später konnte der Verein den Mitropa-Cup gegen Admira Wien (2:3, 5:1) ein zweites Mal erobern.

Publikumsliebling der damaligen Mannschaft war Angelo Schiavio, der auch in der italienischen Nationalelf eine herausragende Rolle spielte. Er erzielte 1934 im Finale der Weltmeisterschaft gegen die Tschechoslowakei den 2:1-Siegtreffer, der den *Azzurri* den ersten WM-Titel bescherte. Der 21-fache Internationale (15 Tore) blieb dem FC Bologna sein Leben lang treu, erzielte in 312 Spielen 244 Treffer und wurde viermal Meister, zuletzt 1937. Auch nach Schiavios Rücktritt vermochte sich Bologna an der Spitze zu halten und gewann 1941 zum sechsten Mal die Meisterschaft.

Bologna setzte sportliche Glanzpunkte in einer Zeit, in der Italien ein düsteres Kapitel Geschichte schrieb. Arpad Weisz, der ungarische Trainer mit jüdischen Wurzeln, der dem Klub 1936 und 1937 zu Meisterehren verholfen hatte, musste Italien 1938 wegen den neuen Rassengesetzen verlassen. Die Spuren von ihm und seiner Familie verlieren sich in einem Konzentrationslager in Osteuropa.

Dino Fiorini war ein pfeilschneller Außenverteidiger und Stammspieler in den Meisterteams von Weisz. Er hielt bis zuletzt an seiner faschistischen Gesinnung fest und wurde kurz vor Ende des Zweiten Weltkrieges von Partisanen erschossen.

Nach dem Krieg fiel der FC Bologna ins Mittelmaß zurück. In Italiens Industriezentren übernahmen steinreiche Wirtschaftsführer und Emporkömmlinge die Geschicke der Fußball-Klubs. Die Kluft zwischen Arm und Reich wurde immer größer; das Machtgefüge verlagerte sich von der »Provinz« in die Metropolen. Juventus, Inter und Milan dominierten nun das Geschehen und sicherten sich mit unerhörten Angeboten die Dienste ausländischer Stars. Bologna konnte finanziell mit den Großklubs nicht mithalten. Das hatte zur Folge, dass der Klub in den Fünfzigerjahren dem Abstieg einige Male bloß knapp entging.

Eine Wende trat 1959 ein, als im Mittelfeld ein 19-Jähriger debütierte, der es auf weit mehr als 29 Länderspiele für Italien gebracht hätte, wenn er sich 1966 bei der WM in England geweigert hätte, wegen einer Knieverletzung aufzulaufen. Stattdessen biss Giacomo Bulgarelli, damals der *Capitano* der italienischen Nationalmannschaft, im Spiel gegen Nordkorea auf die Zähne. Dreißig Minuten hielt er durch. Dann musste er auf der Bahre vom Platz getragen werden. Weil Auswechslungen damals noch nicht erlaubt waren, mussten die Italiener gegen die Amateure aus Korea zu zehnt weiterspielen. Ein Zahnarzt namens Pak Doo Ik erzielte den einzigen Treffer des Spiels und demütigte die stolze Fußball-Nation Italien. Als Sündenbock für die größte Schmach in der Geschichte des italienischen Fußballs musste Bulgarelli herhalten. Zu jener »Squadra der Schande« gehörten auch noch die Bologna-Spieler Marino Perani, Ezio Pascutti, Romano Fogli und Francesco Janich.

Mit Bologna war Bulgarelli mehr Erfolg beschieden. Von der Saison 1963/64 schwärmt man in den Osterien der Emilia Romagna heute noch. Dabei hatte die Saison denkbar schlecht begonnen: Bei einem Doping-Test waren fünf Spieler hängen geblieben. Die Anwälte des Vereins verlangten vom Verband Gegenproben, die dann prompt negativ ausfielen. Der Punkteabzug wurde rückgängig gemacht und die Sperre der Spieler wieder aufgehoben. Die Mannschaft eilte danach in der Meisterschaft von Sieg zu Sieg und gewann zudem den Mitropa-Cup gegen die Tschechoslowaken von Nitra. In der Meisterschaft lieferte sich Bologna ein Kopf-an-Kopf-Rennen mit Inter Mailand.

ERFOLGE

Italienischer Meister: 1925, 1929, 1936, 1937, 1939, 1941, 1964.
Italienischer Pokalsieger: 1970, 1974.
Mitropa-Cup-Sieger: 1932, 1934, 1961.

Bekannteste Spieler: Andersson – Andreolo – Baggio – Bellugi – Biavati – Bonini – Bulgarelli – Cabrini – Cappello – Cervellati – Corsi – Cruz – Della Valle – Detari – Dossena – Fedullo – Fogli – Gasperi – Genovesi – Gianni – Giordano – Giovannini – Guarneri – Haller – Ingesson – Janich – Kolyvanov – Luppi – Mancini – Marocchi – Montesanto – Monzeglio – Negri – Nervo – Neumann – Nielsen – Oliveira – Paganin – Pagliuca – Paramatti – Pascutti – Pecci – Perani – Perin – Pitto – Pivatelli – Pozzi – Reguzzoni – Sansone – Savoldi – Schiavio – Shalimow – Signori – Torrisi – Tumburus – Turkiylmaz – Zinetti.
Bekannteste Trainer: Bernardini – Burgnich – Cadè – Fabbri – Felsner – Foni – Guidolin – Kovács – Maifredi – Mazzone – Pace – Pesaola – Radice – Roversi – Santin – Sarosi – Ulivieri – Weisz – Zaccheroni.

Als sich der Klub auf das Entscheidungsspiel um den Titel vorbereitete, schockte die Meldung vom Tod des Präsidenten die Stadt. Der Textilhändler Renato Dall'Ara, der den Verein seit 1934 geleitet hatte, war vier Tage vor dem Spiel an einem Herzversagen gestorben. Gerüchte besagen, er habe während eines Streits mit Inter-Präsident Angelo Moratti eine Herzattacke erlitten. Die beiden Klubpräsidenten hatten sich zwei Tage vor der *finalissima* in Mailand getroffen, um die Höhe der Siegprämien festzulegen. Diese Auflage hatte der italienische Verband gemacht. Mitten in der Sitzung brach Dall'Ara leblos zusammen. Als ein Arzt kam, war der Präsident des FC Bologna schon tot.

Bologna bestritt das Entscheidungsspiel mit einem Trauerflor und siegte vor 75 000 Zuschauern in Rom mit 2:0. Überragender Mann war der Augsburger Helmut Haller, der das Duell der Spielmacher gegen Inters Suárez klar zu seinen Gunsten entschied. Haller war überall. In der 58. Minute wehrte er einen Schuss von Suárez auf der Torlinie ab. In der 85. Minute bediente er den dänischen Goalgetter Harald Nielsen mit einem Traumpass – 2:0. Haller konnte sich nicht nur über den siebten Meistertitel des FC Bologna freuen, sondern auch noch über die Wahl zu Italiens Fußballer des Jahres 1964.

Allerdings konnte auch er nicht verhindern, dass Bologna im folgenden Europacup bereits in der ersten Runde ausschied. Der RSC Anderlecht gewann das Hinspiel mit 1:0, Bologna das Rückspiel mit 2:1. Wieder einmal mussten die Rotblauen ein Entscheidungsspiel bestreiten. Dieses fand in Barcelona statt und endete 0:0. Damals entschied ein Münzwurf des Schiedsrichters darüber, welcher Klub in die nächste Runde einziehen durfte. Die erste Münze blieb im Sumpf stecken. Der zweite Wurf bedeutete das Aus für die Italiener. Das gleiche Schicksal widerfuhr ihnen auch in der Saison 1965/66, als ein Münzwurf im Messestädte-Cup Leeds United das Weiterkommen sicherte.

Bologna war damals schon auf dem absteigenden Ast. Das hing nicht zuletzt damit zusammen, dass die besten Spieler wie Haller (Juventus) und der Däne Nielsen (Inter) für viel Geld verkauft wurden. Gleichwertigen Ersatz fand Bologna nicht. Die Pokalsiege von 1970 und 1974 konnten nicht darüber hinweg täuschen, dass die Glanzzeiten des Klubs vorbei waren.

Bologna fiel nur noch negativ auf. So spielten im Wettskandal von 1980 die Bologna-Spieler Giuseppe Savoldi, Carlo Petrini, Adelmo Paris, Franco Colomba, Giuseppe Dossena und Giuseppe Zinetti eine unrühmliche Rolle. Gesperrt wurden allerdings nur Petrini und Savoldi. Dem Verein wurden wegen abgesprochenen Spielen fünf Punkte abgezogen. Später landete Präsident Tommaso Fabbretti wegen Steuerhinterziehung im Gefängnis. Einen Tiefpunkt erreichte der Traditionsklub 1982 mit dem erstmaligen Abstieg aus der Serie A. Aus finanzieller Not musste der damals erst 17-Jährige Roberto Mancini zu Sampdoria Genua transferiert werden. Bologna hatte damit seine Zukunft verkauft. Nach einer katastrophalen Saison in der Serie B fand sich der Verein in der Drittklassigkeit wieder.

Es folgte eine Berg- und Talfahrt, deren Eckpunkte eine Qualifikation für den UEFA-Cup (1990) und ein erneuter Fall in die drittklassige Serie C (1994) bildeten. Seit 1996 ist Bologna wieder erstklassig und durch die bitteren Erfahrungen offenbar geläutert. Der Klub fällt in der von finanziellem Gigantismus und Fatalismus geprägten Serie A dadurch auf, dass er nicht mehr ausgibt, als er einnimmt. Topstars lassen sich unter solchen Voraussetzungen nicht verpflichten. Dafür setzte der Klub auf junge Spieler und anderswo ausgemusterte Altstars wie etwa Roberto Baggio, den dreifachen italienischen Torschützenkönig Giuseppe Signori oder Ex-Nationaltorwart Gianluca Pagliuca, die alle in Bologna ihren zweiten Frühling erlebten.

Schweigen ist Gold

Der Wechsel nach Bologna hätte Helmut Haller beinahe die Teilnahme bei der WM 1962 mit der deutschen Nationalelf gekostet. Der DFB hatte damals für Nationalspieler ein »Ausfuhrverbot« verhängt. Haller hatte aber schon lange vor der Weltmeisterschaft bei den Italienern zugesagt. Aus Angst vor Konsequenzen verschwieg er dies Bundestrainer Sepp Herberger. Haller kassierte für seinem Transfer zu Bologna 200 000 Mark Handgeld und sein Klub BC Augsburg eine Ablösesumme von 250 000 Mark, was seinerzeit ein enorm hoher Betrag war. Denn Vertragsspieler durften offiziell höchstens 400 Mark im Monat verdienen. Das änderte sich erst, als 1963 mit der Gründung der Bundesliga auch in Deutschland das Profitum eingeführt wurde. Als Bologna Haller 1968 an Juventus Turin verkaufte, betrug der Marktwert des 33-maligen Nationalspielers drei Millionen Mark.

Wie in einem schlechten Film

Florenz war im Mittelalter eine der fortschrittlichsten und reichsten Städte des Abendlandes. Seinen Reichtum verdankte die Hauptstadt der Toskana dem florierenden Textilienhandel und dem aufkommenden Bankenwesen. Die florentinische Oberschicht setzte auf das antike Motto *Panem et circenses* (»Brot und Spiele«) und hielt das Volk so bei Laune. Spiele – das waren Volksfeste mit Reiterturnieren, Schießwettbewerben und Calcio, ein Spiel, in dem es darum ging, eine Art Ball in der vom Gegner bewachten Zone unterzubringen. Ob mit Hand oder Fuß oder roher Gewalt war dabei nebensächlich. Die Bevölkerung hatte Spaß an diesem als *Giuoco del pallone* oder *Calcio* bezeichneten Spiel. Als Truppen des Papstes 1529 die Stadt belagerten und beschossen, organisierte die Obrigkeit auf der Piazza *Santa Croce* ein Fußball-Spiel, um dem Feind zu zeigen, dass sich eine Stadt wie Florenz wegen ein paar tausend Soldaten und einigen Kanonen nicht aus der Ruhe bringen lässt.

Das mittelalterliche Calcio-Spiel hat mit dem modernen Fußball allerdings nicht viel gemein. Der wurde nämlich in Italien gegen Ende des 19. Jahrhunderts zuerst in Genua, Turin und Mailand praktiziert. Diese Handelszentren erlebten um die Jahrhundertwende einen Boom und wiesen dank des kräftigen Wachstums der italienischen Industrie vielköpfige Ausländerkolonien auf. Für das moderne Fußball-Spiel war das ein idealer Nährboden. Das erklärt, weshalb die Kunst- und Kulturstadt Florenz im italienischen Fußball keine so hervorragende Rolle einnimmt wie beispielsweise die Industriemetropolen Turin und Mailand.

ASSOCIAZIONE CALCIO FIORENTINA
Gründungsdatum: 26. August 1926.
Anschrift: AC Fiorentina, Viale Manfredo Fanti 4, 50137 Firenze, Italia.
Internet: www.acfiorentina.it und www.florentiaviola.it
Stadion: Stadio Artemio Franchi (ehemals Comunale), Fassungsvermögen: 47 282 Zuschauer.
Vereinsfarbe: Violett.

Die *Associazione Calcio Fiorentina* wurde relativ spät (1926) gegründet und entstand aus dem Zusammenschluss des *Club Sportivo Firenze* mit dem Turn- und Gymnastikverein *Palestra Ginnastica Libertas*. In violetten Trikots spielte die AC Fiorentina seit 1929. Damals unterlief einer Wäscherin der Fehler, die weiße und rote Spielkleidung des Klubs in den selben Zuber zu stopfen. Heraus kamen zwar saubere, aber eben violette Trikots, mit denen die Fiorentina 1931 in die Serie A aufstieg.

Schon damals hatte der Verein seinen ausländischen Star. Dieser hiess Pedro Petrone und wurde 1931 für 30 000 Lire von Nacional Montevideo verpflichtet. Er war Mittelstürmer der Olympia-Mannschaft Uruguays, die 1924 in Paris und 1928 in Amsterdam Gold gewonnen hatte. Auch beim Gewinn des WM-Titels 1930 im eigenen Land hatte er im Aufgebot gestanden.

Petrones Mitspieler in Florenz besaßen jedoch nicht die nötige Klasse, um die Entwicklung des Vereins entscheidend voranzutreiben. Im neuen *Stadio Comunale* – eingeweiht am 13. September 1931 mit einem 2:1-Sieg über Admira Wien – spielten schon bald einmal Krisen die Hauptrolle. Nach einem guten Start mit den Plätzen vier (1932), sechs (1933 und 1934) und drei (1935) folgte der Absturz ins Mittelmaß. Die Dreißigerjahre endeten gar mit dem Abstieg in die Serie B. Obwohl der direkte Wiederaufstieg problemlos gelang, kam der erste große Erfolg einer Überraschung gleich: Am 30. Juni 1940 gewann die Fiorentina durch einen 1:0-Sieg über den bis dato neunfachen Meister Genoa erstmals den italienischen Pokal. Auf dem Weg ins Endspiel waren die AC Milan, Lazio und Juventus mit einem Torverhältnis von 13:2 rausgekegelt worden.

In der Toskana machte sich damals die Erkenntnis breit, dass Siege in erster Linie auf einer gesicherten Defensive beruhen. Während andere Klubs nach dem Krieg im Ausland die besten Stürmer verpflichteten, bastelte die Fiorentina still und leise an einer sattelfesten Verteidigung aus italienischen Defensivkünstlern. Das Ergebnis war eine Abwehrreihe, die ehrfürchtig *il blocco* (»der Block«) genannt wurde. Innenverteidiger Sergio Cervati, Libero Francesco Rosetta sowie die beiden Außenläufer Giuseppe Chiapella und Armando Segato bestritten in den Fünfzigerjahren zusammen auch etliche Länderspiele.

Der »Block« vor Torwart Giuliano Sarti avancierte zu einem schwer überwindbaren Bollwerk. In der Offensive standen Trainer Fulvio Bernardini der brasilianischen Rechtsaußen Julinho (er kam von Palmeiras), der italienische Mittelstürmer Giuseppe Virgili und der Chilene Miguel Montuori zur Verfügung. Mit diesem Personal entwickelte sich die Fiorentina zu einem unangenehmen Widersacher. Am 3. Juni 1956, am letzten Spieltag, verlor sie gegen Genoa ihr erstes Pflichtspiel – doch die erste Meisterschaft war ihr da schon längst nicht mehr zu nehmen. Das Prunkstück bildete die Verteidigung, die in der Meistersaison bloß 20 Gegentreffer zuließ. In den folgenden vier Jahren landete die Fiorentina stets auf Platz zwei. Sie verlor im entscheidenden Moment zwar jeweils die Nerven,

Florentiner Flowerpower

Das Wahrzeichen von Florenz ist eine stilisierte Lilie (italienisch *il giglio*). Es prangt irgendwo an praktisch jedem Gebäude der Stadt, das etwas auf sich hält. Die Lilie ist ursprünglich ein französisches Symbol. Der Medici-Clan unterhielt zu seiner Blütezeit exzellente Geschäftsbeziehungen zum französischen Hof, der eine solche Lilie im Wappen trug. Die Medici erachteten es als Ehre und nobel, eine solche Lilie in das eigene aufzunehmen. Über die Familie, welche während Jahrhunderten die Stadt regierte, kam Florenz so zu seinem Wappen.

Später übernahm auch die AC Fiorentina dieses Symbol. Es überlebte im Sommer 2002 den Konkurs des Vereins und wirkte nach dem Zwangsabstieg als identitätsstiftendes Element und Nabelschnur zur Vergangenheit. Denn auf die traditionelle Klubfarbe – violett – musste die neu entstandene *Florentia 1926 Viola* auf richterliches Geheiß verzichten. Florentia spielte deshalb in der Serie C2 in weißen Trikots. Zur Belohnung für den Aufstieg in die Serie C1 machte Präsident Diego Della Valle den Fans ein besonderes Geschenk: Er ersteigerte sich im Mai 2003 für 2,5 Millionen Euro das »Label« Fiorentina. Somit konnte der Verein wieder seinen alten Namen und seine ursprüngliche Farbe annehmen.

gewann dafür aber landauf, landab die Sympathien der Zuschauer.

Auch international versagte die *squadra viola* oft im entscheidenden Moment. 1957 erreichte sie das Endspiel im Meistercup, scheiterte aber an Real Madrid (0:2). 1962 war es Atlético Madrid, das den Italienern vor der Sonne stand: Titelverteidiger Fiorentina musste sich im Finale des Europapokals der Pokalsieger mit 1:1 und 0:3 geschlagen geben. Damit ist auch gesagt, dass es dem Klub im Vorjahr besser gelaufen war. Im damals neu geschaffenen Pokalsieger-Wettbewerb besiegte die Fiorentina in zwei Endspielen die Glasgow Rangers mit 2:0 und 2:1. Die Aufstellung mit Nationaltorwart Albertosi, Robotti, Castelletti, Gonfiantini, Orzan, Rimbaldo, Hamrin, Micheli, Da Costa, Milan und Petris kann in Florenz heute noch jeder Fan auswendig aufsagen.

Entscheidend beigetragen zum größten Erfolg in der Vereinsgeschichte hatte der schwedische Rechtsaußen Kurt Hamrin. In 289 Spielen für die Fiorentina erzielte er 150 Tore. Der Argentinier Gabriel Omar Batistuta (167 Tore) stellte diesen Rekord in den Neunzigerjahren zwar ein. Doch so erfolgreich wie zu Beginn der Sechzigerjahre war die Fiorentina nie mehr. 1969 konnte der zweite Meistertitel und 1975 noch der vierte Pokalsieg gefeiert werden. Doch dann war vorerst einmal Schluß.

ERFOLGE

Italienischer Meister: 1956, 1969.
Italienischer Pokalsieger: 1940, 1961, 1966, 1975, 1996, 2001.
Europapokal der Pokalsieger: 1961.
Mitropa-Cup: 1966.

Bekannteste Spieler: Adriano – Albertosi – Amarildo – Amor – Antognoni – Baggio – Balbo – Batistuta – Bertini – Bertoni – Borgonovo – Caso – Cervato – Chiapella – Chiarugi – Chiesa – Della Martira – De Sisti – Díaz – Di Gennaro – Di Livio – Dunga – Edmundo – Effenberg – Galli – Gentile – Gomes – Gratton – Graziani – Guerrini – Heinrich – Hysén – Kanchelskis – Kubik – Laudrup – Lacatus – Lojacono – Magnini – Malatrasi – Manninger – Massaro – Mijatovic – Merlo – Montuori – Oriali – Orlando – Pandolfini – Passarella – Pecci – Petris – Picchini – Pitto – Pizziolo – Pulici – Repka – Robotti – Roggi – Rosetta – Rui Costa – Sarti – Schwarz – Segato – Sócrates – Superchi – Toldo – Vierchowod – Virgili.
Bekannteste Trainer: Ara – Baccani – Bernardini – Bigogno – Capskay – Chiapella – Czeizler – Carniglia – De Sisti – Eriksson – Feldmann – Ferrero – Felsner – Galuzzi – Ging – Hidegkuti – Lazaroni – Magli – Mancini – Molnar – Mazzone – Mazzoni – Liedholm – Pesaola – Rady – Radice – Ranieri – Terim – Trapattoni – Valcareggi.

Die Fiorentina blieb zwar Dauergast in der Serie A, aber die ganz großen Triumphe blieben aus. Daran konnten auch so hervorragende Individualisten wie der einheimische Regisseur und Frauenschwarm Giancarlo Antognoni, der argentinische Weltmeister Daniel Passarella, sein Landsmann Daniel Bertoni oder der Brasilianer Sócrates nichts ändern. Für zeitweise positive Schlagzeilen sorgte die Fiorentina im UEFA-Cup der Saison 1989/90. Unter der Regie des jungen Roberto Baggio wurden Atlético Madrid, Sochaux, Dynamo Kiew, Auxerre und Werder Bremen in die Knie gezwungen.

Im Endspiel gegen Juventus Turin kam es zu wüsten Ausschreitungen zwischen den rivalisierenden Fangruppen, den Ultras. Juve gewann die Auseinandersetzung auf dem Spielfeld 3:1. Das Rückspiel wurde aus Sicherheitsgründen im dreihundert Kilometer entfernten Avellino ausgetragen und endete 0:0. Die Volksseele endgültig zum Kochen brachte wenige Tage später der Wechsel von Publikumsliebling Baggio – er wurde gegen seinen Willen für die damalige Rekordsumme von umgerechnet 17 Millionen Euro ausgerechnet an Erzfeind Juventus verhökert. Die von erbosten *Tifosi* verursachten Krawalle in der Innenstadt mussten mit Polizeigewalt beendet werden.

Die Proteste verstummten, als Mario Cecchi Gori im Sommer 1990 den Verein von der Familie Pontello übernahm. Cecchi Gori hatte zwei Leidenschaften: Fußball und Filme. In der Kino- und TV-Branche machte er sein Geld; mit seinen Produktionen gewann er sogar Oscars. Solche Erfolge blieben ihm im Fußball verwehrt, weil der Ball nun mal keinen Drehbuch folgt. Trotz einer sündhaft teuren Mannschaft, die vor der Winterpause noch auf Rang zwei gelegen hatte, stieg die Fiorentina im Mai 1993 nach 53 Jahren in der Serie A erstmals wieder ab. Zur Versager-Elf gehörten auch der Däne Brian Laudrup, der Deutsche Stefan Effenberg und der Argentinier Gabriel Batistuta.

»Batigol« schoss den Klub nach einem Jahr im »Fegefeuer« der zweithöchsten Spielklasse wieder in die Serie A zurück. Mario Cecchi Gori erlebte den Aufsieg allerdings nicht mehr: er war im November 1993 an einem Herzinfarkt gestorben. Sein Sohn Vittorio übernahm die Führung des Familienimperiums. Aber außer zwei Pokalsiegen (1996 und 2001) gab es in der Ära der Cecchi Goris trotz horrenden Investitionen nichts zu feiern. Der Sohn verspielte praktisch das gesamte Vermögen, das ihm sein Vater hinterlassen hatte. Die Fernsehsender Tele Montecarlo 1 und 2 musste er verkaufen. Sein Filmverleih war zeitweise unfähig, die Produktionskosten von bereits begonnenen Streifen zu bezahlen. Die Florentiner nannten den klein gewachsenen Vittorio Cecchi Gori deshalb schon bald einmal ironischerweise *Vittorione* – »der große Siegreiche«.

Cecchi Gori Junior litt an einem Berlusconi-Komplex. Er wollte das Neid- und Vorbild auf allen Spielwiesen schlagen: im Fußball, im TV-Geschäft (er ersteigerte sich in den Neunzigerjahren vor der Nase des Staatsriesen Rai und Berlusconis Mediaset für 213 Milliarden Lire die Rechte an der Serie A, musste sie aber mangels Bargeld wieder zurückgeben) und in der Politik. Er versprach den Wählern das Blaue vom Himmel und

Zur Strafe in die Serie B

Die Saison 1992/93 verlief für die AC Fiorentina traumatisch. Die Verpflichtung von Stars wie Brian Laudrup, Stefan Effenberg und Diego Latorre ließ die Anhänger vom Meistertitel träumen. Die Mannschaft kam gut aus den Startlöchern. Doch nach Weihnachten kam der unerklärliche Einbruch. In der Rückrunde fiel die Elf in ein Loch und in der Tabelle von Rang zwei (!) auf einen Abstiegsplatz. Mit Radice, Agroppi und Chiarugi wurden drei Trainer verschlissen. Die Stimmung in der Mannschaft war katastrophal – nicht zuletzt wegen Stefan Effenberg. Die Spieler rebellierten, weil er Kapitän war, die Fans rebellierten, weil er schlecht spielte, Hubschrauber mussten ihn aus dem Stadion fliegen. Die Fiorentina stieg erstmals nach 53 Erstliga-Jahren in die Serie B ab. Der Däne Laudrup, der Argentinier Latorre und der Brasilianer Mazinho wurden zum Teufel gejagt. Effenberg musste zur »Strafe« bleiben: »Erst wenn wir wieder aufgestiegen sind, darfst du gehen«, sagte Präsident Cecchi Gori zu »Effe«. Dieser spurte. Ein Jahr später war die Fiorentina wieder in der Serie A und Effenberg weg.

Lire-Paradies Italien: Jörg Heinrich versuchte 1998 sein Glück bei der AC Fiorentina. Zwei Jahre später kehrte er zu Borussia Dortmund zurück. Kurz darauf gingen in Florenz die Lichter aus.

schaffte für das Mitte-Links-Bündnis sogar den Eintritt in den Senat, wurde aber im Mai 2001 wegen des Fiorentina-Debakels nicht mehr gewählt.

Damals begann sich die Staatsanwaltschaft für den Klub zu interessieren. Sie ermittelte gegen Cecchi Gori wegen Verdachts auf Geldwäscherei, betrügerischen Konkurs, Bilanz- und Urkundenfälschung sowie Meineid und Drogenbesitz. Die Fahnder gehen davon aus, dass Cecchi Gori Geld aus kriminellen Zirkeln über eine Reihe von Offshore-Firmen wusch und dann in die Kassen der Fiorentina fließen ließ. Er soll dabei mit einem vorbestraften Finanzjongleur gearbeitet haben. Ohne dies hätte die Fiorentina die Lizenz für die Saison 2000/2001 gar nicht erst bekommen. Viel hat es dem Klub allerdings nicht gebracht: Ein Jahr später klaffte ein Loch von über 240 Millionen Euro in der Klubkasse. So kam es notgedrungen zum Ausverkauf: Publikumsliebling Batistuta (»Ich will endlich Meister werden«) ging bereits im Sommer 2000 zur AS Roma; Torhüter Toldo und Regisseur Rui Costa zogen ein Jahr später nach Mailand, der eine zu Inter, der andere zur AC Milan.

Schoss für die Fiorentina 167 Tore: Der Argentinier Omar Gabriel Batistuta. Die Fans lagen ihm zu Füßen.

In der Saison 2001/2002 konnte der Kollaps nur dank einer Finanzspritze (es handelte sich um eine Bevorschussung laufender Filmprojekte) der Familie Berlusconi vermieden werden. Mit diesem Geld konnten den Spielern die Lohnrückstände von vier Monaten ausbezahlt und somit der Spielbetrieb bis Saisonende gesichert werden. Es handelte sich dabei um eine Beerdigung erster Klasse: Die AC Fiorentina, die sich einmal zu den reichen »sieben Schwestern« des italienischen Fußballs gezählt hatte, stieg praktisch ohne Gegenwehr und mit 22 Millionen Euro Schulden in die Serie B ab.

Das war der Anfang vom Ende. Den angefragten Mäzenen (arabischen Scheichs, holländischen Financiers, amerikanischen Investmentbankern und dubiosen italienischen Seilschaften) war die Sache zu heiß. Der Traditionsklub ging bankrott und wurde aufgelöst. Cecchi Gori landete zwischenzeitlich im Knast.

Auf den Trümmern der AC Fiorentina wurde im Sommer 2002 der Klub *Florentia 1926 Viola* gegründet, der den Spielbetrieb in der Serie C2 (vierthöchste Spielklasse) aufnehmen durfte. Die Florentiner hielten dem neuen Klub von Beginn an die Stange. Obwohl die Gegner auf einmal Poggibonsi, Rimini, San Marino oder Gualdo hiessen, lösten 16 508 Fans eine Dauerkarte. Bessere Bedingungen für eine Renaissance konnte sich der Verein eigentlich nicht wünschen.

Im Namen des Vaters

Auf seinen ersten Meistertitel musste der am 9. März 1908 gegründete *Football Club Internazionale* bloß zwei Jahre warten. Jene Mannschaft, die 1910 im Entscheidungsspiel Titelverteidiger Pro Vercelli mit 10:3 besiegte, wurde dem Vereinsnamen vollauf gerecht: Campelli, Fronte, Zoller, Yenni, Fossati, Stabler, Capra, Peyer, Peterly, Aebi und Schuler liefen im Trikot mit den schwarz-blauen Streifen auf.

Viele dieser Kicker hatten den Umgang mit dem runden Leder beim *Milan Crikket and Football Club* gelernt, dem Verein, aus dem später die AC Milan hervorgehen sollte. Dort durften Ausländer zwar mitspielen, ein Mitspracherecht blieb ihnen aber verwehrt. 43 »Renegaten« beschlossen deshalb am 9. März 1908 im *Ristorante L'Orologio* die Gründung eines neuen, weltoffeneren Klubs. Da die Dissidentengruppe zum großen Teil aus Italienern und Schweizern bestand, gab man sich den Namen *Internazionale*. Protokollführer bei der ersten Versammlung war der Maler Giorgio Muggiani. Von seiner Hand stammt auch das Klubwappen. Auf einem Bierdeckel verschachtelte er kunstvoll die Initialen F.C.I.M. (sie stehen für *Football Club Internazionale Milano*) und umgab diese mit einem blauen und schwarzen Rand.

Das Konzept des Internationalismus ging jedoch in der Welle des Nationalismus und der Kriegsbegeisterung unter, die Italien damals erfasst hatte und ins Verderben riss. Nach dem Ersten Weltkrieg war bei Inter nichts mehr wie zuvor. Kapitän Virgilio Fossati, der erste Nationalspieler aus den Reihen der *Nerazzurri*, war an der Front ums Leben gekommen. Die Elf, die 1920 durch ein 3:2 gegen Livorno den zweiten Meistertitel eroberte, bestand praktisch nur noch aus Italienern: Campelli, Francesconi, Beltrami, Milesi, P. Fossati, Scheidler, Conti, Aebi, Agradi, L. Cevenini, Asti.

INTERNAZIONALE MILANO FOOTBALL CLUB
Gründungsdatum: 9. März 1908.
Anschrift: FC Internazionale, Via Durini, 24, 20122 Milano, Italia
Internet: www.inter.it
Stadion: Stadio Giuseppe Meazza, Fassungsvermögen: 85 847 Zuschauer.
Vereinsfarben: Schwarz und Blau.

Drei Jahre später klopfte bei Inter ein Kriegswaise namens Giuseppe Meazza an. Er war am 23. August 1910 im Stadtteil *Porta Vittoria* (»Siegtor«) zur Welt gekommen und hatte als Schuljunge für die AC Milan geschwärmt. Dort erkannte jedoch niemand sein angeborenes Ballgefühl und seine sensationelle Antrittsschnelligkeit; nach einem Probetraining wies man den damals 13-Jährigen ab. Der in seinem Stolz verletzte Meazza meldete sich deshalb bei Inter, dessen ungarischen Trainer Arpad Weisz er rasch von seinem Können überzeugte.

In 408 Spielen für Inter erzielte Meazza 283 Tore. Das Stadion im Stadtteil *San Siro*, wo Milan und Inter ihre Heimspiele austragen, trägt mittlerweile seinen Namen. Meazza ist neben Giovanni Ferrari der einzige Spieler, der sowohl 1934 als auch 1938 in Italiens Weltmeister-Elf stand.

Ein Jahr nach Meazzas Debüt in der Profimannschaft, 1928, fusionierte Inter mit

Früher Tabu, heute Trend: Der »Seitensprung«

Die Rivalität zwischen Milan und Inter ist darart groß, dass nur ganz wenige Spieler für beide Klubs aufliefen. Der bekannteste Überläufer war Guiseppe Meazza. Als der Stürmer wegen Blutzirkulationsproblemen ein Jahr lang ausfiel, glaubte bei Inter niemand mehr an sein Comeback. Doch Meazza meldete sich zurück – im Dress der AC Milan, das er von 1940 bis 1942 überstreifte. Den Weg ebnete ihm der Verteidiger Emilio Gattoronchieri, der 1936 als Erster von Milan zu Inter gewechselt war.

Danach waren direkte Seitensprünge lange verpönt. Die Ausnahme von der Regel bildete Torhüter Mario Barluzzi, der nach fünf Jahren bei Milan zu den *Nerazzurri* wechselte. Valentin Angelillo, Victor Benítez, Lorenzo Buffon, Giorgio Ghezzi und Saul Malatrasi trugen in den Sechzigern ebenfalls die Trikots beider Klubs – allerdings gingen sie zu einem Drittverein, ehe sie auf der »anderen Seite Mailands« anheuerten. Für ein Novum sorgte Nevio Scala: Er kehrte 1975 von Inter zu Milan zurück, wo er bereits von 1967 bis 1969 gespielt hatte.

Ein Tauwetter trat 1982 ein, als Milan abstieg: Inter angelte sich den Nationalspieler Fulvio Collovati, Milan bekam dafür Nazzareno Canuti, Giancarlo Pasinato und Aldo Serena. Mittlerweile gehören Tauschgeschäfte zum Alltag. So kaufte Inter im Juli 2002 für 20 Millionen Euro Francesco Coco. Die gleiche Summe blätterte Milan für Clarence Seedorf hin. Hintergrund des Deals: Beide Klubs konnten so die Investitionen abschreiben. Aus dem selben Grund tauschten auch Christian Brocchi, Andrés Guglielminpietro, Andrea Pirlo, Dario Simic und Taribo West die Trikots.

der *Unione Sportiva Milanese*. Es waren wirtschaftliche und politische Gründe, welche die beiden Klubs zu diesem Zusammenschluss zwangen. Weil die Faschisten keine marxistisch-kommunistisch angehauchte Namen duldeten, nannte sich der Verein nun *Società Sportiva Ambrosiana* und ab 1937 *Ambrosiana Inter* – eine Huldigung an den Schutzpatron der Stadt Mailand, den in Trier geborenen Heiligen Ambrosius. Der Schlachtruf *Forza Inter* hallte aber auch dann noch durch das Stadion *Arena* in der Goldoni-Straße, als mit dem Unternehmer Fernando Pozzani ein überzeugter Faschist das Präsidium des Vereins übernommen hatte.

Mit Giuseppe Meazza und den Nationalspielern Luigi Allemandi, Armando Castellazzi, Attilio Demaria, Ugo Locatelli, Pietro Ferraris II, Annibale Frossi und Giovanni Ferrari stellten die *Nerazzurri* in den Dreißigerjahren neben Juventus eines der stärksten Teams auf dem Stiefel. 1930, 1938 und 1940 gewannen die Mailänder den Meistertitel, 1939 die *Coppa Italia*, den italienischen Pokal. 1933, 1934, 1935 und 1941 landete die Mannschaft jeweils auf dem undankbaren zweiten Platz.

Nach dem Zweiten Weltkrieg nahm der Klub wieder den Namen FC Internazionale an. Als 1950 der ehemalige Nationalverteidiger Alfredo Foni das Traineramt übernahm, geriet Inter nach und nach in den Ruf, einen zweckorientierten Fußball zu praktizieren. Bisweilen konnten die Anhänger aber auch Kantersiege bejubeln, etwa das

6:0 gegen Juventus (1953). In jenem Jahr gewann Inter nach einer dreizehnjährigen Unterbrechung erstmals wieder die Meisterschaft. Mit den Stars Benito Lorenzi, der insgesamt 138 Tore für Inter erzielte, Istvan Nyers und Lennart (»Nacka«) Skoglund glückte 1954 erstmals in der Vereinsgeschichte die Titelverteidigung. Die Forderung der Presse nach mehr Spektakel konnten aber selbst diese Ausnahmekönner nicht immer erfüllen. Präsident Carlo Rinaldo Masseroni schmiss deshalb nach elf Jahren frustriert den Bettel hin. Sein Nachfolger wurde der Industrielle Angelo Moratti, der Trainer Foni bei der erstbesten Gelegenheit feuerte.

Moratti stammte aus einer 21-köpfigen Bauernfamilie aus dem Dorf Somma Lombarda in der Provinz Como. Nach dem Zweiten Weltkrieg baute er aus dem Nichts die größte Treibstoff-Raffinerie Italiens auf. Als Inter-Präsident investierte er enorme Summen von seinem Privatvermögen in den Kauf brillanter Spieler wie Edwing Firmani, Roger Vonlanthen, Gerry Hitchens oder Antonio Valentin Angelillo. Die alles entscheidende Veränderung trat aber erst mit dem Engagement des Trainers Helenio Herrera ein, den er im Mai 1960 vom FC Barcelona loseiste. Bei seinem Versuch, den Erfolg zu kaufen, hatte Moratti bis dato nicht weniger als elf Trainer verschlissen, darunter auch den legendären Meazza. Erst der 1916 in Buenos Aires geborene Herrera erwies sich für Inter als Glücksfall.

Herreras Eltern waren vor der Armut in Andalusien nach Argentinien geflüchtet. Einige Jahre später kehrten sie noch ärmer über den Ozean zurück und ließen sich in Marokko nieder. Im Buch »Mein Leben« erzählte Herrera später, dass sein Vater Paco stets hart gearbeitet habe, aber wenn der Hunger zu groß geworden sei, hätten sie gesungen, um die Hungergefühle zu vertreiben. Helenio hatte das Fußballspielen bei Boca Juniors gelernt. Seinen ersten Pokal errang er jedoch als Boxer. In einem Schaukampf schlug er einen gleichaltrigen Knaben K.O. Als Fußballer – auf der Position des linken Verteidigers – machte er in Frankreich eine respektable Karriere. Herrera war

Linkisch

Ein Remis gegen das ambitionslose Lazio hätte Inter am 5. Mai 2002 zum ersten Meistertitel seit 13 Jahren gereicht. Über 40 000 eigene Fans unterstützten die Mailänder in Rom. Es nützte alles nichts. Der Tscheche Karel Poborsky erwies sich für Inter als bestia nera, als Unglücksbringer. Zuerst glich er mit einem wunderschönen Direktschuss zum 1:1 aus. Kurz vor der Pause nutzte er ein Blackout des Inter-Verteidigers Gresko (ehemals Leverkusen), der den Ball als Steilvorlage rückwärts köpfte, zum 2:2 aus. Präsident Moratti fiel in diesem Moment vielleicht ein, dass Gresko bereits der 21. linke Verteidiger war auf der verzweifelten Suche nach einem Nachfolger von Roberto Carlos. Der Engländer Roy Hodgson, Morattis erste Trainerwahl von 1995, hatte den Brasilianer einst aussortiert. »Er kann nicht verteidigen«, meinte Hodgson.
Der argentinische Rekordinternationale Diego Simeone, der mit dem 3:2 für Lazio die Hoffnungen der Mailänder endgültig knickte, war übrigens bei Inter einst ebenfalls ausgemustert worden ... Das Schlussresultat von 4:2 führte dazu, dass Inter am letzten Spieltag vom ersten auf den dritten Platz zurückfiel und sich somit nicht einmal direkt für die Champions League qualifizierte.

knallhart. Einmal spielte er mit einer gebrochenen Schulter zu Ende.

Als Trainer erwarb sich Herrera in Valladolid, bei Atlético Madrid, in La Coruña, Sevilla und Barcelona den Ruf eines »Sklaventreibers«. Als er seine Arbeit bei Inter aufnahm, ging dort die Epoche des *Dolce far niente* endgültig zu Ende. Disziplin wurde zum höchsten Gebot erhoben. Die Spieler wurden vor jeder Partie kaserniert, jede Minute Verspätung wurde mit einer happigen Geldstrafe sanktioniert. Wer nicht mitzog, konnte sich einen anderen Arbeitgeber suchen. Das erste Exempel statuierte Herrera am Argentinier Angelillo, der in der Saison 1958/59 in 33 Spielen 33 Tore erzielt hatte und seitdem seine Rolle als Publikumsliebling genoss.

Moratti war Herrera hörig und erfüllte ihm jeden Wunsch, zumal dieser Inter endlich wieder auf die Siegerstraße zurück führte. Der asketische Guru suchte gezielt nach Spielern, die seine Ideen umsetzen konnten und die in sein System passten. Sein System – das war der berühmt-berüchtigte *Catenaccio*. Herrera erfand die Spielverzögerung, das Umherschieben des Balles im Mittelfeld, das Monopolisieren des Balles, wenn Inter in Führung lag. »Es kommt auf das Ergebnis an. Letzten Endes schätzen die Massen nur das Resultat«, verteidigte Herrera seinen Beton-Fußball. »Alles Gerede von Spektakel ist bloß Geschwätz. Nur das Ergebnis zählt, und zwar das positive.«

Zu Herreras Verteidigung muss gesagt werden, dass er dem Fußball auch wichtige Impulse verliehen hat. Die Idee, dass die Stürmer verteidigen und die Verteidiger bei Gelegenheit in den Angriff gehen, nahmen andere Trainer später auf. Mit Giacinto Facchetti, der 476 Spiele für Inter und 94 Länderspiele für Italien bestritt, schuf Herrera den Prototypen eines Offensivverteidigers.

War der Prototyp des modernen Verteidigers: Giacinto Facchetti. Er erzielte in 476 Pflichtspielen für Inter beachtliche 59 Tore.

Wessen Herz nicht für Inter schlug, der hasste Herreras *Catenaccio*. Die unbeliebte Mannschaft war freilich überaus erfolgreich. Nach drei Jahren Überzeugungsarbeit gewann Herrera 1963 den ersten, 1965 und 1966 zwei weitere Meistertitel und zweimal auch den europäischen Meistercup und den Weltpokal (1964 und 1965). Im ersten Europacup-Endspiel in Wien gegen Real Madrid (3:1) setzte Herrera auf folgende Elf: Sarti; Burgnich, Facchetti, Tagnin, Guarneri, Picchi, Jair, Mazzola, Milani, Suárez, Corso. Reals Madrids Ausnahmekönner Alfredo

Di Stéfano ärgerte sich nach dem Spiel über den Anti-Fußball der Lombarden: »Inter spielte mit zehn Verteidigern und Torwart.«

Diese Einschätzung lag nahe bei der Wahrheit, stimmte aber nicht ganz. Denn Inter besaß einige exzellente Offensiv-Fußballer. Etwa den spanischen Spielmacher Luis Suárez, Europas Fußballer des Jahres 1960, für den Barcelona die damals horrende Ablösesumme von 250 Millionen Lire erhalten hatte. Auch Mario Corso, »Gottes linker Fuß«, der Abstauber-König Sandro Mazzola sowie der Brasilianer Jair da Costa waren absolute Weltklasse. An ihrer Seite wuchsen durchschnittliche Spieler wie der Deutsche Horst Szymaniak, Carlo Tagnin, Saul Malatrasi, Angelo Domenghini oder Aurelio Milani über sich hinaus.

Die Epoche des *Grande Inter* endete am 25. Mai 1967, einem Donnerstag. In Lissabon verloren die Italiener das Meistercupfinale gegen Celtic Glasgow (0:1). Mit ihrem unbekümmerten Vorwärtsspiel sprengten die Schotten den Mailänder Beton. Der *Daily Record* jubelte: »Herreras Inter ist tot!« Der Geschmähte trug die Niederlage mit Fassung: »Man wird noch mein System spielen und sich an einen gewissen Herrera erinnern, wenn es ihn als Trainer lange nicht mehr geben wird.«

Herrera wurde 1968 bei Inter entlassen, ging zur AS Roma, kehrte 1974 nochmals kurz zu Inter zurück (wo er einen Herzinfarkt erlitt) und beendete seine Karriere im Ferienparadies Rimini an der Adriaküste. Moratti hatte die Präsidentschaft 1968 abgegeben. Zu diesem Zeitpunkt war die große Mannschaft bereits auf dem absteigenden Ast. In den Siebzigerjahren blieb der Meistertitel von 1971 das einzige nennenswerte Erfolgserlebnis. Im anschließenden Europacup-Wettbewerb kämpften sich Facchetti, Burgnich, Mazzola, Oriali, Jair, Boninsegna und Co. nochmals bis ins Finale vor, scheiterten dort aber am Hurra-Fußball von Ajax Amsterdam.

Trotz aller Versuche hat Inter im zwanzigsten Jahrhundert die Qualität einstiger Tage nicht mehr erreicht. Daran konnten auch teure Attraktionen wie Karl-Heinz Rummenigge, Hansi Müller, Her-

ERFOLGE

Italienischer Meister: 1910, 1920, 1930, 1938, 1940, 1953, 1954, 1963, 1965, 1966, 1971, 1980, 1989.
Italienischer Pokalsieger: 1939, 1978, 1982.
Europapokal der Meister: 1964, 1965.
Weltpokal: 1964, 1965.
UEFA-Cup-Sieger: 1991, 1994, 1998.

Bekannteste Spieler: Altobelli – Amadei – Angelillo – R. Baggio – D. Baggio – G. Baresi – Bedin – Bellini – Bellugi – Bergkamp – Bergomi – Bernardini – Berti – Bertini – Boninsegna – Bordon – Brady – Brehme – Buffon – Burgnich – Batista – Campatelli – Cannavaro – Cauet – Causio – Ceresoli – Cevenini – Coeck – Collovati – Conti – Corso – Crespo – Demaria – Díaz – Djorkaeff – Domenghini – Facchetti – Ferrari – Ferraris II – Ferri – Firmani – Fossati – Frey – Ghezzi – Gicomazzi – Giovannini – Guarneri – Hitchens – Ince – Jair – Jonk – Klinsmann – Locatelli – Lorenzi – Marini – Matthäus – Mazzola – Meazza – Müller – Nyers – Oriali – Pagliuca – Pancev – Passarella – Peiro – Picchi – Pitto – Prohaska – Recoba – Roberto Carlos – Ronaldo – Rummenigge – Sammer – Sarti – Schillaci – Scifo – Serantoni – Serena – Shalimov – Simeone – Skoglund – Sosa – Sousa – Suárez – Tardelli – Vieri – West – Winter – Zamorano – Zanetti – Zenga.
Bekannteste Trainer: Astley – Bagnoli – Bersellini – Bianchi – Campatelli – Cargnelli – Castagner – Castellazzi – Chiapella – Cúper – Foni – Lucescu – Herrera – Hodgson – Invernizzi – Marini – Meazza – Radice – Simoni – Tardelli – Trapattoni – Weisz.

bert Prohaska, Ludo Coeck oder Enzo Scifo nichts ändern. Und wer den Schaden hat, braucht bekanntlich für den Spott nicht zu sorgen. Als 1985 der Lebensmittelproduzent Ernesto Pellegrini bei Inter die Nachfolge des Schirmfabrikanten Ivanoe Fraizzoli antrat, rief Juventus-Boss und Fiat-Chef Gianni Agnelli seinen Bruder Umberto an: »Weißt du, wer neuer Inter-Präsident ist? Unser Koch!«

Pellegrini (Beiname: »der Unentschlossene«) revanchierte sich, indem er Juventus Meistertrainer Giovanni Trapattoni abwarb. Mit ihm brach Inter 1989 die Hegemonie der AC Milan und Maradonas Napoli. Auf dem Weg zum dreizehnten Titelgewinn stellte Trapattonis Truppe mit 58 Zählern einen neuen italienischen Punkterekord auf. Wesentlichen Anteil am Erfolg hatten neben den Nationalspielern Walter Zenga, Giuseppe Bergomi, Riccardo Ferri, Nicola Berti und Aldo Serena zwei Deutsche: Lothar Matthäus und Andreas Brehme. Die deutsche Kolonie in Mailand wurde im selben Jahr um Jürgen Klinsmann erweitert (später gab auch noch Matthias Sammer ein kurzes, glückloses Gastspiel). Außer dem zweimaligen Gewinn des UEFA-Cups gegen die AS Roma 1991 und gegen Austria Salzburg 1994 blieben die Erfolge unter der Führung von Zauderer Pellegrini aber weitgehend aus. Tiefpunkt war ein 13. Rang in der Saison 1993/94, als Milan seinen dritten Meistertitel in Serie gewann.

Immer dabei

Die Inter-Fans mussten in den Neunzigerjahren zahlreiche Enttäuschungen verkraften. Milan überholte die Nerazzurri nicht nur bei der Anzahl der gewonnenen Meisterschaften, sondern setzte auch international neue Maßstäbe. Ein Trost bleibt den Interisti dennoch. Ihr Verein ist der einzige in Italien (neben Juventus), der noch nie in die Serie B abgestiegen ist. Auf einem riesigen Spruchband, das die Fans jeweils bei den Derbies ausrollen, steht: »Mai stati in B. Neanche due volte!« (»Wir waren noch nie in der Serie B. Und schon gar nicht zweimal!«) Der Hinweis bezieht sich auf das dunkelste Kapitel in Milans Vereinsgeschichte: Anfangs der Achtzigerjahre mussten die Rossoneri zweimal den Gang in die zweithöchste Spielklasse antreten.

Inter lebte die ganze Zeit auf großem Fuß. Für die Verluste – rund 100 Millionen Euro in zehn Jahren – kam Pellegrini auf. Er konnte das verschmerzen. Denn durch sein Engagement bei Inter steigerte er seinen Bekanntheitsgrad, was sich wiederum positiv auf die Umsätze seiner Imbisskette auswirkte.

Sportlich hinkte Inter in den Neunzigerjahren der Konkurrenz ständig hinterher. Die glorreiche Vergangenheit wurde zu einer immer größeren Belastung. Erst recht, als am 18. Februar 1995 Massimo Moratti als 18. Präsident mit 28 Millionen Euro das gesamte Aktienpaket von seinem Vorgänger Pellegrini übernahm und sogleich weitere 17 Millionen frische Liquidität in den maroden Klub einschoss. Die Worte seiner Mutter Erminia brauchten ihn nicht mehr zu kümmern. Diese hatte ihren drei Söhnen einst gedroht: »Wenn einer von euch Inter kauft, werde ich ihn enterben.« Mutter Erminia war 1989 gestorben, ihr Gatte fünf Jahre zuvor. Und überhaupt, hatte nicht auch Mutter Erminia sündhaft viel Geld in die Familiensammlung flämischer Maler und moderner Kunst gesteckt?

Inter überwies den Bayern 1984 11 Millionen Mark Ablöse für ihn: Karl-Heinz Rummenigge.

Massimo, der Politikwissenschaften studiert hatte, wandelte bei Inter sofort in den Fußspuren seines Vaters – zumindest was den Trainerverschleiß betrifft. Bianchi, Suárez, Hodgson, Castellini, Simoni, Lucescu, wieder Castellini, erneut Hodgson, Lippi, Tardelli und Cúper hießen die Trainer, die Moratti Junior bisher einstellte. Ohne Erfolg. Inter ist eine »*Slot machine*«, wie der *Corriere della Sera* einmal schrieb, eine Maschine, die viele Milliarden Lire und Millionen von Euro vernichtet(e) – bisher rund 1000 Milliarden Lire oder 500 Millionen Euro. Dazu gehören auch die 1,5 Millionen Euro Jahresgehalt, die Moratti für den renommierten Volleyball-Coach Julio Velasco ausgab. Dieser hätte den Inter-Stars als Motivationstrainer eine Siegermentalität vermitteln sollen. Überflüssig zu erwähnen, dass auch dieser Versuch scheiterte.

Richtig jubeln konnte Moratti erst einmal, nämlich nach dem 3:0-Sieg im UEFA-Cup-Endspiel gegen Lazio Rom im Frühling 1997. Rund hundert neue Spieler sind in der Ära Moratti bisher gekommen (Stand Februar 2003), aus allen Ländern der Welt, viele auch wieder gegangen, und vor jeder Saison gab es einen Neuanfang.

Im Sommer 1995 holte Moratti unter anderen Zanetti, Rambert, Ince und Roberto Carlos. Dafür schickte er die beiden Holländer Bergkamp und Jonk in die Wüste respektive auf die britische Insel. Ein Jahr später holte er zehn Neue, darunter Sforza, Djorkaeff, Zamorano, Winter, Kanu und Angloma. Im Sommer 1997 lockte er Ronaldo, Paulo Sousa, Simeone, Recoba, West und Zé Elias nach Mailand und schickte Ince, Sforza und Winter wieder weg. 1998, nach dem zweiten Platz in der Meisterschaft, wurde gespart: Es kamen »bloß« die einheimischen Talente Ventola und Pirlo sowie das Auslaufmodell Baggio. Dafür wurde ein Jahr später wieder geklotzt: 17 Stars kamen, darunter Vieri (der 46 Millionen Euro kostete – fast doppelt so viel wie 1997 Ronaldo), Seedorf, Córdoba, Di Biagio, Georgatos, Jugovic, Panucci und Blanc – alles Nationalspieler in ihren Ländern. Ebenso wie Farinós, Hakan Sükür, Vampeta, Dalmat, Keane und Gresko, die im Laufe der Saison 2000/01 geholt wurden, sowie Toldo, Materazzi, Conceição, Okan und Emre, die ein Jahr später kamen. Im Sommer 2002 war erneut sparen angesagt: Ronaldo wurde durch Crespo ersetzt, die Verteidigung durch Cannavaro ergänzt.

Erfolg hatte Moratti mit seiner Einkaufspolitik bisher keinen. Das ärgert ihn, den ersten Fan des Klubs (»Präsident von Inter zu sein, ist ein Privileg«), selbst am meisten. Nach Niederlagen poltert er gegen irgendwen, droht mit disziplinarischen oder personellen Maßnahmen und neuen Spielern. Für den nächsten Anlauf … In der Hoffnung, irgendwann ähnliche Erfolge wie sein Vater feiern zu können.

Landete im Sommer 2001 im Einkaufskorb der Mailänder: Der Türke Emre Belözoglu.

Und ewig lockt die alte Dame

Zusammen mit neun Freunden aus dem lokalen Großbürgertum gründete Giovanni Agnelli (1866 – 1945), Sohn eines Großbauern aus dem Piemont, am 11. Juli 1899 die *Fabbrica Italiana Automobili Torino*, besser bekannt unter dem Kürzel Fiat. Schon nach kurzer Zeit übernahm der Ex-Kavallerieoffizier auch die Anteile seiner Partner, unter nie ganz geklärten Umständen. Fiat war ein florierendes Unternehmen.

Die Studenten des *Ginnasio Massimo d'Azeglio* besaßen nicht viel mehr als ihren Enthusiasmus, als sie sich am 1. November 1897 auf dem *Corso Re Umberto* mitten im Zentrum Turins versammelten. Der Name für den Fußball-Klub, den sie soeben gegründet hatten, war schnell gefunden. Da die meisten der Gründungsväter kaum älter als 18 waren, nannten sie ihren Verein *Juventus*. Das lateinische Substantiv bedeutet auf deutsch so viel wie Jugend. Auch die Trikotfarbe war rasch bestimmt. Weil die billigste Sportkleidung aus einem rosafarbenen Baumwollstoff bestand, spielte die Mannschaft während den ersten drei Jahren in einer *maglia rosa*. Zu ersten Streitigkeiten kam es, als es galt, einen Mitgliederbeitrag festzulegen. Eine Lira pro Monat schien einigen der Studenten zu viel. Noch ehe der Verein richtig aus der Taufe gehoben worden war, kam es bereits zu den ersten Austritten.

JUVENTUS FOOTBALL CLUB

Gründungsdatum: 1. November 1897.
Anschrift: FC Juventus Turin, Piazza Crimea 7, 10147 Torino, Italia.
Internet: www.juventus.com
Stadion: Stadio delle Alpi, Fassungsvermögen: 71 012 Zuschauer.
Vereinsfarben: Schwarz und Weiß.

Dem Enthusiasmus der sportbegeisterten Studenten tat dies aber keinen Abbruch. Im Gegenteil: Im Jahr 1899 wandelten sie ihren *Sport Club* in einen *Football Club* um.

Die piemontesische Hauptstadt war um die Jahrhundertwende das Zentrum der expandierenden Schwerindustrie. Zahllose Leute zogen vom Land in die Stadt, um in den Industriebetrieben zu arbeiten. Eines der wenigen Freizeitvergnügen fanden sie im Fußball. Der Ball wurde zur Religion, das Stadion zur Ersatzheimat.

Bereits 1905 gewann Juventus seine erste italienische Meisterschaft, mit einem Team aus neun Einheimischen, einem Schotten und einem Deutschen. Präsident war ein Schweizer Geschäftsmann namens Alfredo Dick, der bei einigen Mitgliedern jedoch nicht sonderlich beliebt war. Als dann auch noch das Gerücht die Runde machte, dass Dick den Vereinsnamen ändern wolle, kam es zum großen Krach. Der beleidigte Präsident trat zurück und gründete mit ein paar getreuen Gefährten einen neuen Klub, die *Associazione Calcio Torino*. Da sich auch einige der besten Spieler Dick neuem Verein anschlossen, blieb Juves erster Titelgewinn aus dem Jahr 1905 für lange Zeit auch der einzige.

Bei Kriegen fließt in der Regel nicht nur Blut, sondern auch viel Geld. Fiat gehörte dank lukrativen Rüstungsaufträgen zu den großen Gewinnern des Ersten Weltkrieges. Die Jahresproduktion stieg auf beachtliche 14 000 Fahrzeuge an. Der kleine piemontesische Handwerksbetrieb hatte sich innerhalb weniger Jahren in einen der Motoren der italienischen Industrialisierung verwandelt.

Doch Giovanni Agnelli (»Ein Agnelli kennt kein Mittelmaß und keine Niederlage – er ist ein Sieger«) wollte mehr. Der Autobauer machte aus seinen Machtgelüsten keinen Hehl. Der Kauf der Turiner Tageszeitung *La Stampa* war ein erster Schritt, um sich auch politischen Einfluss zu verschaffen. Die Übernahme von Juventus ein anderer. Schließlich zog Giovanni Agnelli gar in den römischen Senat ein.

Am 14. Juli 1923 wurde Edoardo, Giovanni Agnellis Sohn, zum Präsidenten von Juventus ernannt. Seitdem hat der Agnelli-Clan auch bei den *Bianconeri* (Schwarz-Weißen) das Sagen. Juventus avancierte zu einem Prestigeobjekt, Siege wurden zum einzigen Existenzzweck. Bis zum Zweiten Weltkrieg gewann der Klub sechs weitere Meistertitel, fünf davon zwischen 1931 und 1935. Torwart Giampiero Combi, die Verteidiger Umberto Caligaris, Virgilio (»Viri«) Rosetta und Luisito Monti, der linke Läufer Luigi Bertolini sowie die Angreifer Giovanni Ferrari und Raimondo Orsi waren die Stars jener Epoche. Sie spielten auch in jener italienischen Nationalelf eine herausragende Rolle, die 1934 die Weltmeisterschaft im eigenen Land nach einem 2:1-Sieg über die Tschechoslowakei feiern konnte.

Selbstverständlich waren diese Spieler allesamt Profis. Auf die Qualitäten von Monti und Orsi war Juventus in Argentinien aufmerksam geworden. Da das faschistische Regime keine Spieler mit ausländischem Pass duldete, suchten die Juve-Verantwortlichen mögliche Verstärkungen vor allem in Südamerika, der Wahlheimat zahlreicher italienischer Auswanderer. Monti hatte mit Argentinien 1928 das Olympia-Endspiel und 1930 das WM-Finale jeweils gegen Uruguay verloren und war anschließend von den Boca Juniors verkauft worden. Orsi hatte bereits 1928 seinen Stammklub Independiente Buenos Aires in Richtung Turin verlassen, wo er ein Monatsgehalt von 8000 Lire und einen brandneuen Fiat bekam. Dank ihren Vorfahren erhielten sowohl Orsi als auch Monti die italienische Staatsbürgerschaft.

Eine schöne Bescherung

Ein besonderes Geschenk bekam der 28-jährige El-Saidi an Weihnachten 2001. Sein Vater Muammar Ghadhafi, der lybische Revolutionsführer und dienstälteste Diktator Afrikas, schenkte ihm einen Anteil von 5,31 Prozent am Fußball-Klub Juventus Turin im Wert von 23 Millionen Euro. Ghadhafi Junior wurde damit zum zweitgrößten Aktionär nach der Besitzerfamilie Agnelli, die über ihre Holding IFI 63,05 Prozent des Kapitals kontrollierte. Die Agnellis hatten am 20. Dezember 2001 32 Prozent ihrer Anteile für einen Gegenwert von 430 bis 530 Millionen Euro auf den Markt gebracht. Seitdem wird die Juve-Aktie (Ausgabepreis: 3,70 Euro) an der Mailänder Börse gehandelt. El-Saidi, Sprössling aus Ghadhafis zweiter Ehe, ist ein Fußball-Narr. Er trägt in seinem Klub Al-Itihad die Nummer 10, ist selbstverständlich Mitglied der lybischen Nationalmannschaft und Präsident des Fußball-Verbandes. Seit seinen Kindheitstagen schwärmt der kleine Fußball-Diktator für die »alte Dame« aus Turin und lässt sich gerne im Zebra-Dress von Juventus ablichten.

Egal, wer in Rom an der Macht war, die Agnellis wussten sich immer zu arrangieren – zuerst mit den Faschisten, dann mit den Deutschen, die Italien nach 1943 besetzten, und schließlich mit den Alliierten und Republikanern. In jenen Jahren fand in der Familie ein Generationenwechsel statt. Edoardo Agnelli war 1935 von einem Propeller erschlagen worden, Firmengründer Giovanni Agnelli starb im November 1945. Sein designierter Nachfolger war Gianni, einer von sieben Enkeln. Er hatte während des Krieges am Russland-Feldzug teilgenommen, sich später jedoch dem Widerstand angeschlossen.

Giannis Lust, sich um die mittlerweile über 60 000 Angestellten zu kümmern, hielt sich nach dem Zweiten Weltkrieg vorerst in Grenzen. Der Playboy beschäftigte sich lieber mit anderen, in seinen Augen wichtigeren Dingen: Der *Dolce Vita*. Dazu gehörten schnelle Autos und schöne Frauen – und Fußball. Am 22. Juli 1947 übernahm Gianni Agnelli das Präsidium von Juventus. Geld war im Hause Agnelli schon lange kein Gesprächsthema mehr. Man hatte es einfach.

Während Fiat mit Modellen wie etwa dem legendären *Cinquecento* die Straßen Italiens eroberte, entzückte Juventus die Massen erneut mit einer großen Mannschaft. Die Stars der Fünfzigerjahre hießen Boniperti, Charles und Sivori.

Giampiero Boniperti spielte sich 1947 in die erste Mannschaft und avancierte zum Aushängeschild par excellence. Während seiner 15-jährigen Karriere zog er nur das Dress mit den Zebrastreifen über und erzielte in 444 Ligaspielen 177 Treffer. Boniperti war einer der letzten Fußballer, der aus der Bourgeoisie stammte. Sein Vater war Großgrundbesitzer in der Region Novara. Bauernschlau war auch der Sohn. Für jeden

Juves Welt

Im Achtelfinale des italienischen Pokals machte Juventus im Herbst 2001 mit dem Zweitligisten Sampdoria Genua kurzen Prozess. Das Spiel bleibt aber nicht wegen des 5:2-Sieges in Erinnerung. Nur gerade 237 zahlende Zuschauer verirrten sich ins 71 000 Zuschauer fassende Stadio delle Alpi. Es war somit das am schlechtesten besuchte Heimspiel in der Geschichte des Klubs. Dieser Minusrekord steht im Kontrast zu einem (nicht ganz unumstrittenen) Marktforschungsergebnis, wonach Juventus weltweit über 17 Millionen Fans im Alter von mindestens 15 Jahren verfügt – das gegenüber den 15 Millionen respektive 13,4 Millionen Anhänger von Real Madrid und Manchester United.
In der Saison 2000/2001 verzeichnete Juventus Match-Einnahmen von 12,8 Millionen Euro, während ManU im gleichen Zeitraum zehnmal mehr einnahm. Die Italiener haben das Problem erkannt. Der Erlös des Börsengangs wird in zwei Infrastruktur-Projekte investiert: in den Umbau des wenig geliebten Stadions zur Mondo Delle Alpi (»Welt der Alpen«) und die Erschließung eines 500 000 Quadratmeter großen Trainingszentrums zur Mondo Juve (»Juves Welt«), ein umfangreicher Sport-, Einkaufs- und Unterhaltungskomplex.
»Anfang der Neunzigerjahre war Juventus ein Fußball-Klub. Heute sind wir eine Mediengesellschaft. Morgen wollen wir ein Entertainment- und Freizeitkonzern sein«, erklärte der Verwaltungsratsdelegierte Antonio Giraudo im Dezember 2001 beim Börsengang, der rund eine halbe Milliarde Euro in die Klubkasse spülte.

Treffer ließ er sich vertraglich eine Kuh als Extraprämie zusichern und suchte sich stets ein trächtiges Tier aus.

John Charles und Omar Enrique Sivori wurden beide 1957 verpflichtet. Der hünenhafte Waliser Charles kam von Leeds United und wurde wegen seiner fairen, sportlichen Einstellung »der nette Riese« genannt. Seine Kopfballstärke war Juventus eine Ablösesumme von 105 Millionen Lire wert. Sivori war bei River Plate Buenos Aires groß geworden und ein verspielter, fintenreicher Flügelspieler, der sowohl als Flankengeber als auch als Torjäger glänzte. Er kostete 180 Millionen Lire, ein Pappenstiel für die Agnellis.

Gleich in ihrer ersten gemeinsamen Saison brachten es Boniperti, Charles und Sivori zusammen auf sensationelle 58 Tore. Damit gewann die »alte Dame«, wie Juventus in Italien liebevoll-spöttisch genannt wird, natürlich wieder den Meistertitel, ihren zehnten insgesamt. Der Klub durfte sich damit nicht nur den *Scudetto*, das Wappen des italienischen Meisters, sondern auch noch einen kleinen Stern für zehn gewonnene Meisterschaften aufs schwarz-weiße Trikot nähen lassen.

International missglückte dem italienischen Rekordmeister jedoch der Griff nach den Sternen. 1962 sorgte Juventus zwar für Aufsehen, als es im Meistercup als erstes Team Real Madrid im Bernabéu-Stadion zu bezwingen vermochte. Weil Real in Turin ebenfalls mit 1:0 gewonnen hatte, wurde ein Entscheidungsspiel fällig. Dieses gewannen die Spanier in Paris mit 3:1. Danach begann bei Juventus ein Umbruch. Boniperti wurde neuer Präsident und ab 1972 erster bezahlter Exekutivmanager im italienischen Fußball.

Lebemann Gianni Agnelli übernahm 1966 das Kommando im Familienkonzern. Damals war Fiat mit über 1,3 Millionen produzierten Autos pro Jahr in Europa die Nummer eins und besetzte weltweit den fünften Platz. Sieben von zehn in Italien zugelassenen Autos stammten aus den Fabriken des Turiner Konzerns. Dank großzügiger staatlicher Subventionen schluckte Fiat auch noch die Sportmarken Alfa Romeo, Maserati und vor allem Ferrari. Gianni Agnelli konnte sich als wahrer Herrscher Italiens fühlen. Die internationale Presse definierte ihn abwechselnd als modernen Julius Cäsar, als florentinischen Prinzen, als Heerführer oder als ungekrönten König Italiens. Gemäß Umfragen kannten 99 Prozent aller Italiener den Papst, aber 100 Prozent wussten, wer der Patron der reichsten und mächtigsten Familie des Landes war: Gianni Agnelli, genannt *L'Avvocato* (»der Anwalt«).

Juventus strebte unter Bonipertis Führung ebenfalls zum Sprung an die europäische Spitze an. Unter den Trainern Cestmir Vycpalek aus der Tschechoslowakei und Carlo Parola gewann der Rekordmeister zu Beginn der Siebzigerjahre dreimal die Meisterschaft. Damals herrschte in Italien wieder einmal ein Importverbot für Söldner. Einziger ausländischer Star war der ehemalige Augsburger Helmut Haller, der vorher bereits in Bologna gespielt hatte. Wegen der Ausländersperre stieg der Wert der italienischen Kicker ins Unermessliche. Juventus sicherte sich trotzdem die Dienste der vier jungen Offensivkräfte Franco Causio, Fabio Capello, Roberto Bettega und Pietro Anastasi.

Der Sizilianer Anastasi war einige Zeit sogar der teuerste Fußballer der Welt. 1966 hatte ihn der Kühlschrank-Millionär Giovanni Borghi aus Varese nach Norditalien geholt. Anastasi schoss den Provinzklub Varese wieder in die Serie A zurück, ehe der Rekordmeister auf sein Talent aufmerksam wurde. Offiziell entrichtete Juventus 1968 eine Ablösesumme von umgerechnet über vier Millionen Mark. Insider wollten allerdings wissen, dass dieser Transfer eines der kompliziertesten Geschäfte überhaupt gewesen sei. Agnelli und Borghi seien übereingekommen, den Deal mittels massiver Aufträge über die Ignis (Borghis Firma) und den Fiat-Konzern abzuwickeln …

Erfolge auf dem internationalen Parkett stellten sich aber erst ein, als im Sommer 1976 Trainer Giovanni Trapattoni das Zepter in die Hand nahm. Unter seiner Ägide knüpfte Juventus an die großen Erfolge der Dreißiger- und Fünfzigerjahre an. Die Defensive um Torhüter Dino Zoff, Libero Gaetano Scirea, die Verteidiger Claudio Gentile, Antonio Cabrini und Mittelfeldmotor Marco Tardelli bildete das Prunkstück der Mannschaft. »Die Abwehr muss mit Spielern bestückt sein, die im Durchschnitt pro zehn Partien nicht mehr als zwei Tore kassieren«, lautete das Credo von Trapattoni. Zusammen mit den beiden Stürmern Franco Causio und Paolo Rossi hatte Trapattonis Defensiv-Quintett wesentlichen Anteil an Italiens drittem WM-Titel von 1982.

Das Diktat des Kapitals

In der Zwischenkriegszeit, als der Calcio vom Freizeitvergnügen zu einem Objekt das Lokalpatriotismus mutierte, war das Piemont eine Hochburg im italienischen Fußball. Die Pro Vercelli, der Klub aus einer Stadt mit 50 000-Einwohnern, gewann zwischen 1908 und 1922 sieben Meistertitel. Weitere Spitzenteams waren Juventus, Torino, Novara und Casale. Juves Aufstieg zur Nummer eins begann mit der Verpflichtung von Verteidiger Virgilio (»Viri«) Rosetta, der mit Vercelli zweimal Meister geworden war. Zwischen 1924 und 1936 führte er dann Juventus sechsmal zu nationalen Titelehren. Rosettas Transfer provozierte übrigens einen der ersten großen Skandale im italienischen Fußball. Vercelli versicherte dem Spieler 1923 schriftlich, dass er arbeiten könne, wo er wolle. Mitten während der Saison wechselte Rosetta zu Juventus, das dem Amateur einen Profivertrag anbot. Der Verband bestrafte Juventus mit einem Abzug von 6 Punkten, was den Klub den Titel kostete. Am Saisonende musste Juventus dann für den Wunschspieler noch eine Ablösesumme von 50 000 Lire entrichten – eine Investition, die sich allerdings lohnen sollte.

Kopf der Juve-Mannschaft war aber Michel Platini. Laut Gianni Agnelli hatte Juve den Franzosen »für ein Stück Brot« von Saint-Etienne gekauft, »Platini legte dann selber Kaviar drauf«. Der torgefährliche Spielmacher wurde zwischen 1983 und 1985 dreimal in Folge zu »Europas Fußballer des Jahres« erkoren. Seinen wichtigsten Treffer für Juventus erzielte *Roi Michel* am 29. Mai 1985 im Europacup-Finale gegen den FC Liverpool. Freude über den 1:0-Sieg herrschte allerdings keine. Bei brutalen Übergriffen englischer Hooligans waren im Brüsseler Heysel-Stadion vor dem Spiel 39 Zuschauer ums Leben gekommen. Die meisten von ihnen waren Anhänger der Italiener. Zur »Verhinderung einer weiteren Katastrophe« wurden die geschockten Spieler, die eigentlich auf einen Auftritt verzichten wollten, trotzdem aufs Feld geschickt. Für Juventus waren dies Tacconi, Favero, Cabrini, Scirea, Briaschi, Tardelli, Rossi, Platini und Boniek.

Exakt zehn Jahre dauerte die erste Ära Trapattoni. Sechsmal gewann Juventus in dieser Zeit die Meisterschaft, 1977 den UEFA-Cup, 1985 den Europapokal der Landesmeister und den europäischen Supercup. Am 8. Dezember 1985 bezwangen die Turiner außerdem im Spiel um den (damals noch inoffiziellen) Weltcup in Tokio die Argentinos Juniors aus Buenos Aires mit 4:2 nach Elfmeterschießen.

Mit Fiat ging es kontinuierlich bergab. Die wachsende Konkurrenz sowohl der europäischen wie auch der japanischen Autohersteller bedrängte die Turiner in zunehmendem Maß. Seit der totalen Öffnung des europäischen Binnenmarktes sank der Marktanteil von Fiat in Italien auf knapp dreißig Prozent. Wegen der angeblichen schlechten Qualität der Produkte wurde Fiat in den USA spöttisch mit *Fix it again, Tony* (etwa: »reparier es noch mal«) übersetzt.

Bei Juventus begannen die mageren Jahre, als 1986 zuerst Trapattoni den Verein verließ und ein Jahr später auch Michel Platini seine großartige Karriere beendete. Nach Platinis Abschied glaubte die Vereinsleitung, der junge Däne Michael Laudrup könne dessen Rolle übernehmen, erwies sich aber als zu wenig geduldig und ließ ihn 1989 zu Barcelona ziehen. Der kleine Portugiese Rui Barros durfte als nächster das legendäre schwarz-weiße Trikot mit der 10 tragen, wurde aber nach zwei enttäuschenden Saisons nach Monaco abgeschoben. Auch für den Ukrainer Sascha Zavarov war das Trikot eine Nummer zu groß. Der »Zar« wurde 1990 an Nancy weitergereicht.

1991 kehrte Trapattoni nach fünf Jahren in Diensten von Inter Mailand wieder an den Po zurück. Mehr als ein Sieg im UEFA-Cup gelang aber auch ihm nicht. Und das, obwohl die Agnelli-Familie zahllose Lire-Milliarden in die Mannschaft pumpte. Allein die Verpflichtung von Roberto Baggio kostete nach der WM 1990 die damalige Re-

Wolkenbruch und Geldregen

Inter Mailand und Juventus Turin sind noch nie aus der Serie A abgestiegen. Umso erstaunlicher ist es, dass der höchste Meisterschaftssieg von Juventus ausgerechnet gegen Inter zustande kam: 9:1. Hinter dem Resultat verbirgt sich allerdings eine wochenlange Polemik. In der Saison 1960/61 lieferten sich die beiden Klubs eine wilde Verfolgungsjagd. Als es zum direkten Vergleich kam, lag Juve mit 4 Punkten vorn. Weil das Stadion total überfüllt war, einige Fans am Spielfeldrand saßen und es sintflutartig regnete, brach der Schiedsrichter auf Drängen Inters das Spiel ab. Der Verband entschied auf Sieg für die Mailänder. Juventus holte sich den Titel trotzdem und erreichte zudem bei der Rekurskammer eine Wiederholung der Partie. Aus Protest schickte Inter seine Nachwuchself nach Turin. Omar Sivori steuerte zum 9:1-Sieg 6 Tore bei, sicherte sich damit auch noch die Torjägerkrone und somit eine Prämie von einer Million Lire. Dieses Schützenfest ärgerte wiederum Sampdoria Genua, dessen Stürmer Brighenti im Torschützenklassement bisher vorne gelegen hatte. Fiat-Boss Gianni Agnelli glättete die Wogen, indem er Brighenti ebenfalls eine Million Lire zukommen ließ ...

Höhenflug: Gianluca Vialli gewinnt ein Kopfball-Duell gegen Ajax-Verteidiger Sonny Silooy. Am Ende war Juve obenauf: Die Italiener bezwangen 1996 im Champions-League-Finale die Holländer im Elfmeterschießen.

kordsumme von umgerechnet 17 Millionen Euro. Neben Spielern wie Angelo Peruzzi, Antonio Conte, Jürgen Kohler, Júlio César, Andreas Möller und David Platt wurde 1992 auch noch Gianluca Vialli aus Genua geholt. Seine Ablöse überstieg die 30-Millionen-Euro-Grenze. Das große Ziel jedoch, der 23. Meistertitel, erreichte Trapattoni trotz dieser sündhaft teuren Mannschaft nicht.

Anfang der Neunzigerjahren begann Fiat aus »Rationalisierungsgründen« mit der Schließung von Werken. Tausende von Arbeitern verloren ihren Job. Die Konzernschulden lagen 1993 bei bedenklichen 140 Prozent des Eigenkapitals. Seit September 1990 wurde einem beträchtlichen Teil der Mitarbeiter immer wieder wochen- oder gar monatelange Zwangsferien verordnet. Das Unternehmen konnte so die jährliche Produktion um rund 450 000 Autos senken. Der europäische Automarkt war zu diesem Zeitpunkt bereits völlig übersättigt.

Bei Juventus kam es 1994 zur großen Palastrevolution, nachdem die Mannschaft in der Meisterschaft hinter der übermächtigen AC Milan »bloß« den zweiten Platz belegt hatte. Boniperti – seit über dreißig Jahren im Vorstand tätig – und Trapattoni mussten gehen. Das Management wurde Antonio Giraudo (früher Vermögensberater der Agnellis), Roberto Bettega (dem legendären Stürmer der Siebzigerjahre) und Luciano Moggi (einst Bahnhofsvorstand im Städtchen Monticiano bei Siena) übertragen. Mit Marcello Lippi wurde ein international unerfahrener Trainer geholt, dem Experten zu Saisonbeginn etwa die gleichen Überlebenschancen einräumten wie einem Eisbären in der Sahara.

Lippi strafte Kritiker und Skeptiker jedoch rasch Lügen. Die neuen Spieler – Paulo Sousa, Didier Deschamps und Ciro Ferrara – erwiesen sich als absolute Volltreffer, Vialli und Ravanelli harmonierten im Sturm endlich und bildeten mit dem jungen Alessandro Del Piero das so genannte *tridente*, einen Dreimannsturm, mit dem die gegnerischen Verteidiger ihre liebe Mühe hatten.

Als »das Ende einer neunjährigen Fastenzeit« empfand Gianni Agnelli 1995 den ersten Titelgewinn seit der Ära Trapattoni. Da Juve auch im nationalen Cup ungeschlagen blieb, konnte der *Avvocato* die Pleite im UEFA-Cup-Endspiel gegen Parma verschmerzen. Die Fans zeigten jedoch trotz den sportlichen Triumphen mehr und mehr Unverständnis für die teils exorbitanten Ablösesummen und unmoralischen Gehaltsforderungen der Stars. Als Fiat aus Kostengründen Tausende von Arbeitern entlassen musste, gönnten auch die treusten *Tifosi* ihren Lieblingen die mehrfachen Millionengehälter nicht mehr vorbehaltlos. Als einziger italienischer Top-Klub bemühte sich Juventus deshalb im Zeitalter der explodierenden TV-Gelder und Börseneuphorie um eine bodenständige Finanzpolitik: Die Ausgaben dürfen die Einnahmen nicht überschreiten, lautete die neue Maxime.

Der verletzungsanfällige Roberto Baggio, der sich bei Vertragsverhandlungen verpokert hatte, wurde nach Mailand abgeschoben. Vorher hatten schon die Transfers von Kohler, Reuter, Möller und Júlio César die Kasse zum Klingeln gebracht. Die neue Vereinsleitung hatte ihre Zauberformel gefunden: *Vendi e vinci!* (»Verkaufe und siege«).

In der Tat schickte sich Lippis *Squadra* an, auch in Europa für Furore zu sorgen. Nach Siegen über Real Madrid und Nantes stand Juve am 22. Mai 1996 im Finale der *Champions League* in Rom Titelhalter Ajax Amsterdam gegenüber. Anders als 1985 konnten sich die rund 15 Millionen Juve-Fans in ganz Italien diesmal ausgelassen über den Sieg in der Königsklasse freuen. Mit 5:3 gewann die »alte Dame« das Elfmeterschießen. Für Juventus standen Peruzzi, Ferrara, Pessotto, Torricelli, Vierchowod, Sousa,

Eine Augenweide: Alessandro Del Piero beim Fallrückzieher.

Di Livio, Deschamps, Conte, Jugovic, Vialli, Del Piero, Ravanelli und Padovano auf dem Feld.

Ende der Neunzigerjahre verlor der Agnelli-Clan nach und nach an Einfluss im maroden Konzern. Die Banken als Kreditgeber und der amerikanische Automobilkonzern General Motors, der seit dem Jahr 2000 mit zunächst zwanzig Prozent an Fiat beteiligt war, hatten nun das Sagen.

Nach dem Sieg in der *Champions League* erteilte Juventus der Konkurrenz auch in Sachen Buchhaltung eine Lektion. Durch die Verkäufe der Stars Ravanelli und Vialli schloss der Klub seine erfolgreichste Saison auch finanziell positiv ab. Wichtigster Neuzugang war anschließend der Franzose Zinedine Zidane, der für den Schleuderpreis von 7 Milliarden Lire (4 Millionen Euro) aus Bordeaux kam und in Turin zum lang gesuchten Nachfolger von Platini avancierte. Neben dem Sieg im europäischen Supercup gegen Paris Saint-Germain und dem Triumph gegen River Plate im Interkontinentalcup konnte Juve 1997 auch noch seinen 24. Meistertitel feiern. Wermutstropfen in einer der erfolgreichsten Spielzeiten war jedoch die unerwartete 1:3-Schlappe im Champions-League-Finale gegen Borussia Dortmund, zumal die Deutschen mit Möller, Reuter, Sousa, César und Kohler nicht weniger als fünf ehemalige Juve-Spieler aufs Feld schickten.

Das hinderte die umtriebigen Buchhalter an der *Piazza Crimea* 7 allerdings nicht daran, weiterhin Leistungsträger für viel Geld zu verkaufen; Jugovic, Boksic und Vieri verließen 1998 das Piemont. Folgen hatte der erneute Aderlass vorerst noch keine. Lippis Team gewann souverän den 25. Meistertitel. In der *Champions League* scheiterte die »Verlobte ganz Italiens«, so ein weiterer Spitzname, allerdings erneut im Finale, diesmal an Real Madrid (0:1).

ERFOLGE:

Italienischer Meister: 1905, 1926, 1931, 1932, 1933, 1934, 1935, 1950, 1952, 1958, 1960, 1961, 1967, 1972, 1973, 1975, 1977, 1978, 1981, 1982, 1984, 1986, 1995, 1997, 1998, 2002, 2003.
Italienischer Pokalsieger: 1938, 1942, 1959, 1960, 1965, 1979, 1983, 1990, 1995.
Europacup der Landesmeister / Champions League: 1985, 1996.
Europacup der Cupsieger: 1984.
UEFA-Cup-Sieger: 1977, 1990, 1993.
Interkontinentalcup: 1985, 1996.

Bekannteste Spieler: Altafini – Altobelli – Anastasi – Roberto Baggio – Dino Baggio – Barros – Bettega – Boksic – Boniek – Boninsegna – Boniperti – Brady – Buffon – Burgnich – Cabrini – Caligaris – Capello – Casiraghi – Causio – César – Charles – Conte – Davids – Del Piero – Del Sol – Deschamps – Di Livio – Ferrara – Ferrari – Furino – Gentile – Haller – Hansen – Hässler – Henry – Inzaghi – Iuliano – Kohler – Kovacevic – Laudrup – Möller – Montero – Monti – Nedved – Nenè – Orsi – Peruzzi – Pessotto – Platini – Platt – Ravanelli – Reuter – Rosetta – Rossi – Rush – Salas – Salvadare – Sarti – Schillaci – Scirea – Sivori – Sousa – Tardelli – Thuram – Trézéguet – Tudor – Vialli – Vierchowod – Zavarov – Zidane – Zoff.
Bekannteste Trainer: Ancelotti – Brocic – Carcano – Carver – Herrera – Maifredi – Parola – Puppo – Sarosi – Trapattoni – Vycpalek – Lippi – Zoff.

In der Saison 1998/99 bekam Lippi dann aber erstmals die Folgen der Verkaufspolitik zu spüren. Weil die noch verbliebenen Nationalspieler und der frisch gebackene Weltmeister Zidane müde und ausgelaugt vom WM-Turnier aus Frankreich zurückkehrten, kam Juventus zumindest in der nationalen Meisterschaft öfter unter die Räder, als Vorstand und Fans lieb war. Lippi, der in dreieinhalb Jahren insgesamt sechs Titel gewonnen hatte, zog die Konsequenzen und schmiss den Bettel hin.

Sein Nachfolger Carlo Ancelotti (ein ehemaliger italienischer Nationalspieler und Schüler Sacchis) sollte Juventus ins neue Millennium führen. Doch der Mann mit dem Mortadella-Gesicht, der in der Emilia Romagna ein riesiges Bauerngut besitzt, passte nicht zur Eleganz und Noblesse der ehemaligen Königsstadt Turin. Der Anfang von Ancelottis zweijährigem Engagement bei Juve kam, als er im Winter des Jahres 2000 einen Vorsprung von neun Punkten verspielte und den schon sicher geglaubten Titel an Lazio Rom verlor. Auch der zweite Platz im folgenden Jahr stellte in Turin niemanden zufrieden. Denn Juventus muss immer siegen, das ist ihr Existenzzweck. Weil Ancelotti mit Juventus nichts gewann, wurde er im Sommer 2001 folgerichtig durch den Mann ersetzt, der mit der »alten Dame« alles gewann, was es zu gewinnen gibt: Marcello Lippi.

Im Herbst 2002 löste die mit über sechs Milliarden Euro verschuldete Fiat in Italien eine Staatskrise aus. Die auf 130 Mitglieder angewachsene Familie Agnelli kontrollierte direkt nur noch 30 Prozent der Gruppe, zu der neben dem Autogeschäft noch zahlreiche rentable Firmen in den Bereichen Werkzeugmaschinenbau, Landwirtschaftsmaschinen und Bauausrüstungen gehören. Überdies ist der Konzern noch im Energiesektor, im Eisenbahn- und Anlagenbau sowie im Versicherungsbereich, im Tourismus und im Verlagswesen aktiv. Das Autogeschäft fuhr 2002 einen Jahresverlust von rund 1,5 Milliarden Euro ein und machte nur noch weniger als die Hälfte des Gruppenumsatzes aus.

Die Konzernmanager kündigten in der Autobranche den Abbau von 8100 Arbeitsplätzen und die Schließung einiger Werke an, um das Unternehmen aus den roten Zahlen herauszuführen. Dies führte zu wochenlangen Massenprotesten in ganz Italien. Der Turiner Kardinal Severino Poletto forderte in seiner Sonntagspredigt innovative Programme für das Unternehmen: »Wir können es uns nicht leisten, dass Italien und Turin die Autoindustrie verlieren.«

Gianni Agnelli persönlich, mittlerweile bereits 80 Jahre alt, brach im Sommer 2001 bei Juventus die selbstverordnete Sparpolitik und Duldsamkeit. Auf seine alten Tage hin packte ihn nochmals der sportliche Ehrgeiz, nachdem ihn der Freitod seines Sohnes Edoardo vorübergehend in Selbstzweifel gestürzt hatte. »Seinem« Turin verlieh das silberhaarige IOC-Mitglied mit der erfolgreichen Kandidatur für die olympischen Winterspiele 2006 neue Impulse. Ferrari dominierte mit Michael Schuhmacher endlich wieder die Formel 1. Nun musste er nur noch die »alte Dame« auf Vordermann bringen. Agnelli holte den eisernen Besen hervor.

Der holländische Torhüter van der Sar hatte einige *Blackouts* gehabt; der hochmütige italienische Nationalstürmer Filippo Inzaghi stolperte zu häufig in die Abseitsfalle; die Frau des Weltfußballers Zidane beklagte sich über den Nebel in Turin, Zidane selber hatte den Hamburger Gegenspieler Jochen Kientz in der *Champions League* mit einem Kopfstoß niedergestreckt – Agnelli mochte nicht mehr länger zusehen, wie diese Spieler das Image von Juventus beschmutzten. Ins triste Bild passten die Doping-

Ihm macht keiner etwas vor: Marcello Lippi gewann mit Juventus 1995, 1997, 1998, 2002 und 2003 die italienische Meisterschaft.

sperre des Holländers Edgar Davids und die Ermittlungen des Staatsanwalts Raffaele Guariniello wegen verbreiteter unlauterer medizinischer Praktiken.

Mit der gigantischen Ablösesumme für Zidane (78 Millionen Euro) holte Juventus Italiens besten Torhüter, Gianluigi Buffon, einen der weltbesten Verteidiger, den Franzosen Lilian Thuram, und von Lazio Rom den tschechischen Mittelfeldmotor Pavel Nedved. Die Revolution brachte den gewünschten Erfolg. »Die gegenwärtige Juve kann nur rennen«, lästerte zwar Legende José Altafini. Eine »kopf- und hirnlose« Truppe wollte die Zeitung *La Repubblica* gesehen haben. Die »alte Dame« spielte in der Tat ohne Grazie, aber überlegt, realistisch, prompt zur Stelle, als es galt, von den Fehlern der Gegnern zu profitieren – so wie zu ihren besten Zeiten. Die »Eiserne Lady« (*Gazzetta dello Sport*) gewann nach drei Jahren Abstinenz im Frühling 2002 endlich wieder den Titel – den insgesamt 26. Das verdankte sie vor allem seinem Sturmduo: Der Franzose David Trézéguet und der wieder erstarkte Alessandro Del Piero schossen zusammen 40 von Juves 64 Toren.

Agnelli war zufrieden. Dank Juventus konnte der steinreiche, todkranke Greis für ein paar Stunden seine Alltagssorgen vergessen … Am 24. Januar 2003 schloss er dann seine Augen für immer. Das neue Stadion der Juventus soll nach Gianni Agnelli benannt werden.

Ließ Zinedine Zidane in Turin rasch in Vergessenheit geraten: Der Tscheche Pavel Nedved.

Der Teufel in himmlischen Sphären

Hässliche Hochhäuser, verstopfte Straßen und stinkende Industriebetriebe: Dieses Panorama bietet sich den Zugreisenden, bevor sie in Mailand ankommen. Bei der Einfahrt in den Zentralbahnhof braucht man eine blühende Phantasie, um sich den Ort als endlose Grünzone vorstellen zu können. Und doch erstreckten sich dort einmal Wiesen, auf denen um die vorletzte Jahrhundertwende die Spieler des *Milan Cricket and Football Club* ihrem Hobby frönten.

Das Fußball-Spiel hat sich in der lombardischen Hauptstadt ähnlich rasant entwickelt wie die Industrialisierung. Nicht einmal dreißig Jahre dauerte es, bis am anderen Ende der konzeptlos wachsenden Metropole, im Stadtteil San Siro, ein für damalige Verhältnisse gigantisches Stadion errichtet wurde. Das wachsende Interesse am *Calcio* erforderte für Milan (oder AC Mailand, wie der Klub vor allem in Deutschland genannt wird) und Lokalrivale Inter eine neue Spielstätte. Das *Stadio Comunale San Siro* wurde 1926 eingeweiht und bot 40 000 Zuschauern Platz.

Von einem solchen Fußball-Fieber war gegen Ende des 19. Jahrhunderts in der Lombardei noch nichts zu spüren. Der Engländer Herbert Kilpin hatte schon in Genua und in Turin gearbeitet und dort in seiner Freizeit das britische Exportprodukt Fußball verbreitet. Sein Pioniergeist erlahmte auch in Mailand nicht. Er traf sich oft mit einigen Landsleuten in der *American Bar* in der *Via Berchet*. In deren Nähe befand sich eine Bierhalle, die *Birreria Spaten*, die vorab von den Einheimischen frequentiert wurde. Das verbindende Element zwischen den beiden Gruppen war die Begeisterung für den Fußball.

Am 16. Dezember 1899 setzten sich die Herren Kilpin, Edwards, Barret, Nathan, Allison und Davies sowie die Herren Pirelli, Valerio, Dubini, Angeloni und Camperio im *Hotel du Nord* an einen Tisch und hoben den *Milan Cricket and Football Club* aus der Taufe. Als offizielles Gründungsdatum wird ab und zu auch der 15. Januar 1900 angegeben, der Tag, an dem Alfred Edwards zum ersten Präsidenten ernannt wurde. Als Klubfarben bestimmte man Rot und Schwarz. Begründung: »Rot ist die Farbe des Teufels und Schwarz verbreitet Angst und Schrecken«.

ASSOCIAZIONE CALCIO MILAN
Gründungsdatum: 16. Dezember 1899.
Anschrift: AC Milan, Via Filippo Turati 3, 20121 Milano, Italia.
Internet: www.acmilan.com
Stadion: Stadio Comunale »Giuseppe Meazza« (ehemals San Siro), Fassungsvermögen: 85 847 Zuschauer.
Vereinsfarben: Rot und Schwarz.

Diesem Ruf wurde die *Associazione Calcio Milan*, wie sich der Klub ab 1905 nannte, zumindest in seiner Anfangsphase gerecht: 1901, 1906 und 1907 gewann die Multi-Kulti-Truppe um »Lord« Kilpin die italienische Meisterschaft. Neben den Einheimischen glänzten vor allem Schweizer und Engländer, was mit ein Grund war, weshalb man die englische Bezeichnung *Milan* nicht ins italienische *Milano* (Mailand) übersetzte.

Zwischen den Einheimischen und den Ausländern kam es aber immer wieder zu Spannungen. Die Unzufriedenheit wuchs und führte dazu, dass sich eine Minderheit absetzte und einen neuen Verein gründete, in dem alle die gleichen Rechte haben sollten. Die Sezessionisten nannten ihren Klub *Internazionale*. Seitdem ist Mailand eine gespaltene Stadt: Die Leute bekennen sich entweder zu Milan oder zu Inter.

Die internen Querelen, der personelle Aderlass und neue Bestimmungen des Verbandes (Ausländerbeschränkungen) brachten Milan zu Fall. Es folgte eine fast fünfzig Jahre dauernde Durststrecke. Während dieser Zeit gaben die Mannschaften aus Genua, Turin, Vercelli, Bologna sowie Lokalrivale Inter den Ton an.

Die Einführung des Professionalismus (1923) sowie die Aufhebung des Verbots für Spielerimporte (1948) schufen die Basis für die Dominanz der Klubs aus den großen Wirtschaftszentren im Norden Italiens. In Mailand und Turin begannen Mäzene nach dem Zweiten Weltkrieg den Erfolg zu kaufen. Den Auftakt machte Milan, dessen Späher 1948 aus dem Olympia-Finale zwischen Schweden und Jugoslawien (3:1) die richtigen Schlüsse zogen. Die drei schwedischen Asse Gunnar Gren, Gunnar Nordahl und Nils Liedholm wurden mit lukrativen Verträgen in den Süden gelockt, ebenso der ungarische Coach Lajos Cseizler, der zuvor beim IFK Norrköping tätig gewesen war.

Damit wurde Italien, zumindest für Fußball-Profis, zu einem Einwanderungsland. Rasch sprach sich herum, dass die Löhne im »Lire-Paradies« netto bezahlt wurden. Ausländer übernahmen bei den Spitzenklubs fortan die Schlüsselrollen. Solange ein Verein erfolgreich spielt, pfeifen die *Tifosi* auf die Herkunft ihrer Lieblinge.

Und Milan hatte Erfolg! Bis dahin hatte der Klub mit dem Teufel als Maskottchen im Ruf gestanden, eine brutale Treter-Truppe zu sein. Unter dem schwedischen Sturm, kurz »Gre-No-Li« genannt, vollzog Milan einen Kulturwandel. Der technisch hochstehende Kombinationsfußball wurde zum Markenzeichen und das Kürzel »Gre-No-Li« zum Synonym für Spektakel.

Nordahl, der ehemalige Feuerwehrmann aus Norrköping, erzielte in Italien in 257 Spielen 210 Tore, womit er in der ewigen Rangliste heute noch auf dem Podest steht. Gren, der rechte Innenstürmer, war ein unvergleichlicher Ballkünstler, der selbst die verwöhnten Italiener begeisterte. Liedholm hatte sich lange Zeit vor einem Transfer in den Süden gescheut. Als seine beiden Landsleute den Buchhalter 1949 endlich zu einem Wechsel bewegen konnten, war er bereits 27. Mit zunehmendem Alter gewann Liedholm immer mehr an Bedeutung. Der gelernte Angreifer zog sich zunächst ins Mittelfeld zurück und nahm zuletzt sogar den Posten des Liberos ein. Der gefällige Fußball Milans wurde stark von seiner Persönlichkeit geprägt. Streicht man den schlechtesten Rang der Saison 1957/58 weg, so lautet Liedholms stolze Bilanz: vier Meistertitel, drei Vizemeisterschaften und drei dritte Ränge.

Den Abgang von Gren kompensierte Milan 1954 mit der Verpflichtung von Juan Alberto Schiaffino, der von Peñarol Montevideo übernommen wurde. Schiaffino war an drei Titelgewinnen (1955, 1957 und 1959) beteiligt. Zusammen mit Kapitän und Regisseur Liedholm bestimmte er den Spielrhythmus im Mittelfeld. Liedholm spielte eine Spur defensiver, während Schiaffino der ganze Offensivbereich auf der linken Seite gehörte. Dank seiner Beweglichkeit war er im Aufbau und vor dem Tor immer zugegen. Dort hatten die beiden *Goalgetter* Nordahl und Eduardo Ricagni die Aufgabe, die Kugel im Tor zu versenken.

Die Stärken dieser Mannschaft lagen zweifellos in der Offensive. Allerdings sammelte sich auch Cesare Maldini als umsichtiger und kompromissloser Abwehrpatron Meriten. Sein Sohn Paolo, der 1968 zur Welt kam, erlangte in den Neunzigerjahren als linker Außenverteidiger ebenfalls Weltruhm und avancierte zu Italiens Rekordnationalspieler.

Auch die Milan-Elf der Fünfzigerjahre spielte auf absolutem Weltklasse-Niveau. Im Europacup war sie weder von den Glasgow Rangers noch von Rapid Wien oder von Borussia Dortmund zu stoppen. Auch im Endspiel in Brüssel am 28. Mai 1958 sah Milan gegen Titelverteidiger Real Madrid lange Zeit wie der sichere Sieger aus: 1:0 Schiaffino (60.), 2:0 Grillo (78.). Dass die Spanier das Spiel in der Verlängerung trotzdem noch 3:2 gewannen, lag nicht zuletzt daran, dass sich Liedholm gegen Ende der Partie eine Verletzung zuzog – ein Spielerwechsel war damals noch nicht erlaubt.

Um das Real-Trauma so rasch wie möglich zu überwinden, wechselte die Milan-Führung um Präsident Andrea Rizzoli die halbe Mannschaft aus. Der Schwede Nordahl, der Argentinier Ricagni und der Däne Sörensen waren die prominentesten Opfer des Generationenwechsels.

Milans Glanzzeit in den Sechzigerjahren ist eng mit dem Namen des Trainers Nereo Rocco verknüpft. Der *Paròn* (»Boss«) betreute die *Rossoneri* von 1961 bis 1963 und von 1967 bis 1975. Auf sich aufmerksam gemacht hatte Rocco in den Fünfzigerjahren durch seine Arbeit beim Provinzklub Padova, den er von der Serie B auf den dritten Platz in der höchsten Spielklasse hievte. Er besaß ausgezeichnete Menschenkenntnisse und große Motivationskünste. So schaffte er es immer wieder, anderswo ausrangierte Spieler nochmals zu Höchstleistungen anzutreiben.

Rocco war aber auch ein Tüftler und ein *Difensivista*, einer der Väter des *Catenaccio*, jener Maxime, wonach die Abwehr alle Zwecke heiligt. Vor dem Torhüter ließ er einen Libero agieren, der einen fünf Mann starken Abwehrblock dirigierte. In Anlehnung an

Ein unverkäufliches Juwel

Im Dorf Carnago in der Provinz Varese, rund fünfzig Kilometer nördlich von Mailand, befindet sich Milanello. Das Trainingsgelände der AC Milan wurde 1961 eingeweiht. Die hohen Unterhaltskosten machten dem Klub immer wieder zu schaffen. Zu Beginn der Achtzigerjahre mussten sogar die Speiseräume an zahlungskräftige Kunden vermietet werden, um die Klubkassen aufzufüllen. Die Misere hatte ein Ende, als Silvio Berlusconi 1986 die Macht übernahm. Aus Milanello wurde ein Juwel: Einzelzimmer für jeden Spieler, zwei Restaurants, TV- und Billardräume, Besprechungszimmer, Massageräume, Sauna, Entmüdungsbecken und natürlich Trainingsplätze (mit Rasenheizung) sowie topmoderne Hallen und Krafträume. Zahlreiche Wächter sorgen dafür, dass die Stars ihre Ruhe haben. Milan darf das Trainingszentrum übrigens niemals verkaufen. Der ehemalige Präsident Andrea Rizzoli bestimmte dies in der Schenkungsurkunde. Milanello dürfte höchstens dem italienischen Fußball-Verband übergeben werden.

den französischen Schutzwall nannte er seine Abwehrreihe auch »Maginot-Linie«. Den offensiven Spielern, die in der Platzhälfte des Gegners agierten, überließ Rocco sämtliche Freiheiten. Die Abteilung Kreativität leitete Spielmacher Gianni Rivera. Der *Golden Boy* war 1960 als 17-Jähriger aus Alessandria zu Milan gestoßen und bestritt bis zu seinem Rücktritt 1980 die Rekordzahl von 501 Einsätzen im Dress der *Rossoneri*.

Rocco und Rivera feierten mit Milan auf der internationalen Bühne große Erfolge. 1963 und 1969 gewannen sie den Europapokal der Landesmeister, 1968 und 1973 den Europapokal der Pokalsieger und 1969 den Weltpokal. Dazu kamen 1962 und 1968 zwei italienische Meistertitel. Die legendären Spiele, Schauplätze und Stars werden viele *Milanisti* zeitlebens nicht vergessen:

London, Wembley-Stadion, 22. Mai 1963, Endspiel im Europacup der Landesmeister. Gegen Benfica Lissabon bot Rocco folgende Elf auf: Ghezzi – David, Maldini, Trebbi – Benítez, Trapattoni – Pivatelli, Sani, Altafini, Rivera, Mora.

Die Portugiesen gingen durch Eusebio mit 1:0 in Führung, Altafini konterte in der zweiten Halbzeit mit einem Doppelschlag – 2:1.

Der Kreuzzug des Cavaliere

Milan-Präsident Silvio Berlusconi musste 1994 selber in die Politik, weil sein mächtiger Schutzengel Bettino Craxi umständehalber ausgefallen und vor langjähriger Strafhaft nach Tunesien geflohen war. Sozialistenchef Craxi hatte Italiens Fernsehrechte in den Achtzigerjahren mit der Abschaffung des staatlichen Medienmonopols auf Berlusconi zugeschnitten. Dieser revanchierte sich durch Parteispenden. Ein italienisches Gericht befand diese Praxis für illegal. Insgesamt ist Berlusconi viermal strafrechtlich verurteilt worden: Wegen Meineids im Zusammenhang mit seiner Zugehörigkeit zur subversiven Geheimloge P2, wegen Bestechung der Finanzpolizei, wegen Bilanzfälschung und eben wegen illegalen Parteispenden. Verfahren wegen Korruption, Bilanzfälschung, Bestechung von Richtern und Steuerbetrug werden die Staatsanwälte wahrscheinlich noch für Jahre beschäftigen. 1994 war Berlusconi während sieben Monaten erstmals Premierminister seines Landes gewesen. Im Mai 2001 schaffte er das Comeback, die Oppositionsjahre – »die Durchquerung der Wüste« – lagen hinter ihm. Der Politiker Berlusconi vertritt bloß eines: Seine Eigeninteressen. Das ist für ihn Legitimation genug, Italien von Kommunisten, Stalinisten, Jakobinern und anderen Böswilligen zu säubern, die ein »freiheitsstörendes Regime« errichtet haben. So mächtig wie Berlusconi war noch nie Regierungschef in einem demokratischen Land. Der Cavaliere (»Ritter«) kontrolliert drei TV-Sender, mehrere Zeitungen und Zeitschriften sowie den größten Buchverlag Italiens. Das Wirtschaftsmagazin Forbes schätzte im Jahr 2001 sein Vermögen auf 13 Milliarden Dollar.

Als erste italienische Mannschaft konnte Milan den wenn auch nicht schönsten, so doch wertvollsten europäischen Pokal erobern. Der Erfolg war durchaus verdient. In den insgesamt zehn Spielen gegen US Luxemburg, Ipswich Town, Galatasaray Istanbul, Dundee United und Benfica brachten es die Mailänder auf ein Torverhältnis von 26:4. 14 Treffer gingen allein auf das Konto von José Altafini. Der Brasilianer stellte in Italien übrigens auch den bis heute gültigen Rekord von 275 Meisterschaftstoren auf.

Rotterdam, De-Kuip-Stadion, 23. Mai 1968, Endspiel im Europapokal der Pokalsieger. Gegen den Hamburger SV mit Uwe Seeler bot Rocco folgende Elf auf: Cudicini – Anquilletti, Schnellinger, Rosato, Scala – Trapattoni, Lodetti – Rivera, Hamrin, Sormani, Prati.

Das Endspiel war schon entschieden, bevor es richtig begonnen hatte. Nach zwei frühen Toren von Kurt (»Kurre«) Hamrin in der 3. und 19. Minute beschränkte sich Milan auf das Verwalten des Vorsprungs, was problemlos gelang. Hamrin hatte schon in Padova unter Rocco gespielt. Der schwedische Rechtsaußen erzielte in seinen fünfzehn Italien-Jahren (Juventus, Padova, Fiorentina, Milan, Napoli, Caserta) insgesamt 229 Tore.

Madrid, Bernabéu-Stadion, 28. Mai 1969, Endspiel im Europacup der Landesmeister. Gegen Ajax Amsterdam bot Rocco folgende Elf auf: Cudicini – Anquilletti, Schnellinger, Malatrasi, Rosato – Trapattoni, Lodetti – Rivera, Hamrin, Sormani, Prati.

Die Italiener erteilten den jungen Himmelsstürmern von Ajax Amsterdam eine Lektion in Sachen Pragmatismus und Taktik. Milan gewann 4:1, Prati erzielte einen Hattrick, der vierte Treffer ging auf das Konto von Sormani.

Dieser Erfolg bildete den Höhepunkt in der Ära Rocco. Wie ein Puzzle hatte der Trainer seine Mannschaft zusammengefügt und dabei nicht einmal Unsummen verpulvert. Der lange Torwart Fabio Cudicini galt bei der AS Roma nach acht Jahren als ausgebrannt und erlebte bei Milan seinen zweiten Frühling. Ähnlich war es Libero Saul Malatrasi ergangen: Inter hatte ihn zum Provinzklub Lecco abgeschoben, Rocco holte ihn auf die große Bühne zurück. Das Eigengewächs Giovanni Trapattoni war im defensiven Mittelfeld ein Dauerläufer und verrichtete seine Arbeit ebenso unspektakulär zuverlässig wie der ehemalige Kölner Karl-Heinz Schnellinger als Stopper.

Fürs Spektakel zuständig war in erster Linie Rivera, »Europas Fußballer des Jahres 1969«. Von seinen präzisen Zuspielen lebte der Dreimann-Sturm mit dem Schweden Kurt Hamrin, dem Italiener Pierino Prati und, auf der linken Seite, dem Brasilianer Angelo Benedetto Sormani, dem Nachfolger Altafinis.

Saloniki, Stadion Kaftadzogleio, 16. Mai 1973, Europapokal der Pokalsieger. Gegen Leeds United bot Rocco folgende Elf auf: Vecchi – Sabadini, Anquilletti, Turone, Zignoli – Rosato (59. Dolci), Benetti, Rivera – Sogliano, Bigon, Chiarugi.

Der letzte große Erfolg in der Ära Rocco war schon nach vier Spielminuten perfekt. Torjäger Luciano Chiarugi erzielte den einzigen Treffer der Partie. Bei Milan waren bereits gewisse Zerfallserscheinungen sichtbar, die Mannschaft versprühte nur noch selten spielerischen Glanz. Ein Jahr später reichte der Atem dann bereits nicht mehr bis zum Schluss. Im Endspiel um den Pokalsiegercup unterlag Milan 1974 dem

1. FC Magdeburg mit 2:0. Bloß 4641 Zuschauer wollten dieses Spiel live im Rotterdamer De-Kuip-Stadion sehen.

In der zweiten Hälfte der Siebzigerjahre geriet Milan in sportliche Turbulenzen. Das Experiment mit Trapattoni als Trainer und Rocco als Sportdirektor scheiterte. Mit Pippo Marchioro wurde ein Trainer verpflichtet, der als Verfechter der Zonendeckung bekannt war. Die verwirrten Milan-Spieler, allesamt mit der Manndeckung groß geworden, bewachten in der Folge oftmals weder Gegner noch den Raum. Immerhin verhinderten sie mit dem zehnten Rang in der Saison 1976/77 den Abstieg. Trainer Liedholm hauchte der verunsicherten Mannschaft kurzfristig wieder Leben ein. Er führte Milan 1979 zur zehnten Meisterschaft, womit sich die Rossoneri als dritter Verein nach Rekordmeister Juventus und Lokalrivale Inter mit einem goldenen Stern auf dem Trikot schmücken durften.

Um Milans Ruf stand es allerdings schon seit langem nicht mehr zum besten. Vorab die Präsidenten gerieten immer wieder in ein schiefes Licht. Andrea Rizzoli, Haupterbe des gleichnamigen Verlagsimperiums, ging im Strudel der Skandale um die Geheimloge P2 unter. Der Industrielle Albino Butticchi, ein großer Verehrer Riveras, schoss sich eine Kugel in den Kopf, aber seine Hand zitterte – er wurde gerettet, verlor aber sein Augenlicht. Felice Colombo betätigte sich in der Affäre der heimlichen Wetten als Briefträger seines korrupten Torhüters Enrico Albertosi und wurde vor Gericht gestellt. Der Großgrundbesitzer und Großwildjäger Giuseppe Farina tauchte wegen Bilanzfälschung, Steuerhinterziehung und Schwarzgeldzahlungen an seine Stars im südafrikanischen Dschungel unter …

Zwischenzeitlich abgetaucht war auch Milan. Anfang der Achtzigerjahre erschütterte ein Bestechungs- und Wettskandal den italienischen Fußball. Lazio Rom und Milan als Hauptsünder wurden in die zweite Liga versetzt. Erst 1984 schaffte Milan die definitive Rückkehr ins Oberhaus.

Am 10. Februar 1986 gab der Multimilliardär und Medienzar Silvio Berlusconi bekannt, dass er die Aktienmehrheit des Klubs übernommen habe. Der Selfmademan leitete neue Ära ein.

Sein Jura-Studium hatte sich der 1936 als ältester Sohn eines Mailänder Bankangestellten geborene Berlusconi als Staubsaugerverkäufer, Pianist und Conférencier verdient. Seine unternehmerische Karriere begann er als mittelloser Verkäufer von Appartements im Auftrag von Drittpersonen. Wer diese Dritten waren, ist bis heute unbekannt. Auch woher die Gelder kamen, mit denen Berlusconi den Bau neuer Stadtteile (*Milano 2* und *Milano 3*) finanzierte, ist unklar. Diese trostlosen Agglomerationsquartiere versah er mit einem eigenen, weitverbreiteten Kabelfernsehnetz. Diese Idee war die Grundlage zur Entfaltung des Privatfernsehens in Italien und machte Berlusconi zu einem der reichsten Männer auf der Halbinsel.

Zu seinem Imperium gehören mittlerweile TV-Kanäle, Immobilien, Versicherungen, Verlage und Supermärkte. Alles in allem ist Berlusconi Boss von etwa 30 000 Angestellten. Mitte der Neunzigerjahre gründete er eine eigene Partei mit dem Namen *Forza Italia* (»Vorwärts Italien«) und wurde dank unhaltbarer Versprechen sogar zweimal zum Ministerpräsidenten des Landes gewählt. Seine politischen Erfolge verdankt er nicht zuletzt der Popularität seines Fußball-Klubs.

Als Berlusconi Milan übernahm, war der Verein beinahe bankrott. Geldsorgen kannte der neue Besitzer nicht. Er hatte die Vision, Milan wieder zur Nummer eins in Europa zu machen. Obwohl er jeden Trainer der Welt hätte verpflichten können, holte er 1987 für die Nachfolge der Legende Liedholm einen unbekannten Schuhmacher aus Fusignano, der bis dato nur zweit- und drittklassige Teams wie Cesena, Rimini oder Parma betreut hatte. Arrigo Sacchi sollte für Berlusconi und Milan zum Glücksfall werden. Er ließ sein Team offensiv und attraktiv spielen. In der Verteidigung wurde in der Zone gedeckt, die Abseitsfalle perfektioniert und im Angriff ein aggressives Pressing aufgezogen. Ein Sieg war für Sacchi nur dann ein Erfolg, wenn seine Mannschaft durch ihre Spielweise auch die Fans des Gegners zu begeistern vermochte.

Sacchi hatte ein Konzept und Berlusconi kaufte ihm die dafür passenden Spieler. Der Erfolg stellte sich umgehend ein. 1988 gewann Milan seinen elften Meistertitel. Gefeiert wurden Baresi, Maldini, Tassotti, Donadoni, Ancelotti, Virdis und vor allem die beiden Holländer Gullit und Van Basten. Und natürlich Sacchi, der »Prophet aus der Provinz«.

Auch im Europacup der Meister setzte Milan zum Höhenflug an. Real Madrid wurde 1989 im Halbfinale mit einer 5:0-Packung nach Hause geschickt. Im Endspiel in Barcelona sahen die 80 000 mitgereisten *Tifosi* wiederum Fußball vom Allerfeinsten. Milan gewann gegen Steaua Bukarest überlegen mit 4:0, Marco van Basten und Ruud Gullit schossen je zwei Tore und die italienischen Zeitungen schrieben von einem *Milan stratosferico*. Die *Gazzetta dello Sport* schwärmte: »So spielt man nur im Paradies.« Der Europacup-Titel wurde 1990 erfolgreich verteidigt. In Wien besiegte Milan nach Erfolgen gegen Helsinki, Real Madrid, Mechelen und Bayern München im Endspiel auch noch Benfica Lissabon. Den einzigen Treffer des Spiels erzielte der dritte Holländer im Bunde, Frank Rijkaard.

Die Doppelbelastung Europacup und Meisterschaft machte Milan allerdings immer mehr zu schaffen. 1991 gewann die Mannschaft zwar zwei weitere Trophäen (den europäischen Supercup gegen Sampdoria Genua und den Weltpokal gegen Olimpia Asunción), in der Meisterschaft musste sie sich aber hinter Sampdoria mit Rang zwei begnügen. Dazu kam das wenig ehrenvolle Aus im Europacup gegen Olympique Marseille, als sich die Spieler kurz vor Schluss weigerten, wegen des Ausfalls eines Flutlichts im *Stade Vélodrome* weiterzuspielen. Milan wurde daraufhin für ein Jahr vom Europapokal ausgeschlossen und Sacchi neuer Trainer der italienischen Nationalelf.

Berlusconi nutzte die Zwangspause zum Neuaufbau. Den ehemaligen Spieler Fabio Capello, der bis dato für die Koordination im Nachwuchs zuständig gewesen war, beförderte er zur allgemeinen Überraschung zum Cheftrainer. Capellos großes Verdienst war es, den so genannten *Turn-Over* eingeführt zu haben, eine Art Rotationsprinzip. Denn Berlusconi wollte Siege – sowohl national als auch international. Der Kader wurde enorm aufgebläht. Gastarbeiter wie Jean-Pierre Papin, Zvonimir Boban oder Dejan Savicevic wurden engagiert, obwohl es damals noch eine Ausländerbe-

Das Objekt der Begierde: Dejan Savicevic küsst den Europapokal. Die Milan-Fans nannten den Supertechniker aus Montenegro il genio, »das Genie«.

Kämpfte verbissen um jeden Ball: Oliver Bierhoff. Er wurde 1999 mit Milan italienischer Meister.

schränkung gab. Mit diesen Stars spielte Milan in einer anderen Liga. Sacchis Offensivfanatismus hatte Capellos Pragmatismus Platz gemacht. Milan gewann 1992, 1993, 1994 und 1996 den Meistertitel und schaffte es, während 58 Spielen unbesiegt zu bleiben.

Auch in der neu geschaffenen *Champions-League* waren die Lombarden das Maß aller Dinge und erreichten dreimal in Serie das Endspiel. Den beiden 0:1-Niederlagen gegen Olympique Marseille (1993) und Ajax (1995) steht der vielleicht größte Triumph der Vereinsgeschichte gegenüber, der 4:0-Sieg gegen das von Johann Cruyff trainierte Barcelona mit seinen Ausnahmestürmern Romário und Stoichkov. Daniele Massaro schoss zwei Tore, dazu trafen der Franzose Marcel Desailly und Dejan Savicevic, *il genio* (»das Genie«) aus Montenegro.

Einen Stammplatz hatte Savicevic allerdings trotz seinen bisweilen brillanten Aktionen nicht. Denn Milans sündhaft teurer Kader umfasste schon vor der Bosman-Revolution weit über zwanzig (National-)Spieler; zu nennen wären da Albertini, Baresi, Boban, Carbone, Costacurta, De Napoli, Desailly, Donadoni, Eranio, Galli, Laudrup, Lentini, Maldini, Massaro, Panucci, Papin, Raducioiu, Savicevic, Tassotti oder van Basten, der allerdings nach einer zweijährigen

Verletzungspause 1995 seinen Rücktritt vom Spitzensport erklärte.

Die ganz große Zeit von Milan ging Mitte der Neunzigerjahre zu Ende. Der Niedergang hing vor allem mit dem Weggang von Erfolgstrainer Capello zu Real Madrid zusammen. Dazu kam, dass Berlusconi sich mehr um seine Partei als um den Klub kümmerte. Der *Cavaliere* (»Ritter«) hatte kaum noch Zeit für sein Lieblingsspielzeug. Das hinderte ihn allerdings nicht daran, ständig ins Alltagsgeschäft dreinzureden und führte beispielsweise dazu, dass im Jahr 2001 vier Trainer den verunsicherten Spielern immer wieder neue Konzepte überstülpten.

Zuerst schikanierte und entließ Berlusconi Alberto Zaccheroni, obwohl der Trainer auf Anhieb den Titel (1999) und in der zweiten Saison den dritten Platz erreicht hatte. Er ersetzte ihn durch den Alt-Nationaltrainer Cesare Maldini. Berlusconi war zu jenem Zeitpunkt jedoch bereits dem Charme des Türken Fatih Terim verfallen, den er dann aber schon nach neun Runden und einer Art Schauprozess im Herbst 2001 wieder feuerte und durch Carlo Ancelotti ersetzte.

Die ständigen Trainerrochaden und die zahlreichen Transferflops (darunter auch die Deutschen Ziege und Lehmann) führten dazu, dass Milan im Europacup über eine Statistenrolle nicht hinauskam. Das war und ist weit unter dem Anspruch des Klubs, der seine kickenden Angestellten selten mit weniger als 4 Millionen Euro pro Jahr und Kopf entschädigte. Vize-Präsident Adriano Galliani, seit 1986 im Amt und Berlusconis rechte Hand, kündigte im Frühling 2002 einen drastischen Spar-

So sieht ein glücklicher Sieger aus: Kapitän Paolo Maldini mit dem Pott. Milan hatte kurz zuvor Juventus im Elfmeterschießen mit 3:2 bezwungen.

Viel Geld, wenig Geduld

Die AC Milan hat ihre Konkurrenten immer wieder mit teuren Transfers geschockt. Stellvertretend seien die Namen Gren, Nordahl, Liedholm, Schiaffino, Altafini, Gullit, van Basten, Papin, Weah, Shevchenko und Rivaldo genannt. Gerne erinnern sich die Gegner jedoch auch an die größten Transferflops der Mailänder:
Für den Engländer Luther Blissett bezahlte Milan 1982 die stolze Summe von umgerechnet 3 Millionen Mark an den FC Watford. Nach nur 5 Toren in zwei Jahren verkaufte ihn Milan wieder an seinen alten Klub – für 5,5 Prozent des ursprünglichen Kaufpreises.
»Das Ende des Fußballs« prophezeite der Vatikan 1992 nach dem Transfer von Luigi Lentini. Das Stürmertalent wurde für 9,6 Millionen Euro von Torino erworben. Laut Staatsanwaltschaft bezahlte Berlusconi weitere 5 Millionen Schwarzgeld über Offshore-Konten seiner Holdinggesellschaft Fininvest. Weil die Ermittlungen nur schleppend vorankamen, kam Berlusconi ungeschoren davon. Die Anklage musste im Herbst 2002 wegen Verjährung fallen gelassen werden. Lentini kam bei Milan übrigens nur mit seinem Porsche auf Touren. Nach einem schweren Autounfall kam er überhaupt nicht mehr in Fahrt. Milan schickte Lentini 1997 wieder zu Torino zurück, das ihn kurz darauf in die Serie B abschob.
Edgar Davids kam 1996 ablösefrei von Ajax Amsterdam und wurde in anderthalb Jahren bloß 19 Mal eingesetzt. Die Mailänder rieben sich die Hände, als Juventus 10 Millionen Mark bot – und anschließend verwundert die Augen: Davids avancierte in Turin zu einem der besten Mittelfeldspieler der Welt.
»Das ist der Picasso des Fußballs«, urteilte Michel Platini 1985 nach dem Weltpokalfinale zwischen Juventus und den Argentinos Juniors. Er meinte den damals 19-jährigen Argentinier Claudio Borghi, für den Milan später fast 10 Millionen Mark ausgab. Da bei den *Rossoneri* die beiden Holländer Gullit und van Basten die Ausländerplätze besetzten, wurde Borghi zuerst an Ascoli, dann an Como ausgeliehen. Er enttäuschte auf der ganzen Linie. »Wenn der ins San Siro will, dann muss er sich eine Eintrittskarte kaufen«, spottete der Transferchef von Como.
Das Endspiel der Champions-League entschied Patrick Kluivert 1995 alleine: Ajax besiegte Milan 1:0. Die Italiener sahen im dunkelhäutigen Angreifer den Nachfolger von Marco van Basten. Doch wegen Kluivert blieb den Milan-Fans der Torjubel oft im Hals stecken: Er verstolperte die besten Chancen. Erst bei Barcelona blühte er wieder auf. Bei der EM 2000 ließ sich Kluivert als Torschützenkönig feiern.
Die Liste der jüngsten Transferflops könnte noch durch die Namen Jens Lehmann, Christian Ziege, Ibrahim Ba, Patrick Vieira, Michael Reiziger, Winston Bogarde, Christophe Dugarry oder Javier Moreno ergänzt werden – ohne Gewähr auf Vollständigkeit.

kurs an: »Wir müssen die Gehälter um 20 Prozent senken«, zeterte er, »und wenn wir ein normales Unternehmen wären, stünden wir jetzt kurz vor dem Bankrott.« Insgesamt 100 Millionen Euro wollte er sparen.

Doch diese Ankündigung war nicht einmal das Zeitungspapier wert, auf dem sie millionenfach gedruckt wurde. Die größte Finanzkrise des italienischen Fußballs sah

Berlusconi als große Chance zu einem Neubeginn. Von Trainer Carlo Ancelotti, zu Sacchis Zeiten ein unermüdlicher Rackerer im Mittelfeld, forderte er Spektakel und bedingungslosen Angriffsfußball und somit eine Abkehr von der Bunkermentalität. Um seine Ansprüche zu unterstreichen, kaufte Berlusconi Verteidiger Alessandro Nesta für 30 Millionen Euro von Lazio Rom, gewährte dem brasilianischen Weltmeister Rivaldo 28 Millionen für vier Jahre, und selbstverständlich behielt auch der italienische Nationalstürmer Filippo Inzaghi sein Jahresgehalt von 5 Millionen Euro netto.

Milan legte im Herbst 2002 los wie die Feuerwehr, stürmte auf Teufel komm raus. Berlusconi sah in jenen Tagen »die größte Milan-Elf überhaupt, besser als die Meisterteams unter Sacchi und Capello«. Ancelotti ließ sich als Erfinder des »Rhombus« feiern, als Stratege, der es fertigbrachte, die Wünsche seines Präsidenten in Spielkultur umzuwandeln: Rui Costa, Rivaldo, Inzaghi und Schewtschenko bildeten das kreative Rechteck. Doch bereits im Winter war es vorbei mit der Herrlichkeit. Während sich Schewtschenko und Inzaghi meist gegenseitig im Weg standen, brachte Rivaldo kein Bein mehr vors andere. Dank Inzaghis Toren mogelte sich Milan in der Champions League durch die Vor- und Zwischenrunde, aber in der Meisterschaft musste man schon früh die Segel streichen. Hinter Juventus und Inter reichte es dort bloß zu Rang drei.

Gelegenheit zur Revanche bot sich in der Champions League. Zwar gelang den Rossoneri gegen Inter im Halbfinale und Juventus im Endspiel während insgesamt über dreihundert Minuten bloß ein einziger Treffer. Doch das reichte zum großen Triumph, weil einerseits die Abwehr um den unverwüstlichen Maldini und Nesta die Schotten dicht machte und andererseits Torhüter Dida im Elfmeterschießen dreimal die richtige Ecke ahnte – 3:2. »Die Teufel sind im Paradies«, schrieb die Gazzetta dello Sport, Italiens Fußball-Bibel, am anderen Tag auf ihrer Titelseite.

ERFOLGE

Italienischer Meister: 1901, 1906, 1907, 1951, 1955, 1957, 1959, 1962, 1968, 1979, 1988, 1992, 1993, 1994, 1996, 1999.
Italienischer Pokalsieger: 1967, 1972, 1973, 1977, 2003.
Europapokal der Meister / Champions League: 1963, 1969, 1989, 1990, 1994, 2003.
Europapokal der Pokalsieger: 1968, 1973.
Weltpokal: 1969, 1990, 1991.
Mitropa-Cup: 1982.
Coppa Latina: 1951, 1956.

Bekannteste Spieler: Albertini – Albertosi – Altafini – Amarildo – Ancelotti – Annovazzi – Anquiletti – Ayala – Baggio – Baresi – Benetti – Benítez – Bierhoff – Blissett – Buffon – Capello – Chamot – Chiarugi – Coco – Collovati – Costacurta – Cruz – Cudicini – Davids – Desailly – De Vecchi – Donadoni – Dugarry – Frignani – Futre – Gattuso – Galli – Gerets – Ghezzi – Green – Gullit – Hateley – Hamrin – Helveg – Inzaghi – Kaladze – Kluivert – Laudrup – Lehmann – Lentini – Leonardo – Liedholm – Lodetti – Malatrasi – Maldera – Cesare Maldini – Paolo Maldini – Massaro – Mora – Nesta – Nordahl – Panucci – Papin – Prati – Radice – Redondo – Rivaldo – Rivera – Rosato – Paolo Rossi – Sebastiano Rossi – Rijkaard – Rui Costa – Sabadini – Sala – Salvadore – Sani – Savicevic – Scala – Schiaffino – Schnellinger – Seedorf – Serginho – Simone – Shevchenko – Sormani – Tassotti – Trebbi – Tognon – Trapattoni – Tomasson – van Basten – Vecchi – Vieira – Virdis – Weah – Wilkins – Ziege.
Bekannteste Trainer: Ancelotti – Baloncieri – Bonizzoni – Capello – Carniglia – Castagner – Czeizler – Guttmann – Liedholm – Maldini – Puricelli – Rocco – Sacchi – Tabarez – Tassotti – Terim – Trapattoni – Viani – Zaccheroni.

Maradonapoli

Wer Neapel gesehen hat, der kann beruhigt sterben. So etwa lässt sich das wohl bekannteste Kompliment, das je einer Stadt gemacht wurde *(Vedi Napoli e poi muori)* auf deutsch übersetzen.

Manchem Neapolitaner war im Frühling 1984 beim Anblick seiner Stadt tatsächlich zum Sterben zumute. Es war damals zwar schon über drei Jahre her, seit der Vesuv letztmals ausgebrochen war, auch die Cholera-Epidemie war mittlerweile Vergangenheit, aber es gab noch immer mindestens 20 000 Obdachlose, die Arbeitslosigkeit in der drittgrößten Stadt Italiens lag um die vierzig Prozent, während die Hoffnung auf bessere Zeiten gegen Null tendierte.

Frischer Lebensmut, das war es, was die Menschen am Golf von Neapel dringend benötigten. Den Messias sahen sie in der Person von Diego Armando Maradona. Der FC Barcelona verlangte für den Argentinier die damals gigantische Ablösesumme von 13 Milliarden Lire. Das entsprach umgerechnet rund 18 Millionen Dollar und war ein unverschämt hoher Preis für einen Spieler, der in Spanien selten überzeugt hatte, häufig verletzt war und zahlreiche Skandale produziert hatte.

Wie der hysterische Ruf nach Maradona entstand, ist nicht mehr zu ermitteln. Tatsache ist, dass Präsident Corrado Ferlaino von den Fans geradezu zu einer Verpflichtung genötigt wurde. Als Barcelona die Hinterlegung einer Kaution in der Höhe von 600 000 Dollar in bar forderte und der Deal deswegen zu platzen drohte, wollten Anhänger ein Schiff chartern und sich zu tausend Mann nach Barcelona aufmachen. Jeder *Tifoso* – so die verrückte, aber ernst gemeinte Idee – sollte eine Million Lire mitnehmen, damals der Höchstbetrag, den Touristen ausführen durften. Die Fans mussten schließlich doch nicht in See stechen, denn vier Banken übernahmen die Garantie – Maradona war Neapolitaner. Und die Neapolitaner gerieten total aus dem Häuschen.

SOCIETÀ SPORTIVA CALCIO NAPOLI
Gründungsdatum: 1. August 1926.
Anschrift: SSC Napoli, Vicinale Paradiso 70, 80126 Napoli, Italia.
Internet: www.calcionapoli.it
Stadion: San Paolo, Fassungsvermögen: 78 210 Zuschauer.
Vereinsfarbe: Himmelblau (azzurro)

Die Vorstellung des neuen Hoffnungsträgers fand am 5. Juli 1984 im *Stadio San Paolo* (auf deutsch: »Stadion des heiligen Paul«) statt. 80 000 Fans zahlten je tausend Lire, um zu sehen, wie der Wuschelkopf ganz alleine in Jeans und Turnschuhen den Ball jonglierte und die Worte »Ich bin glücklich, bei euch zu sein« ins Mikrophon stammelte.

Doch das Glück war zunächst nur von kurzer Dauer. Auch mit Maradona schaffte die *Società Sportiva Calcio Napoli* 1985 lediglich den achten Platz. 1986 führte Maradona die Mannschaft immerhin auf Rang drei. Doch das war den weltweit rund sechs Millionen Napoli-Fans zu wenig. Mit jeder Niederlage wurde Maradonas Engagement kritischer hinterfragt.

Die Geschichte schien sich zu wiederholen: Napoli verpflichtet einen teuren Star, die Euphorie in der von Armut geprägten Stadt ist riesig, aber als noch größer erweist sich nachher die Ernüchterung über die ausbleibenden Resultate. Schon viele vermeintliche Stars hatten sich das azurblaue Trikot übergestreift: Etwa der Argentinier Omar Sívori, der 1965 als 30-Jähriger von Juventus gekommen war. Oder der Brasilianer José Altafini, der seine Karriere in Neapel an der Seite von Sívori ausklingen ließ. Oder der holländische Libero Ruud Krol, der seinen Zenit allerdings auch schon überschritten hatte, als er 1980 unter Vertrag genommen wurde. Außer zwei Pokalsiegen, die in Italien jedoch längst nicht eine so große Bedeutung haben wie etwa in England, hatte der 1926 gegründete Klub noch nichts Bedeutendes gewonnen.

Auch im Fußball blieb den Neapolitanern nur ein Platz im Schatten der verhassten Klubs aus dem reichen Norden des Landes.

Dies änderte sich blitzartig, als Maradona 1986 in Mexiko die Weltmeisterschaft fast alleine gewann. Als der *Pibe de oro*, der »Goldfuß« mit der »Hand Gottes«, nach Neapel zurückkehrte, feierte man ihn, als hätte er den WM-Titel für Italien erobert. Maradona hatte den *Tifosi* den Wunderglauben wieder zurückgegeben und eine neue Euphorie entfacht. Der Klub hatte bereits vor dem ersten Spiel der Saison 1986/87 weit über 60 000 der sündhaft teuren Dauerkarten verkauft und füllte auch auswärts die Stadien. Denn mit Maradona in Hochform war Napoli ein Spitzenteam. Die Mannschaft eilte von Sieg zu Sieg und schrieb am 10. Mai 1987 im Heimspiel gegen die AC Fiorentina Geschichte.

Bei Napoli drehte sich alles um ihn: Diego Armando Maradona (auf dem Bild im Duell mit Inters Lothar Matthäus).

Es war der Tag, an dem in Neapel die Erde bebte – eine ganze Stadt explodierte im Freudentaumel. Mehr als 120 Jahre, seit der Einigung Italiens, mussten die *Partenopei* auf diesen Augenblick warten. Neapel war – zumindest für zwölf Monate – wieder Hauptstadt der Apennin-Halbinsel. Vergessen waren für einige Stunden die unlösbaren Alltagsprobleme.

Durch das 1:1 gegen Fiorentina war Napoli erstmals Meister. Die Helden, die kurz darauf gegen Atalanta Bergamo auch noch den Pokal und somit das Double gewannen (ein Kunststück, das zuvor letztmals Juventus Turin im Jahr 1960 geschafft hatte), hießen Garella, Ferrara, Francini, Bagni, Ferrario, Renica, Romano, De Napoli, Giordano, Carnevale und natürlich Maradona. Er erfuhr nun die gleiche Verehrung wie der Stadtheilige San Gennaro, der heilige Januarius, dessen Blut sich zweimal im Jahr verflüssigt.

Nur die *Camorra*, die neapolitanische Mafia, war über den Erfolg nicht besonders glücklich. Im *Toto Nero*, dem äußerst populären Schwarzmarkt-Gewinnspiel, hatte sie 16:1 dagegen gewettet, dass Napoli Meister würde. Angesichts eines Verlustes von umgerechnet rund hundert Millionen Mark waren die Mafiosi verständlicherweise nicht gut auf Maradona zu sprechen.

ERFOLGE

Italienischer Meister: 1987, 1991.
Italienischer Pokalsieger: 1962, 1976, 1987.
UEFA-Cup-Sieger: 1989.

Bekannteste Spieler: Alemão – Altafini – Amadei – Bagni – Bellugi – Bertoni – Blanc – Bruscolotti – Bugatti – Canè – Cannavaro – Careca – Carnevale – Casari – Colombari – Crippa – Damiani – Di Canio – Dirceu – Edmundo – Esposito – Ferrara – Ferraris II – Fonseca – Galli – Giordano – Jeppson – Juliano – Krol – Maradona – Mihalic – Orlandini – Pesaola – Renica – Rincón – Sallustro – Savoldi – Thern – Vavassori – Vinicio – Vojak – Zoff – Zola.
Bekannteste Trainer: Chiapella – Bianchi – Bigon – Boskov – Lippi – Marchesi – Mondonico – Di Marzio – De Menezes – Ranieri – Santin – Zeman.

Auch 1988 schien alles darauf hinzudeuten, dass *Maradonapoli*, wie der Klub mittlerweile genannt wurde, wieder ganz vorne landen würde. Doch ein Fünfpunkte-Vorsprung bis kurz vor Schluss reichte nicht aus, um den Titel zu verteidigen. Napoli holte aus den letzten fünf Spielen bloß einen einzigen Punkt und landete hinter Milan nur auf Rang zwei. Später tauchten Gerüchte auf, Maradona und Co. seien von der Mafia, der erneut riesige Wettverluste drohten, bestochen und eingeschüchtert worden. Maradona bezeichnete dies in seiner Autobiographie jedoch als »Blödsinn«. Er erklärte den Einbruch mit Unstimmigkeiten zwischen der Mannschaft und Trainer Ottavio Bianchi.

Im darauf folgenden Jahr gewann Napoli seine erste internationale Trophäe. Im UEFA-Cup wurde im Halbfinale zuerst Bayern München und im Endspiel dann auch noch der VfB Stuttgart besiegt. Wesentlichen Anteil am Erfolg hatten nebst Maradona die beiden Brasilianer Alemão (der so heißt, weil der beste Freund seines Vaters einen deutschen Schäferhund hatte) und Careca, die für viel Geld an den Fuß des Vesuvs gelockt worden waren. *Bella Napoli* war nun endgültig eine erstklassige Adresse im europäischen Fußball.

Wie aus einem Pferd ein Esel wurde

Industrialisierung und Fußball sind zwei Begriffe, die eng miteinander verknüpft sind. Italiens Süden hinkte der Entwicklung lange Zeit hinterher. Eine von feudalen Verhältnissen geprägte Landwirtschaft verhinderte bis weit ins 20. Jahrhundert hinein jeglichen Fortschritt. Millionen von Süditalienern wanderten aus, viele von ihnen bestiegen im Hafen von Neapel ein Schiff nach Übersee. Das Geschäft mit der Auswanderung lockte zahlreiche Reedereien in die Stadt.
1903 versetzte eine der bekanntesten Reedereien, die englische Cunard Line, einen Angestellten namens William Poths nach Neapel. In seinem Gepäck hatte er einen Ball. Ein Jahr später rief Poths mit ein paar Freunden den Naples Football and Cricket-Club ins Leben. Nationale Bedeutung erreichte dieser Verein aber ebenso wenig wie die 1911 gegründete Konkurrenz von Internazionale. Deshalb wurde eine Fusion beschlossen. Internaples sollte der neue Klub heißen. Doch die Faschisten, die in Italien seit 1922 an der Macht waren, konnten mit diesem Namen nichts anfangen und forderten eine »Italianisierung«. So entstand 1926 schließlich die Associazione Calcio Napoli (auf deutsch: »Fußball-Vereinigung Neapel«). 1968 wurde der Klub dann in Società Sportiva Calcio Napoli (»Fußballsport-Gemeinschaft Neapel«) umbenannt.
Die erste Teilnahme an der nationalen Meisterschaft in der Saison 1926/27 geriet für Napoli zu einem Desaster. Gegen Brescia (0:0) holte man den einzigen Punkt. Ansonsten setzte es nur Niederlagen ab, das Torverhältnis lautete 7:61. Irgendjemand befand, dass das Pferd, das Wappentier der Stadt, nicht zu diesem Klub passe. Seitdem dient ein Esel als Maskottchen. Trotz den anfänglichen Misserfolgen musste Napoli übrigens nie absteigen. Der Verband beschloss stattdessen jeweils eine Aufstockung der Liga – insgesamt viermal! Der Protest der Gegner hielt sich in Grenzen, denn die Fußballbegeisterten Neapolitaner garantierten ihnen ein volles Haus und somit willkommene Einnahmen.

Mit Maradona ging es aber langsam abwärts. Im Sommer 1989 kehrte er erst drei Wochen nach Trainingsbeginn aus seinem Heimaturlaub zurück, zudem war er übergewichtig und außer Form. Der Klub hatte keine Macht mehr über ihn. Maradona machte, was im beliebte – nicht nur auf dem Platz. Zunächst verzieh man der Diva seine immer häufiger werdenden Eskapaden. Immerhin machte Maradona Napoli 1990 zum zweiten Mal zum Meister. Als dann aber im März 1991 bei einer Dopingprobe nach dem Spiel in Bari herauskam, dass Maradona Kokain konsumiert hatte, fand das Märchen ein abruptes Ende. Bei Nacht und Nebel floh Maradona aus Angst vor Polizei und Steuerbehörden aus Italien und wurde von der FIFA für 15 Monate wegen Dopingmissbrauchs gesperrt.

Maradona hatte für Napoli in sieben Jahren und 259 Spielen insgesamt 115 Tore geschossen, davon 81 in der Meisterschaft. Durch seine Auftritte hatte er dem Klub zu Brutto-Einnahmen in der Höhe von umgerechnet rund 250 Millionen Euro verholfen. Ohne seinen »Geldesel« war die SSC Napoli nichts mehr wert – im wahrsten Sinne des Wortes. Obwohl der Klub in den folgenden Jahren jeweils die besten Spieler (Zola, Ferrara, Thern, Fonseca, Di Canio und Cannavaro) an den Meistbietenden verschacherte, wuchs der Schuldenberg teilweise auf weit über 50 Millionen Euro an. Wohin das Geld versickerte, ist bis heute ungeklärt geblieben. Es wurde auf alle Fälle nur zu einem geringen Teil wieder in die Mannschaft investiert. An die großen Erfolge konnte der Klub nicht mehr anknüpfen. Der kontinuierliche Absturz endete 1998 mit dem Fall in die Zweitklassigkeit.

Der Liebe der Neapolitaner zum Fußball scheinen diese Misserfolge aber nichts anzuhaben. Als die Mannschaft im Frühling 2000 um die Rückkehr ins Oberhaus kämpfte, erhielt sie Unterstützung von 50 000 Fans. Es half; Neapel war – wenn auch nur für ein Jahr – wieder eine Serie-A-Stadt.

Als sich im Frühling 2001 Maradonas Flucht zum zehnten Mal jährte und Napoli erneut vor dem Sturz in die Serie B stand, boten ihm über hundert Anwälte eine kostenlose Verteidigung an. Denn in Neapel war und ist die Vergangenheit immer noch präsent. Der Fiskus fordert von Maradona eine Steuernachzahlung von rund 25 Millionen Euro und jedes Tor, das Diego Sinagra für die Napoli-Junioren erzielt, füllt in den Lokalzeitungen ganze Seiten. Der Junge ist das Ergebnis einer Liebesnacht des verheirateten Stars mit einer adretten Neapolitanerin und soll nicht nur den Wuschelkopf, sondern auch das Talent seines Vaters geerbt haben.

Dieser hat seit seiner Enttarnung als Kokainsünder nie mehr einen Fuß in die Stadt gesetzt, die ihn, wie er klagt, verraten habe. Die Neapolitaner möchten, dass Maradona nur einmal noch in ihrer Stadt erscheint, nicht vor Gericht, sondern zu seinem bisher verweigerten Abschiedsspiel. Wetten, dass dann das *Stadio San Paolo* wieder ausverkauft wäre?

In ehrenwerter Gesellschaft

32 Jahre lang war der einstige Rennboot-Fahrer Corrado Ferlaino Präsident der SSC Napoli. Er hatte 1969 im Auftrag einer Interessengemeinschaft der Witwe des Napoli-Präsidenten Roberto Fiore die Klubanteile abgehandelt und sie gleich in der eigenen Tasche behalten. Als Bauunternehmer und Immobilienhändler bewegte er sich in der Grauzone zwischen der Camorra und dem christlich-demokratischen Politfilz (allein in Neapel residierten fünf Minister, die später in den Mani-Pulite-Prozessen wegen Korruption verurteilt wurden). Auch Ferlaino geriet etliche Male ins Fadenkreuz der Staatsanwälte. Zu einer Verurteilung reichte das gesammelte Beweismaterial allerdings nicht aus.
Im Herbst 2001, nach 32 Jahren verschlagener Regentschaft über die SSC Napoli, trat der damals 71-jährige Ferlaino angesichts unausweichlicher Kapitalerhöhungen die Macht und sein 50-Prozent-Aktienpaket an den lombardischen Telemarketing-Branchenführer Giorgio Corbelli ab. Dieser war bereits seit anderthalb Jahren im Besitz der anderen Hälfte der Anteile gewesen und amtierte als Schattenpräsident.
Kaum war Ferlaino weg, stand der Klub bereits ohne Vorsitzenden da. In einer Nacht-und-Nebel-Aktion wurde Corbelli verhaftet und für einige Tage in U-Haft gesteckt. Die Staatsanwälte verdächtigen ihn, billige Kopien als echte Kunstwerke verkauft und so Millionengewinne erzielt zu haben.

Finanzakrobaten und Ballartisten

Rom hat die Geschichte des Abendlandes geprägt wie keine andere Stadt. Als sich jedoch am 9. Januar 1900 neun junge Männer auf der *Piazza della Libertà* am rechten Tiber-Ufer versammelten und die *Società Podistica Lazio* gründeten, nahm die Weltöffentlichkeit von diesem Ereignis keinerlei Notiz. Lazio Rom, wie der Verein mit den himmelblauen Trikots genannt wird, spielte im italienischen Fußball lange Zeit bloß die zweite Geige. Daran änderte auch die Verpflichtung von Silvio Piola im Jahre 1934 nichts. »Der Adler von Vercelli« war einer der besten europäischen Mittelstürmer der Zwischenkriegszeit; er schoss für Lazio in 227 Meisterschaftsspielen 143 Tore. Der zweite Platz aus dem Jahr 1937 bildete lange Zeit den größten Erfolg des Klubs, bei dem auch Benito Mussolini Mitglied war.

Wichtiger als das *Campeonato* ist für die Laziali seit 1927 der Gewinn der Stadtmeisterschaft, sprich das Derby gegen die AS Roma. Die *Associazione Sportiva Roma* ist ein Fusionsprodukt. Sie entstand am 22. Juli 1927 aus dem Zusammenschluss der Vereine *Alba*, *Fortitudo* und *Roman FC*. Als Klubfarben wurden Gelb und Rot bestimmt, genau wie die Farben der Stadt. Die AS Roma übernahm in ihrem Wappen auch das Symbol der Wölfin, welche die mythischen Stadtgründer Remus und Romulus säugt. Die Farben von Lazio hingegen, himmelblau und weiß, wurden der Flagge Griechenlands entnommen, der Heimat der olympischen Spiele. Roma versteht sich seit jeher als Klub der städtischen Arbeiterschaft, während sich die Anhänger Lazios aus den noblen Vierteln der Stadt und der Bauernschaft des Umlandes (der Region Lazio) rekrutieren.

ASSOCIAZIONE SPORTIVA ROMA

Gründungsdatum: 22. Juli 1927.
Anschrift: AS Roma, Via di Trigoria, km 3600, 00128 Roma, Italia.
Internet: www.asromacalcio.it
Stadion: Stadio Olimpico, Fassungsvermögen: 82 922 Zuschauer.
Vereinsfarben. Gelb und Rot.

Gemeinsam war den beiden Römer Vereinen lange Zeit die Erfolglosigkeit. Roma gewann 1942 zwar die italienische Meisterschaft, deren Bedeutung allerdings relativiert werden muss. Denn mitten während des Krieges gab es selbst in Italien Wichtigeres als Fußball. Als in Europa wieder Frieden herrschte, führten die Wege zahlloser Kicker nach Rom. Sowohl Roma als auch Lazio hatten stets sündhaft teure Akteure in ihren Reihen – aber selten eine Mannschaft. Die Pokalsiege von 1958 (Lazio), 1964 und 1969 (Roma) standen in keiner Relation zum dafür betriebenen Aufwand.

SOCIETÀ SPORTIVA LAZIO ROMA

Gründungsdatum: 9. Januar 1900.
Anschrift: Lazio Roma, via Augusto Valenziani, 10, 00187 Roma, Italia.
Internet: www.lazio.it
Stadion: Stadio Olimpico, Fassungsvermögen: 82 922 Zuschauer.
Vereinsfarben: Himmelblau und Weiß.

Lazio stieg 1967 und 1971 in die Serie B ab, nutzte diese Zeit aber, um junge Talente in die Mannschaft einzubauen. In der dritthöchsten Liga entdeckte Trainer Tommaso Maestrelli die Talente Giovanni Wilson und Giorgio Chinaglia, zwei Ausnahmekönner, die großen Anteil am bis dato schönsten Erfolg in der Vereinsgeschichte hatten: Lazio gewann 1974 erstmals den *Scudetto*, die nationale Meisterschaft. Doch auf den Höhenflug folgte ein tiefer Fall.

Wegen Fan-Krawallen durfte der Klub nicht am Europacup der Meister teilnehmen. 1976 starb Trainer Maestrelli nach langer Krankheit. Die Schlüsselspieler Giorgio Chinaglia, Franco Nanni, Giancarlo Oddi und Mario Frustalupi kehrten Lazio nach und nach den Rücken. Ein weiteres Drama ereignete sich am 18. Januar 1977, als der Publikumsliebling Luciano Re Cecconi von einem befreundeten Juwelier erschossen wurde, weil dieser einen Scherz Cecconis und dessen Mannschaftskollegen Pietro Ghedin als Überfall missverstand.

Ein Bikini für den Papst

Rund eine Million Tifosi feierten im Juni 2001 im altehrwürdigen Circo Massimo Romas Meistertitel. Der groß angekündigte Striptease der populären Schauspielerin Sabrina Ferilli entpuppte sich allerdings als halbe Sache. Zur Musik von Kool an the Gang entledigte sich die glühende Roma-Anhängerin zwar einiger Kleidungsstücke – am Ende stand sie allerdings immer noch im Bikini auf der Bühne. Der diplomatische Kompromiss enttäuschte zwar manchen (männlichen) Fan, befriedigte aber die katholische Kirche. Denn der Papst hatte sich im Vorfeld der Meisterfeier gegen einen Striptease ausgesprochen. Die Bikini-Variante hatte er hingegen abgesegnet.

Knüppeldick kam es für den Klub am 23. März 1980. In einer spektakulären Polizeiaktion wurden unmittelbar nach dem Schlusspfiff des Spiels in Ascoli Torhüter Massimo Cacciatori, Kapitän Giovanni Wilson sowie die beiden Nationalspieler Bruno Giordano und Lionello Manfredonia wegen Verdachts auf Spielmanipulation verhaftet. Die Spieler wurden gesperrt und Lazio in die Serie B zwangsrelegiert.

Während Lazios Absturz setzte die Roma zum Gipfelsturm an. 1979 übernahm der Senator und Multimillionär Dino Viola das Ruder und krempelte den Klub komplett um. Als erstes ersetzte er die saugende Wölfin im Klubwappen durch einen heulenden Wolfskopf. Auch auf der Personalliste nahm er einige Änderungen vor. Das Traineramt übertrug er Nils Liedholm, der insgesamt länger auf der Roma-Bank Platz nahm als jeder andere: 324 Mal. Viola las dem Schweden praktisch jeden Wunsch von den Lippen ab. Einer war der brasilianische Mittelfeldstratege Paulo Robert Falção aus Porto Alegre, den die Römer schon nach wenigen Wochen ehrfürchtig »Feldherr« nannten.

Falção und Liedholm führten den Klub vom Pannenstreifen auf die Siegerstraße. 1980, 1981, 1984 und 1986 eroberten die *Giallorossi* (»die Gelbroten«) den italienischen Pokal. Weit wichtiger für das Selbstbewusstsein der Hauptstädter war aber der Meistertitel von 1983. Die Fans lagen Herbert Prohaska, Carlo Ancelotti, Agostino Di Bartolomei, Roberto Pruzzo, Roberto Falcão, Francesco Graziani und Bruno Conti zu Füßen.

Die Mannschaft setzte auch im Europapokal zu einem Triumphzug an, der sie über

Göteborg, Sofia, Berlin und Dundee ins Endspiel in … Rom führte. Im *Stadio Olimpico* war am 30. Mai 1984 alles für die Krönung bereit. 69 693 Fans schrien *Forza Roma* – bis ihnen der Schrei im Hals stecken blieb. Im Elfmeterschießen versagten die Nationalspieler Graziani und Conti, der FC Liverpool setzte sich in der Höhle des Löwen auf Europas Fußball-Thron. Die Römer schoben sich die Schuld an dieser Pleite gegenseitig in die Schuhe. Falção verlor an Ansehen, weil er im Elfmeterschießen gekniffen hatte. Das Verhältnis zwischen Liedholm und Viola kühlte sich ab. In Norditalien fragten die Fans hämisch: Brennt Rom schon?

Die *Gazzetta dello Sport* verspottete die Roma Ende der Achtzigerjahre als »Biwak-Mannschaft«: sie übernachte zwar immer weit oben, erreiche aber nie den Gipfel. Die Qualifikation für das UEFA-Cup-Endspiel von 1991 war das einzige Highlight im letzten Jahrzehnt des zwanzigsten Jahrhunderts. Das Finale gegen Inter Mailand war auch ein Duell der Deutschen. Lothar Matthäus, Andreas Brehme und Jürgen Klinsmann behielten gegen Rudi Völler und Thomas Berthold die Oberhand. Inter gewann 3:1.

Lazio gelang 1988 die Rückkehr in die Serie A. Vier Jahre später übernahm Sergio Cragnotti die Aktienmehrheit vom undurchsichtigen Unternehmer Gianmarco Calleri, der unter anderem die deutschen Nationalspieler Karl-Heinz Riedle und Thomas Doll nach Rom gelockt hatte. Innerhalb von acht Jahren verwandelte Cragnotti sein Lieblingsspielzeug, das er für 38 Milliarden Lire erworben hatte, in eine Geldmaschine mit einem Börsenwert von 600 Milliarden Lire (350 Millionen Euro). Das Ende des Börsenbooms holte auch Cragnotti auf den harten Boden der Realität zurück. Doch der Reihe nach.

Der Siegfried, der Säbelhiebe austeilt

Das erste Derby zwischen Roma und Lazio fand 1929 im Stadio Rondinella vor 15 000 Fans statt. Roma siegte 1:0. Als Torschütze nennen die Chronisten einen Spieler namens Rodolfo Volk. Er wurde in Rom wegen seinen blonden Haaren auch Sigghefrido (Siegfried) oder Sciabbolone genannt, was mit »der Säbelhiebe austeilt« übersetzt werden kann. Für die Lazio-Anhänger war der blonde Hühne ein Alptraum. In den ersten 6 Derbys schoss er 6 Tore.

Volks Identität wirft heute noch Fragen auf. Vor seinem Wechsel nach Rom spielte er bei der Fiorentina unter dem Namen Rodolfo Bolteni. Offenbar nannte er sich so, um in der Ära des Faschismus seine ausländische Herkunft zu verschleiern. In Rom wurde sein Name zeitweise in Folchi italianisiert. Daneben existierte auch noch die Schreibweise Wolk. Es ist nicht bekannt, ob es noch einen anderen Fußballer gibt, der derart viele Rufnamen besaß wie Volk, Wolk, Folchi oder Bolteni. Für die Roma erzielte der Torjäger exakt 100 Tore in 157 Spielen.

Am 23. Oktober 1932 gewann Lazio übrigens erstmals das Duell gegen die Giallorossi. Ob es daran lag, dass Mussolinis Söhne auf der Tribüne saßen?

Cragnottis Vergangenheit verliert sich unter den Aktenbergen, die der »*Mani-pulite*«-Ermittler Antonio Di Pietro im Mailänder Justizpalast hinterlassen hat. Im November 1993 saß Cragnotti kurze Zeit in U-Haft, aber zur Aufklärung seiner Rolle beim Joint Venture der Staatsholding ENI mit dem Chemieunternehmen Montedison

Verlor trotz der Transferhektik seines Präsidenten nie den Überblick: Sven-Göran Eriksson.

trug das nur wenig bei. Cragnotti leitete als Delegierter des Verwaltungsrates die Enimont, ein fiktives Gebilde, das nichts anderes war als ein gigantischer Selbstbedienungsladen für Politiker und Manager.

Doch das interessierte die Lazio-Fans höchstens am Rande. Wichtiger war, dass Cragnotti sie wieder jubeln ließ. Die *Coppa Italia* wurde gewonnen, die letzte Austragung des Europapokals der Pokalsieger im Jahr 1999 gegen Mallorca ebenfalls. Und zum 100-jährigen Vereinsjubiläum im heiligen Jahr gab es nicht nur den lang ersehnten zweiten Meistertitel, sondern sogar das Double zu feiern.

Diese Erfolge waren insofern erstaunlich, als dass Cragnotti seine Elf ständig umkrempelte. Seit 1992 hatte er rund 500 Milliarden Lire (275 Millionen Euro) in Spieler investiert und für 300 Milliarden (170 Millionen Euro) auch wieder Personal abgestoßen, etwa den fragilen Torjäger Christian Vieri. Den Nationalspieler drehte er Inter Mailand für 90 Milliarden Lire an. Das war doppelt so viel Geld, wie Cragnotti ein Jahr zuvor für den Stürmer hingeblättert hatte. Dank diesem Rekordtransfer schloss Lazio die Meistersaison sogar mit einem leichten Überschuss ab. Cragnotti glaubte, den Fußball neu erfunden zu haben. Über seine Philosophie sagte er: »Klubtreue ist heute ein Fremdwort, der Markt reguliert die Zugehörigkeit, und die kann sich jederzeit ändern.«

Der schwedische Trainer Sven-Göran Eriksson behielt trotz den hektischen Transferaktivitäten seines Bosses stets den Überblick. Notgedrungen setzte er auf das Rotationsprinzip, um keine seiner zahlreichen Diven in ihrem Stolz zu verletzen. Erikssons stets wieder neu formierte Elf behielt in der Meistersaison 1999/2000 bis zur letzten Minute die physische Frische, die ihr den Titelgewinn ermöglichte. Konkurrent Juventus lag vor dem letzten Spieltag einen Punkt vorne, kam aber auf dem regenüberfluteten Terrain in Perugia nicht über ein Remis hinaus. Lazio besiegte Reggina und wurde endlich wieder Meister – mit folgender Weltauswahl: Marchegiani, Pancaro, Sensini, Negro, Nesta, Mihajlovic, Stankovic, Couto, Favalli, Nedved, Simeone, Verón, Mancini, Conceição, Lombardo, Salas, Inzaghi, Almeyda, Ravanelli.

Ein echter Römer:
Francesco Totti, der Kapitän der AS Roma.

Vor der AS Roma zu stehen war für Cragnotti stets so etwas wie Folklore. Die sportliche Rivalität ließ sich bestens vermarkten, das war es, was zählte. Der gelernte Buchprüfer Cragnotti und der promovierte Mathematiker Franco Sensi, der füllige Patriarch der AS Roma, wurden deshalb Geschäftsfreunde. Gemeinsam stellten sie das Digital-Fernseh-Projekt *Stream* auf die Füße, das für jeden von ihnen in den besten Zeiten über vierzig Millionen Euro pro Jahr abwarf.

Der am 29. Juli 1926 geborene Sensi ist einer der zehn reichsten Männer Italiens. Außer der Roma hielt er sich zeitweise noch die Klubs Nizza und Foggia. Er besitzt das größte Tankstellensystem Italiens und gilt als der reichste Immobilienbesitzer der Hauptstadtregion. Die AS Roma hat er im Blut. Sensis Vater war 1927 einer der Gründer der Klubs. Sohnemann Franco durfte 1942 erleben, wie der Verein italienischer Meister wurde. Dass ihn sein Vater in der Jugend mit Fußtritten davon abgehalten habe, selber Fußballer zu werden, ist eine seiner Lieblingsanekdoten.

Sensi riss sich 1993 das Roma-Aktienpaket unter den Nagel, als dem damaligen Präsidenten Giuseppe Ciarrapico das Wasser wegen Verwicklungen in Korruptionsskandale bis zum Hals stand. Trainer wie der Ur-Römer Carlo Mazzone, der Argentinier Carlos Bianchi und der Schöngeist Zdenek Zeman, unter dem die Mannschaft manchmal brillant 4:5 verlor, brachten Sensi nur Ärger, aber keine Titel. Der Aufschwung kam erst im Sommer 1999 mit dem Engagement von Fabio Capello, einem gnadenlosen Schleifer.

Rotationsprinzip

Die Kritiker staunten nicht schlecht, als die AS Roma ihre Zahlen für die Saison 2001/2002 auf den Tisch legte. Der Klub, der seit jeher als Faß ohne Boden gilt, wies einen Gewinn von 786 000 Euro aus! Möglich gemacht hatten dieses Finanzwunder einige (un)spektakuläre Transfers. B-Klub Messina beispielsweise übernahm für 5 Millionen Euro den 18-jährigen Torhüter Marco Giambruno. Für den 28-jährigen Alberto Maria Fontana, Torhüter Nummer 3 bei der Roma, blätterte das hoch verschuldete Torino 6,6 Millionen Euro hin. Für die Hälfte eines weiteren Reservetorhüters, Gabriele Paoletti, ließ sich der Serie-C-Klub Lanciano 5,5 Millionen Euro verrechnen. Weshalb gaben diese Habenichtse so viel Geld für Spieler aus, die man nicht einmal als Talente bezeichnen konnte? Und woher nahmen sie das Geld dafür?
Die Lösung ist ganz einfach. Die AS Roma kaufte ein paar Tage nach der Publikation seiner Jahresbilanz andere Nobodies von den gleichen Klubs. Insgesamt 26 weitgehend unbekannte Spieler wechselten so in einem Jahr den Klub. Der Gewinn existierte bloß ein paar Tage. Aber das genügte, um einen positiven Jahresabschluß vorzuweisen …

In seinem ersten Amtsjahr führte Capello die Roma bloß auf den sechsten Rang, was besonders bitter war, weil Lazio gleichzeitig Meister wurde. Sensi mokierte sich über die gebotenen Phantasiesummen auf dem Transfermarkt und seinen Rivalen Cragnotti, der gerade die Meisterschaft gewonnen hatte: »Über Milliardenvermögen verfügen, ich nehme mich mal aus, nur Agnelli und Berlusconi, die aber wenig in den Fußball investieren, hauptsächlich aus politischen Gründen. Die anderen machen nur

Lärm und schieben Spieler herum nach dem Tauschprinzip: Gibst du mir zwei gekochte Eier, gebe ich dir die Wurst.«

Dem Druck der Fans nachgebend folgte Sensi dennoch Cragnottis Beispiel. Im Mai 2000 brachte er 25 Prozent seiner Aktien an die Mailänder Börse. Somit war genug Geld vorhanden, um jeden Sektor zu verstärken. Aus Florenz wurde Goalgetter Gabriel Batistuta geholt, Leverkusen der brasilianische Regisseur Emerson abspenstig gemacht und aus Argentinien kam Abwehrbrocken Walter Samuel. Es waren Spieler, die perfekt in Capellos System passten. Das taktische Grundschema blieb dabei immer das selbe: Die Dreierabwehr mit Zebina, Samuel und Zago; die Flügelzange mit den Außenläufern Cafú und Candela; das Zentrum mit Emerson und Tommasi; Publikumsliebling Totti als Regisseur, der seinem Instinkt folgt sowie die Stürmer Delvecchio und Batistuta. Und den Jokern Nakata und Montella.

Mit dieser Mannschaft gewann die AS Roma 2001 ihre dritte Meisterschaft. Eine Million *Tifosi* feierten den Titel in den Straßen der ewigen Stadt und sangen immer wieder Antonio Vendittis Hymne, *Grazie Roma*. Präsident Sensi kündigte an, dass er erst dann zurücktreten werde, wenn sein Klub die *Champions League* gewonnen habe.

Abzuwarten bleibt allerdings, wie sich die finanzielle Situation bei der Roma entwickeln wird. Lazio landete im Jahr 2001 auf dem dritten Platz, ächzte aber bereits unter einer gigantischen Schuldenlast. Cragnotti, der als Erster in Italien mit seinem Klub an die Börse gegangen war, musste machtlos zusehen, wie die Kapitalisierung von knapp 700 Millionen Euro (nach dem Gewinn der Meisterschaft) innerhalb zwölf Monaten auf weniger als 275 Millionen schrumpfte.

Nach Schätzungen des Verbandes steckten am Rechnungsdatum 30. März 2002 Lazio mit 103 Millionen Euro und Roma mit 52 Millionen im roten Bereich. Mit der Einführung des Euro verschwanden in der laut Eigenwerbung »schönsten Meisterschaft der Welt« nicht nur viele Nullen, sondern auch die Illusionen von der Überlegenheit des italienischen Systems. Dieses beruhte auf dem Wunderglauben an immer höhere TV-Einnahmen und deren vorweggenommenen Verschleuderung.

Parallel zum Börsen-Crash erfolgte der Kollaps des Pay-TV-Marktes. Die schwer defizitären

ERFOLGE ASSOCIAZIONE SPORTIVA ROMA

Italienischer Meister: 1942, 1983, 2001.
Italienischer Pokalsieger: 1964, 1969, 1980, 1981, 1984, 1986, 1991.
UEFA-Cup (ehemals Messestädtecup): 1961.

Bekannteste Spieler: Aldair – Allemandi – Ancelotti – Andreoli – Angelillo – Balbo – Barison – Batistuta – Berggreen – Bergmark – Bernardini – Berthold – Bet – Boniek – Cafù – Candela – Caniggia – Carnevale – Cerezo – Charels – Conti – Cordova – Costantino – Cudicini – De Sisti – Del Sol – Delvecchio – Di Bartolomei – Emerson – Falção – Ferraris IV – Fonseca – Galli – Ghiggia – Giannini – Graziani – Guaita – Hässler – Landini – Lojacono – Losi – Malatrasi – Massaro – Menichelli – Montella – Monzeglio – Nakata – Nela – Orlando – Pandolfini – Peiro – Prati – Prohaska – Pruzzo – Renato – Righetti – Rizzitelli – Rocca – Samuel – Santarini – Schiaffino – Schnellinger – Serantoni – Sormani – Spinosi – Tancredi – Thern – Tommasi – Totti – Venturi – Vierchowod – Völler – Zaglio – Zago.
Bekannteste Trainer: Bianchi – Boskov – Bravi – Capello – Carosi – Clagluna – Eriksson – Giagnoni – Herrera – Liedholm – Masetti – Schaffer – Scopigno – Tessari – Zeman.

Pleiten, Pech und Pannen

Lazio Rom war ursprünglich eine Wettlauf-Vereinigung (società podistica). Erst zwei Jahre nach der Klubgründung, also 1902, wurde im Verein Fußball gespielt. Lazio stand in der Steinzeit des italienischen Fußballs einige Male kurz vor dem Titelgewinn. 1913 verloren die Römer das Meisterschaftsendspiel in Genua gegen Pro Vercelli mit 0:6. Ein Jahr später, gegen Casale, rechnete man sich bessere Chancen aus. Trotzdem gab es im Hinspiel eine 0:7-Klatsche (Rückspiel: 0:2). Dafür gab es allerdings Gründe: Der beste Angreifer, Fioranti, weilte aus beruflichen Gründen in Genua. Ihn ersetzte ein bereits in die Jahre gekommener Herr namens Perugini, der Vereinskassierer! 1915 war Lazio wiederum auf dem besten Weg ins Endspiel, als die Meisterschaft wegen des Ersten Weltkrieges abgebrochen wurde. Der Verband »schenkte« den Titel Genoa, dem Meister der Gruppe Nord. 1923 qualifizierte sich Lazio als bestes Team des Südens nochmals für das Finale und verlor erneut, wiederum gegen Genoa: 1:4, 0:2.

Sender *Telepiù* und *Stream* litten unter dem Schwarzseher-Syndrom. Von den schätzungsweise fünf Millionen Zuschauern bezahlten in der Saison 2001/2002 kaum die Hälfte den offiziellen Decoder. Die Kartellbehörde widersetzte sich zudem lange Zeit einer Fusion der beiden Sender. Damit sanken die Entschädigungen für die Fernsehrechte drastisch.

Cragnotti geriet auch auf anderem Terrain ins Straucheln. Seine Holding, die *Cirio Finanziaria*, war im Dezember 2002 mit 1,1 Milliarden verschuldet und faktisch bankrott. All diese Probleme führten dazu, dass der Mann mit dem stets fein gebräunten Teint und der leisen Stimme bei Lazio die Gehälter – die in der Regel mit mehreren Monaten Verspätung ausbezahlt wurden – zu kürzen begann und das Tafelsilber verschacherte. Nur durch die Verkäufe von Verón, Salas, Nedved, Poborsky, Crespo, Nesta und Mendieta konnte sich Lazio jeweils die Lizenz für die Serie A sichern. Die Banken, die für die Schulden des Klubs gerade stehen, drängten Cragnotti an Weihnachten 2002 zum Rücktritt. Die Fans pfiffen ihn gnadenlos aus, wie ein geprügelter Hund schlich er nach dem letzten Spiel aus dem Stadion.

ERFOLGE SOCIETÀ SPORTIVA LAZIO ROMA

Italienischer Meister: 1974, 2000.
Italienischer Pokalsieger: 1958, 1998, 2000.
Europacup der Pokalsieger: 1999.
Alpencup-Sieger. 1971.

Bekannteste Spieler: Almeyda – Balbo – Batista – Bernardini – Boksic – Burini – Casiraghi – Chamot – Chinaglia – Conceição – Couto – Crespo – D'Amico – Di Canio – Di Matteo – De la Peña – Doll – Favalli – Ferraris (IV) – Fuser – Gascoigne – Giordano – Governato – Guarisi – Janich – Jugovic – Michael Laudrup – Claudio López – Lovati – Mancini – Manfredonia – Marchegiani – Mariani – Mendieta – Mihajlovic – Nedved – Negro – Nesta – Pancaro – Piola – Puccinelli – Riedle – Salas – Signori – Simeone – Sensini – Sentementi (IV) – Sentementi (V) – Sosa – Stam – Stankovic – Troglio – Verón – Vieri – Wilson – Winter.
Bekannteste Trainer: Bernardini – Castagner – Carosi – Corsini – De Menezes – Eriksson – Fascettti – Lorenzo – Maestrelli – Mancini – Morrone – Oddi – Zaccheroni – Zeman – Zoff.

Der Mythos lebt

Immer weniger Leute können von sich behaupten, ein Spiel des Grande Torino gesehen zu haben. In der piemontesischen Hauptstadt Turin findet man trotzdem immer noch mehr Anhänger von *Torino Calcio* als von Rekordmeister und Lokalrivale Juventus. Die »alte Dame« hat in der zweiten Hälfte des zwanzigsten Jahrhunderts 18 Meistertitel errungen, der Toro (»der Stier«) gerade mal einen. Trotzdem ist der Verein im Sprachgebrauch der Fußball-Anhänger ein Mythos.

Dieser Mythos speist sich aus der Geschichte des *Grande Torino*, jener legendären Mannschaft, die unmittelbar nach dem Zweiten Weltkrieg vier Meistertitel in Serie gewonnen hat. Im eigenen Stadion, dem Filadelfia, blieb Torino vom Januar 1943 an unbesiegt. Bis zu jenem tragischen Unfall am 4. Mai 1949, als die Propellermaschine LAI G 212 beim Landeanflug auf Turin am Hügel von Superga zerschellte. An Bord befanden sich Mannschaft, Funktionäre und Journalisten, die von einem Freundschaftsspiel gegen Benfica aus Lissabon zurückkehrten. Alle 35 Insassen kamen ums Leben.

Die Helden von einst leben in der Erinnerung der Piemonteser weiter. Selbst junge Leute schwärmen von Mazzola, Maroso, Rigamonti, Loik, Menti oder Ossola, als hätten sie diese *Campioni* in ihren granatroten Trikots gestern spielen sehen. Woche für Woche erscheint in einer der drei täglich erscheinenden Sportzeitungen Italiens ein Artikel über die legendäre Torino-Elf. Sei es, um von der Tristesse der aktuellen *Squadra* abzulenken, oder um den Siegern des Wochenendes klarzumachen, dass ihnen bis zur Apotheose noch ein weiter Weg bevorsteht.

TORINO CALCIO
Gründungsdatum: 3. Dezember 1906.
Anschrift: Torino Calcio S.p.A., Via Maria Vittoria, 1, 10123 Torino, Italia.
Internet: www.toro.it
Stadion: Stadio delle Alpi, Fassungsvermögen: 69 014 Zuschauer.
Vereinsfarbe: Weinrot.

Die Italiener lesen solche Heldengeschichten gerne. Bücher über *il Grande Torino* gibt es zahllose, vom Ein-Euro-Taschenbuch bis hin zum teuren Bildband. Fast alle enthalten das im Dialekt verfasste Gedicht, das der Schriftsteller Giovanni Arpino (»Im Schatten der Hügel«) 25 Jahre nach dem Unglück in der Zeitung *La Stampa* geschrieben hat:

»Russ cume 'l sang, fort cume 'l Barbera,
veuj ricurdete adess, me grand Turin.
En cui ani 'd sagrin
unica e sula la tua blessa jera.«

»Rot wie das Blut, kräftig wie der Barbera
jetzt erinnert ihr es, mein großes Turin.
In jenen Jahren voller Sorgen
einzig und allein du Freude warst …«

Es war eine Zeit, von der die Geschichte von Wichtigerem erzählt als vom Fußball. Arpino erwähnt in seinem Gedicht den Hunger, die Rationenscheine, die in Russland gefallenen Brüder, die Partisanen, die zerstörten Familien, den Dreck und den Verlust der Orientierung. Es war die Zeit des Faschismus, der deutschen Besatzung und des Krieges.

Präsident von Torino war seit 1939 der Großindustrielle Ferruccio Novo, der durch die Herstellung und den Vertrieb von Lederprodukten reich geworden war. Ein Jahr zuvor hatte Mussolini ein neues Rassengesetz erlassen. Diesem fiel auch der technische Direktor Egri (»Ernesto«) Erbstein zum Opfer. Wegen seinen jüdisch-ungarischen Wurzeln musste er untertauchen. Novo hielt den Kontakt ständig aufrecht, um sich von Erbstein beraten zu lassen. Kaum war 1945 der letzte deutsche Soldat aus Turin abgezogen, stand Erbstein schon wieder auf dem Trainingsgelände. Er ordnete als einer der ersten das Aufwärmen vor den Partien an und trichterte den Spielern ein, dass sie sich auf dem Platz auch dann bewegen mussten, wenn sie nicht in Ballbesitz waren.

Mit Leslie Lievesley verfügte Erbstein über einen ausgewiesenen Fachmann als Assistenten. Der Engländer stammte aus einer typischen Fußballer-Familie; sein Vater war Torhüter gewesen, er selber hatte als Mittelläufer bei Crystal Palace in London gespielt. Anschließend war er als Trainerausbilder in Holland tätig gewesen, wo Novo auf ihn aufmerksam wurde.

Während des Krieges blieb der Fußball in Italien eines der raren Freizeitvergnügen. Novo sorgte dafür, dass die Torino-Spieler keinen Militärdienst leisten mussten. Unterstützung erhielt er dabei von Nationaltrainer Vittorio Pozzo, einem Piemontesen und großen Freund des Klubs, der dem einen oder anderen Spieler einen Wechsel in die Industriemetropole nahelegte. Doch an einen geordneten Spielbetrieb war auch in Italien nicht zu denken. Die Stehplatz-Tribünen des *Stadio Filadelfia* wurden gegen Ende des Krieges im Bombenhagel stark zerstört. Freiwillige Helfer reparierten die Schäden, noch bevor die Waffen offiziell ruhten.

Die Republik Italien hatte noch keinen Diplomaten ins Ausland entsandt, da waren die Torino-Kicker schon von ihrem ersten Freundschaftsspiel zurückgekehrt. Torino hatte den Schweizer Erstligisten Lausanne-Sports mit 3:1 bezwungen. Das *Grande Torino* erfüllte für Italien eine ähnliche Botschafterrolle wie ein knappes Jahrzehnt später die »Helden von Bern« für Deutschland.

Die Spieler waren schon damals Profis. Franco Ossola, der erste Star der legendären Mannschaft, den Präsident Novo 1939 aus Varese geholt hatte, bekam ein Monatsgehalt von 1000 Lire. Damals verdiente ein Handwerker mit Überstunden 500 bis 600 Lire monatlich. Zusammen mit seinem Mannschaftskollegen Guglielmo Gabetto eröffnete Ossola im Mai 1948 eine elegante Bar mitten im Zentrum von Turin. Deren Name war Programm: *Vittoria*, »Sieg«.

Die *Granata* konnten zahlreiche Siege feiern. 1943, 1946, 1947 und 1948 wurde Torino mit einer noch nie dagewesenen Überlegenheit Meister und stellte einen Rekord nach dem anderen auf. 1948 holte man beispielsweise auf das zweitplatzierte Milan einen Vorsprung von 16 Punkten heraus. Die italienische Nationalelf war teilweise identisch mit dem Meisterteam. Am 3:2-Sieg gegen Ungarn im Mai 1947 waren zehn Torino-Spieler beteiligt, nur der junge Torhüter Valerio Bacigalupo erhielt (noch) keine Berufung.

Rote Karte für den Toro

Die Geschichte von Torino Calcio beginnt mit der Unzufriedenheit von 23 Juventus-Mitgliedern. Die Sezessionisten um den Schweizer Industriellen Alfredo Dick trafen sich am 3. Dezember 1906 in der Birreria Voigt – einer Arbeiter-Bierhalle – und gründeten zusammen mit sechs Leuten vom Football Club Torinese den Football Club Torino. Dick störte sich am allzu intellektuellen Gehabe im Juve-Vorstand und wollte einen bodenständigeren Verein. Zum Symbol wählten die Abtrünnigen il Toro, den Stier, das Wappentier der piemontesischen Hauptstadt. Torinos Anhänger wohnten damals hauptsächlich in den älteren Stadtvierteln, während die Tifosi von Juventus meist aus der schnell wachsenden Agglomeration stammten.
1907 kam es zu den ersten beiden Derbies zwischen Torino und Juventus. 2:1 und 4:1 lauteten die Ergebnisse – zugunsten von Torino! Die Spieler der Stammelf hießen Ghiglione, Bollinger, Muetzell, Rodgers, Ferrari-Orsi, De Fernex, Debernardi, Streule, Kempher, Michel und Jaquet. Der Verband schloss diese Multi-Kulti-Truppe 1908 von der Meisterschaft aus, weil mehr Ausländer als Italiener auf dem Platz standen. Der selben Regelung fiel übrigens auch die AC Milan zum Opfer.
Auch nach dem Ersten Weltkrieg hatte der Toro eine Spitzenelf – und weiterhin Ärger mit dem Verband. Der erste Meistertitel, 1927 errungen, wurde nachträglich aberkannt. Juve-Spieler Luigi Allemandi war angeblich bestochen worden, um Torino den doppelten Punktgewinn zu erleichtern. Der Derby-Sieg bescherte Torino denn auch tatsächlich den nötigen Vorsprung im Titelkampf. Beweise für den angeblichen Korruptionsfall gab es allerdings nie. Ein Jahr später war Torino dann weder auf dem Rasen noch am grünen Tisch zu stoppen und gewann souverän seinen ersten Meistertitel.

Folgende elf Spieler bildeten diejenige Mannschaft, die als *Grande Torino* in die Geschichte einging:

Valerio Bacigalupo war der jüngste im Team und als Torhüter oft unterbeschäftigt. Er kam auf 137 Spiele mit dem *Toro*, in denen er bloß 115 Gegentreffer zuließ. Fünfmal wurde er in die Nationalelf berufen.

Aldo Ballarin bestritt als linker Verteidiger 148 Spiele (4 Tore) mit Torino und streifte 9 Mal das Nationaltrikot über. Er hatte zuvor in Triest und Venedig gespielt und 1945 auch andere Angebote. Als in Novo anrief, antwortete er: »Präsident, ich würde auch zu Fuß nach Turin kommen.«

Mario Rigamonti war der Turm in der Abwehr: groß, kräftig und kopfballstark, aber auch technisch beschlagen. Er bestritt 140 Spiele für Torino (1 Tor) und 3 Länderspiele.

Virgilio Maroso, ein Eigengewächs, spielte auf der Position des rechten Außenverteidigers: 103 Mal für Torino, 7 Mal für Italien (je ein Tor). Experten, die ihn haben spielen sehen, halten ihn für den technisch besten italienischen Verteidiger aller Zeiten. Gibt es ein größeres Kompliment?

Giuseppe Grezar besetzte das linke defensive Mittelfeld und bestritt 159 Spiele, in denen er 19 Tore erzielte. In acht Länderspielen traf er einmal. Er war wegen seinen harten und präzisen Weitschüssen gefürchtet.

Eusebio Castigliano spielte im defensiven Mittelfeld an der Seite von Grezar, insgesamt 116 Mal (35 Tore). Er brachte es auf 7 Länderspiele und hatte eine Lunge wie ein Pferd. Keiner lief mehr als er.

Ezio Loik war eine hängende Spitze und schon bei seinem Stammklub Venedig Nationalspieler. Bei Torino wurde er ein Star: 181 Spiele, 72 Tore. In 9 Länderspielen erzielte er 4 Treffer.

Valentino Mazzola, der Kapitän und Kopf des Teams, stammte ebenfalls aus Venedig. Seine Bilanz für Torino: 200 Spiele, 123 Tore. Er bestritt 12 Länderspiele (4 Tore) und galt als der beste offensive Mittelfeldspieler seiner Zeit. Sein Sohn, Sandro, wurde in den Sechzigerjahren ein glänzender Regisseur bei Inter Mailand. Torino bezahlte für Mazzola und Loik die damals horrende Ablösesumme von 1 250 000 Lire. Lokalrivale Juventus war nicht bereit, mehr als 800 000 Lire auszugeben und deshalb aus dem Transferpoker ausgestiegen.

Romeo Menti spielte 105 Mal auf der Position des Linksaußen, erzielte 39 Tore und war auch in der Nationalelf ein sicherer Schütze: 7 Spiele, 5 Tore. Er war der Mann der ruhenden Bälle.

Franco Ossola war auf der Position des Rechtsaußen ein wenig torgefährlicher als Menti: 69 Tore in 141 Spielen. Er bestritt aber bloß ein Länderspiel.

Guglielmo Gabetto war der Vollstrecker: 108 Tore (in 197 Spielen) gingen auf sein Konto. In 6 Länderspielen traf der Mittelstürmer 5 Mal. Er hatte zuvor bei Juventus unter Vertrag gestanden.

Diese Mannschaft hätte mit an Sicherheit grenzender Wahrscheinlichkeit auch den Europapokal gewonnen, wenn es diesen Wettbewerb damals schon gegeben hätte. In der Meisterschaft lag das *Dream-Team* 1949 vier Spieltage vor Saisonende unangefochten an der Spitze. In Mailand hatte es den schärfsten Verfolger Inter mühelos im Schach gehalten (0:0). Der vierte Titel in Folge war nur noch Formsache, als Spieler und Betreuer zum Freundschaftsspiel nach Lissabon aufbrachen, das Torino überraschend mit 3:4 verlor.

Reise der Hoffnung

Anfangs der Neunzigerjahre waren Kicker made in Germany in Italien heiß begehrt. Praktisch sämtliche deutschen Nationalspieler verdienten ihr Geld auf dem Stiefel. Am größten war der Aufschrei in Deutschland, als Torino Ende 1992 Sascha Nikolajewicz vom VfB Stuttgart verpflichtete. Der Mittelfeldspieler war damals B-Junior, Gymnasiast mit der Mittleren Reife, 16, minderjährig und eines der größten Talente im deutschen Fußball. Weil sich Nikolajewicz beim VfB termingerecht abgemeldet hatte, kassierten die Schwaben nicht einmal eine Ablösesumme. Aber auch Torino machte kein großes Geschäft. Denn Nikolajewicz wurde seinem Ruf nie gerecht und kehrte nach wenigen Jahren enttäuscht nach Deutschland zurück. Er schaffte nicht einmal den Sprung in die Bundesliga.

Auf dem Rückflug wurde in Barcelona ein kurzer technischer Stopp eingelegt. In Norditalien war das Wetter katastrophal: Regen, Wolken, Wind. Mailand und Genua kamen als Landeplätze nicht in Frage, die Piloten flogen deshalb direkt nach Turin. Um 16.54 erteilte der Flughafen Torino-Caselle Landeerlaubnis. Um 17.02 meldete sich der Pilot via Funk: »Dichter

Nebel, heftiger Regen, schlechte Sicht, Wolken auf 500 Meter.« Eine Minute später bestätigte er die Landeerlaubnis mit den Worten »Grazie-Mille-Saluti«. Ab 17.05 blieb das Funkgerät still. Es war der 4. Mai 1949. Ganz Italien weinte.

Zwei Tage nach der Tragödie erklärte der italienische Fußball-Verband Torino dennoch zum Meister. In der Nähe der Basilika Superga streckte Verbandspräsident Barassi den Meisterpokal mit zitternden Armen in den Himmel. Die Junioren-Mannschaft bestritt anschließend die vier noch ausstehenden Ligaspiele gegen den Nachwuchs der anderen Klubs, gewann alle vier und verteidigte somit auch sportlich den Meistertitel.

Eine schlagkräftige Elf besaß Torino aber nicht mehr. Von der Katastrophe hat sich der Klub bis heute nicht erholt. »Die Präsidenten der anderen Vereine nahmen Torinos tragisches Ende zur Kenntnis und trachteten nach den vielen Frustrationen danach, sich den vakanten Platz an der Sonne zu erobern«, schreibt Gianni Brera in seinem Standardwerk *Storia critica del calcio italiano*. Es begann Siegeszug der großen Drei (Juventus, Inter und Milan), oder, wie es Brera ausdrückt, »die Ära des Konsum-Fußballs«.

Nur einmal noch gewann Torino den Meistertitel. Die von Gigi Radice trainierten Zweck-Fußballer beendeten 1976 die Meisterschaft mit zwei Punkten Vorsprung auf Juventus. Die Elf um Claudio Sala, Francesco Graziani und Paolino Pulici war aber nicht mehr als ein matter Abglanz des *Grande Torino*. Die Pokalsiege in den Jahren 1968, 1971 und 1993 gönnte die Konkurrenz den Granatroten. Dieser Wettbewerb wird in Italien als eine Art Trostpreis für die Habenichtse betrachtet, er genießt bei weitem nicht den selben Stellenwert wie in England oder Deutschland.

ERFOLGE

Italienischer Meister: 1927 (aberkannt), 1928, 1943, 1946, 1947, 1948, 1949, 1976.
Italienischer Pokalsieger: 1936, 1943, 1968, 1971, 1993.
Mitropa-Cup: 1991.

Bekannteste Spieler: Abédi Pélé – Aliberti – Angloma – Bacigalupo – Ballarin – Baloncieri – Bearzot – Berggreen – Casagrande – Castigliano – Carapellese – Castellini – Colombari – Cravero – Danova – Dossena – Ferrante – Ferraris II – Ferrini – Francescoli – Gabetto – Grezar – Graziani – Kieft – Jarni – Junior – Lentini – Loik – Libonatti – Menti – Marchegiani – Mazzola – Mozzini – Muller – Olivieri – Ossola – Pecchi – Polster – Puia – Pulici – Rigamonti – Rosato – Rossetti – Sala – Schachner – Scifo – Serena – Martin Vázquez – Vieri – Volpati – Zaccarelli.
Bekannteste Trainer: Bersellini – Cadé – Copernico – Erbstein – Ferrero – Giagnoni – Janni – Kutik – Lievesley – Mondonico – Radice – Sperone.

Die letzten positiven Schlagzeilen lieferte der *Toro* mit der Qualifikation für das UEFA-Cup-Finale 1992, wo er Ajax Amsterdam nur hauchdünn und mit viel Pech (drei Pfostenschüsse im torlosen Rückspiel in Amsterdam) wegen der Auswärtstorregel (2:2 in Turin) unterlag. Der Star der Mannschaft, der schlafwandlerische Ballkünstler Gian-Luigi Lentini, wurde anschließend für die damals unvorstellbar hohe Summe von umgerechnet 9,6 Millionen Euro Ablöse und 5 Millionen Euro Schwarzgeld an die AC Milan verkauft. Torino verschwand in der Folge in den Niederungen der Serie B, war 1994 beinahe bankrott und verkam zu einer Fahrstuhlmannschaft, die zwischen höchster und zweithöchster Liga pendelt.

Wo morgen schon heute ist

Der Klub, der den Namen eines griechischen Helden trägt, hat sich längst einen Platz im Fußball-Olymp erobert. Ajax Amsterdam ruht sich aber keineswegs auf den Lorbeeren der Vergangenheit aus. Die Absolventen der modernsten Fußball-Schule der Welt sollen dem Verein weiteren Ruhm bescheren. Ajax' Talentschmiede mit dem sinnigen Namen *De Toekomst* (»die Zukunft«) produzierte bisher Helden am Laufband. Sie ist gemäß Eigenwerbung derjenige Ort, »wo morgen schon heute ist«.

Nach den Stars von morgen halten die Ajax-Scouts auf der ganzen Welt Ausschau. Rund 4000 junge Fußballer dürfen jährlich in Amsterdam vorspielen. Pro Jahr schaffen 16 von ihnen die Aufnahme in eine Jugendmannschaft. Dort gibt es nur ein Gebot: Disziplin. Die Ausbildung ist knallhart. Schon die Daten der Achtjährigen werden vom Computer erfasst. Vierzig Bewertungskriterien wenden die Trainer an, von »B« wie Ballbehandlung bis »V« wie soziales Verhalten. Alles, was man planen, messen oder kontrollieren kann, wird geplant, gemessen und kontrolliert. Im Dezember gibt es ein Zwischenzeugnis, abgerechnet wird im Mai. Ajax-Schüler ist man immer nur provisorisch, für ein Jahr. Wer die Erwartungen nicht erfüllt, wird ersetzt. Es gibt genug andere, die davon träumen, in die Schule für Sieger aufgenommen zu werden. Statistisch gesehen gelingt von 16 A1-Junioren bloß 1,5 der Sprung in die erste Mannschaft. Wer ihn schafft, hat das Zeug zum Weltstar.

AMSTERDAMSCHE FOOTBALL CLUB AJAX
Gründungsdatum: 18. März 1900.
Anschrift: AFA Ajax, Arena Boulevard 29, Postbus 12522, 1100 AM Amsterdam ZO, Nederland.
Internet: www.ajax.nl
Stadion: ArenA, Fassungsvermögen: 51 342 Zuschauer.
Vereinsfarben: Rot und Weiß.

Kritiken an diesem System lassen die Verantwortlichen des holländischen Rekordmeisters nicht gelten. Schließlich verdanken sie ihm all ihre Erfolge. Das Modell soll im 21. Jahrhundert auf dem ganzen Erdball verbreitet werden. In Südafrika und Ghana sowie in Antwerpen hat Ajax in den Neunzigerjahren bereits Filialen errichtet, welche das genau gleiche 4-3-3-System praktizieren wie die Zentrale in Holland. In Zukunft will Ajax noch weitere Satellitenteams in Afrika, Asien und Osteuropa übernehmen. Die besten Spieler werden jeweils nach Amsterdam delegiert. Im Scheinwerferlicht des europäischen Fußballs sollen sie ihren Wert steigern, den Ruhm des Klubs mehren und den Aktionären des seit 1997 börsenkotierten Klubs zu fetten Dividenden verhelfen.

Arbeitsplatz der Youngsters ist eines der modernsten Stadien der Welt, die Amsterdam ArenA mit ihren 51 342 Sitzplätzen und 60 Sponsoren-Logen. Dazu kommen neben Shoppingcenters und Kinos noch 13 Restaurants, 60 Kioske, 6 McDonald-Restaurants, 2 Kinderhorte und ein riesiges Parkhaus. 123 Millionen Euro hat das Schmuckstück gekostet. Dank einem Schiebedach kann der Tempel bei Regen innerhalb von 15 Minuten geschlossen werden. Was die Planer vergessen haben: Wegen der fehlenden Luftzirkulation und dem Mangel an Licht gedeiht der Rasen kaum. Der schlechte Platz macht den Ballartisten von Ajax immer wieder zu schaffen.

Von all dem konnten Floris Stempel, Han Dade und Karel Reeser natürlich nichts wissen, als sie am 18. März 1900 im *Café Oost-Indie* in der *Kalverstraat* den *Amsterdamsche Football Club Ajax* aus der Taufe hoben. Unklar ist, weshalb die Gründerväter ihrem Klub ausgerechnet den Namen eines griechischen Helden gaben. Genau genommen gibt es im Epos von Homer zwei Handlungsträger namens *Aias* oder *Ajax*, wie die lateinische Bezeichnung lautet. Als Vorbilder taugen aber sowohl der große als auch der kleine Aias nur bedingt:

Der große Ajax, auch Aias der Telamonier genannt, war einer der tapfersten Helden bei der Eroberung Trojas. Besondere Meriten erwarb er sich bei der Bergung des Achilles. Später wurde er wahnsinnig: Er hielt Viehherden für Feinde und erschlug diese. Als er sich wieder besann, stürzte er sich in sein Schwert.

Der kleine Ajax, oder Aias der Lokrer, war ebenfalls vor Troja im Einsatz. Er vergewaltigte nach dem Fall der Stadt die Seherin Kassandra im Heiligtum Athenes und verspottete die Götter. Die Göttin Athene ließ ihn daher auf seiner Heimfahrt im Meer umkommen.

Das liebe Geld

15 000 Gulden winkten den Ajax-Spielern 1971 beim Gewinn des Meistercups gegen Panathinaikos Athen. Cruyff und Co. empfanden diesen Betrag als Affront. Denn die Griechen hatten eine Erfolgsprämie von umgerechnet 30 000 Mark pro Mann ausgesetzt. Das half ihnen allerdings nichts, Ajax gewann 2:0. Ajax-Präsident Joop van Praag, ein Musikverleger und Besitzer von Rundfunk-, Fernseh- und Schallplattengeschäften, gab sich nach dem Erfolg großzügig: Er überwies seinen Stars 25 000 Gulden aufs Konto.

Ein Jahr später, vor dem Finale gegen Inter Mailand, stellte er 17 000 Gulden in Aussicht. Nach dem 2:0-Sieg gegen die Italiener machte er dann für alle 17 Profis 31 000 Gulden locker. Doch längst nicht alle hatten gleich viel von dieser Summe. Ersatzspieler Heinz Schilcher aus Graz musste beispielsweise deutlich weniger Steuern bezahlen als Einkommenskrösus und Superstar Cruyff.

Ajax Amsterdam erlebte einen erfreulicheren Werdegang. Die junge Mannschaft profilierte sich sofort mit dem Gewinn von zwei Vizemeisterschaften, spielte allerdings noch auf bescheidenem Niveau, nämlich in der regionalen Meisterschaft des *Amsterdamse Voetbal Bond*. 1902 wurde Ajax in den *Nederlandse Voetbal Bond* aufgenommen, wo auf Anhieb der Aufstieg von der dritten in die zweite Spielklasse gelang. Seine Heimspiele trug der Klub seit 1907 im Stadtteil *Watergraafsmeer* aus. Die dortige Spielstätte konnte man allerdings beim besten Willen noch nicht als Stadion bezeichnen: Es gab weder Tribünen noch Umkleideräume geschweige denn Wasserleitungen. Die Teams mussten sich in einem nahe gelegenen Café umziehen.

Auch andere Vereine der Stadt fristeten kümmerlich ihr Dasein. Für Ajax erwies sich die Fusion mit *Holland Amsterdam* – sie wurde am 8. Oktober 1908 vollzogen – als Glücksfall. Durch den Zusammenschluss wuchs die Mitgliederzahl, und das wirkte sich wiederum positiv auf die Finanzen aus. Rund um das alte Spielfeld konnten schon bald Holztribünen errichtet werden. Ab 1911 fanden bereits weit über 10 000 Personen im Stadion am *Middenweg* Platz.

Investiert wurde auch in die Mannschaft. Unter dem Iren John Kirkwan (ehemals Chelsea und Tottenham) gelang 1911 der Aufstieg in die höchste Spielklasse. Zwar stieg die Elf bereits zwei Jahre später wieder ab, doch in Folge einer Umstrukturierung des Spielbetriebes wurde Ajax 1916 wieder in die höchste Liga aufgenommen.

Seine ersten Erfolge (den Pokalsieg von 1917 sowie die beiden Meistertitel von 1918 und 1919) feierte Ajax in der Ära des englischen Trainers Jack Reynolds. Dieser legte großen Wert auf ein gepflegtes Passspiel und ließ seine Schützlinge zu diesem Zweck stundenlang einen sauberen Umgang mit dem Ball üben. Es verging jedoch über ein Jahrzehnt, bis die Mannschaft so spielte, wie es Reynolds vorschwebte. Damit ist allerdings nicht die 2:16-Pleite gegen Rapid Wien gemeint. Die Österreicher erteilten den Holländern im Frühjahr 1930 in einem Freundschaftsspiel eine Lektion.

Ajax überwand dieses Trauma erstaunlich rasch. Durch ein 5:2 gegen den PSV Eindhoven gewann die Elf 1931 zum insgesamt dritten Mal die niederländische Meisterschaft. Weitere Titel folgten in den Jahren 1932, 1934, 1937 und 1939. Eine Schlüsselrolle nahm Mittelfeldstratege Wim Anderiesen ein, der zwischen 1925 und 1940 insgesamt 309 Ligaspiele für Ajax und 46 Länderspiele für Holland bestritt. Anderiesen ist der einzige Spieler, zu dessen Ehren in Amsterdam eine Straße benannt wurde. Als Torjäger machte sich Piet van Reenen einen Namen. Er schoss zwischen 1929 und 1940 in 237 Spielen sagenhafte 273 Tore für Ajax – ein Rekord, der noch immer Bestand hat.

In den Dreißigerjahren begann das Duell Ajax gegen Feyenoord Rotterdam die Massen in den Bann zu ziehen. Dank den Zuschauereinnahmen füllten sich die Kassen der Klubs. Ajax hatte genug Geld auf der hohen Kante, um sich eine neue Arena zu bauen. Das Stadion *De Meer* wurde am 9. Dezember 1934 an alter Stelle auf *de Watergraafsmeer* mit einem Spiel gegen Stade Français eingeweiht. Ajax gewann vor 20 000 Zuschauern mit 5:1.

Auf der Anklagebank

Das Leben in den Niederlanden hat seinen Preis. Immer wieder kehren die Fußball-Profis ihrer Heimat den Rücken, nicht zuletzt, um der hohen Steuerbelastung zu entgehen. Auch die Vereine bemühen sich nach Kräften, ihre Einnahmen vor dem Staat zu verstecken. Im bisher größten holländischen Steuerbetrug, der 1988/89 ans Licht kam, spielte Ajax Amsterdam die Hauptrolle. Damals wurde Schwarzgeld über Schweizer Banken an die Spieler überwiesen. Klubdirektor Arie van Eijden wurde zu einer Buße von umgerechnet 55 000 Mark und einer Gefängnisstrafe von vier Monaten auf Bewährung verurteilt. Ajax musste 1,8 Millionen Mark Strafe bezahlen.

Nach dem Zweiten Weltkrieg rappelte sich Ajax schnell wieder auf und gewann 1947 zum achten Mal die Meisterschaft. Aus jener Erfolgsmannschaft ragten Rinus Michels (von ihm wird später noch die Rede sein) sowie Cor van der Hart und Kapitän Joop Stoffelen heraus. In den Niederlanden tobte damals ein Glaubenskrieg um die Einführung des bezahlten Fußballs. Der Verband sperrte sich lange Zeit gegen diesen Trend. Ajax verlor deswegen mit Stoffelen (zu Racing Paris) und van der Hart (zu Olympique Lille) zwei Leistungsträger ins Ausland.

Je mehr Top-Fußballer die Niederlande verließen, desto lauter wurde der Aufschrei der Vereine. Das Ausbluten der Liga wurde (vorerst) gestoppt, als auf die Saison 1956/57 hin die Einführung des Vertragsfußballs und die Schaffung der *Eredivisie* beschlossen wurde. Deren erster Champion hieß Ajax. In der Meistersaison debütierte auf der Position des Rechtsaußen ein junger Mann, der die Geschichte des Klubs nachhaltig prägen sollte: Jesaia (»Sjaak«) Swart. Zwischen 1956 und 1973 bestritt er insgesamt 603 Pflichtspiele (228 Tore) für Ajax. Kein Spieler streifte sich das weiße Trikot mit dem dicken roten Balken häufiger über als er.

Futuristisch: Die Amsterdam ArenA mit ihren 51 342 Plätzen und dem verschließbaren Dach.

Nach dem abermaligen Gewinn des Meistertitels (1960) schlitterte Ajax in eine Krise. Der Klub steckte tief im Abstiegssumpf, als Trainer Vic Buckingham am 24. Oktober 1964 gegen Groningen einen hageren Jungen ins kalte Wasser warf. Der 17-jährige Hendrik Johannes (»Johan«) Cruyff war in jenem Spiel der einzige Lichtblick in den Reihen der Ajaciden, er markierte bei der 1:3-Niederlage den einzigen Treffer. Drei Monate später nahm Buckingham seinen Hut. Seine Nachfolge trat der damals 36-jährige Ex-Spieler Rinus Michels an. Mit dem 13. Schlussrang rettete sich Ajax im Frühling 1965 nur ganz knapp vor dem Abstieg.

Michels war für Ajax ein Glücksfall. Der »General« schärfte das taktische Verständnis der

Zum Siegen geboren

Vier Jahre brauchte Ajax, um nach dem Meistertitel von 1998 und dem großen Exodus wieder ein Siegerteam aufzubauen. In der Saison 2001/02 dominierten die Rot-Weißen das nationale Geschehen wie selten zuvor und gewannen sowohl die Meisterschaft als auch den Pokal. Wenig hätte gefehlt, und im Pokalfinale wären sich erstmals in der über hundertjährigen Geschichte dieses Wettbewerbs zwei Teams des selben Klubs gegenüber gestanden. Ajax II wurde allerdings im Halbfinale vom FC Utrecht gestoppt. Beinahe wäre Utrecht auch für das Profiteam von Ajax zum Stolperstein geworden. Erst 15 Sekunden vor Ablauf der regulären Spielzeit glich der Brasilianer Wamberto aus – er stand mindestens zwei Meter im Abseits. In der Verlängerung waren bloß drei Minuten vergangen, als der Schwede Zlatan Ibrahimovic alles klar machte: 3:2 für Ajax.
Besonders freute sich Trainer Ronald Koeman. Er avancierte zum ersten Niederländer, der sowohl als Spieler als auch als Trainer das Double schaffte.

jungen Mannschaft und sorgte mit eiserner Hand dafür, dass Talente wie Spielmacher Johan Cruyff, Linksaußen Piet Keizer, Mittelfeldspieler Gerrie Mühren sowie die Verteidiger Barry Hulshoff, Ruud Krol und Wim Suurbier auf dem Boden blieben. Diese Spieler leiteten die erste Glanzzeit von Ajax ein.

Ein Schlüsselerlebnis auf dem Weg an die Spitze bildete das »Spiel im Nebel«. Gegner war an jenem 7. Dezember 1966 im Achtelfinale des Europapokals der FC Liverpool. Der Großteil der 55 722 Zuschauer im Olympiastadion sah wegen des dichten Nebels kaum, was vor dem Tor der Engländer abging. Ajax lieferte eine Fußball-Show par excellence und siegte 5:1 (es ist dies bis heute Liverpools höchste Europacup-Niederlage). Mit dem 2:2 im Rückspiel an der Anfield Road bestätigten Cruyff und Co. ihre Fortschritte.

Der Weg an die europäische Spitze war aber noch lang. Ajax erlitt einige Rückschläge. So etwa das Aus im Viertelfinale gegen Dukla Prag im Frühjahr 1967 (1:1, 1:2). Zwei Jahre später stürmte die Michels-Elf erstmals in ein Endspiel, lief dort aber den Routiniers der AC Milan voll in den Hammer. Die Mailänder gewannen das Endspiel um den Meistercup mit 4:1 und die Holländer die Erkenntnis, dass Erfolge vorab durch eine stabile Defensive zustande kommen.

Fußball total: Arie Haan. Er spielte von 1972 bis 1974 bei Ajax.

Michels verließ Ajax im Juni 1971 und ging zum FC Barcelona. Kurz zuvor hatte er den letzten ihm bislang noch verwehrten Pokal gewonnen. Durch einen 2:0-Sieg (Tore: van Dijk, Haan) über Panathinaikos Athen holte sich Ajax am 2. Juni 1971 im Wembley-Stadion erstmals den Europapokal der Landesmeister. Die Tageszeitung *De Volkskrant* titelte: »Das größte Fest seit der Befreiung!«

Ajax avancierte anfangs der Siebzigerjahre zum Synonym für Spektakel und Offensiv-Fußball. Cruyff, Neeskens, Keizer, Haan und Co. rissen die Betonmauern ein, welche die italienischen Catenaccio-Spezialisten in den Sechzigerjahren errichtet hatten. Ajax bewies, dass ansehnlicher Fußball auch erfolgreich sein konnte. Ästhetik und Effizienz, Ballgeschiebe und Tempo-Fußball, Risiko und Rechenschieber – die Mannschaft beherrschte alle Register. Die Verteidiger stürmten, die Stürmer verteidigten, aber alles erweckte einen geordneten Eindruck. Der Begriff *Voetbal total* machte die Runde.

Der Rumäne Stefan Kovács, der Michels ersetzt hatte, perfektionierte dieses System. 1972 und 1973 wurde Ajax wiederum Europapokalsieger im Landesmeistercup, holte 1972 und 1973 auch den europäischen Supercup und 1972 den Weltpokal. Die Mannschaft gewann alles, was es zu gewinnen gab. Reihenweise wurden die Gegner demontiert: Olympique Marseille geriet mit 1:4 unter die Räder, Arsenal und Real Madrid wurden jeweils mit 2:1 und 1:0 besiegt, die italienischen Meister Inter

Mailand und Juventus Turin gingen in den Endspielen von 1972 und 1973 mit 0:2 und 0:1 unter, die AC Milan wurde im Spiel um den Supercup gar mit 6:0 abgefertigt. Auch Bayern München wurde von Ajax überrollt: Torhüter Sepp Maier war nach der 0:4-Pleite 1973 derart verärgert, dass er seine Handschuhe wütend in eine der Grachten warf.

ERFOLGE

Niederländischer Meister: 1918, 1919, 1931, 1932, 1934, 1937, 1939, 1947, 1957, 1960, 1966, 1967, 1968, 1970, 1972, 1973, 1977, 1979, 1980, 1982, 1983, 1985, 1990, 1994, 1995, 1996, 1998, 2002
Niederländischer Pokalsieger: 1917, 1943, 1961, 1967, 1970, 1971, 1972, 1979, 1983, 1986, 1987, 1993, 1998, 1999, 2002.
Europapokal der Landesmeister / Champions League: 1971, 1972, 1973, 1995.
Europapokal der Pokalsieger: 1987.
UEFA-Cup: 1992.
Weltpokal: 1972, 1995.

Bekannteste Spieler: Addicks – Anderiesen – Arnesen – Bergdolmo – Bergkamp – Blankenburg – Blind – Bloomvliet – Boskamp – J. Bosman – Brokman – Buwalda – Chivu – Cruyff – F. De Boer – J. De Boer– R. De Boer – Davids – Delsen – De Natris – Dräger – Dusbaba – Fortgens – Geels – Groot – Gupfert – Haan – Hordijk – Hulshoff – Ibrahimovic – Jonk – G. P. Keizer – P. J. Keizer – Kieft – Kluivert – E. Koeman – Kreek – Krool – Larsson – La Ling – Laudrup – Lerby – Litmanen – Menzo – Michels – Mido – Mulder – Mulders – A. Mühren – G. Mühren – Müller – Neeskens – Nuninga – Oliseh – Ouderland – Overmars – Pelser – Pettersson – Potharst – Pietes – Graafland – Prins – Pronk – Reiziger – Rep – Rijkaard – Rijnders – Roy – Schoenaker – Schrijvers – Seedorf – Silooy – Spelbos – Stapleton – Stoffelen – Stroker – Stuy – Suurbier – Swart – Tahamata – van Basten – van Breukelen – van de Hoeven – van der Kuil – van der Linden – van der Sar – van der Vaart – van Diepenbeek – van Dijk – van Dort – van Duivenbode – van Kool – van't Schip – Vanenburg – Vasovic – Volkers – Winter – Richard Witschge – Rob Witschge – Wouters.
Bekannteste Trainer: Beenhakker – Brom – Buckingham – Cruyff – De Mos – Ivic – Koeman – Knobel – Kovacs – Michels – Olsen – Reynolds – van Gaal.

Ajax begeisterte das Publikum. Wenn die Kapazität des *De Meer* mit seinen 27 000 Plätzen nicht ausreichte, zog man ins doppelt so große *Olympisch Stadion* um. Dennoch spielte Ajax finanziell eine Liga tiefer als andere europäische Top-Klubs. In Amsterdam musste zwar kein Spieler am Hungertuch nagen, doch im Ausland konnten die Stars weitaus mehr absahnen. Der Exodus begann im Sommer 1973, als Trainer Kovács die französische Nationalelf übernahm und Cruyff zum FC Barcelona wechselte. Die Katalanen blätterten für Europas Fußballer der Jahre 1971, 1973 und 1974 umgerechnet vier Millionen Mark hin. Damals war das eine horrende Summe.

Trainer Hans Kraay, der das schwere Erbe von Kovács angetreten hatte, fand zu den noch verbliebenen Stars nie den richtigen Draht. Im Meistercup scheiterte der Titelverteidiger im Herbst 1973 bereits im Achtelfinale am Armeeklub Sofia, in der nationalen Meisterschaft triumphierte 1974 Feyenoord Rotterdam und am 23. Februar 1975 ging dann auch noch eine lange Serie zu Ende: Ajax verlor erstmals seit 1969 wieder ein Heimspiel, ausgerechnet das Derby gegen den FC Amsterdam (2:4). Diese Misserfolge beschleunigten den Zerfall der großen Mannschaft: Johan Neeskens zog es ebenfalls zum FC Barcelona, Johnny Rep heuerte in Valencia an, Arie Haan unterschrieb beim RSC Anderlecht, Horst Blankenburg kam beim HSV unter und Wim Suurbier nahm eine Offerte von Schalke 04 an.

Ajax versuchte die Lücken durch die Verpflichtung von jungen dänischen Spielern zu füllen. Zu mehr als Erfolgen in der nationalen Meisterschaft reichte es mit Frank Arnesen, Sören Lerby, Henning Jensen und Jesper Olsen allerdings nicht. International büßte Ajax anfangs Achtzigerjahre viel von seinem Ruf ein. Zwischen 1981 und 1986 kam für den holländischen Rekordmeister im Europacup das Aus sechsmal in Folge in der ersten oder spätestens in der zweiten Runde. Bayern München, Celtic Glasgow, Olympiakos Piräus, Bohemians Prag und Porto hießen die Ajax-Bezwinger.

Es war erneut Cruyff, der dem Verein wieder zu internationalem Renommee verhalf. Im Juli 1985 übernahm König Johan das Traineramt. Zwei Jahre später gewann Ajax durch ein 1:0 über Lokomotive Leipzig den Europapokal der Pokalsieger. Cruyff profitierte von der ausgezeichneten Jugendarbeit, die der Verein seit einigen Jahren betrieb. Er brachte Frank Verlaat, Sonny Silooy, Aaron Winter, John van't Schip, Frank Rijkaard, Rob Witschge und Marco van Basten, der gegen Leipzig den goldenen Treffer erzielte, groß heraus. Sie waren allesamt aus der eigenen Nachwuchsschule hervorgegangen.

Diesmal war Ajax besser auf den unvermeidbaren Exodus vorbereitet. Als Marco van Basten 1987 zur AC Milan ging, war mit Dennis Bergkamp bereits ein Nachfolger vorhanden. Als Bergkamp nach dem UEFA-Cup-Sieg von 1992 zu Inter Mailand wechselte, dauerte es nur ein Jahr, bis Patrick Kluivert ihn voll ersetzt hatte. Die Ajax-Talentschmiede produzierte in den Neunzigerjahren praktisch jährlich einen Weltstar. Verließ ein Leistungsträger den Klub, übernahm ein Nachwuchsspieler seinen Platz. Clarence Seedorf rutschte so mit 16 Jahren in die erste Mannschaft. Er war der jüngste Ajax-Debütant aller Zeiten.

»Milchgesichter«

Quizfrage: Welcher Ausnahmekönner aus Amsterdam hat nie für Ajax gespielt? Antwort: Ruud Gullit, Europas Fußballer des Jahres 1987 und Europameister von 1988. Es war allerdings keineswegs so, dass die Ajax-Späher Tomaten auf den Augen gehabt hätten. Ihnen war der junge Rastamann, der in den Siebzigerjahren für die Amsterdamer Kleinklubs Meer Boys und DWS kickte, schon früh aufgefallen. Doch Gullit wollte nicht wechseln. »Ich wohnte im Westen der Stadt, während sich das Trainingszentrum von Ajax im Osten befand«, erklärte er später. Das dürfte allerdings nur die halbe Wahrheit sein. Der eigenwillige Angreifer befürchtete offenbar, sich im straffen Ausbildungssystem von Ajax nicht richtig entfalten zu können. Die Ajax-Junioren kritisierte er später einmal als »Milchgesichter, die draußen im richtigen Leben nicht klarkommen«.
Gullit debütierte 1979 als 17-Jähriger bei Haarlem in der höchsten Spielklasse, wechselte 1982 zu Feyenoord und drei Jahre später zum PSV Eindhoven. In Mailand avancierte er anschließend zum Weltstar.

Am 24. Mai 1995 legten die Ajax-Schüler in Wien ihre Meisterprüfung ab. Im Finale der *Champions League* besiegten sie das zusammengekaufte Star-Ensemble der AC Milan mit 1:0. Das Tor des Abends erzielte der damals erst 18-jährige Mittelstürmer Patrick Kluivert. Die jungen Wilden zeigten *aanvallend voetbal*, Angriffsfußball pur – schnell, kombinationsstark, athletisch, so wie sie es in *De Toekomst* gelernt hatten. Ajax hatte kein einziges Europacupspiel verloren, wurde Weltpokalsieger und ungeschlagen holländischer Meister. Lediglich Nervenflattern im Elfmeterschießen verhinderte 1996 eine erfolgreiche Titelverteidigung in der *Champions League*. Juventus Turin gewann die Lotterie mit 5:4.

Ajax' Erfolge waren ein Triumph des 4-4-3-Systems, dem der Klub seit Jahrzehnten huldigt. »Wenn du für Ajax spielst und deine Form verlierst«, versuchte Mittelfeldspieler Edgar Davids den vielleicht größten aller Vorteile der Mannschaft zu erklären, »sind die Konsequenzen weniger schlimm als bei anderen Klubs. Bei Ajax kannst du dich immer auf das straffe System verlassen. Das ist unsere Stärke.«

Zwei, die sich blind verstehen: Patrick Kluivert (links) und Clarence Seedorf. Beide lernten das Fußball-Abc in der Ajax-Schule.

Bis auf die Routiniers Danny Blind und Frank Rijkaard, die ihre Schuhe an den berühmten Nagel hängten, verließen in der Folgezeit sämtliche Mitglieder der Champions-League-Siegerelf die Grachtenstadt. Die europäische Konkurrenz wedelte erneut mit Peseten- und Lire-Scheinen. Die Jungstars erlagen dem Lockruf des Geldes. Van der Sar, Reiziger, Bogarde, Seedorf, Kanu, Frank und Ronald de Boer, Finidi, Davids, Litmanen, Kluivert und Overmars kehrten Amsterdam ebenso den Rücken wie Trainer Louis van Gaal, den es nach Barcelona zog. 1997 und 1998 verlor Ajax insgesamt 25 Spieler.

All diese Abgänge konnte selbst Ajax nicht verkraften. Jene Spieler, die Seedorf, Davids, Overmars und den Brüdern De Boer folgten, erreichten in der Regel weder ihr Niveau noch ihre mannschaftliche Geschlossenheit. Zudem konnten die Neueinkäufe, etwa der Georgier Kinkladze, der Däne Groenkjaer oder der Brasilianer Wamberto, die Erwartungen kaum erfüllen. Bald wurden die Amsterdamer auch in der *Eredivisie* eingeebnet beziehungsweise von den ewigen Rivalen Feyenoord und PSV überflügelt.

Der Wiederaufbau eines neuen Wunderteams braucht Zeit. Die Jugendlichen, die derzeit in *De Toekomst* trainieren, wollen das Erbe ihrer prominenten Vorgänger antreten. Bei Ajax geht man davon aus, dass es nur eine Frage der Zeit ist, bis einer von ihnen in die Fußstapfen von Cruyff, van Basten, Bergkamp oder Kluivert treten wird.

Jubelgesänge und Polizeisirenen

Das Fußball-Spiel war in den Niederlanden lange Zeit eine exklusive Freizeitbeschäftigung der gesellschaftlichen Elite. Sparta Rotterdam, einer der ältesten Klubs des Landes, wurde im April 1888 von den Söhnen reicher Kaufleute gegründet. Sie hatten das Spiel während ihres Studiums an den englischen Universitäten kennengelernt. Dank dieser Kontakte konnte sich Sparta schon früh mit internationalen Gegnern messen. Englische Universitätsteams kamen häufig zu Freundschaftsspielen ins nahe gelegene Rotterdam. Dadurch fand das Spiel in der Hafenstadt eine rasche Verbreitung. Sparta verlangte als erster Klub des Landes für seine Heimspiele Eintritt und konnte sich so schon früh den Bau eines eigenen Stadions leisten. Anerkennend stellte die Zeitung *De Nederlandsche Sport* 1893 fest: »Sparta hat aus dem Fußball-Spiel ein gesellschaftliches Ereignis gemacht.«

Von diesen Lobeshymnen haben die Jugendlichen im Hafenviertel Feyenoord am südlichen Ufer der Maas wahrscheinlich nichts mitbekommen. Ihre Vorbilder waren in erster Linie die zahlreichen britischen Seeleute, die ihren Landaufenthalt mit Kicken verbrachten. In Rotterdam, geschweige denn in Holland, nahm kaum jemand Notiz davon, dass die Jungen dieses Quartiers am 19. Juli 1908 im Pub *De Keijser* den Fußball-Klub *Wilhelmina* gegründet hatten. Der junge Verein stand zunächst natürlich im Schatten von Sparta (und dem anderen Lokalrivalen, Excelsior Rotterdam) und fiel mehr durch Namensänderungen als durch sportliche Erfolge auf.

Aus *Wilhelmina* wurde zwei Jahre später der *Hillesluise FC*. Weil es aber in Haarlem bereits einen HFC gab, musste auf Anordnung des Verbandes ein neuer Name gesucht werden. Mit *Celeritas* glaubte man eine gute Lösung gefunden zu haben. Als sich jedoch herausstellte, dass in Den Haag bereits ein Verein gleichen Namens existierte, musste erneut umdisponiert werden. Mit *Rotterdamse Voetbal- en Atletiekvereniging Feijenoord* fand man eine Version, an der niemand mehr etwas auszusetzen hatte. Die heutige Bezeichnung – *Feyenoord Rotterdam* – wurde erst 1978 eingeführt, als die Stadtväter den Namen des Viertels einer neuen Rechtschreibung unterwarfen. Damals war der Klub schon auf der ganzen Welt bekannt.

FEYENOORD ROTTERDAM
Gründungsdatum: 19. Juli 1908.
Anschrift: Feyenoord Rotterdam, van Zandvlietplein 3, Postbus 9635, 3007 AP Rotterdam, Nederland.
Internet: www.feyenoord.nl
Stadion: de Kuip, Fassungsvermögen: 51 177 Zuschauer.
Vereinsfarben: Rot, Weiß und Schwarz.

Feyenoord katapultierte sich geradezu an die Spitze des niederländischen Fußballs. 1912 in der zweiten Division des Rotterdamer Fußball-Bundes gestartet, durchwanderten die Rot-Weiß-Schwarzen bis 1921 nicht weniger als sechs Ligen. Feyenoord eroberte sich die Gunst des Publikums im Sturm und gewann 1924 zum ersten Mal die niederländische Meisterschaft – ohne dabei von einem Gegner besiegt worden zu sein. Den Feinschliff verpassten der Mannschaft Fußball-Lehrer von der nahen Insel. Die

Ära der britischen Trainer (namentlich der Herren Julian, Waites, Hall, Lamb und Donaghy) dauerte von 1921 bis 1935. Danach übernahm der Ungar Richard Dombi, der zuvor bei Bayern München tätig gewesen war, für vier Jahre die sportliche Verantwortung.

Dombis Arbeitsplatz befand sich in der »Schüssel«. So wird das Feyenoord-Stadion wegen seiner Form im Volksmund genannt. Das *De Kuip* wurde am 27. März 1937 eingeweiht, bot 63 500 Zuschauern Platz und hatte 1,1 Millionen Gulden gekostet. Erstmals ausverkauft war die Arena beim Eröffnungsspiel gegen den belgischen Spitzenklub Beerschoot aus Antwerpen. Die Platzherren gewannen 5:2. In der neuen Arena festigte der Klub mit dem »F« im Wappen seine lokale Vormachtstellung. Feyenoord hatte Sparta als Nummer eins der Stadt längst abgelöst. 1938 und 1940 konnten im *De Kuip* die Meistertitel Nummer vier und fünf gefeiert werden.

Während des Zweiten Weltkrieges wurde Rotterdam im Bombenhagel stark zerstört. Das erklärt aber nur zum Teil, weshalb Feyenoord über zwanzig Jahre auf seinen nächsten Titelgewinn warten musste. Der Hauptgrund lag in der strukturellen Rückständigkeit der Liga. Der niederländische Verband wollte nämlich lange nichts vom bezahlten Fußball wissen. Dadurch blutete die Liga aus. Die besten einheimischen Kicker emigrierten ins Ausland, wo sie für ihre Dienste überdurchschnittlich gut entlohnt wurden. Dieser Trend konnte erst gestoppt werden, als 1954 die wichtigsten Klubs des Landes die längst überfällige Einführung des Profitums beschlossen.

Feyenoord-Präsident Cor Kieboom war eine der treibenden Kräfte hinter der Schaffung der *Eredivisie* gewesen. Diese Meisterschaft nahm in der Saison 1956/57 ihren Spielbetrieb auf und weckte nicht nur das Interesse der Zuschauer, sondern auch der Sponsoren. Potentielle Geldgeber gab es zur Zeit des Wirtschaftswunders in der Hafen- und Industriestadt Rotterdam eine Menge.

Feyenoord machte in den Fünfzigerjahren sukzessive verlorenes Terrain gut. Die Meistertitel der Jahre 1961, 1962, 1965 und 1969 waren das Ergebnis einer konsequenten Aufbauarbeit. Internationale Aufmerksamkeit erregte der Verein erstmals 1963, als er im Europapokal der Landesmeister bis ins Halbfinale vorstieß. Dort bildete Benfica Lissabon jedoch eine zu hohe Hürde (0:0, 1:3). Ein Highlight repräsentierte auch der 2:1-Heimsieg gegen Real Madrid (1965). Der Durchbruch gelang Feyenoord allerdings erst unter dem Mann, der als Spieler als »g'schlampertes Genie« galt: Ernst Happel (1925–1992).

Die Trainer-Legende aus Österreich trat ihren Job 1969 an. Happels Erfolgsrezept hieß Pressing und totale Offensive. Von seinen Spielern verlangte der Kettenraucher unbedingte Disziplin, Lauffreude, Konditionsstärke und obendrein noch eine professionelle Einstellung. In Rotterdam fand er eine erfolgshungrige Mannschaft vor, aus der er auf Anhieb das Maximum herausholte.

Am 6. Mai 1970 standen die Rot-Weiß-Schwarzen im Endspiel um die begehrteste Trophäe des europäischen Fußballs, den Europapokal der Landesmeister. Gegen Celtic Glasgow setzte Happel auf folgende Elf: Graafland; Romeijn (104. Haak), Israel, Laseroms, van Duivenbode; Hasil, Jansen, van Hanegem; Wery, Kindvall, Moulijn.

Celtics Führung nach 29 Minuten egalisierte Libero Rinus Israel postwendend. Da es auch nach 90 Minuten noch 1:1 stand, wurde eine Verlängerung notwendig. Feyenoord erwies sich als die konditionsstärkere Mannschaft. Der schwedische Konterspezialist Ove Kindvall traf in der 117. Minute zum 2:1. Happel erklärte nach dem Spiel: »Den Cup habe ich gewonnen.« Es war der erste Europapokal-Erfolg einer niederländischen Mannschaft.

Titelverteidiger Feyenoord blamierte sich wenige Monate später im Europapokal bis auf die Knochen, scheiterte bereits in der ersten Runde an UT Arad aus Rumänien (1:1, 0:0). Eine Rehabilitierung gelang der Happel-Elf im Herbst, indem sie den Interkontinental-Cup gegen Estudiantes de la Plata gewann. Die beste Mannschaft der Welt wurde damals noch in einem Hin- und Rückspiel ermittelt. Die Holländer setzten sich mit 1:0 und 2:2 durch. Happel bescherte Feyenoord 1971 noch den insgesamt zehnten Meistertitel. Zwei Jahre später nahm er einen Tapetenwechsel vor. Ihn zog es nach Spanien, zum FC Sevilla.

Bei Feyenoord setzte Wim Coerver die Arbeit des *Voetbalprofessors* erfolgreich fort. In die Ära Coerver fallen der elfte Meistertitel sowie der Gewinn des UEFA-Cups gegen Tottenham. Beide Trophäen wurden im Mai 1974 erobert. Wenige Wochen später mussten die Feyenoord-Stars Wilhelmus Rijsbergen, Theo De Jong, Wim Jansen und Willem van Hanegem die wohl bitterste Niederlage ihrer Karriere verkraften. Sie verloren in München das WM-Endspiel mit der Oranje-Mannschaft gegen Deutschland mit 1:2.

Fußball total

Für Voetbal total, also bedingungslosen Angriffsfußball, ist in den Niederlanden in erster Linie Ajax Amsterdam berühmt. Es war allerdings Feyenoord, das in der Saison 1971/72 den Europacup-Rekord von Chelsea London einstellte. Die Rotterdamer besiegten in der ersten Runde des UEFA-Pokals die Luxemburger von US Rumelange 9:0 und 12:0. Es handelte sich um den höchsten Sieg in der Geschichte des Europacups, wenn man die Summe der beiden Spiele addiert. Was sich in den Köpfen der Luxemburger abgespielt haben musste, können die Anhänger von Feyenoord bestens nachempfinden. Denn in der nationalen Meisterschaft erlitt ihr Verein in Amsterdam oft genug Schiffbruch: Die 2:8-Packung (1983/84) und die beiden 0:6-Pleiten (1975/76; 1998/99) bilden die negativen Höhepunkte in der Klubgeschichte. Immerhin erlitt auch Ajax ein Trauma: In der Saison 1964/65 schickte Feyenoord die Amsterdamer mit einer 9:4-Schlappe ans Ijsselmeer zurück. Somit ist Feyenoord für die höchste Ajax-Niederlage aller Zeiten verantwortlich.

Feyenoord schlitterte in der Folgezeit in eine Dauerkrise. Im letzten Viertel des zwanzigsten Jahrhunderts konnten lediglich drei Meistertitel errungen werden, und zwar in den Jahren 1984 (mit Altmeister Johan Cruyff und Jungstar Ruud Gullit), 1993 und 1999. Chronische Finanzprobleme machten dem Klub ebenso zu schaffen wie seine fanatischen Fans. Die Hooligans bringen Feyenoord seit Mitte der Achtzigerjahre in Verruf.

Das niederländische Pokalfinale von 1991 zwischen Feyenoord und Den Bosch musste beispielsweise sieben Minuten vor dem Schlusspfiff beim Stand von 1:0 wegen

Brachte seine Kritiker mit Toren zum Schweigen: Pierre van Hooijdonk.

Krawallen unter den Zuschauern abgebrochen werden. Es folgte ein langes Hin und Her: ein Zivilgericht in Utrecht ordnete ein Wiederholungsspiel vor leeren Rängen an, die UEFA intervenierte und sperrte Den Bosch für drei Jahre. Erst nach zahlreichen Revisionen und neuen Entscheidungen wurde die Sperre aufgehoben und Feyenoord endgültig zum Cupsieger erklärt.

Schlägereien begleiteten auch den Pokalsieg von 1992 und die Meisterfeier von 1999, als Hunderte von jugendlichen Hooligans eine Spur der Zerstörung durch Rotterdams Zentrum zogen, Geschäfte plünderten, geparkte Autos zerstörten und sich regelrechte Straßenschlachten mit der Polizei lieferten. Feyenoord versuchte das Problem damit zu lösen, dass den Fans teilweise keine Tickets mehr für Auswärtsspiele zur Verfügung gestellt wurden. Das half aber ebenso wenig wie die von der UEFA verordneten »Geisterspiele« vor leeren Rängen.

Vor allem bei den Spielen gegen den Erzrivalen Ajax Amsterdam herrscht bei der Polizei höchste Alarmstufe. Dank einem enormen Aufgebot an Sicherheitskräften blieb es in der jüngeren Vergangenheit rund um die Stadien jeweils relativ ruhig. Dafür lieferten sich die Hooligans oft außerhalb der Städte ein blutiges Nachspiel. 1997 forderte der Fan-Krieg gar ein Todesopfer. Mit Baseball-Schlägern bewaffnete Anhänger der beiden Klubs hatten sich am Rande der Autobahn A9 in Nähe von Amsterdam verabredet, um sich ungestört prügeln zu können.

Die Feyenoord-Spieler pflegten in den Neunzigerjahren einen körperbetonten, an England orientierten Fußball. Rustikale Abwehrrecken wie Ulrich van Gobbel, John de Wolf, Johnny Metgod oder Henk Fräser prägten den Charakter der Mannschaft. Der langjährige Kapitän Paul Bosvelt, ein unermüdlicher Rackerer, erreichte gar Kultstatus. Er wird in Rotterdam verehrt wie Willem van Hanegem, das große Idol der Siebzigerjahre. Bosvelt betrachtet Fußball als Arbeit, nicht als Kunst. Und diese Einstellung wird in der Hafen- und Industriestadt geschätzt. In Rotterdam, wo der Glamour von Amsterdam mehr als nur eine Zugstunde entfernt ist, herrscht eine andere Mentalität als in der ungeliebten Grachtenstadt am Ijsselmeer.

Der Blick eines Fachmanns: Leo Beenhakker wurde am 2. August 1942 in Rotterdam geboren, trainierte unter anderem Feyenoord, Ajax und Real Madrid.

Genießt in Rotterdam Kultstatus: Feyenoord-Kapitän Paul Bosvelt.

Die unterschiedliche sportliche Entwicklung in den Neunzigerjahren verschärfte diese Diskrepanz. Während Ajax auf der internationalen Bühne an seine großen Erfolge der Siebzigerjahre anknüpfen konnte, musste Feyenoord einen Rückschlag nach dem anderen verkraften. Im mittlerweile abgeschafften Europapokal der Pokalsieger scheiterte man zweimal (1992 und 1996) im Halbfinale. AS Monaco respektive Rapid Wien hießen die Bezwinger.

Als sich Feyenoord im August 2000 die Chance zur Qualifikation für die *Champions League* bot, sorgte wiederum ein österreichischer Klub für die Ernüchterung. Sturm Graz geriet für den einstigen Weltpokalsieger zum Stolperstein (1:2, 1:1). Diese Blamage wirkte sich für den finanziell angeschlagenen Klub fatal aus. Um das Budget wieder ins Lot zu bringen, musste Stürmer Julio Ricardo Cruz (45 Tore in 86 Spielen) an den FC Bologna verkauft werden. Zwanzig Milliarden Lire, nach heutigem Wert rund zehn Millionen Euro, überwiesen die Italiener für den Argentinier.

Feyenoords Aufschwung im neuen Jahrtausend ist eng mit der Verpflichtung von Trainer Bert van Marwijk verbunden. Er hatte zuvor in der Provinz bei Fortuna Sittard erfolgreich mit jungen Spielern gearbeitet und die Equipe aus Limburg überraschend in das Pokalfinale geführt. Ihm eilte deshalb der Ruf eines exzellenten Fußball-Lehrers und Ausbilders voraus. Der ehemalige Linksaußen hielt auch in Rotterdam an seinem angriffsorientierten 4-3-3-System fest und setzte auf technisch versierte Offensivpieler.

Dass Pierre van Hooijdonk diesen Anforderungen entsprach, daran zweifelte in Rotterdam niemand. Trotzdem rief die Verpflichtung des Stürmers im Sommer 2001 die Kritiker auf den Plan. Für den damals schon 32-Jährigen musste Feyenoord mindestens 10 Millionen Euro an Benfica Lissabon überweisen. Somit passte dieser Transfer nicht so recht ins Bild des Arbeitervereins mit einem Ausbilder als Trainer. Van Hooijdonk hatte nach vielen Jahren bei großen europäischen Klubs noch immer keinen Titel gewonnen. Im eigenen Land sah er die besten Chancen, diese Schwachstelle in seiner Laufbahn endlich auszumerzen.

ERFOLGE

Niederländischer Meister: 1924, 1928, 1936, 1938, 1940, 1961, 1962, 1965, 1969, 1971, 1974, 1984, 1993, 1999.
Niederländischer Pokalsieger: 1930, 1935, 1965, 1969, 1980, 1984, 1991, 1992, 1994, 1995.
Europapokal der Landesmeister: 1970.
UEFA-Pokal-Sieger: 1974, 2002.
Weltpokal: 1970.

Bekannteste Spieler: Bennaers – Bergholtz – Blinker – Boskamp – Bosselaar – Bosvelt – Bouwmeester – Bosz – Bul – Cruyff – Cruz – De Goeij – De Jong – De Vroet – De Wolf – Dudek – Emerton – Fräser – Geels – Griga – Groot – Gullit – Haak – Hasil – Israel – Jansen – Kindvall – Kiprich – Klaassens – R. Koeman – Kraay – Kreutz – Kriuver – Larsson – Laseroms – Leonardo – Metgod – Michels – Moulijn – Ono – Paauwe – Petry – Pieters – Graafland – Pijl – Rijsbergen – Rijvers – Romeijn – Rzasa – Sabau – Scheliaskow – Schoenmaker – Scholten – Smolarek – Tahamata – Taument – Tomasson – van Bronkhorst – van de Gijp – van de Korput – van Dijke – van Gobbel – van Hanegem – van Heel – van Hooijdonk – van Marle – van Vossen – Veldhoen – Vente – Wery – Witschge – Zoetebier.
Bekannteste Trainer: Beenhakker – Boskov – Brzezancyk – Coerver – Dombi – Dorjee – Fafie – Fuchs – Haan – Happel – Israel – Jansen – Jezek – Kment – Libregts – van Hanegem – van Kraay – van Marwijk.

»Pi-Air«, wie sie den Stürmer in Rotterdam wegen seiner Kopfballstärke und in Anlehnung an seinen französischen Namen nennen, legte sich bei Feyenoord mächtig ins Zeug. Am Ende der Saison 2001/2002 konnte er seine bis dato noch jungfräuliche Erfolgsstatistik mit zwei Titeln schmücken: Torschützenkönig der *Eredivisie* und UEFA-Cup-Sieger.

Seine großen Auftritte hatte van Hooijdonk nach dem Aus in der *Champions League* und der damit verbundenen Relegation in den UEFA-Cup. In diesem Wettbewerb schug er in jeder Runde zu. Gegen den SC Freiburg versenkte er einen Freistoß. Zwei Mal überwand er anschließend Stefan Klos im Tor der Glasgow Rangers. Ebenfalls zwei Mal traf er im Viertelfinale im holländischen Duell mit dem PSV Eindhoven. Gegen Inter Mailand schlug er im Halbfinale einmal zu. Im Endspiel im heimischen *De Kuip* war er ebenfalls nicht zu stoppen – zwei Tore! Zum *Man of the Match* kürte die UEFA allerdings seinen dänischen Sturmpartner Jon Dahl Tomasson, der gegen Borussia Dortmund den Treffer zum 3:1 erzielt hatte. Die Holländer besiegten die Deutschen in einem dramatischen Spiel schließlich 3:2.

Tödliche Pässe, klingelnde Kassen

Zu derjenigen Feyenoord-Elf, die im Mai 2002 gegen Borussia Dortmund den UEFA-Cup gewann, gehörte auch der Japaner Shinji Ono. Die Fachzeitschrift »Kicker« attestiert dem Aufbauspieler eine gute Technik und die Fähigkeit, den »tödlichen Pass« zu spielen. Für Feyenoord war der Japaner, der 1998 schon als 18-Jähriger WM-Erfahrung gesammelt hatte, aber nicht nur sportlich ein Gewinn. Seit seiner Verpflichtung im Sommer 2001 verfolgten jeweils mindestens 15 japanische Medienvertreter die Auftritte der Rotterdamer. Ihre Berichterstattung kurbelte wiederum im Fernen Osten das Merchandising des Klubs an. Onos Trikot wurde in Japan 26 000 Mal verkauft. Auch wenn Ono spielerisch durchaus eine Bereicherung für die Equipe darstellte, machte sein Engagement in erster Linie vor dem kommerziellen Hintergrund Sinn. Dank Ono ist Feyenoord im Land der aufgehenden Sonne mittlerweile einer der bekanntesten Vereine Europas.

Feyenoord-Kapitän Paul Bosvelt durfte am 8. Mai 2002 den vielleicht nicht prestigeträchtigsten, mit Sicherheit aber schwersten Pokal (15 Kilogramm) des europäischen Fußballs in den Rotterdamer Nachthimmel stemmen.

Der 28-jährige Leidensweg Feyenoords ohne internationalen Titel war somit zu Ende. Einige Anhänger feierten dies auf ihre Art: Mehrere Stunden lang lieferten sich holländische Hooligans und 1500 Polizisten in der Rotterdamer Innenstadt eine Straßenschlacht. Nach Mitternacht eskalierte die Situation. Die Randalierer drangen in die Sperrzone rund um das Rathaus ein und versuchten, das Gebäude zu stürmen. Wegen der Ermordung des Politikers Pim Fortuyn hatte die Stadtverwaltung die sonst nach großen Siegen üblichen Feiern am Rathaus abgesagt. Die bedenkliche Bilanz des Abends lautete: 162 Festnahmen.

Dank Glühlampen im Rampenlicht

Als Gerard Philips (1858–1942) im Jahre 1891 eine Lampenfabrik gründete, war Eindhoven ein großes Dorf, in dem etwa 5000 Menschen lebten. Heute zählt die fünftgrößte Stadt der Niederlande rund 200 000 Einwohner. Der Grund für das rasante Bevölkerungswachstum ist eng mit dem Namen Philips verknüpft. In Eindhoven lebt heute jeder Fünfte direkt oder indirekt vom Elektronik-Konzern, der weltweit über 200 000 Mitarbeiter beschäftigt und im Jahr 2000 einen Jahresumsatz von 37,9 Milliarden Euro erwirtschaftet hat. *Philips Electronics* prägt das Stadtbild Eindhovens mittels zahlreicher Gebäude und Leuchtreklamen.

1912 wurde das Unternehmen unter dem Namen *Philips' Gloeilampenfabrieken* erstmals an der Amsterdamer Börse notiert. Als die Niederlande ein Jahr später den hundertsten Geburtstag der Unabhängigkeit von Frankreich feierten, organisierte der Konzern getreu dem Motto »Brot und Spiele für das Volk« ein Sportfest. Gleichzeitig wurde der Beschluss gefasst, einen Verein ins Leben zu rufen. Fußball war in der *Philips Sport Vereniging* – das ist die Aufschlüsselung des Kürzels PSV – eine von 19 praktizierten Sportarten. Streit gab es bei der Wahl der Klubfarben. Das Problem war gelöst, nachdem ein umgekipptes Glas Tomatensaft einen roten Fleck auf dem weißen Tischtuch verursacht hatte. Das Missgeschick wurde als gutes Omen aufgefasst. Rot und Weiß bilden seitdem die Klubfarben des PSV Eindhoven.

An der *Frederiklaan* fand der Verein ein passendes Gelände für den Bau eines Stadions. Für die Finanzierung kam natürlich der Konzern auf. Anfangs war der Philips-Sportpark allerdings bloß ein Bolzplatz mit einer schmucken Holztribüne. Im Laufe der Zeit wurde das Stadion mehrmals aus- und umgebaut. Die letzte Modernisierungsphase begann 1988 mit dem Bau einer neuen Nordtribüne. Als sich in Europa unter dem Begriff »multifunktionales Stadion« nur wenige Visionäre etwas Konkretes vorstellen konnten, hatte der Elektronikkonzern das Konzept bereits umgesetzt und im Stadionkomplex vierundzwanzig Geschäftsräume, neun Appartements, zwölf Logen, zwei First-Class-Restaurants, eine Brasserie, mehrere große Säle, zwei überdachte Promenaden, ein Fitnesszentrum und einen Souvenirshop untergebracht. In der Arena können 33 500 Zuschauer die Heimspiele des PSV verfolgen.

PHILIPS SPORT VERENIGING EINDHOVEN
Gründungsdatum: 31. August 1913.
Anschrift: PSV Eindhoven, Frederiklaan 10a, 5616 NH Eindhoven, Nederland.
Internet: www.psv.nl
Stadion: Philips-Stadion, Fassungsvermögen: 33 500 Zuschauer.
Vereinsfarben: Weiß und Rot.

In der Zwischenkriegszeit interessierte sich der Firmenvorstand von Philips nicht sonderlich für den Verein. Der Meisterschaftsbetrieb war günstig, weil sich die Niederlande – ähnlich wie Deutschland – dem allgemeinen Trend der Professionalisierung widersetzten. Der bezahlte Fußball war unter den holländischen Verbandsfunktionären lange Zeit verpönt. Nichtsdestotrotz erfreute sich das Spiel mit der runden Kugel einer ständig wachsenden Popularität. Der PSV förderte diese Entwicklung, indem er ab 1928 auch Spieler aufnahm, die nicht auf der Personalliste des Philips-Konzerns standen. Der Erfolg stellte sich sofort ein: 1929 errang der PSV Eindhoven seinen ersten Meistertitel. Die Titelgewinne zwei und drei folgten 1935 respektive 1951.

Auf die Saison 1956/57 hin lancierten schließlich auch die Niederländer eine Profimeisterschaft. Abgesehen vom erneuten Gewinn des Meistertitels im Jahre 1963 spielte der PSV in der *Eredivisie* zunächst eine untergeordnete Rolle. Dennoch gelang es einigen Spielern, auf sich aufmerksam zu machen. Coen Dillen beispielsweise stellte 1957 mit seinen 43 Saisontoren einen bis heute gültigen Ligarekord auf. Sein Nachfolger im Sturm, Pierre Kerkhoffs, sicherte sich im Meisterjahr 1963 mit 22 Treffern die Torjägerkrone. Dieses Kunststück gelang auch Willy van der Kuylen in den Jahren 1966, 1970, 1974. Mit seinen 309 Toren in 528 Spielen (beide Werte bedeuten Klubrekord) ebnete er dem PSV in den Siebzigerjahren den Weg an die Spitze respektive unter die *Top Drie* des niederländischen Fußballs.

Arbeitete einst als Spieler, später als Trainer in Eindhoven: Der Belgier Erik Gerets.

Den europäischen Gipfel erreichte der Verein, nachdem er 1974 von Twente Enschede die beiden Zwillingsbrüder Willy und René van de Kerkhof verpflichtet hatte. Mit ihnen wurde der PSV dreimal holländischer Meister (1975, 1976 und 1978) und gewann 1978 den UEFA-Pokal gegen den französischen Vertreter Bastia (0:0, 3:0).

Dieser Erfolg führte den Philips-Direktoren das unermessliche Potential des Klubs als Werbeträger vor Augen. Mit der Abschaffung des Sponsoringverbotes auf den Trikots (1983) öffnete sich für Philips eine neue Dimension bei der Vermarktung des eigenen Namens. Da nur eine erfolgreiche Elf ein guter Werbeträger ist, holte der PSV mit Unterstützung des Konzerns *vele internationale toppers* nach Eindhoven. Spitzenspieler wie Hans van Breukelen (vorher Nottingham Forest), Ruud Gullit (Feyenoord), Erik Gerets (Maastricht), Frank Arnesen (Anderlecht), Ronald Koeman (Ajax), Gerald Vanenburg (Ajax) und Ivan Nielsen (Feyenoord) kamen – und mit ihnen der große Erfolg. In der *Eredivisie* war der PSV mit diesem hochkarätigen Personal kaum noch gefordert. Beinahe zwangsläufig stellten sich die Meistertitel in den Jahren 1986, 1987, 1988, 1989, 1991 und 1992 ein.

Den größten Erfolg seiner Geschichte feierte der Werksklub in der Saison 1987/88. Der Verlust von Gullit – er war für 17 Millionen Mark zum AC Mailand gewechselt –

konnte durch die Verpflichtung von Sören Lerby (AS Monaco, vorher Bayern München) und Wim Kieft (Torino) mehr als kompensiert werden. Der PSV spielte keinen spektakulären, aber einen ungemein effizienten Fußball. Im Halbfinale des Europapokals der Landesmeister überwand er im Halbfinale die Hürde Real Madrid, ohne ein Spiel gewonnen zu haben (0:0, 1:1). Auch im Endspiel, das am 25. Mai 1988 im Stuttgarter Neckarstadion ausgetragen wurde, stand es nach 120 an Langeweile kaum noch zu überbietenden Minuten 0:0. Erst im Elfmeterschießen setzte sich der PSV gegen Benfica Lissabon mit 6:5 durch.

Natürlich hatte auch Trainer Guus Hiddink erkannt, dass die Torproduktion der große Schwachpunkt seiner Equipe war. »Aber wir können es uns nicht leisten, einen Weltklassemann für den Sturm zu holen«, erklärte der Trainer, der einst zwölf Jahre lang als Sportlehrer mit geistig behinderten Kindern gearbeitet hatte. Hiddinks Verdienst als Trainer-Neuling war es, aus einer Ansammlung von erfahrenen Nationalspielern eine verschworene Truppe geformt zu haben.

Obwohl national ein Krösus, schaffte es der PSV in den folgenden Jahren nicht, die Abwanderung seiner Leistungsträger zu stoppen. Dank dem Beziehungsnetz des Konzerns konnte er aber einige bemerkenswerte Transfers tätigen. So erwarb Philips 1988 für vier Millionen Dollar die Rechte an Stürmer Romário de Souza Faria von Vasco da Gama. Philips überwies die Devisen der brasilianischen Zentralbank. Diese wiederum leitete den Betrag in Cruzados zum Tageskurs an Vasco da Gama weiter. Dadurch konnte Brasiliens Auslandschuld um 0,3 Promille verringert werden.

Für den PSV war Romário eine hundertprozentige Verstärkung. Dank seinen Toren sicherte sich der Werksverein 1989, 1991 und 1992 die niederländische Meisterschaft. Der klein gewachsene Brasilianer knüpfte an die Tradition der großen Goalgetter in den Reihen des PSV an und sicherte sich 1989, 1990 und 1991 die nationale Torjägerkrone.

ERFOLGE

Niederländischer Meister: 1929, 1935, 1951, 1963, 1975, 1976, 1978, 1986, 1987, 1988, 1989, 1991, 1992, 1997, 2000, 2001, 2003.
Niederländischer Pokalsieger: 1937, 1950, 1974, 1976, 1988, 1989, 1990, 1996.
Europapokal der Landesmeister: 1988.
UEFA-Cup: 1978.
Weltpokal: 1988.

Bekannteste Spieler: Addo – Alleman – Arnesen – Brandts – Bosman – Brylle-Larsen – Bruggnik – Bwalya – Chovanec – Cocu – Dillen – Doesburg – Edström – Eijkelkamp – Ellerman – Ford – Gerets – Gillhaus – Gullit – Heintze – Hoekstra – Hysén – Ingesson – Jonk – Kezman – Kieft – Koch – E. Koeman – R. Koeman – Koolhof – Kralj – Lerby – Nielsen – Nikiforow – Nilis – Nilsson – Nordqvist – Numan – Popescu – Povlsen – Ressel – Romário – Ronaldo – Schrijvers – Snoek – Stam – Stevens – Tebak – Thoresen – Valckx – Valke – van Aarle – van Beveren – van Breukelen – van Bommel – R. van de Kerkhof – W. van de Kerkhof – van der Kuil – van der Kuylen – Vanenburg – van Nistelrooy – van Run – van Tiggelen – van Wissen – Vennegor of Hesselink – Vogel – Wildschut – Wiersma – Wouters – Xavier – Zenden.
Bekannteste Trainer: Advocaat – Appel – Brocic – De Mos – Gerets – Hiddink – Kraay – Libregts – Linder – Reker – Rijvers – Robson – Westerhof.

Als der FC Barcelona Romário 1993 ans Mittelmeer lockte, hatte der PSV bereits einen Nachfolger in der Hinterhand: Ronaldo Nazario de Lima. Das Supertalent hatte bei seinem Wechsel 1994 umgerechnet rund 8 Millionen Euro gekostet. Ronaldo war diesen Betrag wert, wie sich bereits bei seinem Debüt im Europacup zeigte. Beim 4:5 im UEFA-Cup gegen Bayer Leverkusen traf der Brasilianer dreimal – im zarten Alter von 17 Jahren. Die 55 Tore, die Ronaldo für Eindhoven erzielte, machten ihn endgültig berühmt und für seinen Arbeitgeber nicht mehr bezahlbar. Für umgerechnet 17 Millionen Euro wechselte 1996 auch Ronaldo zum FC Barcelona. Im Nou Camp trat er wiederum in Romários Fußstapfen. Dort spielte Ronaldo so phänomenal, dass ihn eine intellektuelle Autorität wie der Schriftsteller Manuel Vázquez Montalbán in die Nähe Gottes hob.

Der PSV verlor in den Neunzigerjahren seine nationale Vormachtstellung an Ajax. Der Neuaufbau einer schlagkräftigen Mannschaft war von Hektik und Ungeduld geprägt. Eine ganze Reihe von Trainern wurde verschlissen: Hans Westerhof, Aad de Mos, Dick Advocaat, Bobby Robson. Erst unter dem Belgier Erik Gerets gewann der Klub wieder an Stabilität. Gerets war der Kapitän jener PSV-Elf, die 1988 den Meistercup gewonnen hatte. Auch als Trainer war ihm der Erfolg treu geblieben. 1997 war er in Belgien mit Lierse, 1998 mit Brügge Meister geworden. In Eindhoven schaffte er seinen persönlichen Titel-Hattrick: In seinem ersten Amtsjahr führte er den PSV gleich auf Rang eins. Ein Jahr später, in der Saison 2000/2001, blieb der Titelverteidiger während 34 Meisterschaftsspielen in Folge ungeschlagen. Das zweitplatzierte Feyenoord wurde um 17 Punkte distanziert. International vermochte der PSV jedoch – einmal mehr – nicht zu glänzen.

Jubel, Trubel, Heiterkeit

Das Jahr 1988 wird in Eindhoven unvergessen bleiben. Der PSV gewann die nationale Meisterschaft und den Pokal. Und natürlich den Europapokal der Landesmeister. Dieses Kunststück hatten zuvor nur Celtic Glasgow (1967) und Ajax Amsterdam (1972) geschafft. Doch damit war der Jubel noch nicht zu Ende. Auch am bisher größten Triumph des holländischen Fußballs waren die Spieler aus Eindhoven maßgeblich beteiligt. Am 25. Juni war es, als die Oranjes im Münchner Olympiastadion mit einem 2:0-Sieg über die Sowjetunion Europameister wurden. In der Sieger-Elf standen mit Hans van Breukelen, Erwin und Ronald Koeman, Berry van Aerle, Adri van Tiggelen, Ruud Gullit und Gerald Vanenburg nicht weniger als sieben aktuelle, ehemalige oder zukünftige PSV-Akteure. Dazu gesellte sich noch Wim Kieft, der sich 1988 mit 29 Treffern die holländische Torjägerkrone gesichert hatte.

Der PSV, aber auch seine Erzrivalen Ajax und Feyenoord, bekamen die Folgen des Bosman-Urteils mit besonderer Wucht zu spüren. Die für ihre exzellente Nachwuchsarbeit bekannten Vereine avancierten zu Durchlauferhitzern für junge Talente. Ganz extrem zeigte sich dies nach der Weltmeisterschaft von 1998, als fünf holländische Nationalspieler dem PSV praktisch über Nacht den Rücken kehrten. Jaap Stam wechselte für rund 17 Millionen Euro Ablöse – damals Weltrekord für einen Abwehrspieler – zu Manchester United. Defensivallrounder Arthur Numan wanderte nach Schottland zu den Glasgow Rangers aus. Auch Spielmacher Wim Jonk fühlte sich auf seine alten Tage reif für die Insel, er unterschrieb bei Sheffield Wednesday. Die

Ins Wasser gefallen

Vor Saisonbeginn gibt es in Holland keinen Experten, der den PSV Eindhoven nicht zum Kreis der Titelanwärter zählen würde. Denn seit 1981 hat sich der Klub in der Eredivisie stets unter den ersten Drei klassiert. Auf Dauer kommt bei einer solchen »Erfolgsgarantie« Langeweile auf. In Eindhoven wünscht man sich schon seit geraumer Zeit attraktivere Konkurrenten als etwa Waalwijk, Nijmegen oder Sittard. Es überrascht deshalb nicht, dass die PSV-Direktion eine der treibenden Kräfte hinter dem Projekt Atlantic League war. An dieser Meisterschaft hätten Klubs wie Ajax, Feyenoord, Anderlecht, Brügge, Göteborg, Bröndby, FC Kopenhagen, Benfica, Porto und Celtic sowie die Glasgow Rangers teilnehmen sollen. Die UEFA erteilte dieser Mini-Europa-Liga im Winter 2000 jedoch eine Abfuhr. In Eindhoven ging sie deshalb wieder von vorne los, die Suche nach alternativen Einnahmequellen.

Flügelspieler Philip Cocu und Boudewijn Zenden wiederum zog es in südlichere Gefilde, zum FC Barcelona.

So hatte der PSV innerhalb von wenigen Tagen rund 25 Millionen Euro eingenommen. Doch die Mannschaft des englischen Trainers Bobby Robson hatte viel Substanz verloren. Statt in der *Champions League* groß aufzutrumpfen, spielte sie einmal mehr die undankbare Rolle des Punktelieferanten. Zwischen 1997 und 2002 qualifizierte sich der PSV sechsmal für die Königsklasse des europäischen Fußballs, erreichte aber kein einziges Mal die Zwischenrunde.

Packender Zweikampf: PSV-Verteidiger Andre Ooijer versucht Dortmunds Tomas Rosicky zu stoppen.

Die Großen besiegt, von den Kleinen blamiert

Die Industrielle Revolution hatte zahlreiche Briten nach Wien gebracht. Diese waren dort als Vertreter, Angestellte, Ingenieure oder Unternehmer tätig und praktizierten in ihrer Freizeit englische Ballspiele wie Cricket, Rugby oder Fußball.

Das Fußball-Fieber befiel rasch auch die einheimische Bevölkerung. Ende des 19. Jahrhunderts war die Hauptstadt der Habsburger Doppelmonarchie Österreich-Ungarn nicht nur die fünftgrößte Stadt der Welt, sondern auch Zentrum des mitteleuropäischen Fußballs. Nirgendwo sonst auf dem europäischen Festland verbreitete sich das Ballspiel derart rasch. Innerhalb kürzester Zeit entstand eine beachtliche Zahl von Vereinen: Vienna, Cricket, Admira, Rapid, der Sportclub, der Favoritner AC oder der Hakoah, um nur die prominentesten Beispiele aufzuführen.

Einer der ältesten Vereine war der 1894 gegründete *Vienna Cricket and Football Club*. Der Erfolg blieb den Blau-Schwarzen knapp zwanzig Jahre lang treu, nicht aber die Mitglieder. Im Oktober 1910 entschloss sich nach monatelangen Polemiken ein großer Teil der Spieler und Funktionäre für eine Abspaltung. Die Sezessionisten nannten sich ein halbes Jahr lang *Wiener Cricketer*, ehe sie sich am 15. März 1911 als *Wiener Amateur-Sportverein* in die Verbandsregister eintragen liessen.

Die »Amateure« durften auf Anhieb in der obersten Liga mitmischen. Ihre Spielweise ähnelte dem Aprilwetter: sie war launisch und unberechenbar. »Violett gewinnt nur überlegen, wenn kein Mensch daran denkt, und fällt um, wenn es gute Aussichten auf den Sieg hat«, wunderte sich das *Illustrierte Österreichische Sportblatt* im Juni 1911.

FUßBALL KLUB AUSTRIA WIEN

Gründungsdatum: 15. März 1911.
Anschrift: Austria Wien, Franz Horr Stadion, Matthias Sindelar-Tribüne, Fischhofgasse, 1100 Wien, Österreich.
Internet: www.fk-austria.at
Stadion: Franz Horr Stadion, Fassungsvermögen: 11 800 Zuschauer.
Vereinsfarben: Violett und Weiß.

Zum Meistertitel reichte es erstmals 1924, in jenem Jahr, in welchem Österreich den Profifußball einführte. In der ersten Hälfte der Zwanzigerjahre stellten die »Amateure« das beste Team des Landes. 1921, 1924, 1925 und 1926 gewannen sie den Pokal, 1924 und 1926 den Meistertitel. Mit den beiden Brüdern Kalman und Jenö Konrad, die 1919 vom MTK Budapest gekommen waren, hatten sie zwei exzellente Spieler in ihren Reihen. Den Konrads wurde der Aufenthalt in Wien mit allerlei Privilegien versüßt. Jenö beispielsweise bekam auf Vermittlung des Vereins eine der seltenen Jahreskarten für die Wiener Börse. Zudem war er am Nestroy-Kino beteiligt.

Nach dem Gewinn des ersten Meistertitels wurden weitere Gastarbeiter verpflichtet. Dank Mäzenen aus dem assimilierten jüdischen Großbürgertum, die im Hintergrund wirkten, konnte der Verein Spieler wie den Ungarn Alfred (»Spezi«) Schaffer oder den deutschen Torhüter Teddy Lohrmann engagieren. Die »Amateure« unterhielten damit faktisch einen Profibetrieb, ihre Mannschaft war eine der teuersten der Liga, und der Vereinsname somit ein Anachronismus. Am 28. November 1926 wurde deshalb an der Mitgliederversammlung im Donau-Café in der Singerstraße eine Umbenennung in *Fußball Klub Austria* beschlossen.

Auch auf dem Platz kam es damals zu einer signifikanten Änderung. Hatten bisher Kampf, Athletik, Mannschaftsgeist und Einsatz – ganz nach englischem Vorbild – die österreichische Spielweise dominiert, so gewann die Austria ihre Spiele nun dank glänzender Technik, brillanter Einzelaktionen und phantasievollen Kombinationen. Das sogenannte »Scheiberlspiel« mit seinen Kurzpässen und Überraschungseffekten begeisterte nicht nur die Zuschauer, sondern setzte sich mit der Zeit als legendäre »Wiener Schule« auch international durch.

»Sie konnten alles«

Hugo Meisl (1881–1937) schwärmte zeitlebens von den »Amateuren«, auch dann, als der Klub schon Austria Wien hieß. Im *Montag mit dem Sportmontag* gab der einstige Generalsekretär des ÖFB, Mitropa-Cup-Gründer und Trainer des Wunderteams folgendes zu Protokoll: *»Es war nicht einfach, die Spieler der Amateure unter einen Hut zu bringen. Wer da versuchte, ihnen irgend etwas einzureden, sah sich gefoppt: Sie spielten ja doch so, wie sie es wollten. Es war aber auch die Improvisation, die dieses Team groß machte. Groß und klein – denn wenn die Klaviatur des Fußballs nichts mehr von sich hören ließ, dann warf man nur allzu schnell die Flinte ins Korn, um sang- und klanglos unterzugehen. Und dennoch: Zeit meines Wirkens fand ich selten bessere, talentvollere Fußballer in einer Mannschaft. Sie konnten einfach alles, wenn sie wollten.«*

Allerdings übertrieb die Austria das »Scheiberlspiel« bisweilen. Das brachte ihr den Ruf ein, »in Schönheit zu sterben«. Diese Ballverliebtheit ist auch der Grund, weshalb der Klub bis zum Zweiten Weltkrieg relativ wenige Trophäen gewann.

Die Kultfigur jener Epoche war Spielmacher Matthias Sindelar, den die Austria 1924 von Hertha Wien übernommen hatte. Sindelar wurde am 10. Februar 1903 im böhmischen Dorf Kozlau als Sohn eines Maurers geboren. Die Familie wanderte nach Wien aus, in den Stadtteil Favoriten, wo zahlreiche Einwanderer Arbeit in den neuen Fabriken und Ziegeleien fanden.

Sindelars Vater kam 1917 im Ersten Weltkrieg an der Isonzo-Front ums Leben. Die Mutter musste als Wäscherin vier Kinder durchbringen. Matthias war infolge unzureichender Ernährung spindeldürr. Möglicherweise auch aus Angst vor Verletzungen, die das Ende seiner Karriere bedeutet hätten, kultivierte der schmächtige Blondschopf sein körperloses Spiel, das ihm den Künstlernamen »der Papierene« eintrug. Sindelar entwickelte sich zwischen den beiden großen Kriegen zum besten Spielgestalter Europas: In 43 Länderspielen verbuchte er 27 Tore, wurde zweimal Mitropa-Cup-Sieger (1933 und 1936) und sechsmal österreichischer Pokalsieger – aber nie Meister!

Sindelar war Regisseur der Austria und der Nationalelf, die in den Dreißigerjahren als »Wunderteam« einen technisch unwiderstehlichen Fußball zelebrierte. Er erhob das Fußballspiel zur Kunst und wurde deshalb auch von den Kaffeehaus-Literaten vergöttert. »Er spielte Fußball wie kein zweiter, er stark voll Witz und Phantasie«, schrieb der Schriftsteller und Austria-Anhänger Friedrich Torberg. Englische Klubs boten Riesensummen für den damals faszinierendsten Spieler Europas. Aber »der Papierene« war Nationaleigentum geworden, unverkäuflich, unbezahlbar. Wie später in Brasilien Pelé.

Sein tragischer Tod trug viel zu seinem Mythos bei. Zusammen mit seiner halbjüdischen Freundin wurde Sindelar am 23. Januar 1939, ein knappes Jahr nach dem Einmarsch der Deutschen, leblos in seiner Wohnung in der Annagasse aufgefunden. Im Obduktionsbericht heißt es: »Vergiftung durch Kohlenmonoxid«. Der »Unglücksfall« ist bis heute nicht restlos geklärt. Polizeiberichte zum Fall Sindelar gingen angeblich gegen Ende des Krieges verloren. Gerüchte kursierten, wonach die Nationalsozialisten Sindelar und dessen Geliebte umgebracht hätten. Die NSDAP-Funktionäre reagierten auf diese Vorwürfe, indem sie ein Staatsbegräbnis anordneten, auf dem rund 15 000 Menschen Sindelar die letzte Ehre erwiesen.

Torberg dichtete in seiner Ballade »Auf den Tod eines Fußballspielers«:

»*Er war gewohnt zu kombinieren,*
und kombinierte manchen Tag,
Sein Überblick ließ ihn erspüren,
dass seine Chance im Gashahn lag.
Das Tor, durch das er dann geschritten,
lag stumm und dunkel ganz und gar.
Er war ein Kind aus Favoriten
und hieß Matthias Sindelar.«

Der Spielmacher des Wunderteams ruht in einem Ehrengrab der Stadtgemeinde auf dem Wiener Zentralfriedhof.

In den Dreißigerjahren schlitterte Österreich in eine schwere Wirtschaftskrise. 1934 waren nach zeitgenössischen Schätzungen rund 770 000 Menschen arbeitslos. Spätestens seit den bürgerkriegsähnlichen Kämpfen im Februar 1934 etablierte sich ein »austrofaschistisches« Herrschaftssystem. Diese Entwicklung, die 1938 in den Anschluss ans Dritte Reich mündete, führte zum Zerfall der Austria. Mittelfeldspieler Walter Nausch beispielsweise flüchtete mit seiner jüdischen Frau in die Schweiz, Stürmer Camillo Jerusalem wanderte nach Frankreich aus, Vereinspräsident Emmanuel (»Michl«) Schwarz ging ins Pariser Exil.

Der Vorstand der Austria wurde im April 1938 seines Amtes enthoben, und der Verein unter kommissarische Verwaltung gestellt. Der Name musste in »SC Ostmark« geändert werden. Im Juli 1938 konnte allerdings nach Protesten der Mitglieder die Rückbenennung auf den Traditionsnamen Austria erreicht werden. Der Klub war dem Nazi-Regime aus zwei Gründen verhasst: Er war von einem jüdischen Flair umgeben und das grazile »Scheiberlspiel« vertrug sich nur schlecht mit der kampfbetonten, pragmatischen Spielweise der Deutschen.

Zwischen 1938 und 1945 war die Austria wesentlich schwächer als in den Jahren zuvor und stand im Schatten der Lokalrivalen Rapid und Admira. Zahlreiche jüdische Spieler waren ins Ausland geflohen, viele Nachwuchskicker wurden ins Heer eingezogen, so dass der Austria nur noch eine Rumpfmannschaft zur Verfügung stand. Zudem hatten die Nationalsozialisten die Klubkassen geplündert. In der ostmärkischen Liga belegte die Austria meist Ränge in der unteren Tabellenhälfte. Die größte Demütigung musste sie 1942 hinnehmen, als Rapid das Derby mit 10:2 gewann. Es handelt sich um die bis heute höchste Niederlage der Austria.

Volles Haus, leere Kasse

Seine größten sportlichen Erfolge feierte Austria Wien in den Zwanzigerjahren, einer Zeit, die in der Regel mit den Stichworten »Wirtschaftskrise«, »Inflation« und »Arbeitslosigkeit« in Verbindung gebracht wird. Bei den Spielen der »Veilchen« tauchten öfters auch Beamte des Finanzamtes auf, allerdings nicht als Zuschauer. Dem Klub drohte damals nämlich der Bankrott. Während eines Derbys, das Austria gegen Rapid 2:1 gewann, wurden die Klubkassen vom Steuerexekutor gepfändet. Die Pokale, die im Dom-Café von den großen Triumphen zeugten, mussten verkauft werden.

Nach dem Ende des Zweiten Weltkrieges begann bei den »Veilchen« die Stunde Null. Das alte Sekretariat in der Goldschmiedgasse sowie das Stadion waren zerbombt und der Mannschaft fehlte es an Schuhen und Trikots. Trotz all diesen Widrigkeiten wurde rasch wieder der Spielbetrieb aufgenommen – für die nächsten zwanzig Jahre allerdings, wie überall in Österreich, auf Amateurbasis.

Die Austria eroberte sich ihren Platz unter den führenden Teams des Landes erstaunlich rasch zurück. Zusammen mit Rapid dominierte sie in den Fünfzigerjahren die österreichische Liga und gewann zwischen 1949 und 1963 sechsmal die Meisterschaft. Zu den Helden jener Zeit gehörten Ernst Ocwirk, der glänzende Spielmacher, sowie die Stürmer Adolf Huber, Ernst Stojaspal und Harry Aurednik. Sie standen bei der Weltmeisterschaft 1954 auch in jener österreichischen Mannschaft, die erst im Halbfinale vom späteren Weltmeister Deutschland gestoppt (1:6) wurde. Die Elf von Teamchef Walter Nausch beendete das Turnier nach einem Sieg über Titelverteidiger Uruguay immerhin noch im dritten Rang.

Österreichs Lichtgestalt der Fünfzigerjahre hieß Ocwirk. Der gelernte Modellschreiner war 1952 vom Fachblatt *France Football* zum besten Fußballer Europas gekürt worden; er bestritt insgesamt 62 Länderspiele. Dank ihm war Austria Wien auch ein gern gesehener Gast im Ausland, wurde beispielsweise 1951 zum *Football-Festival* in England eingeladen. Dort trafen die Wiener auf Englands Meister Tottenham und Ocwirk als einziger Spieler ins Tor. Der *Daily Telegraph* bezeichnete den Torschützen anderntags als *the best center-half on world.*

Ähnlich hoch wurde 1951 auch Austrias 4:0-Sieg über Nacional Montevideo eingestuft, standen in den Reihen der Uruguayer doch nicht weniger als sechs Weltmeister. Die Treffer gingen zu gleichen Teilen auf das Konto von Aurednik und Stojaspal.

In den Sechziger- und Siebzigerjahren blieb in Österreich von der Fußball-Euphorie der Nachkriegsjahre nicht mehr viel übrig. Die Kluft zur europäischen Spitze wurde von Jahr zu Jahr größer, und die durchschnittlichen Zuschauerzahlen in der höchsten Liga gingen innerhalb eines Jahrzehnts um rund zwei Drittel zurück. Austrias Klubführung versuchte, die Finanzkrise mit neuen Marketingstrategien zu stoppen. Die Austria fand als einer der ersten Klubs mit der Schwechater Brauerei einen Sponsor. 1977 übernahmen die Austria Tabakwerke das Sponsoring, was sich in einer Umbenennung des Klubnamens in *Austria-Memphis* niederschlug.

Unter dieser Bezeichnung feierte der Klub auch einen seiner größten Erfolge. In der Saison 1977/78 wurde die Austria mit einem Rekordvorsprung Meister und stieß im Europapokal der Pokalsieger bis ins Finale vor, das gegen den RSC Anderlecht allerdings klar mit 0:4 verloren ging. Ins Rampenlicht spielte sich Herbert (»Schneckerl«) Prohaska. Der Mittelfeldstratege gab auch in der Nationalelf den Takt an und war wesentlich am »Triumph von Cordoba« beteiligt, dem legendären österreichischen Sieg über Deutschland an der WM 1978.

Die große Austria-Mannschaft des Jahres 1978 blieb (vorerst) nahezu unverändert. National war sie eine Klasse für sich, gewann vier Meisterschaften in Folge, einmal gar mit 14 Punkten Vorsprung. Auch international gelangen ihr Erfolge, die von anderen österreichischen Vereinen bis heute nicht erreicht wurden. 1979 stießen die »Veilchen« als bisher einziger Verein des Landes ins Halbfinale des Europapokals der Landesmeister vor. In den darauf folgenden Jahren waren sie immerhin stark genug, um für Gegner wie Inter Mailand oder den FC Barcelona zum Stolperstein zu werden.

Die Krönung

Der *Mitropa-Cup* war in der Zwischenkriegszeit das, was die *Champions League* heute ist: Ein Straßenfeger. Der vom Wiener Impresario Hugo Meisl konzipierte Wettbewerb wurde nach seinem größten Sponsor benannt. Die *Mitropa* verpflichtete sich, die Vereine in ihren Eisenbahnen gratis zu den Auswärtsspielen zu transportieren. Am *Mitropa-Cup* nahmen der Meister und der Pokalsieger der Profifußball-Länder Österreich, Ungarn, Tschechoslowakei, Jugoslawien, Italien und später auch der Schweiz teil. Austria Wien eroberte den Pokal zweimal – jeweils unter unvergesslichen Umständen.

1933 verloren Sindelar und Co. das Auftaktspiel gegen Slavia Prag sang- und klanglos 1:3. Im Rückspiel dann die Wende: 3:0. In Runde zwei traf man auf das damals schon renommierte Juventus Turin. 50 000 Fans sahen im Praterstadion, wie die Stars Combi, Ferrari, Monti und Orsi mit 3:0 vom Platz gefegt wurden. Das erste Endspiel gewann dann in Mailand Ambrosiana Inter mit 2:1. Im Rückspiel schlug die große Stunde »des Papierenen«: Die Austria gewann 3:1, Sindelar erzielte einen Hattrick.

1936 eliminierten die »Veilchen« der Reihe nach Grasshoppers Zürich, Bologna und Újpest Dózsa Budapest. Im Endspiel trafen sie auf Slavia Prag. 0:0 endete das Hinspiel in Wien. In Prag wollten 60 000 Tschechen einen Erfolg des Gastteams feiern. Die Party fand nicht statt. Pepi Stroh und Camillo Jerusalem trafen. Somit stellte die Austria erneut die beste Equipe Europas. Zöhrer, Andritz, Sesta, Nausch, Mock, Riegler, Viertl, Stroh, Sindelar, Adamek und Jerusalem bildeten jene legendäre Elf.

Die Stars der Achtzigerjahre hießen Herbert Prohaska, Toni Polster und Tibor Nyilasi, der Kapitän der ungarischen Nationalmannschaft. Bei einem Zuschauerschnitt von knapp 5000 Besuchern konnten solche Leistungsträger natürlich nicht langfristig an den Verein gebunden werden.

Erfüllte seine Mission: Trainer Christoph Daum gewann mit Austria Wien im Frühjahr 2003 das Double. Anschließend heuerte er bei Fenerbahçe an.

Auch in den Neunzigerjahren verließen die besten Spieler den Klub, sobald ihnen eine lukrative(re) Offerte vorlag. Stürmer Ivanauskas und Torhüter Wohlfahrt wechselten in die deutsche Bundesliga, Flögel nach Schottland; Ogris, Prosenik, Stöger und Zsak suchten sich neue Arbeitgeber in Österreich. Das hatte zur Folge, dass die Austria Mitte der Neunzigerjahre in eine schlimme sportliche und finanzielle Krise schlitterte. Besonders bitter war, dass ausgerechnet Lokalrivale Rapid in dieser Zeit äußerst erfolgreich war und 1996 im Europapokal der Pokalsieger bis ins Endspiel aufstieg (und dort gegen Paris Saint-Germain mit 0:1 verlor).

Keine sportlichen Erfolge, aber immerhin ein wenig Begeisterung ins Umfeld der Austria brachte 1999 die Rückkehr von Prohaska. Er blieb allerdings nur ein halbes Jahr lang Trainer. Denn im November 1999 fand der Klub einen neuen Investor, den Austrokanadier Frank Stronach. Der Gründer des Magna-Konzerns (weltweit rund 40 000 Beschäftigte; produziert Teile für die Automobilindustrie) und Besitzer der sechs bedeutendsten nordamerikanischen Rennbahnen ist sich gewohnt, dass sich sein Geld amortisiert. Wer widerspricht, fliegt.

Bei der Austria traf es zuerst Prohaska. Sportdirektor Friedl Koncilia, der zusammen mit anderen so genannten »Beratern« eine starke Achse mit dem neuen Financier bildete, wirkte maßgeblich am Rausschmiss seines langjährigen Teamkollegen mit. Der ehemalige Torhüter Koncilia verpflichtete in der Folge dank den reichlich fließenden Stronach-Millionen zahlreiche neue Spieler. Darunter den kroatischen Internationalen Aloisija Asanovic, der monatelang fürstlich entlohnt wurde, aber keine einzige Partie für die Austria bestritt. Asanovic sollte aber nicht der einzige Transferflop bleiben.

Im Sommer 2000 wurde Heinz Hochhäuser als neuer Trainer vorgestellt. Der beim Provinzklub Ried äußerst erfolgreiche Ausbilder war neben Arie Haan der Wunschkandidat von Stronach gewesen. Als sich der Erfolg trotz umfangreichem Einkaufsprogramm nicht sofort einstellen wollte, wurde Sportdirektor Koncilia kurzerhand durch den inzwischen auf dem Markt verfügbaren Haan ersetzt. Das kostspielige Personalkarussell erfuhr neuerlich Beschleunigung, Stronach pumpte weiter Geld in den Klub, bis in kürzester Zeit eine ganze Mannschaft ausgewechselt war. Seit dem Abgang von Prohaska waren 13 neue Spieler verpflichtet worden, und naturgemäß musste auch

Hochhäuser an der Ungeduld und den unrealistischen Vorgaben (Titelgewinn!) seiner Vorgesetzten scheitern.

Im Winter 2001 nahm schließlich Haan persönlich das Heft in die Hand. Auch dem ehemaligen niederländischen Nationalspieler gelang es allerdings nicht, die Austria auf Erfolgskurs zu führen. Am Ende einer enttäuschenden Saison verpasste sie sogar die Qualifikation für den UEFA-Cup. Haan durfte trotzdem im Amt bleiben, wurde dann aber schon nach wenigen Spieltagen der Saison 2001/02 gefeuert, und zwar ausgerechnet nachdem die Austria das 226. Derby gegen Rapid mit 2:1 gewonnen hatte. Stronach begründete die Entscheidung mit der sportlichen Erfolglosigkeit der Austria …

Walter (»Schoko«) Schachner wurde im Oktober 2002 ebenfalls entlassen, und zwar unmittelbar nach dem überzeugenden UEFA-Cup-Erfolg gegen Schachtjor Donezk (5:2). Erfolglosigkeit konnte man dem Steirer also nicht vorwerfen. Schachner war im Sommer vom FC Kärnten abgeworben worden und hatte bei der Austria innerhalb von vier Monaten aus einem losen Haufen ein national (Tabellenführung) und international erfolgreiches Team geformt. Doch das zählte für Stronach über Nacht nicht mehr. Schachner sei zwar ein guter Trainer, aber noch zu wenig erfahren, um ein Team mit Stars wie dem Brasilianer Djalminha ins große internationale Fußball-Geschäft zu führen, erklärte Stronach.

Deshalb holte er Christoph Daum, der in der deutschen Bundesliga wegen seiner Kokain-Affäre nicht mehr erste Wahl gewesen war. Die aufgebrachten Fans beschwichtigte er: »Es ist die richtige Entscheidung zum falschen Zeitpunkt.« Ein Klassetrainer wie Daum sei nicht oft auf dem Markt, da müsse man zuschlagen. Daum erfüllte die in ihn gesteckten hohen Erwartungen nur bedingt. Er führte die Veilchen zwar zum ersten Double seit 1992, heuerte danach aber sofort bei Fenerbahçe Istanbul an. Sein Erbe trat im Juni 2003 der Schwabe Joachim (»Jogi«) Löw an. Von ihm erwartet Stronach nicht nur eine erfolgreiche Titelverteidigung, sondern auch Erfolge in der Champions-League. Darunter versteht der eigenwillige Mäzen nicht die Qualifikation, sondern zumindest das Erreichen des Halbfinals. Schließlich will er aus der Austria das »Real Mitteleuropas« machen.

ERFOLGE

Österreichischer Meister: 1924, 1926, 1949, 1950, 1953, 1961, 1962, 1963, 1969, 1970, 1976, 1978, 1979, 1980, 1981, 1984, 1985, 1986, 1991, 1992, 1993, 2003.
Österreichischer Pokalsieger: 1948, 1949, 1960, 1962, 1963, 1967, 1971, 1974, 1977, 1980, 1982, 1986, 1990, 1992, 1994, 2003.
Mitropa-Cup-Sieger: 1933, 1936.

Bekannteste Spieler: Adamek – Andres – Andritz – Aurednik – Baumeister – Baumgartner – Bilich – Buzek – Cebinac – César – Daxbacher – Degeorgi – Dihanich – Djalminha – Drabitz – Fiala – Flögel – Frydl – Gall – Gasselich – Gernot – Geyer – Hasenhüttl – Hickersberger – Hirnschrodt – Huber – Hussak – Ivanauskas – Jerusalem – Joksch – Kögelberger – Kominek – Koncilia – J. Konrad – K. Konrad – Krieger – Kurz – Lohrmann – Melchior – Mikulasch – Mock – Molzer – Narbekovas – Nausch – Nemec – Neumer – Nyilasi – Obermayer – Ocwirk – Öczan – Ogris – Parits – Pfeffer – Polster – Popovic – Prohaska – Prosenik – Riegler – Sara – Schachner – Schaffer – Schleger – Sesta – Sindelar – Spale – Steinkogler – Stojaspal – Stöger – Stotz – Stroh – Swatosch – Swoboda – Szanwald – Viertl – Wieser – Wohlfarth – Zöhrer – Zsak.
Bekannteste Trainer: Daum – Dienst – Frühwirth – Gutmann – Haan – Halama – Hogan – Meisl – Müller – Ocwirk – Parits – Prohaska – Schachner – Schlechta – Stessl – Stotz – Szanwald.

Eine Viertelstunde für die Ewigkeit

Das *Neue Wiener Abendblatt* veröffentlichte am 17. September 1898 eine Meldung mit dem Titel: »Erster Wiener Arbeiter Fußball-Club gegründet«. Das tönt derart sachlich und emotionslos, dass es heute schwer fällt, hinter dieser Schlagzeile ein gesellschaftspolitisches Konfliktpotential auszumachen. Ein Fußball-Verein für Arbeiter – in der österreichisch-ungarischen Monarchie empfanden das viele als Provokation. Denn der Fußball hatte im ausgehenden 19. Jahrhundert die Klassenschranken noch längst nicht überwunden und galt als Sport der Oberschicht. Sogar zwei Erzherzöge zählten sich zu den Fußball-Begeisterten, und als Schirmherr des *First Vienna Football Club*, des ältesten Vereins des Landes (1894 gegründet), fungierte Baron Nathaniel Rothschild. Ein Satzungsparagraph schloss »Arbeiter, Handwerker und Taglöhner« explizit von der Mitgliedschaft aus. Popularität wurde gar nicht erst angestrebt, man wollte unter seinesgleichen bleiben. First Vienna verdoppelte im April 1897 den Eintrittspreis zum Heimspiel gegen den *Vienna Cricket and Football Club* von zehn auf zwanzig Kreuzer, um den Publikumsaufmarsch in Grenzen zu halten.

Die rasche Ausbreitung des Fußballs in allen sozialen Schichten konnten allerdings auch solche »Topspiel-Zuschläge« nicht verhindern. Die provokative Bezeichnung *Erster Wiener Arbeiter Fußball-Club* erwies sich im Kaiserreich aber dennoch als zu große Belastung. Nach vier Monaten und ein paar zweistelligen Niederlagen (0:17 und 0:14 gegen Viktoria, 0:20 gegen den WAC) wurde der »Proletarierverein« in *Sport-Klub Rapid Wien* umbenannt. Das Adjektiv *rapid* bedeutet »schnell«, »rasch« oder »rasant«. Ob die Sittenwächter des Fußballs wussten, dass Rapid auch der Name einer Lokomotive war und somit dem Arbeitermilieu entnommen wurde, ist nicht bekannt. Auf alle Fälle störte sich niemand mehr an der neuen Bezeichnung.

SPORT-KLUB RAPID WIEN
Gründungsdatum: 17. September 1898.
Anschrift: SK Rapid Wien, Keisslergasse 6, 1140 Wien, Österreich.
Internet: www.skrapid.at
Stadion: Hanappi-Stadion, Fassungsvermögen: 19 600 Zuschauer.
Vereinsfarben: Grün und Weiß.

Einmal in Fahrt, war Rapid fast nicht mehr zu bremsen. Bereits 1903 qualifizierte sich der Verein für die höchste österreichische Spielklasse, aus der er seitdem nie mehr abgestiegen ist. Im selben Jahr gelang den »Arbeitern« auch erstmals ein Sieg gegen die »Cricketer« und immerhin ein Remis gegen Vienna. Es war nur eine Frage der Zeit, bis der Klub aus dem Stadtteil Hütteldorf am Rande des Wienerwaldes seinen ersten Meistertitel erringen würde – 1912 war es so weit. Rapid errang seinen ersten Meistertitel mit einem Punkt Vorsprung auf den Wiener Sportklub.

Zum Mythos wurde Rapid in den Jahren nach dem Ersten Weltkrieg. Damals entstand die legendäre »Rapid-Viertelstunde«. Die Mannschaft hatte oft Mühe, ins Spiel zu finden und fing sich bis zur Pause etliche Male einen Rückstand ein. In der zweiten Halbzeit gelang es dann aber, meist in den letzten fünfzehn Minuten, das Spiel durch eine Tempoverschärfung noch zu drehen. Die »Rapid-Viertelstunde« wird seit 1919 durch ein rhythmisches Klatschen der Zuschauer eingeleitet, zweimal lang, dreimal kurz. So auch im unvergesslichen Spiel gegen den Wiener AC am 10. April 1921. Als der Weckruf der Zuschauer ertönte, lag Rapid 3:5 in Rückstand. Am Ende stand es 7:5 für die Grün-Weißen. Siebenfacher Torschütze war Josef (»Pepi«) Uridil, einer der ersten Stars des Klubs, der mittlerweile in einem Stadion spielte, das 20 000 Zuschauern Platz bot.

Uridil (1895–1962) wuchs als Sohn eines Schneiders im Wiener Vorort Ottakring auf und galt als populärster Spieler der frühen Zwanzigerjahre. Der charismatische Hühne schoss viele entscheidende Tore und machte sich auch als Sänger und Schauspieler (im Spielfilm »Pflicht und Ehre«) einen Namen. Dank dem Gassenhauer »Heute spielt der Uridil« erlangte er Kultstatus. Uridil war deshalb ein so beliebter Spielertyp, weil er niemals aufsteckte, nach Fouls stets wieder aufstand und unverdrossen weiterkämpfte. Das schätzen die Fans im Arbeiterquartier Hütteldorf, wo Fußball vor allem gekämpft – und nicht zelebriert – wird.

Ein ganz anderes Image pflegt Austria Wien, Rapids großer Rivale. Die Violetten gelten als »intellektuell« und als Vertreter der Wiener Kaffeehaus-Kultur und der Bohème. Austria hatte in den Zwanzigerjahren die vermutlich besseren Fußballer in seinen Reihen. Doch diese waren oft derart verspielt und ballverliebt, dass sie den entscheidenden Torschuss »vergaßen«. Rapid wiederum glänzte durch eine effiziente und zielgerichtete Spielweise.

Bei der ersten Austragung des Mitropa-Cups 1927 stießen die Hütteldorfer bis ins Finale vor, unterlagen dort allerdings Sparta Prag (2:6 und 2:1). 1928 erreichten sie wiederum das Endspiel, scheiterten aber erneut, diesmal an Ferencváros Budapest. 1930 jedoch wiederholte sich die Geschichte nicht, obwohl der Endspielgegner wiederum Sparta Prag hieß. Rapid gewann nach dem 2:0-Auswärtssieg und dem 3:2 im heimischen Stadion als erste österreichische Mannschaft endlich den Mitropa-Cup. Angeregt hatte diesen Vorläufer des heutigen Europapokals übrigens Hugo Meisl, der damalige Trainer der österreichischen Nationalmannschaft. Am Mitropa-Cup nahmen Mannschaften aus den Profifußball-Ländern Österreich, Ungarn, Jugoslawien, Italien und der Tschechoslowakei teil.

Der österreichische Fußball erlebte damals seine erfolgreichste Phase. Die Nationalmannschaft blieb vom 16. Mai 1931 (5:0 gegen Schottland) bis zum 12. Februar 1933 (4:0 gegen Frankreich) während 16 Länderspielen in Folge ungeschlagen und ging als »Wunderteam« in die Geschichte ein. Die drei Rapidler Roman Schramseis, Pepi Smistik und Franz Wesselink hatten einen Stammplatz im »Wunderteam«, dessen Serie erst am 9. April 1933 bei der 1:2-Niederlage gegen die Tschechoslowakei riss. Nur einige Spiele des Wunderteams können hier erwähnt werden: 6:0 gegen Deutschland (Berlin, Mai 1931), 5:0 gegen Deutschland (Wien, September 1931), 8:1 gegen die Schweiz (Basel, November 1931), 8:2 gegen Ungarn (Wien, April 1932), 4:3 gegen Schweden (Stockholm, Juli 1932), 6:1 gegen Belgien (Brüssel, Dezember 1932), 4:0 gegen Frankreich (Paris, Februar 1933). Spiele wie im Rausch.

Als Rapid 1938 mit sieben Punkten Vorsprung seinen zwölften Meistertitel errang, waren bereits Hitlers Truppen in Österreich einmarschiert. Ein großer Teil der Österreicher hatte sie mit Jubel empfangen. Die Bevölkerung wollte »heim ins Reich«. Aus Österreich wurde schließlich die »Ostmark«, deren Fußball-Teams am gesamtdeutschen Spielbetrieb teilnahmen.

Für Rapid hatten die politischen Umwälzungen zunächst keine negativen Auswirkungen. 1939, als der Arbeiterverein sein 40-jähriges Jubiläum feierte, wurde der amtierende Meister Hannover 96 zu einem Freundschaftsspiel empfangen. Die Niedersachsen wurden mit einem 1:11 im Gepäck nach Hause geschickt. Auch in den Wettbewerbsspielen sorgten die Rapidler weiterhin für Glanzstunden. 1938 gewannen sie den Deutschen Pokal und zwei Jahre darauf durch einen sensationellen 4:3-Sieg (nach einem 0:3-Rückstand!) über Schalke 04 gar die Deutsche Meisterschaft. Folgende Spieler waren an diesem Triumph beteiligt: Raftl; Wagner II, Sperner; Wagner I, Gernhardt, Skoumal; Fitz, Schors, Binder, Dvoracek, Pesser.

Franz (»Bimbo«) Binder war – nicht nur wegen seiner Körpergröße von fast zwei Metern – der herausragende Spieler. Der schussstarke Mittelstürmer besiegte in jenem Endspiel Schalke durch einen Hattrick fast alleine und galt als torgefährlichster Angreifer seiner Zeit. In 756 Spielen für Rapid erzielte er 1006 Tore. Wer weiß, wie Binders Karriere verlaufen wäre, wenn er nicht ausgerechnet während des Zweiten Weltkrieges im Zenit seiner Karriere gestanden hätte?

Am 22. Juni 1941, am Tag des Endspiels gegen Schalke, überschritten Hitlers Truppen die russische Grenze und schlugen ein weiteres dunkles Kapitel der Geschichte auf. Noch am Mittag war unklar, ob das Endspiel überhaupt stattfinden konnte: Die NS-Führung befürchtete einen Luftangriff der alliierten Bomberverbände auf die Reichshauptstadt und das mit 95 000 Zuschauern ausverkaufte Olympiastadion. Erst eine Stunde vor Anpfiff gab Propagandaminister Joseph Goebbels grünes Licht. Binder wurde übrigens, wie viele Kameraden, während des Krieges von den Nazis an die Ostfront expediert. »Das war die Rache der Piefkes«, sagte sein Sohn später.

ERFOLGE

Österreichischer Meister: 1912, 1913, 1916, 1917, 1919, 1920, 1921, 1923, 1929, 1930, 1935, 1938, 1940, 1941, 1946, 1948, 1951, 1952, 1954, 1956, 1957, 1960, 1964, 1967, 1968, 1982, 1983, 1987, 1988, 1996.
Deutscher Meister: 1941.
Österreichischer Pokalsieger: 1919, 1920, 1927, 1946, 1961, 1968, 1969, 1972, 1976, 1983, 1984, 1985, 1987, 1995.
Deutscher Pokalsieger: 1938.
Mitropa-Cup-Sieger: 1930, 1951 (inoffiziell).

Bekannteste Spieler: Bican – Binder – Bjerregaard – Brandstetter – Brucic – Dienst – Feurer – Fitz – Fjörtoft – Flögel – Gebhardt – Glechner – Globic – Halla – Hanappi – Happel – Hasil – Herzog – Hofer – Hofstätter – Horwath – Iwanow – Jancker – Kaburek – Kienast – Konsel – A. Körner – R. Körner – Krancjar – Krankl – Kühbauer – Kuthan – Mandreko – Merkel – Pacult – Panenka – Pecl – Pesser – Pfeifenberger – Probst – Pürk – Raftl – Rappan – Riegler – Rodax – Savicevic – Schöttel – Schrammseis – Sintschenko – Skocik – Skoumal – Smistik – Starek – Stumpf – Taument – Uridil – Wagner – Weber – Wesselik – Zeman.
Bekannteste Trainer: Baric – Bauer – Binder – Dokupil – Gebhardt – Happel – Hickersberger – Hlozek – Krankl – Körner – Markovic – Matthäus – Merkel – Rappan – Skocik – Vytlacil – Weber.

Nach Kriegsende erhielt Österreich seine Unabhängigkeit zurück. Allerdings blieben die Besatzungsmächte noch bis 1955 im Land. Rapids Vormachtstellung im österreichischen Fußball blieb unangetastet. 1946 und 1948 gewann die von Altmeister Binder angeführte Elf die Landesmeisterschaft. Parallel zum Wiederaufbau des Landes entstand in den Fünfzigerjahren auch in Hütteldorf wieder eine ganz große Mannschaft. Zwischen 1951 und 1960 gewann Rapid sechs von zehn möglichen Meisterschaften und weckte Erinnerungen an das »Wunderteam«. Bei einem internationalen Turnier in Brügge fegte Rapid 1953 das berühmte Arsenal London mit 6:1 vom Platz. Die Idole jener Ära waren Torwart Walter Zeman, die Verteidiger Max Merkel und Ernst Happel, der Außenläufer Gerhard Hanappi sowie das Angriffstrio mit Erich Probst und den Gebrüdern Robert und Alfred Körner.

Ihren größten Erfolg feierten diese Spieler aber nicht mit Rapid, sondern mit der Nationalelf. Bei der WM 1954 in der Schweiz belegte Österreich den dritten Platz. Es war der letzte große internationale Erfolg für die Alpenrepublik, deren Fußball anschließend langsam, aber stetig an Bedeutung einbüßte.

Auch Rapid gelang es nicht, den Fall ins Mittelmaß zu vermeiden. Ihren für lange Zeit letzten großen Auftritt auf der internationalen Bühne hatten die Grün-Weißen in der Saison 1960/61, als sie im Meistercup Besiktas Istanbul, Wismut Karl-Marx-Stadt und Malmö eliminierten, im Halbfinale dann aber dem aufstrebenden Benfica Lissabon unterlagen (0:3, 1:1).

In den Siebzigerjahren, als in Österreich wieder der Profifußball eingeführt wurde, hatte Rapid einige wichtige Weichenstellungen vorgenommen. Der Klub konnte in jenem Jahrzehnt zwar keinen Meistertitel, aber 1977 immerhin die Eröffnung eines neuen Stadions feiern. Entworfen hatte es Gerhard Hanappi, der legendäre Außenläufer. Als der 93-fache Nationalspieler am 23. August 1980 an Krebs starb, wurde die Arena zu seinen Ehren umbenannt. Im Hanappi-Stadion gelang es Rapid, allmählich wieder an die Erfolge der Vergangenheit anzuknüpfen.

Nach einer 14-jährigen Durststrecke konnte der Verein 1982 wieder einmal einen Meistertitel erringen und diesen in der folgenden Saison auch erfolgreich verteidigen. Trainer dieser vielversprechenden Mannschaft war Otto Baric, die spielbestimmende Persönlichkeit auf dem Platz Hans Krankl, der in der österreichischen Liga in 361 Spielen 269 Tore schoss. Die deutschen Fans erinnern sich heute noch ungern an den Mann, von dem der Spruch stammt, er werde im Angesicht eines Deutschen zum »Rasenmäher«. Beim historischen 3:2-Sieg der Österreicher gegen Deutschland bei der WM 1978 erzielte der von den Fans zum »Rapidler des Jahrhunderts« gewählte Krankl zwei Treffer. Sieben Tage später nahm ihn der FC Barcelona unter Vertrag. Der Torjäger war den Spaniern die ansehnliche Summe von 17 Millionen Schilling (damals etwa 2,5 Millionen Mark) wert.

Mit dem mittlerweile wieder heimgekehrten Krankl sorgte Rapid in der Saison 1984/85 auch im Europapokal der Pokalsieger für Furore. In der ersten Runde wurde Besiktas Istanbul mit einem Gesamtergebnis von 5:2 besiegt. Der nächste Gegner hieß Celtic Glasgow. Rapid gewann das Hinspiel mit 3:1, verlor aber in Schottland 0:3. Weil

Rudi Weinhofer während des Spiels von einer Flasche am Kopf getroffen worden war, reichte Rapid Protest ein. Es kam zu einem Wiederholungsspiel im Old-Trafford-Stadion von Manchester. Die Schotten machten das Spiel – die Österreicher aber das entscheidende Tor: Peter Pacult erhielt an der Mittellinie den Ball und schloss sein Solo über das halbe Spielfeld mit dem Tor zum 1:0 für Rapid ab.

Turbulent ging es auch im Viertelfinale zu und her. Das Hinspiel gegen Dynamo Dresden hatte Rapid 0:3 verloren. Im Gerhard-Hanappi-Stadion drehten die Rapidler dann den Spieß um: Die Dresdner wurden mit einer 5:0-Packung in die DDR zurückgeschickt. Ähnlich erging es im Halbfinale den Russen von Dynamo Moskau, die insgesamt mit 4:2 besiegt wurden. Everton, der Endspielgegner, war dann aber eine Nummer zu groß für Rapid, das in Rotterdam mit folgender Elf 1:3 verlor: Konsel; Lainer, Weber, Garger, Brauneder; Hristic, Kranjcar, Kienast, Weinhofer (Panenka); Pacult (Groß), Krankl.

Trautes Heim, Glück allein

Da es Januar war, konnte es sich nicht um einen Aprilscherz handeln. Trotzdem mochte Anfang 1980 kaum jemand glauben, dass Hans Krankl (damals 27) vom FC Barcelona zum First Vienna Football Club wechselte. Der Goleador hatte beim katalanischen Traditionsverein Krach mit dem neuen Trainer Joaquim Rife und wollte nur noch eins: Zurück zu Rapid, dem Verein, bei dem er groß geworden war. Lukrative Angebote von zwei deutschen Bundesligisten, aber auch von Aston Villa, Ajax Amsterdam, Stoke City sowie von Milan und Inter Mailand interessierten den Sohn eines Wiener Straßenbahnlenkers nicht. Doch Rapid, das für den eigenwilligen Torjäger 1978 umgerechnet 2,5 Millionen Mark bekommen hatte, konnte und wollte sich Krankl im Januar 1980 nicht leisten. Kurz entschlossen verdingte sich dieser deshalb für umgerechnet 100 000 Mark bei Vienna. »Meine Familie und ich sind nur in Wien glücklich«, erklärte er. Krankls Glück wurde komplett, als ihn Rapid ein Jahr später zurückholte. Die Fans wählten ihn später zum »Rapidler des Jahrhunderts«.

Nach dem erneuten Gewinn der Landesmeisterschaft in den Jahren 1987 und 1988 ging es mit dem österreichischen Rekordmeister sportlich und vor allem finanziell wieder bergab. Der absolute Tiefpunkt wurde 1994 erreicht. Das Experiment einer Rapid-Aktiengesellschaft war gescheitert. Der Hauptgläubiger, die Bank Austria, bestand auf Konkurs und Auflösung des Traditionsvereins. Erst vehemente Interventionen von Politikern und Lokalprominenz führten zu einem Umdenken der Banker.

Das Finanzinstitut bestand jedoch auf einem drastischen Sparkurs. Als Trainer wurde Ernst Dokupil verpflichtet, dem der Ruf vorauseilte, gut mit jungen Spielern umgehen zu können. Die junge Billigtruppe sorgte schon rasch auch auf internationaler

Ebene für Aufsehen. Im Cupsieger-Cup der Saison 1995/96 mühte sich Rapid in der ersten Runde noch mit den Rumänen von Petrolul Ploiesti ab (3:1, 0:0). Schon weit mehr Beachtung fand der Sieg gegen Sporting Lissabon, das im Rückspiel mit 4:0 abgefertigt wurde. Auch Viertelfinalgegner Dynamo Moskau blieb chancenlos: Rapid gewann 1:0 und 3:0. Das selbe Schicksal erlitt im Halbfinale auch Feyenoord Rotterdam (1:1 und 3:0). Zum ganz großen Triumph reichte es den Hütteldorfern aber wie schon elf Jahre zuvor nicht. Paris Saint-Germain gewann am 8. Mai 1996 im Brüsseler *Stade Roi Baudoin* durch ein Tor von N'Gotty mit 1:0. Konsel, Iwanow, Schöttel, Hatz, Guggi, Kühbauer, Heraf, Stöger, Marasek, Jancker und Stumpf, die in der Startformation standen, blieb immerhin der Trost, einiges für das ramponierte Image des österreichischen Fußballs (0:1-Blamage der Nationalelf gegen die Färöer-Inseln) getan zu haben.

Den letzten seiner dreißig im zwanzigsten Jahrhundert errungenen Meistertitel konnte Rapid 1996 feiern. In die internationalen Schlagzeilen schaffte es der Klub anschließend durch die Verpflichtung einer alternden Diva namens Dejan Savicevic. *Il Genio*, so sein Kosename aus erfolgreichen Tagen im Trikot der AC Milan, ließ in Wien sein spielerisches Genie nur selten aufblitzen und wechselte im Sommer 2001 aus dem Mittelfeld der Hütteldorfer auf die Trainerbank von Jugoslawien.

Fast gleichzeitig ermöglichten auch die Wiener einem renommierten Ex-Spieler den Einstieg ins Trainermetier. Lothar Matthäus, fünffacher WM-Teilnehmer und deutscher Rekordnationalspieler (150 Länderspiele) besaß zwar keine Lizenz, aber er war zuletzt bei Cosmos New York, wie er sagte, »der verlängerte Arm des Trainers auf dem Spielfeld« gewesen. An seiner ersten Medienkonferenz mit Rapid gab »Loddar« den Tarif durch: »Ich bin gekommen, um einen schlafenden Riesen zu wecken«. Und jeder Spieler dürfe ihn duzen, »wenn wir die *Champions League* gewonnen haben«.

Zerknirscht: Nach einem 1:6 gegen Salzburg war Lothar Matthäus seinen Job als Rapid-Trainer los – ausgerechnet am Tag der Arbeit.

In den folgenden 27 Meisterschaftsrunden verlor Rapid elfmal und rutschte auf Rang 8 ab – die schlechteste Platzierung der Klubgeschichte.

»Ich komme selbst aus einer Arbeiterfamilie«, hatte Matthäus bei seiner Antrittspressekonferenz gesagt und damit ausdrücken wollen, wie sehr er zum Arbeiterklub Rapid passe. Spätestens seit dem 1. Mai 2002, nach einer historischen 1:6-Pleite in Salzburg, legte der Rapid-Vorstand keinen Wert mehr auf eine weitere Zusammenarbeit mit dem Deutschen. Am Tag der Arbeit verlor Matthäus seinen Job; für insgesamt 244 Arbeitstage kassierte er 235 000 Euro Abfindung.

Den Rapidlern blieb die Erkenntnis, dass ihnen noch viel Arbeit bevorsteht, wenn sie wieder an ihre glorreiche Vergangenheit anknüpfen wollen.

Vom stolzen Adler zum gerupften Huhn

Wie und wo Cosme Damião das Fußball-Spiel entdeckt hat, lässt sich heute nicht mehr ermitteln. Bekannt ist, dass dieser junge Mann aus dem vornehmen Lissabonner Stadtviertel Belem regelmäßig mit seinen Freunden auf der Straße in der Nähe der Franco-Apotheke Fußball spielte und am 28. Februar 1904 die Spielvereinigung *Grupo Sport Lisboa* ins Leben gerufen hat. Damião war Gründungsvater, Spieler, Mannschaftskapitän, Trainer und Präsident in einem. Sein Klub vergrößerte sich sehr schnell. Ein Problem blieb aber lange Zeit ungelöst: Die Sportgruppe war heimatlos, besaß keinen Sportplatz.

Einige hundert Meter entfernt gab es jedoch einen anderen Verein, den *Sport Clube de Benfica*, nach einem Lissabonner Stadtteil benannt. Benfica gehörten zwar nur gerade 15 Mitglieder an, aber diese verfügten über ein eigenes Spielfeld samt Klubhaus. Sehr schnell traten die beiden Klubs miteinander in Kontakt; am 13. September 1908 entstand der *Sport Lisboa e Benfica*. Nach Damiãos Worten handelte es sich dabei aber eher um eine Übernahme als um einen Zusammenschluss. Benfica brachte den Fußball-Platz, Sport Lisboa den Rest. Erster Präsident wurde – wer hätte es gedacht? – Damião. Ein goldener Adler und das Motto der vier Musketiere (»Einer für alle, alle für einen«) bildeten das Wappen des neuen Vereins.

Fußball war die Hauptbeschäftigung der Mitglieder. Dennoch gewann Benfica, wie der Verein der Einfachheit halber genannt wird, in den ersten drei Jahrzehnten seines Bestehens im Fußball keine nennenswerten Trophäen. Für internationale Schlagzeilen sorgte Francisco Lázaro aus der Leichtathletik-Abteilung. Er starb während des Marathons bei den olympischen Spielen von 1912 in der Mittagshitze von Stockholm.

Als Tragödie empfanden die Portugiesen auch die 1:3-Niederlage in ihrem ersten offiziellen Länderspiel gegen den Erzrivalen Spanien am 19. Dezember 1921. Drei Akteure von Benfica (Vítor Gonçalves, António Ribeiro dos Reis und Alberto Augusto) standen damals in der Startformation.

SPORT LISBOA E BENFICA
Gründungsdatum: 28. Februar 1904.
Anschrift: Sport Lisboa e Benfica, Av. General Norton de Matos, Apartado 4100, 1500 Lisboa, Portugal.
Internet: www.slbenfica.pt
Stadion: Estádio do Sport Lisboa e Benfica Da Luz, Fassungsvermögen: 92 385 Zuschauer.
Vereinsfarben: Rot und Weiß.

In Portugal regierte in den ersten dreißig Jahren des zwanzigsten Jahrhunderts das Chaos. König Dom Carlos wurde am 2. Februar 1908 in Lissabon auf der *Praça do Comércio* in seiner Kutsche erschossen. Es kam zu einem Militärputsch und zur Ausrufung der Republik. Diese war geprägt von wirtschaftlichen Problemen und politischer Instabilität. Zwischen 1910 und 1926 gab es fast fünfzig Regierungswechsel, ehe Ökonomie-Professor und Finanzminister António de Oliveira Salazar (1889–1970) die alleinige Macht übernahm und eine bis 1974 währende Diktatur errichtete.

Im Fußball blieb Portugal bis zum Zweiten Weltkrieg ein Entwicklungsland. Als 1938 endlich eine das ganze Land umfassende Liga eingeführt wurde, stellte Benfica bereits eine der führenden Mannschaften Portugals. Nach dem ersten Landesmeistertitel (1936) gewannen die Lissabonner auch 1937, 1938, 1942, 1943 und 1945 das *Campeonato*.

Zu dieser Zeit vergrößerte sich der Klub. Unter der Leitung von Cândido Oliveira und vor allem von António Ribeiro Dos Reis erreichte er eine nationale Dimension. Es begann die große Rivalität mit dem FC Porto und dem Lokalrivalen Sporting, das als aristokratischer Klub gilt. Benfica hingegen steht bis heute den einfachen Leuten näher. Während vielen Jahren war mit Manuel da Conceição sogar ein Arbeiter Präsident des Vereins – damals eine Seltenheit! Die außergewöhnliche Beliebtheit, welche Benfica noch heute im ganzen Land genießt, stammt aus jener Zeit.

Nach dem erneuten Gewinn des Meistertitels setzten die »Adler« 1950 erstmals auch international zum Höhenflug an. Durch einen Sieg im Halbfinale der *Copa Latina* (einem Turnier der südeuropäischen Meister) über Lazio Rom erreichte Benfica das Endspiel gegen Bordeaux. Die Franzosen wurden mit 3:3 und 2:0 bezwungen. In jenen Jahren leitete Benfica eine Reihe von Maßnahmen ein, die den Klub nachhaltig prägten und zu einer der besten Adressen in Europa machten.

Anfangs Fünfzigerjahre wurde der Argentinier Alberto Valdivieselo als Trainer engagiert. Er krempelte die Junioren-Abteilung total um und kümmerte sich zwischenzeitlich auch um die erste Mannschaft. 1954 – ein Jahr vor der Einführung des Vollprofitums – konnte Benfica mit dem *Estádio da Luz* eine neue Spielstätte beziehen. Die anfänglich 70 000 Zuschauer fassende Arena wurde hauptsächlich durch Spenden und Fronarbeit der Mitglieder finanziert, musste wegen des Besucherandrangs im Laufe der Zeit einige Male ausgebaut werden und konnte zu seinen besten Zeiten 120 000 Fans aufnehmen.

Einen weiteren Schritt Richtung europäische Spitze machte der Klub unter Otto Glória. Der brasilianische Trainer erwies sich als ausgezeichneter Taktiker und führte das damals neue 4-2-4-System ein. Glória, der auch ein Diplom als Basketball-Lehrer besaß, war von Atlético Mineiro gekommen. In Lissabon traf er auf außergewöhnliche Umstände. Einerseits begann die vorzügliche Nachwuchsarbeit von Valdivieselo Früchte zu tragen, andererseits entdeckte Benfica in den afrikanischen Kolonien Angola und Moçambique eine Reihe von Talenten. Zu nennen wären da Torwart Costa Pereira, José Águas (er war als Großwildjäger fast so erfolgreich wie als Goalgetter) sowie die Halbstürmer Joaquim Santana und Mário Esteves Coluna. Auf diese Spieler wurde Benfica bei einem Freundschaftsspiel gegen eine Auswahl aus Lourenço Marques, der Hauptstadt Moçambiques, aufmerksam. Am Rande erwähnt sei noch die Tatsache, dass Benfica jenes Spiel mit 1:3 verlor.

Im Frühling 1960 verließ Glória nach sechs Jahren Benfica. Der Ungar Béla Guttmann vollendete die Aufbauarbeit. Als Stammspieler des MTK Budapest und Mitglied jener ungarischen Olympia-Mannschaft, welche 1924 an den Spielen in Paris teilnahm, kannte Guttmann eine wechselvolle Karriere. Er wanderte sogar in die USA aus, wo er bei den Giants in New York anheuerte, bevor er am Schluss seiner Fußballer-Laufbahn Berufstänzer wurde. Als Trainer arbeitete er unter anderem in Holland, wo er Twente Enschede auf den zweiten Platz brachte. Nach dem Krieg fuhr er wieder in seine Heimat, um mit Újpest Dózsa 1946 Cup und Meisterschaft zu gewinnen. Danach betreute er italienische Teams (Milan, Padova, Trieste, Vicenza), machte einen Sprung nach Südamerika (Boca Juniors, São Paulo) und kam dann 1959 nach Portugal, wo er mit dem FC Porto auf Anhieb Meister wurde – es war einer von insgesamt 17 nationalen Titeln, die er in seiner langen Trainerkarriere gewann.

Der gefangene Panther

Auf dem Rasen war Eusébio ein König, abseits davon ein Bettler. Die Klubbosse von Benfica betrachteten den dunkelhäutigen Star aus der afrikanischen Kolonie Moçambique als ihren Leibeigenen. Sein Lohn entsprach einem besseren Trinkgeld. Dies sprach sich natürlich rasch herum. Ausländische Klubs versuchten den »schwarzen Panther« mit lukrativen Offerten zu ködern. Vasco da Gama bot 1966 umgerechnet zwei Millionen Mark – vergeblich. Benfica wollte seinen »Goldesel« nicht abgeben und blockte alle Anfragen systematisch ab. Entweder durch utopische Ablöseforderungen oder durch Intrigen. Der sanftmütige Eusébio hat sich gegen seine Ausbeutung nie richtig zu wehren gewusst.

Sein Anwalt, der Portugiese Silva Resende, klagte 1969 in einem offenen Brief: »Eusébio hat keine Rechte, er kann nichts fordern. Er kann nicht eintreten für seine Sache. Alles, was er tun muss, ist Tore schießen, sein Trikot durchschwitzen, das Haupt senken und gehorchen. Unter welchem Regime leben wir eigentlich? Zu einer Zeit, da Menschen den Mond betreten, gibt es noch Leute, die nicht einmal ihren Kopf heben dürfen.«

Als Benfica Eusébio endlich ziehen ließ, war er längst kein Superstar mehr. Und nicht reich genug, um zeitig aufhören zu können. In der zweiten Hälfte der Siebzigerjahre tingelte der »schwarze Panther« noch durch den nordamerikanischen Profifußball: Toronto Croatians, Boston Tea Man, New Jersey Americans und FC Monterrey hießen dort seine Arbeitgeber.

Heute reist Eusébio als »Botschafter Benficas« um den Globus. Vor dem Estádio da Luz erinnert eine Statue an die Taten des Idols. *Sua Majestade o Rei* (»seine Majestät, der König«) steht darauf geschrieben.

Auch mit Benfica war Guttmann, der meisterhafte Psychologe (»Kuscht der Star, kuscht die Mannschaft«) in der Liga sofort erfolgreich, zum zehnten Mal insgesamt. Überdies wurden der rustikale Manndecker Germano von Atlético Lissabon und der flinke Rechtsaußen José Augusto von CUF Barreiro verpflichtet. Benficas Siegeszug in Europa konnte beginnen. Im Meistercup wurden der Reihe nach Hearth of Midlothian, Újpest, Aarhus und schließlich Rapid Wien ausgeschaltet. Gegner im

Endspiel war am 31. Mai 1961 im Berner Wankdorf-Stadion der FC Barcelona, der bei vielen Experten als Favorit galt. Immerhin hatten die Katalanen in einem denkwürdigen Halbfinale den Erzfeind und fünfmaligen Europacupsieger Real Madrid aus dem Wettbewerb geworfen.

Auch das Finale bot Spannung und hochstehenden Fußball. Kocsis schoss Barça erwartungsgemäß in Führung. Águas glich aus. Dann patzte der spanische Schlussmann Ramallets – 2:1 für Benfica. Kurz nach der Pause baute Coluna den Vorsprung aus. Barça warf anschließend alles nach vorne, doch zu mehr als dem Anschlusstreffer durch Czibor reichte es nicht mehr. Dank Torwart Costa Pereira sowie Pfosten und Latte brachte Benfica den 3:2-Vorsprung über die Zeit.

Noch nicht dabei war beim Triumph von Bern der Mann, der in 745 Pflichtspielen für Benfica 733 Tore erzielen sollte. Eusébio da Silva Ferreira war nach seinem Wechsel zu Benfica noch nicht spielberechtigt und saß deshalb nur auf der Tribüne.

Ein Jahr später in Amsterdam war Eusébio dann der umjubelte Held. Nach Siegen über Austria Wien, Nürnberg und Tottenham stand Titelverteidiger Benfica erneut im Finale des Meistercups. Gegner war diesmal Real Madrid, das sich »seinen« Pokal zurückholen wollte. Es wurde ein dramatisches Finale. 3:3 stand es nach 62 Minuten. Puskás hatte für Real einen Hattrick erzielt; bei den Portugiesen hatten Águas, Cavém und Coluna getroffen. Dann schlug die große Stunde von Eusébio. Der 20-Jährige stieß mit seinen beiden Toren die alten Helden von Real endgültig von ihrem Thron.

Der »schwarze Panther« konnte an jenem 2. Mai 1962 noch nicht wissen, dass sein erster zugleich auch sein letzter internationaler Triumph sein würde. Noch dreimal erreichte Eusébio das Endspiel des Meistercups. Doch jedes Mal verlor Benfica: 1963 gegen die AC Milan 1:2, 1965 gegen Inter Mailand 0:1 und 1968 gegen ManU 1:4 nach Verlängerung.

Natürlich ist Pech einer der Gründe für die knappen und unglücklichen Niederlagen. Aber Benfica hatte auch mit hausgemachten Problemen zu kämpfen. Weltenbummler Guttmann hatte den Verein 1962 verlassen und war nach Montevideo weitergezogen. Anschließend gaben sich bei Benfica die Trainer die Klinke in die Hand. Jeder krempelte die Mannschaft nach seinen Vorstellungen um und verpasste ihr ein neues taktisches Konzept. In der nationalen Meisterschaft war Benfica dennoch das Maß aller Dinge: 1963, 1964, 1965, 1967, 1968 und 1969 wurde das Team um Superstar Eusébio jeweils unter verschiedenen Trainern Meister. Bei der Weltmeisterschaft 1966 in England feierte Eusébio zudem noch einen großen persönlichen Erfolg: Er führte die portugiesische Nationalelf auf den dritten Platz und wurde mit neun Treffern Torschützenkönig des Turniers.

Auf diesen Höhepunkt folgte eine lange Talfahrt. Für die folgenden vier WM-Turniere vermochten sich die Portugiesen nicht mehr zu qualifizieren. Auch Benfica brachte auf der internationalen Bühne kein Bein mehr vors andere. Doch nicht nur der portugiesische Fußball, sondern das ganze Land steckten damals in einer tiefen Krise.

Die Politik des 1968 abgetretenen und zwei Jahre später verstorbenen Diktators Salazar und seines Nachfolgers Marcello Caetano war zunehmend autoritärer und brutaler geworden. Die politische Parteienlandschaft glich einer Wüste: erlaubt war nur Salazars *União nacional*. Dazu führte das kleine Land mit Hilfe der NATO einen sinnlosen Krieg in Afrika, der Portugal ungefähr so viele Opfer kostete wie die USA zeitgleich in Vietnam zu beklagen hatten (ganz zu schweigen von den Hunderttausenden von Afrikanern, die dabei ums Leben kamen). Der Krieg wurde immer aufwendiger und teurer – 1974 waren in den Kolonien 140 000 portugiesische Soldaten im Einsatz – und stürzte das Land in eine Wirtschaftskrise.

Die so genannte »Nelkenrevolution« beendete dann am 25. April 1974 die längste faschistische Diktatur in Europa. Der Putsch durch die unzufriedenen Militärs verlief mit drei Toten relativ friedlich. Die alten Oligarchen wurden entmachtet und enteignet, die Weichen Richtung Demokratie gestellt und die letzten Kolonien in die Unabhängigkeit entlassen. Es dauerte rund ein Jahrzehnt, bis sich die einstige Weltmacht Portugal in ein politisch und wirtschaftlich halbwegs stabiles Land verwandelt hatte. Ein Meilenstein in diesem Modernisierungsprozess bildete die Aufnahme in die Europäische Union im Jahre 1986. Mitte der Achtzigerjahre war im westlichsten Land Europas endlich Ruhe eingekehrt.

Einige Jahre lang war es auch um Benfica ruhig geworden. Es war der schwedische Trainer Sven-Göran Eriksson, der eine Renaissance einleitete. Benfica hatte ihn 1982 verpflichtet, nachdem er den IFK Göteborg sensationell zum UEFA-Cup-Sieg über den HSV geführt hatte. Eriksson blieb der Erfolg auch am Atlantik treu. Mit Benfica erreichte er das Endspiel um den UEFA-Pokal, unterlag jedoch dem RSC Anderlecht (0:1, 1:1). Dafür konnten 1983 und 1984 die Meistertitel Nummer 25 und 26 gefeiert werden.

ERFOLGE

Portugiesischer Meister: 1936, 1937, 1938, 1942, 1943, 1945, 1950, 1955, 1957, 1960, 1961, 1963, 1964, 1965, 1967, 1968, 1969, 1971, 1972, 1973, 1975, 1976, 1977, 1981, 1983, 1984, 1987, 1989, 1991, 1994.
Portugiesischer Pokalsieger: 1930, 1931, 1935, 1940, 1943, 1949, 1951, 1952, 1953, 1955, 1957, 1959, 1962, 1964, 1969, 1970, 1972, 1980, 1981, 1983, 1985, 1986, 1987, 1993, 1996.
Europapokal der Landesmeister: 1961, 1962.

Bekannteste Spieler: Aldair – Ângelo – Artur Jorge – Augusto – Baptista – Bento – Caniggia – Cavém – César Brito – Chalana – Coluna – Costa Pereira – Cruz – Damião – Diamantino – Dimas – El Hadrioui – Enke – Eusébio – Futre – Germano – Graça – Hélder – Humberto Coelho – João Pinto – Jordão – José Águas – José Augusto – Juran – Kulkov – Laranjeira – Magnusson – Mário João – Mostovoj – Mozer – Nené – Neto – Nuno Gomes – Pacheco – Panduru – Paulo Sousa – Pembridge – Pereira – Pietra – Poborsky – Preud'homme – Rául – Ricardo Gomes – Rui Águas – Rui Costa – Ruz – Santana – Schwarz – Shéu – Silvinho – Simão – Simões – Stanic – Strömberg – Thern – Torres – Valdo – van Hoojdonk – Veloso – Vítor Paneira – Xavier – Zahovic.
Bekannteste Trainer: Augusto – Baroti – Biri – Csernai – Eriksson – Glória – Guttmann – Hagan – Heynckes – Jorge – Mortimore – Pavic – Riera – Skovdahl – Souness – Toni – Wilson.

Weil die Talentquellen in den ehemaligen afrikanischen Kolonien in den Siebzigerjahren allmählich versiegten, fand bei Benfica ein Stilwechsel statt. Auf der Suche nach neuen Leistungsträgern wurde der Klub unter anderem in Brasilien fündig. Nationalspieler wie Aldair, Mozer, Ricardo Gomes oder Valdo starteten ihre Europa-Karrieren in der portugiesischen Hauptstadt. Auch in Schweden wurden die

Benfica-Scouts auf neue und relativ günstige Gastarbeiter aufmerksam: Thern, Schwarz, Magnusson und Strömberg folgten Trainer Eriksson an den Atlantik.

Die schwedischen und brasilianischen Asse hatten wesentlichen Anteil daran, dass Benfica im Europacup eine Wiederauferstehung erlebte. 1988 drang die Elf von Trainer Toni bis ins Endspiel um den Europapokal der Landesmeister vor. Auf dem Weg dorthin wurden Gegner wie Partizan Tirana, Aarhus, Anderlecht und Steaua Bukarest aus dem Wettbewerb geworfen. Im Finale im Stuttgarter Neckarstadion gegen den PSV Eindhoven fehlten Benfica einige verletzte oder gesperrte Stammspieler und ein Quäntchen Glück. In einem langweiligen Spiel stand es auch nach 120 Minuten noch 0:0. Im Elfmeterschießen versagte Verteidiger Veloso – Eindhoven gewann mit 6:5. Benficas spielte mit Silvinho, Veloso, Dito, Mozer, Álvaro, Elzo, Chiquinho, Shéu, Pacheco, Magnusson (111. Hajry) und Rui Águas (56. Wando).

Zwei Jahre später standen die Portugiesen erneut im Endspiel. Diesmal hieß der Gegner im Wiener Praterstadion Milan, der Verlierer einmal mehr Benfica. 1:0 gewannen die Italiener, den einzigen Treffer des Spiels erzielte der Holländer Frank Rijkaard.

Auf der Verliererstraße blieb Benfica auch in den Neunzigerjahren. 1991 und 1994 gewann man zwar die Meisterschaft. Das war es dann aber auch schon. Internationale Erfolge konnte der *Orgulho de Portugal* (»der Stolz Portugals«) keine mehr verzeichnen. Nicht einmal dem deutschen Trainer Jupp Heynckes, der kurz zuvor noch Real Madrid zum Gewinn der *Champions League* geführt hatte, gelang es, die »Adler« zu neuen Höhenflügen zu motivieren. Als Heynckes 1999 einen Zweijahresvertrag als Trainer unterschrieb und die Nachfolge des Schotten Graeme Souness antrat, war der Glanz des 37-maligen Meisters und 23-maligen Pokalsiegers schon längst verblasst.

Heynckes wurde im September 2000 entlassen. Damit blieb ihm immerhin der Trost, nicht die volle Verantwortung für das bis dahin schlechteste Ergebnis der Klub-

Zahnlose Löwen

Benfica gegen Sporting ist für viele Lissabonner eine Glaubensfrage. Benfica ist der Liebling der Massen, während der *Sporting Club de Portugal* im Ruf steht, seine Anhänger aus der Oberschicht zu rekrutieren. Das in grün-weiß spielende Sporting wurde am 1. Juli 1906 gegründet und sicherte sich 11 seiner 21 Meisterschaften zwischen 1941 und 1962. Aus dieser Zeit resultiert paradoxerweise auch die höchste Derby-Niederlage: 1946 gewann Benfica 9:0.

Geschichte schrieben die »Löwen« 1964, als sie den Europapokal der Pokalsieger eroberten. Auf dem Weg ins Finale gegen den MTK Budapest (3:3, 1:0) schalteten sie in der zweiten Runde die Zyprioten von Apoel Nicosia aus. Der 16:1-Sieg gilt heute noch als das höchste Ergebnis in der Geschichte des Europapokals. Auf internationaler Ebene stand Sporting dennoch deutlich im Schatten von Benfica. Den Platz als größter Widersacher der »Adler« verloren die »Löwen« in den letzten zwei Jahrzehnten des zwanzigsten Jahrhunderts sukzessive an den FC Porto. Sporting gewann in dieser Zeit bloß zwei Meistertitel (1982 und 2000). Dafür gingen Ausnahmekönner wie Paulo Sousa und Luís Figo aus seinen Reihen hervor.

geschichte übernehmen zu müssen. Den sechsten Schlussrang in der Saison 2000/2001 betrachteten die 160 000 Benfica-Mitglieder als Schmach. Erstmals verpasste der Rekordmeister die Qualifikation für einen europäischen Wettbewerb.

Die Horror-Saison war vor allem auch von finanziellen Problemen geprägt. Präsident João Vale e Azevedo, der den Verein durch eine Mehrheitsbeteiligung an der ausgelagerten Fußball-GmbH unter Kontrolle gebracht hatte, wurde im Februar 2001 unter dem Verdacht der Unterschlagung verhaftet. Eine bei Benfica durchgeführte Buchprüfung förderte zahlreiche Unregelmäßigkeiten zu Tage. Den Verkauf nahezu des gesamten Geländes rund um das vereinseigene Stadion betrieb der despotische Präsident beispielsweise nach seinem Versprechen, nicht einen einzigen Quadratmeter davon zu veräußern ... Ferner wurde noch bekannt, dass er mit der Ablösesumme für den russischen Nationaltorhüter Owchinnikow seine Privatyacht *Lucky me* bezahlt hatte. Noch im Gefängnis beteuerte der Präsident seine Unschuld. Er fühlte sich als Opfer von Intrigen.

Erlebte das Chaos bei Benfica hautnah: Torwart Robert Enke.

Die Ära Azevedo bedeutete einen unrühmlichen Tiefpunkt. Nie zuvor in seiner 104-jährigen Geschichte stand Benfica so schlecht da. Gehälter und Prämien der Spieler konnten nicht pünktlich überwiesen werden, das Stadion war verpfändet und international hatte der Ruf des hoch verschuldeten Vereins durch verzögerte oder unbezahlte Transfergelder sowie nicht erbrachte Bankgarantien stark gelitten. Die exakte Höhe des Schuldenberges wurde nie bekannt. Je nach Schätzung war von einem Betrag zwischen 120 und 200 Millionen Euro die Rede. Auf alle Fälle waren (und sind) die Zahlen ähnlich rot wie die Klubfarben.

Doch Benfica ist in Portugal mehr als nur ein Verein: Er ist Teil des nationalen Selbstbewusstseins, sein Schicksal Herzenssache. Das zeigte sich im Herbst 2000, als Manuel Vilarinho zum neuen Präsidenten des Klubs gewählt wurde. Länger als 90 Minuten musste sich ein jeder *Benfiquista* in der zwei Kilometer langen Schlange gedulden, bis er mit seiner Stimmabgabe an der Reihe war. Nie zuvor gaben so viele Mitglieder ihre Stimme ab wie bei der Wahl des 32. Benfica-Präsidenten. Und der stand vor einer schweren Aufgabe: Er soll aus einem gerupften Huhn wieder einen stolzen Adler machen.

Der lange Marsch an die Spitze

Portos Geschichte steckt in einer Flasche, könnte man behaupten. Zwar hatten schon die Römer den *Portus Cale*, den guten Flusshafen, an der Atlantik-Mündung für sich entdeckt. Doch erst die Engländer brachten der Stadt im 18. Jahrhundert mit ihrer Vorliebe für den süßlichen Portwein beträchtlichen Wohlstand.
An die britische Insel erinnert auch das bisweilen rauhe Klima im Norden Portugals. Die langen Wintermonate mit dem deprimierenden Nebel, begleitet von einem nicht enden wollenden Nieselregen, erklären vielleicht, weshalb die Portugiesen eine der höchsten Selbstmordraten auf der Welt aufweisen. Traurige Berühmtheit hat auch die imposante, doppelstöckige Brücke *Ponte Dom Luis I* erlangt, die im Jahr 1886 erbaut wurde. Der Schriftsteller Hélder Pacheco erzählt, dass der Bootsmann Duque im Laufe seines Lebens die Leichen von über 700 Selbstmördern aus dem Fluss Duoro gefischt hat. Sie hatten sich allesamt von der sechzig Meter hohen Brücke in die Tiefe gestürzt.

Doch was hat das alles mit Fußball zu tun? Auf den ersten Blick gar nichts. Aber es hilft, die Geisteshaltung jenes Freundeskreises zu verstehen, der sich *O Groupo do destino* (»Schicksalsgemeinschaft«) nannte. Eine Mischung aus Lebensfreude, Fatalismus und Melancholie dominierte die Zusammenkünfte, die einzig dazu dienten, gemeinsam möglichst viel zu essen und zu trinken. Bewegung in die träge Gruppe – im wahrsten Sinne des Wortes – brachte erst José Monteiro da Costa. Er war oft geschäftlich in England, wo er auf das Fußball-Spiel aufmerksam geworden war, und versuchte, seine Freunde zu einem körperlichen Ausgleich in Form von Sport und Spiel zu animieren.

Da Costa betrat mit seinem Vorschlag nicht völliges Neuland. Bereits 28. September 1893 hatte der Portwein-Händler António Nicolau de Almeida einen *Football Club Porto* gegründet. Doch dieser Verein döste jahrelang vor sich hin. Neues Leben wurde ihm erst am 2. August 1906 durch die »Schicksalsgemeinschaft« eingehaucht. Die Mitglieder bestimmten Da Costa zu ihrem Vorsitzenden und beschlossen die Schaffung eines polysportiven Vereins. Der *Futebol Club do Porto* hat seitdem nicht nur Fußball in seinem Angebot, sondern auch Abteilungen für Gymnastik, Tennis, Boxen, Gewichtheben, Schwimmen, Wasserpolo und Rollhockey. Die Klubfarben waren rasch bestimmt: Man übernahm das Blau und Weiß des Königshauses.

FUTEBOL CLUBE DO PORTO
Gründungsdatum: 2. August 1906.
Anschrift: FC Porto, Avenida Fernão de Magalhães, Estádio das Antas, 4300 Porto, Portugal.
Internet: www.fcporto.pt
Stadion: Estádio Das Antas, Fassungsvermögen: 53 069 Zuschauer.
Vereinsfarben: Blau und Weiß.

Portugal erlebte zu Beginn des zwanzigsten Jahrhunderts turbulente Jahre. Die Inflation galoppierte, dem Staat wuchsen die Schulden über den Kopf. Am 1. Februar 1908 wurden König Dom Carlos I. und sein Sohn, der Thronfolger, mitten in Lissabon in ihrer Kutsche erschossen. Das war das Aus für die Monarchie. Zwischen 1910 und 1926 gab es im westlichsten Land Europas eine Republik. Diese konnte sich allerdings nicht konsolidieren. Insgesamt unternahmen in dieser Zeit an die fünfzig Regierungen den Versuch, Portugal aus der Dauerkrise zu manövrieren.

1926 betrat António de Oliveira Salazar (1889 – 1970), Professor für Nationalökonomie in Coimbra, die politische Bühne. Als Finanzminister verfügte er über nahezu unbeschränkte Befugnisse und besetzte die wichtigsten Ämter des Staates nach und nach mit Günstlingen. Die *União nacional* wurde ab 1932 die einzige erlaubte Partei des Landes und Salazar einer der am längsten regierenden Diktatoren Europas. Er gab seine Macht erst 1968 wegen einer Krankheit ab.

Unter Salazar konzentrierte sich alles auf die Hauptstadt Lissabon. Porto fristete eine Randexistenz. Es ist bestimmt kein Zufall, dass der FC Porto, das sportliche Aushängeschild der Stadt, seine ganz großen Erfolge erst mit der Einführung der Demokratie Ende der Siebzigerjahre respektive mit dem Beitritt Portugals in die EU (1986) feiern konnte.

Die Macht des Kleinen

Fast ein Jahrhundert lang war der FC Porto die unumstrittene Nummer eins in der Stadt. Der *Boavista Futebol Clube*, im Jahr 1903 von den Brüdern Harry und Dick Lowe sowie von Arbeitern der Textilfabrik William Graham gegründet, musste 98 Jahre warten, bis er die portugiesische Meisterschaft erstmals auf Rang eins beenden konnte. Es war erst das zweite Mal überhaupt, dass ein Klub die nationale Meisterschaft gewann, der nicht zu den grossen Drei (Benfica, Sporting und FC Porto) gehört. Diese prangerten die angebliche Macht des kleinen Stadtteil-Klubs aus der Hafenstadt an. Denn in der Meistersaison 2000/01 kamen aus den Reihen von Boavista nicht nur der Liga-Vorsitzende Valentim Loureiro, sondern auch der Präsident des Schiedsrichterkomitees und der Sportminister. Den Unparteiischen wurde Befangenheit vorgeworfen, weil sie angeblich selbst brutale Tacklings der kampfstarken Truppe von Jaime Pacheco durchgehen ließen. Trainer Pacheco ist im übrigen in der Hafenstadt am Duoro eine Legende. Mit dem FC Porto gewann der Spielmacher 1987 in Wien den Landesmeister-Cup. Damals war João Loureiro Frontsänger der Popgruppe BAN. Ihr Album *Mundo de aventuras* schaffte es auf Platz eins der portugiesischen Hitparade. 1996 übernahm Loureiro von seinem Vater das Präsidentenamt bei Boavista und machte zusammen mit Pacheco aus dem nach einem feinen Stadtteil benannten Klub die beste Mannschaft Portugals.

Wegen der politischen Instabilität und den wirtschaftlichen Problemen gab es in Portugal lange Zeit keine ordentliche Meisterschaft. Das erste aussagekräftige *Campeonato* wurde in der Saison 1921/22 als Pokalwettbewerb ausgetragen. Porto besiegte in drei Endspielen Sporting Lissabon: 2:1, 0:2 und 3:1 nach Verlängerung lauteten die Ergebnisse.

Als auf die Saison 1934/35 hin endlich eine Ligameisterschaft eingeführt wurde, hieß deren erster Meister ebenfalls FC Porto. Weitere Titelgewinne folgten in den Jahren 1939 und 1940. Danach begann diejenige Zeit, welche die *Portistas* als *travessia do deserto* bezeichnen. Die so genannte »Durchquerung der Wüste« dauerte fast vierzig Jahre. Dazwischen gab es – um bei der Metapher zu bleiben – mit den Meistertiteln von 1956 und 1959 einen kurzen Aufenthalt in einer Oase. Diese beiden Triumphe waren das Ergebnis eines enormen Kraftaktes.

In Porto setzte sich nach dem Zweiten Weltkrieg die Erkenntnis durch, dass man nur durch den Bau eines größeren Stadions aus dem Schatten der Lissaboner Vereine Benfica und Sporting treten konnte. Das 76 000 Zuschauer fassende *Estádio Torre das Antas* wurde am 28. Mai 1952 eingeweiht. Bei der Eröffnungsfeier gab es allerdings nur lange Gesichter: Benfica Lissabon gewann 8:2. Mit einer ähnlichen Blamage endete ein Jahr später das Pokalfinale: FC Porto 0, Benfica 5.

Grund zum Jubeln gab es im *Das Antas* allerdings auch. Der brasilianische Trainer Dorival Knippe, genannt Yustrich, führte den FC Porto 1956 zur Meisterschaft und zum Gewinn des nationalen Pokals. Pedroto, Hernâni, António Texeira, Jaburu und Acúrsio hiessen die spielbestimmenden Persönlichkeiten jener Epoche. Das nächste Highlight setzte Yustrichs ungarischer Nachfolger Béla Guttmann 1959, als sich Porto erneut als Champion feiern lassen konnte – dank dem um einen Treffer besseren Torverhältnis als Benfica!

Guttmann lief anschließend zu Benfica über. Die »Adler« aus der Hauptstadt mit ihrem Superstar Eusébio setzten zum Höhenflug an und dominierten das Geschehen zwischen 1960 und 1977 mit dem Gewinn von 14 Meistertiteln beinahe nach Belieben. Dem FC Porto ging es in dieser Zeit miserabel. Er musste froh sein, dass ihm Benfica immer wieder die besten Spieler wegkaufte. Sonst hätte den finanziell schwer angeschlagenen Blau-Weißen der Bankrott gedroht.

Zwei goldene Schuhe

Als Portugals Nationalheld Eusébio seine Karriere bei Benfica ausklingen ließ, ging der Stern von Fernando Mendes Soares Gomes beim FC Porto gerade auf. Bei seinem Debüt in der ersten Mannschaft am 8. September 1974 erzielte der damals 17-jährige Fernando Gomes beide Treffer zum 2:1-Sieg gegen G. D. Cuf. Er trug mit seinen Toren in der Folgezeit wesentlich dazu bei, dass die *Dragões* (»die Drachen«), so der Spitzname des FC Porto, zur Nummer eins des Landes avancierten.

In der Meisterschaft erzielte Fernando Gomes für Porto in 342 Spielen 288 Tore. 1977, 1978, 1979, 1983, 1984 und 1985 sicherte er sich die portugiesische Torjägerkrone. 1983 (36 Tore) und 1985 (39 Tore) wurde er zudem von der UEFA mit dem »goldenen Schuh« geehrt. Diese Trophäe erhält jeweils der erfolgreichste Torschütze aller europäischen Ligen. Beim größten Triumph des FC Porto, dem Gewinn des Meistercups 1987 gegen Bayern München, war Fernando Gomes allerdings nicht dabei. Wegen einer Verletzung hatte der Kapitän in Wien auf der Tribüne Platz nehmen müssen.

Die so genannte »Nelkenrevolution« vom April 1974 führte zum Sturz des alten Regimes. Die politische Neugestaltung des Landes ebnete dem FC Porto den Weg an die nationale Spitze. 1978 und 1979 hatte der Klub aus der Wirtschaftsmetropole die Nase in der Meisterschaft endlich wieder einmal vorn. In dieser Zeit wurde, von der Öffentlichkeit kaum wahrgenommen, der Grundstein für weitere Erfolge gelegt. Was damals noch niemand ahnen konnte: Seit der Saison 1975/76, welche der FC Porto auf Platz vier beendete, gehörte der Klub stets zu den drei Top-Teams des Landes. Die Wüste war endgültig durchschritten.

In den Achtzigerjahren war der Wettstreit mit Benfica weitaus ausgeglichener. »In Porto wird gearbeitet, in Lissabon gelebt«, lautet ein altes portugiesisches Sprichwort. Ob das stimmt, sei offen gelassen. Tatsache ist, dass der FC Porto durch seine intensive Nachwuchsarbeit auch in den Europacup-Wettbewerben zu einem unbequemen Gegner heranreifte. Erster Höhepunkt war 1984 die Qualifikation für das Endspiel um den Europapokal der Pokalsieger. Auf dem Weg ins Finale hatte sich Porto gegen Dinamo Zagreb, die Glasgow Rangers, Schachtjor Donezk und Aberdeen durchgesetzt. Im Basler St.-Jakob-Stadion erwies sich dann Juventus Turin als eine Nummer zu groß. Der FC Porto verlor 1:2.

Ein Eindruck, der täuscht: Im Landesmeisterfinale von 1987 geriet nicht Porto ins Straucheln, sondern Favorit Bayern München. Die Portugiesen gewannen 2:1.

Trainiert wurde die Mannschaft von José Maria Pedroto, der als Spieler wesentlichen Anteil an den beiden Titelgewinnen in den Fünfzigerjahren gehabt hatte. Mit den Verteidigern João Pinto, Eurico und Lima Pereira, den Aufbauern Jaime Pacheco, Sousa und Frasco sowie Torjäger Fernando Gomes stellte der FC Porto sieben Nationalspieler, die 1984 auch bei der Europameisterschaft in Frankreich einen guten Eindruck hinterließen. Portugal scheiterte im Halbfinale erst in der Verlängerung am späteren Sieger Frankreich.

Den absoluten Höhepunkt der Vereinsgeschichte erlebte der FC Porto 1987 mit dem Gewinn des Meistercups gegen Bayern München, des Weltcups gegen Peñarol Montevideo und des europäischen Supercups gegen Ajax Amsterdam. Unvergessen bleibt vor allem das Endspiel gegen den FC Bayern in Wien, das der Algerier Rabah Madjer durch einen genialen Absatztrick entschied. Beim 2:1-Sieg schickte Porto-Trainer Artur Jorge folgende Spieler auf den Platz: Mlyarczyk; João Pinto, Eduardo Luís, Celso, Inacio (66. Frasco); André, Magalhães, Quim (46. Juary), Sousa; Futre und Madjer.

In der Nationalelf und beim FC Porto ein sicherer Rückhalt: Torwart Vítor Baía.

Die Wende zu Gunsten Portos brachte eine taktische Maßnahme. Madjer spielte in der zweiten Halbzeit für Quim im Mittelfeld, seinen Platz im Sturm übernahm der brasilianische Konterspezialist Juary. Plötzlich hatten die Portugiesen mehr vom Spiel. Madjer, elegant, ballsicher und als Spieler ein Ästhet, glich in der 78. Minute mit der Hacke zum 1:1 aus. Zwei Minuten später überlief er Winklhofer und servierte Juary den Ball zum 2:1. Den deutschen Journalisten erklärte Madjer nach dem Spiel: »Rabah heißt im Algerischen Sieger.«

Nach seinem großen Auftritt im Prater-Stadion verließ den Nordafrikaner das Glück. Er verpokerte sich bei Transferverhandlungen, kam außer Form und geriet schließlich in Vergessenheit. In den Reihen des FC Porto entdeckten die Personalchefs der finanzkräftigen ausländischen Klubs noch weitere Juwele. Etwa den Dribbelkünstler und Publikumsliebling Paulo Futre oder den schlaksigen Brasilianer Walter Casagrande, der im Endspiel gegen Bayern verletzungsbedingt gefehlt hatte. Sie verließen den FC Porto ebenso Richtung Ausland wie Erfolgstrainer Artur Jorge.

Der FC Porto kompensierte die Abgänge weitgehend durch Spieler aus dem eigenen Nachwuchs und blieb weiter auf der Siegerstraße: 1988, 1990, 1992, 1993, 1995, 1996, 1997, 1998, 1999 und 2003 hatte er in der nationalen Meisterschaft die Nase vorn. In der *Champions League* erreichte der Antas-Klub 1997 und 2000 jeweils das Viertelfinale und 1994 unter der Leitung des Engländers Bobby Robson gar das Halbfinale. Und wenn von *Penta* die Rede ist, dann weiß in Porto jedes Kind, was gemeint ist: Die fünf Meistertitel in Folge zwischen 1995 und 1999. Die ungeliebten Rivalen Benfica und Sporting waren in dieser Zeit gedemütigt worden, so dass in der Hauptstadt Mannschaften *a moda do Porto* gefordert wurden.

Der FC Porto und Lokalrivale Boavista dominierten zu Beginn des neuen Jahrtausends nicht nur die Meisterschaft, sondern reüssierten auch auf europäischem Parkett. Im Frühling 2003 schafften die beiden Vertreter aus der 300 000-Einwohner-Stadt sogar den Einzug ins UEFA-Cup-Halbfinale. Während Boavista knapp an Celtic Glasgow scheiterte, zeigten die Drachen gegen Lazio Rom eine Galavorstellung: 4:1 und 0:0. Mit schnellem, ideenreichen Kombinationsfußball über viele Stationen und großer Laufarbeit besiegte Porto im Finale auch noch Celtic mit 3:2.

Portos Erfolgsrezept liegt in der Kontinuität, die Präsident Nuno Pinto da Costa verkörpert. Er ist seit dem 17. April 1982 im Amt. Um international einigermaßen mithalten zu können, setzt der Klub auf die Jugendausbildung. Der FCP verleiht Talente an kleinere Klubs, bevor sie in den A-Kader integriert werden, sich einen Namen machen und das Interesse der *Crème de la Crème* des Business-Fußballs wecken. Torwart Vítor Baía, Verteidiger Fernando Couto und Mittelfeldspieler Sérgio Conceição sind diesen Weg in den Neunzigerjahren gegangen. Weitere junge Spieler werden ihnen in Zukunft mit an Sicherheit grenzender Wahrscheinlichkeit folgen.

ERFOLGE

Portugiesischer Meister: 1922, 1925, 1932, 1935, 1939, 1940, 1956, 1959, 1978, 1979, 1985, 1986, 1988, 1990, 1992, 1993, 1995, 1996, 1997, 1998, 1999, 2003.
Portugiesischer Pokalsieger: 1956, 1958, 1968, 1977, 1984, 1988, 1991, 1994, 1998, 2000, 2001, 2003.
Europapokal der Landesmeister: 1987.
UEFA-Cup-Sieger: 2003.
Weltcup: 1987.

Bekannteste Spieler: Aloísio – André – Barrigana – Branco – Capucho – Conceição – Couto – Cubillas – Custodio Pinto – Deco – Derlei – Drulovic – Fernando Gomes – Folha – Futre – Hernâni – Jardel – João Pinto – Jorge Costa – Kostadinov – Madjer – Magalhães – Mendes – Monteiro da Costa – Oliveira – Pacheco – Panduru – Paulinho Santos – Paulo Ferreira – Pavão – Pinga – Rui Barros – Rui Filipe – Secretário – Timofte – Virgílio – Vítor Baía – Wozniak – Zahovic.
Bekannteste Trainer: Carlos Alberto Silva – Glória – Guttmann – Ivic – Jorge – Monteiro da Costa – Mourinho – Oliveira – Pedroto – Robson – Yustrich.

Denn an den warmen, vor der Kälte und der atlantischen Feuchte geschützten Schieferhängen des Duoro gedeihen nicht nur die Trauben für den berühmten Portwein. Fußballer *made in Porto* weisen mittlerweile ein ähnliches Gütesiegel auf wie der berühmte Wein, der zwei Jahre im Fass reift, nachdem die Gärung zuvor im richtigen, als Geheimnis wohlgehüteten Moment durch einen Schluck Branntwein unterbrochen wurde.

Die Sterne vom Himmel geholt

Die Vierzigerjahre verliefen in Rumänien turbulent. 1941 beteiligte sich das von einer faschistischen Diktatur regierte Land an der Seite Deutschlands am Überfall auf die Sowjetunion. Am 23. August 1944 kam es zu einem Staatsstreich durch König Michael, der das Land der Roten Armee öffnete und Hitler den Krieg erklärte. Zweieinhalb Jahre später gewannen die Kommunisten in der linksbürgerlichen Regierung von Ministerpräsident Petrii Groza immer mehr an Einfluss. König Michael musste anfangs 1947 abdanken; am 30. Dezember 1947 wurde die Volksrepublik Rumänien ausgerufen.

Wie in der Sowjetunion ordneten die Kommunisten auch in Rumänien den Sport neu. Für die Angehörigen der Armee wurde am 7. Juni 1947 die *Asociatia Sportiva Armata* gegründet. In dieser »Sportvereinigung« gab es Abteilungen für Fußball, Volleyball, Rugby, Schießen, Leichtathletik, Basketball und Tennis. Die Fußballer machten erstmals 1949 auf sich aufmerksam, als sie nach dem 2:1 gegen Stiinta Cluj den rumänischen Pokal in Empfang nehmen durften.

In den Chroniken heißt der Pokalsieger von 1949 *Clubul Sportiv Central al Armatei*, kurz CSCA Bukarest. Die Serie der Namensänderungen erhielt 1950 eine Fortsetzung, als aus dem CSCA ein CCA wurde. Die drei Buchstaben standen für *Casa Centrala al Armatei*, womit der Verein nach dem Zentralen Armeehaus, einem ebenso riesigen wie hässlichen Bau im Bukarester Zentrum, benannt wurde. Unter diesem Namen feierten die Armee-Fußballer mit dem Gewinn des Doubles (1951 und 1952) den Durchbruch in der rumänischen Meisterschaft.

Andere Athleten des Vereins zählten in ihrer Sportart bereits zur Weltspitze. Etwa die zweifache Olympiasiegerin Iolanda Balas, die 1956 ihren ersten Weltrekord im Hochsprung (1,75 Meter) aufstellte. Die Handballer setzten sich 1968 mit dem erstmaligen Gewinn des Europapokals die Krone auf. Damals war der Verein bereits als Steaua Bukarest bekannt. Der offizielle Name – *Clubul Sportiv al Armatei Steaua* – stammt aus dem Jahr 1961. *Steaua* bedeutet auf deutsch so viel wie Stern.

FOTBAL CLUB STEAUA BUCURESTI

Gründungsdatum: 7. Juni 1947.
Anschrift: Steaua Bucuresti, Bulevardul Ghencea, Sector 5, 77102 Bucuresti, Romania.
Internet: www.steauafc.ro
Stadion: Stadionul Steaua Ghencea, Fassungsvermögen: 28 000 Zuschauer.
Vereinsfarben: Blau und Rot.

Im rumänischen Fußball machten Steaua und Lokalrivale Dinamo die Meisterschaft und den Pokalsieg im Normalfall untereinander aus. Steaua war dem Verteidigungsministerium angegliedert, Dinamo unterstand dem Innenministerium. Die nationale Meisterschaft verkam je länger, desto mehr zu einer Farce, da die jeweiligen Dienststellen sich nicht auf ein untätiges Mitfiebern beschränkten. Die besten Kicker der Provinzklubs wurden jeweils in die Hauptstadt delegiert, wo sie entweder bei Steaua oder bei Dinamo unterkamen. Das Ideal des freien

Wettbewerbes existierte nicht. Der sportliche Wert der 14 Meistertitel von Steaua respektive der 12 von Dinamo in der Ära des Kommunismus ist deshalb stark zu relativieren.

Spitzensportlern bot sich in der Hauptstadt die Chance, den trostlosen und entbehrungsreichen Alltag durch Privilegien etwas erträglicher zu gestalten. Die Aussicht auf sozialen Aufstieg und ein bisschen Anerkennung sowie mangelnde Alternativen im Freizeitangebot haben Rumänien in den Achtziger- und Neunzigerjahren eine ganze Reihe von talentierten Straßen-Fußballern beschert. In der rumänischen Nationalmannschaft, die sich 1984 erstmals nach über einem Jahrzehnt Abstinenz wieder für eine Europameisterschaft qualifizierte, stand allerdings noch kein Spieler von Steaua. Dort hatte Trainer Emeric Jenei eben erst mit dem Aufbau einer jungen Elf begonnen.

Als Spieler hatte Jenei zwischen 1957 und 1969 zwölf Jahre lang seine Knochen für Steaua hingehalten und war dreimal Meister sowie viermal Pokalsieger geworden. 1971 begann er bei seinem Stammverein als Jugendtrainer, zwei Jahre später wurde er zum Cheftrainer befördert. Schon in seiner ersten Saison holte Jenei das Double, dazu konnte er 1977/78 einen weiteren Meistertitel verbuchen. Internationale Berühmtheit erlangte er nicht wegen seiner Tätigkeit bei Bihor Oradea, CS Targoviste und Olimpia Satu-Mare, die er zwischenzeitlich betreute, sondern erst, als er 1983 wieder zu Steaua zurückkehrte.

Jenei führte Steaua 1985 nach einer sechsjährigen Durststrecke zum Double. Das war der Beginn einer glorreichen Epoche. Die »jungen Wilden« sorgten auch im Europacup auf Anhieb für Furore. Nach Erfolgen über Vejle, Honvéd Budapest, Kuusysi Lahti und den RSC Anderlecht, der im Viertelfinale Bayern München eliminiert hatte, erreichte die im Westen weitgehend unbekannte Elf das Finale im Europacup der Landesmeister. Gegner war am 7. Mai 1986 der große FC Barcelona, der im *Estadio Sánchez Pizjuán* von Sevilla auf die Unterstützung von über 40 000 mitgereisten Fans zählen konnte. Um den Meisterbecher in den original blau-roten Trikots in Empfang nehmen zu können, hatte Barça den Rumänen 10 000 Dollar für einen Leibchentausch geboten. Doch die Katalanen hatten die Rechnung ohne den Wirt gemacht.

Das Endspiel hielt noch weniger, als es versprochen hatte. Steaua beschränkte sich aufs Verteidigen und auf gelegentliche Konter. Ein Schuss aus 18 Metern von Mihail Majaru knapp übers Tor (54. Minute) und ein Flachschuss von Ladislau Bölöni nach dem ersten Corner (77. Minute!) waren die einzigen nennenswerten Szenen der Rumänen. Viel mehr brachte auch Barça, dessen Spielmacher Bernd Schuster einen rabenschwarzen Tag erwischte, nicht zustande. Ein Penaltyschießen musste das vielleicht schwächsten Meistercupfinale der Geschichte entscheiden.

Als erster Spanier trat Libero Alesanco gegen Torhüter Helmuth Ducadam an. Alesanco hielt voll drauf. Halbhoch kam das Leder, Ducadam hielt die Fäuste dazwischen – gehalten. Pedroza war der nächste Spanier. Er zielte scharf und flach nach links – mit einer Hand wehrte Ducadam ab. Alonso hatte sich die gleiche Ecke ausgesucht, erneut flach – und wieder parierte Ducadam. Marius Lacatus mit Wucht via Lattenunterkante und Gavril (»Pelé«) Balint überlegt in die Ecke hatten Steaua 2:0 in Führung gebracht. Die letzte Chance für Barcelona bot sich Marcos. Er zielte nach rechts, schwach, nur geschoben – kein Problem für Ducadam. Dank dem deutschstämmigen Torhüter gewann Steaua als erstes osteuropäisches Team den Europapokal der Landesmeister.

Neben Ducadam schickte Trainer Jenei noch Belodedici, Iovan, Bumbescu, Barbulescu, Balint, Balan (ab 72. Iordanescu), Majaru, Bölöni, Lacatus und Piturca (ab 110. Radu) aufs Feld.

An jenem 7. Mai 1986 jubelten Zehntausende von Rumänen auf den Straßen Bukarests über den Erfolg der ansonsten wenig beliebten Steaua-Spieler. Vergessen war für einen Moment, dass hinter den Erfolgen »Manager« Valentin Ceausescu stand, der Sohn des Diktators. »Ceausescu hat bei Steaua mit wenig Geld das gemacht, was im Westen gleichzeitig Leute wie Milan-Präsident Silvio Berlusconi mit wahnsinnig viel Geld gemacht haben: Er hat eine große Mannschaft aufgebaut«, gab Stürmer Marius Lacatus fünfzehn Jahre nach dem Triumph von Sevilla zu Protokoll. Die erste Prämie, die er für einen Titelgewinn erhalten habe, sei ein Videogerät gewesen. »Das war in den Achtzigerjahren eine Rarität in Rumänien«, so Lacatus. Damals habe das einzige empfangbare TV-Programm bloß zwei Stunden pro Tag gedauert.

Lacatus' Teamkollege Gheorghe Hagi genoss bei den Ceausescus ein derart hohes Ansehen, dass er als erster Fußballer des Landes einen Mercedes fahren durfte. Der »Karpaten-Maradona« sicherte sich im Dress des Bukarester Universitätsvereins Sportul Studentesc zweimal die Torjägerkrone, ehe er im Sommer 1986 zu Steaua transferiert wurde. Hagi avancierte zum größten rumänischen Fußballer aller Zeiten. Er bestritt in seiner fast zwanzigjährigen Karriere mehr Länderspiele (125) als irgendein Spieler seines Landes vor ihm. Die 35 Tore, die er in der Nationalelf erzielt hat, bedeuten ebenfalls rumänischen Rekord. Imposant ist auch seine Bilanz im Steaua-Trikot: 97 Liga-Spiele, 76 Treffer.

Als würde ihm der Ball am Fuß kleben: Gheorghe Hagi.

Das Spiel um den europäischen Supercup im Herbst 1986 gegen Dynamo Kiew (1:0) entschied Hagi im Alleingang. Allerdings konnte auch der Ausnahmekönner nicht verhindern, dass Steaua einige Wochen später das Prestigeduell um den Weltpokal gegen River Plate Buenos Aires mit 0:1 verlor. In der rumänischen Meisterschaft war Steaua in der Saison 1986/87 von niemandem zu stoppen. Am Ende schauten 15 Punkte Vorsprung auf das zweitplatzierte Dinamo heraus, das zudem im Pokalfinale mit 1:0 bezwungen wurde.

Auch international vermochte sich die in der heimischen *Divizia A* nur selten geforderte Mannschaft zu

Nicht im Bild

Steauas Pokalsammlung sieht eindrücklich aus. Doch einige Titel wurden dem Klub regelrecht geschenkt. So etwa der Pokalsieg von 1988. Im Endspiel gegen Dinamo verweigerte der Schiedsrichter die Anerkennung eines Treffers. Für ihn stand Torschütze Gavril Balint im Abseits. Es wäre das 2:1 für Steaua gewesen. Es folgte eine halbstündige Diskussion, ehe die Steaua-Elf angewiesen wurde, das Feld aus Protest zu verlassen. Die Dinamo-Spieler drehten anschließend vor den 45 000 Zuschauern eine Ehrenrunde mit dem Pott. Das erzählen zumindest Augenzeugen. Denn der Sportminister hatte den Medienvertretern eine Berichterstattung über das Spiel verboten.
Statt Steaua für das vorzeitige Verlassen des Spielfelds mit einer Niederlage zu bestrafen, verkündete der Verband am nächsten Tag, dass das Tor von Balint anerkannt worden sei und Steaua daher den Pokal gewonnen habe. Das Schiedsrichter-Trio wurde gesperrt und jede Bildaufzeichnung gelöscht.
Nach der Wende gab Steaua den Pokal an Dinamo zurück. Die Vereinsführung erklärte sich schriftlich zu einem Verzicht auf den Titelgewinn von 1988 bereit.

behaupten. 1988 scheiterte sie erst im Halbfinale an Benfica Lissabon (0:0, 0:2), 1989 erreichte sie im Europapokal der Landesmeister erneut das Endspiel. Auf dem Weg dorthin wurden Sparta Prag, Spartak Moskau, der IFK Göteborg und Galatasaray Istanbul eliminiert. Im Finale trafen Hagi und Co. auf die von Arrigo Sacchi betreute AC Milan mit den Stars van Basten, Gullit, Baresi, Maldini und Donadoni. Steaua hatte das Pech, auf eine Mannschaft zu treffen, die an jenem Abend wohl jeden Widersacher in die Knie gezwungen hätte. Van Basten und Gullit erzielten je zwei Tore, Steaua verlor sang- und klanglos mit 0:4. Es war das letzte Mal, dass der rumänische Rekordmeister im Scheinwerferlicht des europäischen Fußballs stehen sollte.

Der Sturz des Ceausescu-Regimes (an Weihnachten 1989) und das Ende des Kommunismus stellten die verhätschelten Bukarester Fußball-Klubs vor große Probleme. Da keine staatlichen Subventionen mehr flossen, mussten sie

ERFOLGE

Rumänischer Meister: 1951, 1952, 1953, 1956, 1960, 1961, 1968, 1976, 1978, 1985, 1986, 1987, 1988, 1989, 1993, 1994, 1995, 1996, 1997, 1998, 2001.
Rumänischer Pokalsieger: 1949, 1950, 1951, 1952, 1955, 1962, 1966, 1967, 1969, 1970, 1971, 1976, 1979, 1985, 1987, 1989, 1992, 1996, 1997, 1999.
Europapokal der Landesmeister: 1986.
Europäischer Superpokal: 1986.

Bekannteste Spieler: Alexandrescu – Anghelini – Apolzan – Avram – Balan – Balint – Barbulescu – Belodedici – Bölöni – Bone – Bumbescu – Constantin – Dimitrescu – Ducadam – Dumitrescu – Galca – Hagi – Haidu – Halmageanu – Iordache – Iordanescu – Iovan – Jenei – Konstantin – Lacatus – Lung – Majearu – Muzsnay – Negrea – Onisie – Panduru – Petescu – Petrescu – Petschovski – Piturca – Popescu – Prodan – Raducanu – Rotariu – Sames – Satmareanu – Savu – Sone – Stan – Stelea – Stoica – Suciu – Tataru – Toma – Trica – Troi – Vigu – Vladoiu – Voinea – Voinescu – Zavoda.
Bekannteste Trainer: Covaci II – Creiniceanu – Jenei – Iordanescu – Onisie – Piturca – Savu.

neue Finanzquellen erschließen. Das ist im mausarmen Karpatenstaat jedoch gar nicht so einfach. Einnahmen sind praktisch nur durch die Qualifikation für die *Champions League* oder durch den Verkauf von Spielern zu generieren. Allerdings wanderten die Ablösesummen meist in die Taschen von irgendwelchen dubiosen und skrupellosen Vermittlern.

Der Spieler-Exodus ließ die Vereine ausbluten, das ohnehin schwache Niveau der Meisterschaft verwässerte noch mehr. Zahlreiche Skandale, welche mit unschöner Regelmäßigkeit den rumänischen Fußball in Verruf bringen (Bestechung von Schiedsrichtern und Spielern sowie hässliche Ausschreitungen auf den ohnehin nur spärlich besetzten Rängen), komplettieren das traurige Bild. Wegen des latenten Manipulationsverdachts wurde seit 1990 kein rumänischer Schiedsrichter mehr mit der Leitung eines EM- oder WM-Spiels betraut.

Der *Fotbal Club Steaua Bucuresti*, wie der Verein seit 1998 offiziell heißt, konnte seine Vorherrschaft im nationalen Fußball auch nach der politischen Wende behaupten. 1993, 1994, 1995, 1996, 1997, 1998 und 2001 sicherte er sich jeweils den Meistertitel. International vermochte er jedoch keine Akzente mehr zu setzen. Ganz im Gegensatz zur rumänischen Nationalmannschaft, die – praktisch ausschließlich aus Legionären bestehend – bei den Weltmeisterschaften 1994 und 1998 einen technisch und taktisch hochstehenden Fußball bot.

Das tragische Ende der Heldensaga

Elfmeterkiller Helmuth Ducadam musste 1986, bloß einen Monat nach dem Europacupsieg, wegen einer rätselhaften Verletzung seine Karriere beenden. Sofort machten im Westen die wildesten Gerüchte die Runde. Ceausescus Sohn Valentin sei scharf auf den Mercedes gewesen, den der Goalie vom spanischen König Juan Carlos als Prämie für seine Leistung im Endspiel gegen Barcelona erhalten habe, schrieben die Boulevard-Zeitungen. So soll Ceausescu Junior zu Ducadam gesagt haben. »Du bist ein gewöhnlicher Bauer. Wozu brauchst du so ein Auto?« »Meine Hände haben mir geholfen, das Auto zu gewinnen. Deshalb werden sie es auch lenken«, lautete angeblich die Antwort. Securitate-Schergen sollen Ducadam deshalb mit einer Eisenstange beide Arme gebrochen haben. Fakt ist, dass Ducadam, damals 27, nie mehr auf höchstem Niveau das Tor hüten konnte.

Der Familienvater liefert jedoch eine ganz andere Version der Ereignisse. Im Sommer 1986 habe sich unterhalb seiner Schulter ein Gerinnsel gebildet: »Bis heute weiß keiner, wie es zu dieser Arterienerkrankung kam. Vielleicht bin ich bei einer Parade mit dem Arm gegen etwas geprallt.« Ducadam wurde fünf Stunden lang im Bukarester Militärspital operiert. Es folgten noch vier weitere operative Eingriffe. Heute darf er keine körperlichen Anstrengungen mehr auf sich nehmen.

Während seiner Zeit bei Steaua ließ sich Ducadam an der Militärakademie zum Flugzeugingenieur ausbilden und erhielt wie viele Steaua-Sportler einen Offiziersgrad. Heute ist er als Major an einem Grenzposten in der Nähe seiner Heimatstadt Arad tätig. Die Idee einer Torwart-Schule musste er fallen lassen. Auf seinen Ex-Klub ist er schlecht zu sprechen: »Steaua kümmert sich überhaupt nicht um seine ehemaligen Spieler.«

Im Dienste von Stalins Propaganda

Felix Dserschinski war einer der am meisten gefürchtetsten und gehassten Menschen in der Sowjetunion. Vor der Oktoberrevolution hatte er viele Jahre in sibirischer Verbannung und im Zuchthaus verbracht. Nachdem in Russland die Kommunisten die Macht übernommen hatten, wurde zum Schutz der »Diktatur des Proletariats« eine »außerordentliche Kommission« geschaffen, die den »Kampf gegen konterrevolutionäre Umtriebe, Sabotageakte und Dienstvergehen« zu führen hatte. Leiter dieser Tscheka genannten Geheimpolizei wurde Dserschinski. Er machte aus der Tscheka ein Instrument des roten Terrors und strebte die physische Vernichtung aller »Feinde der Arbeiterklasse« an. Tausende von Menschen fielen der Tscheka zum Opfer.

Zur körperlichen Ertüchtigung für die beim Geheimdienst arbeitenden Polizisten wurde am 18. April 1923 der Sportverein Dynamo Moskau gegründet. Drei Jahre später entstand das Klubwappen, das geschwungene D, das in einen Rhombus gezwängt ist. Doch nicht nur deswegen bildete das Jahr 1926 einen Meilenstein in der Geschichte des Klubs. Es war das Jahr, in dem sich die Dynamo-Fußballer zum ersten Mal in die Siegerliste der Moskauer Stadtmeisterschaft eintrugen. 1928, 1930, 1931, 1933, 1934 und 1935 wurde dieser Titel erneut erobert. Als 1936 erstmals eine gesamt-sowjetische Meisterschaft ausgetragen wurde, hieß der Meister ebenfalls Dynamo Moskau. Bis zum Zusammenbruch der UdSSR im Jahre 1991 folgten zehn weitere Meistertitel. Dazu gewannen die *Gorodowiki*, so der Spitzname des Polizeiteams (*gorod* heißt so viel wie Festung), sechsmal den nationalen Pokal.

FUDBALSKI KLUB DYNAMO MOSKVA
Gründungsjahr: 18. April 1923.
Anschrift: Dynamo Moskva, Leningradsky Prospekt 36, 125167 Moskva, Russia.
Internet: fcdynamo.ru
Stadion: Dynamo Stadion, Fassungsvermögen von 38 880 Zuschauer.
Vereinsfarben: Blau und Weiß.

Bereits in den Dreißigerjahren war es im sowjetischen Fußball zu einer Art Professionalisierung gekommen. Die Spieler waren bloß noch formell Angestellte ihrer Behörde (im Falle Dynamos des Innenministeriums), von der sie lediglich bezahlt wurden. Hinter Spartak Moskau beispielsweise stand die Nahrungsmittelgewerkschaft, der ZSKA Moskau war der Armeeklub, Lokomotive Moskau eine Eisenbahnermannschaft und Torpedo wurde von den ZIS-Motorenwerken unterstützt. Dazu gab es noch Dynamo-Ableger in Kiew, Tiflis, Minsk und Leningrad.

Dass es in der UdSSR-Meisterschaft trotz häufig vorkommenden staatlichen Interventionen Wettbewerb und Rivalität gab, zeigte sich am 24. Juli 1937 beim Spiel zwischen Dynamo Leningrad und Dynamo Moskau. Eine Schlägerei unter den Spielern (drei Leningrader mussten ins Spital eingeliefert werden) löste brutale Krawalle auf den Zuschauerrängen aus. Die Soldaten, die man später bei den Europapokal-Übertragungen aus der Sowjetunion immer in den vordersten Reihen sitzen sah, sind eine nachhaltige Folge dieser Ausschreitungen.

Nach dem Ende des Zweiten Weltkrieges unternahmen Dynamos Staatsamateure eine Reise auf die Britische Insel, ins Mutterland des Fußballs. Körperbetonte Zweikämpfe, Rennen bis zum Umfallen, hohe Flanken in den Strafraum: Das war damals das Spiel der Briten. Die Sowjets pflegten einen ganz anderen Stil, basierend auf schnellen Kurzpässen: *Passowotschka* nannten sie ihr System. Das Aufwärmen mit dem Ball vor den Spielen und den Trainingseinheiten gehörte ebenso zu ihren Gepflogenheiten wie die Wandtafel, auf der Trainer Michail Jakuschin die taktische Marschroute erklärte. Die englischen Zaungäste und Journalisten nahmen das alles staunend zur Kenntnis.

Noch mehr überrascht wurden die britischen Teams von der Spielstärke des exotischen Gastes. Der Sporthistoriker und Journalist Bob Crampsey war am 28. November 1945 einer von 90 000 Zuschauern im Ibrox-Park. Er erlebte, wie die Moskauer die berühmten Glasgow Rangers an den Rand einer Niederlage brachten. »In den ersten dreißig Minuten berührten die Rangers keinen Ball«, hielt Campsey später staunend fest. Das Spiel endete schließlich 2:2. Ein Unentschieden hatte es zuvor schon vor 85 000 Zuschauern in der Stamford Bridge gegen Chelsea London gegeben (3:3). Cardiff City (1:10) und Arsenal London (3:4) mussten sich hingegen geschlagen geben. Die Russen hatten vor dem Spiel protestiert, weil sich Arsenal eigens für das Prestigeduell mit den Stars Stan Mortensen (Blackpool) und Stanley Matthews (Stoke City) verstärkt hatte. Moskau spielte mit Chomitsch, Radikorsky, Stankewitsch, Blinkow, Semitschastny, Leonid Soloview, Trofimow (Archangelski), Kartsew, Beskow, Bobrow und Sergeij Soloview.

Alleskönner

Im Kommunismus hatte die Mannschaft der Star zu sein. Gerade bei Dynamo ragten aber einige Spieler aus dem Kollektiv heraus. Lew Jaschin (1929–1990) etwa, der 813 Spiele absolvierte, über 150 Elfmeter parierte und in 78 Länderspielen bloß 70 Treffer kassierte. Oder Wsiewolod Bobrow (1922–1979), der in 3 Länderspielen 5 Tore und in 116 Ligaspielen 121 Tore erzielte. Im Eishockey, berichten Augenzeugen, sei er allerdings weitaus talentierter gewesen. Nach seiner Aktivkarriere war Bobrow beim Armeeklub ZSKA Moskau sowohl als Fußball- als auch als Eishockeytrainer tätig. Der 1922 geborene Konstantin Beskow führte ebenfalls ein Doppelleben. Er betreute ab 1977 Spartak Moskau und gleichzeitig auch noch die Nationalelf. Zwischen 1941 und 1954 stürmte er für Dynamo und erzielte dabei 127 Tore. Wegen seinen Verdiensten um den sowjetischen Fußball wurde er 1985 (wie auch Jaschin) mit dem Lenin-Orden ausgezeichnet. Wären Jaschin, Bobrow und Beskow im Westen geboren, hätten sie Millionen verdienen können. Stattdessen hält sie die Welt als Spieler in Erinnerung, die den Sport bereichert haben.

Drei Spieler dieser Elf gehörten zur Kategorie absolute Weltklasse: Torhüter Alexej Chomitsch, den sie wegen seiner Geschmeidigkeit und Sprungkraft »Tiger« nannten, sowie die Stürmer Konstantin Beskow, der später sowohl Dynamo als auch Spartak Moskau trainierte, und Wsiewolod Bobrow, der mit der sowjetischen Eishockeymannschaft einige Male Weltmeister wurde.

Die Dynamos – im Osten die treibende Kraft

Dynamo ist gemäß der *Brockhaus-Enzyklopädie die* veraltete Bezeichnung für einen elektrischen Generator. Das griechische Wort Dyn bezeichnet eine physikalische Krafteinheit. In der modernen Sprache wird die Silbe zur Bezeichnung von Begriffen, die Kraft oder Bewegung ausdrücken, verwendet – zum Beispiel dynamisch (krafterfüllt), Dynamit (Sprengstoff) oder Dynamometer (Kraftmesser). In den kommunistischen Ländern des Ostblocks war Dynamo eine häufig gewählte Bezeichnung für Sportklubs. Dynamo-Fußball-Teams gab und gibt es unter anderem in Moskau, Kiew, Tiflis, Leningrad, Warschau, Minsk, Brest, Erewan, Bukarest, Zagreb, Tirana, Berlin und Dresden. Die Bezeichnung Dynamo steht für Titel und Tore, aber auch für Skandale und Mauscheleien:

- Dynamo Tiflis ist das Aushängeschild des georgischen Fußballs. Zu seinen besten Zeiten füllte der Klub das Zentralstadion mit seinen 100 000 Plätzen problemlos. Den größten Erfolg sahen allerdings bloß 4750 Fans. Am 13. Mai 1981 bezwang Dynamo Tiflis in Düsseldorf den FC Carl Zeiss Jena 2:1 und gewann den Europapokal der Pokalsieger. Danach schlug das Schicksal erbarmungslos zu: Mittelstürmer David Kipiani wurde nach einer Verletzung invalid, Spielmacher Vitali Darasselia kam bei einem Autounfall ums Leben. Ohne diese Stars verlor Tiflis den Anschluss an die internationale Spitze. In der georgischen Meisterschaft ist der Klub jedoch nach wie vor die unbestrittene Nummer eins.
- Dinamo Zagreb feierte 1967 mit Trainer Branko Zebec seinen größten Triumph. Im Finale des Messecups, des heutigen UEFA-Pokals, besiegten die Zagreber Leeds United mit 2:0 und 0:0. Als sich Kroatien unabhängig machte, wurde Dinamo – bis dahin vierfacher jugoslawischer Meister – zum nationalen Symbol. Das unabhängige Kroatien unter Präsident Franjo Tudjman hätschelte den Verein, der zum Entsetzen vieler Fans in Croatia Zagreb umgetauft wurde, fortan noch extremer, als es der jugoslawische Staat mit den Belgrader Vereinen Roter Stern und Partizan getan hatte. Seit dem Jahr 2000 spielt der Klub wieder unter seinem alten Namen NK Dinamo Zagreb.
- Dynamo Berlin gewann zwischen 1979 und 1988 zehnmal in Serie die Meisterschaft der DDR. Der *Berliner Fußball-Club Dynamo* – so der offizielle Name – wurde von den drei Säulen Zollverwaltung, Ministerium des Inneren und Ministerium für Staatssicherheit getragen und war deshalb als »Stasi«-Verein verschrien. Stasi-Chef Erich Mielke ließ als Ehrenvorsitzender des Klubs kaum ein Heimspiel aus und sorgte dafür, dass die Schiedsrichter »richtig« pfiffen. Im Meistercup war bis auf zwei Ausnahmen (1979/80 Aus im Viertelfinale gegen Nottingham, 1983/84 Aus im Viertelfinale gegen die AS Roma) jeweils bereits in Runde eins oder zwei Endstation. Nach der Wende gingen die Stars Rohde, Ernst, Thom und Doll in den Westen. Der BFC Dynamo verschwand in der Versenkung.
- Dinamo Bukarest entstand 1948 durch die Zusammenlegung der Klubs Unirea

Tricolor und Cioacanul und wurde dem rumänischen Innenministerium unterstellt. Im zwanzigsten Jahrhundert gewann Dinamo 15 Mal die nationale Meisterschaft, aber selten die Herzen der Fans. Nico Ceausescu, der Sohn des Diktators, war in den Achtzigerjahren Präsident des Klubs und setzte sich auch bei den Schiedsrichtern für seine Mannschaft und vor allem für seinen Lieblingsstürmer Rodion Camataru ein. Dieser kam 1987 mit Hilfe »von oben« auf 44 Saisontreffer und gewann den »goldenen Schuh« des besten europäischen Torjägers. 1984 scheiterte Dinamo im Meistercup erst im Halbfinale am FC Liverpool. Es ist dies bis heute Dinamos größter Erfolg.

• Dynamo Dresden wurde am 12. April 1953 gegründet. Zuvor hatte der Klub *Sportgemeinschaft Deutsche Volkspolizei Dresden* geheißen. Der achtfache DDR-Meister spielte von 1991 bis 1995 in der ersten Bundesliga und sorgte dort für einige Skandale. Im Mai 1993 verhängte der DFB für die Saison 1993/94 einen Vier-Punkte-Abzug und 50 000 Euro Geldstrafe wegen Lizenzerschleichung. Dennoch schaffte Dresden 1994 den Klassenerhalt. Ein Jahr später war die Dresdner Bundesliga-Ära aber vorbei. Dynamo wurde wegen 9 Millionen Euro Schulden die Lizenz entzogen und in die Regionalliga verbannt. Der Klub hatte noch Jahre später an den Folgen der Misswirtschaft unter dem millionenschweren Bauunternehmer und Ex-Präsidenten Jürgen Otto zu leiden. Trauriger Höhepunkt in der Dresdner Vereinsgeschichte war der Sturz in die Viertklassigkeit im Jahr 2000.

Die britischen Sportzeitungen reagierten unterschiedlich auf die Vorstellungen der Sowjets. Die linksgerichtete Presse lobte die exzellente Infrastruktur und die optimalen Trainingsbedingungen in der UdSSR. Die bürgerlich-konservativen Blätter wiederum kritisierten die vielen heimtückischen Fouls der Dynamo-Spieler, die gegen den britischen Fairplay-Gedanken verstoßen hätten. In Selbstkritik übte sich hingegen Sir Stanley Matthews, der legendäre Rechtsaußen. Er prangerte die technischen Unzulänglichkeiten vieler britischer Spieler an und geizte nicht mit Lob für die Moskauer. Schon kurz nach dem Dynamo-Besuch begannen sich auch die Queen's Park Rangers vor den Spielen warm zu laufen, und Sir Walter Winterbottom, der spätere englische Nationaltrainer, machte sich als erster britischer Fußball-Lehrer die Vorteile der Wandtafel zunutze.

Auch auf der anderen Seite des Eisernen Vorhangs hinterließ Dynamos Betriebsausflug Spuren. Die Parteiführung beschloss, sowjetische Athleten fortan als Botschafter von »Frieden und Freundschaft« um die Welt reisen zu lassen. Sportliche Triumphe sollten dem Westen die Überlegenheit des Sozialismus vor Augen führen. Der Sport wurde so in die politische Propaganda eingespannt. Als die Partei im Januar 1949 vorgab, »in Zukunft die weltweite Oberhoheit in allen wesentlichen Sportarten zu erringen«, war die Medaillenjagd offiziell eröffnet.

Dynamos Auftritte auf der Insel waren in Bogorodskoje bei Moskau von einem 16-jährigen Jungen am Radio verfolgt worden, der später sagte, er sei bei jedem Schuss

Gilt als bester Torhüter aller Zeiten: Lew Jaschin. Er wurde als bisher einziger Torhüter zu Europas Fußballer des Jahres gewählt (1963).

der Briten durchs Wohnzimmer gehechtet. Als sich Chomitsch acht Jahre später verletzte, schlug die große Stunde dieses jungen Mannes. Sein Name: Lew Jaschin. Er revolutionierte den Fußball mit seiner perfekten Strafraum-Beherrschung. Ohne zum Risikofaktor zu werden, verließ er den Sechzehner in fast jedem Spiel. Er hatte ein sicheres Gespür für die Situationen, in denen er den Ball noch vor dem Angreifer erwischen würde. Auf der Linie glänzte er mit starken Reflexen; auch bei Flankenbällen war er wegen seiner Größe sehr sicher. Weil er meistens in einem altmodischen schwarzen Dress spielte, wurde er »der schwarze Panther« genannt.

Jaschin gilt als der beste Torhüter der Fußball-Geschichte. 1963 wählten ihn die Journalisten zu »Europas Fußballer des Jahres«, nachdem er während der ganzen Saison in 27 Meisterschaftsspielen lediglich 6 Tore kassiert hatte. Er ist bis heute der einzige Torwart, dem diese Ehre zuteil geworden ist.

Jaschin stand bei Dynamo bis 1971 zwischen den Pfosten und bestritt 78 Länderspiele für die Nationalmannschaft der UdSSR. Zu seinen Erfolgen zählen nebst einem Olympiasieg (1956) und einem Europameistertitel (1960) mit der Sowjetunion fünf nationale Meistertitel mit Dynamo (1954, 1955, 1957, 1959, 1963) sowie drei Pokalsiege (1953, 1967, 1970). Als er am 27. Mai 1971 sein Abschiedsspiel bestritt, war sogar das monumentale Lenin-Stadion mit seinem Fassungsvermögen von 104 000 Zuschauern viel zu klein. Den Kartenwünschen nach hätte es je nach Quelle zwischen 400 000 und 700 000 Plätze bedurft. Dynamo spielte gegen eine Weltauswahl 2:2. Als Jaschin nach einer Stunde beim Stand von 2:0 für sein Team seinem jungen Nachfolger Wladimir Pilgui Platz machte, applaudierte das Publikum mehrere Minuten lang.

Es war Jaschin nicht vergönnt, beim größten internationalen Erfolg seines Klubs noch zwischen den Pfosten zu stehen. Im Europacup der Pokalsieger erreichte Dynamo in der Saison 1971/72 als erster sowjetrussischer Verein das Finale. Olympiakos Piräus, Eskisehirspor, Roter Stern Belgrad und Dynamo Berlin wurden aus dem Wettbewerb geworfen. Im Endspiel im Stadion Nou Camp von Barcelona fanden die Russen allerdings erst viel zu spät ins Spiel. Die Glasgow Rangers konnten nach einer 3:0 Führung noch ein 3:2 über die Zeit retten. Trainer Konstantin Beskow setzte auf folgende Elf: Pilgui; Bassalajew, Sabo, Schukow, Dolbonossow (69. Gerschkowitsch); Dolmatow, Sijkow, Machowikow; Jakubik (56. Eschtrekow), Baidatschnij, Jewrjuschichin.

Spätestens mit dem letztmaligen Gewinn des Meistertitels (1976) endete die Erfolgsstory von Dynamo. Lokalrivale Spartak und Dynamo Kiew dominierten fortan das Geschehen in der UdSSR. Im Kader der sowjetischen Nationalmannschaft für die Weltmeisterschaften von 1982 und 1986 suchten die Sammler der Panini-Bildchen vergebens nach Spielern von Dynamo Moskau.

Durch die von Staatschef Michail Gorbatschow in den Achtzigerjahren eingeleitete *Perestroika* kamen große finanzielle Probleme auf sämtliche Vereine des Landes zu. Dynamo, das stets auf die Unterstützung des Innenministeriums hatten zählen können und ein entsprechend sorgloses Dasein gefristet hatte, musste sich fortan selbst um die Geldbeschaffung und Vermarktung kümmern. Angesichts der desolaten Wirtschaftslage und den unsicheren Zukunftsaussichten hielten sich potentielle Sponsoren – um es vorsichtig auszudrücken – vornehm zurück.

ERFOLGE

Landesmeister der UdSSR: 1936, 1937, 1940, 1945, 1949, 1954, 1955, 1957, 1959, 1963, 1976.
Pokalsieger der UdSSR: 1937, 1953, 1967, 1970, 1977, 1984.
Russischer Pokalsieger: 1995.

Bekannteste Spieler: Anitschkin – Awruzki – Beljakow – Beskow – Blinkow – Bobrow – Bubnow – Cernishow – Cheryshew – Chomitsch – Dobrovolskij – Dolbonossow – Feditschkin – Gassajew – Gerschkowitsch – Gussarow – Iljin – Iwanow – Jakubik – Jakuschin – Jaschin – Jewrushichin – Karzew – Kahrin – Kirjakow – Kolyvanow – Kortun – Kowtun – Koslow – Krishewskij – Kusnezow – Lowtschew – Machowikow – Maljawkin – Malofejew – Maslow – Metreweli – Moser – Nikulin – Novikow – Petrow – Pilgui – Potapow – Rjabow – Sawdunin – Semitschastny – Simutenkow – Sjomin – Sokolow – Solowjew – Sykow – Tetradze – Theyokin – Trofimow – Tschislenko – Zarjow – Zwetkow.
Bekannteste Trainer: Arkadjew – Beskow – Byschowets – Dubinin – Gazzaew – Golodets – Iljin – Jakuschin – Kusnezow – Kwaschnin – Malofejew – Novikow – Ponomarjow – Sewidow – Trofimow.

Dynamo fiel der Übergang in den Kapitalismus sehr schwer. Der Pokalsieg aus dem Jahr 1995 ist die einzige Trophäe, die der Klub seit der Wende erobert hat. Immerhin gelang regelmäßig die Qualifikation für den UEFA-Pokal-Wettbewerb, in dem Dynamo allerdings keine Wunder vollbrachte und meist schon früh ausschied – wie etwa in der Saison 1993/94, als es gegen Eintracht Frankfurt eine peinliche 0:6 Heimniederlage gab.

Dynamo repräsentiert am Anfang des dritten Jahrtausends trostloses russisches Mittelmaß. Gespielt wird in einem zugigen Stadion vor einer handvoll unentwegter Zuschauer. Von denen erinnern sich nur noch die wenigsten an die Zeiten, als Dynamo eine der besten Mannschaften der Welt stellte.

Proletarier und Patriarchen

Die Premiere des russischen Fußballs auf der internationalen Bühne ging gründlich in die Hosen. Bei den olympischen Spielen von 1912 in Stockholm verloren die Russen zuerst 1:2 gegen Finnland, danach kamen sie gegen Deutschland mit 0:16 unter die Räder – es war dies die bis heute höchste Niederlage einer russischen Nationalelf. Diese Schlappen verletzten die Russen derart tief in ihrem Stolz, dass die Nationalmannschaft während der Zaren-Zeit keine weiteren Auslandreisen mehr unternahm. Fußball war damals vor allem ein Sport der Oberschicht. Die einheimischen Teams bestanden vorwiegend aus Armeeoffizieren, Studenten und Angestellten.

Die Oktoberrevolution (1917) und die Gründung der UdSSR, der »Union der Sozialistischen Sowjetrepubliken«, führten auch im Fußball zu tiefgreifenden Veränderungen. Unter den Bolschewisten verbreitete sich das Spiel mit dem runden Leder rasch im ganzen Land, praktisch im Gleichschritt mit der Industrialisierung. Team-Sportarten wie Fußball oder Eishockey genossen einen hohen Stellenwert in der bolschewistischen Propaganda mit ihrem Idealbild des gesunden, starken und tüchtigen Arbeiters. Da die Propaganda vor allem auf die Arbeiterklasse zielte, baute man die Stadien in der Nähe von Fabriken und Betrieben. Die Spieler kamen nun fast durchwegs aus der Industriearbeiterschaft.

Eines der bekanntesten Arbeiterviertel in Moskau heißt *Krasnaja Presnja*. Dort wurde 1922 ein Verein gegründet, der im folgenden Jahr gleich die Stadtmeisterschaft gewann. Das war seinerzeit die höchste Auszeichnung. Als 1936 eine gesamt-sowjetische Liga gegründet wurde, gab es den Klub *Krasnaja Presnja* bereits nicht mehr. Einige Zeit lang war er nach der Gewerkschaft der Lebensmittelarbeiter, der so genannten *Pischewiki*, benannt worden. Später hatte er *Promkorpooperacija Moskva* geheissen, weil die *Prom Korporatie* – die Industriekörperschaft – den Verein unterstütze. Den Namen *Spartak* erhielt der Klub 1935. Die Bezeichnung sollte an eine Deutschland-Reise aus dem Jahr 1927 erinnern, an der einige Spieler der Gründergeneration teilgenommen hatten. Damals war die Mannschaft einer Einladung des »Spartakus-Bundes« gefolgt, an dessen Spitze die Sozialisten Rosa Luxemburg und Karl Liebknecht standen.

FUDBALSKI KLUB SPARTAK MOSKVA
Gründungsjahr: 1922.
Anschrift: Spartak Moskva, 7, Spartakkovskaya, 107066 Moskva, Russia.
Homepage: www.spartak.com
Stadion: Luschniki-Stadion, Fassungsvermögen: 71 586 Zuschauer.
Vereinsfarben: Rot und Weiß.

Die »Allunionelle Freiwillige Sportgemeinschaft Spartak Moskau«, wie der Klub zu Sowjet-Zeiten offiziell hieß, wurde von den wohlhabenden industriellen Kooperativen gefördert und zeichnete sich durch einen improvisierten Stil aus, der eine gute Ballkontrolle und ein genaues Zuspiel erforderte.

Bei den seltenen Vergleichen mit internationalen Profiteams schnitt Spartak gut ab.

Während des Spanischen Bürgerkrieges kam 1937 ein baskisches All-Star-Team nach Moskau, um Gelder für die Republik zu sammeln. Die Basken spielten einen modernen Fußball mit dem WM-System, viel effektiver als die altmodische Taktik der Russen. So gewannen die Gäste vor 90 000 Zuschauern erst gegen Dynamo Moskau mit 2:1, dann gab es für Lokomotive eine 7:0-Klatsche. Im letzten Spiel musste Spartak antreten. Deren Stars, die Gebrüder Starostin, hatten ihre Mannschaft kurzerhand umgekrempelt und kamen mit einer ganz neuen Taktik aufs Feld, einem 1-3-2-5-System. Spartak gewann 6:2. Erstmals hatte eine sowjetische Mannschaft ein namhaftes ausländisches Profiteam besiegt.

Die Rivalität zwischen den Moskauer Klubs Spartak und Dynamo stand bis weit in die Sechzigerjahre im Mittelpunkt des russischen Fußballs. Spartak war die Mannschaft der Künstlerszene und der Intellektuellen, Dynamo der Klub der Polizei und Staatssicherheit. Als der Georgier Lawrenti Berija an die Spitze der Staatsbehörde kam, wurde der Zweikampf dramatisch. 1938 ließ der Chef der Geheimpolizei das Pokal-Halbfinale zwischen Dynamo Tiflis (Berijas Ex-Verein) und Spartak wiederholen. Spartak hatte Tiflis durch ein umstrittenes Tor aus dem Wettbewerb geworfen und zwei Wochen später im Endspiel auch noch Elektrik Leningrad bezwungen. So kam es zum ersten Mal in der Geschichte des Fußballs dazu, dass ein Halbfinale nach dem bereits entschiedenen Finale stattfand. Spartak schaffte im Wiederholungsspiel ein 3:3 und durfte den Pokal somit behalten.

Der gekränkte Berija sann jedoch auf Rache. Den Mannschaftskapitän von Spartak, Nikolai Starostin, traf es zuerst. Als er einmal vor den Augen eines vermeintlichen Freundes auf einem zehn Jahre alten Foto diejenigen Spitzenpolitiker der Partei markierte, die nicht mehr am Leben waren, wurde er am nächsten Morgen von Unbekannten abgeholt. Gerichtsverhandlung gab es keine, wohl aber ein Urteil: zehn Jahre Gulag und fünf Jahre Gefängnis. Die selbe Strafe erhielten die anderen drei Brüder, Andrei, Petr und Alexander Starostin. Erst nach dem Tode Stalins 1953 kamen sie wieder frei. Insgesamt wurden in jenen Jahren sechs Spartak-Spieler wegen »Landesverrats« in Arbeitslager gesteckt. Neben den Starostin-Brüdern wurden auch Stanislaw Leuta und Petr Popow Opfer von Stalins Verfolgungswahn.

Dem Verein haben diese Ereignisse mehr genützt als geschadet. Spartak zu unterstützen war fortan für viele Moskauer ein subversiver Akt. Sportlich war der Verein eine Macht. Die offensive Spielweise bescherte der Mannschaft im ganzen Land viele Anhänger und bei Heimspielen einen Zuschauerschnitt von über 30 000. Zwölfmal gewann Spartak, dem angeblich jeder zehnte Russe die Daumen drückt, die UdSSR-Meisterschaft, neunmal den Pokal. Nur einmal, 1976, stiegen die Rot-Weißen in die zweite Liga ab. Die besten Spartak-Teams waren die der Jahre 1956 und 1987.

Nicht weniger als zehn Spartak-Kicker standen im Kader der sowjetischen Nationalmannschaft, die 1956 in Melbourne Olympia-Sieger im Fußball wurde. Herausragend war die Offensivabteilung mit Regisseur Igor Netto, Linksaußen Anatoli Iljin (dem russische Torschützenkönig der Jahre 1954 und 1958) und Torjäger Nikita Simonjan, der in 265 Pflichtspielen für Spartak 179 Treffer erzielte. Sie alle hatten bei

Spartak 1949 den Durchbruch geschafft und waren fähig, den Ball schnell und direkt zirkulieren zu lassen. Bei internationalen Freundschaftsspielen besiegte Spartak Mitte der Fünfzigerjahre Teams wie die AC Milan, die AC Fiorentina, Galatasaray Istanbul, Partizan Belgrad, Arsenal und Norwegens Nationalelf.

Spartaks spielbestimmende Persönlichkeit war in jenen Jahren zweifellos Igor Netto. Seine Karriere begann im letzten Jahr des Zweiten Weltkrieges. Bei einem Probetraining bei Dynamo Moskau war der Sohn spanischer Immigranten nicht sonderlich aufgefallen – zu langsam, lautete das Urteil. Der damalige Spartak-Trainer Pawel Lapsin wusste Nettos Spielweise sofort richtig einzuschätzen. Diese war in Wirklichkeit alles andere als langsam. Netto schirmte den Ball ab, verschaffte sich Übersicht, zog die Gegner auf sich, um dann plötzlich mit einem präzisen Pass die eigenen Mitspieler zu bedienen. Als Mannschaftskapitän und Spielmacher sorgte er 1960 mit dem Gewinn der Europameisterschaft für den größten internationalen Erfolg der Sowjetunion im Fußball.

Romanzew lässt Taten sprechen

In den Neunzigerjahren ging im russischen Fußball nichts ohne das Einverständnis von Oleg Romanzew. Bei Spartak gab er als Präsident und als Trainer die Kommandos, und auch die russische Nationalmannschaft hörte zeitweise auf ihn. Romanzew war überall der Souverän. Der zunehmenden Kritik an seinem patriarchalischen Führungsstil begegnete er mit Nichtachtung. Journalisten verachtet er prinzipiell, weil sie ihm »zu wenig professionell« sind. Medienkonferenzen nach Liga-Spielen boykottierte er oft, vor allem nach Niederlagen. Dafür bezahlte er pro Saison jeweils Bußen von über 5000 Dollar (die allerdings Spartak übernahm). Kein Blatt vor den Mund nimmt der Kettenraucher, wenn ihm etwas auf dem Magen liegt. Dann sind sogar die so genannten Omon, die Sondereinheiten des Innenministeriums, nicht gegen Kritik gefeit. Als diese 1997 nach einem Spiel angeblich jugendliche Fans brutal verprügelt hatten, ging Romanzew in einem offenen Brief an die Zeitung *Moskowski Komsomoljez* mit den Omon ins Gericht. Mit solchen Aktionen sicherte er sich die Sympathien der Fans.

Die Spartak-Meistermannschaft von 1987 wurde von Trainer Konstantin Beskow geformt, der in den Fünfzigerjahren Stürmer bei Dynamo Moskau gewesen war und später auch die Nationalelf betreut hatte. Beskow legte großen Wert auf mannschaftliche Geschlossenheit und ließ seine Elf neunzig Minuten lang Power-Fußball spielen. Spartak bestach mehr durch seine physische Präsenz als durch spielerischen Glanz. Die Achse der Mannschaft bestand aus Torhüter Rinat Dassajew, Libero Vagiz Chidijatullin und Stürmer Sergeij Rodionow. Dieses Trio stand auch im Kader der Nationalmannschaft, die an der EM 1988 in Deutschland erst im Finale von den Holländern gestoppt wurde.

Es war der letzte große Erfolg der Sowjetunion, die drei Jahre später von der politischen Bildfläche verschwand – und mit ihr auch die Moskauer Klubs Lokomotive, ZSKA, Torpedo und Dynamo, die jahrelang mehr oder weniger direkt vom Staat gefördert worden waren. Spartak hingegen, dem Klub

In der Champions League oft nur Statisten: Die Spartak-Verteidiger können Bayern-Stürmer Giovane Elber nicht stoppen.

des Volkes, gelang der Sprung ins kapitalistische Profigeschäft erstaunlich gut. Der Klub dominierte in den Neunzigerjahren die russische Meisterschaft beinahe nach Belieben. Zwischen 1992 und 2002 gewann er neun von zehn möglichen Meistertiteln. Lediglich 1995 mussten die Hauptstädter einem anderen Verein den Vortritt lassen, nämlich Spartak-Alania Wladikawkas, dessen 10-Millionen-Dollar-Budget damals zum großen Teil die Regierung Nordossetiens deckte.

Das Stadion der inexistenten Toten

Im Lenin-Stadion – so hieß das heutige Luschniki-Stadion damals – geschah am 20. Oktober 1982 eine der größten Tragödien der Fußball-Geschichte. Die Behörden verschwiegen das Unglück lange. Ein offizielles Geständnis erfolgte erst 1989. Während des Rückspiels im UEFA-Cup zwischen Spartak Moskau und Haarlem (2:0) fiel kurz vor Abpfiff noch ein Tor. Ins Stadion zurückdrängende Fans trampelten 340 Menschen zu Tode. Viele Opfer waren auf den vereisten Treppen ausgerutscht.

Spartak Moskau dominierte in Russland nicht nur sportlich, sondern auch wirtschaftlich. Dank den Millionen-Einnahmen aus der *Champions League* konnte der Klub seinen Stars nach und nach Gehälter zahlen, wie sie in Westeuropa üblich waren. Leistungsträger wurden mit langfristigen Verträgen ausgestattet und nur bei absoluten Top-Angeboten abgegeben. Und wenn der Klub in Russland keine Verstärkungen fand, schaute er sich im Ausland um. So kamen etwa Nigerianer, Kameruner, Senegalesen, Brasilianer oder Jamaikaner in die 9-Millionen-Einwohner-Metropole.

Allerdings hatte bisweilen auch Spartak unter der Wirtschaftskrise und Geldentwertung in Russland zu leiden. In der Saison 1995/1996 überstand die Mannschaft die Gruppenspiele der *Champions League* gegen Legia Warschau, Rosenborg Trondheim und den englischen Meister Blackburn Rovers ohne Punktverlust. Im Viertelfinale wurde sie dann aber vom FC Nantes mühelos aus dem Wettbewerb gekippt. Während des Herbstes war nämlich Sponsor Gazprom in finanzielle Schwierigkeiten geraten; der Rubel rollte plötzlich nicht mehr. Spartak war dadurch gezwungen, die Leistungsträger Viktor Onopko (zum Discountpreis von 1,935 Millionen Dollar an Oviedo), Stanislaw Tschertschessow, Sergei Juran und Vasilij Kulkow in den Westen zu verschachern. Gegen Nantes liefen nur noch fünf Spieler auf, die schon vor der Winterpause in der Stammelf gestanden hatten.

Der Platzwart, ein Tor

2:2 endete im Herbst 1997 das UEFA-Cup-Spiel zwischen Spartak Moskau und dem FC Sitten. Dass insgesamt vier Treffer erzielt wurden, war insofern erstaunlich, weil die Schweizer nach dem Schlusspfiff feststellten, dass eines der Tore 17 Zentimeter zu niedrig war. Die UEFA hieß den Protest gut und ordnete ein Wiederholungsspiel an. Vom richtig bemessenen Tor profitierten allerdings nur Spartaks Stürmer. Moskau gewann 5:1.

Trainiert wurden die Moskauer seit 1989 von Oleg Romanzew, der den Klub gleich in seinem ersten Amtsjahr zum Titel führte. Romanzew (oberstes Gebot: Disziplin) gilt als Machtmensch, der es 1998 fertig brachte, bei Spartak gleichzeitig Präsident und Trainer zu sein und nebenbei – nach seinem freiwilligen Rücktritt 1994 – zum zweiten Mal das russische Nationalteam zu übernehmen. Die Überbelastung machte sich beim Kettenraucher aber ein Jahr später im Oktober bemerkbar. Nach dem 1:2 von Spartak in der *Champions League* daheim gegen Bordeaux erlitt der Trainer einen Herzanfall. Stress, Wodka und Tabak hatten ihm zugesetzt.

Romanzew wurde 1954 im südsibirischen Krasnojarsk geboren und spielte sieben Jahre lang als Verteidiger bei Spartak. Er bestritt zwölf Länderspiele und war Kapitän jener Olympia-Elf, die 1980 in Moskau Bronze gewann. Nach seiner Spielerkarriere stieg er ins Trainergeschäft ein. Auf Umwegen, die ihn bis nach Ostasien führten, kam er zu Spartak zurück und gewann seither zehn Meistertitel und drei Cup-Wettbewerbe. Auf europäischer Ebene waren die Halbfinal-Qualifikationen von 1991 im Meister-Cup sowie 1998 im UEFA-Cup die Höhepunkte.

Romanzews Machtfülle war einigen Leuten aus dem Umfeld des Klubs ein Dorn im Auge. Am 1. Juni 2002 kam es zur Palastrevolution. Andrei Tscherwitschenko vom Hauptsponsor LUK-Oil übernahm offiziell das Kommando. Romanzew wurde als Präsident abgesetzt, durfte aber als Trainer vorerst weitermachen. Gleichzeitig kam es zu Änderungen bei den Besitzverhältnissen in der Spartak-AG. Romanzew und sein Sohn Wadim traten ihr Aktienpaket an verschiedene Firmen ab. Welche Personen hinter diesen Unternehmen stehen, ist laut Spartak ein »Betriebsgeheimnis«.

ERFOLGE

Landesmeister der UdSSR: 1936, 1938, 1939, 1952, 1953, 1956, 1958, 1962, 1969, 1979, 1987, 1989.
Russischer Meister: 1992, 1993, 1994, 1996, 1997, 1998, 1999, 2000, 2001.
Pokalsieger der UdSSR: 1938, 1939, 1946, 1947, 1950, 1958, 1963, 1965, 1971.
Russischer Pokalsieger: 1992, 1994, 1998, 2003.

Bekannteste Spieler: Akimow – Alenichew – Ananko – Baranow – Beschastnykh – Bubnow – Buznikin – Cherenkow – Chidijatullin – Chlestow – Chusainow – Dassajew – Dementjew – Evgeni – Fedotow – Filimonow – Gawrilow – Gorlukowitsch – A. Iljin – S. Iljin – Ivanow – Jarzew – Junissow – Juran – Karpin – Kisseljow – Kostikow – Kowtun – Kuleschow – Kulkow – Kusnetsow – Ledyahow – Leontjew – Lewizki – Lowtschew – Maljawkin – Mamedow – Marcão – Morosow – Mostowoj – Netto – Nikiforow – Nowikow – Onopko – Osjanin – Paramonow – Parschin – Popow – Radchenko – Rjasanzwe – Robson – Rodionow – Romanzew – Romaschenko – Rudnow – Pasulko – Salnikow – Samochin – Schawlo – Schwezow – Sedow – Shalimow – Simonjan – Sokolow – Starostin – Stepanow – Terentjew – Tichonow – Titow – Tscherenkow – Tschernischew – Tschertschessow – Zhmelkow – Zimbalar.
Bekannteste Trainer: Beskow – Dangulow – Guljajew – Lapsin – Kwaschnin – Popow – Romanzew – Simonjan – Sokolow – Starostin – Vollrath.

Ähnlich nebulös ist auch die Ermordung von Larissa Netschajew. Die Generaldirektorin Spartaks wurde im Juni 1997 in ihrer Datscha zusammen mit einer Bekannten erschossen. Das grausige Verbrechen konnten die Behörden bis heute nicht aufklären.

Die Evergreens

Die Industrialisierung brachte der Menschheit nicht nur Fortschritt und Massenartikel, sondern in den unbändig wachsenden Städten auch eine bis dahin noch nie gekannte Armut. Der Mönch Walfrid, ein irischer Immigrant aus Sligo im County Donegal, kam 1887 nach Glasgow und war entsetzt über das Elend, mit dem er sich täglich konfrontiert sah. Die meisten Leute besaßen kaum genug zum Leben, die Arbeit in den Minen und Fabriken war grausam und bei Nebelwetter ging die Stadt beinahe im Dreck unter.

Um die Not zu lindern, beschloss Bruder Walfrid die Gründung eines Fußball-Klubs. Dessen Einnahmen sollten der öffentlichen Wohlfahrt, den unzähligen katholischen Armen und den Arbeitslosen zugute kommen. So entstand im November 1887 der *Celtic Football Club*, der seine Spiele von Anfang an in grünen Trikots bestritt. Grün ist die Farbe der Hoffnung und des *Shamrock*, eine dem Kleeblatt ähnliche Pflanze, die Walfrid an seine Heimat Irland (die grüne Insel) erinnerte. Und da die Religion manchmal ein wenig Aberglauben nicht ausschließt, wählte man ein vierblättriges Kleeblatt, das bekanntlich Glück bringen soll.

Celtic hatte sofort Erfolg. Zwei Jahre nach seiner Gründung errang der Klub gleich den schottischen Cup. Die Einnahmen wurden sinnvoll verwendet. Zudem fanden die Arbeiter beim Fußball eine gesunde Abwechslung. Aber natürlich ging die Entwicklung weiter und Celtic wurde mit der Zeit nicht mehr von Mönchen geleitet. Als das Profitum auf der Insel eingeführt wurde, schloss Celtic sich diesem Trend an und wandelte den Klub in eine Aktiengesellschaft um. Das ursprüngliche Ziel wurde aber nie vergessen: Bis heute geht jedes Jahr eine hübsche Summe an soziale Einrichtungen wie etwa an das Hilfsprojekt »Kampf gegen den Hunger«.

CELTIC GLASGOW FOOTBALL CLUB
Gründungsdatum: 6. November 1887.
Anschrift: Celtic Glasgow, 95 Kerrydale Street, Glasgow G40 3RE, Scotland.
Internet: www.celticfc.co.uk.
Stadion: Celtic Park, Fassungsvermögen: 60 501 Zuschauer.
Vereinsfarben: Grün und Weiß.

Wird auf sozialer Ebene die Armut bekämpft, so gibt es sportlich nur einen Gegner: den Lokalrivalen und Erzfeind Glasgow Rangers, der schon 1873 – also 15 Jahre vor Celtic – von jungen Protestanten gegründet worden war. Die erste Begegnung zwischen diesen beiden Teams fand am 28. Mai 1888 statt. Celtic gewann 5:2. Obwohl es ein erbitterter Kampf war, kamen die beiden Mannschaften nach der Begegnung zusammen und wünschten sich alles Gute. Dann erst sahen sie dem Rückspiel entgegen, welches Celtic erneut gewann (6:2).

Die beiden Klubs liefern sich seitdem eine der erbittertsten Rivalitäten der Sportgeschichte. Celtic gegen die Rangers, das heißt: Katholiken gegen Protestanten, Arm gegen Reich, Zugewanderte gegen Einheimische – Konstellationen, die Zündstoff bergen. Beim *Old Firm*, der Mutter aller Derbies, strömen die Leute massenweise ins Stadion. 1925 beispielsweise waren es über 100 000, die Celtics 5:0 im Cup-Halbfinale sahen. Jimmy McGrory, der in seiner Karriere über 550 Tore schoss, war damals der Star von Celtic. John Thomson ist eine andere Celtic-Legende. Beim Versuch, vor einem Rangers-Stürmer an den Ball zu kommen, brach sich der erst 23-jährige Goalie 1931 die Wirbelsäule. Noch heute wird Thomson für seinen Einsatz verehrt, noch heute werden Lieder über ihn gesungen.

Celtic und Rangers dominierten im 20. Jahrhundert den schottischen Fußball nach Belieben. Die Rangers gewannen zwar bis heute mehr Landesmeisterschaften. Trotzdem schielen sie neidisch auf den Trophäen-Schrank der Grünen. Denn dort steht eine Kopie des Europapokals der Landesmeister, den Celtic 1967 errungen hat.

Nach Siegen über den FC Zürich, Nantes, Vojvodina und Dukla Prag traf die Elf von Trainer Stock Stein im Endspiel in Lissabon auf Inter Mailand, das damals beste Team der Welt. Alles lief an jenem Abend für die Italiener, die bereits in der 8. Minute durch einen (umstrittenen) Elfmeter von Mazzola in Führung gingen. Danach setzte Inter voll auf *Catenaccio* und die Verwaltung des Vorsprungs, verteidigte mit Mann und Maus. Ironie des Schicksals ist, dass für Celtic mit Tommy Craig und Tommy Gemmel ausgerechnet zwei Verteidiger die entscheidenden Tore zum 2:1-Sieg schossen.

Ausgelassene Freude: Der Holländer Pierre van Hoojdonk jubelt über einen Treffer für Celtic.

Der Erfolg war umso erstaunlicher, als dass nur schottische Spieler in der Mannschaft standen, die zudem allesamt aus einem Umkreis vierzig Kilometer von Glasgow stammten. Simpson, Craig, McNeill, Gemmel, Murdoch, Clark, Johnstone, Wallace, Chalmers, Auld und Lennox gingen als die *Lisbon Lions* in die Geschichte Celtics ein. Kultstatus genossen vor allem Bobby Lennox (offensives Mittelfeld), John Clark (ein beinharter Verteidiger, der in 13 Jahren bloß ein Tor schoss und von dem es hieß, er brauche einen Kompass, um die Mittellinie zu überschreiten), Billy McNeill (der Kapitän), Tommy Gemmell (der im Finale von Lissabon den Ausgleich erzielte) und Jimmy Johnstone (der über 100 Tore für Celtic schoss).

Celtics Sieg markierte im übrigen einen Wendepunkt in der Geschichte des Europacups: Erstmals holte keine lateinische Mannschaft den Pokal. Darauf verweist man in Schottland heute noch mit Stolz. Auch national war Celtic nicht zu bremsen. 1967 gewann der Klub das *Triple*, also Meisterschaft, Pokal und Ligacup. Vater des Erfolges war zweifellos Manager Jock Stein, ein typischer Schotte mit blauen Augen und rotem Haar. Er hatte die Tradition beendet, die besagte, dass Celtic ein ausschließlich katholischer Verein sein müsste. Wie mehrere seiner besten Spieler war auch er Protestant. »Rangers den Protestanten, aber wir sind für alle offen«, lautete sein Motto.

Unter Stein legte Celtic in der schottischen Meisterschaft eine sensationelle Serie hin. Zwischen 1966 und 1974 wurden *the bhoys* neunmal in Folge Meister.

Der einzige dunkle Fleck auf der (grün-)weißen Weste bildete das Europacup-Finale von 1970, das Feyenoord Rotterdam in der 117. Minute für sich entschied. Es gibt Gerüchte, wonach es bereits im Vorfeld des Endspiels zu Streitigkeiten wegen der fälligen Siegprämie gekommen sein soll. Angeblich soll sogar noch in der Pause darüber debattiert worden sein. Celtic führte 1:0, und weil man glaubte, bereits einen weiteren Titel gewonnen zu haben, forderten offenbar einige Spieler mehr Geld. Das Thema war spätestens nach der 1:2-Niederlage vom Tisch.

Nachdem Celtic die Weltrekordmarke von neun Meisterschaften in Folge aufgestellt hatte, entschied sich der schottische Verband zur Einführung einer Zehnerliga mit dem Ziel, die Dominanz einer einzigen Mannschaft zu brechen. Als der zum *Commander of the Order of the British Empire* geadelte Stein sich 1978 verabschiedete, um für 45 Tage Leeds United und dann bis zu seinem Herzinfarkt im Jahre 1985 die schottischen Nationalmannschaft zu betreuen, wusste in Glasgow jeder, dass eine Ära zu Ende gegangen war. Im Gegensatz zu den Rangers konnte es sich Celtic in der Folgezeit nicht leisten, für Unsummen ausländische Stars zu verpflichten. Dass es auf nationaler Ebene weiterhin zu Titelehren reichte, verdankte der Klub in erster Linie seiner Nachwuchsarbeit.

Celtic fiel es aber in den Achtziger- und vor allem Neunzigerjahren schwer, die Dominanz der Rangers zu brechen. Immerhin konnten die Grün-Weißen 1998 verhindern, dass der Lokalrivale mit zehn Meistertiteln in Serie einen neuen Rekord aufstellte. Typisch für Celtic war allerdings, dass auf Hochs umgehend Tiefs folgten. Die Meistermannschaft von 1988 war nach dem Titelgewinn völlig ausgelaugt. Und

Fünf vor Zwölf

Das Verhältnis der Celtic-Fans zum Klubvorstand kann man als Hassliebe bezeichnen. In den späten Fünfzigerjahren wurde Celtic von damaligen Präsidium beinahe in den Ruin geführt. Die ursprünglichen Werte des Klubs wurden nach und nach über Bord geworfen – zum großen Ärger der traditionsbewussten Anhänger, die sich 1963 eine blutige Straßenschlacht mit der Polizei lieferten. Ruhe kehrte erst ein, als 1965 Manager Jock Stein das Ruder übernahm.

1994 standen die Zeichen wieder auf Sturm. Die Fans drängten das Präsidium zum Rücktritt. Die Banken weigerten sich damals, dem hoch verschuldeten Klub weitere Kredite zu gewähren. Als Retter in der Not erwies sich der kanadisch-schottische Geschäftsmann Fergus McCann, der dem Klub acht Minuten vor der Bankrott-Erklärung mit einer Bankgarantie das Überleben sicherte. Er entwickelte ein neues Aktienmodell und gab den Fans gewisse Mitspracherechte.

Andererseits startete McCann auch die Kampagne *Bhoys against bigotry*, womit er sich viele Sympathien verspielte. Teile der Kampagne waren das (nicht durchgesetzte) Verbot der irischen Trikolore im Stadion oder das Verbot des Singens von bestimmten Liedern. Ruhe kehrte erst wieder ein, als ein neues Präsidium die Führung übernahm und Martin O'Neill auf den Managerposten hievte.

1998 war der Jubel über die 36. Meisterschaft gedämpft, weil befürchtet wurde, dass der holländische Erfolgstrainer Wim Jansen wegen Differenzen mit dem Vorstand zurücktreten würde – was zwei Tage nach dem Titelgewinn auch geschah.

Solche Probleme kannte Martin O'Neill nicht. Mit dem Nordiren als Trainer gewann Celtic in der Saison 2000/2001 das erste Stadtderby 6:2. Am Ende konnten die Fans, gemäß Vereinsangaben sind es über zehn Millionen weltweit, wieder einmal das *Triple* feiern. Der Gewinn der Meisterschaft wurde durch 15 Punkte Vorsprung auf die zweitplatzierten Rangers und die Auftritte von Henrik Larsson versüßt. Der schwedische Stürmer erzielte die Rekordzahl von 53 Toren. Im Jahr darauf verbuchte Larsson 47 Treffer, und Celtic gewann erneut den Meistertitel. Auch in der *Champions League* gab der Klub eine gute Figur ab. Mit einem Sieg gegen Ajax Amsterdam qualifizierte sich Celtic im Jahr 2001 für die Gruppenspiele, die es im mit 60 000 Zuschauer stets ausverkauften Celtic Park zwar alle gewann, aber trotzdem ausschied.

Durch diese Erfolge schaffte O'Neill den Sprung auf Rang zwei in der Hitliste der Fans, vor im rangierte nur die Legende Jock Stein. Kein Trainer hatte in der jüngeren Vergangenheit bei Celtic eine stärkere Position als der Nordire, der zuvor mit Leicester City zweimal den englischen Ligacup gewonnen und den Klub der Namenlosen damit in den UEFA-Cup geführt hatte. Hinter diesen Erfolgen steckten O'Neills taktische Kenntnisse und seine Fähigkeit, seine Spieler optimal auf den Gegner einzustellen und zu motivieren. Als Aktiver hatte er 1980 mit Nottingham Forest den Meistercup gewonnen. Seine Meinung hatte schon damals Gewicht, er war in Nottingham Führungsspieler und wurde erster katholischer Kapitän der nordirischen Nationalmannschaft, mit der er 1982 die WM in Spanien bestritt.

Flagge gezeigt

Die Hungersnöte in der Mitte der Achtzigerjahre des 19. Jahrhunderts zwangen viele Iren dazu, ihre Heimat zu verlassen. Viele wanderten in die boomende Handelsstadt Glasgow aus. 1901 lebten über 200 000 gebürtige Iren in Schottland. Ein Stück Heimat fanden sie bei Celtic, dem Verein des politischen Katholizismus, in dem die irische Frage einen zentralen Platz einnahm. Präsident John Glass war ein führendes Mitglied der *Catholic Union* und Schatzmeister der *United Irish League*, einer weiteren Institution, die sich für die *Home Rule* (eine Bewegung, die sich für die Unabhängigkeit Irlands von Grossbritannien einsetzte) stark machte. Das Vorstandsmitglied William McKillop vertrat später im britischen Parlament die Grafschaften North-Sligo und South-Armagh.
Das Kleeblatt als ein Symbol Irlands ziert denn auch Celtics Vereinswappen. Bis 1977 wurde im Stadion offiziell die Fahne des Freistaates Irland gehisst. Für die irischstämmigen Schotten war Celtic das wichtigste Symbol dafür, eine gewisse Anerkennung und Gleichberechtigung zu erringen, ohne in der Fremde die eigenen Identität aufgeben zu müssen. Bei den Derbies gegen die Rangers erhalten sie oft Unterstützung aus der Heimat. Dass – wie etwa im Frühling 2002 geschehen – 1500 Fans morgens um 5 Uhr mit der Fähre von Irland zum *Old Firm* kommen, ist keine Seltenheit.

Seine Gegenspieler bringt er zur Verzweiflung: Henrik Larsson. In sechs Jahren bei Celtic erzielte der Schwede über 200 Tore. Dazu sicherte er sich den Titel »Europas Torjäger des Jahres 2001«.

Als O'Neill im Sommer 2000 zu Celtic stieß, stellte er systematisch das Kader nach seinen Vorstellungen zusammen. Spieler, die sich bereits als ausrangiert oder kurz vor ihrem Karrieren-Ende gewähnt hatten, erlebten einen zweiten Frühling, allen voran Stürmer Chris Sutton, der bei Chelsea nicht mehr erwünscht war. Damit war der quirlige Henrik Larsson im Angriff nicht mehr auf sich allein gestellt.

Finanziell sind Celtic – im Vergleich zu anderen Großklubs – die Hände gebunden. Der Verein ist mit 25 Millionen Pfund (über 40 Millionen Euro) verschuldet. Allerdings muss mit der Rückzahlung erst in ein paar Jahren begonnen werden. Eine Tilgung von 6,4 Millionen Pfund ist – in Raten – ab 2009 fällig, weitere 14,6 Millionen Pfund müssen 2019 bezahlt werden. Zudem ist geplant, dass Celtic durch eine weitere Aktienausgabe 40 Millionen Pfund aufnehmen wird.

Große Sprünge sind damit auf dem internationalen Transfermarkt allerdings nicht zu machen, zumal Celtic im Sommer 2002 in der Qualifikation für die *Champions League* trotz eines 3:1-Heimsieges am FC Basel scheiterte. Deshalb musste der Klub auch von einer Verpflichtung des brasilianischen WM-Teilnehmers Kleberson von Atlético Paranaense Curitiba absehen. Aber auch ohne den Wunschspieler des Trainers war die Elf stark genug, um im UEFA-Cup die Blackburn Rovers, Celta Vigo, den VfB Stuttgart, den FC Liverpool und Boavista Porto auszuschalten. Das entscheidende Tor für die Finalqualifikation schoss, wie könnte es anders sein, Larsson. Im Endspiel gegen den FC Porto avancierte der Schwede zur tragischen Figur. Er erzielte seine Treffer 200 und 201 für Celtic, konnte die 2:3-Niederlage aber auch nicht verhindern.

ERFOLGE

Schottischer Meister: 1893, 1894, 1896, 1898, 1905, 1906, 1907, 1908, 1909, 1910, 1914, 1915, 1916, 1917, 1919, 1922, 1926, 1936, 1938, 1954, 1966, 1967, 1968, 1969, 1970, 1971, 1972, 1973, 1974, 1977, 1979, 1981, 1982, 1986, 1988, 1998, 2001, 2002.
Schottischer Pokalsieger: 1892, 1899, 1900, 1904, 1907, 1908, 1911, 1912, 1914, 1923, 1925, 1927, 1931, 1933, 1937, 1951, 1954, 1965, 1967, 1969, 1971, 1972, 1974, 1975, 1977, 1980, 1985, 1988, 2001.
Schottischer Ligacupsieger: 1957, 1958, 1966, 1967, 1968, 1969, 1970, 1975, 1983, 1998, 2001.
Europapokal der Landesmeister: 1967.

Bekannteste Spieler: Aitken – Auld – Bennett – Blessington – Bonner – Boyd – Brogan – Burns – Cadete – Campbell – Cascarino – Cassidy – Chalmers – Clark – Collins – Coyne – Creaney – Crerand – Dalglish – Delaney – Di Canio – Doyle – Evans – Fernie – Gemmill – Gillespie – D. Hay – J. Hay – Hughes – Johnstone – Kennedy – Lambert – Larsson – Lennox – Macari – McCarthy – McClair – McCluskey – McCreadie – McGhee – McGonagle – McGrain – McGrory – McKay – McLean – McLeod – McMahon – McMenemy – McNair – McNeill – McPhail – P. McStay – W. McStay – Miller – Mjällby – Morris – Murdoch – Napier – Nicholas – Provan – Quinn – Simpson – Sutton – Thomson – Valgaeren – Van Hoojdonk – Vega – Viduka – Wilson.
Bekannteste Trainer: Barnes – Brady – Dalglish – Jansen – Maley – McGrory – McNeill – J. McStay – O'Neill – Stein – Venglos.

Die größte Party in der Geschichte des Europapokals endete somit in einem Tränenmeer. Rund 75 000 Celtic-Fans waren zum Finale nach Sevilla gepilgert; eine derartige Invasion für ein einziges Fußball-Spiel hatte es noch nie gegeben. Die trinkfesten Schotten sorgten dafür, dass es in den *Bodegas* der andalusischen Hauptstadt bereits Stunden vor dem Anpfiff keinen Tropfen Bier mehr gab. Katerstimmung herrschte trotzdem die ganze Nacht über.

Bittere Lektionen für den Lehrmeister

Im Frühling 1872 gründeten die Brüder Moses und Peter McNeil zusammen mit zwei Freunden, William McBeath und Peter Campbell, denjenigen Fußball-Klub, der in den folgenden Jahrzehnten mehr Meistertitel als jeder andere Verein auf der Welt erobern sollte. Zwischen 1891 und dem Jahr 2000 gewann der *Glasgow Rangers Football Club* insgesamt 49 Mal die schottische Meisterschaft, was ihm einen Eintrag im Guinness-Buch der Rekorde einbrachte.

Anfangs hieß der Klub *Argyle*, und nichts deutete auf seine zukünftige Größe hin. Im Gegenteil: Mit der Begründung »Wir spielen doch nicht gegen Teenager« lehnten es etablierte Teams wie etwa Vale of Leven ab, gegen den neuen Verein anzutreten. Ob die jungen Gründerväter den Namen *Argyle* deshalb durch die Bezeichnung *Rangers* ersetzten? *Rangers* bedeutet auf deutsch so viel wie »Überfallkommando«; es war auch der Name eines englischen Rugby-Klubs, dessen Erfolge offenbar Moses McNeil zu Ohren gekommen waren.

Die Rangers, die offiziell am 15. Juli 1873 gegründet wurden, verschafften sich in der Folgezeit durch ihr forsches Auftreten auf dem Platz rasch Anerkennung und wurden noch im gleichen Jahr in den schottischen Fußball-Verband aufgenommen. Vier Jahre später erreichten sie erstmals das Pokalfinale, das sie gegen Vale of Leven allerdings knapp verloren: 0:0, 1:1 und 2:3 lauteten die Ergebnisse der drei Spiele.

In jenen Jahren dominierte Celtic Glasgow, der von irisch-katholischen Immigranten geführte Stadtverein, das Geschehen beinahe nach Belieben. 1893, als auch die Rangers das Profitum einführten, gewann Celtic die Meisterschaft, den Pokal, den *Glasgow Cup* und den *Charity Cup*. Die protestantischen Schotten fühlten sich in ihrem Stolz verletzt. In der Presse wurden die Rufe nach einem starken protestantischen Team immer lauter. Es waren schließlich die in königsblau spielenden Rangers, die dem Drängen, es den verhassten katholischen Einwanderern endlich zu zeigen, nachkommen sollten.

GLASGOW RANGERS FOOTBALL CLUB

Gründungsdatum: 15. Juli 1873.
Anschrift: Glasgow Rangers, Ibrox Stadium, 150 Edmiston Drive, Glasgow G 51 2XD, Great Britain.
Internet: www.rangers.co.uk
Stadion: Ibrox Park, Fassungsvermögen: 50 411 Zuschauer.
Vereinsfarben: Blau und Weiß.

Zwischen Celtic und den Rangers entwickelte sich fortan eine religiös und ethnisch überhöhte Rivalität, die in Europa einzigartig war und ist. Die *Gers*, so der Spitzname der Rangers, wandelten sich 1899 in eine Aktiengesellschaft um und wurden rasch zur populärsten antikatholischen Institution des Landes. Die Feindschaft zwischen den beiden Lagern ist Tradition. Sie geht bis ins Mittelalter zurück, als das protestantische England das katholische Schottland unterwarf. Neben der religiösen gibt es auch noch eine soziale Komponente: Die Rangers-Anhänger kommen in der Regel aus den feinen Vierteln Glasgows, während Celtic seine Ursprünge in den Elendsvierteln der Stadt hat.

Seit Beginn des zwanzigsten Jahrhunderts gibt es im schottischen Fußball nur noch eine Frage: Rangers oder Celtic, blau oder grün? Erste Meilensteine setzten die Rangers in den Jahren 1899, 1900, 1901 und 1902, als sie viermal in Serie die Meisterschaft gewannen. In jener Zeit leiteten sie eine Revolution im taktischen Bereich ein, das Flachpassspiel. Eine Europa-Tournee der Schotten hat übrigens auch den österreichischen Fußball nachhaltig geprägt. Die so genannte »Wiener Schule«, die in den Zwanziger- und Dreißigerjahren zu einem Fachbegriff wurde, orientierte sich hauptsächlich am schnellen Kombinationsfußball der Rangers.

Auch in der Heimat beeindruckten die Rangers. Zwischen 1923 und 1964 gewannen sie 22 von 35 möglichen Meisterschaften. In der Zwischenkriegszeit mussten sogar die Engländer die Vorherrschaft der Schotten anerkennen. 1928 demontierte Schottland die englische Nationalelf im Wembley-Stadion mit 5:0. Auch zwei Freundschaftsspiele zwischen Herbert Chapmans hoch gelobtem Arsenal London und den Rangers gingen klar zugunsten der Schotten aus.

Für die Rangers auflaufen zu dürfen, kam in jenen Jahren einem fußballerischen Ritterschlag gleich. Als ein Spieler namens John Little seinen Stammplatz verloren hatte, zog er die Ersatzbank den zahlreichen Angeboten aus England vor: »Für mich ist ein Platz in der Reserve der Rangers eine weitaus größere Ehre, als in der ersten Mannschaft eines englischen Klubs zu spielen.« Es war auf der Insel allgemein bekannt, dass die Rangers die Loyalität ihres Personals großzügig belohnten. Als Fußball-Profis in England per Gesetz nicht mehr als tausend Pfund im Jahr verdienen durften, bezahlten die Rangers mindestens das Doppelte.

Der Elfmeter-Schreck

Die Glasgow Rangers gewannen 1972 den Europapokal der Pokalsieger, obwohl sie in der zweiten Runde das Penaltyschießen gegen Sporting Lissabon verloren hatten. Sie schafften dabei in Lissabon das Kunststück, fünf Elfmeter zu verschießen (einer war wegen eines Regelverstoßes wiederholt worden): Jardine, Newton, McDonald und Stein versagten. Lissabon gewann das Penaltyschießen 3:0. Nur war dieses überflüssig. Die Schotten hatten nämlich das Hinspiel 3:2 gewonnen. Im Rückspiel stand es nach 90 Minuten 3:2 für die Portugiesen. Nach der Verlängerung hieß es 4:3 für Sporting. Damit waren die Rangers wegen der Auswärtstor-Regel weiter. Trotz minutenlangen Protesten der Schotten ordnete der holländische Schiedsrichter van Ravens jedoch ein Elfmeterschießen an ... Die Zugabe wurde von der UEFA nachträglich annulliert und der Schiedsrichter gesperrt. Die Rangers durften in die nächste Runde einziehen.

Der Klub konnte sich solche Lohnkosten leisten. Denn die Rangers waren ein Publikumsmagnet: Zum Derby gegen Celtic zwängten sich am 2. Januar 1939 118 567 Fans ins Ibrox-Stadion. In der Geschichte des britischen Liga-Fußballs wurde seitdem nie mehr ein größerer Zuschaueraufmarsch registriert. Der Vollständigkeit halber sei noch erwähnt, dass die Blauen auch dieses Spiel gewannen: 2:1. »Der Eindruck, den die Rangers auf den neutralen Beobachter machten, ist der einer rauhen, stolz kompromisslosen Maschine, an Erfolg so gewöhnt, dass sie diesen erlebt hat und erlebt wie ein Erstgeburtsrecht«, schreibt der Journalist und Schriftsteller Bill Murray in seinem Buch *The Old Firm*.

Der Zweite Weltkrieg brachte eine Zäsur. Mit dem Beginn der Kommerzialisierung des Fußballs in den Fünfzigerjahren wurde ein Engagement in England für schottische Kicker nun plötzlich attraktiv. Der schleichende Niveauzerfall in der schottischen Liga kam im neu geschaffenen Europapokal erbarmungslos zum Vorschein. In den Sechzigerjahren mussten die sieggewohnten Rangers auf der internationalen Bühne eine Reihe von bitteren Niederlagen und herben Rückschlägen einstecken:

Endspiel um den Europapokal der Pokalsieger, Bayern München gegen Glasgow Rangers, 109. Minute: Franz Roth trifft zum 1:0 – die Rangers gehen leer aus.

1960 stießen die Blauen im Europapokal der Landesmeister immerhin bis ins Halbfinale vor. Dort bildete Eintracht Frankfurt eine zu hohe Hürde: 6:1 und 6:3 gewannen die Deutschen.

1961 erreichten die Rangers bei den Pokalsiegern sogar das Finale. Dieses gewann allerdings die AC Fiorentina. Die Rangers unterlagen den Italienern 0:2 und 1:2.

1963 erlebten die Rangers im Meistercup schon in der ersten Runde ihr blaues Wunder: Real Madrid erteilte ihnen eine Lektion, gewann 1:0 und 6:0.

1967 schafften die Rangers im Pokalsieger-Wettbewerb erneut die Qualifikation fürs Endspiel. Die 0:1-Niederlage gegen Bayern München wäre längst nicht so schlimm gewesen, wenn nicht ausgerechnet Lokalrivale Celtic in jenem Jahr das *Triple* (also Meisterschaft, Pokal und Ligacup) sowie durch ein 2:1 gegen Inter Mailand auch noch den Europapokal der Landesmeister gewonnen hätte.

Den sportlichen Tiefpunkt erreichten die Rangers wohl 1969, als sie bei den Pokalsiegern im Achtelfinale kläglich am polnischen Vertreter Gornik Zabrze scheiterten: 1:3 und 1:3.

Die Rangers, die einst den Fußball mit ihrem Kurzpassspiel revolutioniert hatten, verschlossen sich in jenen Jahren jeglicher Neuerung. Das lässt sich auch daran erkennen, dass zwischen 1920 und 1967 lediglich zwei Trainer – William Struth und Scott Symon – beschäftigt wurden. Die Rangers verkamen zu einem kickenden Anachronismus. Trainer Bill Nicholson, der 1962 im Europacup mit den Tottenham Hotspurs auf die Rangers traf, warnte seine Spieler: »Das ist die letzte Mannschaft des großen alten Stils. Ihr müsst aufpassen, denn die Rangers spielen ein System, das ihr schon seit Jahren nicht mehr kennt.«

Auf diese Missstände machte auch Willie Waddell aufmerksam. Er war in den Fünfzigerjahren einer der besten Außenläufer der Rangers gewesen und wurde später als Journalist beim *Daily Express* ihr schärfster Kritiker. In seinen Kolumnen attackierte er immer wieder die überalterten Auffassungen der Rangers. Das Präsidium des Klubs fasste diese Artikel als Bewerbungsschreiben auf und engagierte Waddel im Dezember 1969 als Trainer. Dieser krempelte als erstes das Trainingsprogramm um. Die Mannschaft verbrachte nun viele Wochen in harten Trainingslagern, bei denen die Profis die Dünen an der Küste um Glasgow rauf und runter gejagt wurden. Wem das nicht passte, der konnte gehen.

Waddells Modernisierungsprozess schlug sich schon bald in positiven Ergebnissen nieder. Die Rangers überzeugten 1972 im Pokalsieger-Wettbewerb nicht durch spielerische Klasse, sondern durch ihre optimale körperliche Verfassung. Sie warfen der Reihe nach Stade Rennes (1:1, 0:1), Sporting Lissabon (3:2, 3:4), Torino (1:1, 0:1) und Bayern München (1:1, 0:2) aus dem Wettbewerb. Auch im Endspiel gegen Dynamo Moskau mussten die Fans wieder bangen und zittern. Obwohl die Rangers nach Toren von Colin Stein (24. Minute) und Willie Johnston (40. und 49.) 3:0 in Führung lagen, wurde es nochmals knapp. Die Russen kamen bis auf 3:2 heran. Doch den größten Erfolg der Vereinsgeschichte ließen sich die Rangers nicht mehr nehmen.

Kleider machen Leute

Die Mitglieder der Rangers stammten (zumindest in den Gründerjahren des Klubs) aus den feinen Vierteln der Stadt. Celtic wiederum hatte seine Wurzeln in den Elendsquartieren. Die Direktoren der Rangers legten deshalb großen Wert auf eine gewisse Eleganz. So soll es den Spielern jahrelang untersagt gewesen sein, sich nochmals zu setzen, sobald sie ihre Shorts angezogen hatten. Denn der Vorstand und die Geldgeber wollten nicht, dass ihre Spieler mit zerknitterten Hosen ins Stadion einliefen …

ERFOLGE
Schottischer Meister: 1891, 1899, 1900, 1901, 1902, 1911, 1912, 1913, 1918, 1920, 1921, 1923, 1924, 1925, 1927, 1928, 1929, 1930, 1931, 1933, 1934, 1935, 1937, 1939, 1947, 1949, 1950, 1953, 1956, 1957, 1959, 1961, 1963, 1964, 1975, 1976, 1978, 1987, 1989, 1990, 1991, 1992, 1993, 1994, 1995, 1996, 1997, 1999, 2000, 2003.
Schottischer Pokalsieger: 1884, 1897, 1898, 1903, 1928, 1930, 1932, 1934, 1935, 1936, 1948, 1949, 1950, 1953, 1960, 1962, 1963, 1964, 1966, 1973, 1976, 1978, 1979, 1981, 1992, 1993, 1996, 1999, 2002, 2003.
Schottischer Ligacupsieger: 1947, 1949, 1961, 1962, 1964, 1965, 1971, 1976, 1978, 1979, 1982, 1984, 1985, 1987, 1988, 1989, 1991, 1993, 1994, 1997, 1999, 2003.
Europapokal der Pokalsieger: 1972.

Bekannteste Spieler: Albertz – Amoruso – Archibald – Arteta – Baird – Baxter – Bett – Björklund – Brand – G.C.P. Brown – Buchanan – Butcher – Caldow – Campbell – Caniggia – Cooper – Cox – Craig – Cunningham – A. Dawson – J. Dawson – De Boer – Drummond – Durie – Durrant – Ferguson – Flo – Forrest – Forsyth – Francis – Gascoigne – Gibson – Gillespie – Goram – Gordon – Gough – Gray – Greig – Guivarc'h – Hamilton – Hateley – Henderson – Hendry – Huistra – Jackson – Jardine – Johnston – Johnstone – Kanchelskis – Kennedy – Klos – Kuznetsov – Laudrup – McCall – McCann – McCloy – Mc Coist – McColl – McKinnon – McMillan – McPhail – McPherson – Michailitschenko – Miller – Mitchell – Mols – Muirhead – Negri – Nerlinger – Numan – Parlane – Porrini – Provan – Prytz – Reyna – Roberts – Robertson – Rozental – Scott – Shaw – Shearer – Simpson – A. Smith – N. Smith – C. Stein – Stevens – Thornton – Vallance – van Bronckhorst – Vidmar – Waddell – Wallace – Walters – Wilkins – Wilson – Woodburn – Young.
Bekannteste Trainer: Advocaat – Greig – Souness – Smith – Struth – Symon – Waddel – Wallace – Wilton.

Die Freude über diesen Europacup-Triumph hielt sich allerdings in Grenzen. Schon in den Dreißigerjahren hatten sich die Rangers-Fans, namentlich die *Bridgeton Billy Boys*, einen schlechten Ruf erworben. Doch die Gewaltexzesse in den Siebzigerjahren stellten alles in den Schatten. Bereits 1969 hatte die UEFA die Rangers verwarnt. Damals hatten schottische Fans bei einem Spiel gegen Newcastle United schwere Krawalle angezettelt. Zwei Jahre später war es beim Derby gegen Celtic zu einer Katastrophe gekommen. Bei einer grauenhaften Keilerei waren im Ibrox-Park einige Stahl-Barrieren zusammengebrochen. 68 Menschen waren zu Tode gedrückt worden, 140 wurden schwer verletzt.

Beim Endspiel gegen Dynamo Moskau stürmten die Rangers-Fans nach jedem Tor auf den Rasen. Nach dem Spiel wüteten sie im Nou-Camp-Stadion und anschließend auf den *Avenidas* der katalanischen Hafenstadt. Sogar der Pokal war in Gefahr. Deshalb musste die Übergabe in der Kabine erfolgen. Für die UEFA war das Fass damit übergelaufen. Sie schloss die Rangers für ein Jahr von sämtlichen Europacup-Spielen aus. Dieses Urteil brach dem Verein das Rückgrat.

Die Sieger-Elf von Barcelona (McCloy; Jardine, D. Smith, Johnstone, Mathieson, Greig, McDonald, Conn, McLean, Stein und Johnston) fiel auseinander, etliche Spieler wechselten zu englischen Klubs. Zwar holten sich die Rangers 1975, 1976 und 1978 erneut die schottische Meisterschaft, doch international vermochten sie nicht mehr mitzuhalten.

Ins Rampenlicht kehrte der Klub erst wieder zurück, als 1986 der steinreiche Bauunternehmer Lawrence Marlborough die Aktienmehrheit übernahm. Als Trainer verpflichtete er den ehrgeizigen Graeme Souness, den schottischen Nationalspieler mit

Italien-Erfahrung. Dessen Ideen ließ sich Marlborough Unsummen kosten. Mit der Verpflichtung der englischen Nationalspieler Terry Butcher (Ipswich), Chris Woods (Norwich) und Graham Roberts (Tottenham) sollte nicht nur die Mannschaft verstärkt, sondern auch eine Botschaft transportiert werden: Glasgow ist wieder eine feine Adresse. 1987 sicherten sich die *Gers* erstmals seit neun Jahren wieder die Meistertrophäe.

Um ein internationales Spitzenteam aufzubauen, brachen die Rangers – ihre Heimat liegt in den vorwiegend protestantischen Stadtteilen südlich des Clyde – sogar mit ihrer Tradition. Trainer Souness kündigte an, bei der Einkaufspolitik nicht mehr auf die Konfession der Spieler zu achten und verpflichtete 1989 vom FC Nantes Angreifer Maurice Johnston, einen nicht praktizierenden Katholiken und ehemaligen Celtic-Star. Dieser Transfer führte in der Stadt zu heftigen Tumulten. Bis dahin hatten die Rangers nämlich eine »Protestant-only«-Politik betrieben. Für die fanatischen Celtic-Fans wurde Johnston zum Inbegriff des Verräters, zum Judas, während die radikalen Protestanten dem eigenen Vorstand schwere Vorwürfe machten.

Eine namhafte Elf

Lionel Sergio Colin Lorenzo Arthur Barry Ian Andrej Jörg Gordon Rod. Auf diesen Namen hört seit 1999 ein junger protestantischer Schotte. Sein Vater ist ein überaus treuer Anhänger der Rangers und wird die Meisterelf der Saison 1998/99 wohl noch im hohen Greisenalter auswendig können. Denn sein Sohn trägt die Vornamen der Helden Charbonnier, Porrini, Hendry, Amoruso, Numan, B. Ferguson, I. Ferguson, Kanchelskis, Albertz, Durie und Wallace.

Souness verließ die Rangers 1991 nach insgesamt vier Meistertiteln Richtung Liverpool. Sein Assistent Walter Smith wurde von David Murray zum Cheftrainer befördert. Murray, ein reicher Unternehmer aus der Stahlbranche mit Wohnsitz in Edinburgh, hatte im November 1988 die Aktienmehrheit von Marlborough übernommen. Die Philosophie blieb jedoch die selbe. Nur das Beste vom Besten ist gut genug für die Rangers, die Ländereien und ein ganzes Stadtviertel von Glasgow zu ihrem Besitz zählen.

In den ersten zehn Jahren von Murrays Amtszeit wurden insgesamt 90 Millionen Pfund für neue Spieler ausgegeben. Murray und Smith holten den ebenso launischen wie verletzungsanfälligen Engländer Gascoigne, den Dänen Laudrup, den Holländer Huistra, den Deutschen Albertz und den Schweden Björklund, um nur die prominentesten Verpflichtungen beim Namen zu nennen. Mit diesen Stars waren die Rangers in Schottland unschlagbar. Zwischen 1989 und 1997 schafften sie *nine-in-a-row*, ehe Celtic mit seinem 36. Meistertitel den Rekord von zehn Titeln in Folge vermasselte.

Kein Ruhmesblatt bildeten jedoch die internationalen Auftritte des schottischen Rekordmeisters. Das sündhaft teure Star-Ensemble scheiterte im Europacup teils schon in der ersten Runde an Teams wie Sparta Prag, AEK Athen oder Levski Sofia. Da halfen nicht einmal die Tore des schottischen Internationalen Ally McCoist, der öfter für die Rangers traf als jeder andere, nämlich 362 Mal.

Bemerkenswert ist, dass der Zuschauerschnitt in der Ära Murray von den einst 28 000 (in den Achtzigerjahren) auf 44 000 anstieg. Die erfolgsverwöhnten Fans verlangen aber mehr als nur Siege gegen Liga-Konkurrenten wie Dunfermilne oder St. Mirren. Deshalb wurde 1998 der ehemalige holländische Nationalcoach Dick Advocaat verpflichtet. Er sollte eine Mannschaft aufbauen, die auch international bestehen kann. »Advocaat gab mir eine Liste mit Spielern«, erzählte Murray einmal, »und die haben wir dann gekauft.« In einem Jahr wurden so umgerechnet 50 Millionen Euro ausgegeben – Geld, das der Klub zum Teil gar nicht hatte.

War fünf Jahre lang ein Ranger: Jörg Albertz.

Wie viel Kredit die Rangers bei ihrer Hausbank aufnahmen, ist nicht bekannt. Murray hat zwecks Kapitalbeschaffung sogar den Ibrox-Park mit einer Hypothek belegt. Schwerer fiel ihm die Aufgabe einer letzten traditionellen Bastion, nämlich den Gedanken, dass die Rangers eine schottische Mannschaft seien. Advocaat verwandelte das Team in eine Equipe der Vereinten Nationen. 16 Profis, vorwiegend Briten, schickte er bei seiner Ankunft weg. Dafür kamen Torhüter Klos von Dortmund, die Italiener Porrini und Amoruso, die Holländer Numan, van Bronckhorst und Mols, der Amerikaner Reyna, der Franzose Guivarc'h und, und, und – die Liste ließe sich problemlos um weitere prominente Namen verlängern.

Murray sträubte sich, zumindest anfangs, gegen diese Entwicklung. Er holte den Kapitän der schottischen Nationalmannschaft, Colin Hendry, für knapp 7 Millionen Euro von den Blackburn Rovers heim. Advocaat erinnerte jedoch seinen Chef unsanft daran, dass für Sentimentalitäten im Ibrox-Park kein Platz mehr ist und setzte Publikumsliebling Hendry meist auf die Ersatzbank.

Bei einer derart widersprüchlichen Einkaufspolitik überrascht es nicht, dass die Erfolge nach und nach ausblieben. In der *Champions League* blieben die Rangers Beigemüse; zur *Crème de la Crème* zählten sie nie. Schlimmer noch: Auf nationaler Ebene hatte zu Beginn des neuen Jahrtausends wieder Celtic die Nase vorn. Kein Wunder, musste Advocaat seinen Stuhl räumen. Die Revolution frisst bekanntlich ihre eigenen Kinder.

Abschiedstränen unter der Seemannsfrau

Göteborg an der Westküste Schwedens ist der größte Hafen in Skandinavien. Als Umschlagplatz für Frachten gilt er als »Tor zum Westen« und verschafft der Stadt gegenüber dem stolzen Stockholm einen Anerkennungsvorsprung, der sie ihren ewigen zweiten Rang an Größe sowie politischer und touristischer Bedeutung verkraften lässt. Auf hoher Säule heißt eine Seemannsfrau (nicht eine Meerjungfrau!) die Schiffe im Hafen von Göteborg willkommen. In grobem Rock blickt sie übers Wasser und wartet besorgt auf ihre Leute, die über die Meere heimkehren sollen.

Natürlich kam auch König Fußball auf dem Seeweg nach Göteborg. Seine Ankunft blieb aber beinahe unbemerkt. Britische Seeleute und Werftarbeiter kickten in ihrer Freizeit auf dem Areal des Hafens und begeisterten nach und nach auch die einheimische Bevölkerung für das Spiel mit dem runden Leder.

Einer der ältesten Fußball-Klubs Schwedens, *Örgryte* (benannt nach einem Göteborger Stadtteil), wurde 1887 gegründet. Ein paar Jahre später – 1894 – entstand der *Göteborgs Atlet & Idrottssälskap*, besser bekannt unter dem Kürzel GAIS. Den größten Bekanntheitsgrad erlangte allerdings der jüngste Verein der Stadt, der *Idrottsföreningen Kamraterna Göteborg*, kurz IFK. Er wurde am 4. August 1904 von ein paar jungen Männern ins Leben gerufen, die ihr Hobby unter organisierten Rahmenbedingungen ausüben wollten. Das Kürzel IFK beinhaltet die Begriffe Sport, Verein und Kameradschaft.

In der Geschichte des IFK Göteborg ist der 12. Mai 1907 von entscheidender Bedeutung. An jenem Tag bestritt eine Auswahl von Spielern des IFK und von *Jonsereds Idrottsförening* ein Freundschaftsspiel gegen Örgryte, damals die unangefochtene Nummer eins des Landes. Das Resultat, ein 3:3, war eine riesige Überraschung. Die Vernunft hätte eigentlich eine Fusion zwischen Jonsereds und dem IFK geboten, doch dieser Schritt wurde nie vollzogen. Dem aufstrebenden IFK gelang es immerhin, vier Jonsered-Spieler zu einem Übertritt zu bewegen. Die so verstärkte Elf sicherte sich 1908 erstmals die schwedische Meisterschaft. Im Endspiel in Göteborg wurde vor knapp 5000 Zuschauern der IFK Uppsala mit 4:3 bezwungen.

IDROTTSFÖRENINGEN KAMRATERNA GÖTEBORG
Gründungsdatum: 4. August 1904.
Anschrift: IFK Göteborg, Alfred Gärdes Väg, 41655 Göteborg, Sverige.
Internet: www.ifkgoteborg.se
Stadion: Gamla Ullevi, Fassungsvermögen: 18 000 Zuschauer.
Vereinsfarben: Blau und Weiß.

Aus der siegreichen Mannschaft ragte Stürmer Erik Börjesson heraus. Bei Schwedens Länderspiel-Premiere (1908), einem 11:3-Sieg gegen Norwegen, glänzte er mit vier Toren. Sogar der große FC Liverpool warf in der Folge ein Auge auf ihn. Börjesson erteilte den Engländern 1914 jedoch eine Absage. Zu riskant schien ihm ein Wechsel in den englischen Profifußball mitten während der Zeit des Ersten Weltkrieges.

Fußballer *made in Sweden* zogen auch in der Folgezeit immer wieder das Interesse ausländischer Spitzenklubs auf sich. Unter der Säule mit der Seemannsfrau wurden weit mehr Spieler verabschiedet als willkommen geheißen.

Der IFK Göteborg konnte sich 1910 und 1918 erneut als *Svenska Mästare* feiern lassen. Doch spätestens mit der Einführung der *Allsvenskan*, der landesumfassenden Liga, verlor er den Anschluss zu den führenden Klubs der Nation. Der Gewinn des vierten Meistertitels (1935) stellte die berühmte Ausnahme dar, welche die Regel bestätigt. Der schwedische Fußball erzielte in dieser Zeit erstaunliche Fortschritte, die dem internationalen Publikum allerdings erst nach dem Ende des Zweiten Weltkrieges vor Augen geführt wurden.

Nach dem Olympia-Sieg des Drei-Kronen-Teams im Jahr 1948 verpflichtete die AC Milan die drei besten Schweden: Nils Liedholm, Gunnar Nordahl und Gunnar Gren. Beim 3:1-Sieg im Endspiel gegen Jugoslawien hatte Gren die beiden entscheidenden Treffer erzielt. Er hatte 1941 seinen Einstand in der ersten Mannschaft des IFK gegeben und wesentlich dazu beigetragen, dass der Klub bereits ein Jahr später seinen insgesamt fünften Meistertitel gewann. Der »Professor«, wie Gren wegen seiner außergewöhnlichen taktischen Intelligenz genannt wurde, war als 19-jähriger Debütant wie auch als Fußball-Rentner der Beweis dafür, dass ein Spieler allein den Erfolg einer ganzen Mannschaft maßgeblich beeinflussen kann.

Eine reiche Stadt

Der Handel über die Meere brachte Göteborg während Jahrhunderten Wohlstand. Göteborg (437 000 Einwohner) lebt aber nicht von verblichenem Glanz, sondern ist auch heute noch eine reiche Stadt. Neben dem Hafen bringt die an der Peripherie angesiedelte Industrie (Autos, Elektronik, Kugellager, Textilien) von weltweiter Bedeutung einen hohen Lebensstandard. Davon konnte sich auch der Linienrichter überzeugen, der im August 1995 im Champions-League-Qualifikationsspiel zwischen dem IFK Göteborg und Legia Warschau im Einsatz stand. Weil er einige kritische Entscheide fällte, wurde er vom Publikum mit Münzen eingedeckt. Statt sich über die finanzielle Unterstützung zu freuen, rapportierte das Schiedsrichter-Trio den Vorfall. Die UEFA kannte kein Pardon. Das Ullevi-Stadion wurde für ein Spiel gesperrt.

Der IFK konnte den Innenstürmer nach seinem überragenden Olympia-Auftritt nicht mehr halten. In Italien verzückte er anschließend mit seinen Tricks und Finten selbst die verwöhnten *Tifosi* der AC Milan und der AC Fiorentina. Als er mit 36 Jahren nach Göteborg zurückkehrte, war er ein gemachter Mann. Seine Karriere beendete er allerdings nicht beim IFK, sondern bei dessen beiden Lokalrivalen Örgryte und GAIS. Bei der Weltmeisterschaft in seinem Heimatland (1958) mobilisierte der damals 37-Jährige seine letzten Reserven. Als Regisseur führte er seine jungen Nebenleute bis ins Endspiel. Dort verstummten dann allerdings die *Heja-Sverige*-Rufe. Brasilien mit dem jungen Pelé war einfach besser und gewann verdient 5:2.

Im gleichen Jahr entschied der IFK Göteborg die schwedische Meisterschaft für sich, Bertil Johansson steuerte 27 Tore zum Titelgewinn bei und sicherte sich die Torjägerkrone. Auf den nächsten Titelgewinn musste der IFK elf Jahre warten. Wenig später, 1970, stieg der bis dato siebenfache Meister überraschend aus der höchsten Spielklasse ab.

Die definitive Rückkehr ins Oberhaus gelang erst 1977. Der IFK hatte Mitte der Siebzigerjahre begonnen, mit Hilfe von finanzstarken Partnern eine Reihe namhafter Akteure zu verpflichten. So wurden die Ausland-Söldner Ove Kindvall (ehemals Feyenoord Rotterdam) sowie Ralf Edström und Björn Nordqvist (beide PSV Eindhoven) nach Schweden zurückgeholt. An ihrer Seite entwickelten sich junge Spieler zu Leistungsträgern, allen voran Torjäger Torbjörn Nilsson, der in seiner Karriere insgesamt 331 Tore für den IFK erzielte. In der Aufstiegssaison verfolgten durchschnittlich weit über 20 000 Zuschauer die Heimspiele der »Engel«, wie die IFK-Spieler auch genannt werden.

In jenen Jahren machte in Schweden ein junger Trainer namens Sven-Göran Eriksson auf sich aufmerksam. »Svennis«, so sein Rufname, hatte mit 28 seine bescheidene Spielerlaufbahn wegen einer Knieverletzung vorzeitig beenden müssen. Beim Drittligisten Degerfors IF begann er im Januar 1976 seine Trainerkarriere. Drei Jahre später wechselte er zum IFK. Unter seiner Führung schafften die Göteborger 1979 erstmals den Pokalsieg und 1982 sogar das Double. Eriksson orientierte sich am klassischen englischen Fußball, der damals mit seinem kraftvollen, fast ausschließlich auf lange Bälle ausgerichteten Spiel seine erfolgreichste Zeit erlebte. Eriksson, ein Verfechter des 4-4-2-Systems, kopierte diese Methode und eroberte sogar auf internationaler Ebene Titel.

Der IFK gewann 1982 überraschend den UEFA-Cup. Im Halbfinale hatte Erikssons Nachwuchself (Durchschnittsalter unter 22) den 1. FC Kaiserslautern eliminiert – 1:1, 1:2. Trotzdem wurde Göteborg im Endspiel nur wenig zugetraut. Daran änderte selbst der 1:0-Sieg im Hinspiel gegen den HSV nichts. »Die Schweden waren doch schon im Hinspiel kaputt«, wollte HSV-Trainer Ernst Happel erkannt haben. Der Grantler sollte eines besseren belehrt werden. Vor 61 000 Zuschauern im Hamburger Volksparkstadion wurde der Gastgeber von den schwedischen Halbtagsprofis mit 3:0 gedemütigt (die Tore gingen auf das Konto von Frederiksson, Corneliusson und Nilsson) und von den eigenen Fans ausgepfiffen.

ERFOLGE

Schwedischer Meister: 1908, 1910, 1918, 1935, 1942, 1958, 1969, 1982, 1983, 1984, 1987, 1990, 1991, 1993, 1994, 1995, 1996.
Schwedischer Pokalsieger: 1979, 1982, 1983, 1992.
UEFA-Pokal-Sieger: 1982, 1987.

Bekannteste Spieler: Almen – Almqvist – A. Andersson – K. Andersson – Axbom – Bengtsson – Berg – Berndtsson – Blomqvist – E. Börjesson – R. Börjesson – Brodd – Björklund – Corneliusson – Ekström – Emanuelsson – Erlingmark – Eskelinen – Fredriksson – Gren – Ä. Hansson – H. Hansson – Hjelm – Tommy Holmgren – Tord Holmgren – Hysén – Ingesson – Jingblad – Johansson – Kaamark – Karlsson – Karlsson-Nottorp – Larsson – Löfgren – Lucic – Lund – Mild – Nicklasson – Nilson – T. Nilsson – Nordin – Nordqvist – Nyberg – Ohlsson – Prytz – Rehn – A. Rydberg – G. Rydberg – Pettersson – Rantanen – Ravelli – Rehn – Samuelsson – Sandberg – Schiller – Schylander – Strömberg – Svensson – Thorstvedt – Törnqvist – Wernersson.
Bekannteste Trainer: Bentsson – Eriksson – Gustafsson – Johansson – Kindvall.

Damit hatte in Hamburg niemand gerechnet: Der IFK Göteborg gewann das Rückspiel gegen den HSV souverän mit 3:0 und durfte somit den UEFA-Pokal mit nach Hause nehmen.

»Unsere Jungens waren einfach besser. Hamburg kombinierte Arroganz mit Unterschätzung«, urteilte die schwedische Zeitung *Expressen*. Thomas Wernersson, Ruben Svensson, Conny Karlsson, Glenn Hysén (19. Glenn Schiller), Stig Frederiksson, Tord Holmgren, Glenn Strömberg, Jerry Carlsson, Dan Corneliusson, (68. Hakan Sandberg), Torbjörn Nilsson und Thommy Holmgren waren an jenem 20. Mai 1982 für den größten schwedischen Sporttriumph seit dem sensationellen WM-Sieg des Schwergewichtsboxers Ingemar Johansson über Floyd Patterson in den Fünfzigerjahren verantwortlich.

Nach dem UEFA-Cup-Sieg erlag Trainer Eriksson dem Lockruf von Benfica Lissabon. Für ihn rückte sein ehemaliger Assistent Gunde Bengtsson ins erste Glied – ein nahtloser Übergang. 1983 schaffte der IFK wiederum das Double. In der Mannschaft steckte enorm viel spielerische Substanz. Das merkten auch ausländische Klubs, die deshalb nach und nach ihre Transferchefs ins Land der Wikinger schickten. Der IFK legte seinen Leistungsträgern keine Steine in den Weg, wenn der Preis stimmte: Strömberg folgte Eriksson zu Benfica Lissabon, Corneliusson wechselte zum VfB Stuttgart, Sandberg unterschrieb beim AEK Athen, Nilsson und Hysén gingen zum PSV Eindhoven. Die Ablösesummen wurden einerseits in den Bau neuer Trainingsanlagen gesteckt, andererseits wurden die besten Nachwuchsspieler Skandinaviens unter Vertrag genommen.

Die neuen Spieler waren stark gut genug, um 1987 ungeschlagen zum zweiten Mal den UEFA-Cup nach Schweden zu holen. Im Endspiel wurde der schottische Vertreter Dundee United bezwungen. Nach dem 1:0 in Göteborg reichte ein 1:1 in Schottland. Auf dem Weg ins Finale hatten die Schweden Sigma Ölmütz, Stahl Brandenburg, AA Gent, Inter Mailand und Tirol Innsbruck aus dem Weg geräumt. Im Jahr zuvor war Göteborg im Landesmeistercup übrigens erst im Halbfinale im Elfmeterschießen am FC Barcelona gescheitert. Die Katalanen waren an der Ostsee mit 3:0 abgefertigt worden.

In den folgenden Jahren konnte der IFK dieses hohe Niveau nicht mehr halten. Nach dem enttäuschenden siebten Platz in der Meisterschaft übernahm 1989 der bisherige Junioren-Trainer Roger Gustafsson das Zepter. Als er 1995 beschloss, wieder ins zweite Glied zu rücken, zierten fünf weitere Meistertitel (1990, 1991, 1993, 1994, 1995) den Briefkopf des Vereins. Durch die regelmäßige Qualifikation für die *Champions League* hatte Göteborg Rekordeinnahmen verzeichnet, die zu einem großen Teil in die Nachwuchsförderung investiert wurden. Sportlich war die Mannschaft zwar jederzeit für eine Überraschung gut (so wurden unter anderen Barcelona, Manchester United, Bayern München und die AC Milan bezwungen), doch es fehlte an der Konstanz, um in der Königsklasse des europäischen Fußballs nachhaltige Spuren zu hinterlassen.

Das Rückgrat der Mannschaft bildete in den Neunzigerjahren der unverwüstliche Torhüter Thomas Ravelli. Er hatte Ende 1988 den Norweger Erik Thorstvedt ersetzt, der zu den Tottenham Hotspurs nach England gewechselt war. Ravelli – er wurde mit 143 Länderspielen Schwedens Rekordnationalspieler – blieb dem IFK ein Jahrzehnt lang treu. Er war damit eine der wenigen Konstanten im Team. Praktisch Jahr für Jahr musste er sich an neue Vorderleute gewöhnen. Denn seine begabtesten Mitspieler zog es regelmäßig in südlichere Gefilde. Die Transfers der Nationalspieler Stefan Pettersson, Peter Larsson (beide zu Ajax), Johnny Ekström (zu Chelsea), Jesper Blomqvist, Andreas Andersson (beide zu Milan), Kennet Andersson und Klas Ingesson (beide zu Mechelen), Hakan Mild (zu San Sebastián), Joakim Björklund (zu Vicenza) oder Teddy Lucic (zu Bologna) füllten zwar die Klubkassen, hinterließen aber Lücken im Mannschaftsgefüge. Der IFK büßte wegen dieser Aderlässe seine Vormachtstellung ein und musste zeitweise sogar um den Ligaerhalt zittern.

Beim Rekordmeister hat man Ende der Neunzigerjahre die Verlagerung der Stärkeverhältnisse Richtung Stockholm (und zu den aufstrebenden Provinzklubs Halmstad und Helsingborg) mit einer Mischung aus Staunen und Besorgnis zur Kenntnis genommen. Die Zukunft wird zeigen, ob Göteborg, das selbsternannte schwedische Fußball-Herz, aus dieser Krise gestärkt oder geschwächt hervorgeht. Obwohl es den Göteborger Klubs sportlich nicht lief, vermochten sie nach wie vor die Massen zu mobilisieren. Und wie! Im Frühling 2002 beispielsweise wollten 38 000 das Derby zwischen IFK und Örgryte sehen. Die Verantwortlichen des Internationalen Eishockeyverbandes staunten Bauklötze. Denn bei der gleichzeitig stattfindenden Eishockey-WM blieben zahlreiche Plätze leer.

Große Ziele, kleine Sprünge

Betuchte Briten schickten ihre Söhne im 19. Jahrhundert zur Ausbildung oft ins Ausland. Eine beliebte Destination war die Schweiz, wo es zahlreiche renommierte Privatschulen gab. Auf diese Weise gelangte auch ein gewisser Tom E. Griffith nach Zürich – und mit ihm das Fußball-Spiel, auf das er auch in der Fremde nicht verzichten wollte. Im Selnau-Viertel fand er unter den Einheimischen rasch Gleichgesinnte, die mit ihm dem runden Leder nachrannten.

Im August 1886 traf sich Griffith mehrere Male mit seinen Freunden im *Café Stäubli* in der *Flössnergasse*, um die Gründung eines Fußball-Vereins in die Wege zu leiten. Im Sitzungsprotokoll wird als offizielles Gründungsdatum der 1. September 1886 angegeben. Der Zweck des Vereins bestand gemäß den Statuten in der »Ausbildung des Körpers«. Dank der 20-Franken-Spende eines Obersts namens Nabholz konnten ein lederner Ball sowie Trikots und Mützen in den Farben Blau und Weiß aus England angeschafft werden.

Englisch tönt auch der Klubname: *Grasshopper Club*. Auf diese seltsame Bezeichnung waren die Gründerväter gekommen, weil Griffith bei der Gattung der einheimischen Feldheuschrecken (*Acridiidae*) eine Tatsache besonders imponierte: Die kräftigen Hinterbeine erlauben diesen Grashüpfern nämlich Sprünge bis zum 200-fachen der Körperlänge. Dies hielten die ehrgeizigen jungen Leute für ein passendes Symbol. Sie wollten mit ihrem Verein große Sprünge machen.

Wichtige Impulse verliehen dem Schweizer Fußball Ende der Neunzigerjahre des 19. Jahrhunderts die aus Wien stammenden Gebrüder Westermann. Robert war zwischen 1898 und 1903 Präsident der Grasshoppers. Seine Brüder Emil und Ernst, ebenfalls Mitglieder im Grasshopper Club, gehörten zu den treibenden Kräften bei der Gründung des nationalen Fußball-Verbandes am 7. April 1895 in Olten. Drei Jahre später wurde in der Schweiz erstmals ein offizieller Landesmeister ermittelt, und der hieß Grasshopper Club Zürich. Die Blau-Weißen hatten auch 1900, 1901 und 1905 die Nase vorn.

GRASSHOPPER-CLUB ZÜRICH
Gründungsdatum: 1. September 1886.
Anschrift: Grasshopper-Club Zürich, Hardturmstraße 321, 8005 Zürich, Schweiz.
Internet: www.gcz.ch
Stadion: Hardturm-Stadion, Fassungsvermögen: 16 066 Zuschauer.
Vereinsfarben: Blau und Weiß.

Kurze Zeit später machten sich bei den Grasshoppers finanzielle Probleme bemerkbar, die den Verein im November 1909 gar zum freiwilligen Austritt aus dem Verband zwangen. Die Fachzeitschrift *Football* schrieb damals: »Der Club hat bis zur Stunde noch keinen Spielplatz gefunden; auch seine A-Mannschaft war infolge Abreise der tüchtigsten Kräfte stark mitgenommen worden. (...) Mit dem Grasshopper Club scheidet eine der ältesten und lange Jahre hindurch besten Mannschaften unseres Landes aus der Konkurrenz aus.«

Der Italiener Vittorio Pozzo hat den schleichenden Niedergang des Klubs hautnah miterlebt. Zwischen 1906 und 1908 absolvierte er in Zürich und im benachbarten Winterthur eine sprachliche und kaufmännische Weiterbildung. In dieser Zeit kam Pozzo über den Grasshopper Club zum Fußball. Nach einem weiteren Auslandjahr in Manchester kehrte er in seine Heimatstadt Turin zurück, wo er in der Folge als Spieler, Schiedsrichter und Sportjournalist wirkte. 1929 wurde er Trainer der italienischen Nationalmannschaft, mit der er 1934 und 1938 zweimal die Weltmeisterschaft gewann.

Doch zurück zu »GC«, wie man den Klub in der Schweiz nennt. Am 13. August 1916 stellte er auf der Delegiertenversammlung des Verbandes in Bern ein Wiederaufnahmegesuch, nachdem er acht Jahre lang bloß Freundschaftsspiele bestritten hatte. Dem Begehren wurde entsprochen. Das Abstimmungsergebnis von 43:35 Stimmen lässt erahnen, dass vor allem die sofortige Teilnahme am Spielbetrieb in der höchsten Liga stark umstritten war. Nachvollziehbare Austrittsgründe, große Verdienste bei der Verbandsgründung sowie sportliche Lorbeeren gaben schließlich den positiven Ausschlag.

Der Entscheid erwies sich rasch als richtig. Fünf Jahre später war GC bereits wieder das beste Team des Landes. 1927, 1928 und 1931 folgten die Titelgewinne sechs bis acht.

Ein neues Zeitalter wurde 1937 eingeläutet, als GC den Österreicher Karl Rappan als Trainer und Geschäftsführer unter Vertrag nahm. Dieser hatte in seiner Heimat bei Wacker, Austria und Rapid Wien gekickt und anschließend als Spielertrainer Servette Genf zweimal zu Titelehren geführt. Mit den Grasshoppers errang Rappan fünf Meistertitel (1937, 1939, 1942, 1943 und 1945) und sieben Pokalsiege (1937, 1938, 1940, 1941, 1942, 1943, 1946).

Der Österreicher war in dieser Zeit auch als Schweizer Nationaltrainer tätig, und zwar ebenfalls äußerst erfolgreich. Der sensationelle 4:2-Sieg der Schweiz über Großdeutschland an der WM 1938 zählt zu den herausragendsten Ereignissen der eidge-

Made in Switzerland

Erfolge von Schweizer Teams in der Champions League treten mit einer ähnlichen Häufigkeit auf wie etwa eine Sonnenfinsternis. Dennoch haben in der jüngeren Vergangenheit zahlreiche GC-Spieler den Sprung in eine europäische Top-Liga geschafft und somit ihre internationale Tauglichkeit unter Beweis gestellt. Zu nennen wären etwa Wynton Rufer (Werder Bremen), Giovane Elber (VfB Stuttgart), Ciriaco Sforza (Kaiserslautern), Miroslav Stevic (Dynamo Dresden), Alain Sutter (Nürnberg), Ramon Vega (Cagliari), Johan Vogel (Eindhoven), Murat Yakin (Stuttgart), Viorel Moldovan (Coventry), Patrick Müller (Lyon) oder Pape Bouba Diop (Lens).
Dass sportliche Erfolge selbst mit solchen Spielern nicht einmal in der Schweiz garantiert sind, zeigte sich im Spätherbst des Jahres 1992. Titelhalter GC wurde damals vom Holländer Leo Beenhakker (ehemals Real Madrid) trainiert. Die Stars im GC-Dress trugen Namen wie Giovane Elber, Ciriaco Sforza, Alain Sutter, Thomas Bickel, Murat Yakin und Heinz Hermann, der mit seinen 117 Länderspielen Schweizer Rekordnationalspieler ist. Sie schafften nicht einmal den Sprung unter die besten acht Teams des Landes und mussten deshalb im Frühling gegen den Abstieg kämpfen. Die Schweiz lachte.

Das ist doch ...? Ja, er ist es: Günter Netzer im Trikot von Grasshoppers Zürich.

nössischen Sportgeschichte. Mit sechs Akteuren – Severino Minelli, Sirio Vernati, Mandi Springer, Alfred Bickel, August Lehmann und Willy Huber – stellten die Grasshoppers das Gerüst jener legendären Mannschaft.

Mit seinem Spielsystem, dem die Zeitung *Sport* den Namen »Riegel« gab, erlangte Rappan weit über die Schweizer Landesgrenzen hinaus Berühmtheit. Rappan spielte mit einem hinteren Verteidiger, einer Art Libero. Der vordere Verteidiger hatte auf den gegnerischen Mittelstürmer aufzupassen, die beiden Außenläufer die gegnerischen Flügel zu decken. Angelpunkt des Riegels waren der Mittelläufer oder *Centerhalf* und der eine Halbstürmer. Sie hatten die Hauptlast des Spiels zu tragen. Der Mittelläufer musste die Bälle verteilen und den Angriff in Schwung bringen; gleichzeitig hatte er einen gegnerischen Halbstürmer zu decken.

Die Schweiz brachte immer wieder überragende *Centerhalfs* hervor. Einer der bekanntesten war GC-Spieler Sirio Vernati, der vor allem 1938 beim 2:1-Sieg gegen England und dem 4:2 gegen Großdeutschland geschickt die Fäden zog. Der Krieg brachte den Sohn italienischer Gastarbeiter um eine große internationale Karriere.

Nach dem Zweiten Weltkrieg wurden die Meisterfeiern im Hardturm-Stadion seltener. Lediglich 1952, 1956, 1971 und 1978 konnte sich GC als *Champion* in den Annalen verewigen. Die Meisterschaft von 1978 war der erste große Erfolg in der Ära Karl Oberholzer, der den Verein von 1974 bis 1985 präsidierte. Der »General« führte bei GC das Vollprofitum ein und war von der Vision getrieben, den Klub in der internationalen Elite zu verankern. 1976 sorgte Oberholzer für den größten Transfercoup der Schweizer Vereinsgeschichte überhaupt: Er engagierte den deutschen Spielmacher Günter Netzer von Real Madrid. Netzer (»Oberholzer hat mich tief beeindruckt«) verdiente in der Schweiz 200 000 Franken im Jahr.

In der Saison 1977/78 wäre den Zürchern beinahe auch eine sportliche Sensation gelungen, als sie im UEFA-Cup unter dem deutschen Trainer Helmuth Johannsen mit

Spielern wie Johnny Hey, Bigi Meyer, Roger Berbig, Raimondo Ponte, Claudio Sulser und Ruedi Elsener der Reihe nach Frem Kopenhagen, Inter Bratislava, Dynamo Tiflis und Eintracht Frankfurt eliminierten. Auch das Halbfinal-Hinspiel gegen Bastia wurde dank einem späten Kopfballtor von Francis Montandon 3:2 gewonnen. Doch zwei Wochen später ging GC in der »Hölle von Bastia« mit wehenden Fahnen unter; die Korsen gewannen 1:0. Im darauf folgenden Jahr bildete im Viertelfinale des Meistercups der spätere Sieger Nottingham Forest eine zu hohe Hürde.

Ein weiterer Coup gelang Oberholzer mit der ebenfalls kaum für möglich gehaltenen Verpflichtung des legendären Kölner Trainers Hennes Weisweiler. Der »Fußball-Professor« wurde aus einem laufenden Vertrag mit New York Cosmos vor der Saison 1982/83 an die Limmat gelockt. Auf Anhieb verteidigten die Grasshoppers unter ihm den Titel und gewannen gar das Double. Weisweiler konnte sein Werk in der Zwingli-Stadt allerdings nicht vollenden. Er starb am 5. Juli 1983 im Alter von 63 Jahren an einem Herzinfarkt.

An bekannten Trainern hat es beim Schweizer Rekordmeister seitdem nie mehr gefehlt. Mit den Namen Kurt Jara, Ottmar Hitzfeld, Leo Beenhakker, Christian Groß, Rolf Fringer oder Roy Hodgson assoziiert man in Zürich mehr oder weniger gute Erinnerungen. Auf nationaler Ebene sammelten die Grasshoppers zwar fleißig Titel. Doch im internationalen Scheinwerferlicht machten sie nur selten große Sprünge. Für Günter Netzer ist GC »ein Opfer des Schweizer Fußballs«. Denn die Ligaspiele in der nationalen Meisterschaft würden mehrheitlich ohne internationales Tempo stattfinden. Die Statistik gibt Netzer Recht: Im März 1990 stieß GC im Pokalsiegercup bis ins Viertelfinale vor – es war das einzige Mal in den Neunzigerjahren, dass ein Schweizer Klub im Frühling noch in einem Europacup-Wettbewerb vertreten war.

Im Herbst 1996 stand GC mit der knapp verpassten Qualifikation für das Viertelfinale der *Champions League* kurz davor, sich im erweiterten Kreis der europäischen Spitze zu etablieren. Maßgeblich beteiligt an den Siegen gegen die Glasgow Rangers, Ajax Amsterdam und Auxerre waren zwei Erstgenerationsschweizer mit türkischen Wurzeln: Murat (»Muri«) Yakin, der später in der Bundesliga bei Stuttgart und Kaiserslautern kickte, und vor allem der größte Star in der Geschichte des Schweizer Fußballs, Kubilay (»Kubi«) Türkyilmaz. Vom Rekordtorschützen in der Schweizer Nationalmannschaft (34 Tore in 62 Spielen) ist bis heute nicht restlos geklärt, was größer war: sein Talent oder seine Selbstüberschätzung. Mit dem rumänischen Torjäger Viorel Moldovan hatte Kubi bei GC einen kongenialen Partner an seiner Seite.

Die Enttäuschung über das unerwartete Aus in der *Champions League* kostete GC im darauf folgenden Frühling wohl auch den Titel in der Meisterschaft und somit die Chance, sich erneut für die Königsklasse des europäischen Fußballs zu qualifizieren. Doch genau das wäre eine unabdingbare Voraussetzung für den sportlichen und finanziellen Durchbruch gewesen, wie ihn die mit GC vergleichbaren Vereine Sturm Graz oder Rosenborg Trondheim geschafft haben.

Durch den Gang an die Börse wollte der Zürcher Nobelklub im Dezember 1997 zu mehr Kapital kommen. »Wir leisten hier Pionierarbeit. Erfolg wird jetzt planbar«, erklärte der damalige Präsident. Der Emissionspreis der Aktie lag bei 47 Franken, fiel nach einem kurzen Hoch auf 29 Franken und wurde im Jahr 2001 als fast wertloses Altpapier aus dem Handel genommen. In jenem Zeitraum folgten bei GC Negativmeldungen über Finanzkrisen, Entlassungen, Intrigen und sportliche Misserfolge Schlag auf Schlag. Der in Zürich erscheinende *Tages-Anzeiger* beschrieb das »Prinzip GC« mit den Worten »träumen, hoffen, scheitern«.

Daran änderte auch das Engagement der beiden steinreichen Wirtschaftskapitäne Rainer E. Gut (Credit Suisse, Nestlé) und Fritz Gerber (Roche) nichts. Die Investoren kauften am 8. Juni 1999 770 000 Namensaktien der *Grasshopper Fußball AG*. Für die Übernahme bezahlten sie 18 Millionen Franken; 29 Millionen Franken schrieben sie ab, um die AG zu sanieren. Der in den ersten drei Jahren einzige zählbare Erfolg, der Meistertitel im Jahr 2001, kostete sie insgesamt mindestens 50 Millionen Franken (35 Millionen Euro) – ein für Schweizer Verhältnisse gigantischer Betrag.

ERFOLGE

Schweizer Meister: 1898, 1900, 1901, 1905, 1921, 1927, 1928, 1931, 1937, 1939, 1942, 1943, 1945, 1952, 1956, 1971, 1978, 1982, 1983, 1984, 1990, 1991, 1995, 1996, 1998, 2001, 2003.
Schweizer Pokalsieger: 1926, 1927, 1932, 1934, 1937, 1938, 1940, 1941, 1942, 1943, 1946, 1952, 1956, 1983, 1988, 1989, 1990, 1994.

Bekannteste Spieler: A. Abeggeln – M. Abegglen – Amadó – Andermatt – Ballamann – Berbig – F. Bickel – T. Bickel – Bouba – Brunner – Cabanas – Comisetti – Chapuisat – De Vicente – Egli – Elber – Elsener – Fässler – Friedlander – Fuhrer – Geiger – Grahn – Gren – Hermann – Huber – Hüssy – In-Albon – Jara – Koller – Közle – Minelli – Moldovan – Montandon – Müller – Netzer – Núñez – Ohlhauser – Pfister – Ponte – Pozzo – Robbiani – Rufer – Rzasa – Sforza – Springer – Stevic – Subiat – Sulser – Sutter – Strudal – Türkyilmaz – Vega – Vernati – Vogel – Vonlanthen – Wehrli – Weiler – M. Yakin – H. Yakin – Zeman – Zuberbühler.
Bekannteste Trainer: Beenhakker – Blasevic – Hahnemann – Johanssen – Hitzfeld – Hodgson – Hüssy – Koller – Konietzka – Rappan – Sing – Skiba – Sundermann – Treml – Vukosavlijevic – Walter – Weisweiler.

In Zukunft will sich der Schweizer Rekordmeister zu Europas dreißig besten Teams zählen können und dazu noch schwarze Zahlen schreiben. Das Budget, das einst bei 30 Millionen Franken lag, soll sich bei 10 bis 15 Millionen Franken einpendeln. Durch TV-Gelder, Sponsoren und Ticketverkauf lassen sich in der Schweiz etwa 10 Millionen Franken pro Saison generieren. Der Rest muss dem ehrgeizigen Leistungsprojekt entspringen, das GC über Jahre hinaus über das Schweizerische Mittelmaß erheben soll. Es beruht auf zwei Säulen: Dem Verkauf von jährlich zwei selbst ausgebildeten Spielern an ausländische Klubs und einer erfolgreichen Europacup-Teilnahme (Vorstoß in die dritte Runde). Qualifiziert sich der Klub für die *Champions League*, so genügt gemäß Konzept der Transfer eines einzigen Zöglings.

Experten zweifeln allerdings an der Rentabilität dieses Projekts und beurteilen die Zielsetzung als etwas gar ehrgeizig: In einer Studie des *Wright Investors' Service* wurde das wirtschaftliche Profil von GC (Zuschauerschnitt im Jahr 2001: 7694) mit jenem des englischen Zweitligisten Sheffield United und des schottischen Mittelfeldklubs Aberdeen FC verglichen.

Sternstunden des Fußballs

Am 29. Mai 1991 loderten die Flammen bereits, aus denen sich wenig später ein Flächenbrand entwickeln sollte. Auf der Veranda der Nobelherberge *Il Melograno* (»der Granatapfelbaum«) in Monópoli deutete in jener Nacht aber nichts auf den Bürgerkrieg hin, der aus Serben, Kroaten, Bosniern, Mazedoniern und Kosovaren Todfeinde machte. Die Delegation von Roter Stern Belgrad feierte den ersten jugoslawischen Champions-League-Sieger. 0:0 hatte es im Stadio San Nicola von Bari nach zwei Stunden zwischen Olympique Marseille und den Belgradern gestanden. Im Elfmeterschießen trafen für den Roten Stern der Kroate Robert Prosinecki, der Serbe Dragisa Binic, der Rumäne Miodrag Belodedici, der Serbe Sinisa Mihaijlovic und der Mazedonier Darko Pancev – 5:3.

Das Finale der neu geschaffenen *Champions League* war einer der letzten großen internationalen Auftritte, den die Spieler aus dem Vielvölkerstaat gemeinsam bestritten. Aus sportlichen Gründen wird man die Partie zwischen den Jugoslawen und Franzosen allerdings nicht in Erinnerung behalten. »Schlechtes Spiel«, radebrechte Trainer Ljubomir Petrovic nach dem Schlusspfiff auf Englisch. »Wir haben bloß dreißig Prozent von unseren Möglichkeiten gezeigt«, ergänzte Dragan Dzajic, der Technische Direktor und 85-fache Internationale.

Ihr immenses spielerisches Potenzial hatte die Mannschaft im Halbfinale phasenweise angedeutet. Roter Stern hatte den deutschen Rekordmeister Bayern München aus dem Wettbewerb geworfen (2:1, 2:2) und dabei »Fußball von einem anderen Stern« zelebriert, wie die Schweizer Fachzeitung *Sport* anerkennend feststellte.

Wenige Wochen nach dem Triumph von Bari – im Sommer 1991 – brach der Bürgerkrieg aus, an dessen Ende der Zerfall Jugoslawiens stand. Die slowenischen und kroatischen Fußball-Klubs zogen sich als erste vom gemeinsamen Meisterschaftsbetrieb zurück. Ein Jahr später folgten die bosnischen und mazedonischen Teams. Auch die brillante Erfolgsmannschaft von Roter Stern fiel rasch auseinander.

FUDBALSKI CLUB CRVENA ZVEZDA
Gründungsdatum: 4. März 1945.
Anschrift: Fudbalski Club Crvena Zvezda Beograd, Ljutice Bogdana 1a, 11000 Beograd, Jugoslavija.
Internet: www.fc-redstar.net
Stadion: Crvena Zvezda »Marakana«, Fassungsvermögen: 52 000 Zuschauer.
Vereinsfarben: Rot und Weiß.

Nach dem Europapokalsieg verließen Trainer Ljubomir Petrovic (Español Barcelona) und Regisseur Robert Prosinecki (Real Madrid) den Klub. Durch Treffer von Vladimir Jugovic (2) und Darko Pancev gewann Roter Stern im Herbst 1991 noch das Finale um den Weltpokal in Tokio gegen Colo Colo mühelos mit 3:0. Anschließend flüchteten auch Darko Pancev (Inter Mailand), Vladimir Jugovic (Sampdoria Genua), Sinisa Mihaijlovic (Rom), Miodrag Belodedici (Valencia), Dejan Savicevic (Milan), Ilja Najdoski (Valladolid) und Elvir Bolic (Galatasaray) ins Ausland. Innerhalb kürzester Zeit versank Roter Stern in der Bedeutungslosigkeit.

Während des Krieges fiel der jugoslawische Rekordmeister negativ auf. Etwa durch Stürmer Vladan Lukic, Mitglied der Meisterelf von 1991. Aufgeschreckt vom Luftkrieg durch die Nato, folgte er dem Beispiel vieler Fans. Er löste seinen Vertrag beim französischen Erstligisten Metz auf und meldete sich als Freiwilliger bei der Armee.

Ein beachtlicher Teil der paramilitärischen serbischen Truppen rekrutierte sich aus den Anhängern von Roter Stern. Der Anführer dieser äußerst brutal vorgehenden Freischärler-Banden war Zeljko Raznatovic, besser bekannt unter seinem Kampfnamen *Arkan*, die »Raubkatze«. Der wegen Kriegsverbrechen gesuchte ehemalige Tschetnik-Führer wurde 1999 in einem Belgrader Luxushotel unter dubiosen Umständen erschossen. Arkans anfangs rund 3000 Mann umfassende Truppe begann im Herbst 1991 mit Überfällen auf muslimische und kroatische Dörfer. Willkürlich wurden Zivilisten ermordet, Frauen vergewaltigt und Familien ausgeraubt. Arkan gehörte bis zu seinem Tod zu den reichsten Männern Serbiens.

Die Fehden und bürgerkriegsähnlichen Zustände auf dem Balkan haben Wurzeln, die bis tief ins Mittelalter und in die Zeit der osmanischen Eroberungszüge zurück reichen. Während des Zweiten Weltkrieges kamen sich verschiedene Interessengruppen in die Quere. Da waren einmal die Tschetniks, serbische Nationalisten, welche die deutschen und italienischen Invasoren bekämpften. Die faschistischen Besatzungsmächte ihrerseits erhielten Unterstützung von der kroatischen Ustascha-Bewegung, welche brutal gegen ortho-

Ausgeblutete Partisanen

Belgrad ist nicht nur die Heimat von Roter Stern, sondern auch des Fudbalski Klub Partizan, der am 4. Oktober 1945 von Generälen der Partisanen-Armee Titos gegründet wurde. Die Militär-Auswahl gewann 1947 auf Anhieb die erste jugoslawische Meisterschaft und setzte auch in den folgenden Jahren Akzente. Roter Stern kam einige Male böse unter die Räder. Beispielsweise im Pokalfinale von 1952, das Partizan 6:0 gewann. Zwei Jahre später holte sich der Armee-Klub durch ein 4:1 gegen Roter Stern erneut den Pokalsieg, wenige Tage, nachdem er bereits in der Meisterschaft das Derby mit 7:1 gewonnen hatte.

Internationalen Ruhm erlangte Partizan 1966, als es als erster osteuropäischer Klub im Europacup der Landesmeister bis ins Endspiel vorstieß, dort allerdings an Real Madrid scheiterte (1:2). Danach begann der große Ausverkauf. Sämtliche Spieler durften zur Belohnung in den Westen wechseln: Soskic, Jusufi, Rasovic, Vasovic, Mihajlovic, Becejac, Kovacevic, Galic, Bajic, Hasangic, Pirmajer. Die ausgebluteten Partisanen mussten sich in Belgrad fortan meist der Vorherrschaft von Roter Stern beugen.

Eine Renaissance erlebten die Schwarz-Weißen erst, als auch Roter Stern nach dem Europacup-Triumph von 1991 sämtliche Spieler ziehen lassen musste. Partizan wurde 1993, 1994, 1996, 1997 und 1999 jugoslawischer Meister. Roter Stern ist mit seinen 22 Meistertiteln allerdings nach wie vor erfolgreicher als Partizan (17). Kleines Detail am Rande: Die Rivalität zwischen Roter Stern und Partizan ist so groß, dass sich die Spielerwechsel zwischen den beiden Vereinen an einer Hand abzählen lassen. Und das, obwohl die Stadien der beiden Vereine bloß ein paar Hundert Meter voneinander entfernt sind.

doxe Christen (meist Serben), Muslime (Bosnier) und Juden vorging. Als Sieger aus diesem Konflikt ging die kommunistische Partisanenarmee unter Marschall Tito hervor, dem es gelungen war, eine breite Front gegen die faschistischen Besatzer zu errichten.

Die Kommunisten riefen am 29. November 1945 die Föderative Volksrepublik Jugoslawien aus, der die Teilrepubliken Serbien (mit den autonomen Provinzen Kosovo und Vojvodina), Kroatien, Slowenien, Bosnien und Herzegowina, Mazedonien sowie Montenegro angehörten. »Landesvater« Tito, der mit bürgerlichem Namen Josip Broz (1892–1980) hieß, verlieh diesem fragilen Konstrukt bis zu seinem Tod eine gewisse Stabilität.

In einem der ersten Fußball-Spiele nach dem Waffenstillstand trafen am 19. November 1944 der kommunistische Jugendverband und eine Auswahl der Partisanen-Armee aufeinander. Die Jungkommunisten und Studenten gewannen 3:1 und beschlossen in ihrer Euphorie, einen Verein ins Leben zu rufen. Am 4. März 1945 war es dann so weit: Der *Fudbalski Klub Crvena Zvezda*, der »Rote Stern«, war geboren. Ein paar Monate später hoben auch die Militärs einen Verein aus der Taufe, den *Fudbalski Klub Partizan*. Alle Truppen erhielten die Weisung, ihre besten Kicker nach Belgrad zu schikken. Das Duell Roter Stern gegen Partizan prägte fortan den jugoslawischen Fußball.

Am 29. November 1948 trafen die beiden Teams erstmals im Endspiel um den Tito-Cup, dem jugoslawischen Pokalfinale, aufeinander. Es war der Tag, an dem der Rote Stern aufging. Titelverteidiger Partizan wurde durch Tore von Branislav Vukosavljevic (2) und Rajko Mitic vom Thron gestoßen. Die Fans strömten in Scharen zu den Spielen der Rot-Weißen. Obwohl es angenehmere Dinge gibt, als bei Temperaturen um den Gefrierpunkt ins Stadion zu gehen, sahen im November 1949 und im Dezember 1950 jeweils 50 000

Fußball als Nebensache

Nach Titos Tod im Jahre 1980 entluden sich in Jugoslawien die Spannungen zwischen den verschiedenen Völkergruppen zunehmend auch in den Stadien. Zu Ausschreitungen kam es häufig bei den Auftritten von Roter Stern Belgrad. Vor allem in Kroatien galt der Rekordmeister als Symbol für die serbische Dominanz. Entsprechend verhasst war dort der Vorzeigeklub aus der Hauptstadt.

Negativer Höhepunkt dieser Entwicklung war das Spiel zwischen Dinamo Zagreb und Roter Stern, das am 13. Mai 1990 Maksimir-Stadion von Zagreb stattfand. Der Fußball spielte an jenem Tag bloß eine Nebenrolle. Die von Arkan angeführte Belgrader Fangruppe Delije (»Recken«) und die Zagreber Bad Blue Boys – eine paramilitärische Vereinigung, die Arkans Schlägertruppe an Brutalität in nichts nachstand – lieferten sich eine stundenlange Schlacht. Das Ergebnis waren 141 Verletzte und 174 Festnahmen. Die mehr als 600 Polizisten hatten größte Mühe, Herr über die Situation zu werden. Das Spiel wurde gar nicht erst angepfiffen. Gemäß der jugoslawischen Nachrichtenagentur Tanjug handelte es sich um die schwersten Ausschreitungen in der Geschichte des jugoslawischen Sports. Ein Jahr später brach der Krieg aus, der aus Nachbarn Todfeinde machte.

Zuschauer, wie Roter Stern seinen Pokaltitel erfolgreich verteidigte. 1951 trug sich die Elf von Trainer Ljubisa Brocic (ehemals Juventus Turin) erstmals in die Siegerliste der Meisterschaft ein. In den Fünfzigerjahren eroberte Roter Stern den Meistertitel noch vier weitere Male. Beim Double-Gewinn von 1959 ragten Mittelstürmer Dragan (»Sekki«) Sekularac, der später zwei kurze Gastspiele in der Bundesliga beim TSV 1860 München und beim KSC gab, sowie Linksaußen Borivoje Kostic heraus. Mit insgesamt 158 Toren ist Kostic einer der erfolgreichsten Torschützen in der Geschichte des jugoslawischen Fußballs.

In den Sechzigerjahren dominierte zunächst Partizan, das 1966 als erstes osteuropäisches Team das Endspiel um den Europapokal der Landesmeister erreichte, das Geschehen. Gleichzeitig startete bei Roter Stern der ehemalige Spieler Miljan (»Tschitscha«) Miljanic seine Trainerkarriere. Seine junge Mannschaft machte erstmals 1968 mit dem Gewinn von Meisterschaft und Pokal auf sich aufmerksam. Im Pokalfinale wurde der FK Bor gleich mit 7:0 in die Schranken gewiesen, die Treffer gingen auf das Konto von Mittelfeldmotor Stevan Ostojic (3), Linksaußen Dragan Dzajic (2) und Mittelstürmer Vojin Lazarevic (2).

Miljanic hatte als Außenverteidiger zwischen 1946 und 1964 sieben Meistertitel mit Roter Stern errungen. Als Trainer war er nicht minder erfolgreich. Zwischen 1964 und 1974 bescherte er dem Klub vier weitere Meistertitel und auch erste internationale Meriten.

Im Europapokal der Landesmeister trafen die Belgrader 1971 nach Erfolgen über Újpest Dózsa Budapest, UT Arad und Carl Zeiss Jena im Halbfinale auf Panathinaikos Athen. Das Hinspiel war eine klare Angelegenheit: 1:0 Ostojic (14.), 2:0 Jankovic (19.), 3:0 Ostojic (46.), 4:1 Ostojic (69.). »Das Finale ist schon erreicht«, freute sich Trainer Miljanic. Im Rückspiel in Athen fehlte der gesperrte Kapitän Dzajic. Doch das kann kaum der Grund für die 0:3-Pleite gewesen sein. Bei den Griechen lief es an jenem Abend wie geschmiert. Gerüchte über Bestechungsversuche machten die Runde. Dem widersprach Kapitän Dzajic, Jugoslawiens Fußballer der Jahre 1963, 1966, 1968, 1969, 1970 und 1972. Er sagte mit Tränen in den Augen: »Dieser Schock wird uns noch lange in den Gliedern stecken.«

Tatsächlich reichte es Roter Stern in den Siebzigerjahren bloß zu zwei weiteren Meistertiteln (1973 und 1977). Dafür sorgte die Mannschaft in der Saison 1978/79 im UEFA-Pokal für eine positive Überraschung, als sie Dynamo Berlin, Sporting Gijón, Arsenal London, West Bromwich Albion und Hertha Berlin eliminierte. UEFA-Cup-Sieger wurde jedoch Borussia Mönchengladbach. Die Elf von Trainer Udo Lattek profitierte im Hinspiel von einem Eigentor der Belgrader, die eine Chance nach der anderen versiebten: 1:1 endete das erste Finalspiel vor 87 000 Fans im berüchtigten Marakana-Stadion. Im Rückspiel in Düsseldorf zeigte der italienische Schiedsrichter Michelotti nach einem harmlosen Rempler im Strafraum der Jugoslawen auf den Elfmeterpunkt. Alan Simonsen nahm das Geschenk dankend an – 1:0 für die Borussia.

Die Erfolge von Roter Stern riefen die Klubs aus dem Westen auf den Plan. In Jugoslawien herrschte – im Vergleich zu anderen Ostblockstaaten – eine geradezu liberale Transferpolitik: Verdienstvolle Spieler durften im Herbst ihrer Karriere in den Westen wechseln. Routiniers wie Jovan Acimovic, Vladislav Bogicevic oder Dragan Dzajic ließen ihre großartigen Karrieren im Ausland ausklingen.

Durch eine ausgezeichnete Nachwuchsförderung konnte Roter Stern die Abgänge seiner besten Spieler immer wieder kompensieren. So blieb auch der Verkauf von Mittelfeldstar Milan Jankovic 1987 an Real Madrid ohne Folgen. Die Generation von Stojkovic, Prosinecki, Savicevic und Pancev spielte sich in den Vordergrund:

Dragan Stojkovic wurde der »Maradona des Balkans« genannt. Ihm eilte ein großartiger Ruf wie Donnerhall voraus, dem er allerdings nicht immer gerecht wurde. Nach der WM 1990 wechselte er für umgerechnet 8 Millionen Euro zu Olympique Marseille.

Robert Prosinecki, in der Nähe von Stuttgart geboren, war als Spielmacher wesentlich dynamischer und lauffreudiger als Stojkovic. Am Europacup-Triumph von 1991 hatte er großen Anteil. Im Westen konnte der rothaarige Kroate allerdings nie beweisen, weshalb Real Madrid 1991 bereit war, für ihn 14,3 Millionen Euro Ablöse zu bezahlen.

Dejan Savicevic blieb ein Jahr länger in Belgrad als Prosinecki. Bei der AC Milan trumpfte der Montenegriner anschließend so stark auf, dass ihn die Fans *il genio* (»das Genie«) tauften. Mit den Italienern gewann er 1994 die *Champions League* erneut; beim 4:0 im Finale gegen den FC Barcelona schoss er ein Traumtor.

Darko Pancev war eine Tormaschine – allerdings nur im Trikot von Roter Stern. 84 Mal traf er in 91 Meisterschaftsspielen. Schon mit 17 war der Mazedonier Torschützenkönig. Er zeichnete sich durch seinen Torinstinkt aus, schoss beidfüßig, war kopfballstark und ging rotzfrech in die Zweikämpfe. Nur eines mochte er nicht: laufen. »Bin ich zum Laufen da oder zum Toreschießen?«, fragte er seine Kritiker. Deren Zahl stieg nach seinem Wechsel zu Inter Mailand (1992) sprunghaft an. Pancev traf in Italien das Tor nicht mehr und wurde nach Leipzig, Düsseldorf und Sion weitergereicht.

ERFOLGE

Jugoslawischer Meister: 1951, 1953, 1956, 1957, 1959, 1960, 1964, 1968, 1969, 1970, 1973, 1977, 1980, 1981, 1984, 1986, 1988, 1990, 1991, 1992, 1995, 2000, 2001.
Jugoslawischer Pokalsieger: 1948, 1949, 1950, 1958, 1959, 1964, 1968, 1970, 1971, 1982, 1985, 1990, 1993, 1995, 1996, 1997, 1999, 2000, 2002.
Europapokal der Landesmeister: 1991.
Weltpokal: 1991.
Mitropa-Cup: 1968.

Bekannteste Spieler: Acimovic – Beara – Belodedici – Binic – Bolic – Bogicevic – Cebinac – Colic – Dojcinovski – Drobnjak – Drulic – Durkovic – Dzajic – Halilovic – Ivkovic – Ivic – Jovanovic – Jugovic – Karasi – Klenkovski – Kostic – Krivokuca – Lukic – Markovic – Marovic – Mihajlovic – Mitic – Najdoski – Pavlovic – Petkovic – Petrovic – Pancev – Popovic – Prosinecki – Radinovic – Radovic – Rudinski – Sabanadzovic – Savic –Savicevic – Sekularac – Stankovic – D. Stepanovic – M. Stepanovic – Stojkovic – Stojkovski – Stosic – Tasic – Tomic – Toplak – Zebec.
Bekannteste Trainer: Brocic – Ciric – Kostic – Mihic – Milicevic – Miljanic – Mitic – Muslin – Obradovic – Petkovic – Popovic – Sekularac – Toplak – Vasovic – Zivanovic.

Während des Bürgerkrieges blutete Roter Stern personell regelrecht aus. Die talentiertesten Spieler verließen den Klub meist beim erstbesten Angebot, oft schon nach bloß einer Handvoll Einsätzen in der ersten Mannschaft. Angesichts der sich ständig verschlechternden Lebenslage in Belgrad ließen sich solche Entscheide durchaus nachvollziehen. In welchen Kanälen die Millionen-Ablösesummen für die abgeworbenen Kicker versickerten, ist unbekannt.

Wurde der »Maradona des Balkans« genannt: Dragan Stojkovic.

Wegen Jesús in Teufels Küche geraten

Baskische Studenten gründeten am 26. April 1903 in Madrid eine Zweigstelle des Athletic Club Bilbao. Vom Mutterklub übernahmen sie nicht nur den Namen, sondern auch die Farben: der *Athletic Club Madrid* bestritt seine Partien in rot-weiß gestreiften Trikots. Fußballerisch betrachtet konnte die Kopie in der Anfangsphase noch keinem Vergleich mit dem Original standhalten. Denn Bilbao war in der Frühzeit des spanischen Fußballs eine Macht. Den FC Madrid beispielsweise, aus dem später der glorreiche Champions-League-Sieger Real Madrid wurde, fertigten die Basken 1902 im Pokal mit einer 8:1-Packung ab.

Von solchen Erfolgen wagte die Athletic-Filiale in der Hauptstadt anfänglich nicht einmal zu träumen. Höhenflüge machte nur der Pleitegeier; Athletic bewegte sich über Jahre bedrohlich nahe am finanziellen Abgrund. Das änderte sich erst, als 1912 der Unternehmer Julián Ruete Vinuesa das Präsidium übernahm. Er sorgte dafür, dass der Verein auf ein sicheres Fundament gestellt wurde und ein Sekretariat erhielt, das in der *Calle de Espoz y Mina 17* untergebracht wurde. Dies war die Adresse eines Schokoladengeschäfts, das der Mutter des Präsidenten gehörte. Gleichzeitig wurde in der O'Donell-Straße eine Arena errichtet, die rund 10 000 Zuschauern Platz bot. Für die Finanzierung des Stadions kam Don Manuel Rodríguez Arzuaga auf. Das wohlhabende Klubmitglied machte sich auch als Mäzen und Organisator von Turnieren einen Namen.

Parallel zur Verbesserung der Infrastruktur konnte der Verein auch sportliche Fortschritte vermelden. Weil der spanische Fußball-Verband die Verbindungen zu Bilbao mit Misstrauen betrachtete, sah sich die »Filiale« wohl oder übel zu einer endgültigen Abnabelung gezwungen. Sonst hätte sie 1913 nicht an der *Copa de España* teilnehmen dürfen. Dass dieser Entscheid richtig und notwendig war, zeigte sich am 8. Mai 1921, als die beiden Klubs das Endspiel um den Pokal bestritten: Bilbao gewann im heimischen San Mamès 4:1, nachdem Madrid das Hinspiel mit 2:1 zu seinen Gunsten entschieden hatte. Mit Verteidiger Pololo, Mittelfeldakteur Fajardo und Stürmer Luis Olaso wurden am 21. Dezember 1921 übrigens erstmals drei Spieler von Athletic Madrid in die Nationalelf berufen. Spanien besiegte im O'Donell-Stadion Portugal mit 3:0.

CLUB ATLÉTICO DE MADRID
Gründungsdatum: 26. April 1903.
Anschrift: Atlético Madrid, Paseo Virgen del Puerto, 67 – Puerta 7, 28005 Madrid, España.
Internet: www.clubatleticodemadrid.com
Stadion: Estadio Vicente Calderón, Fassungsvermögen: 57 500 Zuschauer.
Vereinsfarben: Rot, Weiß und Blau.

Als 1926 in Spanien der Profifußball eingeführt wurde, verfügte der Athletic Club Madrid bereits über ein 25 000 Zuschauer fassendes Stadion. Das *Estadio Metropolitano* befand sich in der Nähe des Flusses Manzanares südwestlich der Innenstadt, wo der Verein bis heute beheimatet ist.

Denn sie wissen nicht, was sie tun

Jesús Gil y Gil verkörpert sämtliche Eigenschaften, die einen Vorgesetzten unerträglich machen: er ist unflätig, ungehobelt, jähzornig, ungeduldig, rechthaberisch und so weiter. Um so höher ist die Leistung von Radomir Antic einzuschätzen. Er hielt es drei Jahre auf dem Chefsessel von Atlético aus. In diese Zeit fällt auch der größte Erfolg des Klubs: 1996 führte Antic Atlético wider jede Expertenlogik zum Double. Ein paar Niederlagen später erfuhr auch er das gleiche Schicksal wie seine zahlreichen Vorgänger. Sie wurden vom jähzornigen Jesús zum Teufel gejagt. Gils »Trainerfriedhof« im Überblick:

1.	Luis Aragonés Suárez	Februar 1987 – Juli 1987
2.	César Luis Menotti	Juli 1987 – März 1988
3.	Antonio Briones Yacobi	März 1988 – Juni 1988
4.	José María Maguregui Ibarguchi	Juni 1988 – Oktober 1988
5.	Antonio Briones Yacobi	Oktober 1988 – Oktober 1988
6.	Ron Atkinson	Oktober 1988 – Januar 1989
7.	Colin Addinson	Januar 1989 – Juni 1989
8.	Antonio Briones Yacobi	Juni 1989 – Juni 1989
9.	Javier Clemente	Juni 1989 – Februar 1990
10.	Joaquín Peiró Lucas	Februar 1990 – August 1990
11.	Tomislav Ivic	August 1990 – Juni 1991
12.	Iselín Santos Ovejero Maya	Juni 1991 – Juni 1991
13.	Luis Aragonés Suárez	Juni 1991 – Januar 1993
14.	Iselín Santos Ovejero Maya	Januar 1993 – Februar 1993
15.	Omar Pastoriza	Februar 1993 – April 1993
16.	Ramón Armando Heredia	April 1993 – Juni 1993
17.	Jair Pereira	Juni 1993 – Oktober 1993
18.	Ramón Armando Heredia	Oktober 1993 – Dezember 1993
19.	Emilio Cruz Roldán	Dezember 1993 – Februar 1994
20.	José Luis Romero Robledo	Februar 1994 – März 1994
21.	Iselín Santos Ovejero Maya	März 1994 – März 1994
22.	Jorge D'Alessandro Di Ninno	März 1994 – Juni 1994
23.	Carlos Sanchez Aguiar	Juni 1994 – August 1994
24.	Francisco Maturana	August 1994 – Oktober 1994
25.	Jorge D'Alessandro Di Ninno	Oktober 1994 – Februar 1995
26.	Alfio Basile	Februar 1995 – Juni 1995
27.	Carlos Sánchez Aguiar	Juni 1995 – Juni 1995
28.	Radomir Antic	Juni 1995 – Juni 1998
29.	Arrigo Sacchi	Juni 1998 – Februar 1999
30.	Carlos Sánchez Aguiar	Februar 1999 – März 1999

31.	Radomir Antic	März 1999 – Juni 1999
32.	Claudio Ranieri	Juni 1999 – März 2000
33.	Radomir Antic	März 2000 – Mai 2000
34.	Fernando Zambrano	Mai 2000 – Oktober 2000
35.	Marcos Alonso	Oktober 2000 – April 2001
36.	Carlos García Cantarero	April 2001 – Juli 2001
37.	Luis Aragonés Suárez	Juli 2001 – Juni 2003

In der neu geschaffenen *Primera División* spielte der Athletic Club jedoch lange Zeit nur noch eine untergeordnete Rolle. Tragisch endete die Saison 1935/36. Zum Liga-Erhalt hätte im letzten Spiel ein Punkt, also ein Remis, gereicht. Vier Minuten vor dem Abpfiff führte Sevilla 3:2, als Athletic einen Elfmeter zugesprochen erhielt. Chacho übernahm die Verantwortung und traf – den Pfosten. Athletics Abstieg in die *Segunda División* war besiegelt.

In jener Zeit beschäftigte die Spanier allerdings Wichtigeres als Fußball. 1936 brach der Bürgerkrieg aus. Drei Jahre lang gab es im Land keinen geordneten Spielbetrieb mehr. Athletic kämpfte in dieser Zeit – wie viele andere Vereine auch – ums nackte Überleben. Das Stadion wurde im Bombenhagel zerstört, einige Spieler kamen ums Leben, andere hatten ihre Laufbahn beendet oder waren ins Ausland geflüchtet.

Als 1939 der Frieden proklamiert wurde, stand Athletic vor einem Schuldenberg in Höhe von einer Million Peseten. Das einzige, was dem Verein noch blieb, war seine Tradition – und genau die rettete ihn. Doch der Reihe nach. Während der *Guerra Civil* hatten die Flugzeugpiloten einen Fußball-Verein gegründet, den *Club Aviación Nacional*. Nach dem Sieg von Francos Truppen hätte der Luftwaffenverein den Spielbetrieb in der untersten Kategorie aufnehmen sollen, so wie jeder neue Klub, entschied der Verband. Diese Auflage wurde durch einen Zusammenschluss mit dem in seiner Existenz bedrohten Athletic Club umgangen. Am 4. Oktober 1939 entstand der *Athletic Club Aviación*, der schon kurz später auf Anweisung des Regimes in *Club Atlético Aviación* umbenannt werden musste. Diktator Francisco Franco wollte nämlich nur spanisch klingende Vereinsnamen hören.

Auf der Trainerbank von Atlético Aviación nahm 1939 eine Legende des spanischen Fußballs Platz: Ricardo Zamora, der Torhüter, der in der Zwischenkriegszeit in 46 Länderspielen bloß 42 Gegentore kassiert hatte. Dem »Göttlichen« blieb der Erfolg auch als Trainer treu. 1940 und 1941 gewann Atlético die ersten beiden Meistertitel seiner Geschichte. An Zamoras Bescheidenheit änderten diese Triumphe nichts: »Die Erfolge sind ein Verdienst der Spieler. Ich habe ihnen bloß Selbstvertrauen eingeimpft.«

Zamora wechselte 1945 zu Celta de Vigo an die Atlantikküste. Anderthalb Jahre später gehörte auch das Kapitel »Atlético Aviación« der Vergangenheit an. Auf Druck der Mitglieder wurde am 14. Januar 1947 der Hinweis auf die Luftwaffe im Vereinsnamen gestrichen. Der Verein nannte sich fortan *Club Atlético de Madrid*. Diese Bezeichnung hat er bis heute beibehalten.

In der unmittelbaren Nachkriegszeit waren internationale Freundschaftsspiele noch eine Seltenheit. Als 1946 Stade Français im Metropolitano aufkreuzte, staunten die Gastgeber nicht schlecht. Die Franzosen hatten einen Angreifer in ihren Reihen, der am Ball alles konnte und seinen Gegenspielern – im übertragenen Sinn – auf der Nase herumtanzte. Zwei Jahre und zahllose Verhandlungsstunden später streifte sich der Marokkaner Larbi Ben Barek erstmals das Atlético-Dress über. Obwohl er damals schon 30 war, spielte er noch sechs Jahre auf höchstem Niveau. Bei Atlético avancierte er zum Publikumsliebling. Ben Barek traf praktisch in jeder zweiten Partie: 113 Spiele, 56 Tore lautete seine stolze Bilanz.

An der Seite des Marokkaners glänzte der Schwede Henry (»Garvis«) Carlsson, der Olympia-Sieger von 1948. Das schwedisch-marokkanische Angriffsduo sorgte für die Highlights, der Rest der Mannschaft garantierte solides Handwerk. Anfangs schien die Rechnung von Trainer Helenio Herrera, der später als »Sklaventreiber« und »Betonmischer« verschrien wurde, nicht aufzugehen. Nach dreizehn Spieltagen der Saison 1949/50 lag Atlético bloß auf dem dreizehnten Rang und hatte sieben Punkte Rückstand auf Spitzenreiter Vigo. Am Saisonende konnten sich die Fans der *Rojiblancos* trotzdem vor dem Neptun-Brunnen zum Feiern versammeln. Atlético gewann nach einer starken Rückrunde zum dritten Mal den Meistertitel. Herrera führte die praktisch unveränderte Mannschaft auch 1951 zur Meisterschaft.

Danach musste Atlético ohnmächtig zusehen, wie Lokalrivale Real seinen einmaligen Siegeszug antrat und zwischen 1955 und 1960 fünfmal in Folge den Europapokal der Landesmeister gewann. Der Argentinier Di Stéfano, der Ungar Puskàs und der Franzose Kopa waren die großen Stars bei den Königlichen. Mit der Verpflichtung des Brasilianers Vavá, dem Mittelstürmer der Weltmeister-Elf von 1958, wollte Atlético der Vorherrschaft der Weißen ein Ende setzen. Zusammen mit dem spanischen Nationalspieler Enrique Collar bildete Vavá zwar ein bemerkenswertes Sturmduo. Doch als Kollektiv erreichte Atlético nie die Qualität und Konstanz von Real oder Barcelona, den beiden führenden spanischen Teams dieser Zeit. Der 3:1-Sieg im Pokalfinale von 1960 gegen das ausgelaugte Real blieb eine Ausnahme.

Paradoxerweise konnte Atlético im Europacup größere Erfolge feiern als in der *Primera División*, was davon zeugt, auf welch hohem Niveau in der spanischen Meisterschaft damals gespielt wurde. 1962, nach dem erneuten Gewinn des spanischen Pokals, stieß Atlético im Europacup der Pokalsieger recht mühelos bis ins Finale vor. Sedan, Leicester City, Werder Bremen und Motor Jena wurden aus dem Wettbewerb gekippt. Folgende Spieler sorgten mit dem Erfolg im Endspiel gegen die AC Fiorentina (1:1 nach Verlängerung und 3:0) für den ersten Höhepunkt der Vereinsgeschichte: Madinabeytia, Rivilla, Chuzo, Calleja, Ramiro, Griffa, Glaria, Jones, Adelardo, Mendoza, Peiro, Collar.

Die selben Spieler hatten ein Jahr später allerdings auch eines der größten Debakel zu verantworten. Als Titelverteidiger stieß Atlético 1963 zwar erneut ins Endspiel vor. Dort deckte Tottenham die Schwächen der Madrilenen aber gnadenlos auf: 5:1 gewannen die Engländer.

Die ruhmreichste Epoche des Vereins begann 1964, als Vicente Calderón das Kommando übernahm. Am 27. Mai 1913 in der kantabrischen Hafenstadt Santander geboren, wurde Calderón schon früh Vollwaise, was dazu führte, dass er auf ein Studium an der Universität verzichten musste. Der umtriebige junge Mann wanderte in die Hauptstadt aus, machte sich dort einen Namen als Geschäftsmann und schloss rasch Freundschaft mit einflussreichen Personen. Einer von ihnen war Santiago Bernabéu, der legendäre Präsident von Real.

Atlético-Torhüter Reina macht sich vergeblich lang: Uli Hoeneß erzielt das 4:0 für Bayern.

Bei seinem Amtsantritt erkannte Calderón sofort, dass Atlético nur durch den Bau eines größeren Stadions eine führende Rolle im spanischen Fußball einnehmen würde. 1966 konnte das 62 000 Zuschauer fassende Stadion Manzanares eingeweiht werden. Mittlerweile heißt die Arena *Estadio Vicente Calderón*. Der Klub hatte allen Grund zu einer Hommage an den Präsidenten, der am 24. März 1987 an einem Herzversagen starb. In der Ära Calderón erweiterte Atlético seine Trophäensammlung um vier Meistertitel – errungen in den Jahren 1966, 1970, 1973 und 1977 – sowie vier Pokalsiege (1965, 1972, 1976 und 1985).

Die Krönung blieb dem Klub allerdings versagt, darüber kann auch der Gewinn des Weltpokals (1974) nicht hinweg täuschen. Atlético besiegte zwar Independiente Buenos Aires, aber nur, weil Bayern München keine Lust auf die beiden Spiele gegen die argentinischen »Knochenbrecher« hatte. Denn als Europapokalsieger hätten eigentlich die Deutschen zum Prestigeduell gegen den Gewinner der *Copa Libertadores* antreten müssen. Atlético hatte am 15. Mai 1974 den Meistercup schon mit neun Fingern umklammert, doch in der 120. Minute glich der rustikale Kaiser-Adjutant Schwarzenbeck Atléticos Führung durch Luis (114.) noch aus. Im Wiederholungsspiel machten die Bayern dann kurzen Prozess mit den Madrilenen: Gerd Müller und Uli Hoeneß schossen je zwei Tore – 4:0 für die Bayern.

Atlético hatte in jenen Jahren 60 000 Mitglieder und eine ganze Reihe von überdurchschnittlichen Spielern. José Eulogio Gárate Ormaechea war 1966 beim Provinzklub Indauchu entdeckt worden. Der Mittelstürmer war zehn Jahre lang ein Torgarant. Seine 109 Treffer in 241 Spielen machten ihn zum *jugador más emblemático* des Vereins, zum unbestrittenen Aushängeschild.

Eine andere Atlético-Legende ist der in Badajoz an der Grenze zu Portugal geborene Adelardo Rodriguez, der als Kapitän 1974 den Weltpokal in Empfang nehmen durfte. An seiner Seite glänzte im Mittelfeld elf Jahre lang Luis Aragonés Suárez, der wegen seiner Spielintelligenz – die ihm später auch eine große Trainerkarriere ermöglichte – als der »Weise von Hortaleza« bezeichnet wurde. Auf den Außenbahnen zauberten schließlich der Argentinier Ruben Hugo Ayala Zanabria (169 Spiele, 45 Tore) und der Brasilianer João Leiva, genannt Leivinha (82 Spiele, 40 Tore).

Atlético gelang es Ende der Siebzigerjahre nicht, diese Leistungsträger adäquat zu ersetzen. Nach dem Meistertitel von 1977 spielte die Mannschaft lange Zeit nicht mehr die erste Geige. Einen letzten Höhepunkt in der Ära Calderón bildete 1985 der Pokalsieg gegen Athletic Bilbao, das mit 2:1 bezwungen wurde. Im anschließenden Europapokal scheiterte das von Luis Aragonés betreute Atlético erst im Endspiel an Dynamo Kiew (0:3).

Auch ihm verging das Lachen rasch einmal: César Luis Menotti war der zweite Trainer, den Atlético-Präsident Jesús Gil y Gil zum Teufel jagte.

Wie wenig Substanz jedoch in der Mannschaft steckte, zeigte sich 1987, als sich der Klub nicht einmal für die in jenem Jahr eingeführte Endrunde der sechs besten spanischen Klubs zu qualifizieren vermochte und obendrein noch das Pokalfinale gegen San Sebastián verlor. Bei der stolzen Anhängerschaft herrschte deshalb Weltuntergangsstimmung.

Diese Misserfolge führten am 26. Juni 1987 zur Wahl von Jesús Gil y Gil zum Klubpräsidenten. Der Unternehmer hatte den Mitgliedern feierlich versprochen, den portugiesischen Dribbelkünstler Paulo Futre vom Europapokalsieger FC Porto an den Manzanares zu holen. Für noch mehr Schlagzeilen sorgte die Verpflichtung des Trainer-Gurus César Luis Menotti. Gil jagte den Trainer, der 1978 mit Argentinien Weltmeister geworden war, im Frühjahr 1988 wegen ausbleibenden Erfolgen zum Teufel. Mit Menottis Nachfolgern wurde der exzentrische Despot, Bauunternehmer, Politiker und Stadtpräsident von Marbella allerdings auch nicht glücklich.

Bis zur Jahrtausendwende verschliss Gil beinahe vierzig Trainer, darunter unbestrittene Fachleute wie die Italiener Claudio Ranieri und Arrigo Sacchi, Meistermacher Radomir Antic, die spanische Trainerlegende Luis Aragonés, den ehemaligen argentinischen Nationaltrainer Alfio Basile, den kolumbianischen Nationaltrainer Francisco Maturana, den Kroaten Tomislav Ivic und und und. Die Abfindungen für die gefeuerten Angestellten zahlte Gil meist anstandslos. Ebenso die Transfersummen für sündhaft teure Stars. Obwohl Atlético Klassespieler wie Alemão, Baltazar, Hugo Sánchez, Bernd Schuster, Christian Vieri oder Juninho in seinen Reihen hatte, entsprachen die Erfolge in keinem Maß dem dafür betriebenen Aufwand. Neben dem völlig überraschenden und für viele heute noch unerklärlichen Meistertitel im Jahr 1996 konnte Gil mit Atlético drei Pokalsiege (1991, 1992 und 1996) feiern. Lokalrivale Real eroberte im gleichen Zeitraum jedoch zehn Meistertitel. Noch mehr ärgerte sich Gil im nachhinein über den Transfer des jungen Raúl González. Dieser durchlief sämtliche Jugendabteilungen von Atlético und wechselte 1992, noch bevor er ein Spiel in der ersten Mannschaft absolviert hatte, zu den Königlichen, wo er in der *Champions League* gleich einen Traumeinstand feiern konnte und sich zum Superstar entwickelte. Gil hatte die Nachwuchself leichtfertig aufgelöst, weil »diese Baustelle nur Kosten verursacht«.

Das Engagement bei Atlético verschaffte Gil einen hohen Bekanntheitsgrad, was ihm den Eintritt in die Politik wesentlich erleichterte. 1991 wurde der Lautsprecher zum Bürgermeister von Marbella gewählt, mit dem höchsten Stimmenanteil ganz Spaniens. In seiner Wahlkampagne versprach er, das Touristenzentrum von Dieben, Betrunkenen und Drogenabhängigen zu säubern (damit es wieder der gesunden und ungestörten Erholung arabischer Scheichs und internationaler Mafiosi dienen konnte).

Mit Atlético, das auf den Trikots für Marbella warb, kam es, wie es kommen musste. Erstmals nach 66 Jahren stieg der Klub im Jahr 2000 aus der *Primera División* ab. Mitten während der Abstiegssaison hatte der oberste Gerichtshof des Landes den Präsidenten entmachtet und einen Verwaltungsbeamten mit der Abwicklung der Vereinsgeschäfte betraut. Gil und sechs seiner engsten Mitarbeiter wurden wegen Betrugsverdacht für einige Wochen in U-Haft gesteckt. Zudem entzog ihm die Justiz die Verfügung über sechs Konten auf verschiedenen Banken. Der Besitzer eines Flugzeugträgers witterte hinter diesen Maßnahmen ein abgekartetes Spiel der Regierung, die ihn, den missliebigen Populisten, marginalisieren wolle.

Links und Rechts

Real Madrid galt als der Lieblingsklub von General und Diktator Franco. Komischerweise zogen aber auch Linke und Republikaner, also die Verlierer des Bürgerkrieges, Real eindeutig Atlético vor – trotz des scheinbar widersprüchlichen Adjektivs real (»königlich«). Real Madrid trug in seinem Titel den Namen der besetzten und bombardierten Stadt, während Atlético Aviación – wie die Rot-Weißen in den Vierzigerjahren hießen – der Verein der franquistischen Piloten war. Und diese hatten die Hauptstadt ohne Erbarmen bombardiert. Heute gilt Atlético als Klub der Arbeiter, während Real seine Anhänger aus der Mittel- und Oberschicht der Stadt rekrutiert.

Der »Inquisitor«, wie Gil den Richter vom Nationalen Gerichtshof nannte, stieß bei Atlético auf wahnwitzige Schulden und kuriose Geschäftsvorgänge, etwa die Anstellung afrikanischer Asylbewerber für sagenhafte Ablösesummen. Zudem fanden die Behörden Rechnungen, mit denen sich belegen lässt, dass die Familie rund eine Million Euro aus der Klubkasse zum lustigen Einkaufsbummel verwendet hatte. So erwarben die Gils in einem großen Kaufhaus unter anderem Babywäsche, Parfüms und Gesichtssalben, ließen hübsche Fliesen anfertigen und bestellten fünf Kopien eines Bildes von Franco, dem verstorbenen Diktator, den Gil bewundert. Nicht ohne Grund, denn Franco ließ Gil 1969 ungeschoren davonkommen, als an der *Costa del Sol* ein mehrstöckiges Haus zusammenbrach. 59 Menschen konnten nur noch tot aus den Trümmern geborgen werden. Errichtet hatte das Gebäude Gils Baufirma.

Die Schuld suchte (und fand) Don Jesús fast immer bei den anderen. Die sportlichen Misserfolge führte er entweder auf korrupte Schiedsrichter oder die Unfähigkeit seiner Trainer zurück. Als Atlético in der zweiten Liga auf den letzten Tabellenplatz abgerutscht war, verabschiedete Gil den bemitleidenswerten Trainer Fernando Zambrano mit den Worten »und lass' dich hier nie mehr blicken«. Den direkten Wiederaufstieg schaffte Atlético trotzdem nicht; die Rückkehr ins Oberhaus klappte erst im zweiten Anlauf, im Frühling 2002.

Gil dachte jedoch trotz all dieser Probleme nicht im Traum daran, die Macht freiwillig abzugeben. Ihm gehören seit 1992, als der Klub in eine Aktiengesellschaft umgewandelt wurde, 94,5 Prozent der Wertpapiere der *Sociedad Anonima Deportiva Atlético Madrid*. Laut Staatsanwaltschaft hatte er sich allerdings gratis in den Besitz der Aktienmehrheit gebracht. Für dieses und andere Finanzdelikte beantragte der Staatsanwalt im November 2002 17 Jahre Haft für den Präsidenten und 10 Jahre für dessen Sohn Miguel Ángel sowie eine Versteigerung der Aktien.

ERFOLGE

Spanischer Meister: 1940, 1941, 1950, 1951, 1966, 1970, 1973, 1977, 1996.
Spanischer Pokalsieger: 1960, 1961, 1965, 1972, 1976, 1985, 1991, 1992, 1996.
Europapokal der Pokalsieger: 1962.
Weltpokal-Sieger: 1974.

Bekannteste Spieler: Abel – Adelardo – Albertini – Alemão – Aragonés – Ayala – Baltazar – Bejbl – Ben Barek – Calleja – Caminero – Cano – Carlsson – Chamot – Chuzo – Collar – Dirceu – Domingo – Escudero – Esnaider – Estruch – Fillol – Futre – Gárate – Luis García – Glaria – Goicochea – Hasselbaink – Jones – Juninho – Kiko – Leal – Madinabeytia – Manolo – Marcelino – Melo – Mendoza – Miguel – Molina – Mujica – Pantic – Pazos – Peiro – Pio Riera – Penew – Prodan – Rivilla – Ruiz – Salinas – Sánchez – Schuster – Simeone – Tomas – Tinte – Ufarte – Valeron – Vavá – Vieri – Votava – Zamora.
Bekannteste Trainer: Antic – Atkinson – Aragonés – Balmanya – Basile – Clemente – Domingo – Glória – Herrera – Ivic – Maturana – Menotti – Merkel – Ranieri – Sacchi – Tinte – Tomás – Zamora.

Geld gibt Gil Senior ansonsten gerne aus. Nach dem Abstieg waren es gut 25 Millionen Euro, die er in neues Personal investierte – mehr, als der damalige Champions-League-Sieger Bayern München ausgegeben hatte! In der *Segunda División* war Atlético mit seinen elf Nationalspielern und einem Budget von 50 Millionen Euro ein Gigant. Die Zahl der Dauerkartenbesitzer stieg nach der schlimmsten Saison der Vereinsgeschichte von 27 000 auf fast 40 000 an – nur Real und Barça konnte auf eine größere Stammkundschaft zählen. Die Summe der Fanklubs (530) übertraf sogar jene von Europacup-Finalist FC Valencia.

Um Atlético drängelten sich die Zuschauer wie um einen düsteren Kult, monierten Kritiker. »Die Leute sind fabelhaft«, schwärmte wiederum Gil, der bei einem der letzten Heimspiele der Saison 2000/01 vor Aufregung eine weitere Herzattacke erlitten hatte. Vielen dieser Anhänger würde wohl ein Stein vom Herzen fallen, wenn der Teufelskerl endlich seine Hände vom Klub lassen würde.

Mehr als ein Klub

Am 30. Juli 1930 griff der 52-jährige Hans (»Juan«) Gamper in seinem Haus in der *Calle Gerona* in Barcelona zur Pistole und setzte seinem Leben ein Ende. Der Schweizer war ein gebrochener Mann. Sein mühsam erarbeitetes Vermögen hatte er in New York angelegt und während der Weltwirtschaftskrise praktisch über Nacht verloren. Zudem bedrohten die politischen Wirren in Spanien sein Lebenswerk, den *Fútbol Club Barcelona.*

Gamper hatte am 28. Oktober 1899 in der Zeitschrift *Los Deportes* eine kleine Anzeige aufgegeben: »Señor Gamper möchte Fußball-Spiele organisieren. Interessenten werden gebeten, sich in der Redaktion zu melden.« Das Know-How für eine Klubgründung brachte Gamper aus der Schweiz mit. Während seiner Studienzeit in Zürich war er einer der Initiatoren des FC Excelsior gewesen. Nach dem Willen seines Vaters, einem Bankdirektor, sollte Hans Import-Export-Kaufmann werden, und zwar mit Schwerpunkt Frankreich und Spanien. Hans Gamper wurde deshalb nach Lyon und später nach Barcelona geschickt, wo ihm ein Onkel einen Job als Buchhalter bei der Crédit Lyonnais verschaffte. Zu Gampers Leidwesen gab es in der katalanischen Hauptstadt damals noch keinen Fußball-Klub. Dies wollte er ändern.

Am 29. November 1899 war es soweit: Nach mehreren Treffen in der Turnhalle des Gymnasiums *Solé* wurde der FC Barcelona aus der Taufe gehoben. Der Auslandschweizer Wilhelm Wild übernahm das Präsidium. Um die Mannschaft kümmerte sich Gamper. Er war Trainer, Kapitän sowie Mittelstürmer in Personalunion und schoss zwischen 1899 und 1903 in 48 Spielen 103 Tore. Danach hängte er seine Fußball-Stiefel an den berühmten Nagel, um sich voll auf seinen Beruf als Kaufmann konzentrieren zu können. Seine Ämter beim FC Barcelona gab er ab; er fungierte fortan bloß noch als Berater im Hintergrund.

FÚTBOL CLUB BARCELONA
Gründungsdatum: 29. November 1899.
Anschrift: FC Barcelona, Avenida Aristidis Maillol, 08028 Barcelona, España.
Internet: www.fcbarcelona.com
Stadion: Estadio Nou Camp, Fassungsvermögen: 98 109 Zuschauer.
Vereinsfarben: Blau und Rot.

Gute Ratschläge hatte der Klub schon kurze Zeit später bitter nötig. In der Mannschaft herrschte Streit, in der Klubkasse Ebbe. Bloß 38 Mitglieder erschienen 1907 zur Vollversammlung, bei der Gamper erstmals zum Präsidenten gewählt wurde.

Der umtriebige Schweizer legte sich in der Folge mächtig ins Zeug, entfachte eine neue Begeisterung und stellte die Weichen für eine bessere Zukunft. Dass der FC Barcelona 1910 seinen ersten Pokalsieg feiern konnte, war zum großen Teil sein Verdienst. Bis 1928 folgten sieben weitere Pokalsiege, der Verein hatte sich in der nationalen Spitze verankert. Schon weit über 10 000 Mitglieder bekannten sich anfangs der Zwanzigerjahre zu den *Azulgranas.*

Auch als Geschäftsmann war Gamper erfolgreich. Sein Privatvermögen sicherte ihm und seiner vierköpfigen Familie ein sorgenfreies Leben; obendrein erlaubte es ihm auch ein finanzielles Engagement im FC Barcelona. 1922 machte er eine Million Peseten locker, damit sich der Verein im Stadtteil *Les Corts* ein Stadion mit 25 000 Plätzen bauen konnte.

Am 1. Juni 1924 wurde Gamper letztmals zum Präsidenten des Klubs gewählt. Anderthalb Jahre später ereignete sich ein verhängnisvoller Zwischenfall. Im Hafen von Barcelona ankerte ein englischer Flottenverband. Da die Matrosen begeisterte Fußballer waren, organisierte man ein Freundschaftsspiel gegen den FC Barcelona. Zuerst wurde die englische, dann die spanische Nationalhymne gespielt. Mit einem gellenden Pfeifkonzert übertönten die katalanischen Zuschauer die spanische Hymne. Die Pfiffe richteten sich gegen den Madrider Zentralismus, der die katalanischen Autonomiebestrebungen unterdrückte.

Diese Kundgebung ärgerte den auf der Ehrentribüne sitzenden Generaloberst Milans del Bosch, den spanischen Befehlshaber in Katalonien, dermaßen, dass er das Stadion für sechs Monate schließen ließ. Klubpräsident Gamper wurde empfohlen, das Land vorübergehend zu verlassen. Außerdem musste er schriftlich erklären, nie wieder für das Amt des Präsidenten zu kandidieren. Für den Schweizer brach an diesem Tag eine Welt zusammen. Fünf Jahre später nahm er sich das Leben.

Die Chaos-Theorie

Der FC Barcelona entstand am 29. November 1899. An diesem Tag wurde auch das Vereinswappen kreiert. Die Farben Blau und Rot sind eine Hommage Gampers an den FC Excelsior Zürich, für den er in seiner Jugend selber gespielt hat (und nicht, wie zuweilen behauptet wird, an den FC Basel). Ferner handelt es sich um die Farben und das Wahrzeichen Barcelonas, die in einem »Kochtopf« ruhen. Warum ausgerechnet ein Kochtopf? Die Gründerväter stritten sich um den Rahmen, der das Vereinsemblem umgeben sollte. Sollte es eckig oder rund sein? Schließlich warf einer das katalanische Sprichwort »Això es una olla« in die Runde, was so viel bedeutet wie »Welch ein Wirrwarr!«. In dem Sprichwort kommt das Wort olla (Kochtopf, in dem ein Durcheinander herrscht) vor, und irgendjemand sagte: »Dann malen wir doch einfach einen Topf drum herum.« Dieser umschließt die Farben Blau und Rot, das Kreuz des katalanischen Nationalheiligen Sankt Jordi und die gelbroten Streifen der katalanischen Flagge.

Der Sieg der Linken bei den Gemeinderatswahlen von 1931 führte zum Ende der spanischen Monarchie und zur Gründung der Zweiten Republik. Katalonien erhielt ein Autonomiestatut zugesprochen. Lange sollte die Freude darüber allerdings nicht andauern. 1936 kam es zum Putsch der Generäle und zum Bürgerkrieg. Die Truppen von General Francisco Franco setzten der Autonomie und Demokratie in Katalonien rasch ein Ende. Josep Sunyol, damaliger Präsident des FC Barcelona und Abgeordneter der Partei *Esquerra Republicana Catalana*, wurde 1936 von Francos Truppen standrechtlich erschossen. Er war eines von ungezählten Opfern des Bürgerkrieges.

Ein Bekenntnis zu *Barça* – wie der Verein im Volksmund genannt wird – stellte in den folgenden Jahren die einzige Möglichkeit dar, ungestraft gegen das faschistische Regime protestieren zu können. Der Klub bildete in den Jahren der Franco-Herrschaft die einzige Projektionsfläche für den katalanischen Nationalismus und Separatismus. Die Heimspiele des *Club de Fútbol Barcelona*, wie sich Barça von 1941 bis 1971 auf staatliche Anordnung nennen musste, avancierten zu politischen Demonstrationen.

Vor allem das Duell gegen Real Madrid war fortan mehr als nur ein Spiel, es war das Aufeinandertreffen zweier Weltanschauungen. Der galizische Diktator war ein großer Fan von Real, das er nach Kräften förderte. Von den internationalen Erfolgen des »weißen Balletts« in den Fünfzigerjahren profitierte auch das braune Regime. »Real ist der beste Botschafter, den wir jemals hatten«, sagte Außenminister Fernando Maria de Castiella einmal.

Allerdings saßen auch im Barça-Vorstand Kollaborateure mit dem Regime, was dem Klub den einen oder anderen Vorteil verschaffte. Als den CF Barcelona nach dem Bau des Stadions *Nou Camp* 1961 eine Schuldenlast von 294 Millionen Peseten drückte, half ihm die Regierung aus der Patsche. Nach zwei abschlägigen Gesuchen wurde *Les Corts* schließlich doch noch von einer Grün- in eine Bauzone umgewandelt. Barça konnte das Gelände somit problemlos veräußern. Die Baugesellschaft Habitat blätterte für das alte Stadion 226 Millionen Peseten hin (nach heutigem Wert rund 25 Millionen Euro) und half dem Klub somit aus der Bredouille.

Bis 1929 gab es in Spanien keine nationale Meisterschaft. Die beste Mannschaft des Landes wurde im Pokalsystem ermittelt. Barça holte sich die *Copa del Rey* (»Königspokal«) mit einer fast schon selbstverständlichen Regelmäßigkeit und gewann 1929 auch auf Anhieb die neu eingeführte Liga-Meisterschaft, die *Primera División*. Dank den Mitgliederbeiträgen und den Zuschauereinnahmen zählte der Verein zu den wohlhabendsten in Spanien. Seinen zahlreichen Anhängern konnte er in den Zwanzigerjahren zwei absolute Weltklasse-Spieler als Attraktion präsentieren.

Der eine war Torwart Ricardo Zamora, der in Spanien als *El Divino* (»der Göttliche«) verehrt wurde. Er spielte von 1919 bis 1922 für den FC Barcelona. Anschließend wechselte er ausgerechnet zu den Erzfeinden: Zuerst zum Lokalrivalen Espanyol (1923 bis 1930), dann zu Real Madrid (1930 bis 1936). Beim Ausbruch des Bürgerkrieges flüchtete der Nationalheld, wie viele andere Spanier auch, nach Frankreich. Beim Traditionsklub OGC Nizza ließ der 46-fache Internationale seine Karriere ausklingen.

Der andere Superstar war der Südamerikaner Héctor Scarone, einer der besten Stürmer der Zwischenkriegszeit. Man nannte ihn den »Magier«, weil er von der Mittellinie aus Tore erzielen konnte. Scarone hatte großen Anteil daran, dass Uruguay 1924 und 1928 bei den olympischen Spielen jeweils die Goldmedaille im Fußball errang und 1930 Weltmeister wurde. Mit seinem Stammklub Nacional Montevideo gewann er sieben Meistertitel. In Barcelona konnte er allerdings sein Potential nie ausschöpfen. Nach bloß einem halben Jahr brach er seine Zelte wieder ab.

Nach dem Ende des Bürgerkrieges rappelte sich der FC Barcelona rasch auf und mischte schon bald wieder an der Spitze des nationalen Fußballs mit: 1945, 1948 und 1949 gab es jeweils die Meisterschaft zu bejubeln. Dass Barça in der Folgezeit im Schatten von Real Madrid stand, war, so ist man in Katalonien überzeugt, eine Folge der Repressionen, die der Klub in der Franco-Ära erfuhr. Ob folgende Geschichte stimmt oder nicht, ist nicht verbürgt; sie wird in der Hafenstadt aber immer wieder zum besten gegeben. 1943 lag der FC Barcelona im Pokalspiel gegen Real 1:0 in Führung. Zur Pause sollen uniformierte Herren in der Kabine aufgetaucht sein. Es ist nicht überliefert, was gesprochen wurde – jedenfalls erlitten die Katalanen einen unerklärlichen Leistungseinbruch. Real gewann 11:1.

Die Entscheidung: Hans Krankl erzielt das 4:2 gegen Fortuna Düsseldorf. Der FC Barcelona gewann 1979 erstmals den Europapokal der Pokalsieger.

Real und Barcelona stritten sich nicht nur auf dem Platz, sondern auch auf dem Transfermarkt. Mit der Verpflichtung des Ungarn Ladislaus Kubala leitete Barça 1951 die »Epoche der fünf Pokale« ein. Neben Kubala waren Torhüter Antonio Ramallets, Mittelfeldspieler Juan Segarra und Goalgetter César Rodriguez die herausragendsten Spieler jener legendären Elf, die 1952 und 1953 Meister wurde und 1951, 1952 und 1953 den Pokal eroberte.

Diese Mannschaft hätte vielleicht in den folgenden Jahren Europas Fußball dominiert, wenn Barça das Seilziehen um Alfredo Di Stéfano gewonnen hätte. Der Argentinier, der bereits einige Freundschaftsspiele im Trikot von Barça absolviert hatte, wechselte nach einem wochenlangen Transfer-Wirrwarr zu Real Madrid. Er führte das »weiße Ballett« zwischen 1955 und 1960 zu fünf Siegen im Europapokal.

Barcelona formte im Schatten der Königlichen eine Mannschaft, die zu Beginn der Sechzigerjahre ihren Zenit erreichte. Spielmacher war der junge Luis Miramonte Suárez, der 1954 in La Coruña entdeckt worden war. Später verpflichte Barça noch den Brasilianer Evaristo von Flamengo Rio de Janeiro sowie die Ungarn Zoltan Czibor und Sandor (»Schani«) Kocsis, den Torschützenkönig der WM 1954. Mit dieser Equipe, einer der besten seiner Geschichte, brach Barcelona 1959 und 1960 in der spanischen Meisterschaft die Hegemonie Reals. Trainer war der Argentinier Helenio Herrera, der wegen seines autoritären Führungsstils »der Sklaventreiber« genannt wurde.

Der ganz große Triumph blieb Herreras Truppe versagt, weil Real im entscheidenden Moment besser in Form war. 1960 standen sich die beiden Erzrivalen im Halbfinale des Europapokals der Landesmeister gegenüber. Barcelona hatte den Armeeklub Sofia, die AC Milan und die Wolverhampton Wanderers mit einer Tordifferenz von 24:7 aus dem Wettbewerb gekegelt, verlor aber gegen die Königlichen zweimal überraschend deutlich mit 1:3. Diese Schmach verzieh man Herrera nicht. Er musste gehen, obwohl Barcelona 1960 die nationale Meisterschaft und zum zweiten Mal den Messestäde-Cup, den Vorläufer des UEFA-Pokals, gewann.

Im darauf folgenden Jahr stießen die Katalanen erneut ins Endspiel des Meistercups vor, nachdem sie im Achtelfinale Real ausgeschaltet hatten (2:2, 1:2). Das Finale verlor Barça allerdings gegen Benfica Lissabon mit 2:3, wobei man erwähnen sollte, dass die Katalanen viermal den Pfosten trafen und zwei Eigentore produzierten. Ramallets, Foncho, Gracia, Verges, Gensana, Garay, Kubala, Kocsis, Evaristo, Suárez und Czibor standen wiederum mit leeren Händen da. Weil den Verein massive finanzielle Sorgen plagten, fiel die Mannschaft auseinander. Der FC Barcelona sah sich über ein Jahrzehnt lang gezwungen, kleinere Brötchen zu backen.

Erst 1974, mit den holländischen Stars Johan Cruyff und Johan Neeskens, gab es wieder einmal eine Meisterschaft zu feiern. Der 17. Februar 1974 ist ein Datum, das die *Culés*, die Barça-Fans, nie vergessen werden: Real Madrid wurde im Bernabéu-Stadion nicht nur mit 5:0 besiegt, sondern regelrecht gedemütigt. Diktator Franco lag damals bereits im Sterben. An jenem Tag, behaupten viele Katalanen, setzte der Niedergang der Diktatur ein, und spätestens seither ist der FC Barcelona *més que un club*, »mehr als ein Klub«.

Die Rückkehr Barcelonas unter die europäische Elite fällt mit dem Ende der Franco-Herrschaft und der Einführung der Demokratie zusammen. 1979 gewann Barça erstmals den Europapokal der Pokalsieger. Fortuna Düsseldorf mit seinen Stars Klaus und Thomas Allofs zog in der Verlängerung mit 4:3 den Kürzeren. Spielmacher Johan Neeskens, der österreichische *Goleador* Hans Krankl und der Konterspezialist Carlos Rexach verdienten sich bei den Katalanen die Bestnoten.

Drei Jahre später, diesmal mit dem deutschen Trainer Udo Lattek, wiederholte Ba-

Zwei Klubs, zwischen denen Welten liegen: Real Madrid und FC Barcelona. Das Privatduell zwischen Uli Stielike (links) und Bernd Schuster verlieht dem Derby in den frühen Achtzigerjahren noch zusätzliche Brisanz.

rça diesen Erfolg dank eines 2:1-Sieges gegen Standard Lüttich. Lattek (»Barcelona ist der verrückteste Verein der Welt«) schickte 1982 im Endspiel folgende Elf aufs Feld: Urruti; Gerardo, Alexanco, Migueli, Manolo, Sánchez, Esteban, Moratalla, Simonsen, Quini, Carrasco. Die Tore erzielten der Däne Alan Simonsen (ehemals Mönchengladbach) und Spaniens Nationalstürmer Enrique Castro Quini, der ein Jahr zuvor Opfer einer Entführung geworden war.

Die Zauberformel: 1 – 9 – 86

Wer es in den Vorstand des FC Barcelona schafft, gilt etwas in Katalonien. Neben dem großen Vorsitzenden gibt es 9 Vizepräsidenten sowie 86 Vorstandsmitglieder. Für Vorstandssitzungen müssen jeweils teure Konferenzsäle in Hotels gebucht werden. Weil nur vier Vorstandsmitglieder den Präsidenten zu den Auswärtsspielen begleiten dürfen, werden sie jeweils ausgelost. Im Stadion vergessen diese Direktoren oftmals ihre guten Manieren. Das Barça-Eigengewächs Pep Guardiola bat sie deshalb via Medien einmal, weniger zu reden, das übliche Imponiergehabe zu unterlassen und die Beleidigungen an die Adresse der Schiedsrichter, der Gegner und bisweilen auch der eigenen Spieler – bitte schön – zu unterlassen. Guardiola sagte, was jene Funktionäre nur allzu gut wissen, aber gerne vergessen: »Ohne uns Spieler wären sie nichts.«
Publikumsliebling Guardiola musste sich übrigens kurze Zeit später einen neuen Arbeitgeber suchen. Der Olympia- und Europacupsieger von 1992 landete beim italienischen Provinzklub Brescia.

In den Achtzigerjahren verpflichtete Barça eine Reihe von exzellenten Fußballern, die mit ihren Geniestreichen beim anspruchsvollen Publikum zunächst ganz gut ankamen. Doch weder der flegelhafte Argentinier Diego Armando Maradona noch der launische Deutsche Bernd Schuster, der zuvor beim 1. FC Köln gespielt hatte, konnten in der Hafenstadt ihr Können voll entfalten. Schuster führte seine Mitspieler 1985 immerhin zum ersten Meistertitel seit elf Jahren. Doch nachdem Barça im Mai 1986 das Finale des Europapokals im Elfmeterschießen gegen den krassen Außenseiter Steaua Bukarest verloren hatte, war es vorbei mit der Herrlichkeit. Schuster wurde die Schuld an der Niederlage in die Schuhe geschoben, als psychisch krank erklärt und für ein Jahr suspendiert.

Es war wiederum Cruyff vorbehalten, eine neue Glanzzeit einzuleiten. Als der Holländer 1988 das Traineramt übernahm, begann die erfolgreichste Epoche des mittlerweile mit 110 000 Mitgliedern (darunter auch der Papst) größten Vereins der Welt. Mit König Johan triumphierte Barcelona 1989 im Europapokal der Pokalsieger und 1992 endlich auch im Meistercup. Der Finalgegner hatte beide Male Sampdoria Genua geheißen.

Der Angriff ging bei Cruyff über alles, die Abwehr war für ihn ein notwendiges Übel. Regelmäßig schickte er sieben oder acht Offensivkräfte aufs Feld. Das entscheidende Tor im Meistercup-Finale von 1992 erzielte allerdings Ronald Koeman, der holländische Libero, mit einem Freistoss aus siebzehn Metern. Cruyffs Elf verzückte die Massen. Die Fans nahmen ihm deshalb auch die 0:4-Niederlage zwei Jahre später im Finale der *Champions League* nicht übel. Gegen das von Pragmatiker Fabio Capello trainierte Milan gingen die Katalanen mit wehenden Fahnen unter. Barça hat unter Cruyff (bis auf den Weltpokal) alles gewonnen, was es zu gewinnen gibt. Woran es liege, dass der Klub erst unter ihm zu solchen Höhenflügen ansetzen konnte, wurde er nach dem Meistercup-Sieg von 1992 gefragt, schließlich hätten auf der Trainerbank weiß Gott schon fast alle Platz genommen, die in diesem Geschäft Rang und Namen haben. Sein Geheimnis, erklärte der Holländer, liege darin, dass er die Mannschaftskabine gesäubert habe. Im Klartext: In Barcelona, wo traditionsgemäß jeder glaubt, mitreden zu müssen, hatte nur noch einer das Sagen: König Johan der Erste. »Selbst der Präsident«, dozierte Cruyff, »hat in der Kabine nichts zu suchen.«

Der Holländer baute in der Olympia-Stadt von 1992 eine Mannschaft auf, die als *Dream-Team* in die Fußball-Geschichte einging. Aus dem Halbdunkel des bulgarischen Fußballs hatte er 1989 den impulsiven bulgarischen Stürmer Hristo Stoichkov ins Scheinwerferlicht des Nou Camp geholt. Im Mittelfeld führte der umsichtige Däne Michael Laudrup elegant Regie, das Eigengewächs Pep Guardiola und die baskische Arbeitsbiene José Maria Bakero spielten die Abfangjäger vor der Abwehr, die von Libero Ronald Koeman organisiert wurde. Von Koemans Ex-Klub PSV Eindhoven kam 1992 ein weiterer Ballvirtuose, der im Camp Nou wegen seinen Launen und Toren unvergessen bleiben wird: Der Brasilianer Romário.

Global(l)

Barça gegen Real, Katalonien gegen Spanien, Eigensinn gegen Hochmut, der Glaube, die eleganteste Elf der Welt zu haben, gegen die Meinung, das beste Team der Galaxis zu stellen – immer wieder kam es bei diesen Duellen zu Zwischenfällen. So auch im März 2002. 8500 Polizisten, Jagdbomber und Raketenwerfer sowie ein Nato-Aufklärungsflugzeug hatte die spanische Regierung nach Barcelona entsandt, damit sich die Staatschefs der Europäischen Union ungestört über die Liberalisierung der Energiemärkte unterhalten konnten. Die Hafenstadt wurde wie eine Festung bewacht. Leider hatten die Aufpasser eine Kleinigkeit vergessen: Zwei Torpfosten im Stadion Camp Nou. Dort fand gleichzeitig der Gipfel Barça gegen Real statt. Zwei militanten Globalisierungsgegnern war es kurz nach Anpfiff gelungen, die Sicherheitskräfte zu narren und sich an die Torpfosten zu ketten. Ihre Botschaft lautete: »Aturem la Europa del Capital!« Das ist Katalanisch und bedeutet »Stoppt das Europa des Kapitalismus.« Sieben Minuten verstrichen, ehe ihre Handschellen geknackt und sie unter den Pfiffen des fußballhungrigen Publikums abgeführt waren. Das Spiel des globalisierten Kapitals, vertreten durch die teuersten Fußballer des Welt, endete übrigens 1:1, und Real musste weiter auf seinen ersten Sieg in Barcelona seit 1983 warten.

Zwischen 1991 und 1994 gewann Barcelona die spanische Meisterschaft viermal in Serie. Von Real sprach kaum noch jemand. Mehr zu reden gaben die ständigen Streitereien zwischen Cruyff und Präsident Josip Lluis Nuñez, einem Westentaschendiktator, der seit 1978 im Amt war und sich daran störte, dass sich in Barcelona alles nur noch um König Johan drehte. Der Holländer zog die Konsequenzen und schmiss 1996 den Bettel hin. Cruyffs Nachfolge trat der Engländer Sir Bobby Robson an. Dass er bis Ende Saison im Amt bleiben durfte, verdankte er den Toren des Brasilianers Ronaldo, die dem Klub zumindest die Qualifikation für die *Champions League* sicherten. Ronaldo war es auch, der im Finale des Europapokals der Pokalsieger 1997 den einzigen Treffer erzielte. 1:0 gewann Barça gegen Paris Saint-Germain.

Danach übernahm mit Louis van Gaal erneut ein Holländer das Zepter. Der ehemalige Ajax-Trainer hatte zwar auf nationaler Ebene Erfolg, gewann zweimal die spanische Meisterschaft, nicht aber die Sympathien der Fans. Für sie blieb van Gaal ein Feindbild, was vor allem an seiner Vorliebe für holländische Spieler lag. Im Gegensatz zu Cruyff gab er Talenten aus dem eigenen Nachwuchs kaum eine Chance und setzte stattdessen auf teure Einkäufe. Mit Kluivert, Reiziger, Bogarde, Cocu, Zenden, Frank und Ronald de Boer sowie Torhüter Hesp standen zeitweise acht Holländer für Barça im Einsatz. »Designerdroge« taufte der linksintellektuelle Krimiautor Manuel Vázquez Montalbán diese Mannschaft abschätzig. Andere Kritiker meinten, dass Barça, das sich den Luxus leistet, freiwillig auf Trikotwerbung zu verzichten, zwar nicht die Brust, dafür aber das Herz verkauft habe.

Rannte sich die Zunge oft vergeblich aus dem Hals: Stürmer Patrick Kluivert.

Was die Kritiker damals nicht ahnten: Es sollte noch schlimmer kommen. Mit van Gaal konnte die »Ajax-Kopie« wenigstens noch Erfolge verbuchen. Als der Holländer ging, wusste sein Nachfolger Llorenç Serra Ferrer mit dieser Fremdenlegion nichts mehr anzufangen. Er sprach zwar im Gegensatz zu seinem ausländischen Kollegen Katalanisch, verstand sich aber dummerweise mit den Spielern nicht. Dank eines spektakulären Fallrückziehers des brasilianischen Ausnahmekönners Rivaldo schaffte Barcelona im Sommer 2001 immerhin noch mit Müh und Not und in letzter Minute die Qualifikation für die *Champions League*. Das selbe Minimalziel wurde auch in der folgenden Saison (glanzlos) erreicht. Wie echte *Champions* traten die Barça-Stars allerdings selten auf.

Für diese Krise wurde in Katalonien Präsident Joan Gaspart verantwortlich gemacht. Der langjährige Vize ließ sich im Sommer 2000 zum Nachfolger von Nuñez wählen, der gemeinsam mit van Gaal abgetreten war. Schon als Zehnjähriger hatte der Hotelier Gaspart vom einem Chefposten bei Barça geträumt. Als er das Amt übernahm, begann für den Klub ein Albtraum.

Gaspart führte sogleich das große Wort, verlor aber den Kampf mit Real Madrids

Setzte voll auf seine Landsleute: Barças holländischer Trainer Louis van Gaal (oben). Mittelfeldspieler Philipp Cocu war einer von bisweilen acht Oranje-Stars, die beim FC Barcelona Ende Neunzigerjahre unter Vertrag standen.

neuem Chef Florentino Pérez um den portugiesischen Publikumsliebling Luís Figo. Die 61,4 Millionen Euro Ablösesumme für das Klubmitglied Nummer 93 527 verpulverte Barça. Zwei Jahre später, im Sommer 2002, ergriff Rivaldo die Flucht, der einzige noch verbliebene Star, der in der Lage war, eine Partie durch eine Einzelleistung zu entscheiden. Beim brasilianischen Weltmeister hatten die Alarmglocken geschrillt, als er den Namen des neuen, alten Trainers vernahm: van Gaal. Dieser hatte Rivaldo einst als linken Verteidiger aufgestellt.

Van Gaals zweites Gastspiel in Katalonien dauerte keine sieben Monate. In der *Champions League* war Barça seltsamerweise noch ungeschlagen und hatte mit zehn Siegen in Folge sogar den Rekord der AC Milan eingestellt, aber in der Meisterschaft war die Mannschaft so schlecht wie selten zuvor, als van Gaal Ende Januar 2003 gefeuert wurde. Bloß drei Punkte trennten die *Azulgranas* zu jenem Zeitpunkt von einem Abstiegsplatz. Das Problem des Trainers war, dass er mit wirklichen Talenten nie umgehen konnte. Entweder versuchte er, sie in sein System zu zwingen, oder sie versauerten

Flaschen

Seit dem Pokalfinale von 1968 werden in den spanischen Stadien Getränke nur noch in Pappbechern ausgeschenkt. Diese Order wurde nach einem Duell zwischen Real und Barça erlassen. Die Partie ist als »Endspiel der Flaschen« in die Geschichte eingegangen. Obwohl die Katalanen 1:0 gewannen, mussten sie auf die Siegerrunde verzichten. Denn aufgebrachte Real-Fans warfen Tausende von leeren Flaschen aufs Spielfeld. Offenbar wollten sie mit ihrer Geste das selbe ausdrücken wie ein italienischer Gastarbeiter dreißig Jahre später in München: »Haben gespielt wie Flasche leer.«

auf der Ersatzbank (wie etwa das argentinische Wunderkind Javier Saviola, der beste Spieler der Junioren-WM von 2001, und dessen ebenfalls hochbegabter Landsmann Juan Román Riquelme). Das Duo Gaspart-van Gaal führte Barça nicht nur sportlich, sondern auch finanziell in die Bredouille. Als Gaspart sein Amt angetreten hatte, hatte der Schuldenberg 80 Millionen Euro betragen. In seiner Kaufwut häufte er in zwei Jahren weitere hundert Millionen Euro Schulden an. Spieler wie Gerard, Alfonso, Petit, Geovanni, Overmars, Mendieta, Riquelme oder Saviola waren zweifellos gute Individualisten, bildeten aber kein Kollektiv.

In der höchsten Not bat Gaspart vergeblich frühere Barça-Größen wie Schuster, Rexach oder Cruyff um Hilfe. König Johan spielte lieber Golf und zog ein ruhiges Leben dem Abstiegskampf vor. Denn auch ihm hatte der Stress bei Barça arg zugesetzt. Den größten Verein der Welt zu führen ist durchaus kein Zuckerschlecken – auch wenn der Lolly-Pop lutschende Holländer allzu oft diesen Eindruck vermittelt hatte …

ERFOLGE

Spanischer Meister: 1929, 1945, 1948, 1949, 1952, 1953, 1959, 1960, 1974, 1985, 1991, 1992, 1993, 1994, 1998, 1999.
Spanischer Pokalsieger: 1910, 1912, 1913, 1920, 1922, 1925, 1926, 1928, 1942, 1951, 1952, 1953, 1957, 1959, 1963, 1968, 1971, 1978, 1981, 1983, 1988, 1990, 1997, 1998.
Spanischer Superpokal-Sieger: 1983, 1991, 1992, 1993, 1994, 1996.
Spanischer Ligapokal-Sieger: 1983, 1986.
Europacup der Landesmeister: 1992.
Europacup der Pokalsieger: 1979, 1982, 1989, 1997.
UEFA-Cup: 1958, 1960, 1966.

Bekannteste Spieler: Abelardo – Alcántara – Alexanco – Aloísio – Amor – Artigas – Artols – Patrick Andersson – Sonny Andersson – Archibald – Arocha – Asensi – Bakero – Beguiristain – Bogarde – Carrasco – Castillo – César – Cocu – Couto – Cruyff – Czibor – De Boer – De la Peña – Esteban – Evarista – Ferrer – Figo – Fuste – Gallego – Garay – A.T. García – Giovanni – Goicoechea – Guardiola – Hughes – Julio Alberto – Kocsis – Koeman – Krankl – Kubala – Laudrup – Lineker – Luis Enrique – Maradona – Migueli – Morán – Moreno – Muñoz – Nadal – Neeskens – Olivella – Olmo – Pereda – Platko – Popescu – Quini – Ramallets – Reina – Rexach – Rife – Rivaldo – Romário – Ronaldo – Sadurní – Salinas – Samitier – J. Sánchez – Sastre – Saura – Saviola – Schuster – Salinas – Segarra – Seminario – Sergi – Simonsen – Sotil – Stoichkov – Suárez – Urruti – Vítor Baía – Witschge – Xavi – Zabalza – Zaldúa – Zamora – Zenden – Zubizarreta.
Bekannteste Trainer: Antic – Aragonés – Artigas – Balmanya – Brocic – Cruyff – Gamper – Herrera – Kubala – Lattek – Menotti – Michels – Miljanic – Rexach – Rijkaard – Robson – Samitier – Suárez – van Gaal – Venables – Weisweiler – Zamora.

Baskenmützen in der Kathedrale

Der *Athletic Club de Bilbao* mag im Ausland eine kleine Nummer sein. Im Spanien ist der 1898 gegründete Klub jedoch eine Macht. Er ist einer der ältesten und erfolgreichsten Vereine des Landes. Dazu darf er sich rühmen, als einziger Klub neben Real Madrid und dem FC Barcelona noch nie in die 2. Liga abgestiegen zu sein. Doch es sind nicht in erster Linie die Erfolge, von denen der Mythos lebt. Athletic Bilbao ist das sportliche Aushängeschild der Basken, das Symbol für kulturelle Unabhängigkeit und Projektionsfläche für den baskischen Nationalismus.

Das Baskenland stand gegen Ende des 19. Jahrhunderts dank des Bergbaus und der Eisenverarbeitung an der Spitze des industriellen Fortschritts in Spanien. Die Provinz Vizcaya hatte das größte Bevölkerungswachstum, das dichteste Eisenbahnnetz, die höchste Zahl von Schiffen, die bedeutendste Kapitalakkumulation und einige der wichtigsten Werften des Landes. So entstand ein idealer Nährboden für die Ausbreitung des Fußballs.

Das Fußball-Fieber hatten (wer hätte es gedacht?) englische Matrosen in Bilbao eingeschleppt. Britische Kaufleute und Industriearbeiter waren auch die treibenden Kräfte bei den Vereinsgründungen. Nebst dem Athletic Club gab es auch noch den *Bilbao Foot-Ball Club*, dessen Geschichte bis ins Jahr 1895 zurück reichte. Die beiden Vereine taten sich 1901 zusammen, wobei die Fusion in Wirklichkeit einer Übernahme des FC durch Athletic gleich kam. Jedenfalls hat diese Konzentration der Kräfte dazu geführt, dass sich heute die ganze Region mit dem Verein identifiziert.

Anfangs waren rund die Hälfte der Spieler Briten. An den englischen Fußball erinnern auch die Vereinsfarben: Die rot-weiß gestreiften Trikots und schwarzen Hosen wurden vom FC Sunderland übernommen, einem Klub, der um die Jahrhundertwende auf der Insel sehr erfolgreich und populär war. Jahrzehntelang engagierte Athletic fast ausschließlich englische Trainer. Legendär ist beispielsweise Freddy Pentland, der in den Zwanzigerjahren mit Melone, Krawatte und Zigarre am Spielfeldrand stand. Unter seine Ägide führte der Klub das Profitum ein. 1919 wurde ferner entschieden, nur noch Basken und Navarros unter Vertrag zu nehmen.

Seitdem sind ausschließlich im Baskenland geborene Spieler für Athletic aufgelaufen. Erster Ausländer war der Franzose Bixente Lizarazu, der 1996 im *Estadio San Mamés* seinen Einstand gab. Doch da Lizarazu französischer Baske ist, passte er zur Philosophie des Klubs. Zu der gehört auch der Verzicht auf Trikotwerbung. Denn ein Athletic-Spieler hat die Sache der Basken zu vertreten, und nicht die eines Sponsors. Aus dem selben Grund verzichten übrigens auch die Katalanen des FC Barcelona auf Leibchenwerbung und viel Geld.

ATHLETIC CLUB DE BILBAO

Gründungsjahr: 1898.
Anschrift: Athletic Club Bilbao, Alameda Mazzaredo, 23, 48009 Bilbao, España.
Internet: www.athletic-club.es
Stadion: Estadio San Mamés, Fassungsvermögen: 40 000 Zuschauer.
Vereinsfarben: Rot und Weiß.

Athletic ist spätestens seit dem spanischen Bürgerkrieg (1936–1939) ein Politikum. Damals ergriffen die Basken Partei für die Republik. José Antonio de Aguirre y Lecube (1904–1960), Athletics ehemaliger Mittelfeldspieler, wurde in den Dreißigerjahren Präsident der baskischen Exilregierung. Als General Franco mit Unterstützung Hitlers und Mussolinis im Juni 1937 die Stadt Bilbao einnahm, waren die Stars von Athletic – Gorostiza, Iraragorri, Lafuente, Chirri und Unamuno – schon längst auf einer Welttournee. Die *Euzkadi* genannte Auswahl warb in Südamerika, Osteuropa und Frankreich um ideologische und finanzielle Unterstützung für die baskische Sache und die Republik.

Bomben im Paradies

»Ich liebe das Baskenland«, sagte Bixente Lizarazu einmal. »Man lebt hier wie in einem kleinen Paradies.« Lizarazu legt Wert darauf, dass sein Vorname auf baskisch Bixente geschrieben wird und nicht in der französischen Version Vincent. Er bekannte sich auch öffentlich zu seinem Baskentum, etwa durch das Singen baskischer Weihnachtslieder im baskischen Fernsehen. Die Terrorgruppe ETA gibt sich damit aber nicht zufrieden. Sie stört sich daran, dass Lizarazu für die französische Nationalmannschaft spielt, mit der er 1998 Weltmeister und zwei Jahre später Europameister wurde. Deshalb verlangt sie von ihm eine so genannte »Revolutionssteuer«. Der Verteidiger sollte dafür bezahlen, dass er für einen »Unterdrückerstaat« spielt. Lizarazu lehnt es jedoch ab, seine Länderspiel-Gagen der Terrororganisation abzuliefern. Deshalb bekam er im Herbst 2000 erstmals Morddrohungen. Seitdem ist er öfter in Begleitung von Bodyguards zu sehen als mit seiner Familie.

Während das Euzkadi-Team im Ausland den Großteil seiner Spiele gewann, verlor es in den Hochburgen der Nationalisten viele Sympathien. Athletic Bilbao, der spanische Meister der Jahre 1930, 1931, 1934 und 1936, wurde in der nationalen Presse des »Landesverrats« bezichtigt. Der Klub avancierte endgültig zum Bannerträger des Baskentums und wurde vom Franco-Regime schikaniert, wo es nur ging. Eine Gängelei der harmloseren Sorte war die Anordnung, den englischen Klubnamen ins Spanische zu übersetzen. Zwischen 1940 und 1972 nahm der Verein unter der Bezeichnung *Atlético de Bilbao* an der Meisterschaft teil.

Seine Spitzenstellung im nationalen Fußball büßte der Klub nach dem Zweiten Weltkrieg allerdings nach und nach ein. Das hing im Wesentlichen damit zusammen, dass nur gerade ein Spieler der Euzkadi-Auswahl während des Bürgerkrieges wieder nach Spanien zurückkehrte. Als die Republik besiegt war, erklärte die FIFA die exilierten Spieler zu Rebellen und drohte ihnen mit einer lebenslänglichen Sperre.

Bei Athletic reifte in den Fünfzigerjahren unter dem tschechischen Trainer Fernando Daucik nochmals eine große Generation heran. Die Angriffsreihe mit Iriondo, Venancio, Panizo, Gainza sowie dem legendären Goalgetter Zarra führte den Klub 1955 zum Cupsieg und 1956 zum Double. 1958 gelang erneut ein Pokalsieg: Bilbao schlug im Bernabéu-Stadion das große Real Madrid, den Klub des Regimes, mit 2:0. Doch für den Meistercupsieger war diese Niederlage bloß ein kleiner Fleck auf einer ansonsten im wahrsten Sinne des Wortes weißen Weste. Für Bilbao stellte der Sieg in der *Copa del Rey* jedoch für lange Zeit den letzten großen Erfolg dar. Die Mannschaft hatte ihren Zenit bereits überschritten, und den Nachwuchsspielern gelang es nur selten, aus dem Schatten ihrer großen Vorgänger zu treten.

Ende der Fünfzigerjahre begann im Baskenland der organisierte Widerstand gegen das Franco-Regime und der bewaffnete Kampf für Freiheit und Unabhängigkeit. Am 31. Juli 1959 gründeten einige Studenten der Jesuiten-Universität von Bilbao, denen der *Partido Nacionalista Vasco*, die alte Partei des baskischen Nationalismus, zu brav und bieder war, die ETA. Das Datum war bewusst gewählt. Denn am 31. Juli 1556 war der Baske Ignatius de Loyola, der Gründer des Jesuitenordens, gestorben. Das Kürzel ETA steht für *Euskadi ta Askatasuna* (»Baskenland und Freiheit«).

Bis zu Francos Ableben 1975 gab es relativ wenige Tote im baskischen Konflikt. Der prominenteste war Carrero Blanco, Ministerpräsident und Francos designierter Nachfolger, der 1973 bei einem Bombenattentat in Madrid ums Leben kam. Erst im demokratischen Spanien weitete die ETA ihrer Terror massiv aus. Rund tausend Personen kamen bisher ums Leben – durchsiebt von Gewehrsalven, hingerichtet per Genickschuss, zerfetzt von einer Bombe.

Athletic Bilbao hat sich nie offen zur ETA bekannt. Allerdings ist im *Estadio San Mamés*, im Volksmund *La Catedral* genannt, auch noch nie eine Schweigeminute für ein ETA-Opfer abgehalten worden. Dabei wird das Stadion durchaus auch für politische Kundgebungen missbraucht. In den Sechzigerjahren war bei Bilbaos Spielen zunehmend die rot-grün-weiße Fahne des Baskenlandes zu sehen und die verbotene Sprache *Euskara* zu hören. Torhüter José Angel Iribar regte im September 1975 seine Mitspieler zu einer Provokation sondergleichen an: Um die Trauer über zwei vom spanischen Militär ermordete ETA-Aktivisten auszudrücken, spielte Athletic mit schwarzen Armbinden.

Iribar, der 18 Jahre für Athletic spielte und 69 Länderspiele für Spanien bestritt, ist eine ebenso legendäre wie umstrittene Figur. Er war 1979 Gründungsmitglied von *Batasuna*, dem politischen Arm der ETA, jener Partei, die zehn bis fünfzehn Prozent der baskischen Wählerschaft repräsentiert und die im Jahr 2002 verboten wurde. Bekannt ist auch, dass die ETA ihren Nachwuchs unter anderem aus den radikalen Hooligans rekrutiert, namentlich aus dem Athletic-Fanklub *Herri Norte*. Im Jahr 2000 wurde ferner der Präsident der *Agrupación de peñas*, der über die halbe Welt verstreuten Fanklubs, wegen Zusammenarbeit mit der ETA verhaftet. Die Repressalien während der Franco-Diktatur zwangen die baskischen Klubs generell zur Förderung des eigenen Nachwuchses. 1981 und 1982 gewann Bilbaos Lokalrivale *Real Sociedad San Sebastián*, der auch Nicht-Basken verpflichtet, die beiden einzigen Meistertitel seiner Geschichte. Athletic doppelte in den beiden darauf folgenden Jahren nach. 1984 schlug die vom späteren Nationaltrainer Javier Clemente betreute Mannschaft im Pokalfinale den FC Barcelona mit 1:0 und gewann damit zum fünften Mal nach 1930, 1931, 1943 und 1956 das Double. Seitdem konnte Bilbao seiner ungewöhnlichen Erfolgsliste (8 Meistertitel und 23 Pokalsiege) keine weiteren Titel mehr hinzufügen. Das heißt aber nicht, dass die Qualität der baskischen Kicker wesentlich nachgelassen hätte. 1998 gelang mit Platz zwei und der Qualifikation für die *Champions League* der seit langem ersehnte Aufschwung.

Athletic Bilbao ist wahrscheinlich derjenige Verein, der unter dem Bosman-Urteil am meisten zu leiden hatte. Die Abhängigkeit von der Arbeit im schmucken Ausbildungszentrum Lezama hat sich bedenklich erhöht. Sind keine überdurchschnittlich talentierte Junioren vorhanden, entstehen sehr hohe Transferkosten. Der Innenverteidiger Roberto Ríos wurde beispielsweise für 2000 Millionen Peseten (14 Millionen Euro) von Betis Sevilla losgeeist. Weil er nicht ins Konzept des ein wenig später verpflichteten Trainers Jupp Heynckes passte, saß Ríos oft nur auf der Ersatzbank.

ERFOLGE

Spanischer Meister: 1930, 1931, 1934, 1936, 1943, 1956, 1983, 1984.
Spanischer Pokalsieger: 1903, 1904, 1910, 1911, 1914, 1915, 1916, 1921, 1923, 1930, 1931, 1932, 1933, 1943, 1944, 1945, 1950, 1955, 1956, 1958, 1969, 1973, 1984.

Bekannteste Spieler: Acedo – Aguir – Aguirrezabala – Aldecoa – Alexanco – Alkorta – Andrinua – Aranguren – Arieta – Arteche – Bata – Beitia – Belauste – Bertol – Blasco – Canito – Careaga – Cedrun – Churruca – Ciganda – Cilaurren – Dani – Echeberria – Echevarria – Etura – Gainza – Garay – Garitano – Garizurieta – Goicoechea – Gorostiza – Guerrero – Iraragorri – Iribar – Iriondo – Iturriaga – Laca – Lafuente – Larraza – Larrazabal – Lasa – Legaretta – Lezama – Lizarazu – Maguregui – Manolín – Mauri – Mendiguren – Mieza – Moreno (Pichichi) – Muguerza – Nando – Oceja – Orue – Panizo – Ríos – Rojo – Rousse – Sáez – Sarabia – Salinas – Tiko – Unamuno – Uriarte – Uribe – Venancio – Zamora – Zarraonaindia – Zubieta – Zubizarreta.
Bekannteste Trainer: Allen – Clemente – Fernandez – Heynckes – Iribar – Irureta – Kendall – Pentland – Sáez – Stepanovic.

Julen Guerrero wiederum war 1992 von Heynckes aus der zweiten Mannschaft geholt worden und schaffte schon nach wenigen Einsätzen den Sprung in die spanische Nationalelf. Athletic unterbreitete ihm einen Zehnjahresvertrag zu unerhörten Konditionen, um dem Buhlen der Großklubs ein für alle Mal ein Ende zu bereiten. Guerrero hatte mit einem einzigen Autogramm für den Rest seines Lebens ausgesorgt. Er war anschließend nur noch schwer zu motivieren und wurde für den Verein allmählich zu einer Hypothek.

Um die Klubfinanzen unter solchen Bedingungen halbwegs im Lot zu halten, ist das Erreichen eines internationalen Wettbewerbes fast schon Pflicht. Eine Regionalauswahl regelmäßig in den UEFA-Cup zu führen, kommt für Heynckes jedoch einer Quadratur des Kreises gleich: »Mit Bilbao in der *Primera División* zu spielen, ist wie mit einem VW in der Formel 1 zu fahren.« Umso höher ist das Vordringen in das UEFA-Cup-Endspiel im Jahre 1977 zu gewichten. Auf dem Weg ins Finale hatte Bilbao der Reihe nach Újpest Dózsa Budapest, Basel, die AC Milan und den FC Barcelona aus dem Rennen geworfen. Bloß wegen der Auswärtstor-Regel ging die Trophäe in den Besitz von Finalgegner Juventus Turin (1:0, 1:2) über. Es war der Beginn einer unglaublichen Fußball-Euphorie im Baskenland. Die Meistertitel von 1983 und 1984 feierten jeweils rund eine Million Menschen auf den Straßen von Bilbao.

Trotzdem reichte die Begeisterung allein nicht, um langfristig mit den drei »Großen« im spanischen Fußball – Real Madrid, Barcelona und Atlético Madrid – konkurrieren zu können. Das war schon in den Fünfziger- und Sechzigerjahren so. Bilbao verkaufte 1961 seinen Star, Jesús Garay, an den FC Barcelona. Mit der Ablösesumme von sechs Millionen Peseten wurde das Stadion saniert und ausgebaut. Die Garay-Tribüne im San Mamés erinnert noch heute an diesen Transfer. Bilbao musste in der Vergangenheit praktisch jedes Jahr wohl oder übel seine besten Kräfte ziehen lassen. Die Liste der Emigranten umfasst so klingende Namen wie Alexanco, Zubizarreta, Goicoechea, Salinas, Alkorta oder Karanka. So waren allesamt auch Leistungsträger in der spanischen Nationalmannschaft.

Fand im Baskenland eine zweite Heimat: Trainer Jupp Heynckes.

Athletic erhält von der Regierung der Provinz Vizcaya immer wieder Subventionen, da der Verein den Ruhm des Landes in alle Welt hinausträgt, so die offizielle Begründung. Im Herbst 2002 waren es beispielsweise sechs Millionen Euro. Andererseits zeigte sich in der Vergangenheit auch Athletic spendabel, wenn es darum ging, kleine Regionalvereine vor dem Untergang und somit Talentquellen vor dem Versiegen zu retten. Dem *Club Deportivo Alavés* aus der baskischen Hauptstadt Vitoria-Gasteiz gelang beispielsweise 1999 der Aufstieg in die höchste Spielklasse nur dank der Hilfe Athletics, dessen Kredit Alavés vor dem Bankrott rettete. Alavés investierte das Geld in weitgehend unbekannte oder anderswo gescheiterte Spieler. Der berühmteste von ihnen trug den Namen Cruyff, Vornahme Jordi und hatte sich weder bei Barcelona noch bei Manchester United durchsetzen können.

Dem Kleinklub mit seinen 14 200 Mitgliedern (Athletic hat deren 33 000) schaffte in der Saison 2000/2001 Einmaliges. Bis dato war nämlich noch nie einem Verein bei seiner Europacup-Premiere der Vorstoß ins Endspiel gelungen. »Ala-wer?« fragten sich Klubs wie Rosenborg Trondheim, Inter Mailand oder Kaiserslautern, als sie von ihrem Los erfuhren. Die Erfolgsgeschichte des Klubs mit dem Mini-Budget von rund 14 Millionen Euro endete allerdings nicht mit einem Happy-End. In einem dramatischen Finale unterlag der Außenseiter dem FC Liverpool im Endspiel um den UEFA-Cup im Dortmunder Westfalenstadion mit 5:4.

Trotz der knappen Niederlage waren die Basken stolz auf die einmalige Leistung von Alavés, das zwischenzeitlich neben Athletic zum zweiten regionalen Aushängeschild avancierte. Die Erfolgsstory endete im Juni 2003, als Alavés wieder in die 2. Liga abstieg.

Das weiße Ballett

Wohin der Blick auch wandert: Es glänzt und blitzt und funkelt. Gold und Silber überall, die schönsten Stücke hinter blank polierten Glasvitrinen, dezent beleuchtet. Und überall das Wappen mit der Krone. In dieser Schatzkammer unter der Ehrentribüne des *Estadio Santiago Bernabéu* bewahrt König Fußball seine Juwelen auf. Weit über fünftausend Exponate stellt Real Madrid in seinem *Museo de trofeos* aus. Darunter drei Weltpokale, zwei UEFA-Pokale und neun Europapokale der Landesmeister. So viele hat kein anderer Klub. Die Trophäen werden von einem eigens dafür angeheuerten Personal ständig auf Hochglanz gehalten.

Zum Mythos wurde Real erst in der zweiten Hälfte des zwanzigsten Jahrhunderts. Zuvor war es ein Klub wie viele andere auch. Die ständigen Namensänderungen um die vorletzte Jahrhundertwende zeugen davon, dass der Verein in seinen Anfangsjahren alles andere als eine Institution war. Zuerst gab es den *Sky Football Club Madrid*, einen Verein, den einige junge Männer aus der Oberschicht der spanischen Hauptstadt 1897 gegründet hatten und der schon bald in *New Football Club* umbenannt wurde. Nach dessen Auflösung entstand 1902 der *Football Club Madrid*, der am 6. März des

Starparade: Die besten Spieler der Welt sind für Real gerade gut genug. Doch auch Zinedine Zidane, Roberto Carlos, Ronaldo und Raúl (von links nach rechts) kochen nur mit Wasser.

Feiern ohne Ende

Reals Centenario im Jahr 2002 dauerte ein ganzes Jahr, nicht nur einen Tag, wie es Erzfeind Barcelona 1999 getan hatte. Angefangen hatten die Feierlichkeiten zum hundertjährigen Bestehen der Königlichen mit einem Freundschaftsspiel gegen den Lokalrivalen Atlético (3:2). Den Anstoß hatte der spanische König Juan Carlos von Bourbon ausgeführt. Dann reihte sich die Federación Española de Fútbol ins Glied der Gratulanten und terminierte das gewöhnlich am Saisonende stattfindende Cup-Finale auf den 6. März. Der Schuss ging allerdings nach hinten los. Deportivo La Coruña erdreistete sich, die Copa del Rey aus dem Bernabéu-Stadion zu entführen. Das Pokalendspiel verlor Real zu Hause 1:2, die Meisterschaft an den FC Valencia.
Doch Real hatte auch so genug Trophäen, die in einem mobilen Museum in einem Sonderzug durch 46 spanische Städte rollten und dem staunenden Publikum gezeigt wurden. 1,5 Millionen Euro gab der Klub eigens aus, damit Startenor Placido Domingo die Klubhymne opernreif vertonte: Hala Madrid, »Vorwärts Madrid«. Den Höhepunkt bildete neben dem 9. Triumph im Europacup das Spiel gegen eine Weltauswahl. Selbst die FIFA machte einen Kniefall. Der Weltfußball-Verband ließ sich überreden, am 18. Dezember 2002 jede andere Partie zu untersagen. Weit mehr Platz als dem Ergebnis (3:3) zwischen Real und der Weltauswahl widmeten die Sportgazetten aus Barcelona der Tatsache, dass auf dem Globus trotzdem gekickt wurde: In Italien stand eine Pokalrunde auf dem Programm, in Frankreich fand ein Ligaspiel statt, auch in Holland wurde gespielt, ja sogar in Timbuktu und in Ouagadougou soll der Ball gerollt haben.

gleichen Jahres eine Liaison mit dem Universitäts-Fußball-Klub einging. Oft wird auch der 18. März 1902 als Gründungsdatum genannt, der Tag, an dem sich der FC Madrid beim spanischen Verband registrieren ließ.

Real – also königlich – wurde der Verein erst am 29. Juni 1920. Der spanische König Alfonso XII. gehörte zu den Stammgästen im O'Donnell-Stadion. Deshalb erteilte er dem FC Madrid das Privileg, sich *Real* nennen zu dürfen. *Real Madrid Club de Fútbol* lautet seitdem die offizielle Bezeichnung. Diesen Ehrentitel besitzen die Madrilenen allerdings keineswegs exklusiv. *Real* nennen sich in Spanien auch Vereine in Burgos, Gijón, Jaén, Murcia, Oviedo, Palma de Mallorca, San Sebastián, Santander, Sevilla, Valladolid, Vigo und Saragossa.

Seine Einzigartigkeit verdankt Real Madrid denn auch nicht dem König, sondern in erster Linie dem Wirken der Herren Zamora, Bernabéu und Di Stéfano. Diese drei legendäre Gestalten machten die *Merengues* zu dem, was sie heute sind: zum erfolgreichsten und vornehmsten Klub der Welt, zu einem Markenartikel.

In der Saison 1928/29 wurde in Spanien die Profimeisterschaft, die *Primera División*, gestartet. Drei Jahre später gewann sie Real erstmals, ohne auch nur eines der 18 Meisterschaftsspiele verloren zu haben. Diese makellose Bilanz war vor allem ein Verdienst von Torhüter Ricardo Zamora, der 1930 für die damalige Rekordsumme von 150 000 Peseten von Español Barcelona losgeeist worden war. Die Investition sollte sich für Real lohnen. Zamora (»der Göttliche«) galt in der Zwischenkriegszeit wohl nicht zu unrecht als der beste Torwart der Welt. In 46 Länderspielen für Spanien ließ

REAL MADRID CLUB DE FÚTBOL
Gründungsdatum: 6. März 1902.
Anschrift: FC Real Madrid, Estadio Santiago Bernabéu, Concha Espina 1, 28036 Madrid, España.
Internet: www.realmadrid.com
Stadion: Estadio Santiago Bernabéu, Fassungsvermögen: 105 000 Zuschauer.
Vereinsfarbe: Weiß.

er bloß 42 Gegentore zu. Auch bei Real war er sechs Jahre lang der große Rückhalt. 1933 gewannen die Weißen zum zweiten Mal die Meisterschaft, 1934 (2:1 gegen Valencia) und 1936 (2:1 gegen Barcelona) auch den spanischen Pokal. Als 1936 der Bürgerkrieg ausbrach, flüchtete Zamora nach Frankreich, wo er bei OGC Nizza seine Karriere ausklingen ließ.

Wegen des Bürgerkrieges ruhte der Spielbetrieb bis 1939. Als die Meisterschaft wieder aufgenommen wurde, trugen sich Atlético Madrid, Valencia, Athletic Bilbao, der FC Barcelona und Sevilla in die Siegerliste der *Primera División* ein. Real musste bis 1953 auf seinen nächsten Meistertitel warten. Dieser läutete aber die erfolgreichste Epoche des Klubs ein.

Bei den Königlichen hatte seit dem 15. September 1943 Santiago Bernabéu, ein ehemaliger Mittelstürmer des Klubs, das Sagen. Er hatte nicht nur Visionen, sondern auch einen guten Draht ins Machtzentrum des Franco-Regimes. Bernabéu erkannte als einer der ersten, wie wichtig eine große Arena für den Klub wäre. Für den Bau des Stadions nahm er sogar eine Schwächung der Mannschaft in Kauf. In der Saison 1947/48 entging Real dem Abstieg nur ganz knapp, besaß dafür aber seit dem 14. Dezember 1947 das 80 000 Zuschauer fassende *Estadio Chamartín*. Dessen Bau hatte Unsummen verschlungen, allein der erste Abschnitt kam auf 68 Millionen Peseten zu stehen. Doch das neue Stadion wurde für Real zur Goldgrube.

Adam Riese

Für Real ist nur das Beste gut genug. Deshalb bezahlte man im Sommer 2000 für Luís Figo 61,4 Millionen Euro an den FC Barcelona. Juventus Turin erhielt für Zidane ein Jahr später sogar sagenhafte 73,5 Millionen Euro, Inter Mailand für Ronaldo nach der WM 2002 45 Millionen. Ein Wahnsinn? Nein, ein Bombengeschäft! Allein mit dem weltweit laufenden Verkauf der weißen Trikots lassen sich die Investitionen locker wieder reinholen. Kleines Rechenbeispiel? Die Leibchen von Zidane (Nummer 5), Figo (10), Raúl (7) oder Ronaldo (11) gehen für 72 Euro über die Ladentheke. Weltweit rund 1100-mal pro Tag. Macht pro Jahr rund 29 Millionen Euro allein aus dem Trikotverkauf. Ronaldos Arbeitstenü beispielsweise wurde 120 000-mal verkauft, noch ehe der Brasilianer überhaupt ein Spiel für Real bestritten hatte. Doch diese Einkünfte sind nur Peanuts gemessen an den Gesamteinnahmen aus TV-Rechten, Werbung und Vermarktung des Produkts Real Madrid, die auf rund 300 Millionen Euro pro Jahr geschätzt werden.

Bernabéu konnte sich nun um den Aufbau einer großen Mannschaft kümmern. Den Grundstein legte er mit der Verpflichtung von Alfredo Di Stéfano. Der Argentinier hatte 1952 mit seinem Verein, den Millionarios aus Bogotà, an einem Turnier zum 50. Geburtstag von Real teilgenommen. Nicht nur die Verantwortlichen von Real, sondern auch diejenigen vom FC Barcelona waren von den Auftritten des 25-jährigen Di Stéfano mächtig beeindruckt. Der wochenlange Transferstreit der beiden Giganten endete mit einem Sieg Reals.

Di Stéfano bestritt sein erstes Meisterschaftsspiel im weißen Trikot am 27. September 1953 gegen Santander. Beim 4:2-Sieg ging das letzte Tor auf seine Rechnung. Der Argentinier wurde in jener Saison mit 28 Treffern Torschützenkönig, und Real errang nach einer 21-jährigen Durststrecke erstmals wieder den spanischen Titel – mit vier Punkten Vorsprung auf Barcelona.

Real langte auf dem Transfermarkt auch in den folgenden Jahren kräftig zu. Der geniale Linksaußen López Francisco (»Paco«) Gento, der schnellste Stürmer seiner Zeit, kam 1953 vom Namensvetter Real Santander. Ein Jahr später wurde der Argentinier Héctor Rial von Nacional Montevideo losgeeist. 1956 wechselte der brillante Rechtsaußen Raymond Kopa vom französischen Meister und Europacup-Finalisten Stade Reims nach Madrid. 1957 fand Real erneut in Südamerika Verstärkungen: Der Mittelläufer José Emilio Santamaría von Nacional Montevideo und der argentinische Torhüter Rogelio Domínguez von Racing Buenos Aires wurden verpflichtet. Kopfschütteln löste Bernabéu 1958 aus, als er den arbeitslosen Ungar Ferenc Puskás unter Vertrag nahm. Der Vizeweltmeister von 1954 war außer Form und übergewichtig. Die Kritik verstummte, als Puskás in seinem ersten Spiel gegen Gijón (5:3) einen Hattrick erzielte. Es war dies die Geburtsstunde jener Mannschaft, die als »das weiße Ballett« in die Geschichte einging.

Den 1955 geschaffenen Europacup dominierte Real Madrid nach Belieben. Von einer »zweiten Weltherrschaft der Spanier nach Pizarro« schrieb der *Spiegel*. Die Königlichen blieben zwar nicht unbesiegt, waren aber zwischen 1955 und 1960 von keinem Gegner zu stoppen. Die Liste der gescheiterten Herausforderer sagt alles über die Übermacht Reals aus: Servette Genf, Partizan Belgrad, AC Milan, Stade Reims, Rapid Wien, OGC Nizza, Manchester United, AC Fiorentina, FC Antwerpen, Sevilla, Vasas Budapest, AC Milan, Besiktas Istanbul, Wiener Sport-Club, Atlético Madrid, Stade Reims, Jeunesse Esch, OGC Nizza, FC Barcelona, Eintracht Frankfurt.

Den Höhepunkt dieser einmaligen Serie bildete zweifellos das Endspiel von 1960 in Glasgow. Der Gegner war an jenem 18. Mai Eintracht Frankfurt. Es war eines der ersten Spiele, das live im TV übertragen wurde. Real bot eine tolle Show, besiegte die Eintracht mit 7:3. Sämtliche Tore für die Spanier gingen auf das Konto des kongenialen Duos Puskas (4) und Di Stéfano (3). Die Frankfurter hatten das Pech, dass sie auf die vielleicht beste Mannschaft aller Zeiten trafen: Domínguez; Marquitos, Pachin, Vidal, Santamaría, Zarraga, Canario, Del Sol, Di Stéfano, Puskás, Gento.

Diese Mannschaft setzte im September 1960 mit dem erstmaligen Gewinn des Weltpokals (0:0, 5:1 gegen Peñarol Montevideo) zwar das Tüpfelchen aufs »i«. Doch bereits waren erste Zerfalls- und Ermüdungserscheinungen sichtbar. Im Achtelfinale des Meisterpokals wurde Real erstmals aus dem Wettbewerb geworfen – ausgerechnet vom Erzfeind Barcelona (2:2, 2:1).

Das »weiße Ballett« reiste in jenen Jahren um den ganzen Globus und verzückte die Zuschauer mit seinem atemberaubenden Offensivspektakel. Vor Santamaría, Del Sol, Canario und dem wieselflinken Dribbler Gento zogen Fans und Gegner den Hut; den Franzosen Kopa bewunderten sie; zum Ungarn Puskás schauten sie hinauf; Di Stéfano, der schon bald den spanischen Pass bekommen hatte, musste ihnen wie von einem anderen Stern vorkommen.

Die Franco-Diktatur hatte in diesen Stars nicht zu übertreffende Botschafter gefunden. Die Tore, die am Radio übertragen wurden, waren eingängiger als *Cara al Sol*, die Hymne der Faschisten, schrieb der Dichter Eduardo Galeano. Im Jahre 1959 hielt einer der Führer des Regimes, José Solis, eine Dankesrede vor den Spielern, »weil Menschen, die uns früher hassten, uns dank euch jetzt verstehen«.

In der Teppichetage Reals war man sich der politischen Bedeutung des Vereins durchaus bewusst. »Wir leisten einen Dienst an der Nation. Wir möchten dazu beitragen, dass die Leute zufrieden sind«, verkündete Präsident Bernabéu, der im Bürgerkrieg in den Truppen Francos gedient hatte. Aber obwohl Real als *el equipo del régime* galt, waren die Begegnungen mit dem *Generalissimo* später nicht mehr als protokollarische Pflicht – so wie heute Audienzen beim König.

Die Sechzigerjahre waren für Real zwar immer noch erfolg-, aber weniger glorreich. Di Stéfano hatte die *Merengues* 1964 nach 624 Spielen und 402 Toren verlassen, Puskás ein Jahr später die Fußballschuhe an den Nagel gehängt. Von der großen Mannschaft der Fünfzigerjahre war 1966 nur noch Gento übrig geblieben, als Real durch ein 2:1 gegen Partizan Belgrad erneut den Meistercup gewann. Gento ist bis heute der einzige Fußballer, der sechsmal den Europacup der Landesmeister in den Händen hielt. Die neuen Idole hießen De Felipe, Sanchis, Zoco, Pirri, Velazquez und Amancio. Doch sie passten nicht ganz in die Fußstapfen ihrer Vorgänger, auch wenn sie im Laufe der Sechzigerjahre achtmal den spanischen Meistertitel eroberten.

Ein Brunnen als Fettnapf

Mit dem Leistungsausweis von acht Toren bei der WM in Asien kam der Brasilianer Ronaldo im Sommer 2002 nach Madrid. Noch bevor der Torjäger erstmals für Real auflief, trat er mitten ins Fettnäpfchen. Auf seiner Internet-Seite präsentierte er sich vor dem Neptun-Brunnen – dort, wo normalerweise die Fans von Atlético ihre Siegesfeiern zelebrieren. »Das darf doch nicht war sein!«, empörte sich die Sportzeitung *Marca*, die täglich auf mindestens einem Dutzend Seiten über Real berichtet. Das Wahrzeichen der Königlichen ist nämlich der Cibeles-Brunnen mit der Muttergöttin Kybele auf dem von Löwen gezogenen Wagen. Beide Brunnen sind nur zweihundert Meter voneinander entfernt, aber zwischen ihnen liegen Fußball-Welten. Die Rivalität zwischen den Anhängern von Real und Atlético könnte größer nicht sein.

Für die nachfolgenden Generationen wurde die ruhmreiche Vergangenheit rasch einmal zu einer Belastung und der Europapokal zu einer Obsession. Klangvolle Namen standen auf der Einkaufsliste der Königlichen. 1973 kamen Günter Netzer (Mönchengladbach) und Oscar Mas (River Plate), 1974 Paul Breitner (Bayern München), später Henning Jensen und Uli Stielike (beide Mönchengladbach). Kaum weniger prominent waren die Trainer, ob sie nun Miguel Muñoz, Luis Malowny, Miljan Miljanic, Alfredo Di Stéfano oder Vujadin Boskov hießen.

Zwar gewann Real etliche Male die spanische Meisterschaft, doch international blieben die von der riesigen Anhängerschaft sehnlichst erwarteten Triumphe aus. Die knappen Niederlagen in den europäischen Endspielen – 1981 im Meisterpokal gegen den FC Liverpool (0:1) und 1983 im Cupsieger-Wettbewerb gegen den FC Aberdeen (1:2) – wurden als Schande empfunden.

Bernabéu – ein Pokerface mit einem guten Riecher

1909 trat der 14-jährige Santiago Bernabéu dem Madrid Foot-Ball-Club bei. »Don Santi« verließ den Verein erst im Alter von 83 Jahren mit seinem Tod (1978).
Ende der Zwanzigerjahre hatte Mittelstürmer Bernabéu von seinem mangelnden Talent genug und hängte die Fußball-Stiefel an den Nagel. Er wurde Klubsekretär. Sein erster Transfer war Goalie Ricardo Zamora. Bernabéu eiste ihn für die damals unvorstellbare Summe von 150 000 Pesten (das wären heute 820 Euro ...) von Español Barcelona los.
Sein größter Coup als Präsident war zweifellos die Verpflichtung von Alfredo Di Stéfano. Er schnappte den Argentinier dem FC Barcelona 1953 vor der Nase weg. Während Erzrivale Barça mit Di Stéfanos Stammklub River Plate und seiner Frau verhandelte, trat Bernabéu mit dem Spieler direkt in Kontakt. Es floss viel Geld: Barcelona überwies 100 000 Dollar, Real 60 000 Dollar. Während die beiden Parteien stritten, organisierte Real ein Freundschaftsspiel. 80 000 Fans sahen beim 2:4 gegen Nancy einen rundlichen, miserablen »Wunderstürmer«. Di Stéfano wurde ausgepfiffen, die Presse spottete. Barça bekam kalte Füße und ließ sich das Geld zurückgeben. Zwei Tage später waren die Katalanen in Madrid bei Real zu Gast und gingen 0:5 unter – Di Stéfano schoss vier Tore.

»Statt auf den Erfolgen aufzubauen wurde ein Vergangenheitskult gepflegt, der den Blick in die Zukunft verstellt und schließlich in einer lähmenden Nabelschau gemündet hat«, beschrieb die Zeitung *El País* den Niedergang des Klubs, der praktisch im Gleichschritt mit dem Zerfall des Franco-Regimes erfolgte.

Nach dem Tode Bernabéus am 2. Juni 1978 übernahmen bei den Königlichen neureiche Emporkömmlinge die Macht. Während das ganze Land einen Demokratisierungs- und Modernisierungsprozess durchmachte, sorgte bei Real eine neue Spielergeneration für Furore: Die *Quinta del Buitre*, der »Jahrgang des Geiers«. Ihm gehörten in den Achtzigerjahren Libero Manuel Sanchis, der 863 Spiele im Real-Dress absolvierte (Rekord), der Manndecker Miguel Porlan Noguera (»Chendo«), die beiden Mittelfeldstrategen José-Miguel Gonzales Martín del Campo (»Míchel«) und Rafael Martín Vázquez und eben der filigrane Stürmer Emilio Butragueño an, der wegen seiner Torgefährlichkeit *El Buitre* (»der Geier«) genannt wurde. Die *Quinta del Buitre* vollzog den Stilwechsel von der *Furia*, symbolisiert durch den bulligen Mittelstürmer und Kopfballspezialisten Santillana, zu einem technisch gepflegteren, Improvisationen Raum gebenden Fußball in ähnlicher Weise, wie sich die spanische Gesellschaft nach der Diktatur allmählich zivilisierte.

Butragueño und Co. bescherten dem Klub nach zwanzig schier endlos scheinenden Jahren wieder einen europäischen Pokal. 1985 wurde im UEFA-Cup-Finale Videoton Székesfehérvár aus Ungarn (3:0, 0:1) bezwungen. Anschließend verpflichtete Real die beiden spanischen Nationalspieler Antonio Maqueda Frances (von Sporting Gijón) und Rafaél Gordillo Vázquez (von Betis Sevilla) und obendrein noch den besten Torjäger der Liga, den Mexikaner Hugo Sánchez von Atlético Madrid, der seine Tore mit einem Salto zu feiern pflegte. Diese sündhaft teure Mannschaft, zu der auch der argentinische Angreifer Jorge Valdano gehörte (von dem später noch die Rede sein wird), gewann 1986, 1987, 1988, 1989 und 1990 die spanische Meisterschaft. Doch der geradezu hysterisch erwartete Gewinn des siebten Meistercups ließ weiterhin auf sich warten.

Immerhin gelang den Weißen 1986 gegen den 1. FC Köln noch die Wiederholung des UEFA-Cup-Sieges (5:1, 2:2). Folgende Spieler standen im ersten Endspiel in der Startformation: Agustin; Solana, Camacho; Salguero, Michel, Gordillo; Juanito, Butragueño, Sánchez, Martín Vázquez und Valdano.

Als Lokalrivale Atlético 1992 seine Jugendabteilung schloss, verpflichtete Real den damals 15-jährigen Raúl González Blanco. Bereits zwei Jahre später debütierte das Supertalent in der ersten Mannschaft unter seinem »sportlichen Vater« Valdano, der seinerzeit als Trainer amtierte. Raúl feierte einen grandiosen Einstand in der *Champions League* und trat die Nachfolge von Nationalheld Butragueño an. Raúl hatte wesentlichen Anteil daran, dass Real 1998 nach 32 langen Jahren des Wartens durch ein 1:0 gegen Juventus Turin endlich wieder in der Königsklasse des Fußballs triumphieren konnte. Die spanischen Sportzeitungen tauften den Klub zeitweise in »Raúl Madrid« um.

Der Sieg in der *Champions League* beendete auch

Berge verschoben

Santiago Bernabéu hatte einen guten Draht ins Machtzentrum Spaniens. Seine Kontakte ermöglichten Real Madrid den Kauf von großen Ländereien im neuen Stadtteil Chamartín. Er ließ auf einem 14 Hektar großen Gelände eine Ciudad Deportiva, eine »Sportstadt«, erbauen. Diese umfasste neben Trainingsplätzen für die Fußballer auch Hallen für Tennis, Basketball und Handball. Das Trainingszentrum wurde am 18. Mai 1963 eröffnet.

Florentino Pérez, der im Juli 2000 zum Real-Präsidenten gewählt wurde, hatte als ehemaliger Kommunalpolitiker ebenfalls beste Kontakte zur Stadtverwaltung. Real drohte damals von einem Schuldenberg von 375 Millionen Euro erdrückt zu werden. Perez wusste, wie das Problem zu lösen war. Der Verein verkaufte das unter Bernabéu gebaute Trainingsgelände für 450 Millionen Euro an die Stadt, die das Land für ihre Olympia-Kandidatur im Jahre 2012 brauchte, und wurde so über Nacht erstmals seit zwanzig Jahren wieder schuldenfrei. Der Kaufpreis war im fußballverrückten Madrid ebenso wenig ein Politikum wie die Geschwindigkeit, mit der die Stadtregierung das Geschäft über die Bühne brachte.

Für 92 Millionen Euro baute sich Real anschließend ein zehnmal größeres Trainingszentrum beim Flughafen Barajas.

Gut im Schuss: Zinedine Zidane erzielt im Champions-League-Finale das 2:1 für Real. Die Madrilenen brauchten allerdings das Glück von Torwart Casillas, um das Resultat gegen Leverkusen über die Zeit zu retten.

eine Periode, in der die Königlichen national häufig zu Fall gebracht wurden. Nur zwei spanische Meisterschaften und ein Pokalsieg waren entschieden zu wenig für die Ansprüche des Nobelklubs, zumal Erzfeind Barcelona die Neunzigerjahre dominierte. Zwischen 1985 und 2000 verschliss Real nicht weniger als 17 Trainer. Jupp Heynckes half nicht einmal der Gewinn der *Champions League* – wegen des vierten Ranges in der Meisterschaft wurde er gefeuert. Heynckes hatte Präsident Sanz schließlich oft genug zur Weißglut getrieben, wenn er dessen Sohn Fernando nur auf der Ersatzbank Platz nehmen ließ …

Sanz und sein Vorgänger Ramón Mendoza – die beiden hatten sich 1974 auf einer Pferderennbahn kennen gelernt – bewiesen weder Geduld noch Weitsicht. Unter Mendoza verlor Real sogar seine Vermarktungsrechte, was im aufkommenden Multimedia-Zeitalter einer Katastrophe gleich kam. Auch Immobilienspekulant Sanz hatte kein taugliches Konzept, um die Finanzkrise zu bewältigen. Immerhin stellte er die Weichen im sportlichen Bereich in die richtige Richtung, als er 1996 den italienischen Trainer Fabio Capello mit dem Neuaufbau einer großen Mannschaft beauftragte. Capellos Transferwünsche waren der Real-Direktion Befehl. Der Stamm um Hierro, Sanchis, Raúl, Redondo und Guti wurde mit den Neuzugängen Mijatovic (für ihn wurde die damalige spanische Rekordsumme von umgerechnet 9 Millionen Euro an Valencia überwiesen), Suker, Roberto Carlos und Seedorf ergänzt. Capellos Weltauswahl eroberte auf Anhieb die spanische Meisterschaft. Ein Jahr später – 1998 – gewannen die Königlichen mit Trainer Heynckes dann die *Champions League* und den Weltpokal.

Durch nichts aus der Ruhe zu bringen: Vicente Del Bosque. Er holte mit Real sieben Titel innerhalb von vier Jahren. Im Sommer 2003 wurde er entlassen, weil der Klub einen Trainer wollte, der »weniger traditionell und etwas moderner« ist.

Als in der darauf folgenden Saison die Tormaschinerie ins Stottern geriet, wurden Mijatovic, Suker, Panucci und Seedorf aussortiert und neue Hoffnungsträger wie Salgado, McManaman, Baljic, Helguera, Casillas und Anelka präsentiert. Letzterer brach damals alle Klubrekorde. Für die Dienste des Video-Game-Freaks musste Arsenal London mit 5 500 000 000 Peseten (umgerechnet rund 33 Millionen Euro) entschädigt werden. Das 20-jährige vermeintliche Wunderkind produzierte in der einen Saison bei Real jedoch mehr Ärger als Tore. Bei den Königlichen loderte ein Fegefeuer der Eitelkeiten, das von den Medien genüsslich mit Sauerstoff alimentiert wurde.

Die Seifenoper nahm ein Ende, als im November 1999 mangels Alternativen mit Vicente del Bosque ein unscheinbarer Ausbilder auf die Trainerbank gehievt wurde.

Del Bosque war in den Siebzigerjahren ein rustikaler Abräumer im defensiven Mittelfeld gewesen, hatte anschließend als Nachwuchs- und Assistenztrainer gearbeitet und gehörte bei Real zum Inventar. Der Mann mit dem Seehundschnauzer und dem Temperament eines müden Bernhardiners ließ sich im »Intrigantenstadl« durch nichts aus der Ruhe bringen. Del Bosque hatte intuitiv gemerkt, dass er in seinem geradezu verschwenderisch mit Talenten gesegneten Kader nicht den großen Zampano spielen musste, sondern nur den kleinen Regulator. Das verschaffte dem vermeintlichen Trainer-Notnagel in der Mannschaft höchsten Respekt.

Del Bosque führte seine Stars an der langen Leine. Diese genossen ihre Freiheiten und spielten wie entfesselt auf. Am 23. Mai 2000 gewann Real zum zweiten Mal innerhalb von drei Jahren die *Champions-League*. In einem rein spanischen Finale besiegten die Königlichen den FC Valencia durch Tore von Morientes, McManaman und Raúl souverän mit 3:0.

Trotz dieser Erfolge wurde Präsident Sanz am 16. Juli 2000 abgewählt. Das Zepter übernahm nun Florentino Pérez, ein Ingenieur und ehemaliger Kommunalpolitiker, der einst für einen symbolischen Preis eine faktisch bankrotte Firma erworben und diese zu einem der florierendsten Baukonzerne Spaniens gemacht hatte. Real hatten einen knallharten Sanierer dringend nötig, denn die Stars der vergangenen Jahre waren vielfach auf Pump gekauft worden. Im Sommer 2000 hatte der Schuldenberg eine existenzbedrohende Dimension angenommen: 375 Millionen Euro.

ERFOLGE:

Spanischer Meister: 1932, 1933, 1954, 1955, 1957, 1958, 1961, 1962, 1963, 1964, 1965, 1967, 1968, 1969, 1972, 1975, 1976, 1978, 1979, 1980, 1986, 1987, 1988, 1989, 1990, 1995, 1997, 2001, 2003.
Spanischer Pokalsieger: 1905, 1906, 1907, 1908, 1917, 1934, 1936, 1946, 1947, 1962, 1970, 1974, 1975, 1980, 1982, 1989, 1993.
Europacup der Landesmeister / Champions League: 1956, 1957, 1958, 1959, 1960, 1966, 1998, 2000, 2002.
UEFA-Cup: 1985, 1986.
Weltpokal: 1960, 1998, 2002.

Bekannteste Spieler: Alonso – Amancio – Anelka – Angel – Araquistan – Beckham – Benito – Bernabéu – Breitner – Butragueño – Buyo – Camacho – Cabrera – Canario – Ciriaco – Del Bosque – Del Sol – Didi – Di Stéfano – Domínguez – Felo – Figo – Gallego – Gento – Geremi – Gordillo – Guti – Hagi – Helguera – Hierro – Hilario – Illgner – Joseíto – Jokanovic – Juanito – Karanka – Karembeu – Kopa – Laudrup – Maqueda – Makélélé – McManaman – Michel – Miera – Mijatovic – Molowny – Morientes – L. Muller – Muñoz – Navarro – Netzer – Olivares – Pachín – Panucci – Pena – Petit – Pirri – Prats – Prosinecki – Puskás – Quincoces – Raúl – Redondo – Regueiro – Rial – Roberto Carlos – Rocha – Ronaldo – Rubio – Salgado – Sánchez – Sanchis – San José – Santamaría – Santillana – Sávio – Schuster – Seedorf – Simonsson – Solari – Sotero – Suker – Stielike – Tejada – Valdano – Vázquez – Vidal – Zabalo – Zamora – Zamorano – Zárraga – Zidane – Zocco.
Bekannteste Trainer: Albéniz – Amancio – Antic – Armet – Beenhakker – Boskov – Bru – Capello – Carniglia – Coronado – Del Bosque – Di Stéfano – Encinas – Firsth – Fleitas – Floro – Heynckes – Hiddink – Keeping – Miljanic – Molowny – Muñoz – Quincoces – Santamaría – Scarone – Solich – Toshack – Villalonga.

Pérez kandidierte mit drei Wahlversprechen. Als erstes wollte er den Verein sanieren, was ihm dank eines Immobiliendeals mit der Stadt problemlos gelang. Zudem kündigte er an, Real künftig streng nach betriebswirtschaftlichen Kriterien zu führen. Auch das schaffte er: In Pérez' ersten Amtsjahr erwirtschaftete der Verein einen Gewinn von 14 Millionen Euro. Die Wahl gewann er aber wohl durch das Versprechen, in Zukunft die besten Kicker der Welt im weißen Trikot zu vereinen. Zum Auftakt engagierte er den Portugiesen Luís Figo vom FC Barcelona, ein Jahr später den Franzosen Zinedine Zidane von Juventus Turin, nach der WM 2002 den Brasilianer Ronaldo von Inter Mailand und im Sommer 2003 David Beckham von Manchester United.

Perez hielt sich nach der Wahl im Hintergrund und unterschied sich damit wohltuend von seinen oftmals geltungssüchtigen Amtskollegen, die ihre Lieblingsvereine wie Latifundien verwalten. Einen ähnlich patriarchalischen Führungsstil hatten bei Real im übrigen jahrzehntelang auch Bernabéu, Mendoza und Sanz praktiziert. Pérez' Verdienst war es, diese von Familienclan und Patriarchat geprägten Strukturen zu brechen. Zum starken Mann im sportlichen Bereich machte er Jorge Valdano. Der frühere Spieler und Meistertrainer war zuletzt für internationale Konzerne als Berater tätig gewesen. Von Sanz wenige Monate vorher angefragt, hatte Valdano den Job des Generalmanagers wegen geringen Erfolgsaussichten noch abgelehnt.

Unter der Führung der Troika Pérez, Valdano, Del Bosque konnte Real in der Saison 2000/2001 nach einer vierjährigen Unterbrechung erstmals wieder die spanische Meisterschaft feiern. In der *Champions League* scheiterten die Königlichen jedoch im Halbfinale am FC Bayern München. Was früher zum einem Köpferollen geführt hätte, hakte man nun gelassen als Betriebsunfall ab. In der Teppichetage von Real war man sich bewusst, dass zwischen der Wirklichkeit und den eigenen Ansprüchen noch eine große Lücke klaffte. Ehrenpräsident Di Stéfano erklärte nach dem Aus gegen Bayern: »Unsere Mannschaft in den Fünfzigerjahren war besser als die heutige. Bei uns hat es weniger Eitelkeit und mehr Einsatz gegeben. Es hat wahnsinnige Disziplin geherrscht. Ich erinnere mich an ein Jahr, da waren wir 172 Tage kaserniert. Nun gibt es großartige Spieler, aber noch nicht ausreichend Zusammenhalt.«

In der Selbstgefälligkeit der kickenden Jung-Millionäre machten die Bosse denn auch den größten Gefahrenherd aus. Deshalb gaben Pérez und Valdano die Parole heraus, in Zukunft keine Mittelklasse-Spieler mehr zu kaufen. Sie nannten das »die Philosophie der Zidanes und der Pavóns«. Das heißt, dass Real nur noch Geld für die allerbesten Spieler ausgeben will. Der Rest der Mannschaft wird durch Talente aus dem eigenen Nachwuchs ergänzt, wie etwa Verteidiger Francisco Pavón.

Doch selbst eine nach solchen Kriterien zusammengestellte Equipe kann auf dem schmalen Grad zwischen Selbstbewusstsein und Arroganz das Gleichgewicht verlieren. Das zeigte sich ausgerechnet im Jahr des 100-jährigen Bestehens. Im Pokalfinale triumphierte im Jubeljahr 2002 Deportivo La Coruña, in der Meisterschaft der FC Valencia. Es brauchte einen Geniestreich von Zidane und das Glück von Torhüter Casillas, damit die Saison durch einen 2:1-Sieg im Champions-League-Finale gegen Bayer Leverkusen einigermaßen zufriedenstellend endete. Bei Reals neuntem Sieg im wichtigsten europäischen Klubwettbewerb standen César (Casillas), Roberto Carlos, Helguera, Hierro, Salgado, Solari, Makélélé, Zidane, Figo (McManaman), Raúl und Morientes im Glasgower Hampden Park auf dem Platz.

Die Kraft der Jugend

Die Siedlung Valencia wurde im Jahre 138 vor Christus gegründet und diente als Altersheim für römische Legionäre. Schon bald hielten die Mauren Hof in der Stadt am Ufer des Turia-Flusses. Aus dem Schwemmland des Nil-Deltas brachten sie Orangen- und Mandelbäume mit, legten Reisfelder an und verwandelten die Umgebung der Hafenstadt in einen tropischen Garten. Die Orangen- und Reisproduktion macht heute noch einen großen Teil des volkswirtschaftlichen Einkommens und Wohlstandes der Region aus. Mitten in der Altstadt, unter der imposanten Glaskuppel des *Mercado Central*, erfährt man, was das Land an kulinarischen Genüssen alles hervorbringt. Die *Paella* hat unter anderem hier ihren Ursprung. Ausgiebiges Essen und ausschweifende Feste haben sich die lebensfrohen *Valencianos* bis heute nicht nehmen lassen.

Eine *Fiesta* wird jeweils auch an den Heimspielen des *Club de Fútbol Valencia* veranstaltet. Während die Anhänger in Madrid und Barcelona von ihren jeweiligen Mannschaften Siege um jeden Preis fordern, wollen die Zuschauer in der Levante-Metropole in erster Linie gut unterhalten werden. Dazu gehört auch ein komfortables Stadion. Deshalb hat der CF Valencia zuerst in die Infrastruktur statt in teure Spieler investiert. Erst vier Jahre alt, baute der Klub 1923 für die damals horrende Summe von 316 439 Peseten eine Arena, in der 17 000 Zuschauer Platz fanden. Die notwendigen Kredite sicherten Privatleute ab, denn der Regionalligist hätte diese Summe nie generieren können.

In seiner Anfangsphase hatte der Verein vieles dem Zufall überlassen. Der erste Präsident, Octavio Augusto Mílego Díaz, wurde 1919 in einer Bar durch einen Münzwurf bestimmt. Doch davon nahm damals in der pulsierenden Hafenstadt kaum jemand Notiz, ebenso wenig wie von der Vereinsgründung am 18. Januar 1919. Der CF Valencia war nur einer unter vielen Vereinen. 1923 setzte er sich erstmals gegen die Konkurrenten *Levante*, *Gimnástico* und *Hispania* durch. Der Gewinn der Regionalmeisterschaft ermöglichte die erstmalige Teilnahme am spanischen Pokal, wo der Klub allerdings viel Lehrgeld bezahlte: Gegen Sporting Gijón gab es unter anderem eine blamable 1:6-Niederlage. Valencia machte anschließend große Fortschritte und stieg 1931 nach drei Jahren in der zweithöchsten Spielklasse in die *Primera División* auf. Seitdem ist der Levante-Klub eine feste und stolze Größe im spanischen Fußball.

VALENCIA CLUB DE FÚTBOL

Gründungsdatum: 18. Januar 1919.
Anschrift: CF Valencia, Antigua Senda de Senent 14, 46023 Valencia, España.
Internet: www.valenciacf.es
Stadion: Estadio Mestalla, Fassungsvermögen: 53 000 Zuschauer.
Vereinsfarben: Weiß und Schwarz.

Der Bürgerkrieg verursachte in Valencia große Schäden. Die Anarchisten und Republikaner leisteten den Truppen Francos bis zum bitteren Ende Widerstand. Auch der aufstrebende Fußball-Klub war dem faschistischen Regime ein Dorn im Auge. Es betraute 1939 den Militärkommandanten Alfredo Giménez Buesa mit der administrativen Leitung des Vereins. Der neue Präsident löste als erstes die Profiabteilung auf, denn diese stellte in den Augen der neuen Machthaber ein Relikt aus republikanischen Zeiten dar. Doch Buesas Amtszeit war – zum Glück für den Verein – nur von kurzer Dauer. Sein Nachfolger, Luis Casanova, verwandelte den CF Valencia in rekordverdächtiger Zeit in einen Spitzenklub. In ähnlich raschem Tempo wurde das Mestalla-Stadion renoviert und ausgebaut. Es hatte unter den Bombardements während des Krieges arg Schaden genommen.

Während in weiten Teilen Europas wegen des Zweiten Weltkrieges keine Fußball-Meisterschaften durchgeführt werden konnten, dominierte in Spanien Valencia das Geschehen. 1942, 1944 und 1947 gewann der Klub die Meisterschaft, 1941 und 1949 den Pokal. Es hätten noch weit mehr Trophäen erobert werden können, wenn Valencia die Pokalendspiele von 1944 (0:2 gegen Bilbao), 1945 (2:3 gegen Bilbao) und 1946 (1:3 gegen Real Madrid) nicht verloren hätte. Die herausragende Figur in jenen Jahren war der Stürmer Edmundo Suárez, welcher der Einfachheit halber einfach *Mundo* gerufen wurde. Seine 184 Meisterschaftstore bedeuten noch heute Klubrekord.

In den Fünfzigerjahren begann in Spanien der Zweikampf zwischen Real Madrid und dem FC Barcelona die Massen zu elektrisieren. Die beiden Klubs lebten von der Klasse ihrer ausländischen Aushängeschilder Di Stéfano, Kopa, Rial und Puskás respektive Kubala, Kocsis und Czibor. Zudem trieben sie auf dem einheimischen Transfermarkt die Preise in die Höhe; die besten spanischen Kicker landeten so jeweils entweder in Madrid oder Barcelona. Vereine wie Valencia, in dessen Reihen für kurze Zeit der Holländer Servaas Wilkes glänzte, wurden zu Statisten degradiert. Im Pokalfinale von 1952 unterlag der Mestalla-Klub dem FC Barcelona mit 4:2. Immerhin, zwei Jahre später gelang Quique, Monzó, Puchades, Badense, Pasieguito, Seguí, Sócrates, Quincoces, Mañó, Fuertes und Buqué die Revanche: Barça wurde im Pokalendspiel 3:0 bezwungen.

Über das Ziel hinausgeschossen

»Mitmachen kommt vor siegen«, lautete das Motto des Club Deportivo Mestalla. Das Farmteam des CF Valencia wurde 1944 gegründet und diente dem Zweck, junge Talente an das Niveau der Eliteklasse heranzuführen. 1952 beendeten die Youngsters die Meisterschaft der zweithöchsten Spielklasse auf Rang zwei. Somit war Mestalla für die Aufstiegsspiele qualifiziert. Als das Farmteam in der Finalrunde auch noch Gijón, Santander, Alcoyano, Logroñes und Ferrol bezwang, war das Chaos perfekt. Mestalla hatte auf sportlichem Weg den Sprung in die Primera División geschafft. Trotzdem wurde nichts aus dem Aufstieg. Denn das Präsidium von Valencia vertrat den Standpunkt, dass es für die jungen Spieler sinnvoller sei, in der zweiten Liga Erfahrung zu sammeln. Diese Entscheidung brachte zahlreiche Mitglieder auf die Palme. Sie waren der Meinung, dass der Vorstand diese Entscheidung bloß gefällt habe, um den CF Valenica vor einer möglichen Blamage zu schützen. Denn es hätte ja sein können, dass die Talente in der Primera División besser abschneiden würden als die Stars.

Die *Primera División* war Ende der Fünfziger- und Anfang der Sechzigerjahre die mit Abstand stärkste Liga Europas. Valencia blieben zwar Meisterehren vergönnt. Doch den Vergleich mit anderen europäischen Teams brauchte der Klub nicht zu scheuen. Die Klasse Valencias kam im Messestädte-Cup zum Vorschein, dem Wettbewerb, aus dem später der UEFA-Cup hervorging. In der Saison 1961/62 räumte Valencia der Reihe nach Nottingham Forest, Lausanne, Inter Mailand und den MTK Budapest aus dem Weg. Der Widersacher im Endspiel hieß – wieder einmal – FC Barcelona. Valencia machte bereits im Hinspiel alles klar: Der 6:2-Sieg gilt als einer der schönsten Erfolge in der Vereinsgeschichte. Zamora, Piquer, Quincoces, Mestre, Sastre, Chicao, Héctor Núñez, Guillot, Waldo, Ribelles und Yosu hießen die Helden, die in der Levante-Metropole heute noch verehrt werden.

Im folgenden Jahr gelang im Messestädtecup sogar die Titelverteidigung. Celtic Glasgow, Dunfermilne, Hibernians Edinburgh und – im Endspiel – Dinamo Zagreb wurden besiegt. Auch in der Saison 1964/65 blieb Valenica im Messestädtecup das Maß aller Dinge, zumindest bis zum Endspiel. Dort beendete Ligakonkurrent Real Saragossa mit einem 2:1-Sieg die Erfolgsserie der Weißen.

Nach einer erneuten Niederlage in einem Pokalfinale (1970, 1:3 gegen Real Madrid) nahm Alfredo Di Stéfano erstmals auf der Trainerbank Platz. Der ehemalige Weltklassestürmer von Real Madrid setzte in erster Linie auf eine solide Verteidigung. In der Saison 1970/71 wurde Torhüter Abelardo bloß 19 Mal bezwungen. Die Verteidiger Sol, Aníbal, Jesús Martínez und Antón bildeten vor ihm einen Schutzwall. Im Mittelfeld bestimmte José (»Pepe«) Claramunt (381 Spiele, 83 Tore für Valencia) den Rhythmus und lancierte mit weiten Bällen die schnellen Konterspezialisten Forment, Valdez, Sergio und Pellicer.

Dass Valencia nach einer 24-jährigen Durststrecke wieder einmal den Gewinn der Meisterschaft feiern konnte, wurde hauptsächlich als Verdienst der Verteidigung gewertet. Diese erwies sich im Pokalfinale von 1971 allerdings als ziemlich wacklig, Valencia unterlag Barcelona mit 3:4. Auch das Pokalfinale von 1972 verließ Valenica als Verlierer: Die 1:2-Niederlage gegen Real Madrid war die dritte Endspielpleite in Serie.

Valencia blieb in den folgenden Jahren eine gute Adresse. Salif Keita aus Mali, der Österreicher Kurt Jara, der Holländer Jonny Rep, der Argentinier Ricardo Arias und der Deutsche Rainer Bonhof waren in den Siebzigerjahren die ausländischen Attraktionen im Mestalla-Stadion. Sie alle standen allerdings im Schatten des Publikumslieblings Mario Kempes, dem wohl komplettesten Fußballer, der je das Valencia-Trikot trug. Kempes, der Weltmeister von 1978, wurde in Spanien zweimal Torschützenkönig. In 274 Spielen für Valencia erzielte er 146 Treffer.

Zu Meisterehren reichte es dieser Elf zwar nicht, dafür 1979 zu einem 2:0-Sieg im Pokalfinale gegen Real Madrid. Im anschließenden Europapokal-Wettbewerb sorgte Valencia für den größten Erfolg in der bisherigen Vereinsgeschichte. BK Kopenhagen, Glasgow Rangers, Barcelona (!) und Nantes wurden auf dem Weg ins Endspiel ausgeschaltet. Dort wartete mit Arsenal London ein harter Brocken auf Pereira, Carrete, Arias, Tendillo, Botubot, Solsona, Bonhof, Subirats, Saura, Kempes und Pablo. Nach 120 torlosen Minuten musste der Sieger im Elfmeterschießen ermittelt werden. Valencia behielt mit 5:4 die Oberhand.

Der Sieg im Europapokal der Pokalsieger war ein letztes Aufbäumen vor dem Niedergang. Die Mannschaft hatte ihren Zenit überschritten und brach auseinander, im Verein herrschte ein unbeschreibliches Chaos. Eine Schuldenlast von 2000 Millionen Peseten drückte den CF Valencia. Der kontinuierliche Fall endete 1986 nach 55 Jahren Erstliga-Zugehörigkeit in der *Segunda División*.

Alfredo Di Stéfano führte die neu formierte Mannschaft, die nunmehr zum großen Teil aus einheimischen Talenten bestand, umgehend wieder ins Oberhaus zurück. Dort blieb Valencia lange Zeit bloß ein ambitionierter Mittelfeld-Klub mit einer stets zahlreichen Fangemeinde. In die internationalen Schlagzeilen geriet der Verein Anfang der Neunzigerjahre weniger durch den Bau der *Ciudad Deportiva de Paterna* und durch die Umwandlung in eine Aktiengesellschaft als vielmehr durch eine 0:7-Klatsche im UEFA-Cup gegen den Karlsruher SC, der im Hinspiel noch locker mit 3:1 besiegt worden war. Diese Demütigung verzieh man dem holländischen Startrainer Guus Hiddink nicht.

Traf meist haargenau: Der Argentinier Mario Kempes. Für Valencia erzielte der Weltmeister von 1978 in 274 Spielen 146 Treffer.

Die Trainerbank von Valencia war in den Neunzigerjahren ein Schleudersitz. Nicht einmal international renommierte Ausbildner wie der kompromisslose Brasilianer Carlos Alberto Parreira, der als intellektuell geltende Argentinier Jorge Valdano, die spanische Trainer-Legende Luis Aragonés oder der smarte Italiener Claudio Ranieri schafften es, Ruhe und Kontinuität in den Verein zu bringen.

Es brauchte die gnadenlose Härte des Argentiniers Héctor Cúper, um Valencia in die spanische und europäische Elite zurückzuführen. Cúper hatte als Aktiver bis 37 den defensiven Part im Mittelfeld gespielt. Ferro Carril Oeste war der Klub, der ihn prägte, ein argentinischer Eisenbahner-Verein. Cúpers Konzept bei Valencia war einfach. Es umfasste Begriffe wie Ordnung, Struktur, Deckung, Ruhe. Der Trainer selber wirkte wie der Feldwebel einer Luftlandeeinheit: Das Haar militärisch kurz, die Lippen zusammengepresst, die Augen eiskalt. So stand er vor dem Anpfiff jeweils im

Hat seine Augen überall: Héctor Cúper. Er kehrte Valencia den Rücken, weil er sich nicht respektiert fühlte.

Kabinengang. Die Stars mussten an ihm vorbei marschieren. Cúper schlug mit der flachen Hand vor die Brust, dort, wo er das Herz vermutete. So, als schicke er Fallschirmjäger ins Gefecht.

Unter Cúpers Regime verlor Valencia selten, aber im entscheidenden Moment. Im Champions-League-Finale 2000 stürmten seine jungen Stars naiv ins Verderben. Real Madrid konterte und gewann souverän 3:0. Im folgenden Jahr schaffte Valenica zur Verblüffung sämtlicher Experten erneut den Vorstoß ins Endspiel, von dem allerdings nicht ein Spielzug in Erinnerung bleiben wird. Mit Cúper und Hitzfeld von Bayern München trafen zwei Trainer aufeinander, die auf dem Reißbrett entworfenen Schützengraben-Fußball praktizieren ließen mit dem Ziel gegenseitiger Abnützung. Bayern gewann im Elfmeterschießen mit 5:4, weil der Ball, der beim entscheidenden Strafstoß von Oliver Kahns rechter Hand an die Unterkante der Latte gelenkt wurde, vor dem Kreidestrich auftropfte. Der argentinische Verteidiger Mauricio Pellegrino war der Pechvogel.

Anschließend verließ der frustrierte Cúper Valencia Richtung Mailand. Er fühlte sich von den kritischen Fans nicht genügend respektiert. Sein ergebnisorientierter Fußball schlug den Spektakel erwartenden *Valencianos* bisweilen aufs Gemüt. Selbst nach Siegen musste sich Cúper Pfiffe anhören.

ERFOLGE

Spanischer Meister: 1942, 1944, 1947, 1971, 2002.
Spanischer Pokalsieger: 1941, 1949, 1954, 1967, 1979, 1999.
Europapokal der Pokalsieger: 1980.
Messestädtecup: 1962, 1963.

Bekannteste Spieler: Aimar – Albelda – Amadeo – Angloma – Angulo – Arias – Arnesen – Ayala – Baraja – Belodedici – Björklund – Bonhof – Botubot – Cabrera – Cañizares – Carboni – Carrete – Carew – Curro Torres – Del Sol – Deschamps – Diarte – Djukic – Eizaguirre – Epe – Farinós – Fernando – Giner – Gorostiza – Guillot – Igoa – Ilie – Iturraspe – Jara – Keita – Kempes – Kily González – Leonardo – C. López – Mendieta – Mestre – Mijatovic – Morena – Mundo – Pablo – Paquito – Pellegrino – Penew – Pereira – Piquer – Quincoces – Rep – Ribelles – Romário – Sastro – Saura – Sempere – Solsona – Subirats – Tendillo – Valdez – Welzl – Zahovic – Zamora.

Bekannteste Trainer: Aragonés – Benítez – Ciric – Cúper – Di Stéfano – Domingo – Esparrago – Heriberto Herrera – Hiddink – Miljanic – Milosevic – Parreira – Pasarín – Ranieri – Valdano.

Der Ausweis, eine zwischen Oberhaus und Unterhaus pendelnde »Liftmannschaft« wie Teneriffa vor dem Abstieg bewahrt zu haben, genügte Valencias Direktion, um im Sommer 2001 Rafael Benítez zum Nachfolger von Cúper zu berufen. Der Verein trug damals rund 125 Millionen Euro Schulden mit sich herum. Das war insofern erstaunlich, weil die Verkäufe von Predrag Mijatovic, Claudio López, Francisco Farinós und Gaizka Mendieta in den vergangenen Jahren über 100 Millionen Euro in die Kassen des Klubs gespült hatten. Dazu kamen die Einnahmen aus den zwei lukrativen Champions-League-Jahren. Bei der Frage, wem das schlechte Wirtschaften anzulasten sei, schoben sich die Verantwortlichen den schwarzen Peter gegenseitig zu.

Trainer Benítez durfte bei seinem Amtsantritt trotzdem auf Einkaufstour gehen: Stürmer Miguel Mista und Verteidiger Curro Torres brachte er für zehn Millionen Euro aus Teneriffa mit, die Mittelfeld-Stars Javier Pérez Rufete sowie den uruguayischen Spielmacher Gonzalo de los Santos holte er für 17 Millionen Euro vom FC Málaga. Ein halbes Jahr zuvor hatte Valencia bereits für 24 Millionen Euro den argentinischen Super-Techniker Pablo Aimar von River Plate engagiert, den sie in seiner Heimat *El payaso* (»der Clown«) nannten, weil er mit dem Ball am Fuß jeden Gegner zum Narren hielt. Angreifer Rodriguez Vicente kam aus der eigenen Jugend – mit 185 Millionen Euro wurde seine festgeschriebene Ablösesumme zur höchsten in Spanien.

Dazu gesellten sich noch »alte Hasen« wie der spanische Nationaltorwart José Santiago Cañizares, die Verteidiger Amedeo Carboni, Roberto Ayala und Mauricio Pellegrino sowie »Staubsauger« Ruben Baraja und Konterspezialist Kily González – allesamt kraftvolle, laufstarke und disziplinierte Spieler. Benítez führte die Arbeit von Cúper nahtlos fort, die Mannschaft spielte einen kompakten und teilweise spektakulären Fußball. Trotzdem war der Gewinn der Meisterschaft im Frühjahr 2002 eine riesige Überraschung.

Geniale Pässe, tolle Tore, eiskalt verwandelte Elfmeter: Kapitän Gaizka Mendieta führte den FC Valencia zweimal in Folge ins Finale der Champions League.

Von der Hochburg zur Talentschmiede

Prag zählt wegen seiner herrlichen Lage, seinen prachtvollen Bauten und reichen Kunstschätzen seit dem Mittelalter zu den schönsten Städten der Welt. Johann Wolfgang von Goethe nannte es »den schönsten Edelstein in der steinernen Krone der Welt« und Auguste Rodin »das Rom des Nordens.« Tschechen, Slowaken, Juden, Deutsche, Polen, Russen, Ungarn oder Briten machten die »Goldene Stadt« gegen Ende des 19. Jahrhunderts zu einem der innovativsten Zentren Mitteleuropas. In den Bereichen Literatur, Kultur und Kunst konnte keine andere Metropole der Stadt Kafkas das Wasser reichen.

Das Fußball-Spiel, das zuerst von Studenten praktiziert wurde, fand in Prag einen idealen Nährboden vor. Die Vereine avancierten rasch zu Bannerträgern der verschiedenen sozialen und ethnischen Gruppierungen und schossen wie Pilze aus dem Boden. 1891 wurde der *AC Prag* gegründet, 1893 folgten *Slavia* und *Sparta*, das im Laufe der Zeit zum erfolgreichsten Klub des Landes avancieren sollte. Dazu gesellten sich noch Vereine wie die *Bohemians* (englisch für »Böhmen«) oder der *Deutsche Fußball-Klub Prag*. Diese Vielfalt widerspiegelte das Völkergemisch in der österreichisch-ungarischen Donaumonarchie, die 1918 aufgelöst wurde und aus der unter anderem die Tschechoslowakei hervorging.

Bereits ein Jahr zuvor war der *Atleticky Club Sparta* ins Letna-Stadion auf dem Sommerberg umgesiedelt. Diese Arena liegt hoch über der Moldau im Norden der Stadt und wurde in den folgenden zwanzig Jahren im wahrsten Sinne des Wortes zu einer Hochburg des europäischen Fußballs.

In Prag wimmelte es damals von Arbeitslosen. Kohlenbaron Petschek setzte auf die Straße, wer ihm nicht passte, die Tatra-, die Skodawerke, Schuhkönig Bata – sie alle führten spätestens gegen Ende der Zwanzigerjahre die Kurzarbeitszeit ein. Trotz dieser gewaltigen Probleme wurde im Fußball das Profitum eingeführt. Das verdeutlicht den hohen Stellenwert, den die schönste Nebensache damals genoss. Wohlhabende Gönner unterstützten die Vereine, zudem füllten die Zuschauereinnahmen die Kassen. Selbst ausländische Akteure ließen sich in die »Goldene Stadt« locken. Als Sparta 1929 Raymond Braine – für viele heute noch einer der besten belgischen Spieler aller Zeiten – vom AC Beerschot verpflichtete, war das eine kleine Sensation. Tausende von Fans empfingen ihn bei seiner Ankunft am Bahnhof.

ATLETICKY CLUB SPARTA PRAHA FOTBAL
Gründungsdatum: 9. August 1894.
Anschrift: Sparta Praha, Milady Horakove, CZ-17082 Praha 7, Ceska Republika.
Stadion: Letna, Fassungsvermögen: 21 362 Zuschauer.
Internet: www.sparta.cz
Vereinsfarben: Gelb, Rot und Blau.

Sparta spielte in der Zwischenkriegszeit regelmäßig vor über 40 000 Zuschauern und war eine Macht im kontinentaleuropäischen Fußball. Das zeigte sich bereits bei der ersten Austragung des Mitropa-Pokals, einem Vorläufer des Europapokals. Wien gegen Prag, Rapid gegen Sparta hieß 1927 die Affiche des ersten Endspiels. Dieses Finale brachte die Volksseele zum Kochen. Das Publikum war in beiden Städten fanatisch, nationalistisch und erfolgshungrig. Als Rapid das 2:6 verlorene Hinspiel nicht mehr umbiegen konnte (das Rückspiel in Wien endete 2:1), kam es zu unschönen Szenen. Nach üblen Tretereien auf dem Spielfeld und einem Platzverweis wurde die Pokalübergabe von einem gellenden Pfeifkonzert übertönt. Sparta-Captain Karel Pesek wurde gar von einem Stein am Kopf getroffen.

Selbstverständlich stellte Sparta in jenen Jahren (zusammen mit Lokalrivale Slavia) auch das Gros der tschechoslowakischen Nationalelf. Diese stieß bei der Weltmeisterschaft 1934 in Italien bis ins Finale vor, wo sie mit viel Pech und erst nach Verlängerung gegen Gastgeber Italien mit 1:2 den Kürzeren zog. Mit von der Partie waren auch die drei Sparta-Asse Josef Ctyrocky, Josef Kostalek und Angreifer Oldrich Nejedly. Letzterer wurde mit insgesamt fünf Treffern Torschützenkönig des Turniers. Vier Jahre später, bei der WM in Frankreich, lief es Nejedly weniger gut: Er brach sich bei einem Zweikampf das Bein. Die Tschechoslowakei – mit sieben Sparta-Spielern in ihren Reihen – schied im Viertelfinale gegen Brasilien aus.

In seiner Heimat genoss der beim Provinzverein Rakovnik groß gewordene Nejedly Heldenstatus. Die 391 Treffer, die er in 421 Spielen (zwischen 1931 und 1939) für Sparta erzielte, bedeuten bis heute einsamen Rekord im tschechischen Fußball. Tore waren die Antwort auf den Spott, den der fragile, klein gewachsene Nejedly wegen seinen »Glasknochen« oft ertragen musste. Sein physisches Manko machte er durch eine glänzende Technik wett. Sein Stellungsspiel war phänomenal, seine Körperbeherrschung perfekt und seine Ballbehandlung brillant – Nejedly war eine Ausnahmeerscheinung. Mit seinen Qualitäten passte er eigentlich gar nicht richtig zu Sparta. »Eisern« wurde der Verein genannt, auch deshalb, weil der Großteil seiner Anhänger aus der Arbeiterschicht stammte. Im Gegensatz zum bürgerlichen Slavia, das als Klub der Studenten und der slawischen Intelligenz galt.

Präsident sah rot

Am 16. November 1893 gründeten ein paar junge Männer einen Sportverein, dem sie – in Anlehnung an die königlichen Weinberge – den Namen Kralovske Vinohrady gaben. Am 9. August 1894 wurde der Name in Sparta geändert. Bald darauf bestimmte man auch die Vereinsfarben: Blau als Symbol für Europa, und Rot, die Farbe der königlichen Stadt. Was das Gelb bedeuten soll, ist heute nicht mehr bekannt.
Anfangs trugen die Sparta-Spieler schwarze Shirts mit einem großen »S« auf der Vorderseite. Später wurden sie durch schwarz-weiß-gestreifte Leibchen ersetzt, die der Klub 1996 kurzzeitig wieder als Standardtrikots einsetzte. Heute liegen die gestreiften Trikots als Reserve bereit. Gespielt wird in der Regel in rot. Diese Trikots entdeckte 1906 der damalige Präsident Otakar Petrik bei einem Besuch in England, als er sich ein Spiel von Arsenal London anschaute. Seitdem spielt Sparta in roten Trikots, weißen Hosen und schwarzen Stutzen.

In der Zwischenkriegszeit gewann Sparta 1919, 1920, 1921, 1922, 1923, 1926, 1927,

1932, 1936 und 1938 die Landesmeisterschaft sowie 1927 und 1935 den Mitropa-Pokal. Sportlich war die Mannschaft nur schwer zu stoppen.

Es war die Münchner Konferenz von 1938, welche die Prager Erfolgsstory abrupt beendete. Der Vielvölkerstaat wurde aufgeteilt: Das Sudetenland ging an das großdeutsche Reich, die Slowakei wurde ein deutscher Satellitenstaat und das, was von Böhmen und Mähren übrig blieb, kam unter deutsches »Protektorat«. Der Profifußball war den Nazis ein Dorn im Auge (ein Fußballer hatte für die Ehre und nicht für Geld zu spielen) und wurde verboten. Für Sparta und auch Slavia war diese Entwicklung verheerend. Sie wurden um Jahre zurückgeworfen und versanken ab 1938 in der Bedeutungslosigkeit.

Kaum war der Krieg beendet, spielte sich Sparta – zumindest auf nationaler Ebene – wieder in den Vordergrund. 1946 konnte Meistertitel Nummer zwölf errungen werden. Wiederum war es die Weltgeschichte,

Ihm eilte ein großartiger Ruf wie Donnerhall voraus: Patrick Berger. Der ehemalige Sparta-Spieler hinterließ aber weder in Dortmund noch in Liverpool tiefe Spuren.

die es nicht gut meinte mit dem Klub. Im Februar 1948 kamen die Kommunisten an die Macht und krempelten in der Folgezeit die privaten Vereine und Organisationen völlig um. Selbst Sparta wurde nicht verschont, obwohl der Klub wegen seines proletarischen Hintergrundes in Funktionärskreisen gewisse Sympathien genoss. Die politischen Eingriffe lassen sich am besten anhand der »von oben« befohlenen Namensänderungen illustrieren: 1948 hieß der Verein *Sokol Sparta*, 1949 *Sokol Bratrstvi Sparta*, 1951 *Sokol Sparta Sokolovo* und 1953 *Spartak Sokolovo*. Hinter den CSSR-Meistern der Jahre 1948, 1952 und 1954 verbarg sich also stets der selbe Verein.

Der tschechoslowakische Fußball erlebte in den Fünfzigerjahren den kometenhaften Aufstieg von Dukla Prag, dem 1948 gegründeten Armeeklub, der vom Regime nach Kräften gefördert wurde. Sparta alias Spartak Sokolovo war zu einer Mauerblümchen-Existenz verurteilt.

Den nächsten Meistertitel, den insgesamt sechzehnten, eroberte der Klub 1965 erneut unter einen neuem Namen, nämlich als *Telovychna Jednota Sparta Ceskomoravska Kolben Danek Praha*. Die ersten beiden Worte bedeuten so viel wie Sport-Verein, während *Ceskomoravska Kolben Danek* – abgekürzt CKD – der Name einer bekannten Maschinenfabrik war. Sparta war also faktisch die Sportabteilung eines Industriebetriebes. Die Spieler standen auf der Lohnliste der Fabrik und durften während der Arbeitszeit trainieren. Dadurch wurde Sparta wieder konkurrenzfähig. Just zu einer Zeit, in der sich der tschechische Fußball auch international wieder Anerkennung verschaffte.

Für ihn überwies Dortmund 15 Millionen Euro an Sparta: Tomas Rosicky.

Mit dem finanzkräftigen Sponsor im Rücken konnte sich Sparta in den Sechzigerjahren drei einheimische Spitzenspieler leisten. Josef Tichy, Tomas Posipchal und Andrej Kvasnak waren 1962 mit der Nationalelf bei der WM in Chile Vizeweltmeister geworden. Die CSSR hatte sich erst im Endspiel gegen die übermächtigen Brasilianer mit 1:3 geschlagen geben müssen. National trumpften Tichy, Posipchal, Kvasnak und Co. 1965 und 1967 ganz groß auf, als sie mit Sparta das Double, also Meisterschaft und Pokal, gewannen. In jenen Jahren verfolgten erneut regelmäßig 40 000 Zuschauer die Heimspiele im Letna-Stadion.

Die Mannschaft konnte allerdings ihr hohes Niveau nicht lange halten und schlitterte in eine tiefe Krise. In den Siebzigerjahren schwankte die Stimmung zwischen himmelhoch jauchzend (1973, mit dem Erreichen des Halbfinales im Europapokal der Pokalsieger) und zu Tode betrübt (1975, Abstieg in die 2. Liga). Als sich Sparta ein Jahr später wieder in der höchsten Spielklasse zurück meldete, war das Stadion ausverkauft und der Jubel riesig.

Der Traditionsverein kam in den Achtzigerjahren langsam wieder auf die Beine und gewann 1984 nach 17 Jahren Abstinenz wieder einmal den Meistertitel. Spielmacher Jan Berger und Libero Josef Chovanec, dessen 743 Einsätze für Sparta bis heute Klubrekord bedeuten, führten den Verein auch 1985 zur Meisterschaft. Ihre anschließenden Wechsel ins Ausland schwächten die Mannschaft nicht entscheidend, wie die Titelgewinne von 1987, 1988 und 1989 belegen. Torhüter Jan Stejskal, Verteidiger Vaclav Nemecek, Mittelfeldspieler Ivan Hasek und Angreifer Thomas Skuhravy machten sich in dieser Zeit einen Namen. Sparta dominierte die Liga bis zur Aufspaltung der Tschechoslowakei in zwei eigenständige Republiken im Jahr 1993.

Durch die Abspaltung der Slowakei blieben die prestigeträchtigen Duelle mit den Konkurrenten aus Bratislava aus. Die tschechische Liga verlor an Niveau und an Attraktionen, denn selbst durchschnittliche Kicker konnten im Ausland mehr verdienen als in der Heimat. Der Zuschauerschwund in den Stadien nahm ebenso dramatische Ausmaße an wie die Finanzlöcher der meisten Klubs.

Sparta, seit 1994 eine Aktiengesellschaft, verhinderte 1995 den Kollaps nur durch den Verkauf seiner besten Spieler. Die längst überfällige Renovierung des Stadions hätte der Verein vielleicht finanzieren können, wenn vernünftig und professionell gewirtschaftet worden wäre. Doch das war nicht der Fall. Am Ende der Amtszeit des

Für alle etwas

Die Geschichte des Atleticky Club Sparta Praha ist von zahlreichen Namensänderungen geprägt. Das »Sparta« blieb jedoch stets unangetastet. Republikaner, Monarchisten, Demokraten, Sozialisten und sogar die Nazis – sie alle konnten sich mit dem kriegerischen griechischen Stadtstaat identifizieren.

Für Hitler war Sparta das perfekte Modell eines reinrassigen Staates. Demokraten und Kommunisten wiederum lobten Sparta für das Gleichheitsprinzip unter der herrschenden Bevölkerung. Während der Aufklärung interpretierten die Philosophen Spartas Doppelkönigtum als eine Art antike Gewaltenteilung. Die moderne Geschichtsschreibung sieht in Sparta, um es hart auszudrücken, einen kulturlosen Staat: Es gab keine bildende Kunst, keine neuere Dichtung, keine Geschichtsschreibung, keine Philosophie, und die Stadt war bar jeglicher vorzeigbaren Architektur, so dass niemand auf die Idee gekommen wäre, es mit dem mächtigsten Staat in Griechenland zu tun zu haben.

Ab dem 6. Jahrhundert vor Christus hatte sich Sparta in einen Kriegerstaat verwandelt, in dem eine sportlich-militärische Erziehung der Jugend, Disziplin und dauernde Kampfbereitschaft der Männer den Alltag prägten. Diese gehörten vom zwanzigsten bis zum sechzigsten Lebensjahr dem Heer an. Die besondere Schönheit der Spartaner und Spartanerinnen wurde schon in der Antike auf das gesunde Sporttreiben zurückgeführt. Das dürfte der Grund sein, weshalb sich die Gründerväter des Fußball-Klubs im August 1894 für die Variante Sparta Prag entschieden haben.

wegen seinen Geschäftspraktiken mehr als zwielichtigen Autohändlers Petr Mach sowie des slowakischen Unternehmers Alexander Rezes hatte sich ein Schuldenberg von rund einer halben Milliarde Kronen angehäuft. Die beiden Präsidenten hatten Spartas Geschäfte nach Gutsherrenart geführt.

Das Verlagshaus *Vltava-Labe-Press*, eine Tochtergesellschaft des deutschen Unternehmens *Neue Presse Passau*, übernahm den Verein 1999 vom maroden slowakischen Eisenwerk-Giganten VSZ Kosice. Das Medienunternehmen erwarb den Traditionsverein für rund 800 Millionen Kronen (umgerechnet etwa 20 Millionen Euro). Der offizielle Kaufpreis betrug allerdings bloß etwas mehr als 300 Millionen Kronen – der Rest war zur Tilgung von Altlasten notwendig. Zu diesen zählten die neuen Besitzer offenbar auch Trainer Zdenek Scasny, der den Klub immerhin zu zwei Meistertiteln geführt hatte. Scasny erfuhr kurz vor Beendigung seines Urlaubs in Griechenland davon, dass der ehemalige Nationalmannschaftskapitän Ivan Hasek fortan seinen Job übernehmen würde ...

Unter den neuen Besitzern kehrte anschließend endlich Ruhe und Seriosität in den tschechischen Renommierklub ein. Ihnen ist bewusst, dass Sparta ein Anlageobjekt von hoher Rendite sein kann. Spätestens seit dem zweiten Platz bei der EM 1996 in England weiß die ganze Welt, dass es in Tschechien ausgezeichnete Fußballer gibt.

Mit den Millionen-Einnahmen aus der *Champions League* im Rücken kann sich der Rekord- und Serienmeister mittlerweile jeden einheimischen Spieler leisten. Die Talente werden im Letna-Stadion ans internationale Niveau herangeführt und ein paar Jahre später gewinnbringend ins Ausland weiterverkauft. Die Beispiele Jiri Nemec (zu Schalke), Pavel Nedved (zu Lazio Rom), Tomas Repka (zu Fiorentina), Vratislav Lokvenc (zu Kaiserslautern), Milan Fukal (zu Hamburg) oder Tomas Rosicky (zu Dortmund) zeigen, dass Sparta für junge Spieler ein ideales Sprungbrett zu den lukrativen Futtertrögen des europäischen Fußballs sein kann.

Eine Reise nach Prag lohnt sich deshalb für ausländische Talentspäher nicht nur wegen den historischen Sehenswürdigkeiten.

ERFOLGE:

Tschechoslowakischer Meister: 1912, 1919, 1920, 1921, 1922, 1923, 1926, 1927, 1932, 1936, 1938, 1946, 1948, 1952, 1954, 1965, 1967, 1984, 1985, 1987, 1988, 1989, 1990, 1991, 1993.
Tschechischer Meister: 1994, 1995, 1997, 1998, 1999, 2000, 2001, 2003.
Tschechoslowakischer Pokalsieger: 1964, 1965, 1967, 1984, 1988, 1989, 1992.
Tschechischer Pokalsieger: 1996
Mitropa-Cup-Sieger: 1927, 1935, 1964.

Bekannteste Spieler: Baranek – Berger – Bielik – Bilek – Boucek – Braine – Burger – Cejp – Chaloupka – Chovanec – Ctyrocky – Dyba – Frydek – Griga – I. Hasek – Hojer – Hornak – Janda (»Ocko«) – Jarolim – Jarosik – Jurkanin – Kolentay – Kolsky – Kozuleh – Kostalek – Kouba – Kramerius – Kraus – Kukleta – Kvasnak – Lokvenc – Ludl – Masek – Migas – Mraz – Nedved – Nejedly – Nemecek – Novotny – Pazdera – Pesek (»Kada«) – Pilat – Pollat – Posipchal – Pospisil – Puc – Repka – Riha – Rosicky – Sedlacek – Siegl – Silny – Skuhravy – Stejskal – Straka – Taborsky – Tichy – Vanik – Vejvoda – Vesely.
Bekannteste Trainer: Bulla – Chovanec – Hasek – Hlocek – Jezek – Kolsky – Rubas – Sedlacek – Sundermann – Taborsky – Uhrin.

Das Imperium schlägt zurück

Innerhalb kürzester Zeit wurde aus dem Emirat von Stammesfürst Osman eines der mächtigsten Reiche des ausgehenden Mittelalters. In der Frühen Neuzeit reichten die Grenzen des Osmanischen Herrschaftsgebietes von Ungarn bis Persien. Von der Macht und vom Glanz des einstigen Imperiums mit seiner Hauptstadt Konstantinopel (heute Istanbul) war allerdings gegen Ende des neunzehnten Jahrhunderts nicht mehr viel übrig geblieben.

Sultan Abdülhamid (1876–1909) herrschte zwar absolutistisch, aber bloß noch über einen Rumpfstaat. Er verließ aus Angst vor Attentaten seinen Palast auf den Höhen über Besiktas kaum noch. Der unter Verfolgungswahn leidende Despot witterte hinter allem einen Umsturzversuch – auch hinter dem Fußball, dem Sport, den die Feinde der Osmanen zu praktizieren pflegten. Sportveranstaltungen galten als politisch verdächtig. Bis 1908 war die Gründung von Vereinen offiziell verboten.

Mit dem modernen Sport, den Ausländer nach Konstantinopel gebracht hatten, kamen die Einheimischen so vorerst nur an den Eliteschulen des Reiches in Kontakt. Der am 20. Oktober 1905 von Studenten des berühmten Galatasaray-Gymnasiums gegründete gleichnamige Verein wurde geduldet, weil hier die Kinder sultanstreuer Familien zur Schule gingen. Die Studenten hatten Mut geschöpft, da der Sultan zuvor schon bei der Gründung des *Besiktas Jimnastik Kulübü* beide Augen zugedrückt hatte. Der Klub war am 3. März 1903 von einem Günstling des Sultans ins Leben gerufen und nach dem gleichnamigen Hafenquartier benannt worden. Besiktas nahm Fußball allerdings erst 1910 in sein Programm auf. 1907 entstand im französischen *Collège St. Joseph* schließlich noch der dritte große Klub der Stadt, der *Fenerbahçe Spor Kulübü*.

Als Sultan Abdülhamid 1908 politischen Umwälzungen zum Opfer fiel, trat allmählich ein toleranteres Klima ein. Der Gründung von Vereinen stand nun aus juristischer Sicht nichts mehr im Weg, und

GALATASARAY SPOR KULÜBÜ ISTANBUL
Gründungsdatum: 20. Oktober 1905.
Anschrift: Galatasaray, Hashun Galip Sokak 7-11, 80700 Beyoglu-Istanbul, Turkye.
Internet: www.galatasaray.org.tr
Stadion: Ali Sami Yen, Fassungsvermögen: 22 115 Zuschauer.
Vereinsfarben: Gelb und Rot.

FENERBAHÇE SPOR KULÜBÜ ISTANBUL
Gründungsdatum: 3. Mai 1907.
Anschrift: Fenerbahçe Tesisleri, Kiziltoprak/Kadiköy, 81030 Istanbul, Turkye.
Internet: www.fenerbahce.org.tr
Stadion: Sükrü Saraçoglu, Fassungsvermögen: 26 200 Zuschauer.
Vereinsfarben: Blau und Gelb.

BESIKTAS JIMNASTIK KULÜBÜ ISTANBUL
Gründungsdatum: 3. März 1903.
Anschrift: Besiktas, Spor Caddesi Acisi Sokak 92, Akaretler Besiktas, 86090 Istanbul, Turkye.
Internet: www.besiktasjk.com
Stadion: Inönü-Stadion, Fassungsvermögen: 42 000 Zuschauer.
Vereinsfarben: Schwarz und Weiß.

die einheimischen Kicker mussten nicht mehr befürchten, mitten während eines Spiels von der Polizei abgeführt zu werden. Im Gegenteil, ihnen kam nun sogar eine Art Botschafterrolle zu. Gemäß Ali Sami Yen, dem Gründer des *Galatasaray Spor Kulübü*, bestand die Aufgabe seines Vereins unter anderem darin, »Mannschaften zu schlagen, die nicht türkisch sind«.

Dazu gab es nach dem Ersten Weltkrieg reichlich Gelegenheit, da Istanbul von 1918 bis 1922 von den Engländern und Franzosen besetzt war. Prestigeduelle gegen ausländische Armeeauswahlen machten den Fußball endgültig in weiten Teilen der Bevölkerung beliebt. Balsam für das türkische Selbstbewusstsein war vorab ein 2:1-Sieg Fenerbahçes gegen ein britisches Soldatenteam im Juni 1923.

1923 war das Jahr, in dem die Republik Türkei ausgerufen wurde, die sich anschließend unter Mustafa Kemal Pascha – besser bekannt unter dem Ehrennamen *Atatürk*, »Vater der Türken« – zu einem Nationalstaat nach europäischem Vorbild entwickelte. Die politische Hauptstadt war fortan nicht mehr Istanbul, sondern Ankara.

Obwohl das Fußball-Spiel in Istanbul und anderen urbanen Zentren der Türkei schon früh populär war, verhinderten innenpolitische Wirren, schlecht ausgebaute Verkehrs- und Kommunikationswege sowie wirtschaftliche Rückständigkeit lange Zeit die Einführung einer nationalen Meisterschaft. Erst 1959 gelang die Schaffung einer Nationalliga auf Profibasis. Diese löste einen Fußball-Boom im ganzen Land aus. An der sportlichen Hierarchie änderte sich allerdings wenig bis nichts. Die beiden Arbeiterklubs Besiktas und Fenerbahçe sowie der Nobelverein Galatasaray sind bis heute das Maß aller Dinge im türkischen Fußball geblieben. In der 12-Millionen-Metropole am Bosporus ist *Futbol* längst kein Spiel mehr, sondern ein Millionengeschäft und Religionsersatz. Eine der größten Sport-Zeitungen heißt nicht von ungefähr *Fanatik*.

Ein Heimspiel fern der Heimat

Im Meistercup der Saison 1988/89 verlor Galatasaray im schweizerischen Provinzstädtchen Neuenburg gegen Xamax kläglich mit 0:3. Im Rückspiel platzte das Ali-Sami-Yen-Stadion dennoch aus allen Nähten. 25 000 Fans peitschten ihre Lieblinge zum 5:0-Sieg. Istanbul stand Kopf. Doch Xamax protestierte. Denn türkische Fans hatten während der Begegnung Gegenstände aufs Feld geworfen. Der Linienrichter sowie der Xamax-Einwechselspieler Adrian Kunz waren von Münzen getroffen worden.

Der Dortmunder Rechtsanwalt Reinhard Rauball erreichte als Galatasaray-Verteidiger vor dem UEFA-Gericht, dass Istanbul nicht aus dem Wettbewerb ausgeschlossen, sondern nur mit einer Platzsperre belegt wurde. Er argumentierte, dass Kunz schließlich habe eingewechselt werden können (zwei Wochen später vertrat Rauball in der Bundesliga in einem ähnlichen Fall die Gegenseite und erreichte eine Wiederholung des Spiels ...).

Im Viertelfinale spielte Galatasaray deshalb, auch aus Dankbarkeit, vor 60 000 Zuschauern im Müngersdorfer Stadion von Köln. Tausende von Gastarbeitern bescherten dem Klub im Rheinland ein Heimspiel und erlebten, wie sich ihre Elf gegen die AS Monaco fürs Halbfinale qualifizierte. Dort bildete dann allerdings Steaua Bukarest eine zu hohe Hürde.

ERFOLGE GALATASARAY SPOR KULÜBÜ ISTANBUL

Türkischer Meister: 1939, 1962, 1963, 1969, 1971, 1972, 1973, 1987, 1988, 1993, 1994, 1997, 1998, 1999, 2000.
Türkischer Pokalsieger: 1963, 1964, 1965, 1966, 1973, 1976, 1982, 1985, 1991, 1993, 1996, 1999, 2000, 2002.
UEFA-Pokal-Sieger: 2000.

Bekannteste Spieler: Ali Sami Yen – Arif – Bülent – Capone – Colak – Emre – Fatih – Filipescu – Galip – Hagi – Jardel – Knup – Mondragón – Okan – Oktay – Popescu – Sas – Schuhmacher – Sergen – Sükür – Taffarel – Terim – Turgay – Türkyilmaz.
Bekannteste Trainer: Denizli – Derwall – Feldkamp – Hollmann – Ivic – Lucescu – Saftig – Szabo – Terim.

Zum populärsten Verein avancierte Rekordmeister Fenerbahçe, dessen Stadion auf der asiatischen Seite von Istanbul liegt, im Stadtteil *Kadiköy*. Angeblich bekennen sich 25 Millionen Türken zum Lieblingsverein von Atatürk. Stimmt dieses Umfrageergebnis, dann wäre jeder dritte Bewohner des Landes ein »Fener«-Fan.

Der unbestritten größte Verein des Landes ist allerdings Galatasaray mit seinen zehntausend Mitgliedern. Den Gelb-Roten gehört nebst einem hochmodernen Trainingszentrum mitten im Villenviertel *Florya* auch die Insel *Kuruçesme* im Bosporus samt Schwimmbad, Restaurant und einer Diskothek. »Galatasaray hat in der Türkei einen Stellenwert wie Bayern München in Deutschland«, sagte Karl-Heinz Feldkamp einmal. Er muss es wissen, schließlich war er in der Saison 1992/93 nach Jupp Derwall (1984 bis 1988) und Sigi Held (1990/91) der dritte Deutsche, der Galatasaray trainierte. Seine Nachfolger stammten ebenfalls aus Deutschland und hießen Reiner Hollmann (1993/94) und Reinhold Saftig (1994/95). Danach ging die Ära der Deutschen beim reichsten Verein der Türkei zu Ende.

Galatasarays Verdienst ist es, den türkischen Fußball in den Achtzigerjahren in Europa salonfähig gemacht zu haben. 1989 erreichte der Klub von Torjäger Tanju Colak erstmals das Halbfinale im Europacup der Landesmeister. Ähnlich symbolträchtig war 1996 der Erfolg von Fenerbahçe, das im Old-Trafford-Stadion sensationell Manchester United mit 1:0 besiegte. ManU kassierte damals die erste Europapokal-Heimniederlage seit über dreißig Jahren.

ERFOLGE FENERBAHÇE SPOR KULÜBÜ ISTANBUL

Türkischer Meister: 1933, 1935, 1937, 1940, 1943, 1944, 1945, 1946, 1950, 1959, 1961, 1964, 1965, 1968, 1970, 1974, 1975, 1978, 1983, 1985, 1989, 1996, 2001.
Türkischer Pokalsieger: 1968, 1974, 1979, 1983.

Bekannteste Spieler: Abdullah – Ahmet – Aidin – Andersson – Bekir – Birol – Dogan – Fian – Fiklet – Giat – Högh – Ismail – Ismet – Kostadinov – Lefter – Mirkovic – Mustafa – Nedin – Ogun – Okocha – Okechukwu – Özcon – Özer – Rapajic – Revivo – Rüstü – Selim – Senol – Yakin.
Bekannteste Trainer: Baric – Denizli – Didi – Hiddink – Ivic – Lazaroni – Lorant – Löw – Osieck – Parreira – Venglos – Zeman.

Der internationale Durchbruch der Istanbuler Vereine lässt sich mit der Modernisierung und dem Ausbau der Stadien sowie der intensiven Nachwuchsförderung erklären. Auch der Einfluss der (häufig ausländischen) Trainer darf nicht unterschätzt werden. Fatih Terim, der erfolgreiche Trainer Galatasarays und der Nationalelf, hat einmal gesagt, türkische Spieler seien am Ball so stark wie die Besten Europas – was ihnen jedoch fehle, sei Disziplin und eine gewisse Ernsthaftigkeit in der Ausübung ihres Berufes.

Diese Kritik lässt sich auch auf die teils despotischen Klubbosse übertragen, die oft nicht übermäßig viel Geduld mit ihren hoch bezahlten leitenden Angestellten beweisen. Beim kleinsten Misserfolg ordnen sie jeweils in altbekannter Sultan-Manier ein »Köpferollen« an. Der Istanbuler »Trainer-Friedhof« umfasst so illustre Namen wie Guus Hiddink, Jozef Venglos, Tomislav Ivic, Carlos Alberto Parreira, Sebastião Lazaroni, Otto Baric, Joachim Löw, Zdenek Zeman (alle Fenerbahçe), Karl-Heinz Feldkamp, Reiner Hollmann, Graeme Souness (Galatasaray), Hans-Peter Briegel, Christoph Daum, Nevio Scala oder John Toshack (Besiktas).

Die steinreichen Klub-Besitzer lockten in den Neunzigerjahren nicht nur ausländische Ausbilder, sondern auch renommierte Spieler ans Goldene Horn. Gheorghe Hagi, Iulian Filipescu, Gheorghe Popescu, Stefan Kuntz, Jay-Jay Okocha, Daniel Amokachi, Claudio Taffarel, Mário Jardel oder Ariel Ortega verhalfen der türkischen Liga auch in Europa zu mehr Aufmerksamkeit und Ansehen. Im Schatten dieser Zugpferde machten sich in den Neunzigerjahren einheimische Talente wie Hakan Sükür, Asik Emre, Karan Ümit, Buruk Okan oder Belozoglu Emre einen Namen. Diese Akteure verhalfen auch der türkischen Nationalmannschaft zu ihrem endgültigen internationalen Durchbruch (Bronzemedaille bei der WM 2002).

Zuvor galt die Türkei jahrzehntelang als fußballerisches Entwicklungsland. Selbst die besten Klubs des Landes wurden in den internationalen Wettbewerben oft heftig zerzaust. Fenerbahçe kam 1975 im Meistercup beispielsweise bei Benfica Lissabon mit 1:7 unter die Räder. Nicht viel besser war es drei Jahre zuvor Galatasaray in München gegen die Bayern ergangen: Mit einem 0:6 im Gepäck wurde der damalige türkische Meister an den Bosporus zurückgeschickt.

ERFOLGE BESIKTAS JIMNASTIK KULÜBÜ ISTANBUL

Türkischer Meister: 1934, 1941, 1944, 1947, 1951, 1960, 1966, 1967, 1982, 1986, 1990, 1991, 1992, 1995, 2003.
Türkischer Pokalsieger: 1967, 1974, 1986, 1989, 1992, 1994, 1998.

Bekannteste Spieler: Ahmet I – Ahmet II – Amokachi – Cevdet – Coskun – Erkan – Hengen – Kalicanin – Kuntz – Necmi – Sabri – Suat – Yavuz.
Bekannteste Trainer: Briegel – Daum – Lucescu – Scala – Toshack.

Die Istanbuler Klubs praktizierten das Prinzip »Hühnerhaufen-Fußball«: Keine Taktik, keine Disziplin, alle Mann auf den Ball – und wer ein Tor erzielte, war ein Held. In den Reihen von Fenerbahçe war das jahrelang meist Zeki Riza Sporel, der 420 Treffer für die Gelb-Blauen erzielte. Bei Galatasaray genoss Metin Oktay, der 1995 bei einem Autounfall ums Leben kam, Heldenstatus. Er stellte in den Sechzigerjahren sowohl mit seiner Anzahl Einsätze (608) als auch mit seinen 211 Toren bis heute gültige Klubrekorde auf.

Oft klaffte bei den Vereinen – geblendet durch die nationalen Erfolge – eine riesige Lücke zwischen Anspruch und Wirklichkeit. Weil sich Galatasaray 1994 in der *Champions League* gegen Göteborg, Barcelona und Manchester United nicht durchsetzen konnte und mit 3:9 Punkten und 3:9 Toren bereits in der Vorrunde ausschied, wurde Trainer Hollmann gefeuert. Daran änderte auch die Tatsache nichts, dass Hollmann Galatasaray noch wenige Monate zuvor zum Double und als erstes türkisches

Genießt in der Türkei einen exzellenten Ruf: Trainer Christoph Daum. Er wurde mit Besiktas 1994 Pokalsieger und 1995 Meister.

Team in die *Champions League* geführt hatte. In der jüngeren Vergangenheit hat Galatasaray den anatolischen Fußball in Europa allerdings würdig vertreten. Die Meistertitel von 1993, 1994, 1997, 1998, 1999 und 2000 ermöglichten dem Klub die Teilnahme an der *Champions League*, wo fleißig Erfahrungen gesammelt wurden. Durch die hohen Antritts- und Erfolgsprämien der UEFA sowie durch die Vermarktung der TV-Rechte konnte sich der Klub auch teures Personal leisten: Etwa den brasilianischen WM-Torwart von 1994, Claudio Taffarel, oder die Rumänen Gheorghe Popescu und Gheorghe Hagi, die wesentlichen Anteil daran hatten, dass Galatasaray im Jahr 2000 die erste Europapokal-Trophäe in die Türkei holten konnte.

Im Finale des UEFA-Cups wurde Arsenal London zwar erst im Elfmeterschießen (4:1) besiegt, doch das hatte auf die grenzenlosen Jubelfeiern in Istanbul und im asiatischen Landesteil überhaupt keinen Einfluss. Auch Champions-League-Sieger Real Madrid musste sich wenige Monate später im europäischen Supercup geschlagen geben. Galatasaray gewann das Prestige-Duell mit 2:1 nach Verlängerung.

Diese Erfolge haben dazu geführt, dass Galatasaray, der Klub des urbanen Mittelstandes, international als Repräsentant der Türkei wahrgenommen wurde. Der politische Kolumnist Fatih Altayli glaubte davon gar ableiten zu können, dass Galatasaray der Türkei den Weg in die EU gewiesen habe: »Das Team hat gezeigt, dass wir alle mit etwas Anstrengung europäische Standards erreichen können.«

Keiner schoss mehr Tore für die Türkei als er: Galatasaray-Star Hakan Sükür, der »Bulle vom Bosporus«.

Das rote Orchester – von Moskau aus dem Takt gebracht

Egal, ob folgende Geschichte im Detail stimmt oder bloß gut erfunden ist: sie ist bis heute eine der am meisten erzählten in der Ukraine, verdeutlicht die große Popularität des Fußball-Klubs Dynamo Kiew und handelt von einem Spiel, in dem es um Leben und Tod ging.

Während der deutschen Okkupation der Ukraine (1941 bis 1944) mussten die Fußballer von Dynamo Kiew in einer Brotfabrik Zwangsarbeit leisten. Nebenbei durften sie in der Betriebsmannschaft, dem FC Start, kicken. Die Nazis begrüßten das Ballspiel zur Hebung der Arbeitsmoral.

1942 hatte der FC Start sämtliche Spiele souverän gewonnen, obwohl die Spieler unter dem Schichtbetrieb, mangelhafter Ernährung und unzureichender Ausstattung litten. Auch die Flak-Elf, die Vorzeige-Truppe der deutschen Luftwaffe, war im Angriffswirbel der Ukrainer untergegangen und hatte sang- und klanglos 1:5 verloren. Und weil die Luftwaffe nichts anderes war als die militärische Speerspitze des Hitler-Regimes, hatten die Dynamo-Stars nicht allein ein Spiel gewonnen. Sie hatten die Besatzer besiegt, und die Mannschaft war Mythos geworden.

Diesen Gesichtsverlust wollten die Deutschen nicht einfach so hinnehmen. Sie sannen auf Revanche. Oder gar auf Rache? Einen Tag später hingen in ganz Kiew Ankündigungen für ein Rückspiel im Zenit-Stadion. Das Papier wirkte offiziell – es war das genau gleiche, auf dem sonst Erlasse publiziert wurden.

Die Revanche fand am 9. August 1942 statt. Der »Unparteiische« war ein kahlköpfiger SS-Scherge. Zahlreich waren die deutschen Soldaten und SS-Leute im Stadion erschienen – eine gespenstische Atmosphäre herrschte. Die Spieler des FC Start wählten eine rote Spielkleidung – ein Affront gegen die Nazis! – und erwiderten vor dem Anpfiff den Hitler-Gruß des FC Flak nicht. Obwohl der Schiedsrichter brutale Attacken der Deutschen tolerierte, siegte die ukrainische Spielkunst 5:3. Das einheimische Publikum tobte und tanzte vor Freude. Entnervt pfiff der Spielleiter die Partie vorzeitig ab.

FOOTBALL CLUB DYNAMO KYIW

Gründungsjahr: 1927.
Anschrift: Dynamo Kiew, Vul. M. Hrushevskoho 3, 252001 Kyiw-001.
Internet: www.fcdynamo.kiev.ua
Stadion: Zentralstadion, Fassungsvermögen: 83 000 Zuschauer und Valeri-Lobanowski-Stadion, Fassungsvermögen: 16 873 Zuschauer.
Vereinsfarben: Blau und Weiß.

Kurz darauf wurden die Akteure des FC Start, die an jenem Augusttag zu Nationalhelden geworden waren, ins örtliche Gefängnis abgeführt. Schon dort kam ein Spieler, der vorher ein Mitarbeiter des sowjetischen Geheimdienstes gewesen war, ums Leben. Drei weitere wurden sechs Monate später im Lager Siretz bei Kiew erschossen. Nicht bewiesen ist die von sowjetischen Historikern aufgestellte These, wonach diese Morde auf das »Todesspiel« zurückzuführen sind. Andere Erklärungen gehen von einer Vergeltungsmassnahme aus. Wegen Partisanenattacken soll die SS jeden dritten Lagerinsassen umgebracht haben.

Nach dem Krieg geriet die Geschichte in Vergessenheit. Erst 1965 erhielten die Überlebenden des Todesspiels den »Orden des Großen Vaterländischen Krieges«; 1971 errichtete man vor dem Dynamo-Stadion ein Denkmal für die vier Opfer.

Für die größten Erfolge von Dynamo Kiew war ein Mann zuständig, der aussah wie sein eigenes Denkmal, wenn er die Spiele seiner Schützlinge beobachtete: Valeri Lobanowski (1939–2002) saß jeweils regungslos auf der Trainerbank und hat wohl nie begriffen, weshalb Fußball-Trainer an der Seitenlinie herumtoben. Er avancierte auf seine Art zur Trainerlegende: Achtmal führte Lobanowski Dynamo zur sowjetischen Meisterschaft, zweimal – 1975 und 1986 – zu Europacup-Siegen. »Arbeit, Geduld und Perfektion« nannte der große Schweiger als Erfolgsrezept.

Vor seiner Trainerkarriere hatte Lobanowski den Beruf eines Polizeiobersten ausgeübt. Das war bei Dynamo nichts Außergewöhnliches. Der Klub war 1927 als Sportvereinigung von Polizei beziehungsweise Geheimpolizei NKWD und Innenministerium gegründet worden und besaß im sowjetischen Fußball einen guten Ruf. 1936 hatten die Blau-Weißen das UdSSR-Finale erreicht, das sie aber gegen den damaligen Seriensieger Dynamo Moskau 0:1 verloren. Kiew war ein Gründungsmitglied der Sowjetliga, der es bis zu deren Auflösung im Jahr 1991 angehörte.

Im Oktober 1973 übernahm der ehemalige Linksaußen Lobanowski das Kommando auf der Trainerbank. Innerhalb kürzester Zeit formte er eine Mannschaft, die auch international auf sich aufmerksam machte. Lobanowski gehörte zu den Erfindern des so genannten Systemfußballs. Kreativität war bei ihm »die höchste Form der Organisation« und Spielintelligenz »keine Frage der Improvisation, sondern des Trai-

Das rote Orchester

Was wurde nach dem Zerfall der Sowjetunion aus den Stars der Siebzigerjahre? Dieser Frage gingen im Jahr 2001 die beiden Hamburger Filmemacherinnen Alexandra Gramatke und Barbara Metzlaff nach. Fast sämtliche Spieler von einst fanden sie noch in Kiew. Sie wohnten alle in einer besseren Gegend, in Wohnungen, die sie noch als Aktive erhalten hatten. Für den Gewinn des Supercups war 1975 jeder Spieler mit einem Auto der Marke Wolga belohnt worden.

Nach dem Karriereende blieben die Meisten beim Fußball. Jewgeni Rudakow, der Torhüter, unterrichtete in einem Sportinternat, ohne dass man ihm regelmäßig Geld überwies. Stefan Reschko, damals Verteidiger, war als Polizeioffizier für die Sicherheit im Stadion zuständig. Reschko sagte im Film, er habe von Franz Beckenbauer gehört, dass die Bayern für ein Spiel 15 000 Mark Prämie erhalten hätten. Für die Dynamos gab es nur umgerechnet 400 Mark.

Heute zahlt der Klub einigen Spielern eine kleine Rente und stellt die Trikots für die Veteranenelf zur Verfügung. Einige der Oldies trauern verpassten Chancen nach. Viktor Matwienko ärgerte sich vor der Kamera über den Reichtum des Vereins: »Wer hat denn den Namen Dynamo Kiew in Europa bekannt gemacht?«, fragte er verbittert.

nings«. Lobanowski scharte im Laufe der Zeit einen Beobachterstab mit Hunderten von Mitarbeitern um sich, darunter waren auch etliche Sportwissenschaftler. Computeranalysen gaben ihm schon in den Siebzigerjahren Auskunft über den exakten Formstand seiner Schützlinge, die er in einem klassischen 4-4-2-System auflaufen ließ. Mit Pressing, Verschieben, Überzahl schaffen und einer grenzenlosen Disziplin konnte seine Elf auch stärkere Gegner in die Bredouille bringen.

Die Erfolge stellten sich rasch ein. Am 14. Mai 1975 gewann Dynamo Kiew im St. Jakob-Stadion von Basel erstmals den Europapokal der Pokalsieger. Endspielgegner Ferencváros Budapest hatte nicht den Hauch einer Chance und kam mit einem 0:3 noch glimpflich davon. Im Westen nannte man die Elf um Rudakow, Fomenko, Reschko, Konkow, Troschkin, Matwienko, Muntjan, Burjak, Kolotow, Onitschenko und Blochin ehrfürchtig »das rote Orchester«. Johan Cruyff bezeichnete dieses Dynamo später als eine der drei besten Mannschaften des letzten Jahrhunderts.

Wurde 1975 zu Europas Fußballer des Jahres gewählt: Oleg Blochin. Franz Beckenbauer (rechts im Bild) musste sich bei der Wahl mit Platz zwei begnügen.

Ein Spieler ragte aus dem Kollektiv heraus. Linksaußen Oleg Blochin wurde 1975 von den europäischen Sportjournalisten mit 122 Stimmen zu »Europas Fußballer des Jahres« gewählt – er verwies dabei Stars wie Franz Beckenbauer (42) und Johan Cruyff (27) auf die Ehrenplätze. Mit guten Grund. Denn selbst Meistercupsieger Bayern München war Kiew in jenem Jahr nicht gewachsen. Das Hinspiel in München um den europäischen Supercup gewannen die Dynamos 1:0, das Rückspiel mit 2:0. Alle drei Tore erzielte *Blokha* (»der Floh«), Blochin. Mit zehn Jahren hatte er bei Dynamo mit dem Fußballspielen begonnen, 13 Jahre später war er Europas Fußball-König. Seine 211 Tore in 432 Spielen für Dynamo sind wohl ein Rekord für die Ewigkeit.

Blochin und seinen Kollegen gelang es allerdings nicht, den europäischen Klub-Fußball ähnlich zu dominieren wie zuvor Real Madrid, Ajax Amsterdam oder Bayern München. Schuld daran hatte in erster Linie der sowjetische Verband. Die Dynamo-Stars wurden in alle möglichen Auswahlteams berufen. Das führte zu einem hohen Kräfteverschleiß. Dennoch gewannen die Blau-Weißen zwischen 1971 und 1986 achtmal die nationale Meisterschaft und begeisterten mit ihrem schnörkellosen Angriffsfußball die Fans. Die Erfolge machten Dynamo für ehrgeizige junge Spieler zu einer attraktiven Adresse im Arbeiter- und Bauernparadies. Talente wie Sascha Sawarow oder Igor Belanow suchten ihr Glück nicht in Moskau, sondern in Kiew.

Mitte der Achtzigerjahre Jahre hatte Lobanowski erneut eine Mannschaft beisammen, die auch auf internationalem Parkett wieder mithalten konnte. Dynamo erreichte 1986 zum zweiten Mal in seiner Vereinsgeschichte das Endspiel um den Europapokal der Pokalsieger. Es spielte in Lyon einen bis dato noch nie gesehenen Tempo-Fußball von höchster Präzision, der Gegner – Atlético Madrid – wurde förmlich an die Wand gespielt. Die Elf mit Tschanow, Bessonow, Baltatscha (Bal), Kusnetsow, Demjanenko, Raz, Jakowenko, Jaremtschuk, Sawarow (Jewtuschenko), Belanow und Blochin besiegte die Madrilenen locker mit 3:0. Der junge Sawarow, Altmeister Blochin und der eingewechselte Jewtuschenko trafen für Dynamo. Die Journalisten wollten »Fußball aus dem Jahr 2000« gesehen haben und wählten erneut ein Dynamo-Ass, Stürmer Igor Belanow, zu »Europas Fußballer des Jahres«.

Emotionen versprühte er nur selten: Polizeioberst und Dynamo-Trainer Valerij Lobanowski (1939–2002).

Kiew gelang es allerdings erneut nicht, die Erfolge in den folgenden Jahren zu bestätigen. Zu Lobanowskis Leidwesen wiederholte sich die Geschichte. Wiederum machte ihm Moskau einen Strich durch die Rechnung. Auf Anordnung des Verbandes wurde die sowjetische Nationalelf erneut mit Dynamos Erfolgsteam identisch; die Spieler wurden durch zu viele Einsätze erneut verheizt. In der UdSSR-Meisterschaft hatte Dynamo erst 1990 wieder die Nase vorn. Dafür sorgte die Sowjetunion bei der Europameisterschaft 1988 in Deutschland für Aufsehen. Zum Aufgebot der Nationalmannschaft, die erst im Endspiel an den Holländern scheiterte, gehörten mit Tschanow, Bessonow, Baltatscha, Kusnetsow, Demjanenko, Jakowschenko, Jaremtschuk, Rats, Litowschenko, Michailitschenko, Sawarow, Belanow und Protassow nicht weniger als 13 Dynamo-Spieler. Betreut wurde die sowjetische Auswahl übrigens durch den Mann, der die Qualitäten der Spieler am besten kannte: Lobanowski.

Michail Gorbatschows Reformpolitik führte dazu, dass der Eiserne Vorhang zu jener Zeit langsam durchlässig wurde. Dynamos Prunkstücke weckten die Begierde von westeuropäischen Klubs: Sawarow (zu Juventus), Belanow (zu Mönchengladbach) und Protassow (zu Piräus) verließen das Land. Fast sämtliche Mitspieler folgten ihnen später. Auch Lobanowski kehrte seiner Heimat 1990 den Rücken. Er fand in den Vereinigten Arabischen Emiraten Arbeitgeber, denen sein Fußball-Wissen Millionen von Dollar wert war.

Ähnlich rasch wie das Team von Dynamo fiel auch die Sowjetunion auseinander. Am 20. August 1991 konstituierte sich die Ukraine.

Dynamo Kiew fiel der Übergang vom staatlich geförderten Betriebsfußball zum eigenständigen Profiklub schwer. Der Verein wurde regelrecht geplündert; der Verbleib der Ablösesummen für die in den Westen verschacherten Spieler wird wohl für immer ein Mysterium bleiben. Aus Geldmangel musste die Nachwuchsarbeit zwei Jahre lang komplett eingestellt werden. Der Verein war zeitweise derart klamm, dass er sogar den Mannschaftsbus verpfänden musste. Als gar nichts mehr lief, sprang schließlich der ukrainische Staat mit einer massiven Finanzspritze ein. Mit der Begründung, der Klub sei ein nationales Kulturgut, wurde die ungewöhnliche Unterstützung gerechtfertigt.

Eine Renaissance erlebte das nun vollständig neu strukturierte Dynamo, als mit Grigorij Surkis ein Geschäftsmann das Zepter in die Hand nahm, dessen Aufstieg noch heute Rätsel aufgibt. Surkis kam offenbar in der Kiewer Baubehörde zu Geld, das er vor allem in Erdöl und in die Landwirtschaft investierte. Der Sohn eines Armeearztes brachte Dynamo wieder auf Erfolgskurs. 1993 wurde der Klub in eine Aktiengesellschaft umgewandelt und erstmals ukrainischer Meister. Es folgte eine Serie von neun nationalen Meistertiteln in Folge, der im Jahr 2002 das aufstrebende Schachtjor Donezk ein Ende setzte.

Den anderen Klubs des Landes ist Dynamo in nahezu jeglicher Hinsicht um Jahre voraus. Das Budget erreicht westeuropäische Dimensionen, der Klub wird absolut professionell geführt, und auf internationaler Ebene haben die Blau-Weißen unter dem 1997 zurückgekehrten Lobanowski schon mehrfach für Furore gesorgt. Etwa 1999, als Dynamo mit seinem neuen Star Andri Schewtschenko im Viertelfinale der *Champions League* Real Madrid eliminierte (1:1, 0:2) und im Halbfinale nur knapp an Bayern München scheiterte (3:3, 0:1).

Dank den regelmäßigen Millionen-Einnahmen aus der *Champions-League* avancierte die Dynamo Kiew AG zu einem der florierendsten Unternehmen des Landes – und das, obwohl die Heimspiele in der Meisterschaft im Durchschnitt bloß rund 10 000 Zuschauer anlocken.

Dafür leeren sich die Straßen der ukrainischen Hauptstadt, wenn sich der Verein in der *Champions League* mit Europas Besten misst. In der Königsklasse erlebte Dynamo allerdings auch seine größte Demütigung in der jüngeren Vergangenheit – nicht auf dem Rasen, sondern am grünen Tisch. 1:0 gewann Kiew am 13. September 1995 das Auftaktspiel gegen Panathinaikos Athen. Doch in der Teppichetage des Klubs hatte man den Spielern diesen Erfolg offenbar nicht zugetraut und deshalb dem Schiedsrichter ein Bestechungsangebot unterbreitet. Der spanische Unparteiische Antonio López-Nieto sagte jedoch *njet* zu den angebotenen 30 000 Dollar und zwei Pelzmänteln und meldete den Zwischenfall dem europäischen Fußball-Verband, der UEFA.

Diese verbannte Kiew wegen versuchter Bestechung für drei Jahre aus allen europäischen Klubwettbewerben. Dieses Urteil löste in der Ukraine eine Welle der Entrüstung aus. Staatschef Leonid Kutschma persönlich intervenierte bei der UEFA und bat um Nachsicht. Dynamo wurde schließlich nach einer einjährigen Denkpause wieder in die europäische Elite aufgenommen. Die UEFA begründete ihren Beschluss mit der problematischen Situation des Sports in der Ukraine und ließ Gnade vor Recht walten. Neben den Korruptionsvorwürfen kursierten damals übrigens auch Gerüchte über Verwicklungen des Klubs in Atomschmuggel und Geldwäscherei.

Tatsache ist, dass sich trotz parlamentarischen Untersuchungen nie genau ermitteln ließ, in welche Kanäle die Ablöse-Millionen für die Dynamo-Stars jeweils versikkerten. Geld floss reichlich in den Osten Europas. Superstar Schewtschenko wechselte zur AC Milan, Abwehrass Oleg Luschni zu Arsenal, Angreifer Sergeij Rebrow zu Tottenham. War es früher Moskau, das den erfolgreichsten Klub der Ukraine um die Früchte seiner Aufbauarbeit brachte, so übernahmen nun Mailand oder London diese Rolle. Immerhin investierte Dynamo auch einen Teil des Geldes in neue Spieler. Für den Georgier Georgi Demetradse beispielsweise wurde im Dezember 1999 der stolze Betrag von 6 Millionen Dollar an Alania Wladikawkas überwiesen. Es war damals der teuerste je in einem Staat der ehemaligen Sowjetunion getätigte Transfer und wohl eine der größten Fehlinvestitionen Dynamos.

Durch die ständigen Aderlässe verlor der Klub nach und nach an Konstanz und Kontur. Wegen der Krise zu Beginn der Neunzigerjahre, als die Jugendarbeit eingestellt wurde, fehlten anfangs des neuen Jahrtausends plötzlich talentierte Kicker aus dem eigenen Nachwuchs. Dynamo sah sich gezwungen, im Ausland nach Verstärkungen zu suchen. Fündig wurde man in Bulgarien, Rumänien, Kroatien, Weißrussland, Ungarn, Marokko, Nigeria und Brasilien.

Trainer Alexej Michailitschenko – der ehemalige Spielmacher hat im Mai 2002 das Erbe des verstorbenen Lobanowski angetreten – gelang es allerdings nicht auf Anhieb, aus diesem bunt zusammengewürfelten Ensemble eine schlagkräftige Einheit zu formen. In der *Champions League* der Saison 2002/2003 enttäuschte Dynamo (gegen Juventus Turin gab es eine 0:5-Pleite), in der nationalen Meisterschaft schaute nur Rang zwei heraus.

Solche Ergebnisse werden in der 2,7-Millionen-Einwohner-Metropole als Demütigung und nationale Schande empfunden. Denn mit den Erfolgen der Vergangenheit hat Dynamo die Messlatte hoch angesetzt. Die Kicker streichen mittlerweile Monatsgehälter zwischen 8000 und 20 000 Dollar ein, die vielen ausländischen Angestellten verdienen angeblich zwischen 200 000 und 350 000 Dollar. Dynamos Trainingsgelände wurde für 30 Millionen Dollar modernisiert und verfügt über ein Spielerhotel, eine beheizte Fußball-Halle mit Kunstrasen und sechs Trainingsfelder mit Rasenheizung. Das Trainingszentrum *Kontscha Saspa*, 20 Kilometer nördlich von Kiew gelegen, gilt als eines der schicksten Europas.

ERFOLGE

Landesmeister der UdSSR: 1961, 1966, 1967, 1968, 1971, 1974, 1975, 1977, 1980, 1981, 1985, 1986, 1990.
Landesmeister der Ukraine: 1993, 1994, 1995, 1996, 1997, 1998, 1999, 2000, 2001.
Pokalsieger der UdSSR: 1954, 1964, 1966, 1974, 1978, 1982, 1985, 1987, 1990.
Pokalsieger der Ukraine: 1993, 1996, 1998, 1999, 2000, 2002, 2003.
Europapokal der Pokalsieger: 1975, 1986.

Bekannteste Spieler: Bal – Baltatscha – Banikow – Basiljewitsch – Belkjewitsch – Belanow – Bessonow – Biba – Blochin – Burjak – Byschowez – Chmelnizki – Daschkow – Demjanenko – Dimitrulin – Evtutschenkow – Fabin – Fomenko – Gawrilin – Golowko – Gorbunow – Gussin – Jakovenko – Jaremtschuk – Juran – Kanchelskis – Kolotow – Koman – Konkow – Kossowski – Kovalets – Krulikowski – Kusnetsow – Lerman – Litovchenko – Luznj – Makarow – Mamedow – Matwijenko – Medwid – Michailitschenko – Michailow – Muntjan – Muschta – Onistchenko – Ponomarew – Protassow – Pusatsch – Raz – Rebrow – Reschko – Rudakow – Sabo – Salenko – Sawarow – Schepel – Schewtschenko – Schmatowalenko – Schowkowski – Schtaschanow – Serebrjannikow – Sewastjanow – Shurawlow – Sosnichin – Tschanow – Waschtschuk – Weremejew – Zaets – Zvejba.
Bekannteste Trainer: Basilewitsch – Lobanowski – Maslow – Okun – Oschenko – Puzach – Sewidow – Solowjow.

Ein Fall für zwei

Kurz vor der Weltmeisterschaft von 1930 wurde in Montevideo mit Pauken und Trompeten ein gigantisches Stadion eingeweiht, das innerhalb von bloß acht Monaten erbaut worden war. Die Betonschüssel hieß *Estadio Centenario* (»Jahrhundert-Stadion«), weil Uruguay damals gerade mit viel Pomp seinen hundertsten Geburtstag gefeiert hatte.

Die Unabhängigkeitserklärung war am 25. August 1825 ausgerufen worden. Das bis dahin von Spanien und Brasilien besetzte Land deklarierte sich als »frei von allen fremden Mächten« und rief am 8. Oktober 1828 nach dem Frieden von Rio de Janeiro die *República Oriental del Uruguay* ins Leben. 1830 wurde Montevideo Hauptstadt von Uruguay.

Hundert Jahre später war der kleine Staat an der Mündung des Río de la Plata bereits eine Weltmacht im Fußball. Uruguay gewann die olympischen Spiele von 1924 und 1928 und wurde 1930 im eigenen Land erster Weltmeister in der Geschichte des Fußballs. 90 000 Zuschauer waren im Centenario-Stadion Zeugen von Uruguays 4:2-Sieg im Endspiel gegen Argentinien.

Es waren Briten (wer denn sonst?), die den Fußball nach Uruguay gebracht hatten. Der Handel zwischen Südamerika und Großbritannien florierte im 19. Jahrhundert. In den wichtigsten Hafenstädten wurden Handelsposten gegründet, in denen sich auch britische Geschäftsleute, Logistiker, Ingenieure und Facharbeiter niederließen. Von dort aus wurde die Industrialisierung des Kontinentes in die Wege geleitet.

Nach Feierabend blieb den Arbeitern oft noch ein wenig Zeit für die traditionellen britischen Ballspiele. So auch den Angestellten der Eisenbahngesellschaft *Central Uruguay Railway*. Diese gründeten am 28. September 1891 einen Verein, den sie *Central Uruguay Railway Cricket Club* (CURCC) nannten und in dem auch Fußball gespielt wurde. Zu ihrem ersten Präsidenten bestimmten die 118 Mitglieder den Firmenchef Francisco Henderson. Die Klubfarben Gelb und Schwarz wurden ebenfalls von der Eisenbahngesellschaft übernommen. Sie erinnerten an die legendäre Lokomotive *The Rocket*, mit der George Stephenson 1829 das Zugrennen in Rain Hill gewonnen hatte.

CLUB ATLÉTICO PEÑAROL DE MONTEVIDEO

Gründungsdatum: 28. September 1891.
Anschrift: Club Atlético Peñarol, Palacio Cdor. Gaston Guelfi, Magallanes 1721, 11200 Montevideo, Uruguay.
Internet: www.manya.org; www.aurinegro.com
Stadion: Estadio Centenario, Fassungsvermögen: 73 609 Zuschauer oder Estadio Las Acacias, Fassungsvermögen: 15 000 Zuschauer.
Vereinsfarben: Schwarz und Gelb.

CLUB NACIONAL DE FÚTBOL DE MONTEVIDEO

Gründungsdatum: 14. Mai 1899.
Anschrift: Club Nacional, Avenida 8 de Octubre, 2847, 11600 Montevideo, Uruguay
Internet: www.nacional.com.uy
Stadion: Estadio Centenario, Fassungsvermögen: 73 609 Zuschauer und Estadio Parque Central, Fassungsvermögen: 15 000 Zuschauer.
Vereinsfarben: Blau, Rot und Weiß.

Im CURCC gaben anfangs die Engländer den Ton an. Deren Einfluss schwand aber von Jahr zu Jahr. 1913 übernahmen beim bis dato fünffachen Meister dann endgültig die Einheimischen das Zepter. Eine ihrer ersten Amtshandlungen war die Umbenennung des Vereins in *Atlético Club Peñarol*. Peñarol war der Name eines Vorortes, in dem vor allem Angehörige der Mittelschicht residierten. Ursprünglich hatte es dort einmal Rebberge gegeben, die von einem italienischen Einwanderer aus der Region Pinerolo im Piemont gehegt wurden. Das italienische Wort *Pinerolo* wurde im Laufe der Zeit in *Peñarol* hispanisiert.

Ein Schuss in der Dunkelheit

Abdón Porte war rechter Verteidiger in jener Nacional-Elf, die zwischen 1915 und 1917 den Titel-Hattrick schaffte. Bereits bei der Einweihung des Gran Parque Central am 2. Juli 1911 hatte er seinen Mann gestanden, als Nacional das Derby gegen Peñarol mit 2:1 gewann. Porte bestritt 207 Spiele für seinen Verein. Seine Tragödie begann, als er nach sieben Jahren seinen Stammplatz an einen jüngeren Spieler verlor. Porte setzte sich einige Male geduldig auf die Ersatzbank, ehe er den Trainer nochmals um eine Chance bat. Sein Comeback ging jedoch total in die Hosen. Die Zuschauer pfiffen ihn gnadenlos aus.
Porte setzte seinem Leben am 5. März 1918 ein Ende. Um zwei Uhr früh schoss er sich mitten im Stadion eine Kugel ins Herz. Als man ihn am anderen Morgen fand, hielt er in der einen Hand eine Pistole, in der anderen einen Abschiedsbrief. Darin bat er seine Angehörigen um Verständnis für seine Tat. Der Brief endete mit den Worten *Viva el Club Nacional!* (»Lang lebe Nacional«). Rund 5000 Personen erwiesen Porte an der Beerdigung die letzte Ehre.

Weniger Legenden ranken sich um die Entstehung des *Club Atlético Nacional*. Der selbst ernannte »große Meister aller Zeiten« entstand am 14. Mai 1899 durch eine Fusion zwischen dem *Unión y Montevideo Football Club* und dem *Uruguay Atlética Club*.

Treibende Kräfte hinter diesem Zusammenschluss waren Studenten, die sich darüber ärgerten, dass die so genannten *Criollos*, die Einheimischen, in den anderen Vereinen nicht eben willkommen waren. Nacional sollte allen Uruguayern offen stehen, so die Idee des Mediziners Ernesto Caprario. Ein Spitzname erinnert heute noch an die elitären Wurzeln des Vereins. Die Anhänger von Nacional werden oft *Cuelludos* genannt. Das Wort verweist auf den Stehkragen, den die Studenten damals an den Hochschulen tragen mussten.

Nacional gewann 1902 erstmals die Meisterschaft, und zwar unbesiegt. Das Feilschen mit dem Erzfeind Peñarol um die Vorherrschaft sollte sich auf den Fußball Uruguays in den nächsten hundert Jahren positiv auswirken. Peñarol gewann bis zur Einführung der Profiliga 1932 zehn Meistertitel, Nacional elf. Die *Tricolores* (weiß, rot und blau) erwarben sich schon früh auch im Ausland Meriten. Vor 8000 Zuschauern bezwang Nacional am 13. September 1903 in Buenos Aires die argentinische Nationalmannschaft sensationell mit 3:2. Dieser Erfolg bildete bis zur Einweihung des neuen Stadions *Gran Parque Central* im Jahre 1911 das herausragendste Ereignis der Klubgeschichte.

Als Uruguay 1924 in Paris das olympische Fußball-Turnier gewann, staunten die europäischen Experten Bauklötze. Die »Urus« wurden enthusiastisch gefeiert. Über den Rechtsaußen José Leandro Andrade schrieben sich die Journalisten die Finger wund, die französische Presse nannte ihn »das schwarze Wunder«. Er war der erste dunkelhäutige Fußball-Star und der beste Spieler des Turniers. In Uruguay las man diese Berichte mit Freude und Stolz, fragte sich aber auch: Was wäre wohl gewesen, wenn wir unsere beste Elf nach Paris geschickt hätten? Denn wegen eines Streites unter den Funktionären mussten einige Akteure von Peñarol zu Hause bleiben. Darunter auch ein dunkelhäutiger Angreifer, den viele für noch besser hielten als Andrade: Isabelino Gradín.

In Uruguay wimmelte es in den Zwanzigerjahren von Ausnahmekönnern. Die Stars von Nacional waren der Abwehrpatron José Nasazzi (er war 1924, 1928 und 1930 Kapitän der Nationalelf), der einarmige Héctor Castro, der Torjäger Pedro Cea und der legendäre Héctor Scarone, der in Anspielung an seine technischen Fähigkeiten den Beinamen *El Mago* (»der Zauberer«) erhielt. Mit Nacional wurde Scarone siebenmal Landesmeister, bevor er sich sein Können in Europa bei Barcelona, Inter Mailand, der AC Fiorentina und in Neapel vergolden ließ. Im Sprachgebrauch der Nacional-Fans war Scarone *el mejor jugador del mundo*, »der beste Spieler der Welt«.

Höhepunkt für den uruguayischen Fußball war zweifellos der zweite WM-Titel von 1950, als Gastgeber Brasilien durch einen 2:1-Sieg in ein Tränental gestürzt wurde. Zwei Peñarol-Spieler aus der Weltmeister-Elf wurden über Nacht weltberühmt: Rechtsaußen Alcides Ghiggia und der auf Halblinks stürmende Juan Alberto Schiaffino, die beiden Torschützen im Endspiel. Mit Rodríguez Andrade, Juan González, Oscar Omar Míguez, Alcides Ghiggia, Juan Alberto Schiaffino, Ernesto Vidal, Roque Máspoli und Kapitän Obdulio Varela standen insgesamt acht Peñarol-Spieler im WM-Aufgebot.

Dem Klub fehlten aber die finanziellen Mittel, um seine besten Spieler bei Laune und im Land halten zu können. Ghiggia und Schiaffino gingen in den Fünfzigerjahren den gleichen Weg wie ihre Vorfahren, nur in umgekehrter Richtung. Sie unterschrieben bei der AS Roma respektive bei der AC Milan lukrative Verträge.

Vorbei waren die Zeiten, als sich Uruguays Stars – wie etwa der legendäre Kapitän Nasazzi – mit einem gut bezahlten Nebenjob als Croupier im Kasino von Montevideo zufrieden gaben. In den frühen Dreißigerjahren begann der erste große Exodus. Einige Spieler zog es über den großen Teich nach Europa, andere (die Mehrheit) bloß ans andere Ufer des Río de la Plata. Zwischen 1931 und 1934 warben argentinische Klubs systematisch die besten uruguayischen Talente ab, ohne Nacional oder Peñarol auch nur einen Peso Ablösesumme zu überweisen.

Weil bei den Klubs in Buenos Aires oft uruguayische Söldner die Schlüsselpositionen besetzten, suchten viele junge argentinische Spieler ihr Glück in Montevideo. Bei Nacional klopfte 1938 ein relativer unbekannter Argentinier namens Atilio García an, dem in seiner Heimat niemand eine Chance geben wollte. Für Nacional erzielte García 464 Tore in 435 Spielen und avancierte damit zum erfolgreichsten Torjäger Uruguays aller Zeiten.

García war auch an einem der größten Triumphe der *Tricolores* beteiligt. Am 21. November 1943 besiegte Nacional Peñarol mit 3:1 und setzte einen neuen Meilenstein in der Geschichte des lokalen Fußballs. Wenn vom *Quinquenio de oro*, von den »fünf goldenen Jahren«, die Rede ist, dann leuchten bei jedem Nacional-Fan die Augen: Fünf Titel in fünf Jahren. 1941 behielt Nacional sogar eine weiße Weste, gewann sämtliche Meisterschaftsspiele (20 Siege). Ebenfalls in diese Zeit fällt der höchste Sieg in einem Derby: Mit 6:0 fertigte Nacional im Dezember 1941 Peñarol ab.

Trotz des fortwährenden Personalschwunds standen Nacional und Peñarol auch in der zweiten Hälfte des zwanzigsten Jahrhunderts über die Landesgrenzen hinaus ihren Mann. Peñarols mit Abstand erfolgreichstes Jahrzehnt bildeten die Sechzigerjahre.

Bei der ersten Austragung der *Copa Libertadores* (1960) nahmen San Lorenzo, Bahia, die Millionarios aus Bogotà, Olimpia Asunción, Universidad de Chile und Jorge Wilstermann aus Bolivien teil. Sie alle konnten Peñarols Siegeszug nicht stoppen. Im Endspiel zogen die Paraguayer von Asunción den Kürzeren. Alberto Spencer (»Zorro«) und Luis Cubilla trafen für die »Urus«, die den Titel ein Jahr später erfolgreich verteidigten: 1:0-Sieg zu Hause gegen Palmeiras (Tor durch Spencer), 1:1 in Brasilien (für Peñarol traf Pepe Saçia). 1966 folgte der dritte Streich gegen River Plate. Nachdem beide Teams je ein Finale gewonnen hatten, wurde ein Endscheidungsspiel in Santiago de Chile angesetzt. River ging 2:0 in Führung. Peñarol warf alles nach vorn und drehte den Spieß. Spencer (2), Julio César Abbadie und Pedro Rocha trafen – 4:2.

Zweimal sicherte sich die Elf von Trainer Roque Máspoli auch den Weltpokal, erstmals 1961 gegen Benfica. Auf die 0:1-Niederlage in Lissabon folgte die Show im ausverkauften Centenario-Stadion: 5:0 durch Tore von Spencer (2), Juan Joya (2) und Saçia. Das Entscheidungsspiel gewann Peñarol mit 2:1, Saçia traf zweimal. 1966 musste sich Real Madrid geschlagen geben: Spencer erzielte im Hinspiel zwei und im Rückspiel einen Treffer, dazu kam noch ein Elfmeter von Rocha. Peñarol besiegte die beste Mannschaft Europas zweimal mit 2:0, als wäre dies die einfachste Sache der Welt.

ERFOLGE CLUB ATLÉTICO PEÑAROL DE MONTEVIDEO

Uruguayischer Meister: 1900, 1901, 1905, 1907, 1911, 1918, 1921, 1925, 1926, 1928, 1929, 1932, 1935, 1936, 1937, 1938, 1944, 1945, 1949, 1951, 1953, 1954, 1958, 1959, 1960, 1961, 1962, 1964, 1965, 1967, 1968, 1973, 1974, 1975, 1978, 1979, 1981, 1982, 1985, 1986, 1993, 1994, 1995, 1996, 1997, 1999.
Copa Libertadores: 1960, 1961, 1966, 1982, 1987.
Weltpokal: 1961, 1966, 1982.

Bekannteste Spieler: Abbadie – Acosta – Aguilera – Aguirre – Andrade – Anselmo – Bengoechea – Bossio – Britos – Cubillas – Diogo – Fernández – Figueroa – Forlán – Gestido – Ghiggia – Gonçalvez – González – Gradín – Hohberg – Jair – Mascheroni – Martínez – Máspoli – Mazurkiewicz – Míguez – Montero – Fernando Morena – Nasazzi – Ortuño – Otero – Pacheco – Ruben Paz – Piendibene – Rocha – Romero – Saçia – Saralegui – Schiaffino – Spencer – Varela – Vidal – Zalayeta.
Bekannteste Trainer: Bagnulo – Hirsch – Máspoli – Menotti – Pedernera – Scarone – Tabárez.

Beim Einlaufen in die Arena fragten die Spieler ihre Gegner jeweils: »Ihr habt hoffentlich einen Ball zum Spielen mitgebracht? Dieser hier ist nämlich unserer.« Die großen Namen der Peñarol-Elf waren Mario Méndez, Néstor Gonçalvez (mit 571

Einsätzen Rekordspieler des Klubs), Néstor Martín Errea, Tabaré González, Elías Figueroa, Pablo Forlán, Julio César Abbadie, Pedro Rocha, Alberto Spencer und Juan Joya.

Uruguays Drama begann in den Sechzigerjahren. Die Regierung des einst wohlhabenden Landes versuchte damals, die wirtschaftliche Stagnation und Inflation durch restriktive Maßnahmen wie Preis- und Lohnstopps zu bekämpfen. Das führte zum Widerstand der Gewerkschaften und zu Streiks. Die sozialen Unruhen begünstigten wiederum die Terroranschläge der *Tupamaros*, der linksextremen Stadtguerilla. Die Zivilregierung ging in diesem Chaos unter. 1973 wurde das Parlament aufgelöst und durch eine Militärregierung ersetzt.

Erst im November 1984 fanden wieder freie Parlaments- und Präsidentschaftswahlen statt. Über eine Million Menschen, rund ein Viertel der Bevölkerung, hatten das Land jedoch in der Zwischenzeit verlassen. Zwischen 1970 (2,9 Millionen Einwohner) und 1996 (3,2 Millionen) fand in Uruguay praktisch kein Bevölkerungswachstum statt.

Das Interesse an der nationalen Meisterschaft ließ in jenen Jahren stark nach. Lediglich die Klassiker zwischen Nacional und Peñarol lockten die Massen noch in die Stadien. Nichtsdestotrotz vermochten die beiden Klubs immer wieder mit den ganz Großen der Branche mitzuhalten. Peñarol beispielsweise gewann 1982 den Weltpokal durch ein 1:0 über Aston Villa und scheiterte 1987 in Tokio bei Schnee und Regen nur knapp am Europacupsieger FC Porto (1:2).

ERFOLGE CLUB NACIONAL DE FÚTBOL DE MONTEVIDEO

Uruguayischer Meister: 1902, 1903, 1912, 1915, 1916, 1917, 1919, 1920, 1922, 1923, 1924, 1933, 1934, 1939, 1940, 1941, 1942, 1943, 1946, 1947, 1950, 1952, 1955, 1956, 1957, 1963, 1966, 1969, 1970, 1971, 1972, 1977, 1980, 1983, 1992, 1998, 2000, 2001.
Copa Libertadores: 1971, 1980, 1988.
Weltpokal: 1971, 1980, 1988.

Bekannteste Spieler: Aguilera – Álvarez – Andrade – Andreolo – Artime – Brunell – Cabrera – Castillo – Castro – Cea – Cubilla – Da Guía – De León – Dely Valdes – Escalada – Espárrago – Fonseca – García – Gómez – Mamelli – Manga – Masnik – Mazzali – Méndez – Menotti – Molina – Morales – Nasazzi – O'Neill – Ostolaza – Aníbal Paz – Peres – Petrone – Prieto – Recoba – Romano – Santamaría – Scarone – Seré – Somma – Sosa – Ubilas – Ubiña – Urdinaran – Vargas – Victorino – Zibechi.
Bekannteste Trainer: Aguilera – Arias – Castro – De León – Etchamendi – Moreira – Mujica – Núñez.

Peñarols Trophäensammlung zieren insgesamt fünf Siege in der *Copa Libertadores*. Nacional hat diesen Wettbewerb dreimal gewonnen. Den Erfolgen in der Südamerika-Meisterschaft 1971 (gegen Estudiantes de la Plata), 1980 (gegen Internacional de Porto Alegre) und 1988 (gegen Newell's Old Boys) ließen die *Tricolores* immer auch noch das Pünktchen auf dem »i« folgen: den Gewinn des Weltpokals.

Unvergessen bleiben die Spiele gegen Panathinaikos Athen, das 1971 Meistercupsieger Ajax Amsterdam vertrat (1:1 und 2:1). Alle drei Nacional-Tore gingen auf das Konto des Argentiniers Luis Artime. Die bekanntesten Spieler der jüngeren Nacional-Geschichte sind etwa die Verteidiger Hugo de León und Felipe Revelez sowie Mittelfeldspieler Santiago Ostolaza, der 1988 beim 2:2 im Weltpokal-Spiel gegen den PSV Eindhoven (Nacional gewann das Elfmeterschießen mit 7:6) beide Tore erzielte. Mit

»Nacional-Held«: Alvaro Recoba. Der quirlige Dribbelkünstler verließ Nacional Montevideo 1997 mit 21, um in Europa bei Inter Mailand Karriere zu machen.

der Nationalmannschaft hatte dieses Trio allerdings weniger Erfolg. Seit den Auftritten bei der WM 1986 und 1990 sind die »Urus« als üble Treter verschrien.

Ruppig ging es in den Neunzigerjahren auch in der nationalen Meisterschaft zu und her. Die talentiertesten Kicker verließen Uruguay im Normalfall beim erstbesten Angebot aus dem Ausland. Die Liste der Emigranten ist lang und umfasst klangvolle Namen wie Daniel Fonseca, Alvaro Recoba, Paolo Montero oder Marcelo Zalayeta. Dieser permanente Exodus brachte zwar etwas Spannung in die Liga (der Meister heißt nicht mehr automatisch Peñarol oder Nacional), führte aber auch zu einem weiteren Niveauzerfall. In den kontinentalen Wettbewerben vermochten die uruguayischen Vertreter nur noch in Ausnahmefällen mitzuhalten. Nacionals Erfolge von 1988 in der *Copa Libertadores* und im Weltpokal waren die letzten internationalen Titel einer Vereinself aus Uruguay im zwanzigsten Jahrhundert.

»Heute«, schreibt der uruguayische Fußball-Poet Eduardo Galeano, »seufzt das Centenario-Stadion von Montevideo voller Nostalgie über den verblassten Ruhm des uruguayischen Fußballs«.